Sim Stail

Simple Detail 2026

심승아 소방학개론 심출기몰

기출문제집

공부는 심플하게 × 전략은 디테일하게

INTRO
들어가며

수험생분들은 기본서 이후 기출문제집을 통해 문제풀이 감각을 익히며, 자신의 부족한 개념을 다시 정리하게 됩니다. 그만큼 중요한 과정이기 때문에 효과적인 학습을 위해 약 10개년의 문제를 단원별로 정리하여 스스로 부족한 단원을 빠르게 파악할 수 있도록 하였습니다.

소방학개론의 경우, 하나의 개념을 표현하는 데 하나의 용어만 사용되는 것이 아니라 여러 용어 및 표현을 사용합니다. 기본서를 통해 개념을 잡았다면, 문제집을 통해서는 응용력을 길러야 합니다. 처음 문제를 접할 때는 다양한 소방용어 및 생소한 표현 방식으로 당황할 수 있습니다. 하지만 천천히 문제를 읽어보며 자신이 알고 있는 기본 개념을 문제에 접한다면, 모든 문제를 충분히 풀 수 있다고 생각합니다.

수험생 여러분들이 앞으로 「2026 Simple · Detail 심승아 소방학개론 심출기몰 기출문제집」을 어떻게 활용해야 좋은 학습효과를 낼 수 있는지 말씀드리겠습니다.

1회독 때에는 절대 교재에 문제를 풀지 마라.

이 방법은 어떤 문제집이든 모두 적용됩니다. 처음 기출문제집을 풀 때, 30%는 자신이 아는 문제, 30%는 정답은 알지만 다른 선지는 확실하게 알지 못하는 문제, 30%는 대략 감으로 푼 문제, 10%는 전혀 모르는 문제로 나뉩니다. 그런데 1회독 때에 바로 문제집에 풀었을 경우, 문제와 정답만 보기 급급하여 자신이 맞힌 문제들 중 정확하게 알고 있는 문제들을 제외한 나머지 문제들에서 자신이 부족한 부분이 어떤 것인지 파악하지 못한 채로 넘어가게 되고, 2회독 때에 이러한 문제들은 오답을 체크하게 되는 경우가 많습니다. 그래서 문제의 모든 선지에 자신 있지 않는 한 문제집에 정답을 체크하지 말고 계속 반복해서 풀어봐야 합니다.

최소 3회독 이상은 풀어야 한다.

최소 3회 이상, 개인적으로는 5회독을 하는 것이 가장 좋다고 생각합니다. 많은 분들이 회독 수가 많으면 첫 문장을 읽기도 전에 정답이 보여 학습의 효과가 없다고 생각하지만, 전혀 그렇지 않습니다. 그게 가장 잘하고 있는 방법입니다. 이러한 유형의 문제가 출제되었을 경우, 정답의 포인트가 되는 부분을 찾는 감각을 확실하게 깨우쳤다는 것입니다. 그럼 새로운 문제를 접하더라도 바로 오답이 될 수 있는 포인트를 찾아 문제 푸는 시간을 단축할 수 있습니다.

기출문제집에만 의존하지 말자.

기출문제집에 실려 있는 내용이 가장 중요한 것은 사실입니다. 하지만 최신 출제경향을 보면, 기존에 출제되지 않았던 부분들에서도 문제가 출제되고 있습니다. 기출문제집 위주로 중요한 부분을 학습하되, 추가적인 이론 및 개념들도 잊어버리지 않도록 기본서를 반복 학습하는 것 또한 중요합니다.

「2026 Simple · Detail 심승아 소방학개론 심출기물 기출문제집」을 통해 여러분들의 과목에 대한 정확한 개념을 파악하고, 자신감을 가졌으면 좋겠습니다. 수험생 여러분의 합격에 보탬이 될 수 있도록 저 또한 항상 연구하고 노력하겠습니다. 수험생 여러분의 합격을 진심으로 응원합니다.

심승아 드림

STRUCTURE
구성과 특징

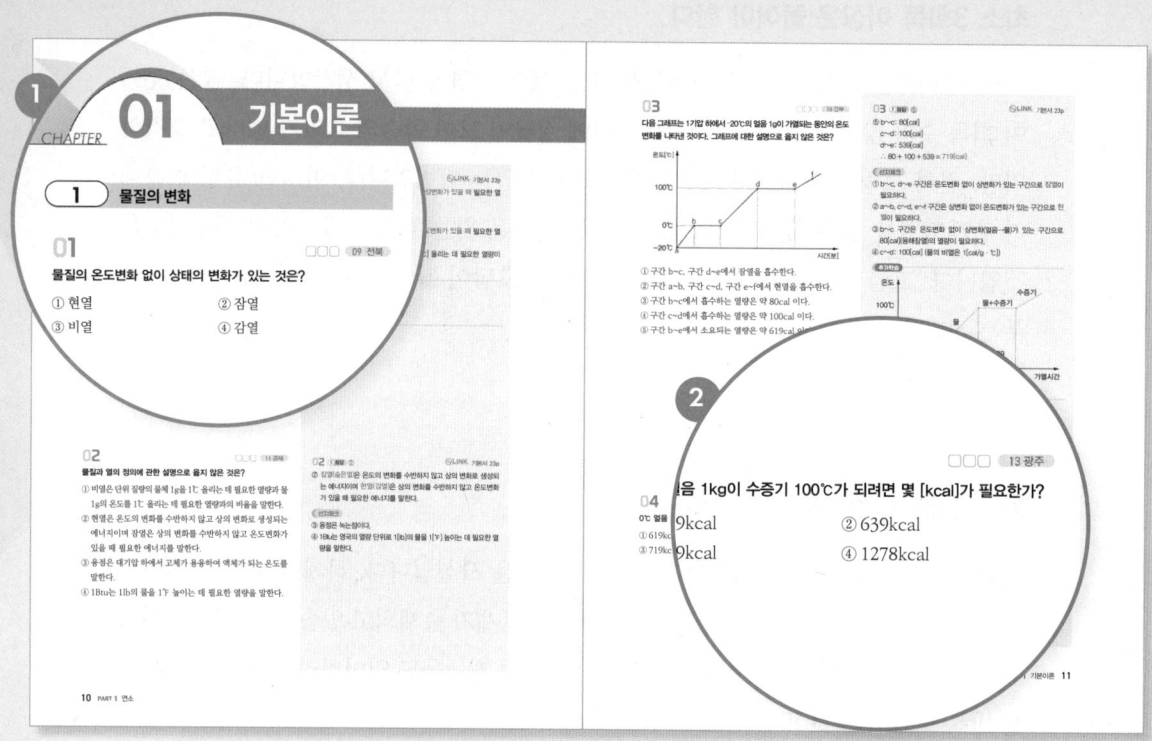

1 문제풀이능력 향상을 위한 기출로 실력 Plus

- 최신 출제경향을 기반으로 주요 기출문제를 엄선하여 수록하였습니다.
- 최신 기출문제뿐만 아니라 공개되지 않던 기출문제도 복원하여 폭넓은 문제풀이 기회를 제공하였습니다.
- 기출문제를 관련 이론별로 구분하여 수록함으로써 빈출 이론을 파악할 수 있을 뿐만 아니라 보완이 필요한 이론을 확인할 수 있어 효과적인 학습이 가능합니다.
- 기초부터 심화까지 학습 효과를 극대화할 수 있도록 문제마다 상세한 해설을 수록하였습니다.

2 전략적 학습을 위한 회독 체크 및 채점

- **채점** : 3회의 채점 결과를 누적함으로써 문제별 학습 점검이 가능하며, 채점 표시를 통하여 회독 횟수 파악이 가능합니다. 채점기준은 아래를 참고하시기 바랍니다.

○	맞혔을 뿐만 아니라 모든 선지의 정오를 설명할 수 있는 경우
△	맞혔으나 일부 선지가 오답인 이유를 설명할 수 없는 경우 또는 감으로 맞힌 경우
×	틀린 경우 또는 스스로 학습이 부족하다고 판단되는 경우

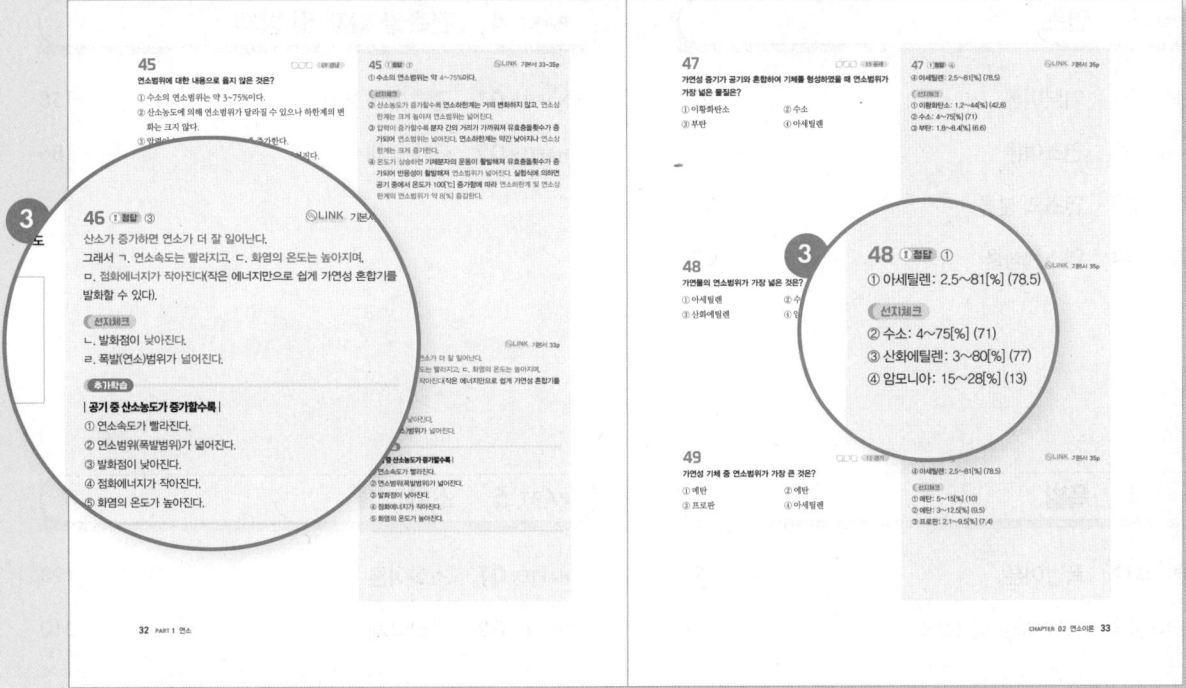

3 상세하고 친절한 해설

- **해설** : 소방학개론을 처음 시작하는 수험생도 쉽게 이해할 수 있도록 상세한 해설을 수록하였습니다.

- **선지체크** : 해당 문제가 응용 또는 변형되더라도 대비가 가능하도록 선지에 대한 자세한 설명을 수록하였습니다.

- **추가학습** : 학습을 보완하고 정리할 수 있도록 문제와 관련된 주요 법령 또는 개념을 수록하였습니다.

- **기본서 링크** : 관련 내용, 함께 학습해야 할 기본서 페이지를 바로 옆에 배치하여 연계학습을 강화하였습니다.

CONTENTS
이 책의 차례

PART 1 연소
- CHAPTER 01 기본이론 ······ 010
- CHAPTER 02 연소이론 ······ 014
- CHAPTER 03 연소의 분류 ······ 054
- CHAPTER 04 연소생성물 ······ 070

PART 2 폭발
- CHAPTER 01 폭발이론 ······ 096
- CHAPTER 02 폭발 예방 및 보호 ······ 118

PART 3 화재
- CHAPTER 01 화재이론 ······ 122
- CHAPTER 02 화재조사 ······ 140

PART 4 건축물 화재 및 방재
- CHAPTER 01 건축물의 화재 ······ 158
- CHAPTER 02 건축방재 ······ 186

PART 5 소화
- CHAPTER 01 소화이론 ······ 198
- CHAPTER 02 소화약제 ······ 210

PART 6 위험물
- CHAPTER 01 위험물이론 ······ 242
- CHAPTER 02 위험물안전관리법 ······ 273
- CHAPTER 03 특수가연물 ······ 279

PART 7 소방시설

CHAPTER 01	소방시설	······ 284
CHAPTER 02	소화설비	······ 293
CHAPTER 03	경보설비	······ 326
CHAPTER 04	피난구조설비	······ 338
CHAPTER 05	소화활동설비	······ 343

PART 8 소방조직

| CHAPTER 01 | 소방조직 | ······ 350 |

PART 9 소방기능

| CHAPTER 01 | 소방기능 | ······ 380 |

PART 10 재난관리

| CHAPTER 01 | 재난이론 | ······ 410 |
| CHAPTER 02 | 재난 및 안전관리 기본법 | ······ 418 |

부록

- 2025년 소방학개론 기출문제 ······ 456
- 2024년 소방학개론 기출문제 ······ 461
- 2023년 소방학개론 기출문제 ······ 465
- 2022년 소방학개론 기출문제 ······ 470
- 2021년 소방학개론 기출문제 ······ 473
- 2020년 소방학개론 기출문제 ······ 476
- 2019년 소방학개론 기출문제 ······ 479
- 2018년 하반기 소방학개론 기출문제 ······ 482

Sintali

Simple Detail (2026)

연소

Ⅰ

CHAPTER 01   기본이론
CHAPTER 02   연소이론
CHAPTER 03   연소의 분류
CHAPTER 04   연소생성물

CHAPTER 01 기본이론

1 물질의 변화

01 □□□ 09 전북

물질의 온도변화 없이 상태의 변화가 있는 것은?

① 현열 ② 잠열
③ 비열 ④ 감열

02 □□□ 11 공채

물질과 열의 정의에 관한 설명으로 옳지 않은 것은?

① 비열은 단위 질량의 물체 1g을 1℃ 올리는 데 필요한 열량과 물 1g의 온도를 1℃ 올리는 데 필요한 열량과의 비율을 말한다.
② 현열은 온도의 변화를 수반하지 않고 상의 변화로 생성되는 에너지이며 잠열은 상의 변화를 수반하지 않고 온도변화가 있을 때 필요한 에너지를 말한다.
③ 융점은 대기압 하에서 고체가 용융하여 액체가 되는 온도를 말한다.
④ 1Btu는 1lb의 물을 1℉ 높이는 데 필요한 열량을 말한다.

---

01 정답 ② LINK 기본서 23p

② 잠열(숨은열)은 물질의 **온도변화 없이 상변화가 있을 때** 필요한 열량이다.

선지체크

① ④ 현열(감열): 물질의 **상변화 없이 온도변화가 있을 때** 필요한 열량이다.
③ 비열[kcal/kg · ℃]: 1[kg] 물질을 1[℃] 올리는 데 필요한 열량이다.

추가학습

- 물의 비열: 1[kcal/kg · ℃]
- 융해잠열: 80[kcal/kg]
- 기화(증발)잠열: 539[kcal/kg]

02 정답 ② LINK 기본서 23p

② **잠열(숨은열)**은 온도의 변화를 수반하지 않고 상의 변화로 생성되는 에너지이며 **현열(감열)**은 상의 변화를 수반하지 않고 온도변화가 있을 때 필요한 에너지를 말한다.

선지체크

③ 융점은 녹는점이다.
④ 1Btu는 영국의 열량 단위로 1[lb]의 물을 1[℉] 높이는 데 필요한 열량을 말한다.

03

다음 그래프는 1기압 하에서 -20℃의 얼음 1g이 가열되는 동안의 온도변화를 나타낸 것이다. 그래프에 대한 설명으로 옳지 않은 것은?

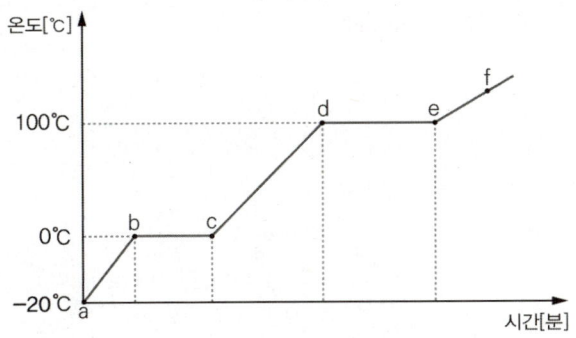

① 구간 b~c, 구간 d~e에서 잠열을 흡수한다.
② 구간 a~b, 구간 c~d, 구간 e~f에서 현열을 흡수한다.
③ 구간 b~c에서 흡수하는 열량은 약 80cal 이다.
④ 구간 c~d에서 흡수하는 열량은 약 100cal 이다.
⑤ 구간 b~e에서 소요되는 열량은 약 619cal 이다.

04

0℃ 얼음 1kg이 수증기 100℃가 되려면 몇 [kcal]가 필요한가?

① 619kcal ② 639kcal
③ 719kcal ④ 1278kcal

---

03 정답 ⑤

⑤ b~c: 80[cal]
c~d: 100[cal]
d~e: 539[cal]
∴ 80 + 100 + 539 = 719[cal]

선지체크
① b~c, d~e 구간은 온도변화 없이 상변화가 있는 구간으로 **잠열**이 필요하다.
② a~b, c~d, e~f 구간은 상변화 없이 온도변화가 있는 구간으로 **현열**이 필요하다.
③ b~c 구간은 온도변화 없이 상변화(얼음→물)가 있는 구간으로 80[cal](융해잠열)의 열량이 필요하다.
④ c~d: 100[cal] (물의 비열은 1[cal/g·℃])

추가학습

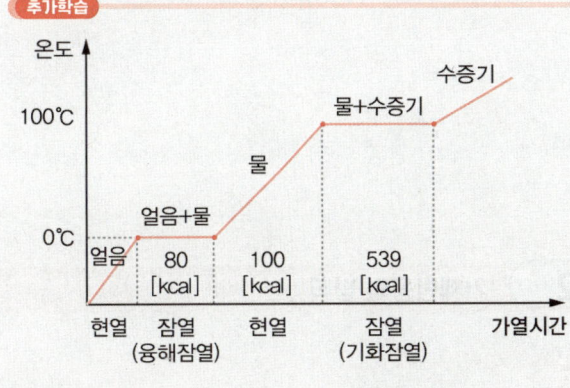

04 정답 ③

계산과정
1. 0℃ 얼음 → 0℃ 물: 80[kcal]
2. 0℃ 물 → 100℃ 물: 100[kcal]
3. 100℃ 물 → 100℃ 수증기: 539[kcal]
∴ 80 + 100 + 539 = 719[kcal]

05   14 울산

0°C 물 1g이 수증기 100°C가 되려면 몇 [cal]가 필요한가?

① 619cal   ② 639cal
③ 719cal   ④ 1278cal

05 정답 ② LINK 기본서 23p

계산과정
1. 0°C 물 → 100°C 물: 100[cal]
2. 100°C 물 → 100°C 수증기: 539[cal]

∴ 100 + 539 = 639[cal]

---

2 기체반응의 법칙

06   18 공채

0°C, 1atm인 완전히 밀폐된 지하실에서 화재가 발생하였다. 화재로 인해 화재실의 온도가 400°C로 증가하였다. 화재로 인한 공기와 연기의 평균 분자량과 질량은 동일하고, 모두 이상기체로 거동하게 될 때, 화재로 인한 화재실의 압력은 몇 배 증가하는가?(소수점 둘째 자리에서 반올림한다)

① 2.1   ② 2.3
③ 2.5   ④ 2.7

06 정답 ③ LINK 기본서 24~25p

계산과정
보일-샤를의 법칙 적용

1. $\dfrac{P_1 V_1}{T_1} = \dfrac{P_2 V_2}{T_2}$

2. 부피는 변화가 없으므로 고려하지 않는다.

3. $\dfrac{P_1}{T_1} = \dfrac{P_2}{T_2}$

4. $P_2 = \dfrac{T_2}{T_1} \times P_1 = \dfrac{273+400}{273+0} \times P_1 = 2.465 P_1 ≒ 2.5$배

07

800℃, 1기압에서 황(S) 1kg이 공기 중에서 완전연소할 때 발생되는 이산화황의 발생량[㎥]은?(단, 황(S)의 원자량은 32, 산소(O)의 원자량은 16이며, 이상기체로 가정한다)

① 2.00
② 2.35
③ 2.50
④ 2.75

07 정답 ④

계산과정

1. 황의 완전연소 반응식: $S + O_2 \rightarrow SO_2$
   → 황(S) 1몰 완전연소 시 이산화황(SO_2) 1몰이 발생한다.

2. 몰수 = $\dfrac{질량}{분자량}$ 이다. 따라서 질량 = 몰수×분자량이다.
   → 황(S)의 분자량: 32, 이산화황(SO_2)의 분자량: 32+(16+16)=64
   → 황(S)의 질량: 1몰×32 = 32g, 이산화황의 질량: 1몰×64 = 64g
   → 황 32g 완전연소 시 이산화황은 64g이 발생한다는 것으로, 1:2의 비율이다. 따라서 황 1kg의 완전연소 시에는 이산화황 2kg이 발생하게 된다.

3. 문제에서는 질량이 아닌 부피(체적)[㎥]을 물어봤기 때문에 이상기체 상태 방정식을 통해 부피의 값을 구해야 한다.

$$PV = nRT = \frac{W}{M}RT$$

- P: 압력[atm]
- V: 부피(체적)[L]
- n: 몰수
- R: 기체상수[0.082(atm·l/mol·K)]
- W: 기체의 질량[g]
- M: 분자량
- T: 절대온도[K]

$$\therefore V = \frac{\frac{W}{M}RT}{P} = \frac{\frac{2000}{64} \times 0.082 \times (273+800)}{1}$$
$$= 2749.5625[l] = 2.749[m^3] ≒ 2.75[m^3]$$

CHAPTER 02 연소이론

1 연소의 정의

01
연소는 가연성 물질이 ( )와 만나 ( )과 ( )을 수반하며 급격히 ( )하는 현상이다. ( )의 내용으로 옳은 것은?

① 산소 – 빛 – 색 – 산화
② 산소 – 빛 – 열 – 산화
③ 질소 – 빛 – 색 – 산화
④ 질소 – 빛 – 열 – 산화

02
산화반응과 환원반응에 대한 설명으로 옳은 것은?

① 전자를 얻는 것은 산화반응, 전자를 잃는 것은 환원반응이라 한다.
② 산소를 잃는 것은 산화반응이라고 한다.
③ 산화제는 자신은 산화되고 다른 물질을 환원시킨다.
④ 수소를 잃는 변화도 산화반응이다.

---

01 정답 ② LINK 기본서 26p
② 연소는 가연성 물질이 **산소**와 만나 **빛**과 **열**을 수반하며 급격히 **산화**하는 현상이다.

02 정답 ④ LINK 기본서 26p
④ 수소, 전자를 잃는 것은 산화반응이다.

선지체크
① 전자를 얻는 것은 **환원반응**, 전자를 잃는 것은 **산화반응**이라 한다.
② 산소를 잃는 것은 **환원반응**이라고 한다.
③ 산화제는 자신은 **환원**되고 다른 물질을 **산화**시킨다.

추가학습

| 산화·환원반응 |

구 분	산소	수소, 전자
산화반응	얻다	잃다
환원반응	잃다	얻다

| 용어정리 |
① 산화제: 산화성 물질로 다른 물질은 산화시키며 **자신은 환원**되는 물질이다.
② 환원제: 환원성 물질로 다른 물질은 환원시키며 **자신은 산화**되는 물질이다.

2 연소의 조건(3요소 및 4요소)

03 ☐☐☐ 12 울산

일반적으로 분류하는 연소의 3요소로 옳은 것은?

① 가연물, 점화원, 연쇄반응
② 가연물, 질소원, 산소공급원
③ 가연물, 점화원, 산소공급원
④ 가연물, 점화원, 환원물질

04 ☐☐☐ 13 전북

연소란 가연성 물질이 공기 중의 산소 등과 급격한 반응으로 열과 빛을 내는 발열 산화반응에 의해 발생하는 열에너지에 의하여 자발적으로 반응이 지속되는 현상이다. 다음 중 연소의 3요소가 아닌 것은?

① 고체물질
② 조연성물질(공기)
③ 촉매
④ 활성화 에너지

---

03 ☑정답 ③   LINK 기본서 27p

③ 연소가 일어나기 위해서는 연소의 3요소 또는 4요소가 필요하다. 연소의 3요소는 **가연물**, **산소공급원**, **점화원**이다.

추가학습

| 연소의 조건 |
① 연소의 **3요소**: 가연물, 산소공급원, 점화원 (**작열연소**)
② 연소의 **4요소**: 가연물, 산소공급원, 점화원, 연쇄반응 (**불꽃연소**)

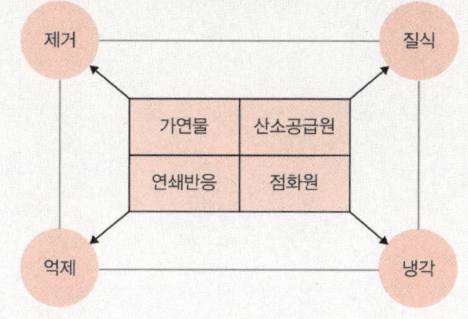

04 ☑정답 ③   LINK 기본서 27p

③ 촉매란 다른 화학반응의 속도에 영향을 주는 것으로 반응속도를 증가시키면 정촉매, 반응속도를 감소시키면 부촉매라 한다. 즉, **촉매**는 연쇄반응으로 **연소의 4요소**에 해당하며 이 연쇄반응을 차단하면 **부촉매 소화**라고 한다.

선지체크

① 고체물질 – 가연물
② 조연성물질(공기) – 산소공급원
④ 활성화 에너지 – 점화원

05

활성화 에너지와 가장 관련 있는 것은?

① 가연물 ② 산소공급원
③ 점화원 ④ 연쇄반응

05 정답 ③
③ 활성화 에너지는 화학반응이 진행되기 위한 **최소한의 에너지**로 점화원과 가장 관련 있다.

추가학습
| 활성화에너지 |

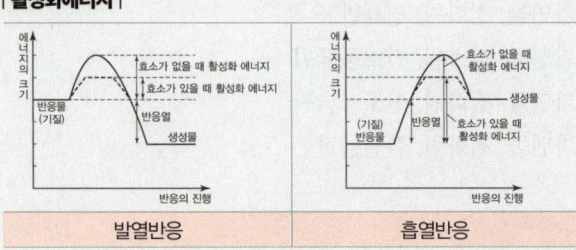

06

연소의 4요소에 해당하는 것으로 옳지 않은 것은?

① 폭발적이고 빠른 속도로 연소하는 자기반응성 물질
② 기체를 압축할 때 발생하는 열
③ 산화반응을 하는 가연물
④ 공기 중 질소가스를 봉입하는 것

06 정답 ④
④ 질소는 **산화흡열반응** 물질로 가연물이 될 수 없다.

$$N_2 + \frac{1}{2}O_2 \rightarrow N_2O - Q[kcal]$$

선지체크
① **자기반응성 물질**은 가연성이며 산소를 함유하고 있는 물질로 **산소 공급원**이 될 수 있다.
② 기체를 압축하면 분자들의 운동에너지가 증가한다. 이 압축 과정이 단열로 진행되면, 내부의 온도는 상승하게 된다. 이 때 발생하는 열은 **압축열**이며, **기계적 점화원**에 해당된다.

07

연소에 관한 설명으로 옳지 않은 것은?

① 연소란 빛과 열을 수반하는 산화반응 현상이다.
② 연소의 3요소란 가연물, 산소공급원, 점화원을 말한다.
③ 연소의 4요소란 가연물, 산소공급원, 점화원, 연쇄반응을 말한다.
④ 산소는 가연성 물질로서 그 양이 많을수록 연소를 활성화시킬 수 있다.

07 정답 ④
④ 산소는 **조연성(지연성)물질**로서 그 양이 많을수록 연소를 활성화시킬 수 있다.
→ 조연성이란 자신은 연소하지 않고 가연물이 잘 탈 수 있도록 도와주는 성질을 말한다.

08

17 공채

가연물의 구비조건으로 옳은 것은?

① 산소와 친화력이 작을 것
② 발열량과 비표면적이 작을 것
③ 열전도도가 작을 것
④ 활성화 에너지가 클 것

08 정답 ③

③ 열전도도가 작아야 열 축적이 용이해진다.

선지체크
① 연소가 되기 위해서는 산화반응을 해야 하므로 산소와 친화력이 **커야 한다**.
② 발열량(연료가 연소했을 때 방출하는 열량)과 산소와 접촉할 수 있는 비표면적이 **커야 한다**.
④ 활성화 에너지는 화학반응이 진행되기 위한 최소한의 에너지를 말하며 **활성화 에너지가 작을수록** 반응속도가 빠르다.

추가학습

| 가연물이 되기 쉬운 조건 |
① 산소와 친화력이 클 것
② 표면적이 클 것
③ 발열량(연소열)이 클 것
④ 최소산소농도, 한계산소지수가 낮을 것
⑤ 활성화 에너지(점화에너지)가 작을 것
⑥ 열전도율(열전도도)이 작을 것
⑦ 수분의 함유량이 적을 것
⑧ 열용량이 작을 것
⑨ 연쇄반응을 수반할 것

09

10 전북

가연물 구비조건으로 옳지 않은 것은?

① 열전도도가 작아야 한다.
② 활성화 에너지는 작아야 한다.
③ 지연성 가스와 친화력이 좋아야 한다.
④ 산화흡열하는 물질이어야 한다.

09 정답 ④

④ 가연물은 산화반응 시 **발열반응**을 할 수 있는 물질이어야 한다. 연소에 의해 발생되는 발열량(연소열)이 클수록 연소되기 쉽다.

선지체크
① **열전도도가 작을수록** 열축적이 용이하므로 연소되기 쉽다.
② 화학반응 시 필요한 에너지의 값(**활성화에너지**)**이 작을수록** 연소되기 쉽다.
③ 지연성 가스란 자신은 연소하지 않고 가연물이 탈 수 있도록 도와주는 가스로 대표적인 물질은 산소이다. 따라서 **산소와 반응하기 쉬울수록** 연소되기 쉽다.

10
가연물의 구비조건으로 옳지 않은 것은?　　16, 14, 13 공채

① 활성화 에너지가 작을 것
② 산소와 친화력이 클 것
③ 열전도도가 클 것
④ 발열량과 비표면적이 클 것

11
가연물의 구비조건으로 옳지 않은 것은?　　13 경기

① 화학적 활성도가 커야 한다.
② 활성화 에너지가 커야 한다.
③ 점화에너지가 작아야 한다.
④ 산소와 친화력이 커야 한다.

12
연소에 필요한 가연물질의 구비조건으로 옳지 않은 것은?　　10 충북

① 화학반응을 일으킬 때 필요한 최소에너지값은 커야 한다.
② 열전도도가 낮아야 한다.
③ 비표면적이 커야 한다.
④ 화학적 활성도가 커야 한다.

---

10 정답 ③　　LINK 기본서 27~28p
③ 열전도도가 **작아야** 열축적이 용이하므로 연소되기 쉽다.

선지체크
① 화학반응 시 필요한 에너지의 값(**활성화에너지**)이 **작을수록** 연소되기 쉽다.
② **산소와 반응하기 쉬울수록**(산소와 친화력이 클수록) 연소되기 쉽다.
④ 연소에 의해 발생되는 **발열량이 클수록**, 산소와 접촉할 수 있는 **표면적이 클수록** 연소되기 쉽다.

11 정답 ②　　LINK 기본서 27~28p
② 활성화 에너지가 **작을수록** 연소되기 쉽다.

선지체크
① **화학적 활성도**는 화학적 반응이 잘 일어나는 정도를 나타내는 것으로 **클수록** 가연물이 되기 쉽다.
③ **점화에너지**는 가연물이 연소되기 위한 최소한의 에너지로 점화에너지가 **작을수록** 반응속도가 빠르다.
④ **산소와 반응하기 쉬울수록** 연소되기 쉽다.

12 정답 ①　　LINK 기본서 27~28p
① 화학반응을 일으킬 때 필요한 최소에너지값(**활성화에너지**)은 **작아야 한다.** 즉, **작은 에너지만으로도 쉽게 변화**가 일어날 수 있어야 한다.

선지체크
② **열전도도가 작을수록** 열축적이 용이하므로 연소되기 쉽다.
③ 산소와 접촉할 수 있는 **표면적이 클수록** 연소되기 쉽다.
④ **산화반응(화학적 반응, 화학적 활성도)이 클수록** 연소되기 쉽다.

13

19 간부

가연물이 되기 위한 조건으로 옳지 않은 것은?

① 열전도율이 높을 것
② 활성화 에너지가 작을 것
③ 산화가 잘되며 발열량이 높을 것
④ 연쇄반응이 일어나기 쉬운 물질일 것
⑤ 산소와 친화력이 높으며 표면적이 넓을 것

13 정답 ①

LINK 기본서 27~28p

① 열전도율이 **낮을수록** 열축적이 용이하여 가연물이 되기 쉽다.

선지체크

② 화학반응 시 필요한 에너지의 값(**활성화에너지**)이 **작을수록** 연소되기 쉽다.
③ **산화반응(화학적 반응, 화학적 활성도)가 클수록**, 연소에 의해 발생되는 **발열량이 클수록** 연소되기 쉽다.
④ 연소현상이 **연쇄적으로 반응(발생)**해야 한다.
⑤ **산소와 반응하기 쉬울수록**, 산소와 접촉할 수 있는 **표면적이 클수록** 연소되기 쉽다.

14

23 간부

가연성물질이 되기 쉬운 조건에 해당하지 않는 것은?

① 열전도도 값이 작아야 한다.
② 연쇄반응을 일으킬 수 있어야 한다.
③ 활성화 에너지가 크고 발열량이 작아야 한다.
④ 조연성 가스인 산소와의 결합력이 커야 한다.
⑤ 산소와 접촉할 수 있는 표면적이 커야 한다.

14 정답 ③

LINK 기본서 27~28p

③ 화학반응 시 필요한 에너지의 값(**활성화에너지**)이 **작을수록**, 연소에 의해 발생되는 **발열량이 클수록** 연소되기 쉽다.

선지체크

① **열전도도가 작을수록** 열축적이 용이하므로 연소되기 쉽다.
② 연소현상이 **연쇄적으로 발생**해야 한다.
④ 조연성(지연성) 가스란 자신은 연소하지 않고 가연물이 탈 수 있도록 도와주는 가스로 대표적인 물질은 산소이다. 따라서 **산소와 반응하기 쉬울수록** 연소되기 쉽다.
⑤ 산소와 접촉할 수 있는 **표면적이 클수록** 연소되기 쉽다.

15

다음 중 불연성 물질에 해당하지 않는 것은?

① He(헬륨)
② CO_2(이산화탄소)
③ P_2O_5(오산화인)
④ HCN(시안화수소)
⑤ SO_3(삼산화황)

15 정답 ④ LINK 기본서 28p

④ HCN(시안화수소)
- 질소성분을 가진 합성수지, 인조견, 모직물 등 섬유가 불완전연소 할 때 발생한다.
- 무색의 맹독성 가스(청산가스)이며 **가연성 가스**이다.
- 일산화탄소와는 다르게 헤모글로빈과 결합하지 않고도 호흡 저해를 통한 질식을 유발한다.

선지체크

가연물이 될 수 없는 물질(불연성)

① 완전산화 물질
- 산소와 이미 결합되어 더 이상 산화반응을 하지 않는다.
- 물(H_2O), **이산화탄소(CO_2)**, 산화알루미늄(Al_2O_3), **오산화인(P_2O_5)**, 삼산화크로뮴(CrO_3), 규조토(산화규소)(SiO_2), **삼산화황(SO_3)** 등

② 0족(18족)의 불활성 기체
- 활성(결합력)이 없으므로 산소와 결합하지 못한다.
- **헬륨(He)**, 네온(Ne), 아르곤(Ar), 크립톤(Kr), 크세논(Xe), 라돈(Rn)

③ 산화흡열반응 물질
- 산소와는 반응하나 발열반응이 아닌 흡열반응한다.
- 질소(N_2) 또는 질소산화물

④ 자체가 연소하지 않는 물질
- 돌, 흙 등

추가학습

| 고압가스 안전관리법에 따른 가연성 가스 |

① 공기 중에서 연소하는 가스로서 **상한과 하한의 차가 20퍼센트 이상**인 것
② **폭발한계의 하한이 10퍼센트 이하**인 것
③ 종류: 아크릴로니트릴, 아크릴알데히드, 아세트알데히드, 아세틸렌, 암모니아, 수소, 황화수소, **시안화수소**, 일산화탄소, 이황화탄소, 메탄, 염화메탄, 브롬화메탄, 에탄, 염화에탄, 염화비닐, 에틸렌, 산화에틸렌, 프로판, 시클로프로판, 프로필렌, 산화프로필렌, 부탄, 부타디엔, 부틸렌, 메틸에테르, 모노메틸아민, 디메틸아민, 트리메틸아민, 에틸아민, 벤젠, 에틸벤젠

16

연소반응은 빛과 발열을 동반하는 산화반응이다. 산화반응 중 연소 반응으로 옳지 않은 것은?

① $C + O_2 \rightarrow CO_2$
② $N_2 + O_2 \rightarrow 2NO$
③ $2NH_3 + \frac{3}{2}O_2 \rightarrow 3H_2O + N_2$
④ $2HCN + \frac{5}{2}O_2 \rightarrow 2CO_2 + H_2O + N_2$

16 정답 ② LINK 기본서 28p

② 화학반응식의 옳고 그름을 판단하는 것이 아닌 산화반응을 일으키지 않는 물질을 찾는 문제이다. **질소는 산소와 반응하나 흡열반응**하므로 연소반응이 일어나지 않는다.

$$N_2 + \frac{1}{2}O_2 \rightarrow N_2O - Q\,[kcal]$$

선지체크

① 탄소의 화학반응으로 가연성 탄소일 경우 연소반응이 일어난다.
③ 암모니아의 화학반응으로 암모니아는 가연성이며 독성가스로 연소반응이 일어난다.
④ 시안화수소의 화학반응으로 시안화수소는 가연성이며 독성가스로 연소반응이 일어난다.

17

14 공채

산화성 물질로서 산소공급원이 될 수 없는 위험물은?

① 제1류 위험물 ② 제2류 위험물
③ 제5류 위험물 ④ 제6류 위험물

17 정답 ②

LINK 기본서 28~29p

② 제2류 위험물은 가연성 고체로 산소를 함유하고 있지 않기 때문에 산소공급원이 될 수 없다.

추가학습

| 산소공급원 |

① 공기: 공기 중 약 21[V%]를 차지하고 있는 산소가 산소공급원으로서 가장 대표적이다.
② 산화성 물질: 분자 내에 다량의 산소를 함유하고 있어, 가열·충격·마찰에 의해 산소를 발생시켜 가연물질에 산소를 공급해주는 것이다.
　ex 제1류 위험물(산화성 고체), 제6류 위험물(산화성 액체)
③ 자기반응성 물질: 물질 자체가 가연성이며 산소를 함유하고 있어 외부의 산소 공급 없이 연소가 가능하다.
　ex 제5류 위험물(자기반응성 물질)
④ 조연성(지연성)가스: 자신은 연소하지 않고 가연물이 잘 탈 수 있도록 도와주는 가스
　ex 산소, 이산화질소, 산화질소, 불소, 염소, 오존 등

18

12 세종

점화원으로 옳지 않은 것은?

① 분해열 ② 저항열
③ 기화열 ④ 단열압축열

18 정답 ③

LINK 기본서 30~31p

③ 기화열은 액체가 기화할 때 외부로부터 흡수하는 열량으로 점화원이 될 수 없다.

선지체크

① 분해열: 화학적 점화원으로 물질이 분해될 때 관여하는 열
② 저항열: 전기적 점화원으로 전열기, 백열전구 등 전류가 흐르면 줄의 법칙(열에너지 발생)에 의해 발생하는 열
④ 단열압축열: 기계적 점화원으로 밀폐된 계 내부에서 압축 시 압력 증가로 인한 온도상승

추가학습

| 점화원의 종류 |

① 전기적 점화원: 저항열, 아크열, 낙뢰, 정전기, 유도열, 누전열, 유전열, 전기스파크 등
② 화학적 점화원: 용해열, 연소열, 분해열, 자연발열(자연발화) 등
③ 기계적 점화원: 마찰열, 충격(스파크), 단열압축열 등
④ 열적 점화원: 고온표면, 적외선, 복사열, 나화(裸火) 등

CHAPTER 02 연소이론

19   09 부산

점화원의 형태에 따른 분류 중 전기적 점화원으로 옳지 않은 것은?

① 저항열
② 유도열
③ 단열압축열
④ 유전열

19 정답 ③ LINK 기본서 30p

③ **단열압축열**은 밀폐된 계 내부에서 압축 시 압력증가로 인한 온도상승으로 **기계적 점화원**이다.

선지체크
① 저항열: 전열기, 백열전구 등 전류가 흐르면 줄의 법칙(열에너지 발생)에 의해 발생하는 열에너지
② 유도열: 도체 주위의 자장변화에 의해 발생(전위차 발생)하며 전류의 흐름에 의한 열에너지
④ 유전열: 전선피복의 불량으로 인한 누설전류(절연감소)에 의해 발생하는 열에너지

20   15 공채

정전기 방지를 위한 예방대책으로 옳지 않은 것은?

① 정전기 발생이 우려되는 장소에 접지를 한다.
② 공기를 이온화하여 정전기 발생을 예방한다.
③ 전기의 저항이 큰 물질은 대전이 용이하므로 부도체 물질을 사용한다.
④ 공기의 상대습도를 70% 이상으로 한다.

20 정답 ③ LINK 기본서 31p

③ 정전기를 방지하기 위해서는 전도성이 큰 **도체 물질을 사용**해야 한다.

추가학습

| 정전기 방지대책 |
① **접지 및 본딩** 한다.
② **상대습도를 70% 이상** 유지한다.
③ **전도성이 큰 물체(도체)를 사용**한다.
④ 배관 내 유속을 제한하여 마찰을 감소시킨다.
⑤ **공기를 이온화**한다.
⑥ 대전방지제를 사용한다.
⑦ 제전기를 사용한다.
⑧ **전위차를 작게('0'으로)** 한다.

21   13 공채

연소이론 등에 관련된 내용으로 옳지 않은 것은?

① 자연발화는 밀폐된 공간 등에서 외부로부터 점화원의 공급을 받지 않고 물질 자체적인 열의 축적으로 온도가 서서히 상승하여 발화점 이상이 되면서 발화하는 것이다.
② 정전기의 방지대책으로 유속을 제한한다.
③ 접지를 하거나, 공기를 이온화하며 상대습도를 60% 이하로 하여 정전기를 방지할 수 있다.
④ 자연발화의 방지대책으로 저장실의 온도를 낮게 유지하여 실내에 열 축적이 용이하지 않도록 하며 적당한 습기는 물질에 따라 자연발화의 촉매작용을 하므로, 습도가 높은 곳을 피한다.

21 정답 ③ LINK 기본서 31p, 40~41p

③ 정전기를 방지하려면 접지를 하고, 공기를 이온화하며 상대습도를 **70% 이상**으로 한다.

추가학습

| 방지대책 |
① 정전기: 상대습도 70% 이상 유지한다.
② 자연발화: 습도가 높지 않게 건조함을 유지한다.

22

정전기 예방대책으로 옳은 것만을 〈보기〉에서 있는 대로 고른 것은?

〈보기〉
ㄱ. 공기를 이온화한다.
ㄴ. 전기전도성이 큰 물체를 사용한다.
ㄷ. 접촉하는 전기의 전위차를 크게 한다.

① ㄱ
② ㄷ
③ ㄱ, ㄴ
④ ㄴ, ㄷ
⑤ ㄱ, ㄴ, ㄷ

22 정답 ③

ㄷ. 접촉하는 전기의 전위차를 작게 한다.

추가학습

| 정전기 발생원리 |

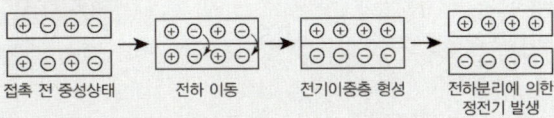

접촉 전 중성상태 → 전하 이동 → 전기이중층 형성 → 전하분리에 의한 정전기 발생

23

20℃, 1기압의 프로판(C_3H_8) 1[㎥]를 완전연소시키는 데 필요한 20℃, 1기압의 산소 부피는 얼마인가?

① 1[㎥]
② 3[㎥]
③ 5[㎥]
④ 7[㎥]

23 정답 ③

③ 프로판[C_3H_8]: $C_3H_8 + 5O_2 \rightarrow 3CO_2 + 4H_2O$

반응 전과 반응 후의 원자의 개수는 추가되거나 사라져서는 안 된다.
프로판 1[㎥]을 완전연소하는데 산소 5[㎥]이 필요하다.

추가학습

| 완전연소반응식 |

$$C_mH_n + (m + \frac{n}{4})O_2 \rightarrow mCO_2 + \frac{n}{2}H_2O$$

① 메탄[CH_4]: $CH_4 + 2O_2 \rightarrow CO_2 + 2H_2O$
② 에탄[C_2H_6]: $C_2H_6 + 3.5O_2 \rightarrow 2CO_2 + 3H_2O$
③ 프로판[C_3H_8]: $C_3H_8 + 5O_2 \rightarrow 3CO_2 + 4H_2O$
④ 부탄[C_4H_{10}]: $C_4H_{10} + 6.5O_2 \rightarrow 4CO_2 + 5H_2O$

24

메탄(CH_4) 1[㎥]에서 완전연소반응식에서 산소의 부피는?

① 1[㎥]
② 2[㎥]
③ 3[㎥]
④ 4[㎥]

24 정답 ②

② 메탄[CH_4]: $CH_4 + 2O_2 \rightarrow CO_2 + 2H_2O$

반응 전과 반응 후의 원자의 개수는 추가되거나 사라져서는 안 된다.
메탄 1[㎥]을 완전연소하는데 산소 2[㎥]이 필요하다.

25

1기압, 20℃인 조건에서 메탄(CH_4) 2[㎥]가 완전연소하는 데 필요한 산소 부피는 몇 [㎥]인가?

① 2
② 3
③ 4
④ 5

25 정답 ③ 기본서 29p

③ 메탄[CH_4] 1[㎥] 완전연소반응식: $CH_4 + 2O_2 \rightarrow CO_2 + 2H_2O$
- 메탄 1[㎥]가 완전연소하는데 산소 2[㎥]가 필요하다.
- 따라서 메탄 2[㎥]가 완전연소하는 데에는 산소 4[㎥]가 필요하다.
$2CH_4 + 4O_2 \rightarrow 2CO_2 + 4H_2O$

26

부탄(Butane)이 완전연소할 때의 연소 반응식이다. a+b+c의 값은?

$$2C_4H_{10} + (a)O_2 \rightarrow (b)CO_2 + (c)H_2O$$

① 10
② 17
③ 24
④ 31
⑤ 36

26 정답 ④ 기본서 29p

④ 부탄[C_4H_{10}] 1[㎥] 완전연소반응식:
$C_4H_{10} + 6.5O_2 \rightarrow 4CO_2 + 5H_2O$
- 2[㎥] 완전연소 시: $2C_4H_{10} + 13O_2 \rightarrow 8CO_2 + 10H_2O$
- a+b+c = 13+8+10 = 31

27

표준상태에서 메테인(CH_4) 2mole이 완전연소할 때 필요한 산소의 부피[L]는?

① 11.2
② 22.4
③ 44.8
④ 89.6

27 정답 ④ 기본서 25p, 29p

메테인의 완전연소반응식
$2CH_4 + 4O_2 \rightarrow 2CO_2 + 4H_2O$
→ 메테인 2몰이 완전연소할 때 산소 4몰이 필요하다.
→ 1몰 = 22.4[L]
∴ 4 × 22.4 = 89.6[L]

28

프로판이 1[㎥]에서 완전연소하기 위하여 필요한 최소산소농도(MOC)는 몇 %인가?

① 4.5% ② 10.5%
③ 12.5% ④ 46.5%

28 정답 ② LINK 기본서 29p, 33p

② 최소산소농도 = 연소하한계(LFL) × 산소의 양론계수

$$(\therefore 산소의\ 양론계수 = \frac{산소몰수}{연료몰수})$$

- 프로판[C_3H_8] : $C_3H_8 + 5O_2 \rightarrow 3CO_2 + 4H_2O$
- 프로판 연소범위 : 2.1~9.5
- **2.1 × 5 = 10.5[%]**

29

0℃, 1기압인 조건에서 프로페인(C_3H_8)의 완전연소조성식으로부터 얻을 수 있는 내용으로 옳지 않은 것은? (단, 공기의 조성비는 질소(N_2) 79 vol%, 산소(O_2) 21 vol%이다.)

① 프로페인 1mol이 완전연소하면 약 72g의 물이 생성된다.
② 프로페인 0.5mol이 완전연소하는 데 약 2.5mol의 산소가 필요하다.
③ 프로페인 44g이 완전연소하면 약 132g의 이산화탄소가 생성된다.
④ 프로페인 1mol이 완전연소하는 데 약 23.8mol의 공기가 필요하다.
⑤ 프로페인 0.5mol이 완전연소하는 데 필요한 공기 중 질소의 양은 약 18.8mol이다.

29 정답 ⑤ LINK 기본서 29p

⑤ 완전연소반응식 : $C_3H_8 + 5O_2 \rightarrow 3CO_2 + 4H_2O$
프로페인 1mol이 완전연소하는데 약 23.8mol의 공기가 필요하다.
→ 프로페인 0.5mol이 완전연소하는데 약 11.9mol의 공기가 필요하다.
∴ 질소는 공기 중 79vol% 있으므로 11.9 × 0.79 = **9.401**

선지체크

① 프로페인 1mol일 때 물은 4mol이 생성된다.
→ H의 원자량 : 1, O의 원자량 : 16으로 H_2O의 분자량은 18이다.
∴ $4H_2O = 4 \times 18 = $ **72g**

② $0.5C_3H_8 + $ **2.5** $O_2 \rightarrow 1.5CO_2 + 2H_2O$

③ 프로페인 1mol일 때 이산화탄소는 3mol이 생성된다.
프로페인 44g이면 이산화탄소는 **132g**이 생성된다.
→ C의 원자량 : 12, O의 원자량 : 16으로 CO_2의 분자량은 44이다.
∴ $3CO_2 = 3 \times 44 = $ **132g**

④ 이론공기량 $= \dfrac{이론산소량}{21\%} = \dfrac{이론산소량}{0.21}$

$= \dfrac{5}{0.21} = $ **약 23.8mol**

30 | 21 공채

최소산소농도(MOC: Minimum Oxygen Concentration)에 대한 설명으로 옳지 않은 것은?

① 연소상한계에 의해 최소산소농도가 결정된다.
② 연소할 때 화염이 전파되는 데 필요한 임계산소농도를 말한다.
③ 완전연소반응식의 산소 몰수에 의해 최소산소농도가 결정된다.
④ 프로판(C_3H_8) 1몰(mol)이 완전 연소하는 데 필요한 최소산소농도는 10.5%이다.

30 정답 ①

① **연소하한계**에 의해 최소산소농도가 결정된다.

추가학습

| 최소산소농도(MOC: Minimum Oxygen Concentration) |

① 최소산소농도는 화염전파를 위한 최소한의 산소농도로서, 산소농도를 최소산소농도보다 낮게 낮추면 연료농도에 관계없이 연소 및 폭발방지가 가능하다.
② 최소산소농도의 계산식

최소산소농도 = 연소하한계 × 산소의 양론계수

$$(\therefore 산소의\ 양론계수 = \frac{산소몰수}{연료몰수})$$

31 | 22 공채

메틸알코올(CH_3OH)의 최소산소농도(MOC: Minimum Oxygen Concentration, %)로 옳은 것은?(CH_3OH의 연소상한계는 37%, 연소범위의 상·하한 폭은 30%이다.)

① 5.0 ② 8.5
③ 10.5 ④ 14.0

31 정답 ③

③ 메틸알코올(CH_3OH) 완전연소반응식:
$$CH_3OH + 1.5O_2 \rightarrow CO_2 + 2H_2O$$

- 연소하한계 = 연소상한계 − 연소범위의 상·하한 폭
  = 37 − 30 = 7[%]
- 최소산소농도 = 연소하한계(LFL) × 산소의 양론계수
  = 7 × 1.5 = 10.5[%]

32 | 23 간부

에틸알코올(C_2H_5OH)의 최소산소농도(MOC)는?(단, 에틸알코올의 연소범위는 4.3~19 Vol%이며, 완전연소 생성물은 CO_2와 H_2O이다)

① 8.6 ② 10.8
③ 12.9 ④ 15.1
⑤ 17.2

32 정답 ③

③ 에틸알코올(C_2H_5OH) 완전연소반응식:
$$C_2H_5OH + 3O_2 \rightarrow 2CO_2 + 3H_2O$$

- 최소산소농도 = 연소하한계(LFL) × 산소의 양론계수
  = 4.3 × 3 = 12.9[%]

33

17 2차 공채

표준상태에서 공기 중 산소의 농도가 21% 일 때, 메탄(CH_4)의 완전연소하는데 필요한 공기량은 메탄이 차지하는 체적의 몇 배인가?

① 약 2배 ② 약 2.5배
③ 약 7배 ④ 약 9.5배

33 정답 ④ LINK 기본서 29p

[계산방법 1]

메탄[CH_4]: $CH_4 + 2O_2 \rightarrow CO_2 + 2H_2O$

- 메탄 1[㎥]이 완전연소하기 위해서는 산소 2[㎥]이 필요하다.
- 이론공기량 = $\dfrac{이론산소량}{0.21} = \dfrac{2}{0.21} = 9.52 ≒ 약 9.5배$

[계산방법 2]

메탄[CH_4]: $CH_4 + 2O_2 \rightarrow CO_2 + 2H_2O$

- 공기 중 산소의 농도 21%일 때 체적은 2[㎥]이다.

$$\dfrac{산소\ 농도}{21\%} : \dfrac{산소\ 몰수}{2㎥} = \dfrac{공기\ 농도}{100\%} : \dfrac{공기\ 몰수}{x}$$

- $21x = 200$
- $x = \dfrac{200}{21}$
- $x = 9.523 ≒ 약\ 9.5배$

추가학습

| 이론산소량 |

가연물질을 완전연소시키기 위해서 필요한 최소의 산소량이다.

이론산소량 = 이론공기량 × 21[%]

따라서, 이론공기량 = $\dfrac{이론산소량}{21[\%]} = \dfrac{이론산소량}{0.21}$ 이다.

34

18 공채

마그네슘 24g이 완전연소를 위해 필요한 이론 산소량은 얼마인가?
(단, Mg 원자량: 24, O 원자량: 16)

① 8   ② 16
③ 32 ④ 64

34 정답 ② LINK 기본서 29p

② 마그네슘[Mg]의 완전연소반응식: $Mg + 0.5O_2 \rightarrow MgO$

- Mg의 원자량이 24이므로 마그네슘 1mol의 경우 분자량이 24[g]이다.
- 마그네슘의 완전연소반응식에 의해 마그네슘 1mol 완전연소 시 산소는 0.5mol이 필요하다.
- 마그네슘(Mg) 24[g]에 필요한 산소(O_2)는 $0.5 \times (16+16) = 16$[g]이 필요하다.

3 연소범위(물적 조건)

35
13 전북

다음 중 연소범위의 특성으로 옳지 않은 것은?

① 연소범위 상한계값이 높을수록 위험성이 높아진다.
② 연소범위 하한계값이 낮을수록 위험성이 높아진다.
③ 연소범위가 넓을수록 위험성이 높아진다.
④ 연소범위에 따른 위험도가 높아지면 위험성이 낮아진다.

35 정답 ④ LINK 기본서 32~33p

④ 연소범위란 가연성 가스와 공기가 혼합하여 연소반응을 일으킬 수 있는 농도범위를 말하며, 이 연소범위를 활용하여 가연성 가스의 위험도를 구할 수 있다.
따라서 연소범위에 따른 위험도가 높아지면 위험성은 **높아진다**.

$$위험도\ H = \frac{연소상한계(UFL) - 연소하한계(LFL)}{연소하한계(LFL)}$$

$$= \frac{연소범위}{연소하한계}$$

추가학습

|연소범위 특징|

① 연소범위의 낮은 쪽 한계치를 연소하한계(LFL)라 한다. 지연성 가스는 많으나, 가연성 가스가 적어 연소하한계(LFL) 이하에서는 연소할 수 없다.
② 연소범위의 높은 쪽 한계치를 연소상한계(UFL)라 한다. 지연성 가스는 적고, 가연성 가스만 많아 연소상한계(UFL) 이상에서는 연소할 수 없다.
③ 연소하한계(LFL)가 낮을수록 위험성이 커진다.
④ 연소상한계(UFL)가 높을수록 위험성이 커진다.
⑤ 연소범위가 넓을수록 위험성이 커진다.
⑥ 온도와 농도가 높을수록 위험성이 커진다.

36
14 공채

가연성 가스의 연소범위의 특성으로 옳지 않은 것은?

① 연소범위의 상한계값이 높을수록 위험성은 증가한다.
② 주위온도가 높으면 연소범위는 좁아진다.
③ 연소범위의 하한계값이 낮아지면 위험성은 증가한다.
④ 불활성가스를 첨가할수록 연소범위가 좁아진다.

36 정답 ② LINK 기본서 33~35p

② 주위온도가 높으면 연소범위는 **넓어진다**.

추가학습

|연소범위에 영향을 주는 인자|

① **산소농도가 증가할수록** 연소범위는 **넓어진다**.
② **불활성가스의 함유량이 많을수록** 연소범위는 **좁아진다**.
③ **압력이 증가할수록** 분자간의 거리가 가까워져 유효충돌횟수가 증가되어 연소범위는 **넓어진다**.(예외: 수소, 일산화탄소)
④ **온도가 상승하면** 기체분자의 운동이 활발해져 유효충돌횟수가 증가되어 반응성이 활발해져 연소범위가 **넓어진다**.
⑤ **난류의 형성**은 분자간 유효충돌횟수를 증가시켜 연소범위가 **넓어진다**.

37

가연성 가스의 화염이 전파하는 연소범위에 관하여 옳지 않은 것은?

① 연소범위의 상한계를 측정하는 방법은 태그 밀폐식이다.
② 연소범위란 가연성 혼합기에 점화했을 때 화염이 지속되는 범위를 말한다.
③ 연소범위란 가연성가스가 화재를 일으킬 수 있는 위험성의 기준으로 상·하한계 차이가 클수록 위험성이 커진다.
④ 연소범위는 하한계가 낮을수록 위험도가 증가한다.

37 정답 ① LINK 기본서 32~33p, 37p

① 태그 밀폐식 시험기는 인화점이 80℃ 이하의 석유제품의 인화점 시험에 사용하는 것으로 **인화점 시험기**라고 불린다.

추가학습

| 인화점 측정 방법 |
① 신속 평형법
② 태그 밀폐식
③ 제클리브랜드개방식

38

연소범위에 대하여 옳지 않은 것은?

① 연소범위는 압력의 변화에 영향을 받지 않는다.
② 아세틸렌의 연소범위가 가장 넓다.
③ 연소범위란 연소에 필요한 가연성 혼합가스 농도범위를 말한다.
④ 압력이 높아지면 하한계는 변하지 않으나 상한계는 크게 변한다.

38 정답 ① LINK 기본서 32~35p

① 압력이 **증가할수록** 분자 간의 거리가 가까워져 유효충돌횟수가 증가하여 **연소범위는 넓어진다**.(예외: 수소, 일산화탄소)

선지체크

② 아세틸렌의 연소범위는 2.5~81%로 가장 넓다.
④ 압력이 높아지면 연소하한계는 약간 낮아지나 연소상한계는 크게 증가한다. 즉, 연소하한계보다 연소상한계의 영향이 크다.

39

가연성 연소범위에 대해 옳지 않은 것은?

① 일산화탄소는 압력이 증가할수록 연소범위가 넓어진다.
② 상한계가 높을수록 위험하다.
③ 하한계가 낮을수록 위험하다.
④ 연소범위가 넓을수록 위험하다.

39 정답 ① LINK 기본서 32~35p

① **일반적으로 압력이 증가할수록** 분자 간의 거리가 가까워져 유효충돌횟수가 증가하여 **연소범위는 넓어진다**.

(예외)
- 수소는 연소범위가 좁아지다가, 압력이 10atm 이상으로 증가하면, 압력과 무관하게 연소범위가 일정해진다.(약간 넓어진다)
- **일산화탄소는 압력이 증가하면 연소범위가 좁아진다**.

40 22 간부

연소범위에 관한 설명으로 옳은 것만을 〈보기〉에서 있는 대로 고른 것은?

〈보기〉
ㄱ. 연소범위는 물질이 연소하기 위한 물적 조건과 관련이 크다.
ㄴ. 온도가 높아지면 연소범위는 넓어진다.
ㄷ. 일산화탄소는 압력이 증가하면 연소범위가 넓어진다.
ㄹ. 불활성기체가 첨가되면 연소범위가 좁아진다.

① ㄱ, ㄹ
② ㄱ, ㄴ, ㄷ
③ ㄱ, ㄴ, ㄹ
④ ㄴ, ㄷ, ㄹ
⑤ ㄱ, ㄴ, ㄷ, ㄹ

40 정답 ③ LINK 기본서 32~35p

ㄷ. 일산화탄소는 압력이 증가하면 연소범위가 좁아진다.

선지체크

ㄱ. 연소범위는 물질이 연소하기 위한 물적 조건과 관련이 크며, 인화점·연소점·발화점은 에너지 조건과 관련이 크다.

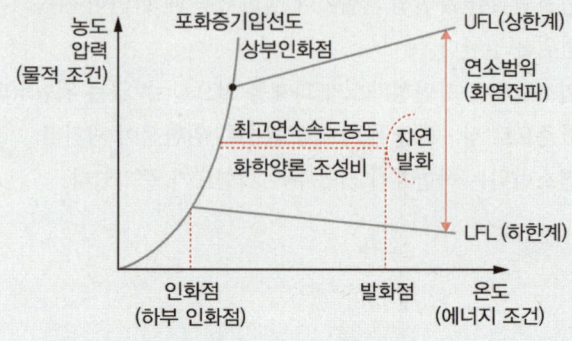

ㄴ. 온도가 높아지면 기체분자의 운동이 활발해져 유효충돌횟수가 증가되어 반응성이 활발해져 연소범위가 넓어진다.
ㄹ. 불활성기체가 첨가되면 연소하한계는 거의 변화 없고, 연소상한계는 크게 감소하여 연소범위가 좁아진다.

41 12 공채

연소범위에 관하여 옳지 않은 것은?

① 가연성 가스와 공기 혼합비율의 범위이다.
② 공기 중 연소에 필요한 혼합가스의 농도이다.
③ 기체는 압력이 높으면 항상 연소범위가 넓어진다.
④ 연소범위는 압력의 변화에 따라 차이가 있다.

41 정답 ③ LINK 기본서 32~35p

③ 압력이 증가할수록 연소범위가 넓어지나 예외적으로 수소는 압력이 증가하면 연소범위가 좁아지다가 압력이 10[atm] 이상으로 넘어가면, 압력과 무관하게 연소범위가 일정해지며(약간 증가), 일산화탄소는 압력이 증가하면 연소범위가 좁아진다. 따라서 항상 넓어지는 것은 아니다.

선지체크

①② 연소범위란 가연성 가스와 공기가 혼합하여 연소반응을 일으킬 수 있는 농도범위를 말하며, 또 다른 말로는 자력으로 화염을 전파하는 공간이라고도 한다.

42

다음 중 연소범위에 대한 문제로서 옳지 않은 것은?

① 불활성가스가 첨가되면 연소범위는 좁아진다.
② 연소범위는 그 범위가 넓을수록 위험하다.
③ 연소범위 하한계는 그 물질의 인화점과 관련있다.
④ 가연성 휘발 성분이 첨가되면 연소범위는 좁아지고 위험해진다.

42 정답 ④ LINK 기본서 32~35p

④ 가연성 휘발 성분이 첨가되면 가연성 혼합기가 잘 형성되어 연소범위는 넓어지고 위험해진다.

선지체크
③ 인화점은 가연물에 점화원을 가했을 때 연소할 수 있는 최저온도이다. 또는 액체의 증기가 연소범위 하한계에 이르러 점화되는 최저온도(하부 인화점)라고도 한다.

43

연소범위에 대한 설명으로 옳지 않은 것은?

① 산소농도가 높아지면 연소범위가 넓어진다.
② 불활성 가스의 농도가 높아지면 연소범위가 좁아진다.
③ 가연성 가스의 온도가 높아지면 연소범위는 넓어진다.
④ 가연성 가스의 압력이 높아지면 연소범위는 좁아진다.
⑤ 일산화탄소(CO)는 압력이 높아지면 연소범위가 좁아진다.

43 정답 ④ LINK 기본서 32~35p

④ 가연성 가스의 압력이 높아지면 연소범위는 넓어진다.

44

연소에 관한 설명으로 옳지 않은 것은?

① 연소는 빛과 열의 발생을 수반하는 급격한 산화반응이다.
② 연소의 3요소는 가연물, 산소공급원, 점화원이다.
③ 수소 기체는 아세틸렌 기체보다 연소범위가 더 넓다.
④ 가연물의 인화점이 낮을수록 연소 위험성이 커진다.
⑤ 열분해에 의해 산소를 발생하면서 연소하는 현상은 자기연소이다.

44 정답 ③ LINK 기본서 35p

③ 아세틸렌의 연소범위는 2.5~81[%]이며, 수소의 연소범위는 4~75[%]이다. 따라서, 아세틸렌이 수소보다 연소범위가 더 넓다.

선지체크
④ 인화점이란 가연물에 점화원(외부에너지)을 가했을때 연소할 수 있는 최저온도로 그 값이 낮을수록 위험성이 커진다.
⑤ 자기연소란 가연성이면서 물질 자체에 산소를 함유하고 있어 외부 산소 공급 없이 연소하는 것이다.

45

09 경남

연소범위에 대한 내용으로 옳지 않은 것은?

① 수소의 연소범위는 약 3~75%이다.
② 산소농도에 의해 연소범위가 달라질 수 있으나 하한계의 변화는 크지 않다.
③ 압력이 높아지면 상한계는 크게 증가한다.
④ 일반적으로 온도가 증가하면 연소범위가 넓어진다.

45 정답 ①

LINK 기본서 33~35p

① 수소의 연소범위는 약 **4~75%**이다.

선지체크
② 산소농도가 증가할수록 연소하한계는 거의 변화하지 않고, 연소상한계는 크게 높아져 연소범위는 넓어진다.
③ 압력이 증가할수록 분자 간의 거리가 가까워져 유효충돌횟수가 증가되어 연소범위는 넓어진다. 연소하한계는 약간 낮아지나 연소상한계는 크게 증가한다.
④ 온도가 상승하면 기체분자의 운동이 활발해져 유효충돌횟수가 증가되어 반응성이 활발해져 연소범위가 넓어진다. 실험식에 의하면 공기 중에서 온도가 100[℃] 증가함에 따라 연소하한계 및 연소상한계의 연소범위가 약 8[%] 증감한다.

46

19 공채

가연성 가스를 공기 중에서 연소시키고자 할 때 공기 중의 산소농도가 증가하면 발생하는 현상으로 맞는 것만을 모두 고른 것은?

> ㄱ. 연소속도가 빨라진다.
> ㄴ. 발화점이 높아진다.
> ㄷ. 화염의 온도가 높아진다.
> ㄹ. 폭발범위가 좁아진다.
> ㅁ. 점화에너지가 작아진다.

① ㄱ, ㄴ, ㄹ ② ㄱ, ㄷ, ㄹ
③ ㄱ, ㄷ, ㅁ ④ ㄴ, ㄷ, ㅁ

46 정답 ③

LINK 기본서 33p

산소가 증가하면 연소가 더 잘 일어난다.
그래서 ㄱ. 연소속도는 빨라지고, ㄷ. 화염의 온도는 높아지며, ㅁ. 점화에너지가 작아진다(작은 에너지만으로 쉽게 가연성 혼합기를 발화할 수 있다).

선지체크
ㄴ. 발화점이 낮아진다.
ㄹ. 폭발(연소)범위가 넓어진다.

추가학습

| 공기 중 산소농도가 증가할수록 |
① 연소속도가 빨라진다.
② 연소범위(폭발범위)가 넓어진다.
③ 발화점이 낮아진다.
④ 점화에너지가 작아진다.
⑤ 화염의 온도가 높아진다.

47 〔15 공채〕

가연성 증기가 공기와 혼합하여 기체를 형성하였을 때 연소범위가 가장 넓은 물질은?

① 이황화탄소 ② 수소
③ 부탄 ④ 아세틸렌

47 정답 ④ LINK 기본서 35p

④ 아세틸렌: 2.5~81[%] (78.5)

선지체크
① 이황화탄소: 1.2~44[%] (42.8)
② 수소: 4~75[%] (71)
③ 부탄: 1.8~8.4[%] (6.6)

48 〔13 광주〕

가연물의 연소범위가 가장 넓은 것은?

① 아세틸렌 ② 수소
③ 산화에틸렌 ④ 암모니아

48 정답 ① LINK 기본서 35p

① 아세틸렌: 2.5~81[%] (78.5)

선지체크
② 수소: 4~75[%] (71)
③ 산화에틸렌: 3~80[%] (77)
④ 암모니아: 15~28[%] (13)

49 〔12 경기〕

가연성 기체 중 연소범위가 가장 큰 것은?

① 메탄 ② 에탄
③ 프로판 ④ 아세틸렌

49 정답 ④ LINK 기본서 35p

④ 아세틸렌: 2.5~81[%] (78.5)

선지체크
① 메탄: 5~15[%] (10)
② 에탄: 3~12.5[%] (9.5)
③ 프로판: 2.1~9.5[%] (7.4)

50
연소범위가 가장 큰 것은?

① 수소 ② 일산화탄소
③ 메탄 ④ 암모니아

50 정답 ①

① 수소: 4~75[%] (71)

선지체크
② 일산화탄소: 12.5~74[%] (61.5)
③ 메탄: 5~15[%] (10)
④ 암모니아: 15~28[%] (13)

LINK 기본서 35p

51
공기 중 가연물에 대한 연소범위가 넓은 순서로 옳게 되어 있는 것은?

① 아세틸렌 > 수소 > 이황화탄소 > 에틸렌
② 아세틸렌 > 이황화탄소 > 수소 > 에틸렌
③ 아세틸렌 > 이황화탄소 > 에틸렌 > 수소
④ 아세틸렌 > 에틸렌 > 이황화탄소 > 수소

51 정답 ①

- 아세틸렌: 2.5~81[%] (78.5)
- 수소: 4~75[%] (71)
- 이황화탄소: 1.2~44[%] (42.8)
- 에틸렌: 2.7~36[%] (33.3)

LINK 기본서 35p

52
연소범위가 옳지 않은 것은?

① 일산화탄소 – 12.5~74[%]
② 프로판 – 2.1~9.5[%]
③ 메탄 – 5~15[%]
④ 에틸에테르 – 3~12.5[%]

52 정답 ④

④ 에틸에테르(다이에틸에터, 디에틸에테르, 에테르): 1.9~48[%]

LINK 기본서 35p

53

다음 조건에 따라 계산한 혼합기체의 연소하한계는?

- 르샤틀리에 공식을 이용한다.
- 혼합기체의 부피비율은 A기체 60%, B기체 30%, C기체 10%이다.
- 연소하한계는 A기체 3.0%, B기체 1.5%, C기체 1.0%이다.

① 1.0%
② 1.5%
③ 2.0%
④ 2.5%
⑤ 3.0%

53 정답 ③

계산과정
르샤틀리에 공식

$$L(\%) = \frac{100}{\frac{V_1}{L_1} + \frac{V_2}{L_2} + \frac{V_3}{L_3} + \cdots}$$

- L: 가연성 혼합가스의 연소하한계[%]
- V_1, V_2, V_3: 각각의 가연성 가스의 체적[%]
- L_1, L_2, L_3: 각각의 가연성 가스의 연소하한계[%]

$$\therefore L(\%) = \frac{100}{\frac{60}{3.0} + \frac{30}{1.5} + \frac{10}{1.0}} = \frac{100}{50} = 2.0[\%]$$

54

가연성 가스 3종이 다음과 같이 혼합되어 있을 때 르샤틀리에(Le Chatelier)식에 따라 부피비로 계산된 혼합가스의 연소하한계[vol%]는?

- 혼합가스 내 각 성분의 체적(V): $V_A = 20\text{vol}\%$, $V_B = 40\text{vol}\%$, $V_C = 40\text{vol}\%$
- 각 성분의 연소하한계(L): $L_A = 4\text{vol}\%$, $L_B = 20\text{vol}\%$, $L_C = 10\text{vol}\%$

① 약 4.3
② 약 9.1
③ 약 11.0
④ 약 12.8

54 정답 ②

$$\therefore L(\%) = \frac{100}{\frac{20}{4} + \frac{40}{20} + \frac{40}{10}} = \frac{100}{11} = 약 \ 9.1\%$$

55

에테인(C_2H_6)이 완전연소한다고 가정했을 때 존스(Jones) 식에 따라 산출된 연소하한계(LFL)는? (단, 계산 결과는 소수점 둘째 자리에서 반올림한다.)

① 1.7
② 2.2
③ 3.1
④ 5.2

55 정답 ③

계산과정

1. 에테인의 완전연소반응식
$$C_2H_6 + 3.5O_2 \rightarrow 2CO_2 + 3H_2O$$

2. 화학양론농도
$$Cst = \frac{\text{연료의 몰수}}{\text{연료의 몰수} + \text{공기의 몰수}} \times 100$$
$$= \frac{1}{1 + \frac{3.5}{0.21}} \times 100$$
$$= 5.66$$

3. 존스(Jone's)식
LFL = 0.55Cst
= 0.55 × 5.66 = 3.113 ≒ 3.1

56
<보기>에서 공기 중 연소범위가 가장 넓은 것(㉠)과 위험도가 가장 낮은 것(㉡)을 순서대로 나열한 것은?

―――(보기)―――
수소, 아세틸렌, 메탄, 프로판

	㉠	㉡
①	수소	메탄
②	수소	아세틸렌
③	아세틸렌	메탄
④	아세틸렌	프로판
⑤	아세틸렌	아세틸렌

57
아세틸렌(2.5~81)의 위험도로 옳은 것은?

① 31.4　　② 32.4
③ 35.4　　④ 35.7

58
가연성 가스 중 위험도가 가장 큰 물질은?(단, 연소범위는 메탄 5%~15%, 에탄 3%~12.5%, 프로판 2.1%~9.5%, 부탄 1.8%~8.4%이다)

① 메탄　　② 에탄
③ 프로판　　④ 부탄

---

56 정답 ③

가연성 가스	연소범위[V%]	위험도
아세틸렌	2.5~81 (78.5)	$\dfrac{81-2.5}{2.5}=31.4$
수소	4~75 (71)	$\dfrac{75-4}{4}=17.75$
메탄	5~15 (10)	$\dfrac{15-5}{5}=2$
프로판	2.1~9.5 (7.4)	$\dfrac{9.5-2.1}{2.1}=3.52$

추가학습

위험도$(H) = \dfrac{\text{연소상한계}(UFL)-\text{연소하한계}(LFL)}{\text{연소하한계}(LFL)}$

57 정답 ①

① 아세틸렌 위험도$(H) = \dfrac{81-2.5}{2.5} = 31.4$

58 정답 ④

④ 부탄 위험도$(H) = \dfrac{8.4-1.8}{1.8} = 3.67$

선지체크

① 메탄 위험도$(H) = \dfrac{15-5}{5} = 2$

② 에탄 위험도$(H) = \dfrac{12.5-3}{3} = 3.17$

③ 프로판 위험도$(H) = \dfrac{9.5-2.1}{2.1} = 3.52$

59

다음 중 연소가스의 위험도가 가장 높은 것은?

① 일산화탄소 12.5~74[%]
② 이황화탄소 1.2~44[%]
③ 아세틸렌 2.5~81[%]
④ 수소 4~75[%]

59 정답 ②

② 이황화탄소 위험도$(H) = \dfrac{44-1.2}{1.2} = 35.67$

선지체크

① 일산화탄소 위험도$(H) = \dfrac{74-12.5}{12.5} = 4.92$

③ 아세틸렌 위험도$(H) = \dfrac{81-2.5}{2.5} = 31.4$

④ 수소 위험도$(H) = \dfrac{75-4}{4} = 17.75$

60

다음 표는 가스의 연소범위를 나타낸 것이다. 위험도가 가장 큰 것은?

종 류	연소범위
휘발유	1.4~7.6
에탄올	3~12.5
이황화탄소	1.2~44
일산화탄소	12.5~74

① 휘발유 ② 이황화탄소
③ 일산화탄소 ④ 에탄올

60 정답 ②

② 이황화탄소 위험도$(H) = \dfrac{44-1.2}{1.2} = 35.67$

선지체크

① 휘발유(가솔린) 위험도$(H) = \dfrac{7.6-1.4}{1.4} = 4.43$

③ 일산화탄소 위험도$(H) = \dfrac{74-12.5}{12.5} = 4.92$

④ 에탄올 위험도$(H) = \dfrac{12.5-3}{3} = 3.17$

61

공기 중 가연성 가스의 연소범위에 관한 내용이다. 다음 중 위험도가 가장 높은 가연성 가스는? (단, 위험도는 가연성 가스의 위험한 정도를 나타내는 척도이다.)

가연성 가스	연소범위(vol%)
A	3~12.5
B	4~75
C	5~15
D	1.2~44
E	2.5~81

① A ② B
③ C ④ D
⑤ E

61 정답 ④

④ 위험도 $= \dfrac{연소상한계 - 연소하한계}{연소하한계} = \dfrac{연소범위}{하한계}$
$= \dfrac{44-1.2}{1.2} = \dfrac{42.8}{1.2} = 35.6$

선지체크

① $\dfrac{12.5-3}{3} = \dfrac{9.5}{3} = 3.16$

② $\dfrac{75-4}{4} = \dfrac{71}{4} = 17.75$

③ $\dfrac{15-5}{5} = \dfrac{10}{5} = 2$

⑤ $\dfrac{81-2.5}{2.5} = \dfrac{78.5}{2.5} = 31.4$

62

위험도가 큰 것부터 작은 것으로 순서가 옳은 것은?

| ㄱ. 수소 | ㄴ. 프로판 |
| ㄷ. 부탄 | ㄹ. 휘발유 |

① ㄱ-ㄴ-ㄷ-ㄹ
② ㄱ-ㄷ-ㄹ-ㄴ
③ ㄱ-ㄹ-ㄴ-ㄷ
④ ㄱ-ㄹ-ㄷ-ㄴ

62 정답 ④

ㄱ. 수소 위험도$(H) = \dfrac{75-4}{4} = 17.75$

ㄹ. 휘발유(가솔린) 위험도$(H) = \dfrac{7.6-1.4}{1.4} = 4.43$

ㄷ. 부탄 위험도$(H) = \dfrac{8.4-1.8}{1.8} = 3.67$

ㄴ. 프로판 위험도$(H) = \dfrac{9.5-2.1}{2.1} = 3.52$

63

표준상태에서 공기 가연물의 위험도가 높은 순으로 나열된 것은?

가연물	ㄱ	ㄴ	ㄷ	ㄹ
연소범위(%)	4~16	3~33	1~14	6~36

① ㄴ > ㄹ > ㄱ > ㄷ
② ㄴ > ㄹ > ㄷ > ㄱ
③ ㄷ > ㄴ > ㄱ > ㄹ
④ ㄷ > ㄴ > ㄹ > ㄱ
⑤ ㄹ > ㄴ > ㄱ > ㄷ

63 정답 ④

ㄱ. $(H) = \dfrac{16-4}{4} = 3$

ㄴ. $(H) = \dfrac{33-3}{3} = 10$

ㄷ. $(H) = \dfrac{14-1}{1} = 13$

ㄹ. $(H) = \dfrac{36-6}{6} = 5$

64

다음 중 위험도(H) 값이 가장 큰 것은?(단, 1기압, 25℃ 공기 중의 연소범위를 기준으로 한다)

① 수소
② 메탄
③ 아세틸렌
④ 이황화탄소
⑤ 산화에틸렌

64 정답 ④

① 수소 위험도$(H) = \dfrac{75-4}{4} = 17.75$

② 메탄 위험도$(H) = \dfrac{15-5}{5} = 2$

③ 아세틸렌 위험도$(H) = \dfrac{81-2.5}{2.5} = 31.4$

④ 이황화탄소 위험도$(H) = \dfrac{44-1.2}{1.2} = 35.67$

⑤ 산화에틸렌 위험도$(H) = \dfrac{80-3}{3} = 25.67$

65

24 공채

다음의 가연성 가스(A, B, C) 중 위험도가 낮은 것에서 높은 순서로 옳게 나열한 것은?

> A: 연소하한계=2vol%, 연소상한계=22vol%
> B: 연소하한계=4vol%, 연소상한계=75vol%
> C: 연소하한계=1vol%, 연소상한계=44vol%

① A, B, C
② A, C, B
③ B, A, C
④ C, B, A

65 정답 ①

A: $\dfrac{22-2}{2} = \dfrac{20}{2} = 10$

B: $\dfrac{75-4}{4} = \dfrac{71}{4} = 17.75$

C: $\dfrac{44-1}{1} = 43$

추가학습

위험도 = $\dfrac{\text{연소상한계} - \text{연소하한계}}{\text{연소하한계}}$

LINK 기본서 36p

66

25 공채

위험도(H) 값이 옳은 것만을 〈보기〉에서 모두 고른 것은? (단, 계산 결과는 소수점 둘째 자리에서 반올림한다.)

〈 보기 〉

ㄱ. 수소(H_2) : 17.8
ㄴ. 프로페인(C_3H_8) : 3.5
ㄷ. 일산화탄소(CO) : 4.9
ㄹ. 아세틸렌(C_2H_2) : 31.4

① ㄱ, ㄹ
② ㄴ, ㄷ
③ ㄱ, ㄷ, ㄹ
④ ㄱ, ㄴ, ㄷ, ㄹ

66 정답 ④

ㄱ. 수소(H_2)의 연소범위 : 4 ~ 75[%] → $\dfrac{75-4}{4} = 17.75 ≒ 17.8$

ㄴ. 프로페인(C_3H_8) : 2.1 ~ 9.5[%] → $\dfrac{9.5-2.1}{2.1} = 3.52 ≒ 3.5$

ㄷ. 일산화탄소(CO) : 12.5 ~ 74[%] → $\dfrac{74-12.5}{12.5} = 4.92 ≒ 4.9$

ㄹ. 아세틸렌(C_2H_2) : 2.5 ~ 81[%] → $\dfrac{81-2.5}{2.5} = 31.4$

LINK 기본서 36p

67

가연성 물질의 화재 위험성에 대한 설명으로 옳은 것은?

① 비열, 연소열, 비점이 작거나 낮을수록 위험하다.
② 증발열, 연소열, 연소속도가 크거나 빠를수록 위험하다.
③ 표면장력, 인화점, 발화점이 작거나 낮을수록 위험하다.
④ 비중, 압력, 융점이 크거나 높을수록 위험하다.

67 정답 ③ LINK 기본서 36~37p

선지체크
① 비열, 비점이 작거나 낮을수록 위험하다.
 → **연소열이 클수록** 위험하다.
② 연소열, 연소속도가 크거나 빠를수록 위험하다.
 → **증발열이 작을수록** 위험하다.
④ 압력이 크거나 높을수록 위험하다.
 → **비중이 작을수록, 융점이 낮을수록** 위험하다.

추가학습

| 물질의 위험성을 나타내는 성질 |
① 온도가 높을수록
② 연소속도가 빠를수록
③ 연소범위가 넓을수록
④ 증기압이 높을수록
⑤ 연소열이 클수록
⑥ 인화점, 발화점, 비점, 융점이 낮을수록
⑦ 증발열, 비열이 작을수록
⑧ 비중이 작을수록
⑨ 표면장력이 작을수록
⑩ 증기비중이 클수록

68

가연물의 특성 중 옳지 않은 것은?

① 온도, 압력이 높을수록 위험하다.
② 열의 축적이 용이할수록, 열전도율이 높을수록 위험하다.
③ 열량, 연소속도, 폭발범위가 클수록 위험하다.
④ 인화점, 착화점, 점성, 비점, 비중, 융점은 낮을수록 위험하다.

68 정답 ② LINK 기본서 36~37p

② 열의 축적이 용이할수록, 열전도율이 **낮을수록** 위험하다.

4 인화점, 연소점, 발화점(에너지 조건)

69 ☐☐☐ 20 공채

연소에 대한 설명으로 옳지 않은 것은?

① 액체가연물의 인화점은 액면에서 증발된 증기의 농도가 연소하한계에 도달하여 점화되는 최저온도이다.
② 연소하한계가 낮고 연소범위가 넓을수록 가연성 가스의 연소 위험성이 증가한다.
③ 액체가연물의 연소점은 점화된 이후 점화원을 제거하여도 자발적으로 연소가 지속되는 최저온도를 말한다.
④ 파라핀계 탄화수소화합물의 경우 탄소수가 적을수록 발화점이 낮아진다.

69 정답 ④ LINK 기본서 35~37p

④ 파라핀계 탄화수소화합물의 경우 **탄소수가 많을수록 발화점이 낮아진다.**

추가학습

| 파라핀계 탄화수소계 |

가연성 가스	연소범위	연소범위	위험도
메탄	5~15	10	2
에탄	3~12.5	9.5	3.17
프로판	2.1~9.5	7.4	3.52
부탄	1.8~8.4	6.6	3.67

| 파라핀계 탄화수소계의 탄소수 증가에 따른 변화 |

① 연소범위의 상·하한계가 낮아진다.
② 연소범위가 좁아진다.
③ 위험도가 높아진다.
④ 인화점과 비점이 높아진다.
⑤ 발화점이 낮아진다.
⑥ 증기압이 감소한다.
⑦ 발열량이 증가한다.
⑧ 연소열이 증가한다.
⑨ 연소속도가 느려진다
⑩ 열전도율이 커진다.
⑪ Cst값이 작아진다.

70 ☐☐☐ 11 제주

점화원에 의해 연소를 시작할 수 있는 최저온도는?

① 인화점 ② 발화점
③ 연소점 ④ 착화점

70 정답 ① LINK 기본서 37p

① 인화점은 가연물에 **점화원을 가했을 때 연소할 수 있는 최저온도**이다.

추가학습

| 인화점(Flash Point, 인화온도, 유도발화점) |

① 가연물에 **점화원(외부에너지)을 가했을 때 연소할 수 있는 최저온도**
② 가연성 혼합기를 형성하는 최저온도
③ 액체의 증기가 연소범위 하한계에 이르러 점화되는 최저온도
④ 물적조건과 에너지조건이 만나는 최솟값
⑤ 포화증기압선과 연소하한계가 만나는 최저온도
⑥ 인화점은 「위험물안전관리법」상 제4류 위험물의 기준을 정하는 척도로 사용

71

그림에서 'A'에 대한 설명으로 옳지 않은 것은?

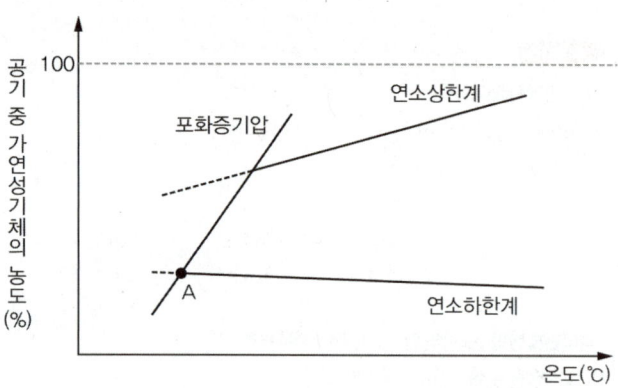

① 외부에너지에 의해 발화하기 시작하는 최저연소온도이다.
② 물질적 조건과 에너지 조건이 만나는 최저연소온도이다.
③ 화학양론비(stoichiometric ratio)에서의 최저연소온도이다.
④ 가연성 혼합기를 형성하는 최저연소온도이다.

71 정답 ③

'A'는 하부인화점이다.
③ 화학양론비(stoichiometric ratio)와 관련 있는 최저연소온도는 **발화점**이다.

추가학습

| 발화점 |

점화원 없이도 스스로 발화할 수 있는 최저온도이다. 발열속도가 방열속도보다 클 경우 계에 열이 축적되고 온도가 상승하여 발화온도 이상 시 발생한다.

72

연소의 조건으로서 온도가 낮은 것에서 높은 순서대로 옳은 것은?

① 인화점 < 연소점 < 발화점
② 연소점 < 발화점 < 인화점
③ 발화점 < 인화점 < 연소점
④ 발화점 < 연소점 < 인화점

72 정답 ①

인화점 < 연소점 < 발화점

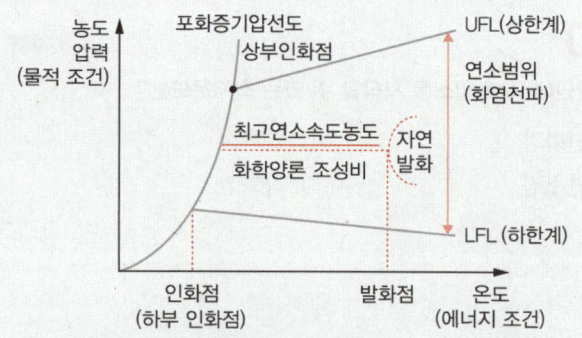

- 연소점은 점화원을 제거한 후에도 5초 이상 지속적으로 연소할 수 있는 최저온도이다. 일반적으로 인화점보다 5~10[℃] 높다.
  (인화점 < 연소점 < 발화점)

73

□□□ 19 공채

가연성 액체의 인화점에 대한 설명으로 옳은 것은?

① 증기가 연소범위의 하한계에 이르러 점화되는 최저온도
② 증기가 발생하기 시작하는 최저온도
③ 물질이 자체의 열만으로 착화하는 최저온도
④ 발생한 화염이 지속적으로 연소하는 최저온도

74

□□□ 23 간부

㉠ ~ ㉤의 물질을 인화점이 낮은 것부터 높은 순으로 옳게 나열한 것은?

㉠ 아세톤	㉡ 글리세린
㉢ 이황화탄소	㉣ 메틸알코올
㉤ 디에틸에테르(다이에틸에터)	

① ㉠ - ㉤ - ㉢ - ㉡ - ㉣
② ㉢ - ㉠ - ㉤ - ㉡ - ㉣
③ ㉢ - ㉤ - ㉠ - ㉣ - ㉡
④ ㉤ - ㉠ - ㉢ - ㉣ - ㉡
⑤ ㉤ - ㉢ - ㉠ - ㉣ - ㉡

75

□□□ 17 간부

다음 중 가연성 물질들의 인화점을 낮은 것에서 높은 순서대로 옳게 나열한 것은?

① 휘발유 < 벤젠 < 톨루엔 < 등유 < 글리세린
② 벤젠 < 휘발유 < 톨루엔 < 글리세린 < 등유
③ 휘발유 < 벤젠 < 등유 < 톨루엔 < 글리세린
④ 벤젠 < 톨루엔 < 휘발유 < 등유 < 글리세린
⑤ 휘발유 < 벤젠 < 톨루엔 < 글리세린 < 등유

---

73 정답 ① LINK 기본서 37p

① 인화점은 **가연성 혼합기를 형성하는 최저온도**로 연소범위 하한계에 이르러 점화될 수 있는 최저온도를 나타낸다.

선지체크
② 어떤 온도와도 관련이 없다. 인화점에 대한 설명이 되기 위해서는 **연소범위 하한계에 이르러 증기**가 발생하기 시작하는 최저온도이어야 한다. 단순 증기가 발생하기 시작하는 것과는 관련이 없다.
③ 발화점에 대한 설명이다.
④ 연소점에 대한 설명이다.

74 정답 ⑤ LINK 기본서 37p

- 디에틸에테르(다이에틸에터, −45)
- 이황화탄소(−30)
- 아세톤(−18)
- 메틸알코올(11)
- 글리세린(160)

추가학습

가연물	인화점(℃)	가연물	인화점(℃)
프로필렌	−107	시안화수소	−18
이소프렌	−54	벤젠	−11
디에틸에테르(다이에틸에터)	−45	톨루엔	4.4
가솔린	−43	메틸알코올	11
아세트알데하이드	−37.7	에틸알코올	13
산화프로필렌	−37	프로필알코올	15
이황화탄소	−30	등유	30~60
아세톤	−18	경유	50~70

75 정답 ① LINK 기본서 37p

- 휘발유(−43℃)
- 벤젠(−11℃)
- 톨루엔(4.4℃)
- 등유(30~60℃)
- 글리세린(160℃)

76
☐☐☐ 09 전북

연소점의 정의로 가장 옳은 것은?

① 가연물에 점화원을 제거한 후에도 지속적으로 연소할 수 있는 온도
② 가연물이 점화원 없이 스스로 발화하는 온도
③ 가연물에 점화하였을 때 발화하는 최저온도
④ 액체 가연물의 연소범위의 하한계에 도달할 수 있는 증기를 증발시킬 수 있는 최저온도

76 정답 ①
LINK 기본서 37p

① 연소점이란 점화원을 제거한 후에도 **5초 이상 지속적으로 연소**할 수 있는 최저온도이다.

선지체크
② 발화점에 대한 설명이다.
③ ④ 인화점에 대한 설명이다.

77
☐☐☐ 17 간부

연소점(fire point)에 대한 설명으로 옳은 것은?

① 가연물에 점화원을 제거한 후에도 계속적인 연소를 일으킬 수 있는 온도이다.
② 외부로부터 에너지를 받아서 착화가 가능한 가연물질의 최저온도이다.
③ 외부로부터의 직접적인 점화에너지 공급 없이 물질 자체가 스스로 착화가 되는 최저온도이다.
④ 물질의 위험성을 평가하는 척도로 쓰이며, 「위험물안전관리법」에서 석유류를 분류하는 기준으로도 사용한다.
⑤ 고체의 연소점은 물질에 따라 차이가 있지만, 액체는 인화점과 연소점이 같다.

77 정답 ①
LINK 기본서 37p

① 연소점이란 점화원을 제거한 후에도 5초 이상 지속적으로 연소할 수 있는 최저온도이다. 연소점은 가연성 증기 발생속도가 연소속도보다 빠를 때 이루어진다.

선지체크
② ④ 인화점에 대한 설명이다.
③ 발화점에 대한 설명이다.
⑤ 고체의 연소점은 물질에 따라 차이가 있지만, **기체는 점화원 접촉시 바로 연소되므로 인화점과 연소점이 같다.**

78
☐☐☐ 15 2차 경기

가연물이 점화원 없이 가열된 열만으로 발화할 수 있는 최저온도는?

① 착화점
② 인화점
③ 연소점
④ 연소범위

78 정답 ①
LINK 기본서 38p

① 착화점(발화점)이란 점화원 없이 **스스로 발화할 수 있는 최저온도**이다.

79
12 울산

발화점에 대하여 옳은 것은?

① 인화성 액체 위험성 판단 기준으로 이용한다.
② 점화원 제거 후에도 연소가 지속될 수 있는 온도이다.
③ 외부로부터 에너지를 공급받아 점화되는 가연성 물질의 최저온도이다.
④ 착화원이 없는 상태에서 가연성 물질 자체의 열로서 공기 또는 산소 중에서 가열하였을 때 발화되는 최저온도이다.

79 정답 ④
LINK 기본서 38p

④ 발화점이란 **착화원(점화원)이 없는 상태**에서 가연성 물질 자체의 열로서 공기 또는 산소 중에서 가열하였을 때 발화되는 최저온도이다.

선지체크
① ③ 인화점에 대한 설명이다.
② 연소점에 대한 설명이다.

80
12 경기

발화점이 낮아지는 이유로 옳지 않은 것은?

① 가연물질의 열전도율이 클수록 발화점이 낮아진다.
② 압력과 화학적 활성도가 클수록 발화점이 낮아진다.
③ 산소와 친화력이 클수록 발화점이 낮아진다.
④ 물질의 분자구조가 복잡할수록 발화점이 낮아진다.

80 정답 ①
LINK 기본서 38p

① 가연물질의 열전도율이 **낮을수록** 열 축적이 잘 되기 때문에 발화점이 낮아진다.

선지체크
② **화학적 활성도**는 화학적 반응이 잘 일어나는 정도를 나타내는 것으로 **클수록 연소가 잘되기 때문에** 발화점이 낮아진다.
④ 물질의 **분자구조가 복잡할수록 더 많은 열을 축적할** 수 있기 때문에 발화점이 낮아진다.

추가학습
| 발화점이 낮아지는 조건 |
① 활성화 에너지가 작을 경우
② 화학적 활성도가 클수록
③ 열전도율이 작을 경우
④ 습도가 낮을 경우
⑤ 증기압이 낮을수록
⑥ 분자구조가 복잡한 경우
⑦ 발열량, 산소와 친화력이 클수록
⑧ 탄화수소계열의 분자량이 크거나 탄소수의 길이가 길수록
⑨ 금속의 열전도율이 낮을수록
⑩ 접촉하는 금속(용기 재질)의 열전도가 클수록

81

□□□ 23 공채

가연성 액체의 연소현상에 관한 설명으로 옳지 않은 것은?

① 가연성 액체의 연소와 관련된 온도는 발화점, 연소점, 인화점 순으로 높다.
② 인화점과 발화점이 가까운 액체일수록 재점화가 어렵고 냉각에 의한 소화활동이 용이하다.
③ 인화점과 연소점의 차이는 외부 점화원을 제거했을 경우 화염 전파의 지속성 여부에 따라 구분된다.
④ 연소반응은 열생성률(heat production rate)이 외부로의 열손실률(heat loss rate)보다 큰 조건에서 지속된다.

81 정답 ②

LINK 기본서 37p, 95p

② 인화점과 발화점이 가까운 액체일수록 재점화가 **쉽기 때문에** 냉각에 의한 소화활동이 용이하지 않다.

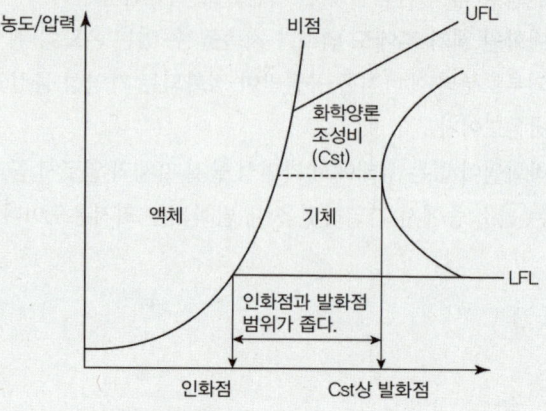

- 식용유는 **인화점과 발화점의 차이가 적고, 발화점이 비점(끓는점)보다 낮아** 비점 이하의 온도에서도 액면상 증발을 통해 발화할 수 있다. 따라서 식용유 화재 시 소화 후에도 식용유의 온도가 발화점 이상인 상태라면 **재발화할 수 있다.**

선지체크
④ 연소: 발열 > 방열

82

□□□ 24 공채

가연물의 발화온도와 발화에너지에 관한 설명으로 옳은 것은?

① 점화원에 의해서 가연물이 발화하기 시작하는 최저 온도를 발화점(ignition point)이라고 한다.
② 점화원을 제거해도 자력으로 연소를 지속할 수 있는 최저 온도를 연소점(fire point)이라고 한다.
③ 가연물의 최소발화에너지가 클수록 더 위험하다.
④ 가연물의 연소점은 발화점보다 높다.

82 정답 ②

LINK 기본서 37~39p

선지체크
① 점화원에 의해서 가연물이 발화하기 시작하는 최저 온도를 **인화점**이라고 한다.
③ 가연물의 최소발화에너지가 **작을수록** 더 위험하다.
④ 가연물의 **발화점은 연소점**보다 높다.

83

13 전북

가연성 액체의 위험도 기준은 무엇인가?

① 연소점
② 연소범위
③ 인화점
④ 발화점

83 정답 ③

LINK 기본서 36~37p

③ 가연성 액체란 잘 탈 수 있는 성질을 가진 액체를 나타내는 것으로 「위험물안전관리법」상 제4류 위험물을 나타낸다. 제4류 위험물의 기준을 정하는 척도로 사용하는 것은 인화점이다.

추가학습

| 물질별 위험도 기준 |
① 고체: 발화점
② 액체: 인화점
③ 기체: 연소범위

84

24 간부

발화점 및 최소발화에너지(MIE, Minimum Ignition Energy)에 관한 설명으로 옳지 않은 것은?

① 발화점은 발화 지연시간, 압력, 산소농도, 촉매물질 등의 영향을 받는다.
② 파라핀계 탄화수소는 분자량이 클수록 발화온도가 높아진다.
③ 최소발화에너지는 가연성 혼합기를 발화시키는 데 필요한 최저에너지를 말한다.
④ 압력이 상승하면 최소발화에너지는 작아진다.
⑤ 발화점이 낮을수록 발화의 위험성은 커진다.

84 정답 ②

LINK 기본서 38~39p

② 파라핀계 탄화수소는 분자량이 클수록 발화온도가 낮아진다.

85 ☐☐☐ 23 공채

가연성 혼합기의 최소발화(점화)에너지(MIE, Minimum Ignition Energy)에 영향을 주는 요인에 관한 설명으로 옳지 않은 것은?

① 온도가 상승하면 최소발화에너지는 작아진다.
② 압력이 상승하면 최소발화에너지는 작아진다.
③ 열전도율이 낮아지면 최소발화에너지는 커진다.
④ 화학양론비 부근에서 최소발화에너지는 최저가 된다.

85 정답 ③ LINK 기본서 39p

최소발화에너지란 연소범위 안에 있는 가연성 혼합기를 발화시키는 데 필요한 최소한의 에너지를 말한다.
③ 열전도율이 낮아지면 최소발화에너지는 작아진다.

선지체크
① 온도가 상승하면 분자의 운동이 활발해져 최소발화에너지는 작아진다.
② 압력이 상승하면 분자 간의 거리가 가까워져 최소발화에너지는 작아진다.
④ 가연성 가스의 조성이 화학양론농도 부근일 때 최소발화에너지는 최저가 된다.

추가학습

| 최소발화에너지
 (최소점화에너지, 최소착화에너지, MIE: Minimum Ignition Energy) |
① 온도가 상승하면 분자의 운동이 활발해져 MIE는 작아진다.
② 압력이 상승하면 분자 간의 거리가 가까워져 MIE는 작아진다.
③ 농도가 높으면 분자 간의 충돌횟수가 많아져 MIE는 작아진다.
④ 연소속도가 클수록 MIE는 작아진다.
⑤ 발열량이 크고 산소분압이 높으면 MIE는 작아진다.
⑥ 가연성 가스의 조성이 화학양론농도 부근일 때 MIE는 최저가 된다.
⑦ 유속이 커지면 MIE는 증가한다.
⑧ 동일 유속 시 난류의 강도가 커지면 MIE는 증가한다.

86 ☐☐☐ 17 2차 공채

최소발화에너지(MIE)에 대하여 옳지 않은 것은?

① 온도가 높으면 분자 간 운동이 활발해지므로 최소발화에너지는 감소한다.
② 압력이 높으면 분자 간 거리가 가까워지므로 최소발화에너지는 감소한다.
③ 농도가 짙고 발열량이 크며 산소분압이 높아질 때 최소발화에너지는 감소한다.
④ 가연 물질에서 열전도율이 높아질 때 최소발화에너지는 감소한다.

86 정답 ④ LINK 기본서 39p

④ 가연 물질에서 열전도율이 낮아질 때 열 축적이 용이하여 최소발화에너지는 감소한다.

87　　☐☐☐　16 간부

가연성 가스를 점화하기 위한 최소발화에너지는 물질의 종류, 혼합기의 온도, 압력, 농도에 따라 변화한다. 최소발화에너지와 가연물의 위험도에 대한 설명 중 옳지 않은 것은?

① 최소발화에너지는 온도와 압력이 상승하면 작아진다.
② 가연물은 연소범위가 넓을수록 연소범위 하한계가 작을수록 위험하다.
③ 최소발화에너지의 단위는 통상적으로 [mJ]단위를 사용한다.
④ 최소발화에너지는 연소속도가 클수록 작아진다.
⑤ 최소발화에너지는 가연성 가스의 조성이 화학양론적 조성 부근일 경우 최대가 된다.

5　자연발화

88　　☐☐☐　17 공채

자연발화의 종류가 아닌 것은?

① 흡착열　　② 산화열
③ 용해열　　④ 중합열

87　정답 ⑤　LINK 기본서 39p

⑤ 최소발화에너지는 가연성 가스의 조성이 화학양론적 조성 부근일 경우 **최저가 된다**.
→ 화학양론농도(C_{st})란 가연성 가스와 공기 중의 산소가 과부족 없이 연소반응을 완결시킬 수 있는 농도를 말한다.

$$C_{st} = \frac{\text{연료의 mol수}}{\text{연료의 mol수 + 공기의 mol수}} \times 100$$

선지체크

③ 최소발화에너지[MIE] $= \frac{1}{2}CV^2$ [J]이다. 여기서 C는 콘덴서용량 [F], V는 전압[V]을 말한다. 하지만 최소발화에너지의 값은 너무 작아서 [J]의 $\frac{1}{1000}$ 인 [mJ]의 단위를 사용한다.

$$MIE = \frac{1}{2}CV^2$$

- MIE: 최초발화에너지[J]　• C: 콘덴서 용량[F]　• V: 전압[V]

88　정답 ③　LINK 기본서 40p

③ **용해열**은 점화원의 종류 중 **화학적 점화원에 해당**한다.

추가학습

| 자연발화를 일으킬 수 있는 열원의 종류 |

① **산화열**: 물질이 산화하는 과정에서 발생하는 열이다.
　ex 기름걸레, 황린, 석탄, 건성유, 반건성유 등
② 분해열: 물질이 분해할 때 발생하는 열이다.
　ex 아세틸렌, 산화에틸렌, 셀룰로이드, 나이트로셀룰로오스 등
③ 흡착열: 물질이 흡착할 때 발생하는 열이다.
　ex 목탄, 활성탄 등
④ **중합열**: 물질이 중합반응하는 과정에서 발생하는 열이다.
　ex 산화에틸렌, 시안화수소 등
⑤ 발효열(미생물열): 미생물에 의해 물질이 발효되는 과정에서 발생하는 열이다.
　ex 먼지, 거름, 곡물, 퇴비 등

89

열에너지원의 종류에서 화학열로 옳은 것만을 〈보기〉에서 있는 대로 고른 것은?

─── 보기 ───
ㄱ. 분해열　　　ㄴ. 연소열
ㄷ. 압축열　　　ㄹ. 산화열

① ㄹ
② ㄱ, ㄴ
③ ㄷ, ㄹ
④ ㄱ, ㄴ, ㄹ
⑤ ㄱ, ㄴ, ㄷ, ㄹ

90

자연발화가 되기 쉬운 가연물의 조건으로 옳은 것은?

① 발열량이 적다.
② 표면적이 작다.
③ 열전도율이 낮다.
④ 주위 온도가 낮다.

---

89 정답 ④ | LINK 기본서 40p

ㄱ, ㄹ. **자연발화**은 점화원 중 **화학적 점화원에 해당**한다. 따라서 자연발화를 일으킬 수 있는 열원의 종류인 **산화열**, **분해열**, 흡착열, 중합열, 발효열(미생물열) 또한 화학적 점화원에 해당한다.

ㄴ. **연소**란 가연물이 공기 중의 산소 또는 산화제와 반응하여 열과 빛을 발생하면서 산화하는 현상으로 **화학적 반응**이다.

선지체크
ㄷ. **압축열(단열압축열)은 기계적 점화원**이다.

90 정답 ③ | LINK 기본서 40~41p

③ **열전도율이 낮을수록** 열 축적이 용이하여 자연발화가 쉽다.

선지체크
① **발열량이 클수록** 열의 축적량이 많아져 자연발화가 쉽다.
② **표면적이 넓을수록** 공기 중의 산소와의 접촉이 용이하여 열의 발생이 증가한다.
④ **주위 온도가 높으면** 반응속도가 빨라져 열의 발생이 증가하므로 자연발화가 쉽다.

추가학습

| 자연발화를 일으키는 조건 |

① 온도: 주위 온도가 높으면 반응속도가 빨라져 열의 발생이 증가하므로 자연발화가 쉽다.
② 발열량: 발열량이 클수록 열의 축적량이 많아져 자연발화가 쉽다. (발열)반열)
③ 습도: 일정 수분은 촉매역할을 하여 반응속도를 가속시킨다. 따라서 습도가 높을수록 자연발화가 쉽다.
④ 표면적: 표면적이 넓을수록 공기 중의 산소와의 접촉이 용이하여 열의 발생이 증가한다.
⑤ 통풍(공기 유통): 공기유통이 적으면 열의 축적량이 많아져 자연발화가 쉽다.
⑥ 열전도도: 열전도도가 작을수록 열 축적이 용이하여 자연발화가 쉽다.

91

09 부산

가연물의 자연발화 조건으로 옳지 않은 것은?

① 주위온도가 높을 것
② 비표면적이 넓고, 발열량이 많을 것
③ 열전도도가 낮을 것
④ 습도가 낮을 것

91 정답 ④

LINK 기본서 40-41p

④ 일정 수분은 촉매역할을 하여 반응속도를 가속시킨다. 따라서 습도가 높을수록 자연발화가 쉽다.

선지체크
① 주위온도가 높으면 반응속도가 빨라져 열의 발생이 증가하므로 자연발화가 쉽다.
② 비표면적이 넓을수록 공기 중의 산소와의 접촉이 용이하여 열의 발생이 증가하고, 발열량이 클수록 열의 축적량이 많아져 자연발화가 쉽다.
③ 열전도도가 낮을수록 열 축적이 용이하여 자연발화가 쉽다.

92

16 충남

밀폐된 공간 등에서 일어날 수 있는 자연발화의 요건으로 옳지 않은 것은?

① 열전도율이 높아야 한다.
② 주위의 온도가 높아야 한다.
③ 발열량, 비표면적은 커야 한다.
④ 수분은 적당해야 한다.

92 정답 ①

LINK 기본서 40-41p

① 열전도율이 낮을수록 열 축적이 용이하여 자연발화가 쉽다.

추가학습

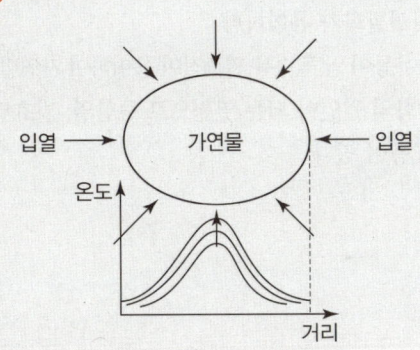

구분	자연발화
발생현상	열축적 → 온도상승 → 반응가속 → 온도상승반복 → 발화온도 이상시 발화
점화원	×
계의 구분	밀폐계
계의 온도 분포	계의 중심
발화조건	• 발열 > 방열↓ • 물적조건, 에너지조건 필요
발화방지대책	열 축적 방지

93 [21 간부]

자연발화에 대한 설명으로 옳지 않은 것은?

① 열축적이 용이할수록 자연발화가 쉽다.
② 열전도율이 높을수록 자연발화가 쉽다.
③ 발열량이 큰 물질일수록 자연발화가 쉽다.
④ 주위 온도가 높을수록 자연발화가 쉽다.
⑤ 표면적이 넓을수록 자연발화가 쉽다.

94 [16 간부]

다음 중 자연발화에 대한 설명으로 옳지 않은 것은?

① 발열량이 클수록 열 축적이 잘 이루어져 자연발화가 용이하다.
② 주위온도가 높을수록 반응속도가 빠르기 때문에 열의 발생이 증가하여 자연발화를 촉진시킨다.
③ 열전도율이 작아야 하고, 저온·건조하며 비표면적이 작을수록 자연발화가 용이하다.
④ 공기의 유통이 안 될수록 열축적이 용이하여 자연발화가 쉽다.
⑤ 자연발화의 원인이 되는 열원으로 중합열, 발효열, 흡착열, 산화열 등이 있다.

95 [25 간부]

자연발화에 관한 설명으로 옳지 않은 것은?

① 자연발화는 가연물의 열전도율이 낮을수록 발생하기 쉽다.
② 저장공간의 온도가 높으면 자연발화가 촉진될 수 있다.
③ 황린의 자연발화를 방지하기 위해서는 물 속에 저장해야 한다.
④ 유지류의 경우 아이오딘값(Iodine value)이 작을수록 자연발화하기 쉽다.
⑤ 자연발화를 방지하기 위해서는 저장공간의 공기 순환이 잘 되게 해야 한다.

---

93 정답 ② — LINK 기본서 40~41p

② 열전도율이 낮을수록 열 축적이 용이하여 자연발화가 쉽다.

94 정답 ③ — LINK 기본서 40~41p

③ 열전도율이 작아야 하고, 고온·다습하며 비표면적이 클수록 자연발화가 용이하다.
- 주위 온도가 높으면 반응속도가 빨라져 열의 발생이 증가하므로 자연발화가 쉽다.
- 일정 수분은 촉매역할을 하여 반응속도를 가속시킨다. 따라서 습도가 높을수록 자연발화가 쉽다.
- 표면적이 넓을수록 공기 중의 산소와의 접촉이 용이하여 열의 발생이 증가한다.

95 정답 ④ — LINK 기본서 40p, 191p

④ 유지류의 경우 아이오딘값(Iodine value)이 클수록 산화되기 쉽고, 자연발화하기 쉽다.

선지체크
③ 황린은 강알칼리를 만나면 가연성이며 맹독성인 포스핀가스(인화수소)가 생성되기 때문에 pH9 이하의 물에 보관한다.

추가학습

| 요오드(아이오딘) 값 |

구분	불건성유	반건성유	건성유
요오드(아이오딘)값	100 이하	100 초과 130 미만	130 이상
종류	올리브유, 피마자유, 동백기름, 야자유	참기름, 면실유	아마인유, 들기름, 해바라기유, 정어리유, 동유

96
13 광주

자연발화 방지대책으로 옳지 않은 것은?

① 통풍이 잘되게 한다.
② 온도를 높게 한다.
③ 습도가 높은 곳을 피한다.
④ 발열반응에 정촉매작용을 하는 물질을 피한다.

96 정답 ② LINK 기본서 40~41p

② 주위온도가 높으면 반응속도가 빨라져 열의 발생이 증가하므로 **주위온도를 낮게 유지**한다.

선지체크
④ 촉매에서는 정촉매와 부촉매가 있다. 정촉매는 반응속도를 촉진하는 것이고, 부촉매는 반응속도를 감소시키는 것이다. 발열반응 속도를 촉진하는 정촉매 물질을 피해야 자연발화를 방지할 수 있다.

97
11 서울

자연발화 방지대책으로 옳지 않은 것은?

① 저장실의 온도를 낮게 유지한다.
② 발열반응에 정촉매작용을 하는 물질을 피한다.
③ 습도가 높은 곳에 저장하여야 한다.
④ 열이 있는 실내의 공기유통이 잘 되게 하여 열을 분산시킨다.

97 정답 ③ LINK 기본서 40~41p

③ 일정 수분은 촉매역할을 하여 반응속도를 가속시킨다. 따라서 습도가 높지 않게 **건조함을 유지**한다.

98
19 간부

자연발화 방지방법에 대한 설명으로 옳지 않은 것은?

① 공기의 유통을 방지한다.
② 황린은 물속에 저장한다.
③ 저장실의 온도를 낮게 유지한다.
④ 열의 축적이 용이하지 않도록 한다.
⑤ 발열반응에 정촉매작용을 하는 물질을 피하여야 한다.

98 정답 ① LINK 기본서 40~41p

① 자연발화를 방지하기 위해서는 **통풍, 환기 등을 통해 공기유통을 잘 시켜 열축적을 방지**하여야 한다.

선지체크
② 황린은 제3류 위험물 중 자연발화의 성질을 가지고 있는 위험물이다. 따라서 평상시 pH9 이하의 물속에 저장한다.

CHAPTER 03 연소의 분류

1 불꽃 유무에 따른 연소

01 ☐☐☐ 12 공채

가연물이 공기와 접촉해 열분해와 증발을 하지 않고 불꽃 없이 연소하는 현상으로 옳은 것은?

① 불꽃연소   ② 분무연소
③ 표면연소   ④ 자기연소

02 ☐☐☐ 09 인천

고체 물질로서 연소 시 불꽃을 내지 않고 공기 중에 산소를 만나 물질 표면에서 직접 연소하는 것은?

① 분해연소   ② 증발연소
③ 표면연소   ④ 분무연소

---

01 정답 ③   LINK 기본서 43p

③ 불꽃 없이 연소하는 것은 표면연소(작열연소)이다.

선지체크
① 불꽃연소: 가연물 자체로부터 발생된 증기나 가스가 공기 중의 산소와 혼합기를 형성하여 연소하며, 연소속도가 매우 빠르고 **불꽃과 열을 내며 연소한다**.
② 분무연소: **액체연료를 미립화(분무)**함으로 증발 표면적을 증가시켜 공기와의 혼합을 좋게 하여 연소하는 것이다.
④ 자기연소: **가연성**이면서 **물질 자체에 산소를 함유**하고 있어 외부의 산소 공급 없이 연소하는 것이다.

02 정답 ③   LINK 기본서 43p

③ 증발이나 열분해 없이 **고체 표면에서 산소와 반응**하여 **물질 자체가 연소**하는 것으로 불꽃 없이 연소하는 것은 표면연소(작열연소)이다.

선지체크
① 분해연소: 액체 또는 고체 **가연물이 열분해**하여 발생한 가스가 연소하는 것이다.
② 증발연소: 액체 또는 고체 **가연물이 증발**하여 발생한 증기가 연소하는 것이다.
④ 분무연소: **액체연료를 미립화(분무)**함으로 증발 표면적을 증가시켜 공기와의 혼합을 좋게 하여 연소하는 것이다.

03

가연물의 표면화재의 특징으로 옳지 않은 것은?

① 연소속도가 빠르다.
② 연쇄반응의 억제에 의한 소화대책이 적당하다.
③ 순조로운 연쇄반응이 없다.
④ 시간당 방출열량이 많다.

03 [정답] ③

③ 표면화재는 불꽃연소로 **연쇄반응이 있기** 때문에 부촉매(억제)소화가 가능하다.

추가학습

구분	불꽃연소	작열연소
연소의 구성요소	연소의 4요소	연소의 3요소
증기압	O	X
불꽃유무	O	X
화학반응	기상반응	표면반응
화재구분	표면화재	심부화재
연소속도	빠르다	느리다
연소방향	표면으로의 연소 확대가 빠름	심부로의 연소 확대가 빠름
열방출량	많다	적다
대류에 의한 열전달	높다	낮다
연쇄반응	O	X
연소가스	$CO_2\uparrow, CO\downarrow$	$CO_2\downarrow, CO\uparrow$
연기입자	작다(비가시성)	크다(가시성)
부촉매소화	O	X
재발화	X	O
플라스틱 화재	열가소성	열경화성

2 물질 상태별 연소형태의 종류

04

기체의 연소로 옳지 않은 것은?

① 확산연소   ② 폭발연소
③ 예혼합연소   ④ 증발연소

04 [정답] ④

④ 증발연소는 **액체 또는 고체의 연소**에 해당한다.

선지체크

① 확산연소: 연료(가연성 가스)와 공기를 혼합시키지 않고 연료를 버너로부터 분출시켜 대기 중에서 공기(산소)와 혼합하면서 연소하는 현상이다.
② 폭발연소: 가연성 기체와 공기의 혼합가스가 밀폐용기 안에 있을 때 점화되면 연소가 폭발적으로 일어나는 연소 현상으로 비정상 연소이기도 하다.
③ 예혼합연소: 기체에서만 발생하며, 연소시키기 전 연료(가연성 가스)와 1차 공기를 미리 혼합시켜 연소가 가능한 상태를 만들어 연소하는 것이다.

05

버너 주변에 가연성 가스를 확산시켜 산소와 접촉, 연소범위의 혼합가스를 생성하여 연소하는 현상으로 기체의 일반적인 연소형태를 말하는 것은?

① 확산연소
② 분해연소
③ 자기연소
④ 표면연소

06

가연물의 연소에 대한 내용으로 옳지 않은 것은?

① 가연성 기체와 공기가 연소범위 농도 내에서 반응대로 확산하면서 연소하는 것을 확산연소라 한다.
② 가연물의 증발연소는 액체 및 고체의 연소에 해당한다.
③ 고체의 분해연소는 가연성 가스가 발생하는 과정을 거치지 않고 연소한다.
④ 예혼합연소는 기체의 연소 형태로 화염은 온도가 높고 색깔은 청색, 백색이다.

05 정답 ①

① 기체의 일반적인 연소형태이며, 연료(가연성 가스)와 공기를 혼합시키지 않고 연료를 버너로부터 분출시켜, **가연성 기체와 공기가 연소범위 농도 내에서 반응대로 확산**하면서 연소하는 것은 확산연소이다.

선지체크
② 분해연소: 액체 또는 고체 가연물이 열분해하여 발생한 가스가 연소하는 것이다.
③ 자기연소: 가연성이면서 물질 자체에 산소를 함유하고 있어 외부의 산소 공급 없이 연소하는 것이다.
④ 표면연소: 고체 표면에서 산소와 반응하여 물질 자체가 연소하는 것으로 불꽃 없이 연소하는 것이다.

06 정답 ③

③ 고체의 분해연소는 가연물이 가열(온도상승)을 통해 **열분해하여 발생한 가스가 연소**하는 것이다.

선지체크
④ 예혼합연소는 기체의 연소 형태로 화염은 온도가 높고 색깔은 청색, 백색이며 확산연소는 예혼합연소에 비해 연소속도가 느리고, 화염의 온도는 황색, 적색이다.

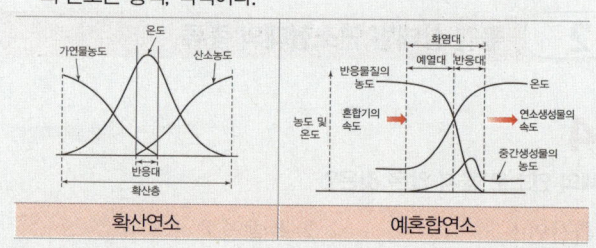

07 〈25 간부〉

기체연소와 액체연소에 관한 설명으로 옳은 것만을 〈보기〉에서 고른 것은?

〈보기〉
ㄱ. 분해연소하는 물질로는 아세톤, 휘발유, 알코올류 등이 있다.
ㄴ. 확산연소는 예혼합연소에 비해 연소속도가 빠르다.
ㄷ. 확산연소는 예혼합연소에 비해 화염온도가 낮다.
ㄹ. 예혼합연소는 역화(back fire)가 발생할 우려가 있다.

① ㄱ, ㄴ   ② ㄱ, ㄷ
③ ㄴ, ㄷ   ④ ㄴ, ㄹ
⑤ ㄷ, ㄹ

07 정답 ⑤ LINK 기본서 44~46p

선지체크
ㄱ. **증발연소**는 휘발성이 좋은 액체연료가 증발하여 발생된 가연성 증기가 연소하는 것으로 아세톤, 휘발유, 알코올류 등이 있다.(예: 특수인화물, 제1석유류, 제2석유류, 알코올류)
→ 분해연소는 액체가 휘발성이 좋지 않거나(비휘발성), 비중이 커서 증발이 어려운 액체 가연물은 높은 열을 통해 열분해하여 발생된 가연성 가스가 연소하는 것이다. (예: 제3석유류, 제4석유류, 동·식물유류)
ㄴ. 확산연소는 예혼합연소에 비해 연소속도가 **느리다**.
→ 확산연소: 연료(가연성 가스)와 공기를 혼합시키지 않고 연료를 버너로부터 분출시켜 대기 중에서 공기(산소)와 혼합하면서 연소하는 현상
→ 예혼합연소: 연소시키기 전 연료(가연성 가스)와 1차 공기를 미리 혼합시켜 연소가능한 상태를 만들어 연소하는 것

08 〈10 전북〉

액체 표면에서 증발한 가연성 증기가 산소와 반응하여 열에너지를 방출하는 연소 형태는?

① 표면연소   ② 분해연소
③ 분무연소   ④ 증발연소

08 정답 ④ LINK 기본서 46~47p

④ **액체의 일반적인 연소형태이며**, 휘발성인 액체연료가 **증발**하여 발생한 **증기가 연소**하는 것은 증발연소이다.

선지체크
③ **분무연소**란 비휘발성인 액체연료를 **미립화**(분무, 안개상태, mist)**함으로 증발 표면적을 증가시켜 공기와의 혼합을 좋게 하여 연소하는 것**이다. 이 경우 인화점 이하에서도 연소가 가능하다.

09 〈09 경북〉

석유류 중 분해연소를 하는 것은?

① 휘발유   ② 등유
③ 경유   ④ 중유

09 정답 ④ LINK 기본서 46p

④ 제3석유류(중유, 크레오소트유), 제4석유류(기어유, 실린더유), 동·식물유류는 **휘발성이 좋지 않거나(비휘발성), 비중이 커서 증발하기 어렵기 때문에** 분해연소한다.

선지체크
① ② ③ 제1석유류(휘발유), 알코올류, 제2석유류(등유, 경유)는 휘발성이 좋기 때문에 액체연료가 증발하여 연소한다.

10 □□□ 12 울산
고체연소 형태로 옳지 않은 것은?

① 등심연소　　② 표면연소
③ 분해연소　　④ 자기연소

10 정답 ①　　LINK 기본서 46~47p

① **등심연소**는 석유램프에서 사용하는 방법으로 연료를 심지로 빨아 올려 표면에서 증발하여 연소하는 것으로 **액체연소**에 해당한다.

추가학습

| 고체연소의 형태 |

① 증발연소: 고체 가연물이 **열분해를 일으키지 않고 증발**(승화성 물질의 단순 증발)하여 발생한 증기가 연소하거나 융해된 액체가 기화하여 증기가 된 후 연소하는 것이다.
　ex 황, 나프탈렌, 파라핀(양초), 요오드(아이오딘), 왁스 등
② 분해연소: 고체 가연물이 가열(온도상승)을 통해 **열분해하여 발생한 가스가 연소**하는 것이다.
　ex 석탄, 목재, 종이, 섬유, 플라스틱, 고무류 등
③ 표면연소: **증발이나 열분해 없이** 고체 표면에서 산소와 급격히 산화 반응하여 **물질 자체가 연소하는 현상으로 불꽃이 없다.**
　ex 숯, 목탄, 코크스, 금속분 등
④ 자기연소: 가연성이면서 물질 자체에 산소를 함유하고 있어 **외부의 산소 공급 없이 연소**하는 것이다.
　ex 나이트로화합물류, 질산에스터류, 셀룰로이드류, 하이드록실아민, 하이드라진유도체 등

11 □□□ 16 2차 충남
고체 중 열분해하여 생성된 그 기체가 타는 연소로서 옳은 것은?

① 분해연소　　② 자기연소
③ 증발연소　　④ 표면연소

11 정답 ①　　LINK 기본서 47p

① **열분해하여 발생한 가스가 연소**하는 것은 분해연소이다.

12 □□□ 11 서울
질산에스터류, 나이트로화합물 등의 연소형태는?

① 자기연소　　② 표면연소
③ 분해연소　　④ 증발연소

12 정답 ①　　LINK 기본서 47p

① 질산에스터류, 나이트로화합물은 제5류 위험물(자기반응성 물질)로 **가연성**이면서 물질 자체에 **산소를 함유**하고 있어 외부의 산소 공급 없이 연소하는 자기연소이다.

13

고체 가연물인 피크르산(Picric Acid)의 연소 형태로 옳은 것은?

① 훈소
② 자기연소
③ 표면연소
④ 증발연소

13 정답 ② LINK 기본서 47p

② 자기연소란 가연성이면서 물질 자체(분자 내)에 산소를 함유하고 있어 외부의 산소 공급 없이 연소하는 것이다. 분자 내에 산소를 가지고 있어 가열 시 열분해에 의해 가연성 증기와 함께 산소를 발생하여 자신의 분자 속에 포함되어있는 산소에 의해 연소한다.
→ 트리나이트로페놀(피크린산, 피크르산)은 제5류 위험물(자기반응성 물질) 중 나이트로화합물에 해당한다.

14

고체의 연소에 대한 설명으로 옳은 것은?

① 목재, 나프탈렌, 금속분 – 증발연소
② 황, 나이트로글리세린 – 자기연소
③ 목재, 섬유, 플라스틱 – 분해연소
④ 금속분, 파라핀 – 표면연소

14 정답 ③ LINK 기본서 47p

선지체크
① 목재 – 분해연소, 나프탈렌 – 증발연소, 금속분 – 표면연소
② 황 – 증발연소, 나이트로글리세린 – 자기연소
④ 금속분 – 표면연소, 파라핀(양초) – 증발연소

추가학습

| 고체연소의 형태 |
① 증발연소: 황, 나프탈렌, 파라핀(양초), 요오드(아이오딘), 왁스 등
② 분해연소: 석탄, 목재, 종이, 섬유, 플라스틱, 고무류 등
③ 표면연소: 숯, 목탄, 코크스, 금속분 등
④ 자기연소: 나이트로화합물류, 질산에스터류, 셀룰로이드류, 하이드록실아민, 하이드라진유도체 등

15

다음의 〈보기〉에서 표면연소에 해당하는 것을 옳게 고른 것은?

보기
ㄱ. 숯   ㄴ. 목탄
ㄷ. 코크스   ㄹ. 플라스틱

① ㄱ, ㄴ, ㄷ
② ㄱ, ㄴ, ㄹ
③ ㄱ, ㄷ, ㄹ
④ ㄴ, ㄷ, ㄹ

15 정답 ① LINK 기본서 47p

표면연소(작열연소, 무염연소): 고체 표면에서 산소와 반응하여 물질 자체가 연소하는 현상으로 불꽃이 없다.
ex 숯, 목탄, 코크스, 금속분 등

선지체크
ㄹ. 플라스틱 – 분해연소

16
고체의 연소현상으로 옳지 않은 것은?

① 표면연소 – 숯
② 분해연소 – 목탄
③ 자기연소 – 셀룰로이드
④ 증발연소 – 나프탈렌

16 정답 ②
② 표면연소 – 목탄

LINK 기본서 47p

17
고체의 연소 중 옳지 않게 연결된 것은?

① 분해연소 – 종이, 석탄
② 자기연소 – 마그네슘
③ 증발연소 – 파라핀
④ 표면연소 – 목탄, 코크스

17 정답 ②
② 표면연소 – 마그네슘(금속분)

LINK 기본서 47p

18
고체의 연소형태 중 분류가 다른 것은?

① 석탄   ② 숯
③ 금속분   ④ 목탄

18 정답 ①
① 석탄 – 분해연소

선지체크
②③④ 표면연소

LINK 기본서 47p

19
고체 가연물의 연소 중 연소형태가 다른 것은?

① 목재   ② 종이
③ 석탄   ④ 파라핀
⑤ 합성수지

19 정답 ④
④: 증발연소

선지체크
①, ②, ③, ⑤: 분해연소

LINK 기본서 47p

20
24 간부

상온에서 고체 상태로 존재하는 가연물의 연소 형태에 해당하는 것만을 〈보기〉에서 고른 것은?

―― 보기 ――
ㄱ. 표면연소　　ㄴ. 분무연소
ㄷ. 폭발연소　　ㄹ. 자기연소
ㅁ. 예혼합연소

① ㄱ, ㄴ　　② ㄱ, ㄹ
③ ㄴ, ㄷ　　④ ㄴ, ㄹ
⑤ ㄹ, ㅁ

20 정답 ②
선지체크
ㄴ: 액체
ㄷ, ㅁ: 기체

LINK 기본서 47p

21
17 2차 공채

양초와 가장 유사한 연소형태는?

① 섬유　　② 나프탈렌
③ 하이드라진유도체　　④ 목탄

21 정답 ②
② 양초는 융해된 액체가 기화하여 증기가 된 후 연소하는 **증발연소**이다.
→ 증발연소: 황, **나프탈렌**, 파라핀(양초), 요오드(아이오딘), 왁스 등

선지체크
① 섬유 – 분해연소
③ 하이드라진유도체 – 자기연소
④ 목탄 – 표면연소

LINK 기본서 47p

22
18 간부

고체상태의 연소형태에 대한 설명으로 옳지 않은 것은?

① 셀룰로이드, 트리나이트로톨루엔은 분자 내에 산소를 가지고 있어 가열 시 열분해에 의해 가연성 증기와 함께 산소를 발생하여 자신의 분자 속에 포함되어 있는 산소에 의해 연소한다.
② 목재, 석탄, 종이, 플라스틱은 가열하면 열분해 반응을 일으키면서 생성된 가연성 증기와 공기가 혼합하여 연소한다.
③ 황, 나프탈렌은 가열하면 열분해를 일으키지 않고 증발하면서 증기와 공기가 혼합하여 연소한다.
④ 숯, 코크스, 목탄, 금속분은 열분해 반응에 의한 휘발성분이 표면에서 산소와 반응하여 연소한다.
⑤ 파라핀은 가열하면 융해되어 액체로 변하게 되고 지속적인 가열로 기화되면서 증기가 되어 공기와 혼합하여 연소한다.

22 정답 ④
④ 숯, 코크스, 목탄, 금속분은 **열분해나 증발없이 고체물질 표면에서 산소와 반응하여 연소하는 현상**으로 불꽃이 없다.

선지체크
① 자기연소
② 분해연소
③ ⑤ 증발연소

LINK 기본서 47p

23 | 16 간부

액체연료와 고체연료의 연소방법에 대한 설명으로 옳지 않은 것은?

① 액체연료의 가장 일반적인 연소 형태인 증발연소란 에테르, 석유류, 알코올 등의 인화성 액체에서 발생한 가연성 증기가 공기와 혼합된 상태에서 연소하는 것이다.
② 고체연료의 표면연소란 가연성 고체가 열분해하여 증발하지 않고 그 고체의 표면에서 산소와 반응하여 연소되는 현상으로 불꽃을 동반하며 황, 나프탈렌, 요오드(아이오딘) 등도 이 연소 형태에 속한다.
③ 고체연료의 분해연소란 목재, 종이, 섬유, 플라스틱, 고무류 등과 같은 고체가연물에 충분한 열이 공급되면 복잡한 연소 메카니즘을 거쳐 열분해에 의하여 발생된 가연성 가스가 공기와 혼합되어 연소하는 형태를 말한다.
④ 고체연료의 증발연소란 그 물질 자체가 타는 것이 아니라 물질의 표면에서 증발한 가연성 증기와 공기 중의 산소가 화합하여 이것에 적당한 열에너지를 주는 데 따라 일어나는 연소를 말한다.
⑤ 고체연료의 자기연소란 질산에스테르류, 셀룰로이드류, 나이트로화합물류, 하이드라진유 등은 가연성 물질이면서 자체 내에 산소를 함유하고 있어 외부에서 열을 가하면 분해되어 가연성 기체와 산소를 발생하게 되므로 공기 중의 산소를 필요로 하지 않고 그 자체의 산소에 의해서 연소된다.

23 정답 ② | LINK 기본서 46~47p

② 고체연료의 표면연소란 가연성 고체가 열분해 및 증발 없이 그 고체의 표면에서 산소와 반응하여 연소되는 현상으로 물질자체가 **연소하기 때문에 불꽃이 없다.** 대표적인 예로 **숯, 목탄, 코크스, 금속분** 등이 있다.

→ **황, 나프탈렌, 요오드(아이오딘) 등은** 열분해를 일으키지 않고 증발(승화성 물질의 단순 증발)하여 발생된 증기가 연소되거나 융해된 액체가 기화하여 증기가 된 후 연소하는 **증발연소하는 물질이다.**

24 | 11 공채

삼체의 연소 중 연소형태가 다른 하나는?

① 촛불
② 가스버너
③ 모닥불
④ 연탄불

24 정답 ② | LINK 기본서 44~47p

② 가스버너 – **기체**의 연소

선지체크
① ③ ④ 고체의 연소

25

가연성 물질과 연소형태의 분류 중 옳지 않은 것은?

① 표면연소: 코크스, 금속분
② 분해연소: 목재, 종이
③ 확산연소: 황, 나프탈렌
④ 자기연소: 질산에스터류, 나이트로화합물
⑤ 예혼합연소: 분젠버너, 가솔린엔진

25 정답 ③　　LINK 기본서 44~47p

③ 증발연소: 황, 나프탈렌

선지체크

⑤ 예혼합연소: 분젠버너, 가솔린엔진
- 분젠버너: 고무관을 통해 가스를 분출시키고, 공기구멍에서 공기를 빨아들여 **관 속에서 혼합**하게 한 후 관의 상단에서 점화하여 연소하는 것이다.
- 가솔린엔진: **공기·연료 혼합물**을 압축하고 점화하여 폭발을 일으키고, 그 폭발 에너지를 역학적 에너지로 변환하는 엔진이다.

26

가연성 물질의 연소 형태로 옳은 것은?

```
ㄱ. 분해연소: 목재, 종이
ㄴ. 확산연소: 나프탈렌, 황
ㄷ. 표면연소: 코크스, 금속분
ㄹ. 증발연소: 가솔린엔진, 분젠버너
ㅁ. 자기연소: 질산에스터류, 나이트로화합물류
```

① ㄱ, ㄴ, ㄹ　　② ㄱ, ㄷ, ㄹ
③ ㄱ, ㄷ, ㅁ　　④ ㄴ, ㄹ, ㅁ
⑤ ㄷ, ㄹ, ㅁ

26 정답 ③　　LINK 기본서 44~47p

선지체크

ㄴ. **고체의 증발연소**: 나프탈렌, 황(유황)
ㄹ. **기체의 예혼합연소**: 가솔린엔진, 분젠버너

27

연소에 관한 설명으로 옳은 것은?

① 작열연소: 화염이 없는 표면연소이다.
② 분해연소: 황이나 나프탈렌이 열분해되면서 일어나는 연소이다.
③ 증발연소: 액체에서만 발생하는 연소형태로서 액면에서 비등하는 기체에서 발생한다.
④ 자기연소: 제3류 위험물과 같이 물질 자체 내의 산소를 소모하는 연소로서 연소속도가 빠르다.

27 정답 ①　　LINK 기본서 43~47p

선지체크

② 황이나 나프탈렌은 **증발연소**한다.
③ 증발연소는 **액체, 고체**에서 발생하는 연소형태이다.
④ 자기연소는 **제5류 위험물**과 같이 물질 자체 내의 산소를 소모하는 연소이다.

3 이상연소 현상

28 12 공채

불완전연소의 원인으로 옳지 않은 것은?

① 공기(산소)공급량이 부족할 때
② 연소생성물의 배기량이 불량할 때
③ 공급되는 가연물의 양이 많아질 때
④ 주위의 온도가 높을 때

29 16 충남

가연성 가스가 공기 중에서 연소할 때 산소농도에 따라 연소에 영향을 미친다. 불완전연소의 원인으로 옳지 않은 것은?

① 산소 공급상태가 좋지 않을 때
② 공급 연료량이 너무 많을 때
③ 공기(산소)공급량이 너무 많을 때
④ 주위의 온도가 낮을 때

30 24 공채

불완전연소에 관한 설명으로 옳지 않은 것은?

① 산소 과잉 상태에서 발생한다.
② 불꽃이 저온 물체와 접촉하여 온도가 내려갈 때 발생한다.
③ 일산화탄소, 그을음과 같은 연소생성물이 발생한다.
④ 연소실 내 배기가스의 배출이 불량할 때 발생한다.

---

28 정답 ④ LINK 기본서 48p

④ 불완전연소가 발생하려면 주위의 온도가 **낮아야 한다**.

선지체크
① 불완전연소는 **산소량이 부족**할 경우 일어난다.
② 연소생성물의 **배기량이 불량**할 경우 실내의 산소량은 소진되고, 가연성 가스의 양이 증가하여 불완전연소한다.
③ **공급되는 가연물의 양이 많아지면** 산소량은 부족해지고 불완전연소한다.

추가학습

| 불완전연소 |
① 공기의 공급량(산소량)이 부족한 때(환기지배형 화재일 때)
② 연소생성물의 배기량이 불량할 때
③ 가스의 조성이 균일하지 못할 때(공급되는 가연물의 양이 많을 때)
④ 주위의 온도가 낮을 때

---

29 정답 ③ LINK 기본서 48p

③ 불완전연소는 **산소량이 부족할 때** 일어난다. 공급되는 가연물의 양이 많아질수록 산소량은 부족하기 때문에 불완전연소한다.

선지체크
① 불완전연소는 **산소량이 부족할 경우** 일어난다.
② 연소생성물의 배기량이 불량할 경우 실내의 산소량은 소진되고, 가연성 가스의 양이 증가하여 불완전연소한다.

---

30 정답 ① LINK 기본서 48p

① 불완전연소는 산소 **부족** 상태에서 발생한다.

31

연소 시 발생하는 이상 현상으로, 연료가 연소될 때 연료의 분출속도가 연소속도보다 느려 불꽃이 염공(焰孔) 속으로 빨려 들어가 혼합관 속에서 연소하는 현상으로 옳은 것은?

① 불완전 연소(incomplete combustion)
② 선화(lifting)
③ 블로우 오프(blow off)
④ 황염(yellow tip)
⑤ 역화(back fire)

31 정답 ⑤

⑤ 역화(back fire)란 연료의 분출속도가 연소속도보다 느릴 때 불꽃이 연소기의 내부로 빨려 들어가 **혼합관 속에서 연소하는 현상**을 말한다.

선지체크
① 불완전 연소(incomplete combustion): 공기부족으로 인해 가연물의 일부가 반응에 참여하지 못하는 연소
② 선화(lifting): 연료가스의 분출속도가 연소속도보다 빠를 때 불꽃이 버너의 노즐에서 떨어져서 연소하는 현상
③ 블로우 오프(blow off): 선화 상태에서 연료가스의 분출속도가 더욱 증가하거나 주위 공기의 유동이 심하면 화염이 노즐에 정착하지 못하고 떨어져 화염이 꺼지는 현상
④ 황염(yellow tip): 1차 공기의 부족 또는 온도가 낮아 불완전 연소하는 것으로 불꽃의 색이 적황색을 띠는 연소

32

역화에 대한 설명으로 옳지 않은 것은?

① 연소속도보다 가스 분출속도가 클 때
② 공급가스 압력이 비정상적으로 낮을 때
③ 버너가 과열되었을 때
④ 공급가스 구멍이 클 때

32 정답 ①

① 연소속도보다 가스분출속도가 빠를 경우 **선화가 발생**한다. **역화가 일어나기 위해서는 연소속도가 가스분출속도보다 빨라야 한다.**

추가학습
| 역화 발생 원인 |
① **연소속도 > 가스분출속도**
② 버너과열로 가스온도가 상승된 경우
③ 염공이 부식 등으로 넓어진 경우
④ 공급가스의 압력이 저하된 경우
⑤ 혼합 가스량이 너무 적을 때
⑥ 용기 밖의 압력이 높을 때

33

역화에 대한 설명으로 옳지 않은 것은?

① 버너가 과열된 경우
② 혼합 가스량이 너무 적은 경우
③ 연료분출속도가 연소속도보다 빠른 경우
④ 노즐을 통과하는 혼합가스가 과열되어 고온이 된 경우

33 정답 ③

③ 선화에 대한 설명이다. 선화란 역화의 반대 현상으로 **연료가스의 분출속도가 연소속도보다 빠를 때 불꽃이 버너의 노즐에서 떨어져서 연소하는 현상**을 말한다.

추가학습
| 선화발생 원인 |
① **연소속도 < 가스분출속도**
② 염공의 일부 막힘 등으로 분출속도가 증가된 경우
③ 공급가스의 압력이 높은 경우
④ 2차 공기의 공급이 불충분한 경우
⑤ 연소가스의 배출이 불안전한 경우
⑥ 공기조절장치를 너무 많이 열었을 경우(1차 공기량이 많은 경우)

34

20 간부

가스 연소 시 발생되는 이상현상에 대한 설명으로 옳지 않은 것은?

① 불완전연소란 공기의 공급량이 부족할 때 일산화탄소, 그을음 등이 발생하는 현상이다.
② 연소소음이란 가연성 혼합가스의 연소속도나 분출속도가 대단히 클 때 연소음 및 폭발음 등이 발생하는 현상이다.
③ 선화란 연료가스의 분출속도가 연소속도보다 빠를 때 불꽃이 노즐에 정착되지 않고 떨어져서 연소하는 현상이다.
④ 역화란 기체 연료를 연소시킬 때 혼합가스의 압력이 비정상적으로 높거나 혼합가스의 양이 너무 많을 때 발생되는 이상연소현상이다.
⑤ 블로우오프란 선화상태에서 연료가스의 분출속도가 증가하거나 공기의 유동이 강하여 불꽃이 노즐에서 정착되지 않고 떨어져서 꺼져버리는 현상이다.

34 정답 ④
LINK 기본서 48~50p

④ **선화**란 기체 연료를 연소시킬 때 혼합가스의 압력이 비정상적으로 높거나 혼합가스의 양이 너무 많을 때 발생되는 이상연소 현상이다. **역화는 공급가스의 압력이 저하된 경우, 혼합 가스량이 너무 적은 경우 발생되는 이상연소 현상이다.**

35

17 공채

가스분출속도가 연소되는 속도보다 빠를 때 불꽃이 노즐에서 떨어진 후 꺼져버리는 현상은?

① 블로우오프 ② 선화
③ 역화   ④ 황염

35 정답 ①
LINK 기본서 49~50p

① 블로우오프란 선화 상태에서 연료가스의 분출속도가 더욱 증가하거나 주위 공기의 유동이 심하면 화염이 노즐에 정착하지 못하고 떨어져 화염이 꺼지는 현상을 말한다.

선지체크
④ 황염: 1차 공기의 부족 또는 온도가 낮아 불완전연소하는 것으로 불꽃의 색이 **적황색을 띠는 연소**이다.

36

22 공채

기체상 연료노즐에서의 연소에 대한 일반적인 설명으로 옳은 것을 있는 대로 모두 고른 것은?

ㄱ. 역화는 연료의 연소속도가 분출속도보다 빠를 때 불꽃이 연료노즐 속으로 빨려 들어가 연료노즐 속에서 연소하는 현상이다.
ㄴ. 선화는 불꽃이 연료노즐 위에 들뜨는 현상으로 연료노즐에서 연료기체의 연소속도가 분출속도보다 느릴 때 발생하는 현상이다.
ㄷ. 황염은 분출하는 기체연료와 공기의 화학양론비에서 공기량이 적을 때 발생한다.
ㄹ. 연료노즐에서 흐름이 난류(turbulent)인 경우, 확산연소에서 화염의 높이는 분출 속도에 비례한다.

① ㄱ, ㄴ ② ㄷ, ㄹ
③ ㄱ, ㄴ, ㄷ ④ ㄱ, ㄴ, ㄷ, ㄹ

36 정답 ③

LINK 기본서 44p, 49~50p

ㄷ. 황염이란 1차 공기의 부족 또는 온도가 낮아 불완전 연소하는 것으로 불꽃의 색이 적황색을 띠는 연소이다.
→ 화학양론비란 가연성가스와 공기 중의 산소가 과부족 없이 연소반응을 완결시킬 수 있는 농도를 말한다. 선지의 내용이 화학양론비에서 공기량이 적을 때라고 하였으니 불완전연소하고 있음을 확인할 수 있다.

선지체크

ㄹ. 연료노즐에서 흐름이 층류인 경우, 확산연소에서 화염의 높이는 분출 속도에 비례한다. 난류인 경우 화염의 길이는 변화하지 않고 일정하게 유지되며, 화염면적이 증가한다.

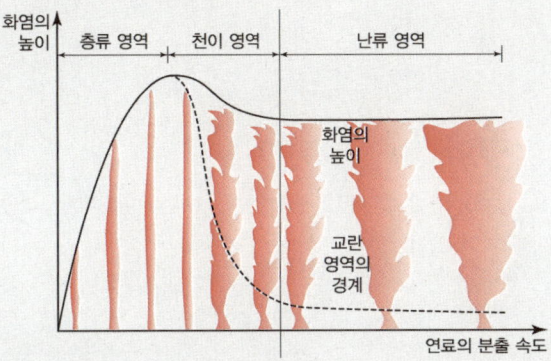

37

09 제주

다음 중 연소속도에 대한 설명 중 옳은 것은?

① 연소 시 화염이 미연소 혼합가스에 대하여 수평으로 이동하는 속도이다.
② 불연성 물질의 농도가 증가하면 연소속도는 저하된다.
③ 연소속도는 압력이 높을수록 감소한다.
④ 열이 증가하면 연소속도는 감소한다.

37 정답 ②

LINK 기본서 50p

선지체크

① 연소 시 화염이 미연소 혼합가스에 대하여 수직으로 이동하는 속도이다.
③ 연소속도는 압력이 높을수록 빨라진다.
④ 열이 증가하면 연소속도는 빨라진다.

추가학습

| 연소속도 |
① 연료 자체의 감소량이다.
② 연소시 화염이 미연소 혼합가스에 대하여 수직으로 이동하는 속도이다.
③ 수증기, 이산화탄소, 질소 등 불활성 가스가 증가하면 연소속도는 감소한다.
④ 연소속도 = 화염속도 - 미연소가스 이동속도

38 　　21 공채

연소속도에 영향을 미치는 요인을 모두 고른 것은?

ㄱ. 가연성 물질의 종류
ㄴ. 촉매의 존재 유무와 농도
ㄷ. 공기 중 산소량
ㄹ. 가연성 물질과 산화제의 당량비

① ㄱ, ㄴ
② ㄱ, ㄴ, ㄷ
③ ㄴ, ㄷ, ㄹ
④ ㄱ, ㄴ, ㄷ, ㄹ

38 정답 ④　　LINK 기본서 50p

ㄹ. 당량비란 화합물을 구성하는 것들의 비율로 즉, 혼합비를 의미한다. 가연성 물질과 산화제의 혼합비에 따라 연소속도는 달라진다.

추가학습

| 당량비(Φ) = $\dfrac{\text{이론공기량}}{\text{실제공기량}}$ |

① $\Phi > 1$: 공기부족, 환기지배형화재
② $\Phi = 1$: 화학양론조성혼합기(완전연소)
③ $\Phi < 1$: 공기과잉, 연료지배형화재

연소속도 영향요소

① 가연성 물질의 종류
② 산화제의 종류
③ 촉매의 존재 유무와 농도
④ 가연성 물질과 산화제의 혼합비(당량비)
⑤ 미연소 가스의 열전도율(열전도율 클수록)
⑥ 미연소 가스의 밀도(밀도 낮을수록)
⑦ 미연소 가스의 비열(비열 작을수록)
⑧ 화염온도(화염온도 높을수록)
⑨ 압력(압력 높을수록)

39 　　16 충남

연소속도에 영향을 미치는 요인으로 가장 옳지 않은 것은?

① 산소 농도에 따라 가연물과의 접촉하는 속도
② 화염온도 및 미연소 가연성 기체의 밀도, 비열, 열전도율
③ 산소의 영향, 촉매, 연소 후 생성된 가연성 물질
④ 산화반응을 일으키는 속도 및 가연물과 산화성 물질의 혼합 비율

39 정답 ③　　LINK 기본서 50p

③ 연소 후 생성된 가연성 물질은 연소속도에 영향을 미치기보다 지속시간과 관련 있다. 연소속도에 영향을 미치기 위해서는 **연소 후 불연성 물질이 생성**되어야 한다. 불연성 물질이 생성되면 **연소속도는 느려진다.**

40

13 충북

연소 및 화재이론에 관한 설명으로 옳지 않은 것은?

① 연소속도란 화염속도에서 미연소 가스의 이동속도를 더한 값이다.
② 플래시오버의 지연대책은 냉각지연법, 배연지연법, 공기차단지연법이 있다.
③ 액체는 열을 만나면 증기가 발생하는데 연소는 그 증기가 타는 것이므로 가연성 증기가 연소범위 하한계에 도달하는 온도를 인화점이라 하고, 연소점은 가열된 증기의 발생 속도가 연소속도보다 빠를 때이다.
④ 원자핵반응에서 반응계 질량의 총합이 생성계 질량의 총합보다 증가하는 반응은 발열반응이라고 한다.

41

18 간부

연소이론에 관한 일반적인 설명으로 옳은 것은?

① 가연물 종류는 연소속도에 영향을 주지 않는다.
② 작열연소란 열과 빛을 발하는 것으로, 육안으로 보이는 현상이다.
③ 탄화수소화합물의 완전연소 시 생성물은 물과 일산화탄소이다.
④ 연소속도는 온도와 압력이 높을수록 빨라진다.
⑤ 표면연소는 기체 또는 액체 가연물의 전형적인 연소형태이다.

40 정답 ①

LINK 기본서 22p, 50p

① 화염속도란 연소속도에서 미연소 가스의 이동속도를 더한 값이다.
(연소속도 = 화염속도 − 미연소가스 이동속도)

선지체크

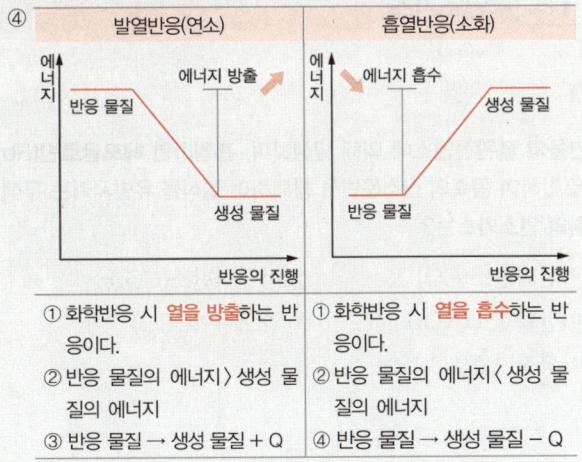

발열반응(연소)	흡열반응(소화)
① 화학반응 시 열을 방출하는 반응이다.	① 화학반응 시 열을 흡수하는 반응이다.
② 반응 물질의 에너지 > 생성 물질의 에너지	② 반응 물질의 에너지 < 생성 물질의 에너지
③ 반응 물질 → 생성 물질 + Q	④ 반응 물질 → 생성 물질 − Q

41 정답 ④

LINK 기본서 50p

선지체크
① 가연물 종류에 따라 연소속도는 달라질 수 있다.
② 불꽃연소란 열과 빛을 발하는 것으로, 육안으로 보이는 현상이다. 작열연소는 불꽃연소에 비해 연소속도가 느리고 불꽃 없이 연소한다.
③ 탄화수소화합물의 완전연소 시 생성물은 물과 이산화탄소이다.
⑤ 표면연소는 고체가연물의 전형적인 연소형태이다.

CHAPTER 04 연소생성물

1 연소가스

01 ☐☐☐ 17 간부

가연물의 불완전연소에 의해 발생하며, 흡입하면 헤모글로빈(Hb)과 결합하여 몸속의 산소운반을 방해하여 질식을 유발시키는 무색, 무취의 연소가스는?

① 일산화탄소(CO)
② 이산화탄소(CO_2)
③ 이산화질소(NO_2)
④ 암모니아(NH_3)
⑤ 아황산가스(SO_2)

01 정답 ① 🔗LINK 기본서 51~54p

① 일산화탄소(CO)
- 공기보다 가벼운 **무색, 무취**인 유독성 가스이다.
- 상온에서 염소와 작용하여 포스겐($COCl_2$)을 생성한다.
- 가연성 물질이며 **불완전연소 시 발생**한다.
- **인체 내의 헤모글로빈과 결합하여 인체 내 산소공급을 방해한다.**
- 허용농도는 50ppm이다.

선지체크
② 이산화탄소(CO_2): 공기보다 무거운 무색, 무취인 가스이다. 불연성 물질이며 완전연소 시 발생한다.
③ 이산화질소(NO_2): 질산셀룰로오스, 폴리우레탄 등이 불완전연소할 때 발생하는 연소생성물로 붉은 빛이 도는 갈색의 기체이다. 흡입 시 인후의 감각신경이 마비된다.
④ 암모니아(NH_3): 수지류, 나무 등 질소함유물이 연소할 때 발생하는 연소생성물이다. 상업용, 공업용 냉동시설의 냉매로 많이 사용한다.
⑤ 아황산가스(SO_2): 털, 고무류 등 황을 포함한 유기화합물의 연소 시에 발생하는 것으로 무색이며 유독성으로 눈 및 호흡기 등의 점막에 손상을 준다.

02 ☐☐☐ 19 공채

다음 설명에 해당하는 연소가스는?

청산가스라고도 하며, 인체에 대량 흡입되면 헤모글로빈과 결합되지 않고도 질식을 유발할 수 있다.

① 암모니아(NH_3)
② 시안화수소(HCN)
③ 이산화황(SO_2)
④ 일산화탄소(CO)

02 정답 ② 🔗LINK 기본서 51~54p

② 시안화수소(HCN)
- 질소성분을 가진 합성수지, 인조견, 모직물 등 섬유가 불완전연소할 때 발생한다.
- 무색의 맹독성 가스(**청산가스**)이며 가연성 가스이다.
- 일산화탄소와는 다르게 **헤모글로빈과 결합하지 않고도 호흡저해를 통한 질식을 유발**한다.
- 허용농도는 10ppm이다.

선지체크
③ 이산화황, 아황산가스(SO_2): 털, 고무류 등 황을 포함한 유기화합물의 연소 시에 발생하는 것으로 무색이며 유독성으로 눈 및 호흡기 등의 점막에 손상을 준다.

03
18 2차 공채

다음과 관계있는 연소생성가스로 옳은 것은?

> 질소 함유물인 열경화성 수지 또는 나일론 등의 연소 시 발생하고, 냉동시설의 냉매로 많이 쓰이고 있으며 냉동 창고 화재 시 누출 가능성이 크며 허용 농도는 25ppm이다.

① 포스겐($COCl_2$)
② 암모니아(NH_3)
③ 일산화탄소(CO)
④ 시안화수소(HCN)

03 정답 ②
LINK 기본서 51~54p

② 암모니아(NH_3)
- 수지류, 나무 등 **질소 함유물이 연소할 때 발생**하는 연소생성물이다.
- 자극성이 강한 무색의 유독성 기체이다.
- 상업용, 공업용 **냉동시설의 냉매**로 많이 사용한다.
- 허용농도는 **25ppm**이다.

선지체크
① 포스겐($COCl_2$): 열가소성수지인 폴리염화바이닐(PVC), 수지류 등이 연소할 때 발생하거나 사염화탄소(CCl_4) 사용 시 발생한다. 독성이 큰 맹독성 물질이다.

04
10 서울

질소가 함유된 물질 연소 시 발생하며 자극성이 강한 유독성 가스로 냉동시설 냉매에 쓰이는 연소생성물은?

① 이산화탄소
② 암모니아
③ 아크로레인
④ 포스겐

04 정답 ②
LINK 기본서 51~54p

② **냉동시설의 냉매**로 많이 쓰이는 물질은 암모니아에 해당한다.

선지체크
③ 아크로레인(CH_2CHCHO): 석유제품, 유지류 등이 연소할 때 발생하는 연소생성물로 자극적인 냄새가 나는 무색의 액체 또는 기체 물질이다.

05
12 울산

무색, 무취로 상온에서 염소와 작용하여 유독성 가스인 포스겐을 형성하기도 하며 인체 내의 헤모글로빈과 결합하여 산소 운반 기능을 저지하여 질식하게 하는 연소 생성가스는?

① 아황산가스(SO_2)
② 시안화수소(HCN)
③ 일산화탄소(CO)
④ 황화수소(H_2S)

05 정답 ③
LINK 기본서 51~54p

③ **무색·무취**, 염소와 작용하여 **포스겐 형성**, **헤모글로빈과 결합**하는 것은 일산화탄소이다.

선지체크
④ 황화수소(H_2S): 황을 포함한 유기화합물의 불완전연소로 발생하는 것으로 **계란 썩는 냄새**가 나는 무색의 악취가스이며, 후각을 마비시켜 유해가스 흡입을 증가시킨다.

06
16 간부

PVC, 전선의 피복 등이 연소할 때 주로 생성되고 허용농도가 5ppm인 독성 가스로, 기도와 눈 등을 자극하며 금속에 대해 강한 부식성이 있는 물질은?

① HCN
② NH_3
③ H_2S
④ HCl
⑤ CH_2CHCHO

06 정답 ④ LINK 기본서 51~54p

④ 염화수소[HCl]
- 염소성분이 함유되어 있는 **염화바이닐수지(PVC), 전선의 피복, 배관이 연소**할 때 발생한다.
- 유독성물질로 **독성가스**로 취급하고 있다.
- **금속에 대한 강한 부식성**이 있어 철을 녹슬게 한다.
- 허용농도는 **5ppm**이다.

선지체크
① HCN – 시안화수소
② NH_3 – 암모니아
③ H_2S – 황화수소
⑤ CH_2CHCHO – 아크로레인

07
25 공채

연소 시 발생하는 황화수소(H_2S)에 대한 설명으로 옳은 것은?

① 계란 썩는 냄새가 나는 가연성가스이다.
② 폴리염화비닐 등이 연소할 때 발생되는 맹독성가스이다.
③ 청산가스라고도 하며 동물의 털이 불완전연소할 때 발생한다.
④ 황(S)을 포함하고 있는 유기화합물이 완전연소할 때 발생한다.

07 정답 ① LINK 기본서 52p

① 황화수소(H_2S)
- 황을 포함한 유기화합물의 불완전연소로 발생한다.
- 계란 썩는 냄새가 나는 무색의 악취가스이며, 후각을 마비시켜 유해가스 흡입을 증가시킨다.
- 0.04% 농도에서 30분 이상 호흡 시 위험하고, 0.08% 농도에는 치명상을 입는다.
- 허용농도는 10ppm이다.

선지체크
② 포스겐($COCl_2$)
③ 시안화수소(HCN)
④ 황(S)을 포함하고 있는 유기화합물이 **불완전연소**할 때 발생한다.

08　　　　　　　　　　　　　　　18 공채

다음 중 연소가스의 설명 중 옳지 않은 것은?

① 포스겐은 PVC 연소 시 미량으로 발생한다.
② 이산화질소는 질산셀룰로오스, 폴리우레탄의 불완전연소 시 발생하는 맹독성이다.
③ 아황산가스는 털, 고무, 나무 물질이 완전연소할 때 생성되는 가스이다.
④ 염화수소는 석유제품, 유지류 등이 탈 때 발생하는 가스이다.

08　정답 ④　　　　　　　　　LINK 기본서 51~54p

④ **아크로레인**은 석유제품, 유지류 등이 탈 때 발생하는 가스이다. **염화수소는 염소성분이 함유되어 있는 염화바이닐수지(PVC), 전선의 피복이 연소할 때 발생**한다.

추가학습

| 연소가스 |

① 황화수소(H_2S): 털, 고무류 등 황을 포함한 유기화합물의 불완전연소 할 때 발생
② 아황산가스(SO_2): 털, 고무류 등 황을 포함한 유기화합물의 연소할 때 발생
③ 암모니아(NH_3): 수지류, 나무 등 질소 함유물이 연소할 때 발생
④ 시안화수소(HCN): 질소성분을 가진 합성수지, 인조견, 모직물 등 섬유가 불완전연소 할 때 발생
⑤ 아크로레인(CH_2CHCHO): 석유제품, 유지류 등이 연소할 때 발생
⑥ 불화수소(HF): 합성수지인 불소수지가 연소할 때 발생
⑦ 염화수소(HCl): 염소성분이 함유되어 있는 염화바이닐수지, 전선의 피복(PVC), 배관이 연소할 때 발생
⑧ 취화수소(HBr): 방염수지류 등이 연소할 때 발생
⑨ 포스겐($COCl_2$): 열가소성수지인 폴리염화바이닐(PVC), 수지류 등이 연소할 때 발생
⑩ 이산화질소(NO_2): 질산셀룰로오스, 폴리우레탄 등의 불완전연소 시 발생

09　　　　　　　　　　　　　　　15 전북

연소물질과 연소생성물의 연결이 옳지 않은 것은?

① 셀룰로이드, 폴리우레탄 – 이산화질소
② 질소성분, 피혁 등 – 시안화수소
③ 석유제품, 유지류 – 아크로레인
④ 폴리스틸렌, 스티로폼 – 아황산가스

09　정답 ④　　　　　　　　　LINK 기본서 51~54p

④ 폴리스틸렌, 스티로폼 – **벤젠**
→ 아황산가스(SO_2): **털, 고무류 등 황**을 포함한 유기화합물의 연소할 때 발생

10　　　　　　　　□□□　17 공채
연소가스에 대한 설명으로 옳지 않은 것은?

① 포스겐은 PVC, 수지류가 탈 때 생성되며 허용농도는 0.1ppm이다.
② 일산화탄소는 완전연소 시 발생하고 이산화탄소는 불완전연소 후 생성되는 물질이다.
③ 염화수소는 PVC 등 수지류, 전선의 절연재, 배관재료 등이 탈 때 생성되는 무색 기체로 눈·호흡기에 영향을 주며 금속에 대한 강한 부식성이 있다.
④ 시안화수소는 청산가스라고도 하고 질소성분 합성수지류, 동물 털의 불완전연소 시, 나일론, 인조견 등의 직물류, 목재, 종이, 우레탄 등이 탈 때 미량이 발생한다.

10 정답 ②　LINK 기본서 51~54p
② **이산화탄소**는 완전연소 시 발생하고 **일산화탄소**는 불완전연소 후 생성되는 물질이다.

11　　　　　　　　□□□　10 경북
연소가스에 대한 설명으로 옳지 않은 것은?

① 아황산가스 – 털, 고무 등이 연소할 때 발생하는 무색의 가스로서 눈 및 호흡기 등에 손상을 준다.
② 암모니아 – 질소함유물인 수지류, 나무 등이 연소할 때 발생하는 무색의 유독성 기체로서 발생 시 눈, 코, 폐의 자극이 크다.
③ 황화수소 – 전선의 절연재 및 배관재료 등이 연소할 때 생성되는 무색의 기체이다.
④ 시안화수소 – 대량 흡입되면 전신경련, 호흡정지, 심박동 정지로 사망에 이르며 동물 털의 불완전연소 시 또는 인조견, 모직물 특히 폴리우레탄 등이 연소할 때 발생된다.

11 정답 ③　LINK 기본서 51~54p
③ **염화수소** – 건축물 내의 전선의 절연재 및 배관재료 등이 탈 때 생성되는 무색 기체이다.

12

21 간부

가연물이 연소할 때 발생하는 독성가스에 대한 설명으로 옳지 않은 것은?

① 일산화탄소(CO)는 인체 내의 헤모글로빈과 결합하여 산소의 운반기능을 약화시켜 질식하게 한다.
② 시안화수소(HCN)는 질소성분을 가지고 있는 섬유류가 불완전연소할 때 발생하는 무색의 맹독성 가스로서 청산가스라고도 불린다.
③ 염화수소(HCl)는 염소성분이 함유되어 있는 염화바이닐수지, 전선 피복 등이 연소할 때 발생하며, 물에 녹아 염산이 된다.
④ 브로민화수소(HBr)는 방염수지류 등이 연소할 때 발생하며, 상온·상압에서 물에 잘 용해되지 않는다.
⑤ 아크로레인(CH_2CHCHO)은 석유제품·유지류 등이 연소할 때 발생하며, 공기와 접촉하면 아크릴산이 된다.

12 정답 ④ LINK 기본서 51~54p

④ 브로민화수소, 취화수소(HBr)
- **방염수지류 등이 연소**할 때 발생한다.
- 유독성이 있어 독성가스로 취급하고 있다.
- 상온, 상압에서 무색의 자극성 기체로 **물에 잘 용해된다**.
- 허용농도는 5ppm이다.

13

20 간부

화재 시 발생하는 유독가스에 대한 설명으로 옳은 것은?

① 황화수소[H_2S]: 질소 성분을 가지고 있는 합성수지, 동물의 털, 인조견 등의 섬유가 불완전연소할 때 발생하는 맹독성 가스로 0.3%의 농도에서 즉시 사망할 수 있다.
② 암모니아[NH_3]: 질소 함유물이 연소할 때 발생하고, 냉동시설의 냉매로 많이 쓰이고 있으므로 냉동창고 화재 시 누출 가능성이 크며, 독성의 허용 농도는 25ppm이다.
③ 염화수소[HCl]: 열가소성 수지인 폴리염화바이닐(PVC), 수지류 등이 연소할 때 발생되는 연소생성물로서 발생량은 적지만 유독성이 큰 맹독성 가스이며, 독성의 허용 농도는 10 ppm이다.
④ 포스겐[$COCl_2$]: 폴리염화바이닐(PVC)과 같이 염소가 함유된 수지류가 탈 때 주로 생성되는데 독성의 허용 농도는 5 ppm이며 향료, 염료, 의약, 농약 등의 제조에 이용되고 있고, 자극성이 아주 강해 눈과 호흡기에 영향을 준다.
⑤ 시안화수소[HCN]: 황을 포함하고 있는 유기화합물이 불완전 연소하면 발생하는데 계란 썩은 냄새가 나며, 0.2% 이상 농도에서 냄새 감각이 마비되고, 0.4~0.7%에서 1시간 이상 노출되면 현기증, 장기혼란의 증상과 호흡기의 통증이 일어난다.

13 정답 ② LINK 기본서 51~54p

선지체크

① **시안화수소[HCN]**: 질소 성분을 가지고 있는 합성수지, 동물의 털, 인조견 등의 섬유가 불완전 연소할 때 발생하는 맹독성 가스로 0.3%의 농도에서 즉시 사망할 수 있다.
③ **포스겐[$COCl_2$]**: 열가소성 수지인 폴리염화바이닐(PVC), 수지류 등이 연소할 때 발생되는 연소생성물로서 발생량은 적지만 유독성이 큰 맹독성 가스이며, 독성의 허용 농도는 0.1ppm이다.
④ **염화수소[HCl]**: 폴리염화바이닐(PVC)과 같이 염소가 함유된 수지류가 탈 때 주로 생성되는데 독성의 허용 농도는 5ppm이며 향료, 염료, 의약, 농약 등의 제조에 이용되고 있고, 자극성이 아주 강해 눈과 호흡기에 영향을 준다.
⑤ **황화수소[H_2S]**: 황을 포함하고 있는 유기화합물이 불완전연소하면 발생하는데 계란 썩은 냄새가 나며, 0.2% 이상 농도에서 후각이 마비되고, 0.4~0.7%에서 1시간 이상 노출되면 현기증, 장기혼란의 증상과 호흡기의 통증이 일어난다.

14

12 전북

연소가스의 독성에 관한 설명 중 옳지 않은 것은?

① CO는 공기 중 농도가 4,000ppm 연소가스가 있을 시 1시간 이내로 사망할 수 있다.
② 「고압가스 안전관리법」에서 허용농도 2,000ppm 이하를 독성가스로 분류한다.
③ 이산화탄소는 다량으로 흡입 시 인체에 해를 주는 유독성 가스라고 할 수 있다.
④ CO는 공기 중 농도가 2,000ppm의 연소가스가 있을 시 1시간 흡입으로 위험한 상태에 이른다.

14 정답 ②

LINK 기본서 51p

② 「고압가스 안전관리법」(LC 50)에서 허용농도 5,000ppm 이하를 독성가스로 분류한다.

구분	독성	맹독성
LC 50	5,000ppm	200ppm
TLV-TWA	200ppm	1ppm

추가학습

| CO에 의한 인체의 영향 |

공기중의 농도	인체의 영향
50ppm	허용농도로 특이한 증상 없음
200ppm	2~3시간 이내에 가벼운 두통 유발
400ppm	1~2시간 이내에 두통·구토 발생
800ppm	40분 이내에 구통·현기증·경련, 24시간이면 실신
1,600ppm	20분 이내에 두통·현기증·구토, 사망 위험까지 2시간 소요
3,200ppm	5~10분 이내에 두통·현기증, 30분이면 사망
6,400ppm	1~2분 이내에 두통 및 구토, 15~30분 이내에 사망
12,800ppm	1~3분 이내에 사망

| CO_2에 의한 인체의 영향 |

농도범위	인체의 영향
1%	허용농도로 특이한 증상 없음
2%	수 시간의 흡입으로도 큰 증상은 없다. 불쾌감이 있다.
3%	호흡수가 늘어나며, 호흡이 깊어진다.
4%	눈, 목의 점막에 자극이 있다. 두통, 귀울림, 어지러움, 혈압 상승 등이 일어난다.
6%	호흡수가 현저하게 증가한다.
8%	호흡이 곤란해진다.
10%	시력장애, 몸이 떨리며 2~3분 이내에 의식을 잃으며 그대로 방치하면 사망한다.
20%	중추신경이 마비되어 사망한다.

15

11 서울

연소생성물에 대한 설명으로 옳지 않은 것은?

① 연소 시 생성된 일산화탄소는 인체의 헤모글로빈과의 결합력이 산소보다 극히 강하다.
② 이산화탄소는 비가연성 물질로서 연소가스 중 가장 많은 양을 가지고 있으며 인체 허용농도가 5% 이상이면 사망한다.
③ 암모니아는 냉동공장 등에서 온도 낮추는 가스로서, 즉 냉동시설의 냉매로 사용된다.
④ 시안화수소는 동물 털 또는 인조견 등의 직물류, 목재, 종이 등이 탈 때 발생된다.

15 정답 ②

LINK 기본서 51~54p

② 이산화탄소는 비가연성 물질로서 연소가스 중 가장 많은 양을 가지고 있으며 인체 허용농도가 10% 이상이면 사망한다.

16 〔23 공채〕

화재 시 연소생성물에 관한 설명으로 옳지 않은 것은?

① 황화수소는 썩은 달걀과 비슷한 냄새가 난다.
② 연기로 인한 빛의 감소를 나타내는 감광계수는 가시거리와 반비례한다.
③ 일산화탄소는 산소와 헤모글로빈의 결합을 방해하여 질식에 이르게 할 수 있다.
④ TLV(Threshold Limit Value)로 측정한 독성가스의 허용농도는 불화수소, 시안화수소, 암모니아, 포스겐 순으로 높다.

16 정답 ④

④ TLV로 측정한 독성가스의 허용농도는 **암모니아(25ppm) > 시안화수소(10ppm) > 불화수소(3ppm) > 포스겐(0.1ppm)** 순으로 높다.

추가학습

허용농도[ppm]	
이산화탄소	5,000
일산화탄소	50
암모니아	25
시안화수소, 황화수소	10
아황산가스, 염화수소, 취화수소	5
불화수소	3
이산화질소	1
아크로레인, 포스겐	0.1

2 연기

17 〔10 충북〕

피난활동 중 인체 시각의 제약요인이 가장 큰 것은?

① 연소가스 ② 연기
③ 열   ④ 화염

17 정답 ②

② **연기**에 의해 시각의 제약이 발생한다.

18 〔15 2차 경기〕

화재로 인한 부력, 굴뚝효과, 온도상승에 의한 증기의 부피팽창과 관련된 것은?

① 연기의 발생   ② 연기의 성분
③ 연기의 농도   ④ 연기의 유동

18 정답 ④

④ 부력, 굴뚝효과, 증기의 부피팽창은 **연기가 유동하는데 영향**을 주는 인자들이다.

추가학습

| 연기의 유동 |

① **바람**: 외부의 바람이 건물 내로 유입하여 연기를 이동시킬 수 있다.
② **팽창**: 화재 시 온도상승으로 인한 가스의 팽창으로 연기를 이동시킬 수 있다.
③ **부력**: 화재 시 온도상승으로 인한 부피는 팽창하고, 밀도는 감소하므로 연기를 이동시킬 수 있다.
④ **공조설비**: 건축물 내부에 있는 냉·난방, 통풍, 공기조화설비의 영향으로 연기를 이동시킬 수 있다.
⑤ **피스톤 효과**: 엘리베이터가 샤프트 내에서 이동할 때, 흡입 압력(피스톤 효과)이 발생하여 연기를 유입시킬 수 있다.
⑥ **연돌효과(굴뚝효과)**: 건축물 내·외부 공기의 온도차로 인한 압력차에 의해 공기가 이동하며 연기를 이동시킬 수 있다.

19
13 경기

연기의 유동효과에 영향을 미치지 않는 것은 무엇인가?

① 굴뚝효과
② 공기 중 산소농도
③ 부력
④ 외부 바람

19 정답 ②
LINK 기본서 56p

② 산소농도는 연기의 유동과 관련 없다.

선지체크

① 굴뚝효과(연돌효과): 건축물 내·외부 공기의 온도차로 인한 압력차에 의해 공기가 이동하며 연기를 이동시킬 수 있다.

20
20 공채

고층건축물에서 연기유동을 일으키는 요인을 모두 고른 것은?

| ㄱ. 부력효과 | ㄴ. 바람에 의한 압력차 |
| ㄷ. 굴뚝효과 | ㄹ. 공기조화설비의 영향 |

① ㄱ, ㄴ
② ㄱ, ㄷ
③ ㄴ, ㄷ, ㄹ
④ ㄱ, ㄴ, ㄷ, ㄹ

20 정답 ④
LINK 기본서 56p

④ 모두 연기유동을 일으키는 요인이다.

추가학습

주로 저층 건물일수록 열, 대류이동, 화재 압력과 같은 영향 및 바람의 영향으로 연기가 이동하며, 고층 건물일수록 굴뚝효과에 의하여 연기가 이동한다.

21
16 2차 충남

저층 건축물 연기 유동 원인으로 가장 옳은 것은?

① 연돌효과
② 구획실의 크기
③ 강제적인 연기의 이동
④ 열, 대류의 흐름, 화재압력 등

21 정답 ④
LINK 기본서 57p

④ 저층 건축물은 **열**, **대류의 흐름**, **화재압력**과 같은 영향으로 연기가 유동한다.

선지체크

① **연돌효과**는 **고층 건축물**의 연기 유동 원인이다.

22

☐☐☐ 13 광주

연기에 관하여 옳지 않은 것은?

① 연기는 공기보다 고온이기 때문에 일반적으로 천장의 하면을 따라 순방향으로 이동한다.
② 역굴뚝효과는 건축물 외부의 공기가 내부의 공기보다 따뜻할 때 건축물 내부의 공기가 위에서 아래로 이동하는 것이다.
③ 주로 저층 건물일수록 굴뚝효과에 의하여 연기는 이동하고, 고층 건물일수록 열, 대류 이동, 화재압력과 같은 영향 및 바람의 영향으로 연기가 이동한다.
④ 연기는 수평일 때 0.5~1m/sec, 수직일 때 2~3m/sec의 속도로 유동한다.

23

☐☐☐ 16 간부

화재 시 발생하는 연기에 대한 설명으로 옳지 않은 것은?

① 연기는 다량의 유독가스를 함유하며, 화재로 인한 연기는 고열이며 유동 확산이 빠르다.
② 연료 중에 수소가 많으면 흑색연기, 탄소수가 많으면 백색연기로 변한다.
③ 일반적으로 연기의 유동속도는 수평방향으로 0.5~1[m/s], 수직방향으로 2~3[m/s], 계단실내에서는 3~5[m/s]이다.
④ 화재 시 연기는 처음에는 백색이며 시간이 흐를수록 흑색으로 변한다.
⑤ 연기의 조성은 연료의 성질과 연소조건에 의해 각기 다르며 액체의 입자는 수증기 외에 알데하이드, 알코올 등의 탄화수소의 응고로 인한 타르분의 것, 기체의 성분은 CO, CO_2, HCl, HCN, $COCl_2$, SO_2 등이다.

22 정답 ③

LINK 기본서 55~57p

③ 주로 **고층 건물**일수록 굴뚝효과에 의하여 연기는 이동하고, **저층 건물**일수록 열, 대류 이동, 화재압력과 같은 영향 및 바람의 영향으로 연기가 이동한다.

선지체크

① 연기의 증기비중은 공기보다 크다. 하지만 온도가 높기 때문에 부력이 발생하여 상승하게 된다.
④ 연기의 유동속도(수평 < 수직 < 계단)
 • 수평 방향: 0.5~1[m/s]
 • 수직 방향: 2~3[m/s]
 • 계단 실내: 3~5[m/s]

23 정답 ②

LINK 기본서 55p

② 연료 중에 수소가 많으며 **백색**연기, 탄소수가 많으면 **흑색**연기로 변한다.

선지체크

⑤ 연기란 공기 중 부유하는 0.01~10[μm] 크기의 고체 또는 액체의 미립자이며, 다량의 연소생성물(가스)을 함유하고 있다. 이 연기는 온도가 높고 유동확산이 빨라 화재를 확대시킨다.

24　　13 충북

건물화재 시 발생하는 연기의 유동에 대하여 옳지 않은 것은?

① 건물 내부의 뜨거운 공기가 굴뚝과 같은 긴 통로를 따라 올라가는 강한 통풍현상을 일으킨다.
② 건물화재 시 실내 공기의 무게와 밀도는 커진다.
③ 건물 상·하층의 내부와 외부 온도·압력차로 인해 건축물 하부에서 외부의 찬 공기가 유입된다.
④ 건물화재 시 온도가 상승하면 공기의 부피는 팽창한다.

24　정답 ②　LINK 기본서 56p

② 건물화재 시 실내 공기의 **무게와 밀도는 작아지고**, **부피는 팽창**하므로 연기를 이동시킬 수 있다.

25　　14 울산

다음 설명에 해당하는 것은?

> 건축물 상·하층의 내부와 외부의 온도, 기압차 때문에 건축물 하부에서 외부의 찬 공기가 유입되고 건물 내부의 더운 공기가 천장 위쪽으로 올라가 밖으로 빠져나가는 현상으로서 공기의 밀도가 감소하여 수직의 긴 통로를 따라 강한 통풍을 일으키며 올라가는 현상

① 중성대
② 굴뚝효과
③ 역굴뚝효과
④ 불연속선

25　정답 ②　LINK 기본서 56~57p

② 굴뚝효과(연돌효과)에 대한 설명이다.

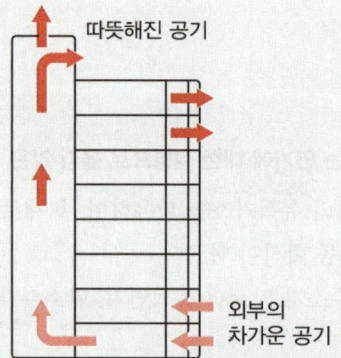

선지체크
① 중성대: 건물화재 시 온도가 상승함으로 부력에 의해 실의 위쪽으로 고온 기체가 축적되고 온도가 높아져 실내·외의 압력이 달라진다. 실의 상부는 실외보다 압력이 높고, 하부는 압력이 낮다. 그 사이 어느 지점에서 **실내·외부의 정압이 같아지는데 그 부분을 중성대(면)**라고 한다.
③ 역굴뚝효과: 굴뚝효과와 반대로 **건축물 외부온도가 내부온도보다 높을 때**는 건물 내에서 **공기가 위에서 아래쪽으로 이동**하게 되는데 이러한 **하향 공기흐름**을 말한다.
④ 불연속선: 실내의 **천장쪽 고온가스와 바닥쪽 공기의 경계선**을 말한다.

26

□□□ 14 공채

건축물의 내부와 외부의 온도 차이로 공기가 이동하는 현상인 연돌효과(stack effect)가 발생될 수 있는 조건으로 옳지 않은 것은?

① 건물의 높이
② 층의 면적
③ 외벽의 기밀도
④ 건물 내·외의 온도차

26 정답 ②   LINK 기본서 57p

② 주로 고층 건출물에서 발생하는 연돌효과(공기가 수직으로 상승하는 현상)는 층의 면적과는 상관없다.

추가학습

| 굴뚝효과 영향요소 |
① 건물의 높이
② 외벽의 기밀도
③ 건물 내·외부의 온도차
④ 건물의 층간 공기누설

27

□□□ 14 전북

건축물에서 일어날 수 있는 연돌효과로 옳지 않은 것은?

① 개구부에 방풍실 억제는 연돌효과 방지에 도움이 된다.
② 건축물 상·하층의 내부와 외부의 온도, 압력차 때문에 건축물 하부에서 외부의 찬 공기가 유입되고 건물 내부의 더운 공기가 천장 위쪽으로 올라가 빠져나가는 현상이다.
③ 뜨거워진 공기가 굴뚝처럼 긴 통로를 따라 강한 통풍을 일으키며 올라가는 현상으로 고층 빌딩 비상계단이나 엘리베이터 등 긴 수직통로가 있는 곳에서 주로 발생한다.
④ 건축물 내부의 온도가 올라감에 따라 밀도가 감소되어 공기가 이동하는 현상을 말한다.

27 정답 ①   LINK 기본서 56~57p

① 개구부에 방풍실 **설치**는 연돌효과 방지에 도움이 된다. 외기가 건물 내부로 들어오는 것을 최소화시켜주는 **방풍실은 연돌효과를 방지한다**.

28

□□□ 14 전북

굴뚝효과 등의 내용에 관하여 옳지 않은 것은?

① 역굴뚝효과는 외부공기가 상부에서 유입되며, 내부공기는 건물 하부에서 배출되는 것이다.
② 실내 천장 쪽의 고온가스와 바닥 쪽의 찬 공기의 경계선을 중성대라 한다.
③ 굴뚝효과는 수직공간에서 온도차·압력차에 의해 발생한다.
④ 연돌효과는 실내외 온도차로 인해 공기부력의 압력차로 연기가 수직공간을 상승한다.

28 정답 ②   LINK 기본서 56~58p

② 실내 천장 쪽의 고온가스와 바닥 쪽의 찬 공기의 경계선을 **불연속선**이라 한다.

29

건물화재 시 실내와 실외 정압이 같아지는 경계면이 형성되는데 그 면을 무엇이라 하는가?

① 중심대 ② 중성대
③ 삼중점 ④ 안전대

29 정답 ②

② 중성대: 건물화재 시 온도가 상승함으로 부력에 의해 실의 위쪽으로 고온 기체가 축적되고 온도가 높아져 실내·외의 압력이 달라진다. 실의 상부는 실외보다 압력이 높고, 하부는 압력이 낮다. 그 사이 어느 지점에서 실내·외부의 정압이 같아지는데 그 부분을 중성대(면)라고 한다.

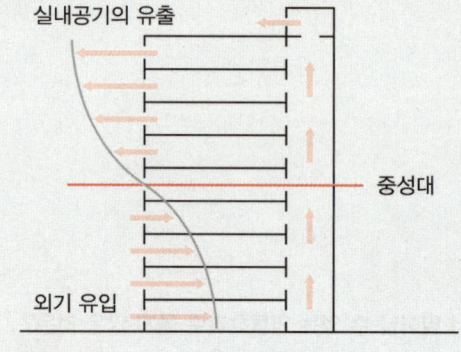

중성대 상부	① 실내정압 〉 실외정압 ② 실내에서 실외로 고온의 연소생성물 분출
중성대	① 실내정압 = 실외정압 ② 기류 이동 없음
중성대 하부	① 실내정압 〈 실외정압 ② 실외에서 실내로 공기유입

30

건축물 화재 시 나타나는 중성대에 관한 설명으로 옳지 않은 것은?

① 건물 내부의 압력이 외부의 압력과 일치하는 수직적인 위치가 생기는데, 이 위치를 중성대라 한다.
② 중성대 상부는 기체가 실내에서 외부로 유출되고 중성대 하부는 외부에서 실내로 기체가 유입된다.
③ 중성대 상부는 열과 연기로부터 생존이 어려운 지역이고 중성대 하부는 신선한 공기로 인해 생존 가능성이 높은 지역이다.
④ 중성대 하부 개구부를 개방하면 공기가 유입되면서 연기가 외부로 배출되어 중성대가 위로 상승하고 중성대 하부 면적이 커져 소화활동이 용이하게 된다.
⑤ 현장 도착 시 하부 출입문으로 짙은 연기가 배출된다면 상부 개구부 개방을 강구하고, 하부 개구부에서 연기가 배출되고 있지 않다면 상부 개구부가 개방되어 있다고 판단한다.

30 정답 ④

④ 중성대 하부 개구부를 개방하면 중성대 아래쪽에서 공기가 계속 유입되기 때문에 연소확대와 동시에 연기량이 증가하게 되고 실의 상부 압력이 높아지며 중성대는 낮아진다.
→ 중성대의 상층개구부를 개방하게 되면 연기가 외부로 배출되므로 중성대는 높아진다. 따라서 배연을 할 경우 중성대 상부에서 배연하는 것이 적당하다.

31

건물에 화재가 발생했을 때, 중성대에 관한 설명으로 옳은 것만을 〈보기〉에서 고른 것은?

〈보기〉

ㄱ. 중성대의 하부 개구부로 외부 공기가 유입되면, 중성대는 위쪽으로 상승한다.
ㄴ. 중성대의 상부 면적이 커질수록 대피자들의 활동공간과 시야가 확보되어 신속히 대피할 수 있다.
ㄷ. 중성대의 상부에서는 실내에서 외부로 기체가 유출되고, 중성대의 하부에서는 외부에서 실내로 기체가 유입된다.
ㄹ. 중성대의 상부 개구부를 개방한다면 연소는 확대될 수 있지만, 연기가 빠른 속도로 상승하여 외부로 배출되므로, 중성대의 상부 면적은 감소하고 중성대의 하부 면적은 증가한다.

① ㄱ, ㄴ   ② ㄱ, ㄷ
③ ㄴ, ㄷ   ④ ㄴ, ㄹ
⑤ ㄷ, ㄹ

31 정답 ⑤

선지체크

ㄱ. 중성대의 하부 개구부로 외부 공기가 유입되면, 실의 상부 압력이 높아지며 중성대는 아래쪽으로 하강한다.
ㄴ. 중성대의 하부 면적이 커질수록(하부는 신선한 공기가 유입되기 때문에) 대피자들의 활동공간과 시야가 확보되어 신속히 대피할 수 있다.

32

화재 시 발생하는 연기(smoke)에 대한 설명으로 옳지 않은 것은?

① 연기의 수직 이동속도는 수평 이동속도보다 빠르다.
② 연기의 감광계수가 증가할수록 가시거리는 짧아진다.
③ 중성대는 실내 화재 시 실내와 실외의 온도가 같은 면을 의미한다.
④ 굴뚝효과는 건축물의 내부와 외부의 온도차에 의해 내부의 더운 공기가 상승하는 현상이다.

32 정답 ③

③ 중성대: 건물화재 시 온도가 상승함으로 부력에 의해 실의 위쪽으로 고온의 기체가 축적되고 온도가 높아져 실내·외의 압력이 달라진다. 실의 상부는 실외보다 압력이 높고, 하부는 압력이 낮다. 그 사이 어느 지점에서 실내·외부의 정압이 같아지는데 그 부분을 중성대(면)라고 한다.

33

수직 방향으로 이동하는 연기의 유동속도로 옳은 것은?

① 0.5~1m/sec   ② 1~2m/sec
③ 2~3m/sec   ④ 3~5m/sec

33 정답 ③

③ 수직 방향: 2~3m/sec

선지체크

① 수평 방향: 0.5~1m/sec
④ 계단 방향: 3~5m/sec

34

연기의 유동현상에 대하여 늦은 속도에서 빠른 속도로 옳은 것은?

① 수직 → 계단 → 수평
② 수평 → 수직 → 계단
③ 수평 → 계단 → 수직
④ 수직 → 수평 → 계단

34 정답 ②

② 수평 → 수직 → 계단 순서이다.

LINK 기본서 55p

35

연기에 대한 설명으로 옳은 것은?

① 수평방향보다 수직방향이 더 빠르다.
② 연기는 독성이 없다.
③ 연기 속 미립자에는 고체가 없다.
④ 감광계수와 가시거리에 비례한다.

35 정답 ①

① 수평 속도: 0.5~1[m/s], 수직 속도: 2~3[m/s]

선지체크
② 연기는 **독성이 있다.**
③ 연기는 **고체 또는 액체의 (탄소)미립자**이다.
④ 빛의 감소가 클수록(감광계수) 시야가 좁아져 눈으로 볼 수 있는 거리(가시거리)가 짧아진다. 즉, 감광계수와 가시거리는 **반비례**한다.

LINK 기본서 55~56p

36

감광계수 0.3[m^{-1}], 가시거리 5m일 때 상황으로 옳은 것은?

① 어두침침한 것을 느낄 수 있는 정도
② 건물 내부 익숙한 사람이 피난 시 약간 지장을 느낄 정도
③ 최성기 때의 정도
④ 앞이 거의 보이지 않을 정도

36 정답 ②

선지체크
① 감광계수 0.5[m^{-1}], 가시거리 3[m]
③ 감광계수 10[m^{-1}], 가시거리 0.2~0.5[m]
④ 감광계수 1[m^{-1}], 가시거리 1~2[m]

추가학습

| 광학농도법 |

연기 속을 투과하는 빛의 양을 측정하는 방법으로 감광계수[m^{-1}]로 표시

감광계수[m^{-1}]	가시거리[m]	현 상
0.1	20 ~ 30	연기감지기가 작동할 때의 농도
0.3	5	건물 내부에 익숙한 사람이 피난에 지장을 느낄 정도
0.5	3	어두움을 느낄 정도
1	1 ~ 2	거의 앞이 보이지 않을 정도
10	0.2 ~ 0.5	최성기 때의 정도, 유도등이 보이지 않을 정도
30	–	출화실에서 연기가 분출할 정도

– 빛의 감소가 클수록(감광계수) 시야가 좁아져 눈으로 볼 수 있는 거리(가시거리)가 짧아진다. 즉, **감광계수와 가시거리는 반비례**한다.

LINK 기본서 56p

37

25 간부

화재 시 발생하는 연기에 대한 설명으로 옳지 않은 것은?

① 연기의 농도가 높으면 피난과 소방활동에 현저한 장해가 된다.
② 감광계수와 가시거리는 반비례 관계이다.
③ 감광계수가 $0.5\ m^{-1}$이면 어두침침한 것을 느낄 정도의 상황이다.
④ 건축물 내에서 연기의 유동속도는 수직방향보다 수평방향이 빠르다.
⑤ 연기의 제어 원리에는 희석, 배기, 차단이 있다.

38

19 간부

건축물 내부화재 시 발생하는 열과 연기의 특성에 대한 설명으로 옳지 않은 것은?

① 감광계수가 증가할수록 가시거리는 증가한다.
② 연기의 수직방향 유동속도는 수평방향보다 빠르다.
③ 굴뚝효과는 건축물의 내부와 외부의 온도차에 의해 발생할 수 있다.
④ 화재실 내부에서 중성대의 상부 압력은 실외 압력보다 높게 나타난다.
⑤ 열의 전달 방법 중 복사는 중간 매개체 도움 없이 발생하는 전자파에 의한 에너지의 전달이다.

---

37 정답 ④ LINK 기본서 55~56p

④ 건축물 내에서 연기의 유동속도는 **수평방향**보다 **수직방향**이 빠르다.
→ 수평 방향: 0.5~1[m/s]
→ 수직 방향: 2~3[m/s]
→ 계단 실내: 3~5[m/s]

추가학습

| 연기의 농도측정법(상대농도) |

빛의 감소가 클수록(감광계수) 시야가 좁아져 눈으로 볼 수 있는 거리(가시거리)가 짧아진다. 즉, 감광계수와 가시거리는 반비례한다.

감광계수[m^{-1}]	가시거리[m]	현상
0.1	20~30	연기감지기가 작동할 때의 농도
0.3	5	건물 내부에 익숙한 사람이 피난에 지장을 느낄 정도
0.5	3	어두움을 느낄 정도
1	1~2	거의 앞이 보이지 않을 정도
10	0.2~0.5	최성기 때의 정도, 유도등이 보이지 않을 정도
30	–	출화실에서 연기가 분출할 정도

38 정답 ① LINK 기본서 55~56p

① 빛의 감소가 클수록(감광계수) 시야가 좁아져 눈으로 볼 수 있는 거리(가시거리)가 짧아진다. 즉, **감광계수와 가시거리는 반비례**한다.

39
연기제어 방법으로 옳지 않은 것은?

① 연소 ② 차단
③ 배기 ④ 희석

39 정답 ①
① 연소는 가연성 물질이 산소와 만나 빛과 열을 수반하며 급격히 산화하는 현상이다.

추가학습
| 연기의 제어방법 |
① 배기: 건물 내의 압력차에 의하여 연기를 외부로 배출시키는 방법이다.
② 희석: 외부로부터 다량의 신선한 공기를 공급하여 연기의 농도를 낮추는 방법이다.
③ 차단: 일정한 장소 내로 들어오지 못하도록 막는 방법이다.

3 열

40
열전달 방법으로 옳지 않은 것은?

① 복사 ② 전도
③ 대류 ④ 대전

40 정답 ④
④ 대전은 중성 원자로 이루어진 물질이 양전하 또는 음전하를 띠게 되는 현상이다. 열전달과 관련없다.

추가학습
| 열전달 방법 |
전도, 대류, 복사

41
고체나 정지하고 있는 유체에서 매질을 통하여 이루어지는 열전달 방식은?

① 전도 ② 대류
③ 복사 ④ 비화

41 정답 ①
전도
① 고체 또는 정지상태의 유체 내에서 매질을 통한 열전달 방법이다.
② 온도상승에 따라 물질 내 분자운동이 활발해져 분자 간의 충돌이 많아짐에 따라 에너지가 인접 분자로 전달되는 것이다.
③ 온도상승에 따른 자유전자의 이동에 의해 열에너지가 전달된다.
④ 모든 화재의 초기단계에 있어서 열의 전달은 거의 전적으로 전도에 기인한다.
⑤ 공기는 열전도가 낮은 편인데 압력이 낮으면 열전도는 느리게 되고 진공 상태에서는 열의 전도가 이루어지지 않는다.

42

공기의 이동이나 유체의 흐름에 의해 열이 이동하는 현상을 무엇이라 하는가?

① 전도 ② 대류
③ 복사 ④ 비화

43

기체보다 고체에서 열전도율이 큰 것은?

① 전도 ② 대류
③ 복사 ④ 비화

44

전도(Conduction) 열 이동에서 단면적이 일정한 도체일 경우 열전달량의 설명으로 옳은 것은?

① 전일면적에 비례하고 온도차와 두께차에 반비례한다.
② 전일면적과 온도차에 반비례하고 두께차에 비례한다.
③ 전일면적과 두께차에 비례하고 온도차에 반비례한다.
④ 전일면적과 온도차에 비례하고 두께차에 반비례한다.
⑤ 전일면적에 반비례하고 온도차와 두께차에 비례한다.

---

42 정답 ②

대류
① 액체 또는 기체(유체)에서 생기는 밀도차에 의한 분자들의 흐름을 통한 열전달 방법이다.
② 온도차 → 밀도차 → 부력의 차이로 인해 발생되기 때문에 손을 화염 위에 올려놓게 되면, 손이 불에 직접적으로 닿지 않더라도 열을 느낄 수 있게 된다.
③ 화재현장의 연기가 위로 향하는 것이나 화로에 의해 방안의 공기가 더워지는 것이 대류에 의한 현상이다.
④ 층류보다 난류일 때 열전달이 더 용이하다.

43 정답 ①

① 전도는 고체 또는 정지상태의 유체 내에서 매질을 통한 열전달 방법으로 기체보다 고체에서의 열 전달방법이다.

44 정답 ④

④ 푸리에의 전도법칙: 전도는 온도 차이와 면적에는 비례하고, 두께는 반비례한다.

$$Q = \frac{KA(T_2 - T_1)}{l}$$

- Q : 전도 열전달률[W = kcal/h]
- K : 물질의 열전도도[W/m·℃ = kcal/m·h·℃]
- A : 열전달 부분 면적[㎡]
- T_2 : 고온[℃]
- T_1 : 저온[℃]
- l : 벽 두께[m]

45

푸리에(Fourier)의 열전도법칙에 따라 물질을 통해 전달되는 열량에 대한 설명으로 옳지 않은 것은?

① 물질의 두께에 비례한다.
② 물질의 전열면적에 비례한다.
③ 물질 양면의 온도차에 비례한다.
④ 물질의 열전도율에 비례한다.

45 정답 ①

① 물질의 **두께에 반비례**한다.

선지체크
② 전열면적이란 열이 전달되는 면적을 의미한다.

46

천장이 높은 건축물은 화재초기에 감지기가 작동하지 않는 것과 관련 있는 현상은 무엇인가?

① 전도
② 대류
③ 복사
④ 비화

46 정답 ②

화재초기에는 **열 발생이 적어서** 천장이 높으면 **대류**에 의해 뜨거운 공기가 위로 올라가다가 식어버려 감지기까지 상승하지 못하고 다시 가라앉는다.

47

실내 화재 시 감지기 또는 스프링클러의 헤드 작동에 가장 직접적인 영향을 주는 것은?

① 전도
② 비화
③ 대류
④ 복사

47 정답 ③

③ 실내 화재 시 뜨거워진 공기의 팽창으로 열과 연기가 상승하여 감지기 또는 스프링클러를 작동시키는 것은 **대류**에 의한 현상이다.

48
□□□ 18 간부

대류(convection)에 의한 열전달에 관한 일반적인 설명으로 옳은 것은?

① 고체 또는 정지 상태의 유체 내에서 매질을 통한 열전달을 말한다.
② 전도현상에 비해 가연성 고체에서의 발화, 화염확산, 화재 저항과 관련성이 크다.
③ 원격 발화의 열전달로 작용하고 특히 플래시오버를 일으키는 조건을 형성한다.
④ 열복사 수준이 낮은 화재초기 상태에서 중요한 현상으로 부력의 영향을 받는다.
⑤ 전달 열량은 온도차, 열전도도에 비례하고 물질의 두께에는 반비례한다.

48 정답 ④ LINK 기본서 59~61p

④ 대류는 온도차 → 밀도차 → 부력의 차이로 인해 발생된다.

선지체크
① ② ⑤ 전도
③ 복사

49
□□□ 18 2차 공채

다음은 열의 전달 형태에 대한 설명이다. ( ) 안에 들어갈 내용으로 옳은 것은?

> 가. 일반적으로 화재의 초기단계에서 열의 전달은 (㉠)에 기인한다.
> 나. 화재 시 연기가 위로 향하는 것이나 화로(火爐)에 의해 실내의 공기가 따뜻해지는 것은 (㉡)에 의한 현상이다.

① ㉠ 전도, ㉡ 대류   ② ㉠ 전도, ㉡ 비화
③ ㉠ 복사, ㉡ 전도   ④ ㉠ 대류, ㉡ 전도

49 정답 ① LINK 기본서 59~60p

가. 화재 초기의 열전달은 전도이다.
나. 연기가 위로 향하는 것이나 화로에 의해 실내 공기가 따뜻해지는 것은 대류이다.

50
□□□ 13 대전

화재 시 불꽃이 직접 전달되지 않고 간접적으로 전자파 형태로 열기만 전달되는 것으로 이 열이 가연물에 직선으로 흡수되어 그 표면온도가 발화점에 도달하면 연소가 시작되는 현상으로 옳은 것은?

① 전도   ② 대류
③ 복사   ④ 비화

50 정답 ③ LINK 기본서 60~61p

복사
① 물체가 가열되면 열에너지를 전자파로 방출하는데 매질 없이 열에너지를 이 전자파 형태로 열전달하는 방법으로 열전달의 단적인 예로는 태양열이 있다. 태양열 에너지는 빛의 속도로 태양에서 공간(진공)을 통과하여 지표면을 따뜻하게 한다.
② 화재 시 열의 이동에 가장 크게 작용하며 플래시오버에 큰 영향을 미친다.
③ 복사는 매질을 통하지 않고 전자파 형태로 열전달하기 때문에 진공상태에서도 손실 없이 열전달이 가능하며, 일직선으로 이동한다.

51

복사 현상에 관한 설명으로 옳은 것은?

① 열에너지가 전자기파의 형태로 전달되는 현상이다.
② 푸리에의 법칙을 따른다.
③ 열전달이 고체 또는 정지상태의 유체 내에서 매질을 통해 이루어진다.
④ 유체입자의 유동에 의해 열에너지가 전달되는 현상이다.
⑤ 진공상태에서는 복사열은 전달되지 않는다.

51 정답 ①

① 복사란 물체가 가열되면 열에너지를 전자파로 방출하는데 매질 없이 열에너지를 이 전자파 형태로 열전달하는 방법이다.

선지체크
② 푸리에의 전도법칙이다. **복사는 스테판–볼츠만법칙**을 따른다.
③ 전도
④ 대류
⑤ 복사는 매질을 통하지 않고 전자파 형태로 열을 전달하기 때문에 **진공상태에서도 손실 없이 열전달이 가능**하다.

52

다음 중 복사에너지에 관한 법칙에 대하여 맞지 않은 것은?

① 복사에너지는 절대온도 4승에 비례한다.
② 복사에너지는 열전달 면적에 비례한다.
③ 복사에너지에 관한 법칙은 스테판–볼츠만의 법칙에 해당한다.
④ 복사에너지는 열전달 면적에 관계없이 비례한다.

52 정답 ④

④ 복사에너지는 **열전달 면적에 비례**한다.

- 복사(스테판–볼츠만 법칙)

$$Q = \sigma \epsilon A (T_2^4 - T_1^4)$$

- Q: 복사열전달률[W = kcal/h]
- σ: 스테판–볼츠만 상수[5.67×10^{-8}(W/m²·K^4) = kcal/m²·h·K^4]
- ϵ: 방사율
- T_2: 고온 절대온도[K]
- T_1: 저온 절대온도[K]

추가학습

| 전도(푸리에의 전도법칙) |

$$Q = \frac{KA(T_2 - T_1)}{l}$$

- Q: 전도열전달률[W = kcal/h]
- K: 물질의 열전도도[W/m·℃ = kcal/m·h·℃]
- A: 열전달 부분 면적[m²]
- T_2: 고온[℃]
- T_1: 저온[℃]
- l: 벽 두께[m]

| 대류(뉴턴의 냉각법칙) |

$$Q = hA(T_2 - T_1)$$

- Q: 대류열전달률[W = kcal/h]
- h: 대류 열전달 계수[W/m·℃ = kcal/m·h·℃]
- A: 열전달 부분 면적[m²]
- T_2: 물체 표면온도[℃]
- T_1: 표면에서 충분히 떨어진 곳에서의 유체온도[℃]

53

열전달 방법에 관한 설명으로 옳지 않은 것은?

① 열전달 방법에는 전도, 대류, 복사가 있다.
② 전도는 뉴턴의 냉각법칙을 따르며, 고체 표면과 움직이는 유체 사이에서 일어난다.
③ 대류는 유체의 유동이 외부로부터 작용하는 힘에 의해 이루어지는 강제대류와 온도차로 인한 부력에 의해 이루어지는 자연대류로 구분할 수 있다.
④ 복사에너지는 스테판-볼츠만(Stefan-Boltzmann)의 법칙을 따른다.
⑤ 복사는 열에너지가 복사체로부터 대상물에 전자기파 형태로 전달되는 현상이다.

53 정답 ②

② **대류**는 뉴턴의 냉각법칙을 따르며, 고체 표면과 움직이는 유체 사이에서 일어난다.
→ 전도는 푸리에의 전도법칙을 따르며, 고체 또는 정지상태의 유체(액체, 기체)내에서 매질을 통한 열전달 방법이다.(분자 간의 충돌)

54

화염의 직경이 0.1m인 화원의 중심으로부터 1m 떨어진 물체에 전달되는 복사열유속[kW/m²]은? (단, 화염의 열방출률은 120kW, 총 열방출에너지 중 복사된 열에너지 분율은 0.5, 원주율은 3으로 계산한다.)

① 3.5　　② 4.0
③ 4.5　　④ 5.0

54 정답 ④

④ 복사열유속[kW/m²] = $\dfrac{열방출량 \times 분율}{4\pi R^2} = \dfrac{120 \times 0.5}{4 \times 3 \times 1^2} = \dfrac{60}{12} = 5$

$$\dot{q}'' = \dfrac{X_r \dot{Q}}{4\pi R^2}$$

- $\dot{Q}$: 화재의 연소에너지 방출(kw)
- X_r: 총 방출에너지 중 복사된 에너지 분율(0.15~0.6)
- R: 화재중심과 목표물과의 거리(m)
- $4\pi R^2$: 구의 표면적

55

화상의 부위가 표피층으로 해당 부분이 빨간색으로 되는 화상의 정도는?

① 1도 화상　　② 2도 화상
③ 3도 화상　　④ 4도 화상

55 정답 ①

① 1도 화상: 표피에 국한된 손상으로 그 부위가 빨간색을 띠고 통증을 느낀다.(홍반성)

선지체크

② 2도 화상: 진피까지 손상되어 그 부위가 분홍색을 띠고 분비물이 모여 물집이 생긴다.(수포성)
③ 3도 화상: 표피와 진피, 피하지방까지 손상이 생긴 정도다. 신경까지 기능이 죽어 통증을 못 느낀다.(괴사성)
④ 4도 화상: 피부 전 층은 물론 근육이나 뼈까지 손상이 생긴 정도다. 고압전기의 감전에 의한 화상이 대표적 원인이다. 피부이식수술, 사지절단 수술 등이 필요하다.(흑색)

56
□□□ 10 부산

화재로 인해 말초신경이 손상되고 감각에 마비가 오며, 괴사성 형상을 동반하는 화상은 다음 중 어느 것인가?

① 1도 화상 ② 2도 화상
③ 3도 화상 ④ 4도 화상

56 정답 ③ LINK 기본서 61~62p

③ 3도 화상: 표피와 진피, 피하지방까지 손상이 생긴 정도다. **신경까지 기능이 죽어** 통증을 못 느낀다.(**괴사성**)

57
□□□ 10 전북

살 속 깊이 손상을 입어 심한 통증이 있으며 부위가 주로 분홍색 등이고 물집이 생길 수 있는 화상은?

① 1도 화상 ② 2도 화상
③ 3도 화상 ④ 4도 화상

57 정답 ② LINK 기본서 61~62p

② 2도 화상: 진피까지 손상되어 그 부위가 **분홍색을 띠고** 분비물이 모여 **물집**이 생긴다.(**수포성**)

---

4 화염(불꽃, Flame)

58
□□□ 17 2차 공채

천장제트흐름에 대한 설명으로 옳지 않은 것은?

① 천장제트는 고온의 연소생성물들이 화재플럼의 부력으로 천장면까지 빠르게 올라가 얇은 층을 형성하게 된다.
② 화원의 크기, 화원의 위치 또는 화원에서 천장까지의 높이 영향을 받는다.
③ 화재감지기 및 스프링클러 헤드는 유효범위 외에 설치한다.
④ 천장제트흐름의 두께는 천장에서 화염 높이의 5~12% 내외이다.

58 정답 ③ LINK 기본서 64p

③ 천장제트흐름이란 고온의 연소생성물들이 부력에 의해 **천장면 아래에 얇은 층을 형성하는 비교적 빠른 속도의 가스 흐름**을 말한다. **유효범위 내**에 열, 연기감지기 및 스프링클러헤드가 설치되어야 **화재 초기에 화재 감지 및 소화가 가능**하다.

59
연소의 불꽃이 가장 낮은 온도는?

① 암적색　　② 휘적색
③ 황적색　　④ 적색

59 정답 ①
① 암적색 – 700[℃]

선지체크
② 휘적색 – 950[℃]
③ 황적색 – 1,100[℃]
④ 적색 – 850[℃]

추가학습

| 연소 시 불꽃의 색과 온도 |

불꽃의 색상	온도[℃]
담암적색	520
암적색	700
적색	850
휘적색	950
황적색	1,100
백적색	1,300
휘백색	1,500

60
연소의 색깔과 온도가 옳지 않은 것은?

① 암적색 – 700℃　　② 적색 – 850℃
③ 황적색 – 1,100℃　　④ 휘백색 – 1,300℃

60 정답 ④
④ 휘백색 – 1,500℃

61
연소의 색깔과 온도가 옳지 않은 것은?

① 적색 – 850℃　　② 황적색 – 1,100℃
③ 휘백색 – 1,300℃　　④ 암적색 – 700℃

61 정답 ③
③ 휘백색 – 1,500℃

62
연소의 색상과 온도가 옳지 않은 것은?

① 암적색 – 700℃　　② 휘적색 – 950℃
③ 백적색 – 1,100℃　　④ 휘백색 – 1,500℃

62 정답 ③
③ 백적색 – 1,300℃

Simtail

Simple Detail 2026

Ⅱ 폭발

CHAPTER 01 폭발이론
CHAPTER 02 폭발 예방 및 보호

CHAPTER 01 폭발이론

1 폭발

01   09 경남

폭발에 관한 설명으로 가장 옳지 않은 것은?

① 혼합가스가 폭발범위를 초과 시 일어난다.
② 고온과 빠른 연소속도로 인해 체적이 급격하게 팽창되는 것이다.
③ 폭발음과 함께 파괴 등 화재를 수반할 수 있다.
④ 폭발은 물리적 폭발과 화학적 폭발로 구분한다.

01 정답 ① LINK 기본서 70p

① 혼합가스가 폭발범위를 벗어나게 되면 **폭발은 일어나지 않는다**.

추가학습

| 폭발의 발생조건 |

1. 물적조건의 성립
   ① 밀폐공간에서 가연성 혼합기 형성
   ② 가연성 혼합기가 **폭발범위 내**에 있을 것
2. 에너지조건의 성립
   ① 발화온도 이상의 온도
   ② 최소발화에너지 이상의 에너지

02   10 대전

다음 중 폭발에 대한 일반적인 내용으로 옳지 않은 것은?

① 밀폐공간에서 물리적·화학적 변화의 결과로 급격한 압력상승을 동반한다.
② 폭발은 반드시 연쇄반응을 일으킨다.
③ 폭발은 원인별의 분류에서 핵폭발, 화학적 폭발, 물리적 폭발에 의한 폭발로 나눈다.
④ 가스의 폭발조건이란 농도(물적)조건, 에너지조건과 함께 밀폐된 공간에서 이루어진다.

02 정답 ② LINK 기본서 70~72p

② 증기폭발이나 수증기폭발과 같은 **물리적 폭발은 연쇄반응을 동반하지 않는다**.

추가학습

| 폭발의 분류 |

① 원인별 분류: 핵폭발, 물리적 폭발, 화학적 폭발
② 원인 물질별 상태에 따른 분류: 응상폭발, 기상폭발

2 폭발의 분류

03
10 서울

폭발의 분류 중 물리적 폭발에 해당하는 것은?

① 산화폭발 ② 증기폭발
③ 분해폭발 ④ 중합폭발

03 정답 ②
② 증기폭발은 **액상에서 기상으로의 급격한 상변화**에 따른 체적팽창으로 발생하는 폭발로 **물리적 폭발**로 분류된다.

선지체크
①③④은 화학적 폭발이다.
① 산화폭발은 연소가 비정상상태로 되어서 폭발이 일어나는 형태이다. 주로 가연성 가스나 증기, 분진, 액적(분무) 등이 공기와 반응하여 발생한다.
③ 분해폭발은 분해반응이 발열반응인 분해폭발성 가스가 압축 등 어떠한 원인에 의해 분해되어 발열, 착화, 압력 상승되어 폭발이 가능하다.
④ 중합폭발은 염화바이닐, 초산바이닐 등과 같은 중합물질 모노머가 폭발적으로 중합되어 발열하고 압력이 상승되어 폭발하는 것 또는 단량체(monomer)로 고분자(polymer) 물질을 생성하는 화학반응으로도 폭발하는 것을 말한다.

추가학습

| 폭발의 분류(원인별 분류) |
① 물리적 폭발: 증기폭발, 보일러 폭발 등
② 화학적 폭발: 산화폭발, 분해폭발, 중합폭발, 촉매폭발 등

04
21 간부

다음 중 화학적 폭발을 〈보기〉에서 있는 대로 고른 것은?

┌─────── 보기 ───────┐
ㄱ. 중합폭발   ㄴ. 수증기폭발
ㄷ. 산화폭발   ㄹ. 분해폭발
└────────────────────┘

① ㄱ, ㄷ ② ㄷ, ㄹ
③ ㄱ, ㄴ, ㄹ ④ ㄱ, ㄷ, ㄹ
⑤ ㄴ, ㄷ, ㄹ

04 정답 ④
화학적 폭발이란 물질의 화학 반응에 의하여 온도가 상승, 과열되어 단시간 내에 급격한 압력 상승이 발생하여 이 압력이 급격히 방출되면서 발생하는 폭발이다.
ㄱ. 중합폭발: 염화바이닐, 초산바이닐 등과 같은 중합물질 모노머가 폭발적으로 중합되어 발열하고 압력이 상승되어 폭발
ㄷ. 산화폭발: 산화폭발은 연소가 비정상상태로 되어서 폭발이 일어나는 형태이다. 주로 가연성 가스나 증기, 분진, 액적(분무) 등이 공기와 반응에 의하여 발생하는 폭발
ㄹ. 분해폭발: 분해반응이 발열반응인 분해폭발성 가스가 압축 등 어떠한 원인에 의해 분해되어 발열, 착화, 압력 상승되어 폭발

선지체크
ㄴ. 수증기폭발: 고온의 용융 금속 등을 물속에 투입하거나 물을 접촉시키면, 물이 급격하게 기화되며 발생하는 폭발로 물리적 폭발에 해당한다.

05 　　　　　　　　　　□□□ 20 간부

물질의 상변화에 의해 에너지 방출이 짧은 시간에 이루어지는 폭발에 해당하지 않는 것은?

① 분해폭발　　　② 압력폭발
③ 증기폭발　　　④ 금속선폭발
⑤ 고체상 전이폭발

05 정답 ①　　　　　　　　LINK 기본서 71~72p

물질의 상변화에 의한 폭발은 물리적 폭발을 말한다.
분해폭발은 분해반응이 발열반응인 분해폭발성 가스가 압축 등 어떠한 원인에 의해 분해되어 발열, 착화, 압력 상승되어 폭발하는 것으로 **화학적 폭발에 해당한다**.

선지체크

② ③ ④ ⑤는 상변화에 의해 발생하는 **물리적 폭발**에 해당한다.
② 압력폭발: 밀폐된 공간 내에 압력상승으로 발생하는 폭발이다.
③ 증기폭발: 액상에서 급속한 기화현상이 발생되어 상변화에 따른 체적팽창으로 고압이 생성되어 폭풍을 일으키는 현상이다.
④ 금속선폭발(=전선폭발): 알루미늄계 전선에 한도 이상의 큰 전류가 흘러 순식간에 전선이 가열되고 용융과 기화가 급속하게 진행되면서 발생되는 폭발이다.
⑤ 고체상 전이폭발(=고상 간의 전이에 의한 폭발): 고상에서 또 다른 형태의 고상으로 전이되면서 발생하는 폭발로서, 고체인 무정형 안티몬이 동일한 고상의 안티몬으로 전이될 때 발열함으로 발생하는 폭발이다.(고체가 다른 고체 결정구조로 전이하면서 부피 변화가 급격하게 발생하면서 일어나는 폭발로 화학 반응 없이 물리적 변화만 일어난다)

06 　　　　　　　　　　□□□ 10 경북

폭발의 종류 중 그 내용과 분류가 다른 하나는?

① 분해폭발　　　② 중합폭발
③ 산화폭발　　　④ 폭발적 증발

06 정답 ④　　　　　　　　LINK 기본서 71~72p

④ **폭발적 증발**은 **액상에서 기상으로 급격하게 상변화(증발)**에 따른 체적팽창으로 발생하는 폭발로 **물리적 폭발**로 분류된다.

선지체크

① ② ③은 물질의 화학 반응에 의하여 온도가 상승, 과열되어 단시간 내에 급격한 압력 상승이 발생하여 이 압력이 급격히 방출되면서 발생하는 **화학적 폭발에 해당한다**.
① 분해폭발: 분해반응이 발열반응인 분해폭발성 가스가 압축 등 어떠한 원인에 의해 분해되어 발열, 착화, 압력 상승되어 폭발
② 중합폭발: 염화바이닐, 초산바이닐 등과 같은 중합물질 모노머가 폭발적으로 중합되어 발열하고 압력이 상승되어 폭발하는 것 또는 단량체(monomer)로 고분자(polymer) 물질을 생성하는 화학반응으로도 폭발하는 것을 말한다.
③ 산화폭발: 산화폭발은 연소가 비정상상태로 되어서 폭발이 일어나는 형태이다. 주로 가연성 가스나 증기, 분진, 액적(분무) 등이 공기와 반응에 의하여 발생하는 폭발

07

16 간부

화학적 폭발에 대한 설명으로 관계 없는 것은?

① 수증기폭발은 밀폐 공간 속의 물이 급속히 기화하면서 많은 양의 수증기가 발생함으로써 증기압이 높아져 이것이 공간을 구획하고 있는 용기나 구조물의 내압을 초과하여 파열하는 현상이다.
② 분해폭발은 산소에 관계없이 단독으로 발열분해 반응을 하는 물질에 의해서 발생하는 폭발이다.
③ 중합폭발은 단량체의 증축합반응에 따른 발열량에 의한 폭발로 대표적인 예로는 산화에틸렌, 시안화수소, 염화바이닐 등이 있다.
④ 가스폭발은 가연성 가스가 폭발범위 내의 농도로 공기나 조연성가스 중에 존재할 때 점화원에 의해 폭발하는 현상이다.
⑤ 분진폭발은 공기 중에 부유하고 있는 가연성 분진이 주체가 되는 폭발이다.

08

12 경기

다음 중 응상폭발로 분류하는 것이 옳지 않은 것은?

① 증기폭발
② 혼합가스폭발
③ 불안정 물질의 폭발
④ 혼합위험물 물질에 의한 폭발

---

07 정답 ①

LINK 기본서 71~72p

① 수증기폭발은 고온의 용융 금속 등을 물속에 투입하거나 물을 접촉시키면, **물이 급격하게 기화되며 발생하는 폭발로 물리적 폭발에 해당된다.**

08 정답 ②

LINK 기본서 72~74p

② 혼합가스폭발은 **가스폭발로 기상폭발로 분류**된다.

선지체크

③ 불안정 물질의 폭발은 유기과산화물과 같은 불안정 물질인 고체가 미소한 충격이나 가열에 의한 발열, 분해되어 다량의 고온가스를 발생하여 폭발하는 것이다.
④ 혼합위험물 물질에 의한 폭발은 혼합 시 위험이 있는 위험물 간의 접촉으로 인해 발열, 발화되어 발생되는 폭발이다.(위험물 법에서는 고체와 액체만을 다루고 있다.)

추가학습

| 폭발의 분류(원인물질의 상태에 따른 분류) |
① 응상폭발: 증기폭발, 수증기 폭발, 과열액체 증기폭발(BLEVE), 극저온 액화가스의 증기폭발, 고상 간의 전이에 의한 폭발, 전선폭발, 불안정 물질의 폭발, 혼합·혼촉에 의한 폭발 등
② 기상폭발: 가스폭발, 분무폭발, 분진폭발, 분해폭발, 증기운폭발 등

09 (24 간부)

폭발을 기상 폭발과 응상 폭발로 분류할 때, 폭발의 종류가 다른 것은?

① 분무 폭발
② 분진 폭발
③ 분해 폭발
④ 증기운 폭발
⑤ 증기 폭발

10 (19 간부)

응상폭발에 해당되는 것은?

① LNG 등의 저온 액화가스가 상온의 물 위에 유출되면 급격하게 기화되면서 일어나는 폭발현상
② 공기에 분출된 가연성 액체의 미세한 액적이 무상으로 되어 공기에 있을 때 화원에 의해 착화되어 일어나는 폭발현상
③ 가연성 고체의 미분이 공기에 부유하고 있을 때에 착화원에 의해 발생하는 폭발현상
④ 공기나 산소가 섞이지 않더라도 가연성 가스 자체의 분해 반응열에 의해 발생하는 폭발현상
⑤ 대기에 기화하기 쉬운 가연성 액체가 유출되어 가연성 혼합기체가 대량으로 형성되었을 때 화원에 의해 착화되어 일어나는 폭발현상

11 (23 간부)

응상폭발에 해당하는 것만을 〈보기〉에서 고른 것은?

〈보기〉
ㄱ. 증기폭발   ㄴ. 분진폭발   ㄷ. 분해폭발
ㄹ. 전선폭발   ㅁ. 분무폭발

① ㄱ, ㄴ
② ㄱ, ㄹ
③ ㄴ, ㄷ
④ ㄴ, ㄹ
⑤ ㄹ, ㅁ

---

09 정답 ⑤ LINK 기본서 72~78p

⑤ 증기 폭발: 응상폭발

선지체크
①, ②, ③, ④: 기상폭발

10 정답 ① LINK 기본서 72~74p

① 액상에서 기상으로의 급격한 상변화에 의해 발생하는 것으로 응상폭발에 해당하며 극저온 액화가스의 증기폭발(극저온 액화가스의 수면 유출)의 내용이다.

선지체크
② ③ ④ ⑤은 기상폭발에 해당한다.
② 분무폭발
③ 분진폭발은 액적이나 미분이 열분해 및 증발 등을 통하여 가연성 가스를 발생시켜 산화반응을 통해 폭발하는 것이다.
④ 분해폭발은 분해 시 발열하는 분해폭발성 가스가 지연성 가스 없이 분해되어 발열하면서 압력이 급상승하며 발생하는 폭발이다.
⑤ 증기운폭발은 대량의 가연성 가스가 대기 중에 유출되거나 대량의 가연성 액체가 유출되면 그것으로부터 발생하는 가연성 증기가 공기와 혼합기체를 형성하고 점화원에 의해 폭발이 일어나는 현상이다.

추가학습

| 분무폭발과 분진폭발이 기상폭발인 이유 |
액적이나 미분이 열분해 및 증발 등을 통하여 가연성 가스를 발생시켜 산화반응을 통해 폭발하는 것이기 때문이다.

11 정답 ② LINK 기본서 72~74p

ㄱ. 증기폭발, ㄹ. 전선폭발은 응상폭발에 해당한다.

선지체크
ㄴ. 분진폭발, ㄷ. 분해폭발, ㅁ. 분무폭발은 기상폭발에 해당한다.

12

□□□ 15 공채

다음 중 기상폭발에 속하지 않는 것은?

① 분해폭발 ② 분진폭발
③ 분무폭발 ④ 증기폭발

13

□□□ 20 간부

기상폭발에 해당하는 현상으로 옳은 것은?

> ㄱ. 고체인 무정형 안티몬이 동일한 고상의 안티몬으로 전이할 때 발열함으로써 주위의 공기가 팽창하여 폭발한다.
> ㄴ. 가연성 가스와 조연성 가스가 일정 비율로 혼합된 가연성 혼합기는 발화원에 의해 착화되면 가스폭발을 일으킨다.
> ㄷ. 기체 분자가 분해할 때 발열하는 가스는 단일성분의 가스라고 해도 발화원에 의해 착화되면 혼합가스와 같이 가스폭발을 일으킨다.
> ㄹ. 공기 중에 분출된 가연성 액체가 미세한 액적이 되어 무상으로 공기 중에 부유하고 있을 때 착화에너지가 주어지면 폭발이 발생한다.
> ㅁ. 보일러와 같이 고압의 포화수를 저장하고 있는 용기가 파손 등의 원인으로 동체의 일부분이 열리면 용기 내압이 급속히 하락되어 일부 액체가 급속히 기화하면서 증기압이 급상승하여 용기가 파괴된다.

① ㄱ, ㄴ, ㄷ
② ㄱ, ㄴ, ㄹ
③ ㄴ, ㄷ, ㄹ
④ ㄴ, ㄷ, ㅁ
⑤ ㄷ, ㄹ, ㅁ

12 정답 ④

LINK 기본서 75~78p

④ 증기폭발은 **액상에서 기상으로의** 급격한 상변화에 따른 체적팽창으로 발생하는 폭발로 **응상폭발**로 분류된다.

선지체크

①②③은 기상폭발이다.
① 분해폭발은 분해 시 발열하는 분해폭발성 가스가 지연성 가스 없이 압축 등 어떠한 원인에 의해 분해되며 발열하면서 압력이 급상승하며 발생하는 폭발이다.
② 분진폭발은 가연성 고체가 미분상태로 공기 중에서 부유할 때 열분해하여 발생된 가연성 가스에서의 폭발이다. 열분해되어 기화된 증기가 연소, 폭발하므로 기상폭발에 해당된다.
③ 분무폭발은 공기 중으로 분출된 가연성 액체의 미세한 액적이 무상화되어 증발된 가연성가스가 공기와 혼합되며 폭발적으로 연소하며 발생하는 폭발이다.

13 정답 ③

LINK 기본서 75~78p

ㄴ. 가스폭발: 어떤 원인에 의해 **가연성 가스와 공기가 충분히 예혼합된 상태**에 착화원(발화원)이 가해져 폭발하는 것이다.
ㄷ. 분해폭발: 분해반응이 발열반응인 **분해폭발성 가스가** 압축 등 어떠한 원인에 의해 분해되어 발열, 착화, 압력 상승되어 폭발하는 것으로 지연성 가스 없이 폭발이 가능하다.
ㄹ. 분무폭발: 공기 중으로 분출된 **가연성 액체의 미세한 액적이 무상화되어** 공기와 혼합되며 폭발적으로 연소하며 발생하는 폭발이다.

선지체크

ㄱ, ㅁ은 응상폭발에 대한 설명이다.
고상 간의 전이에 의한 폭발: 고체인 무정형 안티몬이 동일한 고상의 안티몬으로 전이할 때 발열함으로써 주위의 공기가 팽창하여 폭발한다.
ㅁ. **보일러 폭발**: 보일러와 같이 고압의 포화수를 저장하고 있는 용기가 파손 등의 원인으로 동체의 일부분이 열리면 용기 내압이 급속히 하락되어 일부 액체가 급속히 기화하면서 증기압이 급상승하여 용기가 파괴된다.

14

13 경기

다음에 말하는 폭발 종류의 연결로서 가장 옳지 않은 것은?

① 분진폭발: 금속분, 밀가루
② 산화폭발: 과산화수소, 하이드라진
③ 분해폭발: 아세틸렌, 산화에틸렌
④ 중합폭발: 염화바이닐, 시안화수소

14 정답 ② LINK 기본서 75~78p

과산화수소(제6류 위험물)와 하이드라진(제4류 위험물)은 **분해폭발**할 수 있다.
→ 과산화수소의 경우 고농도에서 단독으로 폭발 가능:
  $2H_2O_2 \rightarrow 2H_2O + O_2$
→ 하이드라진: $2N_2H_4 \rightarrow 2NH_3 + N_2 + H_2$

추가학습

| 폭발 물질의 예 |
① 분해폭발: 아세틸렌, 메틸아세틸렌, 바이닐아세틸렌, 에틸렌, 산화에틸렌, 하이드라진 등
② 중합폭발: 염화바이닐, 초산바이닐, 산화에틸렌, 시안화수소 등
③ 분진폭발을 일으키지 않는 물질: 석회석(탄산칼슘), 생석회(산화칼슘), 소석회, 산화알루미늄, 시멘트, 대리석 등

15

21 공채

폭발에 대한 설명으로 옳지 않은 것은?

① 폭연은 폭굉보다 폭발압력이 낮다.
② 분해폭발은 산소에 관계없이 단독으로 발열 분해반응을 하는 물질에서 발생한다.
③ 물리적 폭발은 물질의 상태(기체, 액체, 고체)가 변하거나 온도, 압력 등 조건의 변화에 따라 발생한다.
④ 중합폭발은 가연성 액체의 무적(霧滴, mist)이 일정 농도 이상으로 조연성 가스 중에 분산되어 있을 때 착화하여 발생하는 것이다.

15 정답 ④ LINK 기본서 72p, 75p

④ 무적이란 안개방울을 의미한다. **가연성 액체의 무적(霧滴, mist)**이 일정 농도 이상으로 조연성 가스 중에 분산되어 있을 때 착화하여 발생하는 것은 **분무폭발**이다.
→ **중합폭발**이란 **염화바이닐**, **초산바이닐** 등과 같은 중합물질 모노머가 폭발적으로 중합되어 발열하고 압력이 상승되어 폭발하는 것이다.

16

20 공채

폭발에 대한 설명으로 옳지 않은 것은?

① 증기폭발은 폭발물질의 물리적 상태에 따른 분류 중 기상폭발에 해당한다.
② 폭굉은 연소반응으로 발생한 화염의 전파 속도가 음속보다 빠른 것을 말한다.
③ 블레비(BLEVE)는 액화가스 저장탱크 등에서 외부열원에 의해 과열되어 급격한 압력 상승의 원인으로 파열되는 현상이며, 폭발의 분류 중 물리적 폭발에 해당한다.
④ 폭발은 물리적, 화학적 변화의 결과로 발생된 급격한 압력 상승에 의한 에너지가 외계로 전환되는 과정에서 파열, 폭음 등을 동반하는 현상을 말한다.

16 정답 ① LINK 기본서 72p, 80p

① 증기폭발은 **액상에서 기상으로 급격한 상변화에 따른 체적팽창**으로 발생하는 폭발로 **응상폭발**이며, **물리적폭발**이다.

선지체크

② 폭굉이란 발열반응의 연소과정에서 화염의 전파속도가 음속보다 빠르게 이동하는 경우를 말하는 것으로 파면 선단에 충격파를 형성하며 격렬한 파괴작용을 일으키는 것이다.

17 15 전북

다음 중 화학적 폭발의 설명 중 그 내용이 아닌 것은?

① 염화바이닐은 산화폭발한다.
② 제분공장의 소맥분, 세제는 공기 중 부유하고 있는 가연성 티끌이 주체가 되어 분진폭발을 한다.
③ 산화에틸렌은 산소와 관계없이 발열·분해하는 분해폭발한다.
④ 윤활유를 무상으로 부유 시 가연성 액적이 주체가 되어 분무폭발한다.

17 정답 ① LINK 기본서 72p, 76~77p

① 염화바이닐은 **중합폭발**한다.
   중합폭발을 일으키는 물질에는 염화바이닐, 초산바이닐, 산화에틸렌, 시안화수소 등이 있다.

선지체크

② 폭발성 분진물질
   ㄱ. 탄소제품: 석탄, 목탄, 코크스, 활성탄
   ㄴ. 비료: 생선가루, 혈분 등
   ㄷ. 식료품: 전분, 설탕, 밀가루, 분유, 곡분, 건조효모 등
   ㄹ. 금속류: 알루미늄, 마그네슘, 아연, 철, 등
   ㅁ. 목질류: 목분, 콜크분, 리그닌분, 종이가루 등
   ㅂ. 합성 약품류: 염료중간체, 각종 플라스틱, 합성세제, 고무류 등
   ㅅ. 농산가공품류: 후춧가루, 제충분, 담배가루 등
③ 산화에틸렌(3~100[V%])은 산소와 관계없이 발열·분해하는 분해폭발이며, 물질이 중합되어 발열하고 압력이 상승되어 폭발하는 중합폭발이기도 하다.

추가학습

| 분진폭발을 일으키지 않는 물질 |

석회석(탄산칼슘), 생석회(산화칼슘), 소석회(수산화칼슘), 가성소다(수산화나트륨), 산화알루미늄, 시멘트, 대리석 등

18 17 간부

폭발에 대한 설명으로 옳지 않은 것은?

① 폭발은 밀폐공간에서 급격한 압력상승으로 에너지가 외부로 전환되는 과정에서 파열, 후폭풍, 폭음 등을 동반하는 현상을 말한다.
② 폭발이 일어나기 위해서는 밀폐된 공간, 점화원, 폭발범위와 같은 조건이 구비되어야 한다.
③ 물리적 폭발은 물질의 상태(기체, 액체, 고체)가 변하거나 온도, 압력 등의 조건의 변화에 의한 폭발이다.
④ 화학적 폭발은 화학반응의 결과로 압력이 발생하여 유발되는 폭발이다.
⑤ 폭발의 원인에 따른 폭발의 분류 중 가스폭발, 분무폭발, 분진폭발은 물리적 폭발에 속한다.

18 정답 ⑤ LINK 기본서 71~72p

⑤ 폭발의 원인에 따른 폭발의 분류 중 가스폭발, 분무폭발, 분진폭발은 **화학적 폭발에 속한다**.

19

17 2차 공채

액화가스탱크에서 액체가 비등하며 내부압력이 높아지면 용기가 파열되는 현상은?

① 플래시오버 ② 블레비현상
③ 보일오버   ④ 슬롭오버

20

13 충북

다음 중 BLEVE 현상에 관한 설명으로 옳지 않은 것은?

① 옥외의 가스 저장탱크지역의 화재 발생 시 저장탱크의 외부가 가열되어 탱크 내 액체부분은 급격히 증발하고 가스부분은 온도 상승과 비례하여 탱크 내 압력의 급격한 상승을 초래하게 된다.
② 과열상태의 탱크에서 내부의 액화가스가 분출되어 착화되었을 때 폭발하는 현상이다.
③ 천장에 열과 가스가 축적되면 두텁고 진한 연기가 천장 아래로 쌓이는 현상으로 복사열에서 발생하는 폭발적인 착화현상이라 한다.
④ 블래비 현상은 물리적 폭발이 순간적으로 화학적 폭발로 이어지지만 그 원인 현상에 따라서 물리적 폭발로 분류하고 있다.

---

19 정답 ②

LINK 기본서 73~74p

② **블레비현상**은 가연성 액화가스 저장 탱크가 외부의 열(화재 등)에 의해 가열될 경우 탱크 내부의 일부 액체가 급격히 기화하는데 이때, **액체의 기화로 증기압이 급상승하면서** 저장탱크 상부(기상부)의 강판이 국부 가열되어 그 강도가 약해지며 **탱크가 파열되고 가열된 액화가스가 급속하게 팽창 분출하며 폭발하는 현상**을 말한다.

선지체크

① 플래시오버: 가연물의 착화와 열분해 시 생성된 가연성 가스가 천장아래에 축적되고, 천장아래에 축적된 연기층의 온도가 상승하며, 이로인해 바닥면의 복사 수열량이 증가될 때 순간적으로 방전체가 급격하게 타오르는 화재확대현상이다.
③ 보일오버: 다성분(다비점)인 저장탱크에 화재가 장기간 진행되고 고온의 열류층을 형성한다. 이 열류층은 화재가 진행됨에 따라 점차 하강하고 이때 탱크의 하부에 물 또는 에멀전이 존재하면 뜨거운 열류층의 온도에 의하여 물이 수증기로 변하면서(비등) 급작스러운 부피팽창이 일어나고 다량의 불이 붙은 기름을 탱크 밖으로 분출시키는 현상이다.
④ 슬롭오버: 고온의 액면에 물 또는 포소화설비를 방수하면 분사된 수분이 급격하게 증발하면서 유류를 탱크 밖으로 분출시키는 현상이다.

20 정답 ③

LINK 기본서 73~74p

③ **플래시오버 현상**에 대한 설명이다.

추가학습

| BLEVE 현상 |

가연성 액화가스 저장탱크 주위에 화재가 발생한 경우 탱크 내부의 일부 액체가 급격히 기화하는데 이때, 액체의 기화로 증기압이 급상승하면서 저장탱크 벽면이 파열되는 현상으로 **물리적 폭발에 해당한다**. 비산과 동시에 기화된 증기가 가연성이라면 주변 화염에 의하여 발화되어 **Fire Ball을 형성하게 되며 화학적 폭발로 전이될 수 있다**.

21 ☐☐☐ 17 간부

BLEVE(Boiling Liquid Expanding Vapor Explosion)현상에 대한 설명으로 옳지 않은 것은?

① 액화가스탱크 등에서 외부에서 가해지는 열에 의하여 액체가 비등하면서 내부의 압력이 증가하여 용기가 파열되는 현상을 말한다.
② BLEVE 현상은 비등하는 액체가 팽창하여 용기가 파손되면서 분출하는 화학적 폭발현상이며, 이때 분출되는 가스가 가연성이면 가스가 폭발적으로 연소하는 물리적인 폭발로 이어질 수 있다.
③ 탱크가 계속 가열되면 용기 강도는 저하되고 내부압력은 상승하여 어느 시점이 되면 저장탱크의 실제압력을 초과하게 되고 탱크가 파괴되어 급격한 폭발현상을 일으키는 것이다.
④ 저장된 물질의 종류와 형태, 저장용기의 재질, 주위의 온도와 압력상태 등은 블레비 현상에 영향을 준다.
⑤ 냉각살수장치 설치, 용기 내압강도 유지, 감압시스템 설치, 탱크 외벽에 열전도도가 좋지 않은 물질로 단열처리 등이 BLEVE 현상 방지에 도움이 된다.

21 정답 ② LINK 기본서 73~74p

② BLEVE 현상은 비등하는 액체가 팽창하여 용기가 파손되면서 분출하는 **물리적 폭발현상**이며, 이때 분출되는 가스가 가연성이면 증기가 주변 화염에 의하여 발화되어 **Fire Ball을 형성하여 화학적인 폭발현상**으로 이어질 수 있다.

추가학습

| BLEVE 영향인자 |
① 저장된 물질의 종류와 형태
② 저장용기의 재질
③ 내용물의 물질적 역학상태
④ 주위온도와 압력상태
⑤ 내용물의 인화성 여부

| BLEVE 방지대책 |
① 용기의 내압 강도 유지
② 외력에 의한 용기 파괴 방지
③ 화재에 의한 가열 방지
 • 탱크 표면에 물분무소화설비(고정식 살수설비)를 설치
 • 탱크 외벽은 열전도도가 좋지 않은 물질로 단열처리
 • 탱크를 지하에 설치
④ 폭발방지장치 설치
 • 탱크 내벽에 열전도도가 좋은 물질(ex. 알루미늄 합금 박판) 등을 설치하여 기상부로 흡수되는 열을 액체 부분으로 신속히 전달
⑤ 감압시스템으로 탱크 내 압력 낮춤(Blow down 방법 사용)
⑥ 방액제를 경사지게 하여 화염이 직접 탱크에 접하지 않도록, 누설물이 저장소 내에 체류하지 않도록 방지

22 ☐☐☐ 21 공채

블래비(BLEVE: Boiling Liquid Expanding Vapor Explosion) 현상의 특징으로 옳지 않은 것은?

① 액화가스 저장탱크에서 일어날 수 있다는 점에서는 증기운 폭발과 같다.
② 액화가스 저장탱크에서 물리적 폭발이 순간적으로 화학적 폭발로 이어지는 현상이다.
③ 블레비의 규모는 파열 시 액체의 기화량에는 차이가 있으나 탱크의 용량에 따른 차이는 없다.
④ 직접 열을 받은 부분이 액화가스 저장탱크의 인장 강도를 초과할 경우 기상부에 면하는 지점에서 파열하게 된다.

22 정답 ③ LINK 기본서 73~74p

③ 블래비의 규모는 파열 시 액체의 기화량 및 탱크의 용량에 따른 **차이가 있다.**

선지체크
① 증기운 폭발은 **저장탱크 내에서 유출된 가연성 가스**가 대기 중에 공기와 혼합하여 구름을 형성하는데 거기에 점화원이 다가가면 폭발하는 현상이다. 즉, 저장탱크에서 유출된 것으로 저장탱크에서 일어날 수 있다는 점에서 블레비와 같다고 본다.
④ 기상부분은 열전달 될 액체가 없기 때문에 급격하게 온도가 상승하여 파열하게 된다.

23

13 공채

다음 중 BLEVE 현상으로 옳지 않은 것은?

① 액화가스 저장탱크지역의 화재 발생 시 저장탱크가 가열되어 탱크 내 액체부분은 급격히 증발하고 가스부분은 온도 상승과 비례하여 탱크 내 압력의 급격한 상승을 초래하게 된다.
② 탱크가 계속 가열되면 용기 강도는 저하되고 내부압력은 상승하여 어느 시점이 되면 저장탱크의 설계압력을 초과하게 되고 탱크가 파괴되어 급격한 폭발현상을 일으키는 것이다.
③ 저장탱크 내에서 유출된 가연성 가스가 대기 중에 공기와 혼합하여 구름을 형성하는데 거기에 점화원이 다가가면 폭발하는 현상이다.
④ 인화성 액체탱크가 가열되어 폭발하기 전에 또는 10분 경과하기 전에 냉각조치를 하지 않으면 블레비현상이 발생할 수 있다

23 정답 ③

LINK 기본서 73~74p

③ **증기운 폭발**은 대량의 가연성 가스가 대기 중에 유출되거나 대량의 가연성 액체가 유출되면 그것으로부터 발생하는 가연성 증기가 공기와 혼합기체를 형성하고 점화원에 의해 폭발이 일어나는 현상이다.

선지체크

④ BLEVE를 방지하기 위해 화재에 의한 가열방지를 하는데 화염에 노출되는 탱크 벽면 온도가 상승하지 않도록 물분무 소화설비(고정식 살수설비)를 설치하여 주변 화재 시 탱크 외부를 냉각한다.

24

24 공채

블레비(BLEVE)에 관한 설명으로 옳지 않은 것은?

① 가연물이 비점 이상으로 가열될 때 발생한다.
② 저장탱크의 기계적 강도 이상의 압력이 형성될 때 발생한다.
③ 저장탱크 균열로 인한 액상, 기상의 동적 평형 상태가 유지된다.
④ 저장탱크의 외부 표면에 열전도성이 작은 물질로 단열 조치하여 예방한다.

24 정답 ③

LINK 기본서 73~74p

③ 동적 평형 상태란 시간이 지나도 변하지 않는 상태를 말한다. 블레비는 액상에서 기상으로 변화될 때 발생하는 것이므로 **동적 평형 상태가 유지되지 않는다.**

25

18 2차 공채

다음의 설명에 해당하는 것은?

> 가연성 고체의 미분이 공기 중에 부유하고 있을 때에 어떤 점화원에 의해 에너지가 주어지면 폭발하는 현상을 말한다.

① 가스폭발 ② 분무폭발
③ 분해폭발 ④ 분진폭발

26

23 공채

분진폭발에 영향을 미치는 인자에 관한 설명으로 옳지 않은 것은?

① 분진의 발열량이 클수록 폭발하기 쉽다.
② 분진의 부유성이 클수록 폭발이 용이해진다.
③ 분진폭발은 분진의 입자직경에 영향을 받는다.
④ 분진의 단위체적당 표면적이 작을수록 폭발이 용이해진다.

27

09 제주

분진폭발에 영향을 미치는 인자에 대한 설명으로 가장 옳지 않은 것은?

① 입자가 작을수록 폭발이 용이해진다.
② 분말의 형상이 평편상보다 둥글수록 폭발이 용이해진다.
③ 가연성 휘발성분이 많을수록 폭발이 용이해진다.
④ 공기 중에서 부유성이 클수록 위험성이 커진다.

---

25 정답 ④   LINK 기본서 75~77p

④ 분진폭발은 **가연성 고체가 미분상태로 공기 중에 부유**하여 폭발 한계의 농도 이상으로 유지될 때 착화원(발화원)이 존재하면 폭발하는 현상이다.

선지체크
① 가스폭발은 어떤 원인에 의해 가연성 가스와 공기가 충분히 예혼합된 상태에 착화원이 가해져 폭발적으로 연소하는 것이다.
② 분무폭발은 공기 중으로 분출된 가연성 액체의 미세한 액적이 무상화되어 공기와 혼합되며 폭발적으로 연소하며 발생하는 폭발이다.
③ 분해폭발은 분해 시 발열하는 분해폭발성 가스가 지연성 가스 없이 압축 등 어떠한 원인에 의해 분해되어 발열하면서 압력이 급상승하며 발생하는 폭발이다.

26 정답 ④   LINK 기본서 76p

④ 분진의 단위체적당 표면적이 **클수록** 폭발이 용이해진다.

27 정답 ②   LINK 기본서 76p

② 분말의 형상이 **평편상일수록 폭발성이 커진다**. (구상 < 침상 < 평편상)

추가학습

| 분진폭발의 영향인자 |

1. 분진의 화학적 성질과 조성(폭발력이 크다)
   ① 분진의 휘발성이 클수록
   ② 발열량이 클수록
   ③ 열분해가 용이할수록
   ④ 기체의 반응속도가 클수록
2. 입도와 입도분포
   ① 분진의 표면적이 입자체적에 비하여 클수록
   ② 평균 입자직경과 밀도가 작을수록
   ③ 평균입경이 동일한 분진의 경우 구상 < 침상 < 평편상으로 갈수록 폭발성 증가
3. 수분 함유량
   ① 수분 함유량이 적을수록
   ② 단, 알루미늄 및 마그네슘과 같이 물과 반응하는 금속분진의 경우 수분량이 증가하면 폭발성이 증가한다.
4. 산소농도
   ① 산소농도가 높을수록

28

다음 중 분진폭발의 조건으로 옳지 않은 것은?

① 가연성 상태의 미분이어야 한다.
② 분진의 농도가 폭발범위 이내이어야 한다.
③ 공기 중에 부유하고 있어야 한다.
④ 점화원의 존재 없이 가능하다.

28 정답 ④

④ 점화원이 존재하여야 한다.

추가학습

| 분진의 폭발조건 |
① 분진이 가연성일 것
② 분진이 미분상태로 부유 중일 것
③ 분진 농도가 폭발범위 이내일 것
④ 화염을 전파할 수 있는 분진크기(76[μm] 또는 200[mesh])를 가질 것
⑤ 지연성 가스(공기)와의 충분한 교반과 운동으로 혼합되어 있을 것
⑥ 점화원이 존재할 것
⑦ 열의 발생속도가 방열속도보다 클 것(발생속도 〉 방열속도)

29

분진의 폭발성에 영향을 미치는 인자에 관한 내용으로 옳지 않은 것은?

① 분진의 표면적이 입자 체적에 비하여 작을수록 폭발이 용이해진다.
② 분진의 평균 입자 직경이 작고 밀도가 작을수록 폭발이 용이해진다.
③ 분진 속에 존재하는 수분량이 증가할수록 폭발성이 둔감하게 된다.
④ 분진의 발열량이 클수록 폭발성이 크며 휘발성분이 많을수록 폭발하기 쉽다.

29 정답 ①

① 분진의 표면적이 입자 체적에 비하여 **클수록** 폭발이 용이해진다.

선지체크

③ 분진 속에 존재하는 수분량이 증가할수록 폭발성이 둔감하게 된다. 단, 알루미늄 및 마그네슘과 같이 물과 반응하는 금속분진의 경우 수분량이 증가하면 폭발성이 증가한다.

30
분진폭발에 영향을 미치는 인자에 관한 설명으로 옳지 않은 것은?

① 분진의 발열량이 클수록, 휘발성분의 함유량이 많을수록 폭발하기 쉽다.
② 입자의 크기가 작고 밀도가 클수록 표면적이 크고 폭발이 용이해진다.
③ 열분해가 용이할수록, 기체 반응속도가 빠를수록 폭발하기 쉽다.
④ 알루미늄과 마그네슘 금속분진의 경우 분진 속 수분량이 증가하면 폭발성이 증가한다.
⑤ 평균 입경이 동일한 분진일 경우 분진의 형상에 따라 폭발성이 달라진다.

30 정답 ②
② 입자의 크기가 작고 **밀도도 작을수록** 표면적이 크고 폭발이 용이해진다.

추가학습
| 분진폭발의 영향인자 |
(1) 분진의 화학적 성질과 조성 (폭발력이 크다)
  ① 분진의 휘발성이 클수록
  ② 발열량이 클수록
  ③ 열분해가 용이할수록
  ④ 기체의 반응속도가 클수록
(2) 입도와 입도분포
  ① 분진의 표면적이 입자체적에 비하여 클수록 (단위체적당 표면적이 클수록)
  ② 평균 입자직경과 밀도가 작을수록 (비표면적이 더 커진다)
  ③ 평균입경이 동일한 분진의 경우 구상 < 침상 < 평편상으로 갈수록 폭발성 증가
(3) 수분 함유량
  ① 수분 함유량이 적을수록 (수분은 분진의 부유성을 억제한다)
  ② 단, 알루미늄 및 마그네슘과 같이 물과 반응하는 금속분진의 경우 수분량이 증가하면 폭발성이 증가한다.

31
다음 중 분진폭발에 관하여 옳지 않은 것은?

① 가연성 미분상태의 부유 중인 것일수록 폭발하기 쉽다.
② 폭발입자가 비산하여 국부적으로 탄화가 발생하며, 인체에 닿으면 화상위험이 있다.
③ 연소속도와 폭발압력은 가스폭발에 비하여 작으나 연소시간이 길고 발생에너지가 크기 때문에 파괴력이 크고 그을음이 많다.
④ 수분이 많을수록 위험성이 적어지고 금속분을 함유하면 폭발성이 적어진다.

31 정답 ④
④ **수분이 많을수록** 분진의 부유성을 억제하여 **위험성이 적어진다**. 단, 알루미늄 및 마그네슘과 같이 물과 반응하는 **금속분진의 경우 수분량이 증가하면 폭발성이 증가한다.**

추가학습
| 분진폭발 VS 가스폭발 |

구 분	가스폭발	분진폭발
연소속도	크다	작다
초기폭발력	크다	작다
초기폭발압력	크다	작다
최소발화에너지	작다	크다
CO 발생량	작다	많다(불완전연소)
발생에너지	작다	크다(가스폭발의 수 배)
파괴력	작다	크다
연소시간	짧다	길다
2·3차 연쇄폭발	없다	있다
분자온도 상승수단	전도	전도, 복사
공기와 반응	균일반응	불균일반응

32
10 경북

다음 중 분진폭발의 설명으로 옳지 않은 것은?

① 분진이 가연성이어야 한다.
② 금속가루도 분진폭발이 가능한 물질에 해당한다.
③ 분진폭발은 가스폭발에 비해 연소속도는 느리지만 초기폭발압력은 크다.
④ 분진폭발은 가스폭발에 비해 최소발화에너지, 발생에너지가 크다.

32 정답 ③
LINK 기본서 75~76p

③ 분진폭발은 가스폭발에 비해 연소속도도 느리고, **초기폭발압력도 작다**. 초기폭발압력은 작으나 분진폭발은 2·3차 폭발이 일어날 수 있기 때문에 발생에너지는 크다.

33
09 강원

다음 중 가스폭발과 비교하였을 때 분진폭발이 가지는 특징으로 옳지 않은 것은?

① 분진폭발은 가스폭발보다 최소발화에너지는 크나 발생에너지는 작다.
② 분진폭발은 연소시간이 길고 발생에너지가 크기 때문에 파괴력이 크다.
③ 분진폭발의 최초폭발은 가스폭발보다 작다.
④ 분진폭발의 연소속도나 폭발압력은 가스폭발에 비해 작다.

33 정답 ①
LINK 기본서 75~76p

① 분진폭발은 열분해 작용이 필요해 가스폭발보다 최소발화에너지가 커야하며, 분진폭발은 2·3차 폭발이 일어날 수 있어 **발생에너지도 가스폭발보다 크다.**

34
14 울산

분진폭발과 가스폭발을 비교하였을 때 그 특성으로 옳지 않은 것은?

① 가스폭발보다 분진폭발은 최소발화에너지(MIE)가 크다.
② 가스폭발에 비해 분진폭발은 불완전연소가 심하므로 일산화탄소(CO)가 발생한다.
③ 1차 분진폭발의 영향으로 주위의 분진을 날리게 하여 2차, 3차 폭발이 발생할 수 있다.
④ 분진폭발보다 가스폭발은 초기폭발압력은 작고, 연소시간이 길어 발생에너지가 크다.

34 정답 ④
LINK 기본서 75~76p

④ **가스폭발보다 분진폭발은** 초기폭발압력이 작고, 연소시간이 길어 발생에너지가 크다.

35
개방된 대기 중에 다량의 가연성 액체 또는 가스가 유출되어 발생된 증기가 공기와 혼합하여 발화원에 의해 폭발하는 현상은?

① 증기운폭발
② 보일오버
③ 슬롭오버
④ 블레비현상

35 정답 ①
LINK 기본서 77p

① **증기운폭발**은 대량의 **가연성 가스가 대기 중에 유출**되거나 대량의 **가연성 액체가 유출되면 그것으로부터 발생하는 가연성 증기가 공기와 혼합기체를 형성**하고 점화원에 의해 폭발이 일어나는 현상이다. 개방된 대기 중에서 발생하므로 자유공간 증기운 폭발이라고 하며, 급격한 화학변화에 의한 폭발로서 **화학적 폭발의 대표적인 예다**.

선지체크
② 보일오버: 다성분(다비점)인 유류 저장탱크에 화재가 장기간 진행되고 고온의 열류층을 형성한다. 이 열류층은 화재가 진행됨에 따라 점차 하강하고 이때 탱크의 하부에 물 또는 에멀전이 존재하면 뜨거운 열류층의 온도에 의하여 물이 수증기로 변하면서(비등) 급작스러운 부피팽창이 일어나고 다량의 불이 붙은 기름을 탱크 밖으로 분출시키는 현상이다.
③ 슬롭오버: 고온의 액면에 물 또는 포소화설비를 방수하면 분사된 수분이 급격하게 증발하면서 유류를 탱크 밖으로 분출시키는 현상이다.
④ 블레비현상: 가연성 액화가스 저장 탱크 주위에 화재가 발생한 경우 탱크 내부의 일부 액체가 급격히 기화하는데 이때, 액체의 기화로 증기압이 급상승하면서 저장탱크 벽면이 파열되는 현상을 말한다.

36
폭발에 대한 일반적인 설명으로 옳은 것은?

① 아세틸렌과 산화에틸렌은 분해폭발을 일으키기 쉬운 물질이다.
② 상온에서 탱크에 저장된 중유가 유출되면 자유공간 증기운 폭발이 일어난다.
③ 밀폐공간에서 조연성가스가 폭발범위를 형성하면 점화원에 의해 가스폭발이 일어난다.
④ 다량의 고온물질이 물속에 투입되었을 때 물의 갑작스러운 상변화에 의한 폭발현상을 반응폭주라 한다.

36 정답 ①
LINK 기본서 75~76p

① **분해폭발**: 분해 시 발열하는 분해폭발성 가스가 지연성 가스 없이 분해되어 발열하면서 압력이 급상승하며 발생하는 폭발이다.
ex 아세틸렌, 메틸아세틸렌, 바이닐아세틸렌, 에틸렌, 산화에틸렌, 하이드라진, 시안화수소 등

선지체크
② 상온에서 탱크에 저장된 **가연성 가스가 유출**되면 자유공간 증기운 폭발이 일어난다.
→ 액체의 유출로 인해 발생한 **가연성 증기가 공기와의 혼합체를 형성**해야 증기운 폭발이 발생한다. 단순 액체 유출로는 증기운 폭발이 일어나지 않는다.
③ 밀폐공간에서 **가연성 가스**가 폭발범위를 형성하면 점화원에 의해 가스폭발이 일어난다.
④ 다량의 고온물질이 물속에 투입되었을 때 물의 갑작스러운 상변화에 의한 폭발현상을 **수증기폭발**이라 한다.
→ **반응폭주**란 화학반응기 내에 압력, 온도, 혼합물의 질량 등의 제어상태가 규정조건을 벗어나서 **화학반응속도가 지수 함수적으로 증가함으로 화학반응이 과격해지는 현상**이다.

37

폭발에 관한 설명으로 옳은 것만을 〈보기〉에서 있는 대로 고른 것은?

〈보기〉
ㄱ. 증기폭발은 액체의 급속한 기화로 인해 체적이 팽창되어 발생하는 현상이다.
ㄴ. 가스폭발은 분진폭발보다 최소발화에너지가 크다.
ㄷ. 분해폭발은 공기나 산소와 섞이지 않더라도 가연성 가스 자체의 분해 반응열에 의해 폭발하는 현상이다.
ㄹ. 폭발(연소)범위는 초기온도 및 압력이 상승할수록 분자 간 유효충돌할 가능성이 높아지기 때문에 넓어진다.

① ㄱ, ㄴ
② ㄷ, ㄹ
③ ㄱ, ㄴ, ㄹ
④ ㄱ, ㄷ, ㄹ

37 정답 ④

선지체크
ㄴ. 가스폭발은 분진폭발보다 최소발화에너지가 작다.

---

3 폭연, 폭굉

38

다음 중 폭연과 폭굉의 차이를 나누는 기준은?

① 화염의 전파속도
② 에너지 전달량
③ 압력의 상승량
④ 발생된 화염의 온도

38 정답 ①

① 가스폭발은 물적조건과 에너지조건이 만족되면 화염이 발생하여 미연가스 종류와 조건에 따라 일정한 속도로 전파하여 간다. 이를 화염전파속도라고 한다. 화염전파속도가 음속 이하면 폭연, 음속 이상이면 폭굉이라 한다.
- 폭연: 화염의 전파속도 < 음속(아음속, 0.1~10[m/s])
- 폭굉: 화염의 전파속도 > 음속(초음속, 1,000~3,500[m/s])

39 　　13 대전

폭발은 화염의 전파속도가 음속 이하일 수도 있으며, 음속 이상이 되어 폭발의 충격파를 형성할 수도 있다. 화염의 전파속도가 음속 이하인 폭발을 무엇이라 하는가?

① 폭효 　　② 폭굉
③ 폭명 　　④ 폭연

39　정답 ④　　LINK 기본서 79p

④ 가스폭발은 물적조건과 에너지조건이 만족되면 화염이 발생하여 미연가스 종류와 조건에 따라 일정한 속도로 전파하여 간다. 이를 화염전파속도라고 한다. 화염전파속도가 **음속 이하이면 폭연**, 음속 이상이면 폭굉이라 한다.

선지체크
① 폭효 ≠ 폭굉
③ 폭명이란 폭발할 때 발생하는 소리를 말한다.

추가학습
| 폭연, 폭굉 |

폭 연	폭 굉
① 화염의 전파속도가 **음속보다 느리다**.(아음속, 0.1~10[m/s])	① 화염의 전파속도가 **음속보다 빠르다**.(초음속, 1,000~3,500[m/s])
② 에너지방출이 전도, 대류, 복사의 **열전달에 의해 전파**된다.	② 에너지 방출이 물질전달속도에 기인하지 않고 충격파에 의해 전파된다.
③ 폭굉으로 전이되지 않을 경우, 압력 상승은 수[atm] 정도이다.	③ 압력 상승은 폭연의 10배 이상이다.
④ 화염면에서 **온도, 압력, 밀도가 연속적**이다.	④ 화염면에서 **온도, 압력, 밀도가 불연속적**이다.
⑤ 충격파를 형성하지 않는다.	⑤ **충격파를 형성**한다.(충격파는 연소반응에 의해 방출되는 열로 유지)
⑥ 공기의 **난류확산**에 영향을 받는다.	⑥ 폭굉파가 통과한 곳은 화학적 조성이 변하므로 비가역적 탄성파로 취급된다.
⑦ **폭굉으로 전이가 가능**하다.	

40 　　10 서울

다음 중 화염전파 속도가 음속 이상이고 폭발 시 충격파를 형성하는 것은?

① 굉음 　　② 디플러그레이션
③ 폭연 　　④ 폭굉

40　정답 ④　　LINK 기본서 80p

④ 가스폭발은 물적조건과 에너지조건이 만족되면 화염이 발생하여 미연가스 종류와 조건에 따라 일정한 속도로 전파하여 간다. 이를 화염전파속도라고 한다. 화염전파속도가 음속 이하이면 폭연, **음속 이상이면 폭굉**이라 한다. 폭연은 충격파를 형성하지 않으며, **폭굉은 충격파를 형성**한다.

선지체크
② 디플러그레이션(Deflagration): 폭연을 나타내는 영어단어이다. 폭굉은 디토네이션(Detonation)이라고 한다.

추가학습
| 연소 → 폭연 → 폭굉 |
① 밀폐된 배관이나 덕트 등 미연소 혼합가스에서 착화 발생
② 화염의 가속에 따른 압축파가 계속 발생
③ 압축파의 중첩
④ 충격파로 변형되어 폭굉으로 전이

41

다음 중 폭연(Deflagration)의 특징으로 옳은 것은?

① 온도의 상승은 열에 의한 전파보다 충격파의 압력에 기인한다.
② 반응 또는 화염면의 전파가 분자량이나 난류확산에 영향을 받는다.
③ 충격파를 형성하기 위해서는 아주 짧은 시간 내에 에너지가 방출되어야 한다.
④ 파면에서 온도 · 압력 · 밀도가 불연속적으로 나타난다.

42

다음 중 폭발의 분류에서의 폭연(Deflagration)으로 옳지 않은 것은?

① 음속보다 느리다.
② 온도의 상승은 열에 의한 전파에 기인한다.
③ 에너지 방출속도가 물질 전달속도에 영향을 받는다.
④ 압력은 약 1,000kgf/㎠으로서 충격파는 타 폭발에 비하여 압력상승이 10배 이상이다.

43

다음 중 폭굉에 관한 특성으로 옳지 않은 것은?

① 음속보다 빠르다.
② 온도의 상승은 충격파의 압력에 기인한다.
③ 에너지 방출 속도가 물질전달속도에 기인하지 않고 아주 짧다.
④ 파면에서 온도, 압력, 밀도가 연속적으로 나타난다.

---

41 정답 ②

선지체크

①③④는 폭굉에 대한 설명이다.
① 폭연의 경우 온도의 상승은 전도, 대류, 복사의 열전달에 의해 전파된다.
③ 폭연은 충격파를 형성하지 않는다.
④ 폭연의 경우 온도 · 압력 · 밀도가 연속적으로 나타난다.

연소파(연소)	연소파(폭연)	폭굉파(폭굉)
T(온도) : 증가 P(압력) : 일정 ρ(밀도) : 감소	T(온도) : 크게 상승 P(압력) : 약간 상승 ρ(밀도) : 감소	T(온도) 모두 P(압력) 증가 ρ(밀도)
온도는 화염의 열전달을 통해 상승되며, 압력은 일정하다.	온도 상승이 밀도의 감소정도보다 커서 압력이 약간 증가된다.	충격파는 미연소 가스의 영역을 압축시키며(밀도, 온도 증가), 나중에 더 빠른 속도로 오는 충격파로부터 에너지를 받아 지속적으로 강화된다.

42 정답 ④

④ 관련 내용은 폭굉의 설명이다.
→ 폭연의 **압력상승은 수[atm] 정도**이며, **충격파를 형성하지 않는다**.

43 정답 ④

④ 폭굉은 온도, 압력, 밀도가 **불연속적으로 나타난다**.
→ 폭연은 온도, 압력, 밀도가 연속적으로 나타난다.

44

폭굉 현상에 대한 일반적인 설명으로 옳지 않은 것은?

① 전파에 필요한 주된 에너지원은 연소열이다.
② 압력 상승이 폭연의 경우보다 10배 또는 그 이상으로 크다.
③ 충격파가 음속보다 빠르게 전파된다.
④ 파면에서 온도, 압력, 밀도가 불연속적으로 나타난다.
⑤ 폭굉 시의 온도 상승은 열에 의한 전파보다 충격파의 압력에 기인한다.

44 정답 ①
① 전파에 필요한 주된 에너지원은 **충격파**이다.

45

폭굉(Detonation)에 대한 설명으로 옳은 것을 모두 고른 것은?

> ㄱ. 화염전파속도가 음속보다 빠르다.
> ㄴ. 충격파가 발생하지 않는다.
> ㄷ. 에너지 방출속도는 열 전달속도에 큰 영향을 받는다.
> ㄹ. 파면(화염면)에서 온도, 압력, 밀도가 불연속적으로 나타난다.
> ㅁ. 온도의 상승은 충격파의 압력에 기인한다.

① ㄱ, ㄹ, ㅁ
② ㄴ, ㄷ, ㄹ, ㅁ
③ ㄱ, ㄴ, ㄷ, ㄹ, ㅁ
④ ㄴ, ㄷ
⑤ ㄴ

45 정답 ①

선지체크
ㄴ, ㄷ 폭굉은 충격파가 발생하며 에너지 방출속도는 충격파에 의해 전파된다.

46

폭굉(detonation)에 관한 설명으로 옳지 않은 것은?

① 폭굉은 급격한 압력의 상승 또는 개방에 의해 가스가 격한 음을 내면서 팽창하는 현상이고, 화염의 전파속도는 약 0.1~10m/s이다.
② 압력이 높을수록 폭굉으로의 전이가 쉬운 조건이 된다.
③ 최초의 완만한 연소에서 격렬한 폭굉으로 발전하는 데 필요한 거리를 폭굉유도거리라 한다.
④ 폭굉유도거리가 짧아질수록 위험도는 커진다.
⑤ 관경이 가늘수록 폭굉유도거리는 짧아진다.

46 정답 ①
① 폭굉은 급격한 압력의 상승 또는 **밀폐**에 의해 가스가 격한 음을 내면서 팽창하는 현상이고, 화염의 전파속도는 약 **1,000~3,500m/s**이다.

47

다음 중 폭연과 폭굉의 차이가 아닌 것은?

① 폭굉과 폭연의 차이는 에너지 양에 따라 달라진다.
② 폭굉의 속도는 1,000m/s 이상 3,500m/s 이하이다.
③ 폭연은 충격파보다 열에 의한 전파에 기인한다.
④ 폭연은 초음속보다 느린 것이다.

47 정답 ① 기본서 79~80p
① 폭굉과 폭연의 차이는 **화염전파속도**이다.

48

다음 중 폭연과 폭굉의 설명 중 옳은 것은?

① 폭연은 음속보다 빠르고 폭굉은 음속보다 느리다.
② 폭연의 온도상승은 충격파의 압력에 기인한다.
③ 폭굉은 화염면의 전파가 분자량이나 공기 등의 난류확산에 영향을 받으며 폭연은 화염면에서 온도, 압력, 밀도가 불연속적으로 나타난다.
④ 폭연은 에너지 방출속도가 물질 전달속도에 기인하며 폭굉은 에너지 방출속도가 물질 전달속도에 기인하지 않는다.

48 정답 ④ 기본서 79~80p

선지체크
① **폭굉**은 음속보다 빠르고 **폭연**은 음속보다 느리다.
② **폭굉**의 온도상승은 충격파의 압력에 기인한다.
③ **폭연**은 화염면의 전파가 분자량이나 공기 등의 난류확산에 영향을 받으며 **폭굉**은 화염면에서 온도, 압력, 밀도가 불연속적으로 나타난다.

49

다음은 폭연에서 폭굉으로 전이되는 과정이다. ( ) 안에 들어갈 단계로 옳은 것은?

착화 → (가) → (나) → (다) → 폭굉파

	(가)	(나)	(다)
①	화염전파	압축파	충격파
②	화염전파	충격파	압축파
③	압축파	화염전파	충격파
④	압축파	충격파	화염전파

49 정답 ① 기본서 79p

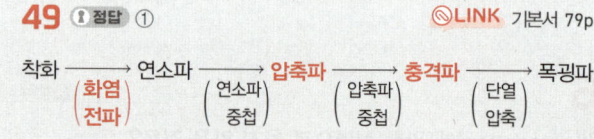

50 □□□ 18 공채

다음 중 폭연에서 폭굉이 될 수 있는 조건이 아닌 것은?

① 관경이 클수록
② 압력이 클수록
③ 거친 관경일수록
④ 이물질이 많을수록

51 □□□ 23 공채

폭연(deflagration)과 폭굉(detonation)에 관한 설명으로 옳은 것은?

① 예혼합가스의 초기압력이 높을수록 폭굉 유도거리가 길어진다.
② 화염전파속도는 폭연의 경우 음속보다 느리며, 폭굉의 경우 음속보다 빠르다.
③ 폭연은 폭굉으로 전이될 수 없으나 폭굉은 폭연으로 전이될 수 있다.
④ 폭연은 화염면에서 온도, 압력, 밀도의 변화가 불연속적으로 나타난다.

52 □□□ 23 간부

폭연(Deflagration)에 관한 설명으로 옳지 않은 것은?

① 충격파를 형성하지 않는다.
② 에너지 방출속도가 물질전달속도에 영향받지 않고 매우 빠르다.
③ 화염의 전파속도가 음속보다 느린 것을 말하며, 그 화염의 전파속도는 0.1~10m/sec 정도이다.
④ 반응 또는 화염면의 전파가 분자량이나 공기 등의 난류확산에 영향을 받는다.
⑤ 화염면에서 상대적으로 완만한 에너지 변화에 의해서 온도, 압력, 밀도 변화가 연속적으로 나타난다.

---

50 정답 ① LINK 기본서 80p

① 관경이 **작을수록** 마찰로 인한 온도상승으로 폭굉 유도거리가 짧아진다.

추가학습

| 폭굉유도거리 |

관중에 폭굉을 일으키는 가스가 존재할 때 최초의 **완만한 연소가 격렬한 폭굉으로 발전할 때까지의 거리**이다. 이 길이가 짧을수록 폭굉이 일어나기 쉬운 위험성이 큰 가스이다.

| 폭굉 유도거리가 짧아지는 조건(폭굉이 일어나기 쉬운 위험성이 큰 조건) |

① 정상의 **연소속도가 큰** 혼합가스일수록
② 관속에 **방해물**이 있거나 관경이 **가늘수록**
③ 압력이 **높을수록**
④ 점화원 에너지가 **강할수록**
⑤ 주위온도가 **높을수록**

51 정답 ② LINK 기본서 79~80p

선지체크

① 예혼합가스의 **초기압력이 높을수록** 폭굉 유도거리가 **짧아진다**.
③ 폭연은 폭굉으로 전이될 수 있으나 **폭굉은 폭연으로 전이될 수 없다**.
④ **폭연**은 화염면에서 **온도, 압력, 밀도의 변화가 연속적으로 나타난다**.

52 정답 ② LINK 기본서 79p

② 폭연은 에너지 방출속도가 물질전달속도에 **영향을 받는다**. 에너지 방출이 전도, 대류, 복사(물질전달속도)의 열전달에 의해 전파된다.

CHAPTER 02 폭발 예방 및 보호

1 전기설비 방폭화

01 18 공채
다음 중 전기설비 방폭구조에 대하여 옳은 것은?

> ㄱ. 용기 내에 질소 등 불활성기체를 봉입시킨 구조
> ㄴ. 단선, 단락, 지락 등에 의해 발생하는 착화를 방지할 수 있는 구조로서 착화시험으로 성능이 확인된 구조
> ㄷ. 밀폐시킨 용기 내에 절연유를 삽입하여 폭발성가스 또는 증기에 인화되지 않도록 한 구조

① ㄱ. 내압 방폭구조 ㄴ. 안전증 방폭구조 ㄷ. 특수 방폭구조
② ㄱ. 압력 방폭구조 ㄴ. 안전증 방폭구조 ㄷ. 특수 방폭구조
③ ㄱ. 내압 방폭구조 ㄴ. 본질안전 방폭구조 ㄷ. 유입 방폭구조
④ ㄱ. 압력 방폭구조 ㄴ. 본질안전 방폭구조 ㄷ. 유입 방폭구조

01 정답 ④ LINK 기본서 83~85p
ㄱ. 불활성기체 봉입 → 압력 방폭구조
ㄴ. 착화시험 → 본질안전 방폭구조
ㄷ. 절연유 삽입 → 유입 방폭구조

추가학습

| 방폭의 종류 |

① 압력 방폭구조[내압(內壓) 방폭구조]: 용기 내에 불활성가스를 압입시켜 외부 환경보다 압력을 높게 유지함으로써 밀폐함 내로 외부 환경이 인입되지 않도록 보호하는 방폭구조
② 유입 방폭구조: 점화원이 될 우려가 있는 기기 자체 또는 그 일부를 절연유(보호액)속에 넣어 보호하는 방폭구조
③ 안전증 방폭구조: 정상 시 전기기기의 과도한 온도상승, 아크 또는 불꽃 발생의 위험을 방지하기 위하여 추가적인 안전조치를 취해 안전도를 증가시킨 방법이다. 그러나 전기기기가 고장이나 파손 시에는 폭발이 발생될 수 있다.
④ 본질안전 방폭구조: 정상 또는 이상 상태에서 발생하는 전기 불꽃 또는 가열 효과를 점화에너지 이하의 수준까지 제한하는 것을 기반으로 하는 방폭구조로 점화시험(착화시험) 등에 의하여 확인된 것
⑤ 내압 방폭구조: 점화원에 의해 용기 내부에서 폭발이 발생할 경우에 용기가 폭발압력에 견딜 수 있고, 화염이 용기 외부의 폭발성 분위기로 전파되지 않도록 한 방폭구조이다. 완전밀폐하면 내부 발열 시 온도상승으로 압력이 상승하여 용기가 파손될 수 있으므로 상승된 압력을 배출하기 위해 용기에 약간의 틈새를 둔다.
⑥ 비점화 방폭구조: 전기기기가 정상작동과 규정된 특정한 비정상 조건에서 주위의 폭발성 가스 분위기를 점화시키지 못하도록 하는 방폭구조이다.

02 16 충남
용기 내부에 불활성기체를 넣어 압력을 유지하는 방폭구조로 옳은 것은?

① 안전증 방폭구조
② 압력 방폭구조
③ 유입 방폭구조
④ 본질안전 방폭구조

02 정답 ② LINK 기본서 83p
② 불활성기체를 넣어 압력을 유지 → 압력 방폭구조

2 폭발등급

03 ☐☐☐ 16 충남

화염일주 한계에서 말하는 틈을 안전간격이라 하며 안전간격에 따라 등급을 분류한다. 다음의 가스폭발 등급 중 1등급에 해당하는 것은?

① 아세틸렌
② 수소
③ 이황화탄소
④ 일산화탄소

---

03 정답 ④ LINK 기본서 86p

내압 방폭구조로 용기에 약간의 틈새를 두는데 이 틈새를 통해 빠져나간 점화원에 의해 폭발성 가스가 인화되지 않아야 한다. 폭발성 가스 종류에 따라 인화될 수 있는 점화원의 크기는 다르기 때문에 **폭발성 가스를 단계별로 분류**하고 있는데 이것이 폭발등급이다.
④ 일산화탄소는 폭발 1등급에 해당된다.

선지체크
① 아세틸렌 ② 수소 ③ 이황화탄소는 **폭발 3등급에 해당**된다.

추가학습

| 폭발등급 |

폭발등급	안전간격 (화염일주한계)	종 류
폭발 1등급	0.6[mm] 초과	메탄, 에탄, 일산화탄소, 암모니아, 아세톤, 프로판, 부탄
폭발 2등급	0.4[mm] 초과 0.6[mm] 이하	에틸렌, 석탄가스
폭발 3등급	0.4[mm] 이하	아세틸렌, 이황화탄소, 수소

Simtail

Simple Detail 2026

화재

CHAPTER 01 화재이론
CHAPTER 02 화재조사

CHAPTER 01 화재이론

1 화재의 정의

01 ☐☐☐ 11 서울

다음은 화재에 관한 설명으로 옳지 않은 것은?

① 인간의 의도에 반하거나 고의로 발생한 불로서 소화를 필요로 하는 현상을 말한다.
② 자연적·고의적 원인으로 발생한 불로서 소화가 필요가 없는 현상을 말한다.
③ 출화, 방화에 의하여 불이 발생·확대되는 현상으로서 경제적 손해를 주는 현상
④ 자연적·인위적 원인으로 불이 물체를 연소시키고 인명과 재산에 손해를 주는 현상

01 정답 ② LINK 기본서 90p

② 자연적·고의적 원인으로 발생한 불로서 소화할 필요가 **있는 현상**을 말한다.

추가학습

「소방의 화재조사에 관한 법률」상에서 정의하는 '화재'란 사람의 의도에 반하거나 고의 또는 과실에 의하여 발생하는 연소 현상으로서 **소화할 필요가 있는 현상** 또는 **사람의 의도에 반하여 발생하거나 확대된 화학적 폭발현상**을 말한다.

02 ☐☐☐ 12 울산

「소방의 화재조사에 관한 법률」상 화재의 정의로 옳은 것은?

화재란 사람의 의도에 반하거나 ( )에 의하여 발생하는 연소 현상으로서 소화할 필요가 있는 현상 또는 사람의 의도에 반하여 발생하거나 확대된 ( )적 폭발현상을 말한다.

① 고의 – 화학
② 고의 또는 과실 – 물리
③ 고의 또는 과실 – 화학
④ 고의 – 물리

02 정답 ③ LINK 기본서 90p

"화재"란 사람의 의도에 반하거나 **고의 또는 과실**에 의하여 발생하는 연소 현상으로서 소화할 필요가 있는 현상 또는 사람의 의도에 반하여 발생하거나 확대된 **화학적 폭발현상**을 말한다.(「소방의 화재조사에 관한 법률」 제2조 제1항 제1호)

03 ☐☐☐ 15 2차 경기

「소방의 화재조사에 관한 법률」에서 화재의 정의로 옳지 않은 것은?

① 사람의 의도에 반하는 화재
② 고의에 의해 발생하는 화재
③ 화학적인 폭발현상
④ 물리적인 폭발현상

03 정답 ④ LINK 기본서 90p

"화재"란 사람의 의도에 반하거나 **고의 또는 과실**에 의하여 발생하는 연소 현상으로서 소화할 필요가 있는 현상 또는 사람의 의도에 반하여 발생하거나 확대된 **화학적 폭발현상**을 말한다.(「소방의 화재조사에 관한 법률」 제2조 제1항 제1호)

2 화재의 분류

04 ☐☐☐ 11 전남

A·B·C·D급으로 분류한 급수별 화재의 기준으로 가장 옳은 것은?

① 가연물의 성상
② 가연의 대상물과 연소상황
③ 연소대상물의 종류와 인화점
④ 연소대상물의 인화점과 발화점

05 ☐☐☐ 09 강원

다음 표는 가연물의 종류에 의한 화재분류 방법을 표시한 것으로 (ㄱ)-(ㄴ)-(ㄷ)-(ㄹ)에 들어가야 되는 것으로 옳은 것은?

급수	A	B	C	D	E
종류	일반화재	(ㄱ)	(ㄴ)	(ㄷ)	(ㄹ)

	ㄱ	ㄴ	ㄷ	ㄹ
①	유류화재	전기화재	금속화재	가스화재
②	유류화재	금속화재	가스화재	전기화재
③	전기화재	유류화재	금속화재	가스화재
④	전기화재	유류화재	가스화재	금속화재

06 ☐☐☐ 13 충북

가연물의 종류와 성상으로 분류하는 급수별로 옳지 않은 것은?

① A급 - 일반화재
② B급 - 유류화재
③ C급 - 전기화재
④ D급 - 가스화재

---

04 정답 ① LINK 기본서 90p

① A·B·C·D급은 **가연물 종류**와 **성상(성질과 상태)**에 따라 분류한다.

추가학습

| 가연물 성상에 따른 분류 |

급수	분류	색상
A급	일반화재	백색
B급	유류화재	황색
C급	전기화재	청색
D급	금속화재	무색
E급	가스화재	황색

05 정답 ① LINK 기본서 90p

ㄱ. B급 화재: 유류화재
ㄴ. C급 화재: 전기화재
ㄷ. D급 화재: 금속화재
ㄹ. E급 화재: 가스화재

06 정답 ④ LINK 기본서 90p

④ D급 - **금속화재**
　E급 - 가스화재

07 ☐☐☐ 12 공채

다음 중 급수별 분류에서 유류화재의 급수로 옳은 것은?

① A급 화재 ② B급 화재
③ C급 화재 ④ D급 화재

07 정답 ②　　LINK 기본서 90p

선지체크
① A급 화재: 일반화재
③ C급 화재: 전기화재
④ D급 화재: 금속화재

08 ☐☐☐ 12 울산

화재의 종류 중에서 전기화재에 속하는 것은?

① A급 화재 ② B급 화재
③ C급 화재 ④ D급 화재

08 정답 ③　　LINK 기본서 90p

선지체크
① A급 화재: 일반화재
② B급 화재: 유류화재
④ D급 화재: 금속화재

09 ☐☐☐ 11 울산

다음 중 화재의 종류와 가연물이 올바르게 연결되지 않은 것은?

① A급 화재 - 종이 및 일반제품
② B급 화재 - 휘발유 등 인화성물질
③ C급 화재 - 분말 및 고무제품
④ D급 화재 - 가연성 금속

09 정답 ③　　LINK 기본서 90-93p

③ C급 화재는 전기화재로 통전 중(전류가 흐르고 있는) 전기기기, 기구 등에서 발생한 화재이다. **분말 및 고무제품**은 일반화재인 **A급 화재**에 분류된다.

10 □□□ 17 공채

다음 중 화재급수와 표시 색상이 맞는 것은?

① 일반화재 – B급 – 황색
② 유류화재 – A급 – 백색
③ 전기화재 – C급 – 청색
④ 금속화재 – E급 – 황색

10 정답 ③ LINK 기본서 90p

선지체크
① 일반화재 – A급 – 백색
② 유류화재 – B급 – 황색
④ 금속화재 – D급 – 무색

추가학습

| 가연물 성상에 따른 분류 |

급수	분류	색상
A급	일반화재	백색
B급	유류화재	황색
C급	전기화재	청색
D급	금속화재	무색
E급	가스화재	황색

11 □□□ 16 공채

다음 중 소화의 적응성에 따른 급수, 표시색상과 종류로 옳은 것은?

① A급 – 황색 – 일반화재
② B급 – 무색 – 금속화재
③ C급 – 청색 – 전기화재
④ D급 – 백색 – 유류화재

11 정답 ③ LINK 기본서 90p

선지체크
① A급 – 백색 – 일반화재
② B급 – 황색 – 유류화재
④ D급 – 무색 – 금속화재

12 □□□ 12 세종

화재의 종류와 소화기 적응성을 표시한 색상은?

① 일반화재 – 백색, 유류화재 – 청색, 전기화재 – 황색
② 일반화재 – 청색, 유류화재 – 백색, 전기화재 – 황색
③ 일반화재 – 백색, 유류화재 – 황색, 전기화재 – 청색
④ 일반화재 – 청색, 유류화재 – 황색, 전기화재 – 백색

12 정답 ③ LINK 기본서 90p

급수	분류	색상
A급	일반화재	백색
B급	유류화재	황색
C급	전기화재	청색
D급	금속화재	무색
E급	가스화재	황색

13

18 간부

화재 종류에 따른 분류로 옳지 않은 것은?

① 유류화재 – 황색 – B급 화재
② 일반화재 – 백색 – A급 화재
③ 전기화재 – 청색 – C급 화재
④ 가스화재 – 황색 – E급 화재
⑤ 금속화재 – 황색 – D급 화재

14

17 간부

화재의 분류에 대한 설명으로 옳지 않은 것은?

① 화재의 분류는 가연물의 종류와 성상, 대상물의 종류 등에 따라 일반화재, 유류화재, 전기화재, 금속화재, 가스화재 등으로 구분된다.
② 일반화재는 산소와 친화력이 강한 물질에 의한 화재로 연소 후 재를 남길 수 있는 대상물 화재를 말한다.
③ 유류화재는 화재 성장속도가 일반화재보다 느리며, 생성된 연기는 백색으로 연소 후에는 재를 남긴다.
④ 전기화재는 그 형태가 아주 다양하며 원인규명이 상당히 어려운 화재로 주로 누전, 과전류, 합선 혹은 단락 등의 발화가 그 원인이다.
⑤ 금속화재는 물과 반응하여 수소 등 가연성 가스를 발생시키는 것이 대부분이며, 물이나 물을 포함한 소화약제를 사용하면 오히려 위험할 수 있다.

15

24 공채

일반화재에 해당하는 것만을 〈보기〉에서 있는 대로 고른 것은?

― 보기 ―
ㄱ. 통전 중인 배전반에서 불이 난 경우
ㄴ. 외출 시 전원이 차단된 콘센트에서 불이 난 경우
ㄷ. 실외 난로가 넘어지면서 새어 나온 석유에 불이 붙은 경우
ㄹ. 실험실 시험대 위 나트륨 분말에서 불이 난 경우

① ㄱ
② ㄴ
③ ㄴ, ㄹ
④ ㄱ, ㄷ, ㄹ

13 정답 ⑤

LINK 기본서 90p

⑤ 금속화재 – **무색** – D급 화재

선지체크
④ 가스화재에 대한 소화기의 적응화재별 표시는 국제적으로 E로 표시하고 있으나 현재 국내에서는 유류화재(B급)에 준하여 사용하고 있다.

14 정답 ③

LINK 기본서 90~93p

③ 유류화재는 화재 성장속도가 일반화재보다 **빠르며**, 생성된 연기는 **흑색**으로 연소 후에는 **재를 남기지 않는다**.

15 정답 ②

LINK 기본서 90~93p

선지체크
㉠ 통전 중인 배전반에서 불이 난 경우는 **전기화재**로 본다.
㉢ 실외 난로가 넘어지면서 새어 나온 석유에 불이 붙은 경우는 **유류화재**로 본다.
㉣ 실험실 시험대 위 나트륨 분말에서 불이 난 경우는 **금속화재**로 본다.

16   10 경북

다음 중 화재 후 재를 남기지 않는 화재는?

① 항공기 화재 ② 인화성액체 폭발화재
③ 건축물 화재 ④ 임야화재

16 정답 ② LINK 기본서 91p

② **인화성액체 폭발화재는 유류화재**로 재를 남기지 않는다.

선지체크

① 항공기 유출 화재라고 표현되면 유출된 기름(유류화재)에서 화재가 난 것으로 재를 남기지 않는 화재로 보는 것이 맞으나 항공기 화재로 표현되어 일반화재로 분류한다.

추가학습

| 유류화재 |

인화성 액체, 가연성 액체, 석유, 그리스, 타르, 오일, 유성도료, 솔벤트, 래커, 알코올 및 인화성 가스와 같은 유류가 타고 나서 재가 남지 않는 화재를 말한다.
① 연기의 색상은 일반적으로 흑색이다.
② 연소 후 재를 남기지 않는다.
③ 화재 진행속도가 일반화재보다 빠르고 활성화에너지가 작다.
④ 전기의 부도체이므로 정전기로 인한 착화 우려가 있어 정전기 방지대책이 필요하다.
⑤ 주수소화 시 연소면 확대 우려가 있어 공기를 차단하는 질식소화한다.
⑥ 포 소화약제를 방사하여 유류 표면에 얇은 층을 형성함으로써 공기 공급을 차단해 소화한다.

17   17 공채

전기화재에 직접적 원인이 아닌 것은?

① 누전 ② 지락
③ 과전류 ④ 역기전력

17 정답 ④ LINK 기본서 93p

④ 기전력이란 도체 내에서 전류를 흐르도록 하는 것인데 기전력(전류)이 발생하여 전기화재가 발생할 수 있다. **역기전력이란 전류가 흐르는 것을 방해하는 것**으로 전류가 발생하지 못해 전기화재가 일어나지 않게 한다.

추가학습

| 전기화재 |

전류가 흐르고 있는(통전 중) 전기기기, 배선과 관련된 화재를 말한다.
① 발생원인: 단락(합선, 발생원인 중 가장 높은 비율을 차지), 과전류·과부하, 누전, 지락, 절연열화(절연불량) 또는 탄화, 스파크, 정전기, 낙뢰, 열적경과, 접속부 과열 등
② 전원을 차단하여 전기 공급을 중단하는 제거소화한다.
③ 공기를 차단하는 **질식작용**이 가장 중요한 소화방법이다.

18 ☐☐☐ 10 대전
다음 중 가스 화재관리에 관한 설명으로 옳지 않은 것은?

① LPG(액화석유가스)의 주성분은 메탄(CH_4)이다.
② LNG(액화천연가스)는 주로 아파트의 도시가스원료 및 시내버스 연료 등으로 사용된다.
③ 가스누설경보기 설치 시 LNG는 천장으로부터 하방 30cm 이내 되는 곳에 설치하며 LPG는 지면으로부터 상방 30cm 이내 되는 곳에 설치한다.
④ 가스누설 시 배기팬 등의 전기스위치는 절대 동작시키지 않는다.

18 ❘정답❘ ① @LINK 기본서 94p
① LPG(액화석유가스)의 주성분은 **프로판(C_3H_8), 부탄(C_4H_{10})**이다.

선지체크
③ LPG는 공기보다 무겁기 때문에 누설될 경우 바닥에 가라앉는다. 그래서 가스누설경보기 설치시 바닥으로부터 30cm 이내 되는 지점에 설치한다. LNG의 경우 공기보다 가볍기 때문에 누설시 천장부터 쌓이기 시작한다. 그래서 가스누설경보기를 천장으로부터 30cm 이내 되는 지점에 설치하여야 한다.
④ 배기팬 등 전기스위치로 인해 전기적 점화원이 가해져 폭발이 일어날 수 있으므로 절대 동작시키면 안된다.

추가학습

| LNG vs LPG |

구분	LNG(액화천연가스)	LPG(액화석유가스)
주성분	메탄	프로판, 부탄
보관	-162[℃]로 액화	가압(10[kg/cm²])하여 액화
비중	공기보다 가볍다	공기보다 무겁다
연소속도	빠르다	느리다
발열량	적다	크다

19 ☐☐☐ 09 강원
다음 중 LNG의 일반적인 특성으로 옳지 않은 것은?

① 상온·저압에서 액화시킬 수 있다.
② -162도에서 액화의 냉각점을 가지고 있다.
③ LNG는 메탄이 주성분이다.
④ 액체에서 기화한 가스는 공기보다 가볍다.

19 ❘정답❘ ① @LINK 기본서 94p
① LNG는 **-162[℃]로 액화(저온·상압)**시킨다.

20 ☐☐☐ 14 공채
화재의 급수별 분류에서 표시 색상, 적응소화로 옳지 않은 것은?

① 일반화재 - 백색 - 냉각소화
② 유류화재 - 황색 - 질식소화
③ 전기화재 - 청색 - 제거소화
④ 금속화재 - 무색 - 주수소화

20 ❘정답❘ ④ @LINK 기본서 90~94p
④ 금속은 대부분 물과 반응하여 가연성 가스를 발생시키기 때문에 물을 사용한 **주수소화가 불가능**하다. 건조사(마른모래), 팽창질석, 팽창진주암을 이용한 **질식소화**한다.

추가학습

| 급수별 소화방법 |

급수	분류	색상	소화방법
A급	일반화재	백색	냉각소화
B급	유류화재	황색	질식소화
C급	전기화재	청색	제거소화, 질식소화
D급	금속화재	무색	질식소화
E급	가스화재	황색	제거소화

21 [10 경기]

가솔린, 등유, 경유 등 저장탱크의 유류화재에 가장 적합한 소화방식은?

① 냉각소화 ② 질식소화
③ 희석소화 ④ 부촉매소화

21 정답 ② LINK 기본서 91p

② 유류화재에 주수소화 시 연소면 확대 우려가 있어 공기를 차단하는 **질식소화**한다.

22 [21 간부]

전기화재에 적응성이 있는 소화약제에 해당하지 않는 것은?

① 이산화탄소 소화약제
② 인산염류 소화약제
③ 중탄산염류 소화약제
④ 고체에어로졸 화합물
⑤ 팽창질석 · 팽창진주암

22 정답 ⑤ LINK 기본서 93p, 216p

⑤ 전기화재 시 건조사는 적응성이 없으며 가스계 및 분말계 소화약제로 질식소화한다.

추가학습

소화기구의 소화약제별 적응성

소화약제 구분 적응대상	가스			분말			액체			기타		
	이산화탄소 소화약제	할론 소화약제	할로겐화합물 및 불활성기체 소화약제	인산염류 소화약제	중탄산염류 소화약제	산알칼리 소화약제	강화액 소화약제	포 소화약제	물·침윤 소화약제	고체에어로졸화합물	마른모래	팽창질석·팽창진주암	그 밖의 것
일반화재 (A급 화재)	—	○	○	○	—	○	○	○	○	○	○	○	—
유류화재 (B급 화재)	○	○	○	○	○	○	○	○	○	○	○	○	—
전기화재 (C급 화재)	○	○	○	○	○	*	*	*	*	○	—	—	—
주방화재 (K급 화재)	—	—	—	—	*	—	*	*	*	—	—	—	*
금속화재 (D급 화재)	—	—	—	—	*	—	—	—	—	—	○	○	*

주) "*"의 소화약제별 적응성은 「소방시설 설치 및 관리에 관한 법률」 제37조에 의한 형식승인 및 제품검사의 기술기준에 따라 화재 종류별 적응성에 적합한 것으로 인정되는 경우에 한한다.

23

18 2차 공채

소화약제로 팽창질석 또는 팽창진주암을 사용하였을 때, 적응성이 가장 좋은 화재로 옳은 것은?

① 일반화재 ② 전기화재
③ 금속화재 ④ 가스화재

23 정답 ③

LINK 기본서 93p

③ 팽창질석, 팽창진주암을 사용하면 질식소화의 효과를 볼 수 있으며, 금속화재의 경우 물, 가스계소화약제를 사용할 수 없다. 따라서 팽창질석 또는 팽창진주암을 통한 적응성이 가장 좋은 화재는 **금속화재**이다.

선지체크
① 일반화재: 냉각소화
② 전기화재: 질식소화
④ 가스화재: 제거소화

24

11 공채

금속물질 화재 시 소화방법으로 가장 옳지 않은 것은?

① 팽창진주암
② 마른모래
③ 금속화재용 분말소화기
④ 할로겐소화기

24 정답 ④

LINK 기본서 93p

④ 금속화재는 초기에 팽창질석, 팽창진주암, 마른모래와 같은 건조사나 금속화재용 분말소화기를 이용해서 소화해야 한다. 할로겐 소화기(할로겐화합물 소화기)와 같은 가스계 소화약제를 사용할 경우 화재가 더욱 확대 될 수 있어 적절하지 않다.

25

19 간부

가연물 종류에 따른 화재별 특징으로 옳지 않은 것은?

① 일반화재는 보통화재라고도 하며, 화재 발생 시 주로 백색 연기가 생성되며 연소 후에는 재를 남긴다.
② 유류화재는 화재 시 일반화재보다 진행속도가 빠르고 주로 흑색 연기가 생성되며 연소 후에는 재를 남기지 않는다.
③ 전기화재는 C급 화재로서 통전 중인 전기시설물로부터 유도되며, 원인으로는 합선(단락), 과부하, 누전, 낙뢰 등이 있다.
④ 금속화재는 D급 화재로서 금속작업 시 열의 축적 등의 원인으로 발생하며, 건조사, 건조분말 등을 이용한 질식·피복 효과와 물을 이용한 냉각효과를 이용해 소화한다.
⑤ 가스화재는 가스가 누설되어 공기와 일정한 비율로 혼합된 상태에서 점화원에 의하여 착화되어 발생하며, 주된 소화방법은 밸브류 등을 잠그거나 차단시킴으로 인한 제거소화방법이다.

25 정답 ④

LINK 기본서 90~94p

④ 금속화재는 D급 화재로서 **물을 이용한 주수소화가 불가능하다**. 팽창질석, 팽창진주암, 마른모래와 같은 건조사나 금속화재용 분말소화기를 이용한 질식소화가 가장 적절하다.

26

23 공채

전기화재(C급화재) 및 주방화재(K급화재)에 관한 설명으로 옳지 않은 것은?

① 주방화재의 가연물 중 하나인 식용유의 발화점은 비점보다 낮다.
② 도체 주위의 자기장 변화에 의해 발생된 유도전류는 전기화재의 점화원으로 작용할 수 있다.
③ 식용유로 인한 화재 시 유면상의 화염을 제거하면 복사열에 의한 기화를 차단하여 재발화를 방지할 수 있다.
④ 전기화재의 발생 원인 중 누전은 전류가 전선이나 기구에서 절연 불량 등의 원인으로 정해진 전로(배선) 밖으로 흐르는 현상이다.

26 정답 ③

LINK 기본서 93~96p

③ 식용유로 인한 화재 시 유면상의 화염을 제거해도 **발화점이 낮아서 재발화가 일어날 수 있다**. 따라서, 화염제거와 동시에 **식용유 내부의 온도를 발화점 이하로 신속하게 낮추는 냉각작용이 동시에 필요하다**.

선지체크

②, ④ 전기화재 발생 원인: 단락(합선. 발생 원인 중 가장 높은 비율을 차지), 과전류·과부하, 누전, 지락, 절연열화 또는 탄화, 스파크, 정전기, 낙뢰, 열적경과, 접속부 과열 등

추가학습

| 식용유 화재 |

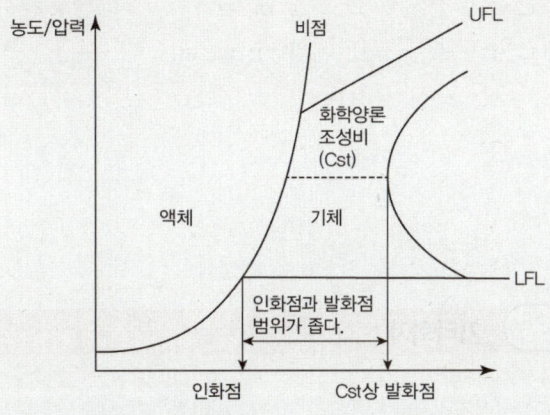

① 식용유는 인화점과 발화점의 차이가 적고, 발화점이 비점(끓는점)보다 낮아 비점 이하의 온도에서도 액면상 증발을 통해 발화할 수 있다.
② 식용유 화재 시 소화 후에도 식용유의 온도가 발화점 이상인 상태라면 재발화할 수 있다.
③ 따라서, 화염제거와 동시에 식용유 내부의 온도를 발화점 이하로 신속하게 낮추는 냉각작용이 동시에 필요하다.

27
20 공채

화재에 대한 옳은 설명을 모두 고른 것은?

> ㄱ. 낮은 산소분압에서 화재가 발생하였을 때 초기에 화염 없이 일어나는 연소를 훈소연소라 한다.
> ㄴ. 목조건축물 화재는 유류나 가스 화재와는 달리 일반적으로 무염착화 없이 발염착화로 이어진다.
> ㄷ. A급 화재는 일반화재로 면화류, 합성수지 등의 가연물에 의한 화재를 말한다.
> ㄹ. 전소란 건물의 70% 이상이 소실된 화재를 말한다.

① ㄱ, ㄴ
② ㄷ, ㄹ
③ ㄱ, ㄴ, ㄷ
④ ㄱ, ㄷ, ㄹ

27 정답 ④
LINK 기본서 90p, 107p, 137p, 139p

ㄱ. 낮은 산소분압은 산소가 부족할 경우를 말한다. 이 때 화재가 발생하였을 때 초기에 화염 없이 일어나는 연소를 훈소연소라 한다.

선지체크
ㄴ. 목조건축물은 화재의 원인 → 무염착화 → 발염착화 → 발화(출화) → 최성기 → 연소낙하 → 진화 순으로 진행된다.

3 기타화재

28
15 전북

대상물의 화재 중 임야화재에 대한 설명으로 옳지 않은 것은?

① 임목의 가지부분에서 화재가 나는 것은 지중화이다.
② 산림화재는 연소방향이 어디로 갈지 모른다.
③ 산림화재는 임목화재와 임지화재로 나뉜다.
④ 범위가 광범위하여 화재 발생 시 소화하는 데 어려움이 있다.

28 정답 ①
LINK 기본서 96p

① 임목의 가지부분에서 화재가 나는 것은 수관화이다.

선지체크
③ 수간화, 수관화를 임목화재라 하고 지표화, 지중화를 임지화재라 한다.

추가학습

| 임야(산림)화재 |
① 지중화: 산림 지중에 있는 유기물들이 타는 것
② 지표화: 산림 지면에 떨어져 있는 낙엽이나 관목이 타는 것
③ 수간화: 나무의 줄기가 타는 것
④ 수관화(Crown fire): 나무의 가지부분이 타는 것
⑤ 비화: 불씨가 바람에 날아가 타는 것

4 액체 위험물에서의 재해현상

29　　　12 울산
유류화재 이상현상의 종류와 관계가 없는 것은?

① 보일오버　　② 프로스오버
③ 롤오버　　　④ 슬롭오버

30　　　11 제주
유류화재와 관련하여 오일탱크에서 일어나는 재해 현상으로 옳지 않은 것은?

① 보일오버　　② 프로스오버
③ 슬롭오버　　④ 플래시오버

---

29 정답 ③　　LINK 기본서 91~92p

③ 롤오버란 화재초기에 가연성 물질에서 발생된 가연성 가스가 천장 부근에 축적되고, 이 축적된 가연성 증기가 인화점에 도달하여 연소하는 현상으로 **불덩어리가 천장을 굴러다니는 것**처럼 뿜어져 나오는 현상이다. **유류화재와는 관련이 없다.**

추가학습

| 액체 위험물에서의 재해현상 |

① 보일오버: **다성분(다비점)**인 저장탱크에 화재가 장기간 진행되고 고온의 열류층을 형성한다. 이 열류층은 화재가 진행됨에 따라 점차 하강하고 이때 **탱크의 하부에 물 또는 에멀젼이 존재**하면 뜨거운 열류층의 온도에 의하여 물이 수증기로 변하면서(비등) 급작스러운 부피팽창이 일어나고 다량의 불이 붙은 기름을 탱크 밖으로 분출시키는 현상이다.

② 슬롭오버: **물의 비등점(100℃)이상인 고온의 액면에 물분무 또는 포 소화설비를 방수**하면 분사된 수분이 급격하게 증발하면서 유류를 탱크 밖으로 분출시키는 현상이다.

③ 프로스오버: **화재 이외의 경우로 물이 고점도 유류 아래에서 비등**할 때 탱크 밖으로 물과 기름이 거품과 같은 형태로 넘치는 현상이다. (전형적인 예: 아스팔트유)

④ 오일오버: 유류가 **탱크 내용적의 50% 이하**로 충전되어 있을 때 화재로 인해 증기압력 상승으로 유류를 외부로 분출하면서 탱크가 폭발하는 현상으로 보일오버, 슬롭오버, 프로스오버보다 위험성이 크다.

30 정답 ④　　LINK 기본서 91~92p

④ 플래시오버는 가연물의 착화와 열분해 시 생성된 가연성 가스가 천장아래에 축적되고, 천장 아래에 축적된 연기층의 온도가 상승하며, 이로 인해 바닥면의 복사 수열량이 증가될 때 **순간적으로 방 전체가 급격하게 타오르는 화재확대현상**이다. **유류화재와는 관련이 없다.**

31
`14 공채`

중질유 탱크에서 여러 종류의 비점을 가진 불균일한 고점도 유류로 탱크바닥에 수분을 함유한 찌꺼기가 있는 상태에서의 유류 저장탱크 화재는?

① 슬롭오버 ② 보일오버
③ 프로스오버 ④ 오일오버

31 정답 ②
LINK 기본서 92p

② 보일오버는 **다성분(다비점)**인 저장탱크에 화재가 장기간 진행되고 고온의 열류층을 형성한다. 이 열류층은 화재가 진행됨에 따라 점차 하강하고 이때 **탱크의 하부에 물 또는 에멀전이 존재**하면 뜨거운 열류층의 온도에 의하여 물이 수증기로 변하면서(비등) 급작스러운 부피팽창이 일어나고 다량의 불이 붙은 기름을 탱크 밖으로 분출시키는 현상이다.
→ '**여러 종류의 비점**', '**탱크바닥에 수분을 함유**'는 보일오버 현상에 대한 단서이다.

추가학습

| 보일오버 조건 |
① **다성분(다비점)**이어야 한다.
② 뚜껑 없는 개방된 탱크에 화재가 장시간 지속되어야 한다.(**열류층 형성**될 시간 필요)
③ **탱크 저부에 물 또는 에멀전**이 있어야 한다.

32
`11 울산`

다음 중 보일오버 조건에 해당하지 않는 것은?

① 보일오버 현상은 뚜껑이 열린 구조이어야 한다.
② 같은 비점에서 나타나는 유류탱크 현상이어야 한다.
③ 바닥에는 물 또는 습기가 찌꺼기하고 함께 있어야 한다.
④ 보일오버는 거품을 형성하는 고점도 성질의 유류일수록 잘 나타난다.

32 정답 ②
LINK 기본서 92p

② 보일오버가 일어나기 위해서는 **다성분(다비점)**이어야 한다. **같은 비점(단일성분)**일 경우 열류층이 형성되지 못해 **보일오버는 일어나지 않는다**.

33
`13 경기`

다음 연소공학에서 말하는 설명으로 옳은 것은?

> 유류탱크화재 시, 탱크 유면에서부터 고온층이 확대되어, 고온층이 탱크 하부에 있는 물을 가열, 비등시켜 발생된 수증기가 체적팽창에 의해 상층의 유류를 탱크 밖으로 분출시키는 현상

① 플래시오버 ② 프로스오버
③ 보일오버 ④ 풀파이어

33 정답 ③
LINK 기본서 92p

③ '**고온층**', '**탱크하부에 있는 물**'은 보일오버 현상에 대한 단서이다.

선지체크

④ 풀파이어(Pool fire, 액면연소): 등유나 경유의 연소 방법 하나로, 액체연료 표면이 가열되어 증발이 일어나며, 발생 된 **연료 증기**가 공기와 접촉하여 **액체표면에서 연소**하는 것이다. 화재 초기에 진화하지 않으면 진화가 어려워 보일오버나 슬롭오버 등 탱크화재 재해현상으로 확대될 수 있다.

34
12 울산

중질유 탱크의 액체 표면온도가 물의 비점 이상으로 올라간 상태에서 포나 소화용수를 방사하였을 때 증발된 수증기와 함께 유류가 급격한 부피팽창으로 탱크 외부로 분출하는 현상은?

① 보일오버
② 슬롭오버
③ 프로스오버
④ 링파이어

34 정답 ②
LINK 기본서 92p

② 슬롭오버는 **고온의 액면에 물 또는 포소화설비를 방수**하면 분사된 수분이 급격하게 증발하면서 유류를 탱크 밖으로 분출시키는 현상이다.
→ '**물의 비점 이상으로 올라간 상태**', '**포나 소화용수를 방사**'는 슬롭오버 현상에 대한 단서이다.

선지체크

④ 링파이어(윤화현상): 유류화재 시 방사된 포소화약제를 통해 유류 중앙 부분은 소화가 되지만 가장자리(탱크측면)는 가열된 탱크에 의해 포가 깨져 **링(반지)모양**으로 화염이 올라오는 현상이다.

35
15 2차 경기

담양 펜션 화재사건에서 캠핑장 바비큐판에서 삼겹살을 구울 때 불과 함께 연기가 많이 나서 불을 끄려고 물을 부으니 불판으로부터 화재가 확대되었다. 이에 관련된 현상은?

① 백드래프트
② 플래시오버
③ 슬롭오버
④ 롤오버

35 정답 ③
LINK 기본서 92p

③ 삼겹살에 있는 고온의 기름에 물을 방수하면 분사된 수분이 급격하게 증발하며 화재가 확대된다.
→ '**물을 부으니**'는 슬롭오버 현상에 대한 단서이다.

선지체크

① 백드래프트는 공기 부족으로 훈소 상태에 있을 때, 신선한 공기의 다량 유입으로 실내의 축적된 가스가 단시간에 연소, 폭발하여 실외로 분출되는 현상이다.

36 `24 공채`

유류저장탱크 내 유류 표면에 화재 발생 시 뜨거운 열류층이 형성되고 그 열파가 장시간에 걸쳐 바닥까지 전달되어 하부의 물이 비점 이상으로 가열되면서 부피가 팽창해 저장된 유류가 탱크 외부로 분출되었다. 이에 해당하는 현상으로 옳은 것은?

① 보일오버(boil over)
② 슬롭오버(slop over)
③ 프로스오버(froth over)
④ 오일오버(oil over)

36 정답 ① 기본서 92p

추가학습

| 보일오버의 발생조건 |
① 다성분(다비점)이어야 한다.
② 뚜껑 없는 개방된 탱크에 화재가 장시간 지속되어야 한다(열류층 형성될 시간 필요).
③ 탱크 저부에 물 또는 에멀전이 있어야 한다.

37 `16 2차 충남`

100℃ 이상 열이 있는 위험물 탱크에 물분무나 포 등의 소화용수가 들어가면서 액면에서 튀는 현상은?

① 슬롭오버 ② 보일오버
③ 플래시오버 ④ 오일오버

37 정답 ① 기본서 92p

① '**물분무나 포 등의 소화용수가 들어가면서**'는 슬롭오버 현상에 대한 단서이다.

38 `18 간부`

위험물화재의 특수현상 중 슬롭오버(Slop Over) 현상으로 옳은 것은?

① 점성이 큰 유류에 화재가 발생했을 때 소화용수의 유입에 의한 갑작스러운 부피 팽창으로 탱크 내의 유류가 끓어 넘치는 현상
② 저장탱크 속의 물이 점성을 가진 뜨거운 기름의 표면 아래에서 끓을 때 화재를 수반하지 않고 기름이 넘쳐흐르는 현상
③ 가연성 가스가 연소하면서 바람을 타고 흘러가는 현상
④ 석유화재에서 저장탱크 하부에 고인 물이 격심한 증발을 일으키면서 불붙은 석유를 분출하는 현상
⑤ 과열상태의 탱크 내부에서 액화가스가 분출하여 기화되어 착화되었을 때 폭발하는 현상

38 정답 ① 기본서 92p

① 외부에서의 소화용수의 유입에 의한 현상은 슬롭오버에 대한 설명이다.

선지체크

② 화재를 수반하지 않고 기름이 넘쳐흐르는 것은 **프로스오버**에 대한 설명이다.
③ 가연성 가스가 연소하면서 바람을 타고 흘러가는 현상은 **주염**이라고 한다.
④ 저장탱크 하부에 고인 물이 격심한 증발을 일으키는 것은 **보일오버**에 대한 설명이다.
⑤ **과열액체 증기폭발** 이후 비산과 동시에 저장된 가스가 가연인 경우, 증기가 주변 화염에 의하여 발화되어 **Fire Ball을 형성**한다.

39

13 공채

다음 중 위험물화재 특수현상으로 옳은 것은?

> 물에 의해 탱크 내 유류가 넘치는 현상으로 고온에서도 끈끈한 점성을 유지하고 있는 고점도 중질유 유류가 저장탱크 속에 물과 섞여 들어가 있을 때, 또는 유류 표면 아래로 물이 유입되면서 물이 고점도 유류 아래에서 비등할 때, 기름과 섞여 있는 물이 갑자기 수증기화 되면서 탱크 내부에서 탱크 내의 일부 내용물을 넘치게 하는 현상으로서 직접적으로 화재발생을 하지 않는다.

① 슬롭오버(Slop over)
② 보일오버(Boil over)
③ 오일오버(Oil over)
④ 프로스오버(froth over)

39 정답 ④ LINK 기본서 92p

④ 프로스오버는 화재 이외의 경우로 물이 고점도 유류 아래에서 비등할 때 탱크 밖으로 물과 기름이 거품과 같은 형태로 넘치는 현상이다.
→ '물에 의해 탱크 내 유류가 넘치는 현상', '유류 표면 아래', '물이 고점도 유류 아래에서 비등', '화재발생을 하지 않는다.'는 프로스오버 현상에 대한 단서이다.

40

17 간부

유류저장탱크 속의 물이 점성을 가진 뜨거운 기름의 표면 아래에서 끓을 때 화재를 수반하지 않고 기름이 넘쳐흐르는 현상은?

① 슬롭오버(Slop over)
② 프로스오버(Froth over)
③ 오일오버(Oil over)
④ 보일오버(Boil over)
⑤ 플래시오버(Flash over)

40 정답 ② LINK 기본서 92p

② 화재 이외의 경우로 물이 고점도 유류 아래에서 비등할 때 탱크 밖으로 물과 기름이 거품과 같은 상태로 넘치는 현상은 프로스오버에 대한 설명이다.

41

15 공채

탱크 내 유류가 1/2 이하로 채워진 상태에서 내부 압력상승으로 인한 폭발화재현상으로 옳은 것은?

① 보일오버(Boil over)
② 슬롭오버(Slop over)
③ 오일오버(Oil over)
④ 프로스오버(froth over)

41 정답 ③ LINK 기본서 92p

③ 오일오버는 유류가 탱크 내용적의 50% 이하로 충전되어 있을 때 화재로 인해 증기압력 상승으로 유류를 외부로 분출하면서 탱크가 폭발하는 현상으로 보일오버, 슬롭오버, 프로스오버보다 위험성이 크다.

42
25 간부

유류저장탱크 및 위험물 이송배관 등에서 발생하는 화재 현상에 관한 설명으로 옳지 않은 것은?

① 블레비(BLEVE)는 물리적 폭발에 해당한다.
② 증기운폭발(UVCE)은 저장탱크에서 유출된 가스가 증기운을 형성하여 떠다니다가 점화원과 접촉하여 발생하는 누설착화형 폭발에 해당한다.
③ 보일오버(boil over)는 상부가 개방된 저장탱크의 하부에 존재하던 물 또는 물-기름 에멀션이 뜨거운 열류층의 온도에 의해 급격히 부피가 팽창되어 다량의 불이 붙은 기름을 저장탱크 밖으로 분출시키는 현상이다.
④ 오일오버(oil over)는 저장된 유류 저장량이 내용적의 70 %를 초과하여 충전되어 있는 저장탱크에서 발생한다.
⑤ 분출화재(jet fire)는 탄화수소계 위험물의 이송배관이나 저장용기로부터 위험물이 고속으로 누출될 때 점화되어 발생하는 난류확산형 화재이다.

42 정답 ④ LINK 기본서 92p

④ 오일오버(oil over)는 저장된 유류 저장량이 내용적의 **50% 이하**에 충전되어 있는 저장탱크에서 발생한다.

43
11 서울

다음 설명 중 옳은 것은?

① 원유를 분별 증류하면 끓는점이 높은 휘발유 성분이 먼저 분리되고 하부 쪽으로 갈수록 끓는점이 낮은 등유, 경유, 중유 순으로 분리된다.
② 슬롭오버는 탱크의 벽면이 가열된 상태에서 포를 방출하는 경우 가열된 벽면 부분에서 포가 열화되어 안정성이 저하된 상태에서 증발된 유류가스가 발포되어 있는 유화층을 뚫고 상승되어 유류가스에서 불이 붙는 현상이다.
③ 보일오버는 서로 다른 원유가 섞여 있거나 중질유 탱크에서 오랜 시간 동안 연소와 함께 탱크 내 잔존기름이 바닥에 있는 물의 비등으로 탱크 밖으로 분출하는 현상이다.
④ 프로스오버는 유류 표면 온도가 물의 비점 이상으로 상승되고 소화용수 등이 뜨거운 액표면에 유입되게 되면 물이 수증기화 되면서 갑작스러운 부피 팽창에 의해 유류가 탱크 외부로 분출되는 현상이다.

43 정답 ③ LINK 기본서 92p

③ '서로 다른 원유' '중질유 탱크' '오랜 시간 동안 연소' '바닥에 있는 물의 비등'은 보일오버 현상에 대한 단서이다.

선지체크
① 원유를 분별증류하면 끓는점이 **낮은** 휘발유 성분이 먼저 분리되고 하부 쪽으로 갈수록 끓는점이 **높은** 등유, 경유, 중유 순으로 분리된다.
② **링파이어**는 탱크의 벽면이 가열된 상태에서 포를 방출하는 경우 가열된 벽면 부분에서 포가 열화되어 안정성이 저하된 상태에서 증발된 유류가스가 발포되어 있는 유화층을 뚫고 상승되어 유류가스에서 불이 붙는 현상이다.
④ **슬롭오버**는 유류 표면 온도가 물의 비점 이상으로 상승되고 소화용수 등이 뜨거운 액표면에 유입되게 되면 물이 수증기화 되면서 갑작스러운 부피 팽창에 의해 유류가 탱크 외부로 분출되는 현상이다.

44 □□□ 20 간부

유류화재의 이상현상에 대한 설명으로 옳은 것은?

① 프로스오버(Froth over): 점성이 큰 뜨거운 유류표면 아래에서 물이 끓을 때 화재를 수반하지 않고 유류가 넘치는 현상
② 슬롭오버(Slop over): 탱크 내의 유류가 50% 미만 저장된 경우, 화재로 인한 내부 압력 상승으로 탱크가 폭발하는 현상
③ 오일오버(Oil over): 중질유 탱크 화재 시 액면의 뜨거운 열파가 탱크 하부로 전달될 때, 탱크 하부에 존재하고 있던 에멀션(emulsion) 상태의 물을 기화시켜 물의 급격한 부피 팽창으로 탱크 내의 유류가 분출하는 현상
④ 링파이어(Ring fire): 액화가스저장 탱크의 외부화재로 탱크가 장시간 과열되면 내부 액화가스의 급격한 비등·팽창으로 탱크 내부 압력이 급격히 증가되고, 최종적으로 탱크의 설계압력 초과로 탱크가 폭발하는 현상
⑤ 보일오버(Boil over): 중질유 탱크 내에 화재로 연소유의 표면온도가 물의 비점 이상 상승했을 때, 물분무 또는 폼(foam) 소화약제를 뜨거운 연소유표면에 방사하면 물이 수증기가 되면서 급격한 부피 팽창으로 연소유를 탱크 외부로 비산시키는 현상

44 정답 ① LINK 기본서 92p

① '유류표면 아래에서 물이 끓을 때', '화재를 수반하지 않고'는 프로스오버에 대한 단서이다.

선지체크

② 오일오버: 탱크 내의 유류가 50% 미만 저장된 경우, 화재로 인한 내부 압력 상승으로 탱크가 폭발하는 현상
③ 보일오버: 중질유 탱크 화재 시 액면의 뜨거운 열파가 탱크 하부로 전달될 때, 탱크 하부에 존재하고 있던 에멀션(emulsion) 상태의 물을 기화시켜 물의 급격한 부피 팽창으로 탱크 내의 유류가 분출하는 현상
④ 과열액체 증기폭발: 액화가스저장 탱크의 외부화재로 탱크가 장시간 과열되면 내부 액화가스의 급격한 비등·팽창으로 탱크 내부 압력이 급격히 증가되고, 최종적으로 탱크의 설계압력 초과로 탱크가 폭발하는 현상
⑤ 슬롭오버: 중질유 탱크 내에 화재로 연소유의 표면온도가 물의 비점 이상 상승했을 때, 물분무 또는 폼(foam) 소화약제를 뜨거운 연소유표면에 방사하면 물이 수증기가 되면서 급격한 부피 팽창으로 연소유를 탱크 외부로 비산시키는 현상

45 □□□ 18 간부

다음 설명 중 옳은 것은?

① 고온의 석유류·식용유의 표면에 물이 접촉될 때 표면 온도에 의해 물이 급격하게 증발하여 비산하며 석유류·식용유와 함께 분출하는 현상은 슬롭오버이다.
② 제4류 위험물의 양이 내용적 50% 이하로 충전되어 있을 때 화재로 인하여 저장탱크 내의 유류를 외부로 분출하면서 탱크가 파열되는 현상은 보일오버이다.
③ 비점이 큰 중질유의 저장탱크 속 수분 또는 에멀전이 열류층에 의해 유류를 밀어올리고 기름과 함께 비산하는 현상은 프로스오버이다.
④ 점성을 가진 뜨거운 유류표면 아래에서 물이 비등할 경우 비등하는 물이 저장탱크 내의 유류를 화재 수반 없이 외부로 넘쳐흐르게 하는 현상은 오일오버이다.
⑤ 식용유화재 발생 시 비누화작용을 하는 제2종 분말소화약제를 주로 사용한다.

45 정답 ① LINK 기본서 92p

① '고온의 석유류·식용유의 표면에 물이 접촉될 때'는 슬롭오버 현상에 대한 단서이다.

선지체크

② 제4류 위험물의 양이 내용적 50% 이하로 충전되어 있을 때 화재로 인하여 저장탱크 내의 유류를 외부로 분출하면서 탱크가 파열되는 현상은 오일오버이다.
③ 비점이 큰 중질유의 저장탱크 속 수분 또는 에멀전이 열류층에 의해 유류를 밀어올리고 기름과 함께 비산하는 현상은 보일오버이다.
④ 점성을 가진 뜨거운 유류표면 아래에서 물이 비등할 경우 비등하는 물이 저장탱크 내의 유류를 화재 수반 없이 외부로 넘쳐흐르게 하는 현상은 프로스오버이다.
⑤ 식용유화재 발생 시 비누화작용을 하는 제1종 분말소화약제를 주로 사용한다.

CHAPTER 02 화재조사

1 화재조사 이론

01 ☐☐☐ 11 서울

다음 중 화재조사에서 하는 일로 옳지 않은 것은?

① 화재 경계와 예방활동을 위한 정보 자료를 획득한다.
② 화재 및 제조물의 위치관련 통계 작성을 추구한다.
③ 방화·실화 수사협조 및 피해자의 구체적 증거를 확보한다.
④ 소송쟁의에 대해 조사하고 행정시책의 자료로 한다.

01 정답 ④ LINK 기본서 98p

④ 소송쟁의에 대해 조사하는 것은 화재조사 목적이 아니다.

추가학습

| 화재조사의 목적 |
① 화재에 의한 피해를 알리고 유사화재의 방지와 피해의 경감에 이바지 한다.
② 발화원인을 규명하고 예방대책상의 자료로 한다.
③ 화재확대 및 화재원인을 규명해 예방 및 진압책상의 자료로 한다.
④ 사상자의 발생원인과 방화의 상황을 규명하여 진압책상의 자료로 한다.
⑤ 화재의 발생상황, 원인, 손해상황 등을 통계화함으로써 소방정보를 수집하고 행정시책의 자료로 한다.

02 ☐☐☐ 11 공채

화재조사의 특징으로 옳지 않은 것은?

① 강제성 ② 현장성
③ 일체성 ④ 프리즘

02 정답 ③ LINK 기본서 98p

③ 일체성은 화재조사 특징에 해당되지 않는다.

선지체크

① 강제성: 관계인에게 동의를 얻기 어려운 경우 강제성이 요구된다.
② 현장성: 화재조사는 화재현장에서 실시하여야 한다.
④ 프리즘: 화재조사는 다양한 각도에서 시행되어야 한다.

추가학습

| 화재조사 특징 |
① 현장성: 화재조사는 화재현장에서 실시하여야 한다.
② 신속성: 시간이 지날수록 증거 및 자료를 찾기 어려워지기 때문에 신속성이 요구된다.
③ 보존성: 화재조사를 정확하게 하기 위해서는 증거물을 잘 보존하여야 한다.
④ 안전성: 화재조사는 소화활동과 동시에 실시되기 때문에 안전사고에 대비한다.
⑤ 강제성: 관계인에게 동의를 얻기 어려운 경우 강제성이 요구된다.
⑥ 프리즘: 화재조사는 다양한 각도에서 시행되어야 한다.
⑦ 정밀과학성: 정확한 판단을 위해 정밀한 과학성이 요구된다.

03   12 경기

다음 중 화재조사의 특징으로 옳지 않은 것은?

① 강제성　　② 보존성
③ 경제성　　④ 안전성

03 정답 ③   LINK 기본서 98p

③ 경제성은 화재조사 특징에 해당되지 않는다.

선지체크
① 강제성: 관계인에게 동의를 얻기 어려운 경우 강제성이 요구된다.
② 보존성: 화재조사를 정확하게 하기 위해서는 증거물을 잘 보존하여야 한다.
④ 안전성: 화재조사는 소화활동과 동시에 실시되기 때문에 안전사고에 대비한다.

04   09 경북

화재조사 특징에 관하여 옳지 않은 것은?

① 현장성　　② 신속성
③ 정밀과학성　　④ 증거성

04 정답 ④   LINK 기본서 98p

④ 증거성은 화재조사 특징에 해당되지 않는다.

선지체크
① 현장성: 화재조사는 화재현장에서 실시하여야 한다.
② 신속성: 시간이 지날수록 증거 및 자료를 찾기 어려워지기 때문에 신속성이 요구된다.
③ 정밀과학성: 정확한 판단을 위해 정밀한 과학성이 요구된다.

05   11 울산

다음 중 화재조사의 특징으로 옳지 않은 것은?

① 현장성　　② 임의성
③ 보존성　　④ 정밀과학성

05 정답 ②   LINK 기본서 98p

② 임의성은 화재조사 특징에 해당되지 않는다.

선지체크
① 현장성: 화재조사는 화재현장에서 실시하여야 한다.
③ 보존성: 화재조사를 정확하게 하기 위해서는 증거물을 잘 보존하여야 한다.
④ 정밀과학성: 정확한 판단을 위해 정밀한 과학성이 요구된다.

06   13 공채

화재조사에 대한 설명으로 맞는 것을 올바르게 짝지어진 것은?

> ㄱ. 화재조사의 궁극적인 목적은 발생원인을 과학적으로 정확히 규명함으로써 실체적 진실을 밝히고 화재조사 분석결과를 각종 법령개정 등 화재예방정책에 환류함으로써 동일 또는 유사한 화재가 재발되지 않도록 하는 데 있다.
> ㄴ. 소방관서장은 과학적이고 합리적인 화재원인 규명을 위하여 화재현장에서 수거한 물품에 대하여 감정을 실시하고 화재원인 입증을 위한 재현실험 등을 할 수 있다.
> ㄷ. 관계인의 승낙의무가 있으나 화재조사는 협조가 잘 이루어지지 않아 관계인의 협조가 없으면 화재조사는 힘들게 된다. 따라서 관계인의 임의적 협조가 항상 필요하다.

① ㄱ, ㄴ, ㄷ
② ㄴ, ㄷ
③ ㄱ, ㄴ
④ ㄷ

06 정답 ③

선지체크

ㄷ. 화재조사의 특징에는 강제성이 있다. **관계인에게 동의를 얻기 어려운 경우 강제성이 요구된다.**

---

07   25 공채

인화성 액체에 의한 화재는 액체 가연물이 바닥에서 흐르거나, 살포된 부위가 집중적으로 소훼되고 탄화경계가 뚜렷이 나타나는 특징이 있다. 〈보기〉에서 설명하는 화재패턴으로 옳은 것은?

> 보기
> 인화성 액체가 쏟아지면서 주변으로 튀거나, 연소되면서 발생하는 열에 의해 가열되어 액면에서 끓고, 주변으로 튄 액체가 포어패턴(Pour pattern)의 미연소 부분에서 국부적으로 점처럼 연소된 흔적

① 도넛패턴(Doughnut pattern)
② 스플래시패턴(Splash pattern)
③ 원형패턴(Circular shaped pattern)
④ 틈새연소패턴(Seam burn pattern)

07 정답 ②

선지체크

① 도넛패턴: 인화성 액체가 웅덩이처럼 고여 있을 경우 발생하는 패턴으로 웅덩이처럼 고여 있는 중심부는 액체가 증발하면서 기화열에 의한 냉각효과로 보호되는 반면, 주변부나 얕은 곳은 화염으로의 복사열에 의해 바닥재를 탄화시키게 되어 더 많이 연소된 부분이 덜 연소된 부분을 둘러싸고 있는 도넛 형태의 패턴
③ 원형패턴(Circular shaped pattern): 천장에 보이는 패턴, 중심부가 깊게 탄화되고 열분해가 심하게 나타나면 원형패턴 중심부 아래에서 강한 열원이 작용했다는 단서가 됨
④ 틈새연소패턴(Seam burn pattern): 목재 마루 및 타일 등 바닥재의 틈새 및 모서리에 인화성 액체가 쏟아지는 경우 틈새를 따라 흘러가거나 더 많은 액체가 고이게 되고, 이 액체가 연소되면서 나타나는 패턴

2 화재조사 및 보고규정

08 18 공채

다음 중 화재용어에 대하여 옳지 않은 것은?

① "최초착화물"이란 발화열원에 의해 불이 붙은 최초의 가연물을 말한다.
② "동력원"이란 발화관련 기기나 제품을 작동 또는 연소시킬 때 사용되어진 연료 또는 에너지를 말한다.
③ "발화열원"이란 발화의 최초 원인이 된 불꽃 또는 열을 말한다.
④ "잔가율"이란 화재 당시에 피해물의 재구입비에 대한 현재가의 금액을 말한다.

08 정답 ④ LINK 기본서 101~102p

④ "잔가율"이란 화재 당시에 피해물의 재구입비에 대한 현재가의 **비율**을 말한다.

09 13 경기

다음 중 화재조사 중 보고규정에서 말하는 용어의 정의로 옳지 않은 것은?

① 접수: 소방본부 또는 소방서에서 유·무선 전화 또는 다매체를 통하여 화재 등의 신고를 받는 것을 말한다.
② 발화지점: 열원과 가연물이 상호작용하여 화재가 시작된 지점을 말한다.
③ 감식: 화재원인의 판정을 위하여 전문적인 지식, 기술 및 경험을 활용하여 주로 시각에 의한 종합적인 판단으로 구체적인 사실관계를 명확하게 규명하는 것을 말한다.
④ 감정: 화재와 관계되는 물건의 형상, 구조, 재질, 성분, 성질 등 이와 관련된 모든 현상에 대하여 과학적 방법에 의한 필요한 실험을 행하고 그 결과를 근거로 화재원인을 밝히는 자료를 얻는 것을 말한다.

09 정답 ① LINK 기본서 101~102p

① 접수: **119종합상황실**에서 유·무선 전화 또는 다매체를 통하여 화재 등의 신고를 받는 것을 말한다.

10 19 간부

「화재조사 및 보고규정」과 관련한 용어의 정의로 옳지 않은 것은?

① 감식: 화재와 관계되는 물건의 형상, 구조, 재질, 성분, 성질 등 이와 관련된 모든 현상에 대하여 과학적 방법에 의한 필요한 실험을 행하고 그 결과를 근거로 화재원인을 밝히는 자료를 얻는 것
② 재구입비: 화재 당시의 피해물과 같거나 비슷한 것을 재건축(설계 감리비 포함) 또는 재취득하는데 필요한 금액
③ 내용연수: 고정자산을 경제적으로 사용할 수 있는 연수
④ 손해율: 피해물의 종류, 손상, 상태 및 정도에 따라 피해금액을 적정화시키는 일정한 비율
⑤ 잔가율: 화재 당시에 피해물의 재구입비에 대한 현재가의 비율

10 정답 ①
LINK 기본서 101~102p

① 감정: 화재와 관계되는 물건의 형상, 구조, 재질, 성분, 성질 등 이와 관련된 모든 현상에 대하여 과학적 방법에 의한 필요한 실험을 행하고 그 결과를 근거로 화재원인을 밝히는 자료를 얻는 것을 말한다.
→ 감식: 화재원인의 판정을 위하여 전문적인 지식, 기술 및 경험을 활용하여 주로 시각에 의한 종합적인 판단으로 구체적인 사실관계를 명확하게 규명하는 것을 말한다.

11 18 간부

화재조사에 대한 설명으로 옳지 않은 것은?

① '잔가율'이란 화재 당시 피해물의 재구입비에 대한 현재가의 비율을 말한다.
② '반소'란 건물의 입체면적에 대한 비율 30% 이상 70% 미만이 소실된 것을 말한다.
③ '재발화감시'란 화재를 진화한 후 화재가 재발되지 않도록 감시조를 편성하여 일정 시간 동안 감시하는 것을 말한다.
④ '감정'이란 화재원인의 판정을 위하여 전문적인 지식, 기술 및 경험을 활용하여 주로 시각에 의한 종합적인 판단으로 구체적인 사실관계를 명확하게 규명하는 것을 말한다.
⑤ 화재조사관은 화재발생 사실을 인지하는 즉시 화재조사를 시작해야 한다.

11 정답 ④
LINK 기본서 101~102p

④ '감식'이란 화재원인의 판정을 위하여 전문적인 지식, 기술 및 경험을 활용하여 주로 시각에 의한 종합적인 판단으로 구체적인 사실관계를 명확하게 규명하는 것을 말한다.
→ 감정: 화재와 관계되는 물건의 형상, 구조, 재질, 성분, 성질 등 이와 관련된 모든 현상에 대하여 과학적 방법에 의한 필요한 실험을 행하고 그 결과를 근거로 화재원인을 밝히는 자료를 얻는 것을 말한다.

12

10 전남

다음 중 화재건수 결정에 관하여 옳은 것은?

① 동일 소방대상물의 발화점이 2개소 이상 있는 누전점이 동일한 누전에 의한 화재는 2건의 화재로 한다.
② 동일 소방대상물의 발화점이 2개소 이상 있는 지진, 낙뢰 등 자연현상에 의한 다발화재는 2건의 화재로 한다.
③ 동일범이 아닌 각기 다른 사람에 의한 방화, 불장난은 동일 대상물에서 발화했더라도 1건의 화재로 한다.
④ 1건의 화재란 1개의 발화지점에서 확대된 것으로 발화부터 진화까지를 말한다.

12 정답 ④

LINK 기본서 104p

선지체크

① 동일 소방대상물의 발화점이 2개소 이상 있는 누전점이 동일한 누전에 의한 화재는 **1건의 화재**로 한다.
② 동일 소방대상물의 발화점이 2개소 이상 있는 지진, 낙뢰 등 자연현상에 의한 다발화재는 **1건의 화재**로 한다.
③ 동일범이 아닌 각기 다른 사람에 의한 방화, 불장난은 동일 대상물에서 발화했더라도 **각각 별건의 화재**로 본다.

추가학습

| 화재건수 결정 |

① 1건의 화재란 1개의 발화지점에서 확대된 것으로 발화부터 진화까지를 말한다.
② **동일범이 아닌 각기 다른 사람**에 의한 방화, 불장난은 동일 대상물에서 발화했더라도 각각 **별건의 화재**로 한다.
③ 동일 소방대상물의 발화점이 2개소 이상 있는 다음의 화재는 **1건의 화재**로 한다.
  • 누전점이 동일한 **누전에 의한 화재**
  • 지진, 낙뢰 등 **자연현상에 의한 다발화재**
④ 발화지점이 한 곳인 화재현장이 둘 이상의 관할구역에 걸친 화재는 **발화지점이 속한 소방서에서 1건의 화재**로 산정한다. 다만, 발화지점 확인이 어려운 경우에는 화재피해금액이 큰 관할구역 소방서의 화재 건수로 산정한다.

13

14 전북

화재건수의 결정과 건물의 동수 산정으로 옳지 않은 것은?

① 동일범이 아닌 각기 다른 사람에 의한 방화, 불장난은 동일 대상물에서 발화했다면 한 건의 화재로 한다.
② 동일 소방대상물의 발화점이 2개소 이상 있는 누전점이 동일한 누전에 의한 화재 및 지진, 낙뢰 등 자연현상에 의한 다발화재는 1건의 화재로 한다.
③ 발화지점이 한 곳인 화재현장이 둘 이상의 관할구역에 걸친 화재는 발화지점이 속한 소방서에서 1건의 화재로 산정한다.
④ 주요구조부가 하나로 연결되어 있는 것은 1동으로 한다. 다만, 건널 복도 등으로 2이상의 동에 연결되어 있는 것은 그 부분을 절반으로 분리하여 각 동으로 본다.

14

16 간부

화재조사 시 건물의 동수 산정기준에 대한 설명으로 옳지 않은 것은?

① 구조에 관계없이 지붕 및 실이 하나로 연결되어 있는 것은 같은 동으로 본다.
② 목조 또는 내화조 건물의 경우 격벽으로 방화구획이 되어 있는 경우도 같은 동으로 한다.
③ 건물의 외벽을 이용하여 실을 만들어 헛간, 목욕탕, 작업실, 사무실 및 기타 건물 용도로 사용하고 있는 것은 주건물과 다른 동으로 본다.
④ 주요구조부가 하나로 연결되어 있는 것은 1동으로 한다. 다만, 건널 복도 등으로 2이상의 동에 연결되어 있는 것은 그 부분을 절반으로 분리하여 각 동으로 본다.
⑤ 독립된 건물과 건물 사이에 차광막, 비막이 등의 덮개를 설치하고 그 밑을 통로 등으로 사용하는 경우는 다른 동으로 한다.

---

13 정답 ①

LINK 기본서 104~106p

① 동일범이 아닌 각기 다른 사람에 의한 방화, 불장난은 동일 대상물에서 발화했더라도 **각각 별건의 화재**로 한다.

추가학습

| 건물 동수 산정 |

① **주요구조부가 하나로 연결**되어 있는 것은 **1동**으로 한다. 다만 **건널 복도** 등으로 2이상의 동에 연결되어 있는 것은 그 부분을 **절반으로 분리**하여 **각 동**으로 본다.
② **건물의 외벽**을 이용하여 실을 만들어 **헛간, 목욕탕, 작업실, 사무실** 및 기타 건물 용도로 사용하고 있는 것은 주건물과 **같은 동**으로 본다.
③ 구조에 관계없이 **지붕 및 실이 하나**로 연결되어 있는 것은 **같은 동**으로 본다.
④ **목조 또는 내화조 건물**의 경우 **격벽으로 방화구획**이 되어 있는 경우도 **같은 동**으로 한다.
⑤ 독립된 건물과 건물 사이에 **차광막, 비막이** 등의 덮개를 설치하고 **그 밑을 통로** 등으로 사용하는 경우는 **다른 동**으로 한다.
⑥ **내화조 건물의 옥상**에 목조 또는 방화구조 건물이 **별도 설치**되어 있는 경우는 **다른 동**으로 한다. 다만, 이들 건물의 기능상 하나인 경우(옥내 계단이 있는 경우)는 같은 동으로 한다.
⑦ **내화조 건물의 외벽**을 이용하여 목조 또는 방화구조건물이 별도 설치되어 있고 **건물 내부와 구획**되어 있는 경우 **다른 동**으로 한다. 다만, 주된 건물에 부착된 건물이 옥내로 출입구가 연결되어 있는 경우와 기계설비 등이 쌍방에 연결되어 있는 경우 등 건물 기능상 하나인 경우는 같은 동으로 한다.

---

14 정답 ③

LINK 기본서 105~106p

③ 건물의 외벽을 이용하여 실을 만들어 헛간, 목욕탕, 작업실, 사무실 및 기타 건물 용도로 사용하고 있는 것은 주건물과 **같은 동**으로 본다.

15 　24 간부

「화재조사 및 보고규정」상 화재건수 결정에 관한 설명으로 옳지 않은 것은?

① 1건의 화재란 1개의 발화지점에서 확대된 것으로 발화부터 진화까지를 말한다.
② 동일 소방대상물의 발화점이 2개소 이상 있는 지진, 낙뢰 등 자연현상에 의한 다발화재는 1건의 화재로 한다.
③ 동일 소방대상물의 발화점이 2개소 이상 있는 누전점이 동일한 누전에 의한 화재는 1건의 화재로 한다.
④ 동일범이 아닌 각기 다른 사람에 의한 방화, 불장난은 동일 대상물에서 발화했더라도 각각 별건의 화재로 한다.
⑤ 발화지점이 한 곳인 화재현장이 둘 이상의 관할구역에 걸친 화재에 대해서는 소방서마다 각각 별건의 화재로 한다.

15 정답 ⑤ LINK 기본서 104p

⑤ 발화지점이 한 곳인 화재현장이 둘 이상의 관할구역에 걸친 화재에 대해서는 **발화지점이 속한 소방서에서 1건의 화재로 산정한다.**

16 　11 공채

화재 발생 후 소실정도를 산정할 때 전소화재의 산정기준은?

① 바닥면적　　② 입체면적
③ 연면적　　　④ 방화면적

16 정답 ② LINK 기본서 107p

② 건축·구조물의 소실정도는 **입체면적**으로 3종류로 구분한다.

추가학습

| 소실정도 |
① 전소: 건물의 **70%이상**(**입체면적**에 대한 비율)이 소실되었거나 또는 그 미만이라도 잔존부분을 보수하여도 **재사용이 불가능**한 것
② 반소: 건물의 **30% 이상 70% 미만**이 소실된 것
③ 부분소: 전소, 반소화재에 해당되지 아니하는 것

17 　16 공채

건축물 화재에서 70%가 소실되었다면, "화재조사 및 보고규정"에서 화재의 소실정도는?

① 전소　　　② 반소
③ 부분소　　④ 즉소

17 정답 ① LINK 기본서 107p

① 전소: 건물의 **70% 이상**(입체면적에 대한 비율)이 소실되었거나 또는 그 미만이라도 잔존부분을 보수하여도 **재사용이 불가능**한 것

선지체크

④ 즉소: 화재 발생 시 즉시 소화된 화재로 인명피해가 없고 피해액이 경미(50만원 미만)한 것으로 현재 규정에서는 삭제되었다.

18 ☐☐☐ 13 공채

화재조사 및 보고규정에서 소실정도에 따른 화재의 구분으로 옳지 않은 것은?

① 전소는 70% 이상 소실을 말한다.
② 반소는 30% 이상 70% 미만의 소실을 말한다.
③ 부분소는 전소, 반소화재에 해당하지 않을 때를 말한다.
④ 부분소는 30% 미만의 소실 또는 재사용 할 수 없는 것을 말한다.

18 정답 ④ LINK 기본서 107p

④ 부분소는 전소, 반소화재에 해당하지 아니하는 것으로 30% 미만의 소실 또는 재사용 할 수 없는 정의는 옳지 않다.

19 ☐☐☐ 09 제주

"화재조사 및 보고규정"에서 분류하는 반소에 해당되는 것은 어느 것인가?

① 10% 미만
② 20~80% 미만
③ 40~60% 이상
④ 30~70% 미만

19 정답 ④ LINK 기본서 107p

④ 반소: 건물의 30% 이상 70% 미만이 소실된 것

20 ☐☐☐ 12 울산

다음 중 소실정도의 분류에 대하여 옳지 않은 것은?

① 전소화재는 70% 이상의 소실에 해당한다.
② 반소화재는 30% 이상 70% 미만의 소실에 해당한다.
③ 부분소화재는 전소, 반소화재에 해당되지 않는 화재에 해당한다.
④ 즉소화재는 30% 미만의 소실 정도를 말한다.

20 정답 ④ LINK 기본서 107p

④ 즉소화재는 화재 발생 시 즉시 소화된 화재로 인명피해가 없고 피해액이 경미(50만원 미만)한 것으로 현재 규정에서는 삭제되었다.

21

□□□ 23 공채

「화재조사 및 보고규정」에 관한 내용으로 옳지 않은 것은?

① 건물의 소실면적 산정은 소실 입체면적으로 산정한다.
② 건물의 소실정도에서의 반소는 건물의 30 % 이상 70 % 미만이 소실된 것을 말한다.
③ 건물 등 자산에 대한 최종잔가율은 건물·부대설비·구축물·가재도구는 20 %로 하며, 그 이외의 자산은 10 %로 정한다.
④ 발화일시의 결정은 관계인등의 화재발견 상황통보(인지)시간 및 화재발생 건물의 구조, 재질 상태와 화기취급 등의 상황을 종합적으로 검토하여 결정한다. 다만, 자체진화 등 사후인지 화재로 그 결정이 곤란한 경우에는 발화시간을 추정할 수 있다.

22

□□□ 22 공채

소방기관에서 실시하는 화재조사에 대한 일반적인 설명으로 옳지 않은 것은?

① 화재조사관은 화재발생 사실을 인지하는 즉시 화재조사를 시작해야 한다.
② 화재조사는 강제성을 지니며, 프리즘식으로 진행한다.
③ 화재조사 시 건축·구조물의 소실정도는 바닥면적에 대한 비율을 적용하여 구분한다.
④ 소방관서장은 조사 시 전문지식과 기술이 필요하다고 인정되는 경우 국립소방연구원 또는 화재감정기관 등에 감정을 의뢰할 수 있다.

---

21 정답 ① LINK 기본서 105p, 107p

① 건물의 소실면적 산정은 **소실 바닥면적**으로 산정한다.

선지체크
③ 화재피해금액 산정의 방법에 대한 내용이다.

22 정답 ③ LINK 기본서 107p

③ 화재조사 시 건축·구조물의 소실정도는 **입체면적**에 대한 비율을 적용하여 구분한다.

23

「화재조사 및 보고규정」상 화재피해금액 산정에 관한 내용으로 옳은 것은?

① 화재피해금액은 화재 당시의 피해물과 동일한 구조, 용도, 질, 규모를 재건축 또는 재구입하는데 소요되는 가액에서 경과연수 등에 따른 감가공제를 하고 현재가액을 산정하는 실질적·구체적 방식에 따른다.
   다만, 회계장부상 구매가격이 입증된 경우에는 그에 따른다.
② 정확한 피해물품을 확인하기 곤란한 경우에는 소방청장이 정하는 「화재피해금액 산정매뉴얼」의 간이평가방식으로 산정해야 한다.
③ 건물 등 자산에 대한 내용연수는 「화재피해금액 산정매뉴얼」에서 정한 바에 따른다.
④ 건물 등 자산에 대한 최종잔가율은 건물·부대설비·구축물·가재도구는 10%로 하며, 그 이외의 자산은 20%로 정한다.
⑤ 관계인은 화재피해금액 산정에 이의가 있는 경우 별지 서식에 따라 관할 소방관서장에게 재산피해신고를 할 수 있으며, 신고서를 접수한 관할 소방관서장은 화재피해금액을 재산정할 수 있다.

23 정답 ③

선지체크

① 화재피해금액은 화재 당시의 피해물과 동일한 구조, 용도, 질, 규모를 재건축 또는 재구입하는데 소요되는 가액에서 경과연수 등에 따른 감가공제를 하고 현재가액을 산정하는 실질적·구체적 방식에 따른다. 다만, 회계장부상 **현재가액**이 입증된 경우에는 그에 따른다.
② 정확한 피해물품을 확인하기 곤란한 경우에는 소방청장이 정하는 「화재피해금액 산정매뉴얼」의 간이평가방식으로 **산정할 수 있다**.
④ 건물 등 자산에 대한 최종잔가율은 건물·부대설비·구축물·가재도구는 **20%**로 하며, 그 이외의 자산은 **10%**로 정한다.
⑤ 관계인은 화재피해금액 산정에 이의가 있는 경우 별지 서식에 따라 관할 소방관서장에게 재산피해신고를 할 수 있으며, 신고서를 접수한 관할 소방관서장은 화재피해금액을 **재산정해야 한다**.

24

화재 피해조사 시 〈보기〉와 같은 조건의 '건물 피해산정' 추정액은?

보기
ㄱ. 용도 및 구조 : 아파트, 철근콘크리트 구조
ㄴ. 신축단가(㎡ 당) : 1,000,000원
ㄷ. 경과연수 : 10년
ㄹ. 내용연수 : 40년
ㅁ. 소실면적 : 50㎡
ㅂ. 손해율 : 50%
ㅅ. 잔가율 : 80%

① 16,000,000원
② 20,000,000원
③ 24,000,000원
④ 28,000,000원

24 정답 ②

• 피해 산정기준 [건축물]:
신축단가(㎡당) × 소실면적 × [1 − (0.8 × 경과연수 / 내용연수)] × 손해율

$\Rightarrow 1{,}000{,}000 \times 50 \times [1 - 0.8 \times \frac{10}{40}] \times 50\% = 20{,}000{,}000$원

추가학습

| 화재피해금액 산정 |

건물 등 자산에 대한 최종잔가율은 건물·부대설비·구축물·가재도구는 20%로 하며, 그 이외의 자산은 10%로 정한다.

25 · 18 간부

화재조사 및 보고 규정에 관한 설명으로 옳지 않은 것은?

① 사상자는 화재현장에서 사망 또는 부상당한 사람을 말한다. 다만, 화재현장에서 부상을 당한 후 72시간 이내에 사망한 경우에도 당해 화재로 인한 사망으로 본다.
② 건축·구조물 화재에서 전소는 건물의 입체면적 70% 이상이 소실되었거나 또는 그 미만이라도 잔존부분을 보수하여도 재사용이 불가능한 것을 말한다.
③ 화재조사 시 화재의 유형을 건축·구조물화재, 자동차·철도차량화재, 위험물·가스제조소등 화재, 선박·항공기화재, 임야화재, 기타화재로 구분한다.
④ 1건의 화재란 1개의 발화지점에서 확대된 것으로 발화부터 진화까지를 말하며, 동일 소방대상물의 발화점이 2개소 이상 있는 경우라도 지진, 낙뢰 등 자연현상에 의한 다발화재는 1건의 화재로 본다.
⑤ 동일범이 아닌 각기 다른 사람에 의한 방화, 불장난은 동일 대상물에서 발화했더라도 1건의 화재로 한다.

25 정답 ⑤ LINK 기본서 104~105p, 107p

⑤ 동일범이 아닌 각기 다른 사람에 의한 방화, 불장난은 동일 대상물에서 발화했더라도 각각 **별건의 화재로 한다**.

추가학습

│화재 유형│

구분	내용
건축·구조물화재	건축물, 구조물 또는 그 수용물이 소손된 것
자동차·철도차량화재	자동차, 철도차량 및 피견인 차량 또는 그 적재물이 소손된 것
위험물·가스제조소등 화재	위험물제조소등, 가스제조·저장·취급시설 등이 소손된 것
선박·항공기화재	선박, 항공기 또는 그 적재물이 소손된 것
임야화재	산림, 야산, 들판의 수목, 잡초, 경작물 등이 소손된 것
기타화재	위의 각 부분에 해당되지 않는 화재

26 · 10 전남

화재조사에 관한 설명 중 옳지 않은 것은?

① 소방청장, 소방본부장 또는 소방서장이 화재원인, 피해상황, 대응활동 등을 파악하기 위하여 자료의 수집, 관계인등에 대한 질문, 현장 확인, 감식, 감정 및 실험 등을 하는 일련의 행위를 '화재조사'라고 한다.
② 화재발생 시 건물의 소실면적 산정은 소실 바닥면적으로 산정한다.
③ 건널 복도 등으로 2이상의 동에 연결되어 있는 것은 그 부분을 절반으로 분리하여 각 동으로 본다.
④ 화재조사는 화재진압을 마침과 동시에 수행한다.

26 정답 ④ LINK 기본서 103~107p

④ 화재조사관은 **화재발생 사실을 인지하는 즉시** 화재조사를 시작해야 한다.

선지체크

① '화재조사'란 소방청장, 소방본부장 또는 소방서장이 화재원인, 피해상황, 대응활동 등을 파악하기 위하여 자료의 수집, 관계인등에 대한 질문, 현장 확인, 감식, 감정 및 실험 등을 하는 일련의 행위를 말한다.(「소방의 화재조사에 관한 법률」 제2조 제1항 제2호)

27

화재조사에 대한 설명으로 옳지 않은 것은?

① 화재조사관의 권리는 출입조사 및 검사권, 질문권, 자료제출 명령권이 있다.
② 화재조사관은 수사기관에 체포된 사람과 압수된 증거물에 대한 조사권이 있다.
③ 화재조사는 화재소화가 끝난 이후 즉시 실시한다.
④ 화재조사관은 경찰공무원 및 관계보험회사와 협력의무가 있다.

27 정답 ③

③ 화재조사관은 화재발생 사실을 인지하는 즉시 화재조사를 시작해야 한다.

선지체크

① 소방관서장은 화재조사를 위하여 필요한 경우에 관계인에게 보고 또는 자료 제출을 명하거나 화재조사관으로 하여금 해당 장소에 출입하여 화재조사를 하게 하거나 관계인등에게 질문하게 할 수 있다.(「소방의 화재조사에 관한 법률」 제9조 제1항)
② 소방관서장은 수사기관의 장이 방화 또는 실화의 혐의가 있어서 이미 피의자를 체포하였거나 증거물을 압수하였을 때에 화재조사를 위하여 필요한 경우에는 범죄수사에 지장을 주지 아니하는 범위에서 그 피의자 또는 압수된 증거물에 대한 조사를 할 수 있다. 이 경우 수사기관의 장은 소방관서장의 신속한 화재조사를 위하여 특별한 사유가 없으면 조사에 협조하여야 한다.(「소방의 화재조사에 관한 법률」 제11조 제2항)
④ 소방공무원과 경찰공무원은 화재조사에 필요한 사항 등에 대하여 서로 협력하여야 한다.(「소방의 화재조사에 관한 법률」 제12조 제1항)
소방관서장, 중앙행정기관의 장, 지방자치단체의 장, 보험회사, 그 밖의 관련 기관 단체의 장은 화재조사에 필요한 사항에 대하여 서로 협력하여야 한다.(「소방의 화재조사에 관한 법률」 제13조 제1항)

28

「화재조사 및 보고규정」상 조사업무처리의 기본사항 등에 관한 내용으로 옳지 않은 것은?

① 소방관서장은 화재조사를 위하여 최대의 범위에서 화재현장 보존조치를 하거나 화재현장과 그 인근 지역을 통제구역으로 설정할 수 있다.
② 발화지점이 한 곳인 화재현장이 둘 이상의 관할구역에 걸친 화재는 발화지점이 속한 소방서에서 1건의 화재로 산정한다.
③ 지진, 낙뢰 등 자연현상으로 인한 다발화재로 동일 소방대상물의 발화점이 2개소 이상 있는 화재는 1건의 화재로 한다.
④ 건축구조물 화재의 화재소실 정도는 3종류로 구분하며, 그 중 전소는 건물의 70% 이상, 반소는 30% 이상 70% 미만이 소실된 것을 말한다.
⑤ 발화일시의 결정은 관계인 등의 화재발견 상황통보(인지)시간 및 화재발생 건물의 구조, 재질 상태와 화기취급 등의 상황을 종합적으로 검토하여 결정한다. 다만, 자체진화 등 사후인지 화재로 그 결정이 곤란한 경우에는 발화시간을 추정할 수 있다.

28 정답 ①

① 소방관서장은 화재조사를 위하여 **필요한 범위**에서 화재현장 보존조치를 하거나 화재현장과 그 인근 지역을 통제구역으로 설정할 수 있다. (소방의 화재조사에 관한 법률 제8조 제1항)

29

〈보기〉는 「화재조사 및 보고규정」상 대통령령으로 정하는 대형화재가 발생한 경우, 소방관서장의 화재합동조사단 구성과 운영에 관한 기준의 일부이다. ( ) 안에 들어갈 내용으로 옳은 것은? (단, 임야화재는 제외한다)

---- 보기 ----
- 소방서장: 사상자가 (가)명 이상 발생한 화재
- 소방본부장: 사상자가 (나)명 이상이거나 2개 시·군·구 이상에 발생한 화재
- 소방청장: 사상자가 (다)명 이상이거나 2개 시·도 이상에 걸쳐 발생한 화재

	(가)	(나)	(다)
①	5	10	20
②	5	10	30
③	10	20	30
④	10	20	50
⑤	20	30	100

29 정답 ③ LINK 기본서 109p

화재합동조사단 운영

소방청장	사상자가 30명 이상이거나 2개 시·도 이상에 걸쳐 발생한 화재 (임야화재는 제외)
소방본부장	사상자가 20명 이상이거나 2개 시·군·구 이상에 발생한 화재 (임야화재는 제외)
소방서장	사망자가 5명 이상이거나 사상자가 10명 이상 또는 재산피해액이 100억원 이상 발생한 화재 (임야화재는 제외)

---

4 현장대응활동 검토회의

30

시·도 소방본부장 또는 소방서장이 화재의 진압활동을 종료한 후 관계관의 소집 하에 해당 진압활동상황을 분석 검토하여 화재예방 및 진압활동의 자료로 활용하고자 하는 회의는 무엇인가?

① 피해상황분석회의
② 화재예방대책회의
③ 기술심의위원회의
④ 현장대응활동 검토회의

30 정답 ④ LINK 기본서 112p

④ 현장대응활동 검토회의란 시·도 **소방본부장** 또는 **소방서장**이 화재의 진압활동을 종료한 후 관계관의 소집 하에 해당 **진압활동상황을 분석 검토**하여 **화재예방 및 진압활동의 자료로 활용**하고자 하는 회의를 말한다.

5 소방의 화재조사에 관한 법률

31 ☐☐☐ 25 공채

소방의 화재조사 시 소방관서장이 화재합동조사단의 단원으로 임명 또는 위촉할 수 있는 사람에 해당하지 않는 것은?

① 화재조사관
② 화재조사 업무에 관한 경력이 4년인 소방공무원
③ 국가기술자격의 직무분야 중 안전관리 분야에서 기능사 자격을 취득한 사람
④ 「고등교육법」 제2조에 따른 학교 또는 이에 준하는 교육기관에서 화재 조사, 소방 또는 안전관리 등 관련 분야에 조교수로 4년 재직한 사람

31 정답 ③ LINK 기본서 118p

③ 국가기술자격의 직무분야 중 안전관리 분야에서 **산업기사 이상** 자격을 취득한 사람

추가학습

| 화재합동조사단의 단원 기준 |

① 화재조사관
② 화재조사 업무에 관한 경력이 3년 이상인 소방공무원
③ 「고등교육법」 제2조에 따른 학교 또는 이에 준하는 교육기관에서 화재조사, 소방 또는 안전관리 등 관련 분야 조교수 이상의 직에 3년 이상 재직한 사람
④ 「국가기술자격법」에 따른 국가기술자격의 직무분야 중 안전관리 분야에서 산업기사 이상의 자격을 취득한 사람
⑤ 그 밖에 건축 · 안전 분야 또는 화재조사에 관한 학식과 경험이 풍부한 사람

Simple Detail (2026)

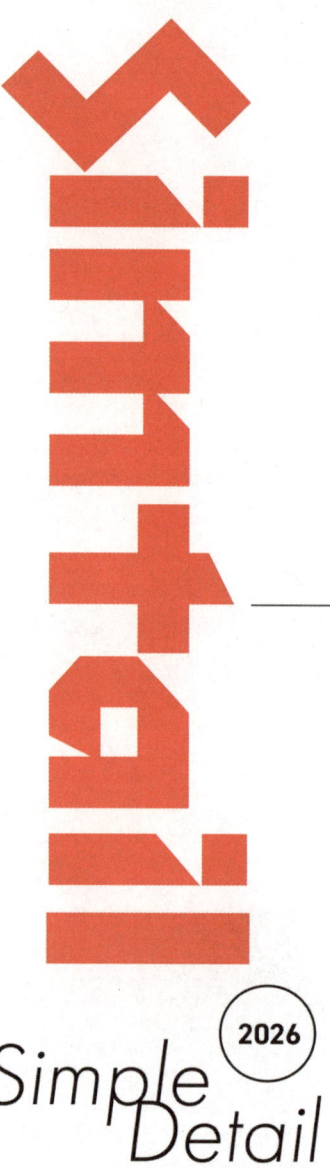

Simple Detail 2026

IV

건축물 화재 및 방재

CHAPTER 01   건축물의 화재
CHAPTER 02   건축방재

CHAPTER 01 건축물의 화재

1 건축물 화재의 진행단계

01 □□□ 13 전북

다음 중 실내화재의 진행단계 순서로 옳은 것은?

① 성장기 → 발화기 → 최성기 → 플래시오버 → 감퇴기
② 발화기 → 성장기 → 플래시오버 → 최성기 → 감퇴기
③ 발화기 → 성장기 → 최성기 → 플래시오버 → 감퇴기
④ 성장기 → 최성기 → 플래시오버 → 발화기 → 감퇴기

---

01 정답 ② ◎LINK 기본서 132~133p

② 발화기 → 성장기 → 플래시오버 → 최성기 → 감퇴기

추가학습

| 건축물 화재의 진행단계 |

1. 초기(발화기)
   ① 가연물이 공기 중에서 산소와 반응해 열과 빛을 내는 초기단계이다.
   ② 발화시점에서 화재는 규모가 작고 일반적으로 처음 발화된 가연물에 한정되며, 개방된 곳이나 구획실이나 모든 화재는 발화의 한 형태로서 발생한다.
   ③ 건물 내의 가구 등이 독립 연소하고 있으며, 다른 동으로의 연소 위험은 없다.
   ④ 초기에는 다량의 백색 연기가 발생한다.
   ⑤ 산소공급이 원활하지 않은 경우 훈소성 화재를 나타낸다.

2. 성장기(성숙기, 중기)
   ① 화재의 진행변화가 급속하게 이루어진다.(상황변화가 격렬하고 다양하다)
   ② 개구부에서 검은색 연기가 분출한다.
   ③ 인접 건물로 연소 확대 우려가 있다.
   ④ 공기 공급이 충분한 연료지배형화재 형태를 보인다.
   ⑤ 최성기 직전에 플래시오버(Flash over)가 발생한다.

3. 최성기
   ① 연소가 가장 격렬한 시기이며 열 분출속도는 증가하고, 발연량은 감소한다.
   ② 복사열로 인해 인접건물로의 연소 확대 위험이 증가한다.
   ③ 천장이나 벽 등 구조물의 낙하 위험이 있다.
   ④ 공기 공급이 부족하면 환기지배형화재로 전이될 수 있다.
   ⑤ 산소가 부족하여 연소되지 않는 가스가 다량 발생한다.
   ⑥ 연소하지 않은 뜨거운 연소 생성 가스는 발원지에서 인접한 공간이나 구획실로 흘러 들어가게 되며, 보다 풍부한 양의 산소와 만나면 발화하게 된다.

4. 감쇠기(감퇴기, 쇠퇴기, 종기)
   ① 지붕, 기둥 벽체 등이 무너져 떨어진다.
   ② 구획실 내에 있는 가연물을 소모함에 따라, 연소확대 우려가 없다.
   ③ 연기는 검은색에서 백색이 된다.
   ④ 다량의 공기 유입 시 백드래프트(Back draft) 발생 우려가 있다.

02　　☐☐☐　13 경기

화재 성장기(중기, 제2성장기)에 대한 설명으로 옳은 것은?

① 초기를 거치며 크게 상승하지 않는 발화단계로 백색연기가 나온다.
② 화재의 상황변화가 격렬하고 다양하게 변화되는 시기이다.
③ 화세가 감퇴한다.
④ 산소가 소진되어 다량의 불완전가스가 발생되며 물질이 흘러내린다.

02　정답 ②　　LINK 기본서 132p

② **성장기**는 화재의 진행변화가 급속하게 이루어지는 단계로 화재의 **상황변화가 격렬하고 다양하게** 변화된다.

선지체크
① 초기단계에 대한 설명이다.
③ 감쇠기에 대한 설명이다.
④ 최성기에 대한 설명이다.

03　　☐☐☐　12 울산

화재의 성장기 때 피난 시 해야 할 행동 중 옳지 않은 것은?

① 풍하방향으로 대피한다.
② 자세를 낮게 하고 신속하게 행동한다.
③ 물수건으로 입을 막으며 주위를 살피며 행동한다.
④ 오염, 방사능 물질을 피해서 피난한다.

03　정답 ①　　LINK 기본서 132p

① **풍상방향**: 바람이 부는 쪽, **풍하방향**: 바람이 흐르는 쪽을 나타내는 말이다. 풍하방향으로 바람이 흐르기 때문에 화재도 동일하게 풍상에서 풍하쪽으로 커지게 되므로 풍하방향으로 대피하는 것은 바람직하지 않다. **풍상방향으로 대피해야 한다.**

04　　☐☐☐　17 공채

내화건축물에서 최성기의 특징으로 옳지 않은 것은?

① 다량의 흑색연기가 점차 분출되고 연기농도가 짙다.
② 실의 연기의 양은 적어지고 화염이 확대되고 개구부 밖으로 분출한다.
③ 연소가 가장 격렬한 시기이며 불완전 연소가스가 발생한다.
④ 복사열로 인해 인근 건물로 화재가 번질 우려가 있다.

04　정답 ①　　LINK 기본서 133p

① 다량의 흑색연기가 점차 분출되는 시기는 성장기이다. 최성기는 초기나 성장기에 비해서 열 분출속도는 증가하지만 **발연량은 감소**한다.

CHAPTER 01 건축물의 화재

05 24 공채

실내 일반화재 진행 과정에 관한 설명으로 옳은 것은?

① 화재 초기에는 실내 온도가 급격하게 상승하기 시작한다.
② 성장기에는 급속한 연소 진행으로 환기지배형 화재 양상이 나타난다.
③ 최성기에는 실내 화염이 최고조에 도달하나 실내 산소 부족으로 연소속도가 느려진다.
④ 감쇠기에는 화염의 급격한 소멸로 훈소 상태가 되어 백드래프트(back draft)의 위험이 없다.

05 정답 ③ LINK 기본서 132~133p

선지체크
① 화재 성장기에는 실내 온도가 급격하게 상승하기 시작한다.
② 성장기에는 급속한 연소 진행으로 연료지배형 화재 양상이 나타난다.
④ 감쇠기에는 화염의 급격한 소멸로 훈소 상태가 되어 백드래프트(back draft)의 위험이 있다.

06 21 공채

실내 화재의 진행 과정을 설명한 내용으로 옳지 않은 것은?

① 발화기 – 건물 내의 가구 등이 독립 연소하고 있으며 다른 동(棟)으로의 연소 위험은 없다.
② 성장기 – 화재의 진행이 급속히 이루어지고 개구부에서는 검은 연기가 분출된다.
③ 최성기 – 산소가 부족하여 연소되지 않은 가스가 다량 발생된다.
④ 감퇴기 – 지붕이나 벽체, 대들보나 기둥도 무너져 떨어지고 열 발산율은 증가하기 시작한다.

06 정답 ④ LINK 기본서 132~133p

④ 감퇴기 – 지붕이나 벽체, 대들보나 기둥도 무너져 떨어지고 열 발산율은 감소하기 시작한다.

선지체크
① 발화기 = 초기

07

17 간부

다음 건물화재에 관한 설명 중 옳지 않은 것은?

① 화재 초기단계에서는 가연물이 열분해되어 가연성가스가 발생하는 시기이다.
② 화재 성장기단계에서는 실내에 있는 내장재에 착화하여 롤오버 등이 발생하며 개구부에 진한 흑색연기가 강하게 분출한다.
③ 최성기 이후에 플래시오버 현상이 발생하며, 이후 실내에 있는 가연물 또는 내장재가 격렬하게 연소되는 단계로서 실내온도가 최고온도에 이르는 시기이다.
④ 목조건축물은 건축물 자체에 개구부가 많아 공기의 유통이 원활하여 격심한 연소현상을 나타내며, 고온단기형이다.
⑤ 내화건축물은 목조건축물에 비해 공기 유통조건이 일정하며 화재진행시간도 길고, 저온장기형이다.

07 정답 ③

LINK 기본서 132~133p, 138~140p

③ **최성기 이전에 플래시오버 현상이 발생**하며(플래시오버 현상 이후를 최성기라고 한다), 실내에 있는 가연물 또는 내장재가 격렬하게 연소되는 단계로서 실내온도가 최고온도에 이르는 시기이다.

선지체크

④ 목조건축물은 건축물 자체에 개구부가 많아 공기의 유통이 원활하기 때문에 연료지배형 화재의 모습을 보인다.
⑤ 내화건축물은 목조건축물에 비해 공기 유통조건이 일정(원활하지 않다)하기 때문에 환기지배형 화재의 모습을 보인다.

추가학습

| 연료·환기지배형화재 |

1. 연료지배형화재
   ① **재료의 특성에 지배**받는 화재이다.
   ② 화재 초기에는 산소량이 충분하므로 연료의 종류나 특성에 따라 화재진행속도가 결정된다.
   ③ 개방된 공간에서 발생한다.(목조건축물)

2. 환기지배형화재
   ① **환기요소($A\sqrt{H}$)에 지배**받는 화재이다.
   ② 산소량이 부족하고 연료량이 충분한 경우 산소량에 따라 화재진행속도가 결정된다.
   ③ 밀폐된 공간에서 발생한다.(내화구조, 지하층·무창층)
   ④ 공기부족으로 불완전연소가 될 수 있고, 백드래프트나 폭발의 위험성이 증가한다.

| 환기요소 |

$A\sqrt{H}$ (A: 개구부 단면적, H: 개구부 높이)

환기요소는 개구부의 면적과 비례하고, 높이의 제곱근에 비례한다.

08

14 공채

일반주택인 내화건축물 화재 시 과정별 순서로 옳은 것은?

① 연료지배형 – 열대류 – 열복사 – 환기지배형
② 환기지배형 – 열대류 – 열복사 – 연료지배형
③ 연료지배형 – 열복사 – 열대류 – 환기지배형
④ 환기지배형 – 열복사 – 열대류 – 연료지배형

08 정답 ①

LINK 기본서 140p

① 연료지배형화재(공기공급이 충분) → 대류 → 복사 → 환기지배형화재(공기공급이 불충분)

09

11 공채

구획된 건물의 화재현상으로 가장 옳지 않은 것은?

① 건물화재 현상으로 환기지배형과 연료지배형이 있다.
② 환기지배형 화재는 연료지배형 화재에 비해 폭발성 및 역화 현상이 크다.
③ 환기지배형 화재는 연료지배형 화재보다 연소가스가 더 많이 생성된다.
④ 개구부 면적이 작으면 화재가 빠르고 개구부 면적이 크면 화재가 느리다.

09 정답 ④ LINK 기본서 134p

④ 개구부 면적이 작으면 공기공급이 원활하지 않기 때문에 화재가 **느리고**, 개구부 면적이 크면 공기공급이 원활하기 때문에 화재가 **빠르다**.

온도인자	시간인자
$\dfrac{A\sqrt{H}}{A_T}$ (A_T: 실내 전 표면적)	$\dfrac{A_F}{A\sqrt{H}}$ (A_F: 바닥면적)
① 구획실 화재 온도상승 정도를 결정한다.	① 구획실 화재 지속시간을 결정한다.
② 환기요소↑ ▶ 유입되는 공기량↑ ▶ 연소속도↑ ▶ 최고온도↑	② 환기요소↑ ▶ 유입되는 공기량↑ ▶ 연소속도↑ ▶ 지속시간↓

10

12 전북

구획된 건물 화재현상으로 환기인자에 대한 설명 중 옳은 것은?

① 개구부 A(면적)의 평방근과 H(높이)에 비례한다.
② 개구부 A(면적)에 비례하고, H(높이)의 평방근에 반비례한다.
③ 개구부 A(면적)와 H(높이)의 평방근에 모두 비례한다.
④ 개구부 A(면적)에 반비례하고, H(높이)에 비례한다.

10 정답 ③ LINK 기본서 134p

③ 환기요소는 개구부의 면적(A)과 비례하고, 높이(H)의 제곱근에 비례한다.
환기요소: $A\sqrt{H}$ (A: 개구부 단면적, H: 개구부 높이)

11

12 전북

다음 중 구획된 건물 화재현상으로 환기지배형 화재의 영향요소로 옳지 않은 것은?

① 개방된 공간으로 가연물의 양이 영향을 미친다.
② 환기요소에 영향을 받아 외부에서 충분한 공기유입 시 화염이 외부로 분출되기도 한다.
③ 환기지배형 화재는 환기량에 비해 연료량이 충분하다.
④ 연료지배형 화재에 비하여 산소공급을 받지 못하는 상태이다.

11 정답 ① LINK 기본서 134p

① 밀폐된 공간으로 환기요소($A\sqrt{H}$)에 지배받는 화재이다.

12 〔19 공채〕

연료지배형화재와 환기지배형화재에 대한 설명으로 옳지 않은 것은?

① 환기지배형화재는 공기공급이 충분하지 않으므로 불완전 연소가 심하다.
② 연료지배형화재는 공기공급이 충분한 조건에서 발생한 화재가 일반적이다.
③ 연료지배형화재는 주로 큰 창문이나 개방된 공간에서, 환기지배형화재는 내화구조 및 콘크리트 지하층에서 발생하기 쉽다.
④ 일반적으로 플래시오버 전에는 환기지배형화재가, 이후에는 연료지배형화재가 지배적이다.

12 정답 ④ 　　LINK 기본서 134p

④ 일반적으로 플래시오버 전에는 산소가 충분하여 **연료지배형화재**가, 플래시오버 이후에는 산소의 소진으로 인해 **환기지배형화재**가 지배적이다.

13 〔13 충북〕

다음 중 구획된 건물(compartment)화재현상으로 옳지 않은 것은?

① 연소속도는 분해·증발률에 비례한다. 화세가 약한 초기에는 산소량이 원활하므로 화재는 공기량보다 실내의 가연물에 의해 지배되는 연료지배형의 연소형태를 갖는다.
② 연소속도는 환기요소에 비례한다. F.O(Flash Over)에 이르러서 실내온도가 급격히 상승하여 가연물의 열분해가 진행되고 화세가 강하게 되면 산소량이 급격히 소진되어 환기가 잘되지 않으며 연소현상은 연료지배형에서 환기량에 지배되는 환기지배형으로 전환된다.
③ 일반적으로 F.O(Flash Over) 이전의 화재는 연료지배형화재이며 F.O(Flash Over) 이후는 환기지배형화재이다.
④ 화재초기 실내가연물의 양, 가연물의 연소특성에 따라 환기지배형화재로 되어 산소가 원활하게 공급되며 연소속도가 빨라진다. 반면 지하층, 무창층 및 밀폐된 실내는 산소가 부족하며 환기가 좋지 않아 공기의 공급 상태에 지배되는 화재를 연료지배형화재라 한다.

13 정답 ④ 　　LINK 기본서 134p

④ **화재초기** 실내가연물의 양, 가연물의 연소특성에 따라 **연료지배형화재**로 되어 산소가 원활하게 공급되며 연소속도가 빨라진다. 반면 **지하층, 무창층 및 밀폐된 실내**는 산소가 부족하며 환기가 좋지 않아 공기의 공급 상태에 지배되는 화재를 **환기지배형화재**라 한다.

14 ☐☐☐ 23 공채

구획실 화재에 관한 설명으로 옳지 않은 것은?

① 플래시오버 이후에는 연료지배형 화재보다 환기지배형 화재가 지배적이다.
② 환기가 잘되지 않으면 환기지배형 화재에서 연료지배형 화재로 바뀌며 연기 발생이 줄어든다.
③ 연료지배형 화재는 구획실 내 가연물의 연소에 필요한 산소가 충분히 공급되는 조건의 화재이다.
④ 성장기에는 천장 부분에서 축적된 뜨거운 가스층이 발화원으로부터 떨어져 있는 가연성 물질에 복사열을 공급하여 플래시오버를 초래할 수 있다.

14 정답 ②   LINK 기본서 134p

② 환기가 잘되지 않으면 **연료지배형 화재**에서 **환기지배형 화재**로 바뀌며 연기 발생이 **늘어난다**.

15 ☐☐☐ 24 공채

구획실 화재에 관한 설명으로 옳은 것은?

① 플래시오버(flash over)는 최성기와 감쇠기 사이에서 발생하며 충격파를 수반한다.
② 굴뚝효과가 발생할 때는 개구부에 형성된 중성대 상부에서 공기가 유입되고, 중성대 하부에서 연기가 유출된다.
③ 연료지배형 화재는 환기지배형 화재보다 산소 공급이 원활하고 연소속도가 빠르다.
④ 화재플룸(fire plume)은 실내 공기의 압력 차이로 가연성 가스가 천장을 따라 화재가 발생하지 않은 복도 쪽으로 굴러다니는 것처럼 뿜어져 나오는 현상이다.

15 정답 ③   LINK 기본서 56~57p, 135~136p

선지체크
① 플래시오버는 **성장기와 최성기 사이**에 발생하고 충격파를 **수반하지 않는다**.
② 굴뚝효과가 발생할 때는 개구부에 형성된 중성대 **하부**에서 공기가 유입되고, 중성대 **상부**에서 연기가 유출된다.
④ **롤오버**는 실내 공기의 압력 차이로 가연성 가스가 천장을 따라 화재가 발생하지 않은 복도 쪽으로 굴러다니는 것처럼 뿜어져 나오는 현상이다.

2 건축물 화재의 특수 현상

16 □□□ 10 경기
다음의 현상 중 일반적으로 실내화재에 속하지 않는 것은?

① 플래시오버 ② 프로스오버
③ 백드래프트 ④ 롤오버

17 □□□ 12 경기
화재구역 내 가연성재료의 전 표면이 불로 덮이는 전이현상으로서 천장면으로부터 복사열에 의하여 바닥면 전체가 화염으로 덮이게 되는 현상으로 옳은 것은?

① Flash over ② Roll over
③ Boil over ④ Slop over

18 □□□ 13 대전
다음 중 실내화재에서 발생할 수 있는 플래시오버의 발생시기는 일반적으로 어디에 해당하는가?

① 초기 ② 중기
③ 최성기 ④ 감퇴기

---

16 정답 ② LINK 기본서 135~138p
② **프로스오버**는 화재 이외의 경우로 물이 고점도 유류 아래에서 비등할 때 탱크 밖으로 물과 기름이 거품과 같은 형태로 넘치는 **유류화재의 재해현상**이다.

선지체크
① 플래시오버는 가연물의 착화와 열분해 시 생성된 가연성 가스가 천장아래에 축적되고, 천장아래에 축적된 연기층의 온도가 상승하며, 이로 인해 바닥면의 복사 수열량이 증가될 때 **순간적으로 방전체가 급격하게 타오르는 화재확대현상**이다.
③ 백드래프트는 공기 부족으로 훈소 상태에 있을 때, 불완전연소된 가연성 가스와 열이 집적된 상태에서 일시에 다량의 공기(산소)가 공급될 때 순간적으로 연소, 폭발하는 현상이다.
④ 롤오버란 연소과정에서 발생된 가연성가스가 공기 중 산소와 혼합되어 천장 부분에 집적된 상태에서 발화함으로써 **화재의 선단 부분이 매우 빠르게 확대되어가는 현상**이다.

17 정답 ① LINK 기본서 135~136p
① '전 표면이 불로 덮이는 전이현상'은 플래시오버현상의 내용이다.

선지체크
② Roll over: 화재초기에 가연성 물질에서 발생된 가연성 가스가 천장 부근에 축적되고, 이 축적된 가연성 증기가 인화점에 도달하여 연소하는 현상으로 **불덩어리가 천장을 굴러다니는 것처럼 뿜어져 나오는 현상**이다.
③ Boil over: **다성분(다비점)**인 저장탱크에 화재가 장기간 진행되고 고온의 열류층을 형성한다. 이 열류층은 화재가 진행됨에 따라 점차 하강하고 이때 **탱크의 하부에 물 또는 에멀젼이 존재**하면 뜨거운 열류층의 온도에 의하여 물이 수증기로 변하면서(비등) 급작스러운 부피팽창이 일어나고 다량의 불이 붙은 기름을 탱크 밖으로 분출시키는 현상이다.
④ Slop over: **고온의 액면에 물분무 또는 포소화설비를 방수**하면 분사된 수분이 급격하게 증발하면서 유류를 탱크 밖으로 분출시키는 현상이다.

18 정답 ② LINK 기본서 132p
② 플래시오버는 성장기(중기)에 시작하여 **성장기 이후 최성기 직전에 발생**한다.
정확한 발생시기는 성장기 이후 최성기 직전이나 플래시오버현상이 **시작하는 단계는 성장기(중기)**이므로 정답은 중기로 찾아야 한다.

19   20 간부

특수화재현상 중 플래시오버(Flash over)와 롤오버(Roll over)에 대한 설명으로 옳지 않은 것은?

① 롤오버는 화염이 선단부에서 주변 공간으로 확대된다.
② 플래시오버는 화염이 순간적으로 공간 전체로 확대된다.
③ 플래시오버는 공간 내 전체 가연물에서 동시에 발화하는 현상이다.
④ 롤오버 시 발생되는 복사열은 플래시오버 시 발생되는 복사열보다 강하다.
⑤ 롤오버는 실의 상부에 있는 가연성 가스가 발화온도 이상 도달했을 때 발화하는 현상이다.

19 정답 ④   LINK 기본서 135~136p
④ 롤오버는 천장 부근에서 산발적으로 연소가 확대되는 현상으로 구획 내 가연성 재료의 전표면이 불로 덮이는 현상인 플래시오버에서 발생되는 **복사열보다 약하다**.

추가학습

| 플래시오버 발생징후 |
① 고온의 연기가 발생한다.
② **Roll over 현상이 관찰된다**.
③ 두텁고, 뜨거운, 진한 연기가 천장 아래로 쌓인다.
④ 일정공간 내에서 전면적인 자유연소가 일어난다.
⑤ 일정공간 내에서의 계속적인 열집적이 있다.(다른 물질의 동시가열)

20   13 전북

다음 중 F.O의 징후에 관하여 옳지 않은 것은?

① 실내가 자유연소의 단계에 있는 경우
② 실내에 과도하게 열이 축적되어 있는 경우
③ 열기 때문에 소방대원이 낮은 자세로 진입할 수 밖에 없는 경우
④ 뜨거운 열기가 느껴지면서 농연(두텁고 진한 연기)이 소용돌이치는 경우

20 정답 ④   LINK 기본서 135p, 137p
④ 뜨거운 열기가 느껴지면서 농연(두텁고 진한 연기)이 소용돌이치는 경우는 **백드래프트의 징후**이다.

추가학습

| 백드래프트 발생징후 |
① 화염은 거의 보이지 않으나 창문과 문은 뜨겁다.
② 압력 차이로 외부공기가 내부로 빨려 들어가면서 휘파람 소리 또는 진동이 발생한다.
③ **개구부 틈새로 빨려 들어가는 공기의 영향으로 연기가 건물 내부에서 소용돌이 치거나 맴돈다**.
④ 짙은 회황색으로 변하는 검은 연기가 관찰된다.
⑤ 창문에 농연 응축물이 흘러내리거나 얼룩진 자국이 관찰된다.

21
다음 중 플래시오버에 대한 설명으로 가장 옳지 않은 것은?

① 실내화재 시 천장류에서 방출되는 복사열에 의하여 실내에 있는 모든 가연물이 분해되어 가연성 증기를 발생하게 됨으로써 실내 전체가 순간적으로 연소가 확대된다.
② 플래시오버는 화염이 확대되는 순발적인 연소확대현상이라고도 한다.
③ 일정 공간 안에 가연성 가스가 축적된 상태에서 폭발적으로 실 전체가 화염에 휩싸이는 현상이다.
④ 화재로 인하여 실내 상부 쪽으로 고온의 기체가 축적되고 온도가 높아져 기체가 팽창하고 산소가 부족한 건물 내에 갑자기 산소가 새로 유입될 때 발생하는 폭발이다.

21 정답 ④ LINK 기본서 135~136p

④ 산소유입으로 발생하는 폭발은 **백드래프트**이다.

선지체크

플래시오버는 가연물의 착화와 열분해 시 생성된 **가연성 가스가 천장 아래에 축적**되고, 천장아래에 축적된 연기층의 온도가 상승하며, 이로 인해 바닥면의 **복사 수열량이 증가**될 때 순간적으로 방 전체가 급격하게 타오르는 **화재확대현상**이다. 구획 내 가연성 재료의 **전표면이 불로 덮이는 현상**이며 **순발연소**라고도 한다.

22
화재 시 발생될 수 있는 현상으로 가장 옳지 않은 것은?

① 플래시오버(Flash-over)의 연소확대 주요원인은 연소실 내 복사열 축적이다.
② 플래시오버(Flash-over)는 일반적으로 가연재료, 난연재료, 준불연재료, 불연재료 순으로 발생한다.
③ 플래시오버(Flash-over)의 연소확대 주요원인은 급격한 산소공급이다.
④ 플래시오버(Flash-over)의 전 단계 연소현상은 자유연소 상태이다.

22 정답 ③ LINK 기본서 135~138p

③ **플래시오버**(Flash-over)의 연소확대 주요원인은 **복사열**이며, 급격한 **산소공급**이 주요원인인 것은 **백드래프트**이다.

23
다음 중 플래시오버에 대한 내용으로 적합하지 않은 것은?

① 화재 초기에 발생한 가연성 가스가 발화하지 않고 천장 근처에 모이게 된다.
② 체류한 가스농도가 점차 증가하여 연소범위 내에서 착화하여 천장이 화염에 휩싸인다.
③ 착화한 천장부의 화염에서 실내 선단으로 복사열이 전달되어 선단의 가연물이 가열된다.
④ 어느 순간 실 전체가 화염에 휩싸이는 순간적인 착화현상이다.

23 정답 ③

③ 선단이라는 단어는 끝부분을 뜻한다. 플래시오버는 **실내 전체**에 복사열이 전달되어 **실내 전체의** 가연물이 동시에 발화하는 현상이다.
→ 롤오버 현상: 연소과정에서 발생된 가연성가스가 공기 중 산소와 혼합되어 천장 부분에 집적된 상태에서 발화함으로써 **화재의 선단 부분이 매우 빠르게 확대되어가는 현상**이다.

24
다음 중 플래시오버의 영향조건으로 옳지 않은 것은?

① 화원의 크기가 클수록 플래시오버에 도달하는 시각이 짧다.
② 내장재에 따라서 달라지며 천장높이가 낮을수록 더 빨라진다.
③ 개구부가 작을수록 플래시오버 발생시각이 늦어진다.
④ 연기농도가 플래시오버 발생원인이다.

24 정답 ④

④ 플래시오버는 **복사열이 발생원인**이다.

추가학습

| 플래시오버 영향조건 |

① 개구부 크기: **개구율이 클수록** 빠르게 진행된다.(개구율이 1/8일 때 가장 느리고, 1/2 또는 1/3일 때 가장 빠르다.)
② 내장재의 재료: 불연재료 < 난연재료 < 가연재료로 갈수록 빠르게 진행된다.
③ 발열량: 초기 가연물의 **발열량이 클수록** 빠르게 진행된다.
④ 열전도율: **열전도율이 작을수록** 빠르게 진행된다.
⑤ 건축물의 형태: **연소실이 작을수록**, **층고가 낮을수록** 빠르게 진행된다.
⑥ 화원의 크기: **화원이 클수록** 빠르게 진행된다.
⑦ 산소분압: **산소분압이 높을수록** 빠르게 진행된다.
⑧ 벽보다 **천장의 재료**가 플래시오버에 영향이 더 크다.

25　　□□□　11 서울

플래시오버에 대한 설명 중 가장 옳지 않은 것은?

① 플래시오버는 화염이 실내 전체에 확대되는 현상이다.
② 플래시오버는 실내장식물의 성질에 따라 영향을 받는다.
③ 구획된 실내에서 출화한 전실화재로서 실내가 고온이 된다.
④ 건축물의 개구부가 작을수록 온도가 높고 화력이 강하다.

26　　□□□　14 울산

다음 중 플래시오버와 관련된 화재현상에 대하여 옳지 않은 것은?

① 천장에 착화한 열과 화염이 실 가연물에 복사열을 전달하여 가연성 분해가스를 생성하며 순간적으로 착화현상이 일어난다.
② 화재 시 배연구 및 환기구 면적은 온도에 반비례하고 지속시간에 비례한다.
③ 일반적으로 플래시오버 이전의 화재는 연료지배형화재라고 하며 플래시오버 이후는 환기지배형화재라고 한다.
④ 복사나 대류에 의해 실내 전체와 가연물이 발화온도까지 가열되어 실내가 순간적으로 전실화재로 뒤덮인 현상이며 순발연소 형태를 갖는다.

27　　□□□　09 부산

플래시오버 발생시각에 영향을 미치는 내용에 대한 설명으로 옳지 않은 것은?

① 개구부가 작을수록 플래시오버 발생시각이 늦어진다.
② 벽의 재료보다 천장재의 열전도율이 낮을수록 더 빨라진다.
③ 내장재의 열전도율이 작을수록 발생시각은 늦어진다.
④ 화원의 크기가 클수록 플래시오버에 도달하는 시각이 짧다.

25　정답 ④　LINK 기본서 135~136p

④ 건축물의 개구부가 **클수록** 공기(산소)공급이 원활하여 **온도가 높고 화력이 강하다**.

원칙적으로는 개구부의 크기가 너무 작으면 산소공급이 원활하지 않고, 너무 크면 열이 축적되지 않아 플래시오버가 잘 일어나지 않게 된다. 그래서 건물에 적절한 개구부의 크기를 가져야 플래시오버가 잘 일어나지만 문제를 풀 때는 개구부가 클수록 공기(산소)공급이 원활하여 플래시오버가 잘 일어난다고 선택해야 한다.

26　정답 ②　LINK 기본서 134~136p

② 화재 시 배연구 및 환기구 면적(**개구부 면적**)은 **온도에 비례**하고 **지속시간에 반비례**한다.
→ 연소속도는 개구부 면적과 관련있다. 개구부 면적이 클수록 공기의 공급이 원활하기 때문에 연소속도가 빨라지며, 지속시간은 짧아진다.

추가학습

| 온도인자 및 시간인자 표현 |

온도인자	시간인자
$\dfrac{A\sqrt{H}}{A_T}$	$\dfrac{A_F}{A\sqrt{H}}$
(A_T: 실내 전 표면적)	(A_F: 바닥면적)
① 구획실 화재 온도상승 정도를 결정한다.	① 구획실 화재 지속시간을 결정한다.
② 환기요소 ↑ ▶ 유입되는 공기량 ↑ ▶ 연소속도 ↑ ▶ 최고온도 ↑	② 환기요소 ↑ ▶ 유입되는 공기량 ↑ ▶ 연소속도 ↑ ▶ 지속시간 ↓

27　정답 ③　LINK 기본서 135~136p

③ 내장재의 열전도율이 작을수록 **열축적이 용이**하여 **발생시각이 빨라진다**.

선지체크

② 플래시오버는 가연성 가스가 **천장아래에 축적**되고, 천장아래에 축적된 연기층의 온도가 상승하며, 이로 인해 바닥면의 **복사 수열량이 증가**될 때 순간적으로 방전체가 급격하게 타오르는 화재확대현상으로 **벽보다 천장의 재료가 플래시오버에 영향이 더 크다**. 천장재의 열전도율이 낮을수록 열축적이 용이하여 플래시오버가 더 빨리 일어나게 된다.

28

10 경기

플래시오버 발생시간과 내장재의 관계에 대한 설명으로 옳지 않은 것은?

① 벽보다 천장재에 크게 영향 받는다.
② 내장재의 두께가 얇은 쪽이 빨리 발생한다.
③ 열전도율이 낮은 내장재가 빨리 발생한다.
④ 난연재료가 가연재료보다 빨리 발생한다.

28 정답 ④ LINK 기본서 136p

④ 가연재료가 잘 탈 수 있는 재료를 나타내는 것으로 **가연재료**가 난연재료보다 **빨리 발생한다**.

29

10 인천

다음 중 실내화재의 플래시오버현상으로 옳지 않은 것은?

① 개구부가 작으면 속도가 빨라진다.
② 벽면보다 천장이 더 영향을 미친다.
③ 복사열로 인해 촉진된다.
④ 순발적인 연소확대현상이다.

29 정답 ① LINK 기본서 135~136p

① 개구부가 **클수록** 속도가 빨라진다.

30

17 간부

플래시오버(Flash Over)현상에 대한 설명으로 옳지 않은 것은?

① 플래시오버 현상은 점화원의 위치와 크기, 가연물의 양과 성질, 개구부의 크기, 실내 마감재 등에 영향을 받는다.
② 열전도율이 작은 내장재일수록 플래시오버 현상을 촉진시킬 수 있다.
③ 플래시오버 현상은 건축물 실내화재에서 볼 수 있는 현상이다.
④ 산소가 다량으로 유입되어 일어나는 현상으로 천장재보다 벽이 크게 영향을 받으며, 개구부의 크기가 작을수록 플래시오버 현상을 촉진시킨다.
⑤ 천장부근에 가연성 가스가 축적되어 어느 시기에 이르러 폭발적으로 연소하는 현상이다.

30 정답 ④ LINK 기본서 135~136p

④ 산소가 다량으로 유입되어 일어나는 현상은 백드래프트이다. 플래시오버는 **벽보다 천장재료에 크게 영향**을 받으며, **개구부의 크기가 클수록** 플래시오버 현상을 촉진시킨다.

31   16 공채

플래시오버를 지연시키기 위한 소방전술 3가지가 아닌 것은?

① 배연지연법
② 제거소화지연법
③ 공기차단지연법
④ 냉각지연법

32   10 대전

열이나 산소의 공급이 원활하지 못하여 소극적으로 연소하는 현상은?

① 훈소
② 하소
③ 폭연
④ 폭굉

33   13 공채

불완전한 연소상태로서 불꽃이 없고 느린 연소이며, 구획실 화재 초기에 고체 가연물에서 많이 발생하는 것으로 외부 공기가 갑자기 유입될 때에는 급격한 연소가 일어날 수 있는 상태를 나타내는 것은?

① 유염연소
② 훈소
③ 표면연소
④ 내부연소

---

31 정답 ②   LINK 기본서 136p

② 해당사항 없다.

선지체크

① 배연지연법: **창문 등 개구부를 개방**하여 배연함으로써 공간 내부에 쌓인 열을 방출시켜 플래시오버를 지연시킬 수 있으며 또한 가시성도 향상시킬 수 있다.
③ 공기차단지연법: 배연법과 반대로 **개구부를 닫아 산소를 감소시킴**으로써 연소속도를 줄여 지연시킬 수 있다. 이 방법은 관창호스 연결이 지연되거나 모든 사람이 대피했다는 것이 확인된 경우에 적합한 방법이다.
④ 냉각지연법: 분말소화기 등 이동식 소화기를 분사하여 **일시적으로 온도를 낮출** 수 있으며 플래시오버를 지연시키고 관창호스를 연결할 시간을 벌 수 있다.

32 정답 ①   LINK 기본서 137p

① **훈소**는 유염착화에 이르기에는 **온도가 낮거나 산소가 부족**하여 화염없이 가연물의 표면에서 작열하며 **소극적으로 연소**하는 현상이다. 구획실 화재에서는 내부 산소 소진에 의해 종종 발생하는 것으로 공기유입이 충족될 경우 불꽃연소로 전이가 가능하다.

선지체크

② 하소: 어떤 물질을 가열하여 휘발 성분을 제거하는 것이다.
③ 폭연: 화염의 전파속도가 음속보다 느린 것이다.
   (아음속, 0.1~10[m/s])
④ 폭굉: 화염의 전파속도가 음속보다 빠른 것이다.
   (초음속, 1,000~3,500[m/s])

33 정답 ②   LINK 기본서 137p

② **훈소**는 유염착화에 이르기에는 온도가 낮거나 산소가 부족하여 **화염없이** 가연물의 표면에서 작열하며 소극적으로 연소하는 현상이다. 구획실 화재에서는 내부 산소 소진에 의해 종종 발생하는 것으로 **공기유입이 충족될 경우 불꽃연소로 전이가 가능하다**.

선지체크

① 유염연소: **불꽃을 발생**하며 연소하는 것이다.
③ 표면연소: **고체 표면에서 산소와 반응**하여 **물질 자체가 연소**하는 것으로 불꽃 없이 연소하는 것이다.
④ 내부연소(자기연소): **가연성**이면서 **물질 자체에 산소를 함유**하고 있어 외부의 산소 공급 없이 연소하는 것이다.

34

화재 초기에 고체 가연물에서 발생하는 것으로 산소 공급이 불충분하여 불꽃을 발생하지 못하고 분해 생성물만 발생하는 연소는?

① 표면연소
② 내부연소
③ 훈소연소
④ 자기연소

34 정답 ③ LINK 기본서 137p

③ 훈소는 유염착화에 이르기에는 온도가 낮거나 산소가 부족하여 화염없이 가연물의 표면에서 작열하며 소극적으로 연소하는 현상이다. 구획실 화재에서는 내부 산소 소진에 의해 종종 발생하는 것으로 공기유입이 충족될 경우 불꽃연소로 전이가 가능하다.

선지체크
① 표면연소: 고체 표면에서 산소와 반응하여 물질 자체가 연소하는 것으로 불꽃 없이 연소하는 것이다.
②④ 내부연소(자기연소): 가연성이면서 물질 자체에 산소를 함유하고 있어 외부의 산소 공급 없이 연소하는 것이다.

35

실내의 산소가 부족한 불완전한 훈소상태에서 갑작스러운 개구부 개방으로 급격한 산소공급이 이루어져 폭발현상을 일으키는 것은?

① 훈소
② 플래시오버
③ 백드래프트
④ 링파이어

35 정답 ③ LINK 기본서 136~138p

③ 백드래프트는 공기 부족으로 훈소 상태에 있을 때, 신선한 공기의 다량 유입으로 실내의 축적된 가스가 단시간에 연소·폭발하여 실외로 분출되는 현상이다.

선지체크
① 훈소: 유염착화에 이르기에는 온도가 낮거나 산소가 부족하여 화염없이 가연물의 표면에서 작열하며 소극적으로 연소하는 현상이다. 공기유입이 충족될 경우 불꽃연소로 전이가 가능하다.
② 플래시오버: 플래시오버는 가연물의 착화와 열분해 시 생성된 가연성 가스가 천장아래에 축적되고, 천장아래에 축적된 연기층의 온도가 상승하며, 이로인해 바닥면의 복사 수열량이 증가될 때 순간적으로 방전체가 급격하게 타오르는 화재확대현상이다.
④ 링파이어(윤화현상): 유류화재 시 방사된 포소화약제를 통해 유류 중앙 부분은 소화가 되지만 가장자리(탱크측면)는 가열된 탱크에 의해 포가 깨져 링(반지)모양으로 화염이 올라오는 현상이다.

36

불완전연소된 가연성가스와 열의 집적이 적절하게 배연되지 않는 상태에서 산소가 결핍된 실내에 소방관이 소화활동이나 구조 활동 중에 문을 갑자기 개방함으로써 신선한 공기가 유입되며 실내의 화염이 폭발과 함께 분출하는 현상은?

① 플래시오버
② 훈소
③ 백드래프트
④ 파이어볼

36 정답 ③ LINK 기본서 136~138p

③ '산소가 결핍', '신선한 공기가 유입'은 백드래프트 현상을 나타내는 단서이다.

선지체크
④ 파이어볼: BLEVE나 UVCE와 같이 급격한 증발로 인해 확산된 인화성 증기가 착화되면서 폭발할 때, 화염이 급속히 확대되어 공기를 끌어올려 버섯형 화염으로 보이게 되는데 이런 화염형태를 Fire Ball 이라 한다.

37

화재 시 구획실에서 발생하는 현상에 관한 설명으로 옳은 것은?

① 개구부의 크기는 플래시오버 발생과 관련이 없다.
② 구획실의 창문과 문손잡이의 온도로 백드래프트의 발생 가능성을 예측할 수 없다.
③ 준불연성이나 불연성의 내장재를 사용할 경우 플래시오버 발생까지의 소요시간이 길어진다.
④ 구획실 내의 산소가 부족하여 훈소 상태에서 공기가 갑자기 다량 공급될 때 가연성 가스가 순간적으로 폭발하듯 발화하는 현상은 플래시오버이다.

37 정답 ③ LINK 기본서 135~138p

③ 화재실 내장재의 재료는 불연재료 < 난연재료 < 가연재료로 갈수록 빠르게 진행되기 때문에 준불연성이나 불연성의 내장재를 사용할 경우 플래시오버 발생까지의 소요시간은 길어진다.

선지체크
① 개구부의 크기는 개구율이 클수록 빠르게 진행된다.
② 구획실의 창문과 문손잡이의 온도로 백드래프트의 발생 가능성을 예측할 수 있다.
④ 구획실 내의 산소가 부족하여 훈소 상태에서 공기가 갑자기 다량 공급될 때 가연성 가스가 순간적으로 폭발하듯 발화하는 현상은 백드래프트이다.

38

다음 중 백드래프트의 폭발이 일어나기 전 잠재적 징후로 옳지 않은 것은?

① 과도한 열의 축적
② 짙은 회황색으로 변하는 검은 연기
③ 연기로 얼룩진 창문
④ 개구부를 통하여 분출되는 화염

38 정답 ④ LINK 기본서 137p

④ 백드래프트가 일어나기 전에는 훈소상태로 화염이 거의 보이지 않는다.

추가학습
| 백드래프트 발생징후 |
① 화염은 거의 보이지 않으나 창문과 문은 뜨겁다.
② 압력 차이로 외부공기가 내부로 빨려 들어가면서 휘파람 소리 또는 진동이 발생한다.
③ 개구부 틈새로 빨려 들어가는 공기의 영향으로 연기가 건물 내부에서 소용돌이 치거나 맴돈다.
④ 짙은 회황색으로 변하는 검은 연기가 관찰된다.
⑤ 창문에 농연 응축물이 흘러내리거나 얼룩진 자국이 관찰된다.

39

화재발생 시 공기공급이 원활하지 않아 불완전연소상태가 지속될 때 백드래프트가 일어나기 전 전조현상으로 옳지 않은 것은?

① 실내의 유리창이 깨져서 일부 불꽃이 상부로 나온다.
② 복도 등에서 보면 화염은 보이지 않지만 창문과 문손잡이가 뜨겁다.
③ 연기 색깔이 검정색에서 짙은 회황색으로 변한다.
④ 창문을 통해 보았을 때 건물 내 연기가 소용돌이친다.

39 정답 ① LINK 기본서 137p

① 백드래프트가 일어나기 전에는 훈소상태로 화염이 거의 보이지 않는다.

40

백드래프트 징후에 대한 설명으로 옳지 않은 것은?

① 창문에 농연 검은색 액체의 응축물이 흘러내리거나 얼룩이 진 자국이 관찰된다.
② 개방된 공간에서 훈소연소를 말한다.
③ 화염은 보이지 않으나 창문이나 문손잡이가 뜨겁다.
④ 연기가 건물 내에서 빠르게 소용돌이치거나 건물 내로 되돌아가거나 맴도는 연기가 보인다.

40 정답 ② LINK 기본서 137p

② 훈소연소는 **밀폐된 공간**에서 발생한다.

41

백드래프트(back draft)의 발생 징후로 옳지 않은 것은?

① 유리창 안쪽에 타르와 유사한 물질이 흘러내려 얼룩진 경우
② 창문을 통해 보았을 때 건물 내에서 연기가 소용돌이치는 경우
③ 화염은 보이지 않지만 창문과 문손잡이가 뜨거운 경우
④ 균열된 틈이나 작은 구멍을 통하여 건물 밖으로 연기가 밀려 나오는 경우

41 정답 ④ LINK 기본서 137p

④ 백드래프트가 발생하기 전 균열된 틈이나 작은 구멍을 통하여 빨려 들어가는 공기의 영향으로 **건물 안으로 연기가 빨려들어가는 것을** 볼 수 있다.

42

백드래프트(back draft)에 대한 설명으로 옳은 것은?

① 불완전연소에 의해 발생된 일산화탄소가 가연물로 작용하여 폭발하는 현상이다.
② 화재 진압 시 지붕 등 상부를 개방하는 것보다 출입문을 먼저 개방하는 것이 효과적인 전술이다.
③ 밀폐된 실내에서 발생되는 현상으로, 출입문을 한 번에 완전히 개방하여 연기를 일순간에 배출해야 폭발력을 억제할 수 있다.
④ 연료지배형화재가 진행되고 있는 공간에 산소가 일시적으로 다량 공급됨에 따라 가연성가스가 폭발적으로 연소하는 현상이다.

42 정답 ① LINK 기본서 136~138p

① 백드래프트는 공기부족으로 훈소상태에 있을 때 신선한 공기의 다량 유입으로 실내의 축적된 가스가 단시간에 연소 · 폭발하여 실외로 분출되는 현상이다. 불완전연소에 의해 발생된 일산화탄소가 가연물로 작용하여 폭발하는 현상이다.

선지체크

② 화재 진압 시 출입문을 개방하는 것보다 **지붕 등 상부를 먼저 개방하는 것이 효과적인 전술**이다.
③ 밀폐된 실내에서 발생되는 현상으로, **출입문을 천천히 개방하여 연기를 조금씩 배출해서 다량의 신선한 공기유입을 막아야 폭발력을 억제할 수 있다.**
④ **환기지배형화재**가 진행되고 있는 공간에 산소가 일시적으로 다량 공급됨에 따라 가연성가스가 폭발적으로 연소하는 현상이다.

43

다음 중 진행되고 있는 백드래프트 현상으로 옳지 않은 것은?

① 화재 시 산소가 부족한 건물 내에 외부에서 갑자기 유입된 산소로 인하여 화염이 폭풍을 동반하여 급격히 연소하며 실외로 분출되는 고열가스의 폭발현상이다.
② 백드래프트를 가장 효과적으로 방지하기 위하여 상층부 천장을 개방하여 환기를 한다.
③ 밀폐된 건물에 가연물, 충분한 산소, 점화원의 영향에 의하여 일어나는 폭발현상이다.
④ 백드래프트가 발생하면 화염이 폭풍을 동반하며 건축물의 도벽을 파괴할 수 있다.

43 정답 ③
③ 백드래프트 현상은 밀폐된 건물에 가연물과 점화원은 충분하지만 **산소는 부족**하여, 갑작스러운 **개구부 개방으로 대량의 공기(산소) 유입 시** 실내의 축적된 가스가 단시간에 연소, 폭발하여 실외로 분출되는 현상이다.

선지체크
② 백드래프트 대응전술에 **배연(지붕환기)법**이 있다. 연소 중인 건물 지붕의 **채광창을 개방하여 환기**시키는 것은 백드래프트의 위험으로부터 **소방관을 보호할 수 있는 가장 효과적인 방법 중 하나**이다. 상황이 허락된다면 지붕에 개구부를 만들어 환기한다. 비록 백드래프트에 의한 폭발이 일어나더라도 대부분의 폭발력이 위로 분산될 것이다.

44

다음 중 백드래프트에 대한 설명으로 옳지 않은 것은?

① 화재로 인하여 실내 상부 쪽으로 고온의 기체가 축적되고 온도가 높아짐에 따라 기체가 팽창하고 연소에 필요한 산소가 불충분한 상태이어야 한다.
② 열의 집적과 적절하게 배연되지 않는 상태에서 불완전 연소된 가연성 가스가 인화점 미만의 상태이어야 한다.
③ 갑자기 산소가 새로 유입될 때 화염이 폭풍을 동반하며 충격파의 생성으로 구조물을 파괴할 수 있다.
④ 산소가 결핍된 실내에 소방관이 소화활동이나 구조활동 중에 문을 갑자기 개방함으로써 외부의 신선한 공기 유입으로 발생한다.

44 정답 ②
② 열의 집적과 적절하게 배연되지 않는 상태에서 불완전연소된 가연성 가스가 **인화점 이상의 상태**이어야 한다.
→ 백드래프트가 발생하기 전에는 가연성가스와 점화원은 충분한 상태이며, 산소만 부족한 상태이다. 따라서 인화점 이상의 상태로 가연성 가스가 존재해야 한다.

45

백드래프트(Back Draft) 현상에 관한 일반적인 설명으로 옳은 것은?

① 화재성장기에 주로 발생하는 급격한 가연성가스 착화현상이며, 충격파는 발생되지 않는다.
② 공기 부족으로 훈소 상태에 있을 때 밀폐된 실내의 축적된 가연성가스가 신선한 공기의 유입으로 인하여 폭발적으로 연소하는 현상이다.
③ 가연성 증기가 연소점에 도달하여 불덩어리가 천장을 따라 굴러다니는 현상이다.
④ 연료지배연소에서 환기지배연소로 급격하게 전이되는 과정으로, 구획 전체로 연소가 확대된다.
⑤ 천장의 복사열로 인해 주변 가연물이 자연발화에 도달하는 현상으로, 이 현상이 발생되기 전에 피난이 종료되어야 한다.

45 정답 ②

선지체크
① **플래시오버**란 화재성장기에 주로 발생하는 급격한 가연성가스 착화현상이며, **충격파는 발생되지 않는다.**
③ **롤오버 현상**이란 연소의 과정에서 천장 부근에서 산발적으로 연소가 확대되는 것을 말하며, **불덩어리가 천장을 굴러다니는 것처럼 뿜어져 나오는 현상**을 지칭하는 소방현장 용어이다.
④ ⑤ 천장의 복사열로 인해 주변 가연물이 자연발화에 도달하여 구획 전체로 연소가 확대되는 현상을 플래시오버라고 하며, **플래시오버 현상** 이전에는 연료지배형 화재의 모습을 보이고, 이후에는 환기지배형 화재의 모습을 보인다.

추가학습

| 총 피난시간(RSET), 피난허용시간(ASET) |

RSET을 줄이고, ASET을 늘리는 대책이 필요하다. (RSET < ASET)

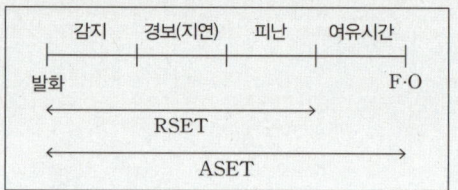

46

백드래프트 대응전술에 해당하지 않은 것은?

① 배연법
② 급냉(담금질)법
③ 측면 공격법
④ 낮은 포복법

46 정답 ④

④ 해당사항은 관련이 없다.

선지체크
① **배연법**: 연소 중인 건물 지붕의 **채광창을 개방하여 환기**시키는 것은 백드래프트의 위험으로부터 소방관을 보호할 수 있는 가장 효과적인 방법 중 하나이다.
② **급냉(담금질)법**: 화재가 발생된 밀폐 공간의 출입구에 완벽한 보호장비를 갖춘 집중 방수팀을 배치하고 **출입구를 개방하는 즉시 바로 방수**함으로써 폭발직전의 기류를 급냉시키는 방법이다. 이와 같은 집중 방수의 부가적인 효과는 일산화탄소 증기운의 농도를 폭발한계 이하로 떨어뜨리는 것이다. 이 방법은 배연법만큼 효과적이지 않지만, 이것이 유일한 방안인 경우가 있다.
③ **측면 공격법**: 화재가 발생 된 밀폐 공간의 개구부 인근에서 이용 가능한 **벽 뒤에 숨어있다가** 출입구가 개방되자마자 **개구부 입구를 측면공격**하고 화재 공간에 집중 방수함으로써 백드래프트 현상을 방지하는 방법이다.

47

백드래프트(back draft)와 플래시오버(flash over)에 대한 설명으로 옳은 것은?

① 플래시오버의 전조 현상으로 롤오버(roll over) 현상이 관찰될 수 있다.
② 백드래프트는 연료지배형 화재에서 발생한다.
③ 백드래프트가 플래시오버보다 발생 빈도가 높다.
④ 플래시오버는 폭발의 일종이지만 백드래프트는 폭발이 아니다.
⑤ 백드래프트의 발생원인은 열이며, 플래시오버는 공기가 원인으로 작용한다.

47 정답 ①

선지체크
② 백드래프트는 공기부족(환기지배형 화재)으로 훈소상태에 있을 때 발생한다.
③ 플래시오버가 백드래프트보다 발생 빈도가 높다.
④ 플래시오버는 전표면이 불로 덮이는 현상(순발연소)이며, 백드래프트는 다량의 공기(산소)가 공급될 때 순간적으로 연소, 폭발(화학적 폭발)하는 현상이다.
⑤ 플래시오버의 발생원인은 열(복사에너지)이며, 백드래프트는 외부에서 공기(산소)의 공급이 원인으로 작용한다.

추가학습

| 플래시오버 발생징후 |
① 고온의 연기가 발생한다.
② Roll over 현상이 관찰된다.
③ 두텁고, 뜨거운, 진한 연기가 천장 아래로 쌓인다.
④ 일정공간 내에서 전면적인 자유연소가 일어난다.
⑤ 일정공간 내에서의 계속적인 열집적이 있다.(다른 물질의 동시가열)

48

플래시오버와 백드래프트의 내용으로 가장 옳지 않은 것은?

① 플래시오버와 백드래프트는 폭발이다.
② 일반 건축물화재에 해당하는 현상이다.
③ 플래시오버 현상은 최성기 시작 전에 해당된다.
④ 백드래프트는 산소공급이 주원인이 된다.

48 정답 ①

① 백드래프트는 폭발이지만 플래시오버는 구획내 가연성 재료의 전표면이 불로 덮이는 순발연소현상으로 폭발이 아니다.

추가학습

| F.O와 B.D 비교 |

구 분	플래시오버	백드래프트
발생시기	성장기 이후 최성기 직전	감쇠기, 성장기
연소형태	자유연소 (산소량 충분)	훈소상태 (불완전연소: 산소량 부족)
공급요인	복사열	외부에서 공기(산소)의 공급
폭발 또는 충격파	×	○

49

플래시오버와 백드래프트의 현상으로 옳은 것은?

① 플래시오버는 종기에 발생하고 백드래프트는 중기에 발생한다.
② 플래시오버의 원인은 산소 공급이고 백드래프트의 원인은 복사열이다.
③ 플래시오버는 충격파를 수반하지 않고 백드래프트는 충격파가 있다.
④ 플래시오버는 환기가 잘 안 되는 상태의 현상이고 백드래프트는 환기가 잘 되는 상태의 현상이다.

49 정답 ③

③ 플래시오버는 폭발이 아니므로 충격파를 수반하지 않고 백드래프트는 폭발이기 때문에 충격파가 있다.

선지체크
① 플래시오버는 중기(성장기)에 발생하고 백드래프트는 종기(감쇠기)에 발생한다.
  → 백드래프트는 주로 종기(감쇠기)에 발생하며 간혹 중기(성장기) 때 산소가 부족할 경우 발생할 수도 있다.
② 플래시오버의 원인은 복사열이고, 백드래프트의 원인은 산소공급이다.
④ 플래시오버는 환기가 잘 되는 상태의 현상이고, 백드래프트는 환기가 잘 안 되는 상태의 현상이다.

50

다음은 플래시오버와 백드래프트에 관한 내용의 설명으로 옳은 것은?

① 백드래프트는 실내 전 표면이 불로 덮이는 전이현상이다.
② 플래시오버는 가연성 가스가 순식간에 연소함으로써 화재가 폭풍을 동반하여 실외로 분출하는 현상이다.
③ 백드래프트가 발생하기 전에도 농연, 심한 벽면파괴 현상 등이 발생한다.
④ 플래시오버는 일정 비율 벽 면적에 대한 창 비율이 클수록 그 상황이 빠르다.

50 정답 ④

④ 플래시오버는 일정 비율 벽 면적에 대한 **창 비율이 클수록** 산소공급이 더 원활하여 그 상황이 **빠르다**.

선지체크
① **플래시오버**는 실내 전 표면이 불로 덮이는 전이현상이다.
② **백드래프트**는 가연성 가스가 순식간에 연소함으로써 화재가 폭풍을 동반하여 실외로 분출하는 현상이다.
③ 백드래프트가 발생하기 전에 짙은 농연이 관찰되며, **발생한 후에는 심한 벽면파괴 현상 등이 발생**한다.

LINK 기본서 135~138p

---

3 | 목조·내화건축물 화재

51

목재건축물의 화재 순서로 옳은 것은?

① 발화 → 발염착화 → 무염착화 → 최성기
② 무염착화 → 발염착화 → 발화 → 최성기
③ 발염착화 → 무염착화 → 최성기 → 발화
④ 발화 → 무염착화 → 발염착화 → 최성기

51 정답 ②

② 화재원인 → **무염착화** → **발염착화** → **발화** → **최성기** → 연소낙하 → 진화

추가학습

| 목조건축물 화재 진행과정 |

① 화재원인~무염착화: 가연물이 재로 덮인 숯불 모양으로 불꽃 없이 착화하는 현상, 바람 및 공기가 주어질 때 언제든지 불꽃 발생이 가능한 단계
② 무염착화~발염착화: 무염착화 상태의 가연물에 불꽃이 발생되면서 착화하는 현상, 바람 및 공기 등을 불어넣어 충분한 산소공급으로 불꽃이 만들어짐.
③ 발염착화~출화(발화)

옥내출화	옥외출화
① 가옥구조의 천장 면에서 발염착화	① 외부의 벽, 지붕, 추녀 밑에서 발염착화
② 천장 속, 벽 속 등에서 발염착화	② 창, 출입구 등에서 발염착화
③ 불연천장이나 불연벽체의 경우 실내의 뒷면에서 발염착화	

④ 출화(발화)~최성기: 불꽃이 실 전체로 급속하게 확대되며, 연기의 색이 백색에서 흑색으로 변한다. 이 때 최고온도는 약 1300[℃]에 이른다.
⑤ 최성기~연소낙하: 천장, 지붕, 벽 등이 무너져 내리면서 화세가 약해진다.

LINK 기본서 139~140p

52
□□□ 18 간부

목조건축물의 일반적인 화재 진행과정으로 옳은 것은?

① 무염착화 – 발염착화 – 화재원인 – 최성기 – 발화
② 화재원인 – 무염착화 – 발염착화 – 발화 – 최성기
③ 화재출화 – 무염착화 – 발화 – 화재원인 – 최성기
④ 화재원인 – 발염착화 – 무염착화 – 최성기 – 발화
⑤ 무염착화 – 발염착화 – 화재원인 – 발화 – 최성기

53
□□□ 24 간부

목조건축물 화재의 진행 과정에 관한 설명 중 〈보기〉의 내용에 해당하는 것은?

― 보기 ―
연기의 색이 백색에서 흑색으로 변하며, 개구부가 파괴되어 공기가 공급되면서 급격한 연소가 이루어져 연기가 개구부로 분출하게 된다.

① 화재의 원인에서 무염착화
② 무염착화에서 발염착화
③ 발염착화에서 발화
④ 발화에서 최성기
⑤ 최성기에서 연소낙하

54
□□□ 14 공채

다음 중 목조건물화재와 내화구조건물 화재에 관한 비교로 옳지 않은 것은?

① 목조건축물보다 내화구조 건축물의 최고온도가 더 높다.
② 목조건물은 화재가 발생되면 최고온도가 1,100도 이상이다.
③ 내화구조에 비해 목조건물은 플래시오버가 더 빨리 일어난다.
④ 내화구조에 비해 목조건물은 환기가 더 잘되어 화재진행이 빠르다.

52  ②
LINK 기본서 139~140p

② 화재원인 – 무염착화 – 발염착화 – 발화 – 최성기 – 연소낙하 – 진화

53 정답 ④
LINK 기본서 139~140p

발화에서 최성기
① 이 단계에서는 화재의 진행이 빨라지게 되는데 **연기의 색이 백색에서 흑색으로 변하고 개구부가 파괴되어 공기가 공급되면서 급격한 연소가 이루어지며, 연기가 개구부로 분출된다.**
② 플래시오버가 발생하며 이때의 실내온도는 800~900℃ 정도이다.
③ 이후 최성기로 넘어가면 천장 및 대들보가 내려앉고 화염 및 검은 연기, 강한 불꽃을 유동시키는 복사열이 발생하는데 이때 최고온도는 약 1,300℃ 정도이다.

54  ①
LINK 기본서 138~141p

① 목조건축물보다 내화구조 건축물의 최고온도가 더 **낮다**.

선지체크
③ 내화구조에 비해 목조건물은 **열전달이 작아 실내온도가 빠르게 상승**하므로 플래시오버 현상이 더 빨리 일어난다.
④ 내화구조에 비해 목조건물은 환기가 더 잘 되어 **산소공급이 원활**하여 화재진행이 빠르다.

추가학습

목조건축물 화재 vs 내화건축물 화재		
구 분	목조건축물	내화건축물
화재시간	약 30~40분	약 2~3시간
최성기온도	약 1,100~1,300[℃]	약 900~1,000[℃]
화재성상	고온 단기형	저온 장기형

4 화재 용어

55
10 대전

건축물이나 구조물 등의 화재에서 화재실의 단위면적당 가연물질의 양으로 옳은 것은?

① 화재비중
② 역화비중
③ 화재하중
④ 역화하중

55 정답 ③ LINK 기본서 142~143p

③ 화재실의 **단위면적당 가연물질의 양**[kg/m²]을 나타내는 것은 화재하중이다.

추가학습

| 화재용어 |

1. 화재강도(최고온도)
   ① 화재 실의 **단위 시간당 축적되는 열의 양**(열 축적률)이다.
   ② 화재강도가 크면 열축적이 크므로 주수율[ℓ/min·m²]이 높아져야 한다.
2. 화재하중(지속시간)
   ① 화재 시 발열량 및 화재 위험성의 척도를 나타낸다.
   ② 화재실의 **단위 면적당 가연물의 중량**으로, 실제로 존재하는 가연물의 발열량을 **등가목재중량으로 환산**한 것이다.
   ③ 화재하중이 크면 연소시간이 길어지므로 주수시간[min]이 길어져야 한다.
3. 화재가혹도(화재심도)
   ① 발생한 **화재가 당해 건물과 그 내부 수용재산 등을 파괴하거나 손상을 입히는 능력의 정도**이다.
   ② 화재로 인한 피해정도(화재의 규모), **최고온도(질적 개념) × 지속시간(양적 개념)**으로 표현한다.
   ③ 최고온도와 지속시간은 화재가혹도[주수량, ℓ/m²] 판단의 중요요소이다.

56
15 전북

다음 중 화재하중에 관한 설명으로 옳지 않은 것은?

① 실내 내장재를 불연화하면 화재하중이 감소된다.
② 화재하중은 화재 시 예상 가능한 최대 가연물질의 양을 뜻한다.
③ 단위발열량은 휘발유보다 목재가 더 크다.
④ 목재 단위면적당 가연물의 발열량 및 화재의 위험성을 뜻한다.

56 정답 ③ LINK 기본서 142p

③ 단위발열량은 **휘발유가 목재보다 더 크다.**
→ 휘발유의 단위발열량: 8,800[kcal/kg]
→ 목재의 단위발열량: 4,500[kcal/kg]

선지체크

① 실내 내장재를 불연화하면 가연물의 양이 줄어드는 것으로 화재하중이 감소된다.
④ 화재하중의 공식을 해석하여 목재 단위면적당 가연물의 발열량 및 화재의 위험성을 뜻함을 확인할 수 있다.

$$Q = \frac{\Sigma G_i \cdot H_i}{H \cdot A} = \frac{\Sigma Q_t}{4,500 A} [\text{kg/m}^2]$$

- Q: 화재하중[kg/m²]
- G_i: 가연물의 양[kg]
- H_i: 단위중량당 발열량[kcal/kg]
- H: 목재의 단위중량당 발열량[4,500kcal/kg]
- A: 화재실의 바닥면적[m²]
- ΣQ_t: 화재실 내 가연물의 전 발열량[kcal]

57

21 간부

화재하중을 산출하는 요소에 해당하지 않는 것은?

① 가연물의 배열상태
② 가연물의 질량
③ 가연물의 단위발열량
④ 목재의 단위발열량
⑤ 화재실의 바닥면적

58

25 공채

건축물의 지하층에서 화재가 발생한 경우, 화재하중 산정 시 필요하지 않은 항목을 〈보기〉에서 있는 대로 모두 고른 것은?

〈보기〉
ㄱ. 각 가연물의 양 [kg]
ㄴ. 건축물의 연면적 [㎡]
ㄷ. 목재의 화재하중 [4,500 kg/㎡]
ㄹ. 가연물의 단위 발열량 [kcal/kg]

① ㄱ, ㄴ
② ㄱ, ㄹ
③ ㄴ, ㄷ
④ ㄴ, ㄷ, ㄹ

59

17 공채

다음 중 바닥면적 10㎡, 고무 5kg(단위발열량 목재 4,500kcal/kg, 고무 9,000kcal/kg) 일 때 화재하중은?

① 1kg/㎡
② 2kg/㎡
③ 3kg/㎡
④ 4kg/㎡

---

57 정답 ①

기본서 142p

$$Q = \frac{\sum G_i \cdot H_i}{H \cdot A} = \frac{\sum Q_t}{4{,}500A} \, [\text{kg/m}^2]$$

- Q: 화재하중[kg/m²]
- G_i: 가연물의 양[kg]
- H_i: 단위중량당 발열량[kcal/kg]
- H: 목재의 단위중량당 발열량[4,500kcal/kg]
- A: 화재실의 바닥면적[㎡]
- $\sum Q_t$: 화재실 내 가연물의 전 발열량[kcal]

58 정답 ③

기본서 142p

ㄴ. 화재실의 바닥면적[㎡]
ㄷ. 목재의 단위중량당 발열량[4,500 kcal/kg]

59 정답 ①

기본서 142p

$$Q = \frac{\sum G_i \cdot H_i}{H \cdot A} = \frac{\sum Q_t}{4{,}500A} \, [\text{kg/m}^2]$$

$$= \frac{9{,}000 \times 5}{4{,}500 \times 10} = 1 \, [\text{kg/m}^2]$$

60

바닥 면적이 200㎡인 구획된 창고에 의류 1,000kg, 고무 2,000kg이 적재되어 있을 때 화재하중은 약 몇 kg/㎡인가? (단, 의류, 고무, 목재의 단위 발열량은 각각 5,000kcal/kg, 9,000kcal/kg, 4,500kcal/kg이고, 창고 내 의류 및 고무 외의 기타 가연물은 존재하지 않으며, 화재 시 완전연소로 가정한다.)

① 15.56   ② 20.56
③ 25.56   ④ 30.56

60 정답 ③

$$Q = \frac{\sum G_i \cdot H_i}{H \cdot A} = \frac{\sum Q_t}{4,500A} [kg/m^2]$$
$$= \frac{(1,000 \times 5,000) + (2,000 \times 9,000)}{4,500 \times 200} = 25.555 ≒ 25.56 [kg/m^2]$$

61

그림은 구획실의 크기가 가로 10,000mm, 세로 8,000mm, 높이 3,000mm이며 가연물 A와 가연물 B가 놓여 있는 상태를 나타낸다. 다음과 같은 조건일 때 구획실의 화재하중[kg/㎡]은? (단, 주어지지 않은 조건은 무시하고, 소수점 셋째 자리에서 반올림한다.)

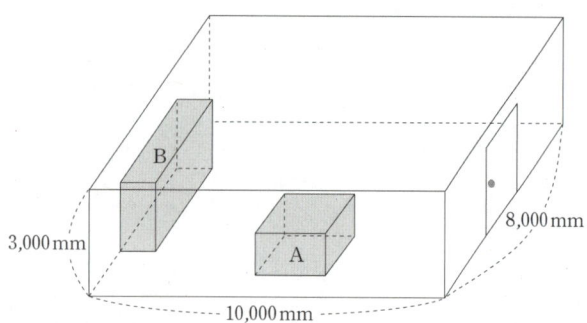

	단위발열량 [kcal/kg]	질량 [kg]
목재	4,500	–
가연물 A	2,000	200
가연물 B	9,000	100

① 1.20   ② 2.41
③ 3.61   ④ 7.22

61 정답 ③

$$Q = \frac{\sum G_i \cdot H_i}{H \cdot A} = \frac{\sum Q_t}{4,500A} [kg/m^2]$$
$$= \frac{(2,000 \times 200) + (9,000 \times 100)}{4,500 \times 10 \times 8} = 3.6111 ≒ 3.61 [kg/m^2]$$

추가학습

단위변환

1[mm] = 0.001[m]

62

19 공채

화재 용어 중 화재실의 단위 시간당 축적되는 열의 양을 의미하는 것은?

① 훈소
② 화재하중
③ 화재강도
④ 화재가혹도

62 정답 ③ LINK 기본서 142p

③ 화재실의 **단위 시간당 축적되는 열의 양**을 나타내는 것은 **화재강도**이다.

63

20 간부

화재용어에 대한 설명으로 옳지 않은 것은?

① 가연물의 비표면적이 클수록 화재강도는 증가한다.
② 화재실의 열방출률이 클수록 화재강도는 증가한다.
③ 화재강도와 화재하중이 클수록 화재가혹도는 높아진다.
④ 최고온도에서 연소시간이 지속될수록 화재가혹도는 높아진다.
⑤ 전체 가연물의 양(발열량)이 동일할 때 화재실의 바닥면적이 커지면 화재하중은 증가한다.

63 정답 ⑤ LINK 기본서 142~143p

⑤ 전체 가연물의 양(발열량)이 동일할 때 화재실의 **바닥면적이 작아지면** 화재하중은 증가한다.

추가학습

| 화재강도 영향인자 |
① 가연물의 비표면적이 넓을수록
② 가연물의 연소열(발열량)이 클수록
③ 공기(산소)의 공급이 잘 될수록
④ 화재실의 벽, 천장, 바닥의 단열이 좋을수록
⑤ 가연물의 배열상태

64

14 전북

다음 중 화재강도가 증가하는 조건에 대하여 옳지 않은 것은?

① 비표면적이 클수록 연소가 잘 되므로 화재강도는 증가한다.
② 화재강도는 화재실의 구조나 개구부 면적에 영향을 받지 않는다.
③ 시간에 따라 달라지는 열의 값으로 가연물의 발열량과 주위 연소열량이 클수록 화재강도는 증가한다.
④ 화재실의 실내에서 벽, 천장, 바닥 등의 단열성에 따라 화재강도는 증가한다.

64 정답 ② LINK 기본서 142p

② 화재강도가 화재실의 구조나 개구부 면적에 **영향을 받는다**.

선지체크

① 비표면적이 클수록 **산소와 접촉면적이 넓어져** 연소가 잘 되므로 화재강도는 증가한다.
③ 시간에 따라 달라지는 열의 값으로 가연물의 발열량과 주위 연소열량이 클수록 **단위 시간당 축적되는 열의 양이 많아지므로** 화재강도는 증가한다.
④ 화재실의 실내에서 벽, 천장, 바닥 등의 단열성이 좋을수록 **열이 밖으로 빠져나가지 않아 실내에 축적되므로** 따라 화재강도는 증가한다.

65

17 2차 공채

화재 시 건물 내 수용재산 및 건물 자체에 손상을 주는 정도로서 최고온도×지속시간으로 화재심도라 하는 것은?

① 화재하중
② 화재가혹도
③ 화재비중
④ 화재강도

65 정답 ② LINK 기본서 143p

② **화재가혹도**는 발생한 화재가 당해 건물과 그 내부 수용재산 등을 파괴하거나 손상을 입히는 능력의 정도를 나타내는 것으로 화재로 인한 피해정도(화재의 규모), **최고온도(질적 개념)×지속시간(양적 개념)**으로 표현한다.

66

화재 발생으로 건물 내의 수용재산 및 건물 자체에 손상을 주는 정도의 용어는?

① 화재하중
② 화재강도
③ 화재가혹도
④ 위험도

67

화재가혹도(fire severity)에 대한 설명으로 옳지 않은 것은?(A는 개구부의 면적, H는 개구부의 높이이다.)

① 화재가혹도의 크기는 화재강도와 화재하중의 영향을 받는다.
② 화재실의 최고온도와 지속시간은 화재가혹도를 판단하는 중요한 인자이다.
③ 화재실의 환기요소($A\sqrt{H}$)는 화재가혹도에 영향을 준다.
④ 화재가혹도는 화재실이나 화재구획의 단열성에 영향을 받지 않는다.

68

내화구조물의 화재가혹도 판단을 위한 주요 요소 중 화재지속시간을 산정하기 위한 인자로 옳지 않은 것은? (단, 환기지배형 화재로 가정한다.)

① 화재실의 바닥면적
② 화재실의 최고온도
③ 화재실의 개구부 높이
④ 화재실의 개구부 면적

---

66 정답 ③

③ '건물 내의 수용재산 및 건물 자체에 손상을 주는 정도'는 화재가혹도를 나타내는 단서이다.

67 정답 ④

④ 최고온도와 지속시간은 화재가혹도 판단의 중요요소이다. 따라서 화재가혹도는 화재실이나 화재구획의 **단열성에 영향을 받는다**.

68 정답 ②

온도인자	시간인자
$\dfrac{A\sqrt{H}}{A_T}$	$\dfrac{A_F}{A\sqrt{H}}$
(A_T: 실내 전 표면적)	(A_F: 바닥면적)

→ 환기지배형화재는 환기요소($A\sqrt{H}$)에 지배받는 화재이다.
→ 환기요소($A\sqrt{H}$)는 개구부의 면적과 비례하고, 높이의 제곱근에 비례한다.

69 　　20 공채

화재가혹도에 관한 설명으로 옳지 않은 것은?

① 화재가혹도란 화재발생으로 당해 건물과 내부 수용재산 등을 파괴하거나 손상을 입히는 정도를 말한다.
② 최고온도는 화재가혹도의 질적 개념으로 화재강도와 관련이 있다.
③ 지속시간은 화재가혹도의 양적 개념으로 화재하중과 관련이 있다.
④ 화재가혹도에 영향을 미치는 환기요소는 개구부 면적의 제곱근에 비례하고 개구부 높이에 비례한다.

70 　　25 간부

화재가혹도(fire severity)에 관한 설명으로 옳지 않은 것은?

① 화재가혹도는 발생한 화재가 당해 건물과 그 내부의 수용재산 등을 파괴하거나 손상을 입히는 정도를 말한다.
② 화재가혹도의 주요 요소에는 화재강도와 화재하중이 있다.
③ 화재강도가 크면 열축적이 크므로 주수율이 높아져야 한다.
④ 화재하중은 입체면적(㎥)당 중량(kg)이다.
⑤ 화재가혹도에 영향을 주는 환기요소는 온도와 비례 관계이고, 시간과 반비례 관계이다.

69　정답 ④　　LINK 기본서 143p

④ 화재가혹도에 영향을 미치는 환기요소는 **개구부 면적에 비례**하고 **개구부 높이의 제곱근에 비례**한다.
- 환기요소: $A\sqrt{H}$ (A: 개구부 단면적, H: 개구부 높이)

70　정답 ④　　LINK 기본서 142p

④ 화재하중은 **단위면적(㎡)당 중량(kg)**이다.

선지체크

⑤	온도인자	시간인자
	$\dfrac{A\sqrt{H}}{A_T}$	$\dfrac{A_F}{A\sqrt{H}}$
	(A_T: 실내 전 표면적)	(A_F: 바닥면적)
	환기요소가 클수록 유입되는 공기량이 많아져 연소속도는 빨라지고 온도는 높아진다.	환기요소가 클수록 유입되는 공기량이 많아져 연소속도는 빨라지고 지속시간은 짧아진다.

CHAPTER 02 건축방재

1 건축물의 내장재료 및 구조

01 ☐☐☐ 12 전북

「소방시설 설치 및 관리에 관한 법률」에서 명시하는 방염성능기준에 관하여 옳지 않은 것은?

① 버너의 불꽃을 제거한 때부터 불꽃을 올리며 연소상태가 그칠 때까지 시간은 20초 이내
② 탄화한 면적은 50㎠ 이내, 탄화한 길이는 20cm 이내
③ 발연량을 측정하는 경우 최대연기밀도는 500 이하
④ 불꽃에 의하여 완전히 녹을 때까지 불꽃의 접촉횟수는 3회 이상

01 정답 ③ LINK 기본서 144p

③ 발연량을 측정하는 경우 **최대연기밀도는 400 이하**

추가학습

| 방염성능기준 |

① 버너의 불꽃을 제거한 때부터 **불꽃을 올리며** 연소하는 상태가 그칠 때까지 시간은 **20초 이내**일 것
② 버너의 불꽃을 제거한 때부터 **불꽃을 올리지 아니하고** 연소하는 상태가 그칠 때까지 시간은 **30초 이내**일 것
③ 탄화한 면적은 **50[㎠] 이내**, 탄화한 길이는 **20[cm] 이내**일 것
④ 불꽃에 의하여 완전히 녹을 때까지 불꽃의 접촉 횟수는 **3회 이상**일 것
⑤ 소방청장이 정하여 고시한 방법으로 발연량을 측정하는 경우 최대연기밀도는 **400 이하**일 것

02 ☐☐☐ 13 충북

다음 중 건축물의 주요구조부에 해당하지 않은 것은?

① 보
② 내력벽
③ 기둥
④ 개구부

02 정답 ④ LINK 기본서 145p

④ 개구부는 주요구조부에 해당하지 않는다.

추가학습

| 주요구조부 |

① 바닥(최하층 바닥 제외)
② 지붕틀(차양 제외)
③ 보(작은 보 제외)
④ 내력벽(칸막이벽, 간벽 제외)
⑤ 주계단(보조계단, 옥외계단 제외)
⑥ 기둥(사잇기둥 제외)

03 ☐☐☐ 11 제주

건축법에서 건축물의 주요구조부로 옳지 않은 것은?

① 내력벽
② 바닥
③ 옥외계단
④ 보

03 정답 ③ LINK 기본서 145p

③ 주계단은 주요구조부이나 **옥외계단은 제외**된다.

04　　　23 간부

벽의 내화구조에 해당하지 않는 것은?(단, 외벽 중 비내력벽인 경우는 제외한다)

① 벽돌조로서 두께가 19cm 이상인 것
② 철근콘크리트조 또는 철골철근콘크리트조로서 두께가 10cm 이상인 것
③ 골구를 철골조로 하고 그 양면을 두께 4cm 이상의 철망모르타르(그 바름바탕을 불연재료로 한 것으로 한정)로 덮은 것
④ 철재로 보강된 콘크리트블록조·벽돌조 또는 석조로서 철재에 덮은 콘크리트블록등의 두께가 5cm 이상인 것
⑤ 고온·고압의 증기로 양생된 경량기포 콘크리트패널 또는 경량기포 콘크리트블록조로서 두께가 5cm 이상인 것

04　정답 ⑤　LINK 기본서 146p

⑤ 고온·고압의 증기로 양생된 경량기포 콘크리트패널 또는 경량기포 콘크리트블록조로서 두께가 **10cm** 이상인 것

추가학습

| 벽·외벽 중 비내력벽 |

구조	벽 두께	외벽 중 비내력벽 두께
철근콘크리트조 또는 철골철근콘크리트조	10[cm] 이상	7[cm] 이상
골구를 철골조로 하고 그 양면을 철망모르타르로 덮은 것	4[cm] 이상	3[cm] 이상
골구를 철골조로 하고 그 양면을 콘크리트블록·벽돌 또는 석재로 덮은 것	5[cm] 이상	4[cm] 이상
철재로 보강된 콘크리트블록조·벽돌조 또는 석조로서 철재에 덮은 콘크리트블록	5[cm] 이상	4[cm] 이상
벽돌조	19[cm] 이상	해당기준없음
고온·고압의 증기로 양생된 경량기포 콘크리트패널 또는 경량기포 콘크리트블록조	10[cm] 이상	해당기준없음
무근콘크리트조·콘크리트블록조·벽돌조 또는 석조	해당기준없음	7[cm] 이상

2　건축물의 방화구획 및 방화설비

05　　　11 공채

실내화재 발생 시 하중지지력, 차염성, 차열성을 확보하기 위하여 설정하는 구획은?

① 방화구획　　② 방연구획
③ 안전구획　　④ 면적구획

05　정답 ①　LINK 기본서 147p

① 방화구획은 화재 발생 시 인접구역의 **화염**, **열**, **연기 확산을 방지**하기 위해 **공간을 구획**하는 것이다.

추가학습

| 화재저항 요구 성능 |

① 차열성: 구조부재의 표면 가열 시 이면의 온도가 상승하지 않는 성능
② 차염성: 구조부재의 표면 가열 시 이면으로 화염이 통과하지 않는 성능
③ 하중지지력: 시험체가 성능기준을 만족하며 시험 하중에 견디는 능력

06
□□□ 09 제주

다음 중 건축물의 방화구획에 관한 설명으로 옳지 않은 것은?

① 방화구획은 연면적이 1,000㎡를 넘는 건축물에 해당한다.
② 내화구조로 된 바닥·벽, 60+ 방화문 또는 60분 방화문으로 구획되어야 한다.
③ 매 층마다 구획한다.
④ 자동식소화설비가 설치되고 내부마감을 불연재료로 한 11층 이상의 층은 3,000㎡ 이내마다 방화구획한다.

06 정답 ④
LINK 기본서 147p

④ 자동식소화설비가 설치되고 내부마감을 불연재료로 한 11층 이상의 층은 **1,500[㎡] 이내**마다 구획한다.

추가학습

| 방화구획 설치대상 |

주요구조부가 내화구조 또는 불연재료로 된 건축물로서 **연면적이 1,000[㎡] 이상**인 건축물

| 방화구획 기준 |

구획의 종류	구획의 기준	구획의 구조
면적별	① 10층 이하: 바닥면적 **1,000[㎡] 이내**마다 구획 ② 11층 이상: 바닥면적 **200[㎡] 이내**마다 구획 (**불연재료**로 마감한 경우 **500[㎡] 이내**마다 구획) ***자동소화설비**를 설치한 경우 위 면적 **3배** 적용	내화구조의 바닥, 벽 60+방화문 60분 방화문 자동방화셔터
층별	**매 층**마다 구획 (지하1층에서 지상으로 직접 연결하는 경사로 부위 제외)	
용도별	주요구조부를 내화구조로 해야 하는 대상 부분과 기타 부분 사이의 구획	

07
□□□ 16 2차 충남

다음 중 방화벽을 설치해야 하는 건축물로 옳은 것은?

① 내화구조로 연면적 1,000㎡ 이상의 건축물
② 목재구조로 된 연면적 1,000㎡ 이상의 건축물
③ 바닥면적의 합계가 1,000㎡ 이상인 공동주택 세대간
④ 바닥면적의 합계가 1,000㎡ 이상인 불연재료로 된 아파트의 벽

07 정답 ②
LINK 기본서 148p

② 방화벽은 화재 발생 시 화염확산을 방지하기 위해 공간을 구획하는 것으로 **내화구조 또는 불연재료가 아닌 건축물(목재구조)로 된 연면적 1,000[㎡] 이상**의 건축물에 설치한다.

추가학습

| 방화벽 구조 |

① **내화구조**로서 홀로 설 수 있는 구조일 것
② 방화벽의 양쪽 끝과 위쪽 끝을 건축물의 외벽면 및 지붕면으로부터 **0.5[m] 이상** 튀어 나오게 할 것
③ 방화벽에 설치하는 출입문의 너비 및 높이는 각각 **2.5[m] 이하**로 하고, 해당 출입문은 **60+ 방화문 또는 60분 방화문**을 설치할 것

08

10 대전

60분 방화문의 연기 및 불꽃을 차단할 수 있는 내화성능 요구시간으로 옳은 것은?

① 30분 이상
② 60분 이상
③ 90분 이상
④ 120분 이상

08 정답 ②

LINK 기본서 148p

② 60분 방화문: 연기 및 불꽃을 차단할 수 있는 시간이 **60분 이상**인 방화문

추가학습

| 방화문 종류 |

① 60분 + 방화문: 연기 및 불꽃을 차단할 수 있는 시간이 60분 이상이고, 열을 차단할 수 있는 시간이 30분 이상인 방화문
② 60분 방화문: 연기 및 불꽃을 차단할 수 있는 시간이 60분 이상인 방화문
③ 30분 방화문: 연기 및 불꽃을 차단할 수 있는 시간이 30분 이상 60분 미만인 방화문

09

10 경기

방화문의 구조기준으로 옳지 않은 것은?

① 연기 및 불꽃을 차단할 수 있는 시간이 60분 이상인 성능은 60분 방화문으로 본다.
② 연기 및 불꽃을 차단할 수 있는 시간이 30분 이상 60분 미만인 성능은 30분 방화문으로 본다.
③ 연기 및 불꽃을 차단할 수 있는 시간이 60분 이상이고, 열을 차단할 수 있는 시간이 30분 이상인 성능은 60분+ 방화문으로 본다.
④ 평상시는 언제나 닫힌 상태이어야 하지만 화재 시는 연기·온도 등에 의해 수동으로 닫히고 피난 시는 사람이 피난방향으로 밀고 나가는 자동문이 되어야 한다.

09 정답 ④

LINK 기본서 148p

④ 평상시는 언제나 닫힌 상태이어야 하지만 화재 시는 연기·온도 등에 의해 **자동**으로 닫히고 피난 시는 사람이 피난방향으로 밀고 나가는 **수동문**이 되어야 한다.

10

09 강원

다음 중 일반적으로 분류되는 방화문에 대한 설명 중 옳지 않은 것은?

① 방화문은 60분 + 방화문, 60분 방화문, 30분 방화문이 있다.
② 60분 + 방화문은 연기, 불꽃, 열을 차단할 수 있는 시간이 60분 이상인 방화문이다.
③ 30분 방화문은 연기 및 불꽃을 차단할 수 있는 시간이 30분 이상 60분 미만인 방화문이다.
④ 방화구획의 60분 방화문 및 60분 + 방화문은 언제나 닫힌 상태이거나 화재 시 연기·온도에 의하여 자동으로 닫히는 구조로 하여야 한다.

10 정답 ②

LINK 기본서 148p

② 60분 + 방화문: 연기 및 불꽃을 차단할 수 있는 시간이 60분 이상이고, **열을 차단할 수 있는 시간이 30분 이상**인 방화문

3 건축물의 용어

11
다음 중 무창층 설명으로 옳지 않은 것은?

① 지상층 중 개구부가 바닥면적의 1/30 이하가 되는 층을 말한다.
② 개구부의 크기는 지름 50cm 이상의 원이 통과할 수 있어야 한다.
③ 창 면적 비율은 개구부 면적에 포함되지 않는다.
④ 해당 층 바닥에서 개구부 밑부분까지의 높이가 1.2m 이내 여야 한다.

11 정답 ③ LINK 기본서 149p
③ 창 면적 비율은 개구부 요건에 만족하면 면적에 포함해야 한다.

추가학습

| 무창층 정의 |
지상층 중 개구부의 면적합계가 해당 층 바닥면적의 1/30 이하가 되는 층을 말한다.

| 개구부의 요건 |
① 크기는 지름 50[cm] 이상의 원이 통과할 수 있을 것
② 해당 층 바닥에서 개구부 밑부분까지의 높이가 1.2[m] 이내일 것
③ 도로 또는 차량이 진입할 수 있는 빈터를 향할 것
④ 화재 시 건축물로부터 쉽게 피난할 수 있도록 창살이나 그 밖의 장애물이 설치되지 아니할 것
⑤ 내부 또는 외부에서 쉽게 부수거나 열 수 있을 것

12
다음 피난계단 중 특별피난계단으로만 해야 하는 것은?

① 3층에서 피난층으로 통하는 직통계단
② 4층 판매장에서 피난층으로 통하는 직통계단
③ 5층에서 직통으로 연결된 지하 1층의 계단
④ 지하 3층에서 지상으로 통하는 계단

12 정답 ④ LINK 기본서 150p
④ 특별피난계단은 부속실을 거쳐 계단실에 도달할 수 있도록 한 계단으로 피난계단보다 더 높은 수준의 화재안전성능을 지닌 계단이다. 건축물(갓복도식 공동주택은 제외)의 11층(공동주택의 경우에는 16층) 이상인 층(바닥면적이 400㎡ 미만인 층은 제외) 또는 지하 3층 이하인 층(바닥면적이 400㎡ 미만인 층은 제외)으로부터 피난층 또는 지상으로 통하는 직통계단은 특별피난계단으로 설치하여야 한다.

추가학습

| 직통·피난·특별피난계단 |
1. 직통계단
   ① 피난층, 지상에 직통으로 통하는 계단
2. 피난계단
   ① 직통계단에 내화구조, 불연재료로 설치한 계단
   ② 5층 이상 또는 지하 2층 이하인 층에 설치
3. 특별피난계단
   ① 부속실을 거쳐 계단실에 도달할 수 있도록 한 계단으로 피난계단보다 더 높은 수준의 화재안전성능을 지닌 계단
   ② 11층(공동주택의 경우에는 16층) 이상 또는 지하 3층 이하인 층으로부터 피난층 또는 지상층으로 통하는 직통계단에 설치

4 건축물의 방재계획

13 ☐☐☐ 09 인천

방화의 기본사항 중 공간적 대응으로 옳지 않은 것은?

① 용이성 ② 대항성
③ 도피성 ④ 회피성

13 정답 ① LINK 기본서 150p

① 용이성은 공간적 대응에 해당하지 않는다.

추가학습

| 공간적·설비적 대응 |

1. 공간적 대응
   ① 대항성
      • **화재의 성상에 대항하여 저항**하는 성능 또는 항력을 의미한다.
      • 방화구획, 방연구획, 내화재료 등을 사용하여 초기소화에 대응력 등이 해당된다.
   ② 회피성
      • 출화 또는 연소 확대 등을 감소시키고자 하는 **예방적 조치 또는 상황**을 의미한다.
      • 불연화, 난연화, 내장재의 제한, 방화구획의 세분화, 방화훈련 및 불조심 등이 해당된다.
   ③ 도피성
      • 화재장소로부터 피난층으로 원활하게 피난할 수 있는 **안전한 공간성과 구조**를 의미한다.
      • 피난계단, 복도, 통로, 피난안전구역 등이 해당된다.
2. 설비적 대응
   공간적 대응을 보완하는 것으로 대항성에 대하여 스프링클러, 제연설비, 방화문, 방화셔터 등, 도피성으로는 유도등, 피난설비 등을 설치하여 보조하는 것이다.

14 ☐☐☐ 10 전남

건축물의 방재계획 중 공간적 대응에 필요한 기능으로 옳지 않은 것은?

① 대항성 ② 회피성
③ 도피성 ④ 구조성

14 정답 ④ LINK 기본서 150p

④ 구조성은 공간적 대응에 해당하지 않는다.

5 건축물의 피난계획

15　　09 인천
다음 중 피난대책의 일반원칙으로 옳지 않은 것은?

① 피난설비는 고정식설비보다 이동식설비 위주로 설치한다.
② 피난 경로는 간단·명료하게 하도록 한다.
③ 피난 수단은 원시적인 방법에 의한 것을 원칙으로 한다.
④ 피난대책은 2방향 이상의 피난 통로를 확보한다.

15　정답 ①　LINK 기본서 152p

① 피난설비는 이동식설비보다 고정식설비 위주로 설치한다.

추가학습

| 피난계획의 일반원칙 |
① 피난경로는 간단명료해야 한다.
② 피난수단은 원시적 방법으로 한다.
③ 피난시설은 고정식 설비를 위주로 한다.
④ 2방향 이상의 피난로를 확보하며, 그 말단은 화재로부터 안전한 장소이어야 한다.
⑤ 상호 반대방향으로 다수의 출구와 연결되는 것이 좋다.
⑥ 피난 대책은 fool-proof와 fail-safe 원칙에 의한다.
⑦ 피난경로에 따라 일정한 구역을 형성하고 각 구역의 안정성을 높일 것

16　　10 전북
다음 중 건축물의 피난계획으로 옳지 않은 것은?

① 피난경로는 단순명료하게 한다.
② 그 수단은 원시적이며, 고정식으로 세분화한다.
③ 피난설비는 가반식이어야 하고 상용의 직통계단을 사용한다.
④ 피난동선은 상호반대방향으로 다수의 출입구와 연결되는 것이 좋다.

16　정답 ③　LINK 기본서 152p

③ 가반식(이동식)이란 마음대로 움직일 수 있는 방식을 말한다. 즉 이동식방법을 말하는 것인데 피난 시설은 고정식 설비를 위주로 해야 한다. 상용은 일상적으로 사용하는 용도기 때문에 피난계단을 사용하는 것이 옳다.

17　　14 공채
피난동선 경로의 피난통로에 관한 설명으로 가장 옳은 것은?

① 건물의 각 부분에서 중앙의 한 방향으로 집중되도록 피난경로를 설정한다.
② 피난구는 막다른 곳 종단이 막힌 부분이어야 한다.
③ 피난통로는 2방향이고 화재발생구역과 멀어야 한다.
④ 피난통로는 2개 이상 나누고 피난의 마지막 종단에는 충분한 공간이 있어야 한다.

17　정답 ④　LINK 기본서 152p

선지체크

① 건물의 각 부분에서 중앙의 한 방향으로 집중되면 병목현상 및 패닉의 우려가 있다.
② 피난구는 막다른 곳 종단이 막힌 부분이면 안된다.
③ 피난통로는 2방향이고 그 말단은 화재발생구역으로부터 안전한 장소이어야 한다.

18

다음 중 피난의 설명으로 옳지 않은 것은?

① 피난방향의 설계는 중앙 코어방식이 가장 안전하다.
② 피난대책의 일반원칙은 fool-proof와 fail-safe 방법을 준수한다.
③ 피난 경로는 단순, 명료하게 한다.
④ 피난동선은 수직과 수평동선으로 구분되며 계단의 배치는 집중화를 피하고 분산한다.

18 정답 ①
LINK 기본서 152~153p

① 피난방향의 설계시 중앙 코어방식은 **병목현상** 및 **패닉의 우려**가 있다.

19

다음 중 피난본능 중 설명으로 옳지 않은 것은?

① 어두운 곳에서 밝은 불빛을 따라 행동하는 습성
② 오른손잡이는 오른발을 축으로 우측으로 행동하는 습성
③ 무의식 중에 평상시 사용한 길, 원래 온 길을 가려 하는 본능
④ 혼란 시 판단력 저하로 최초로 달리는 앞사람을 따르는 습성

19 정답 ②
LINK 기본서 153p

② 오른손잡이는 **오른발**을 축으로 **좌측**으로 행동하는 **좌회본능 습성**이 있다.

선지체크
① 지광본능
③ 귀소본능
④ 추종본능

추가학습

| 인간의 본능적 피난행동 |

① 귀소본능: 인간은 비상시 늘 사용하던 **익숙한 경로**를 따라 대피하는 본능이다.
② 지광본능: 화재나 정전 시 주위가 어두워지면 **밝은 쪽으로 피난**하는 본능이다.
③ 추종본능: 위험한 상황에서 한 사람의 **리더를 추종**하는 본능이다.
④ 퇴피본능: 화염, 연기에 대한 공포감으로 **발화의 반대방향**으로 이동하는 본능이다.
⑤ 좌회본능: **좌측통행과 시계 반대방향**으로 회전하는 본능이다. 오른손잡이는 오른발을 축으로 좌측으로 행동한다.

20
10 대전

화재가 발생하여 대피하는 경우 인간의 피난본능으로 옳지 않은 것은?

① 거주인원은 가능한 개구부나 조명부 등의 밝은 곳으로 이동하게 된다.
② 화재가 발생하면 각자 나름대로 편한 방법으로 행동하려 한다.
③ 화재 시 인간은 무의식중에서도 평상시 사용하는 출입구 등을 사용하는 경향이 있다.
④ 화재확대에 따라 화염 연기에 관한 공포 급증, 발화 장소의 반대방향으로 이동한다.

20 정답 ②
LINK 기본서 153p

② 화재가 발생하면 한 사람의 **리더를 추종**하려 한다.

선지체크
① 지광본능
③ 귀소본능
④ 퇴피본능

21
10 전남

피난 시 인간의 심리의 특성으로 옳지 않은 것은?

① 무의식 중에 평상시 사용한 길, 원래 온 길을 가려 하는 본능
② 인간은 본능적으로 빛을 피해 어두운 곳을 가려는 본능
③ 반사적으로 화염·연기 등 위험으로부터 멀리 하려는 본능
④ 혼란 시 판단력 저하로 최초 행동개시자인 리더를 따르는 습성

21 정답 ②
LINK 기본서 153p

② 인간은 본능적으로 화재나 정전 시 주위가 어두워지면 **밝은 쪽으로 피난**하는 본능이다.

선지체크
① 귀소본능
③ 퇴피본능
④ 추종본능

22
□□□ 11 서울

화재 시 반사적으로 화재가 발생한 곳에서 도망가려 하며 피하는 본성은?

① 귀소본능 ② 퇴피본능
③ 좌회본능 ④ 지광본능

22 정답 ②
LINK 기본서 153p

② 퇴피본능: 화염, 연기에 대한 공포감으로 **발화의 반대방향**으로 이동하는 본능이다.

선지체크
① 귀소본능: 인간은 비상시 늘 사용하던 **익숙한 경로**를 따라 대피하는 본능이다.
③ 좌회본능: **좌측통행과 시계 반대방향**으로 회전하는 본능이다. 오른손잡이는 오른발을 축으로 좌측으로 행동한다.
④ 지광본능: 화재나 정전 시 주위가 어두워지면 **밝은 쪽으로 피난**하는 본능이다.

23
□□□ 11 제주

피난행동에서 말하는 인간의 본능 중 옳지 않은 것은?

① 귀소본능 – 무의식 중에 평상 시 사용한 길, 원래 온 길을 가려 하는 본능
② 퇴피본능 – 반사적으로 화염 · 연기 등 위험으로부터 멀리 하려는 본능
③ 좌회본능 – 오른손잡이는 오른발을 축으로 좌측으로 행동하는 습성
④ 추종본능 – 어두운 곳에서 밝은 불빛을 따라 행동하는 습성

23 정답 ④
LINK 기본서 153p

④ 추종본능: 위험한 상황에서 한 사람의 **리더를 추종**하는 본능이다.

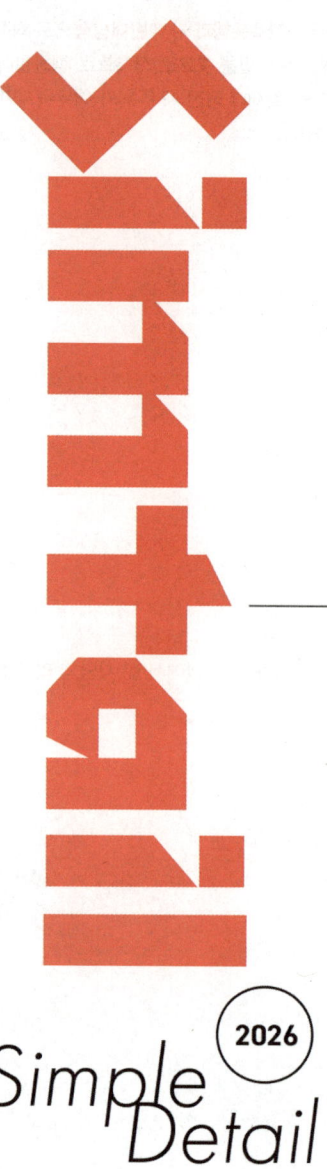

Simtail
Simple Detail
2026

V

소화

CHAPTER 01　소화이론
CHAPTER 02　소화약제

CHAPTER 01 소화이론

1 소화의 기본 원리

01 □□□ 11 제주

화재의 기본적인 소화방법으로 옳지 않은 것은?

① 냉각소화
② 질식소화
③ 촉매소화
④ 연쇄반응차단

01 정답 ③ LINK 기본서 156p

③ 소화는 촉매가 아닌 **부촉매방법을 이용**해야 한다.

추가학습

| 소화의 기본원리 |

1. 물리적 소화
   ① 제거소화: 가연물을 제거 또는 차단
   ② 질식소화: 산소공급원을 차단
   ③ 냉각소화: 점화원, 점화에너지를 차단
2. 화학적 소화
   ① 부촉매소화(억제소화): 연쇄반응 차단

02 □□□ 10 부산

다음 중 소화원리에 대한 설명이 옳지 않은 것은?

① 제거소화는 가연물을 제거하여 소화하는 방법으로 산림화재 시 벌목하여 소화하는 경우에 해당한다.
② 냉각소화는 연소 중의 가연물에 물을 주수하여 열 방출량을 낮추는 소화방법이다.
③ 질식소화는 산소의 농도를 떨어뜨려 소화하는 방법으로 밀폐된 공간의 소화에 효과적이지 못하다.
④ 부촉매 소화는 활성화에너지를 높여서 소화하는 방법이다.

02 정답 ③ LINK 기본서 157~158p

③ 질식소화는 산소의 농도를 떨어뜨려 소화하는 방법으로 **밀폐된 공간에서의 소화에 효과적이다**.

03 □□□ 09 제주

소화의 방법 중 화학적 소화란 무엇인가?

① 연쇄반응을 차단 억제시키는 것
② 산소농도를 차단 억제시키는 것
③ 화재를 발화점 이하로 감소시키는 것
④ 강풍을 불어서 가연물이 제거되는 것

03 정답 ① LINK 기본서 156p

① 연쇄반응을 차단하는 것은 **부촉매소화**로 화학적 소화이다.

선지체크

②③④ 물리적 소화방법에 해당된다.
② 질식소화
③ 냉각소화
④ 제거소화

04 09 부산

소화의 기본원리에서 순조로운 연쇄반응을 억제하여 소화하는 방식은?

① 질식소화 ② 제거소화
③ 부촉매소화 ④ 냉각소화

04 정답 ③ LINK 기본서 158p

③ 연쇄반응을 억제하여 소화하는 것은 부촉매소화(억제소화) 방법이다.

선지체크
① 질식소화: 산소공급원 제거
② 제거소화: 가연물 제거
④ 냉각소화: 점화원 제거

05 20 공채

가연물의 화학적 연쇄반응 속도를 줄여 소화하는 방법으로 옳은 것은?

① 다량의 물을 주수하여 소화한다.
② 할론 소화약제를 사용하여 소화한다.
③ 연소물이나 화원을 제거하여 소화한다.
④ 에멀션(emulsion) 효과를 이용하여 소화한다.

05 정답 ② LINK 기본서 158p

② 할론 소화약제가 고온의 화염에 접하게 되면 일부가 분해되어 HF, HBr 등이 발생되고, 이 라디칼이 가연물의 활성라디칼을 포착하여 연쇄반응을 중단시켜 소화하는 작용으로 부촉매소화는 할론 소화약제의 주 소화효과이다.

선지체크
① 냉각소화
③ 화원이란 불이 난 근원을 말하는 것으로 어떤 문제를 일으키거나 위험성이 있는 사물이나 요건을 말한다. 따라서 제거소화에 해당한다.
④ 유화소화란 가연성 액체(중질유) 화재 시 물을 무상으로 방사하거나 포 소화약제를 방사하여 유류표면에 얇은 층(유화층, 에멀전층)을 형성시켜 유류의 증기압을 떨어뜨려 소화하는 방법이다. 큰 의미로 질식소화의 방법이라 볼 수 있다.

추가학습
|질식소화|
1. 질식소화란: 산소공급원을 차단하는 소화방법이다. 유화질식, 희석질식, 피복질식으로 산소공급원을 차단하여 소화한다.
2. 질식소화 방법
  ① 차단질식: 가연물이 들어있는 용기를 밀폐하여 공기를 완전차단하여 소화하는 방법이다.
  ② 희석질식: 불활성 기체(N_2, Ar 등)을 첨가하여 산소농도를 15% 이하로 낮춰 소화하는 방법이다.
  ③ 피복소화: 공기보다 비중이 큰 소화약제를 사용하여 가연물의 주위를 피복하여 소화하는 방법이다.(CO_2는 비중이 1.52로 공기보다 1.52배 무거워서 약제방출 시 가라앉아 연소물질 주위를 둘러싸 산소의 공급을 차단시켜 소화한다.)
  ④ 유화소화: 가연성 액체(중질유) 화재 시 물을 무상으로 방사하거나 포 소화약제를 방사하여 유류표면에 얇은 층(유화층, 에멀전층)을 형성시켜 유류의 증기압을 떨어뜨려 소화하는 방법이다.

06 | 12 세종

다음의 소화방법에서 촛불을 입으로 불어서 껐을 때의 소화효과는?

① 질식소화　② 냉각소화
③ 억제소화　④ 제거소화

06 정답 ④　LINK 기본서 157p

④ 입으로 바람을 불어 양초의 가연물(가스)을 날려보내 소화하는 방법으로 제거소화에 해당된다.

추가학습

| 제거소화 |
1. 제거소화란 **가연물을 제거하거나 공급중단**에 의한 소화이다.
2. 제거소화방법
　① 산불화재: 진행방향(풍하측)의 나무를 잘라 제거한다.(방화선 구축)
　② 전기화재: 전원을 차단하여 전기 공급을 중단시킨다.
　③ 유류화재: 유류탱크 화재 시 질소폭탄으로 폭풍을 일으켜 증기를 날려보낸다.
　④ 양초화재: 양초의 가연물(가스)을 불어서 날려보낸다.
　⑤ 가스화재: 밸브를 차단시켜 가스공급을 중단한다.
　⑥ 수용성 액체(희석소화): 알코올 등과 같은 수용성 가연물에 다량의 물을 주입하여 연소농도를 낮춰 소화하는 방법이다.

07 | 23 공채

소화방법에 관한 설명으로 옳은 것만을 〈보기〉에서 있는 대로 고른 것은?

　보기
ㄱ. 산림화재 시 화재 진행방향의 나무를 벌목하는 것은 제거소화의 방법 중 하나이다.
ㄴ. 물은 비열, 증발잠열의 값이 작아서 주로 냉각소화에 사용된다.
ㄷ. 부촉매 소화는 화학적 소화에 해당한다.
ㄹ. 유류화재는 포 소화약제를 방사하여 유류 표면에 얇은 층을 형성함으로써 공기 공급을 차단해 소화한다.
ㅁ. 물에 침투제를 첨가하는 이유는 표면장력을 증가시켜 소화능력을 향상하기 위함이다.

① ㄱ, ㄷ, ㄹ
② ㄴ, ㄹ, ㅁ
③ ㄱ, ㄴ, ㄷ, ㄹ
④ ㄱ, ㄷ, ㄹ, ㅁ

07 정답 ①　LINK 기본서 157~158p

선지체크
ㄴ. 물은 비열, 증발잠열의 값이 **커서** 냉각소화에 사용된다.
ㅁ. 물에 침투제를 첨가하는 이유는 표면장력을 **감소시켜** 소화능력을 향상하기 위함이다.

08 15 전북

다음 중 제거소화에 대한 설명으로 옳지 않은 것은?

① 입으로 촛불을 불어 끄는 것
② 가스화재 시 밸브를 잠그는 것
③ 유류탱크 화재 시 탱크 밑으로 기름을 빼내는 방법
④ 산소농도를 연소범위 이하로 점차 낮추는 것

09 17 간부

가스화재 시 밸브를 차단시켜 가스공급을 중단시키는 소화방법의 소화원리로 옳은 것은?

① 냉각소화
② 질식소화
③ 제거소화
④ 억제소화
⑤ 희석소화

10 20 간부

제거소화방법으로 옳은 것은?

> ㄱ. 전기화재 시 전원 차단
> ㄴ. 가스화재 시 가스공급 차단
> ㄷ. 일반화재 시 옥내소화전 사용
> ㄹ. 유류화재 시 포소화약제 사용
> ㅁ. 산불화재 시 방화선(도로) 구축

① ㄱ, ㄴ, ㄹ
② ㄱ, ㄴ, ㅁ
③ ㄴ, ㄷ, ㄹ
④ ㄴ, ㄹ, ㅁ
⑤ ㄷ, ㄹ, ㅁ

---

08 정답 ④ LINK 기본서 157p

④ 산소농도를 연소범위 이하로 점차 낮추는 것은 **질식소화**에 대한 설명이다.

선지체크
③ 탱크 밑으로 기름을 빼는 것도 가연물(기름)을 제거하는 것으로 제거소화에 대한 설명이다.

09 정답 ③ LINK 기본서 157p

③ 가스화재 시 밸브를 차단시켜 **가스공급(가연물의 공급)을 중단하는 제거소화**한다.

10 정답 ② LINK 기본서 157p

ㄱ. 전기화재는 통전 중인 전기기기에서 발생하는 화재로 전원을 차단하여 제거소화한다. 추가로 질식소화를 통해 남은 화재까지 진압한다.
ㄴ. 가스화재 시 가스공급(가연물질)을 차단한다.
ㅁ. 방화선이란 화재발생시 화재 확대를 방지하기 위해 만든 공터(방화대)이다. 따라서 방화선을 구축하면 연소물이 없기 때문에 화재의 확산을 막을 수 있다.

선지체크
ㄷ. 옥내소화전은 주수의 형태가 봉상으로 **냉각소화**에 해당한다.
ㄹ. 유류화재 시 포소화약제를 사용하면 방출된 포가 연소생성물의 유면을 덮어 가연성 가스 발생을 억제함과 동시에 공기 중의 산소와의 접촉을 차단하여 **질식소화**한다.

11   24 간부

소화원리 중 제거소화의 사례에 해당하지 않는 것은?

① 촛불을 입으로 불어 소화하는 방법
② 식용유 화재 시 주변의 야채를 집어 넣어 소화하는 방법
③ 전기화재 시 신속하게 전원을 차단하여 소화하는 방법
④ 산림화재 시 화재 진행 방향의 나무를 벌목하여 소화하는 방법
⑤ 가스화재 시 밸브를 차단시켜 가스공급을 중단하여 소화하는 방법

11 정답 ② 기본서 157p

② 식용유 화재 시 주변의 야채를 집어 넣어 소화하는 방법: **냉각소화**

12   13 경기

다음 중 알코올 화재 시 대량의 물로 소화하는 방법은?

① 냉각소화   ② 질식소화
③ 유화소화   ④ 희석소화

12 정답 ④ 기본서 157p

④ 수용성 액체(**희석소화**): 알코올 등과 같은 수용성 가연물에 다량의 물을 주입하여 **연소농도를 낮춰 소화**하는 방법이다. 만약에 희석소화라는 선지가 없다면 제거소화로도 볼 수 있다.

13   11 서울

프라이팬에 있는 식용유에 불이 붙어서 옆에 있는 상온의 식용유를 부었더니 불이 꺼졌다. 다음 중 가장 적합한 소화는?

① 냉각소화   ② 희석소화
③ 부촉매소화   ④ 질식소화

13 정답 ① 기본서 157p

① **상온의 식용유를 부어 인화점 이하로 낮춘 것**으로 **냉각소화**에 해당된다. 희석소화란 수용성 물질에 물을 주입하여 가연물의 농도를 낮추는 방법으로 가연물의 농도(식용유의 농도)가 낮아진 것은 아니기 때문에 절대 희석소화가 될 수는 없다.

14   12 세종

화재의 소화작업에 주로 물을 사용하는 이유는?

① 가연물을 제거하기 위해
② 물의 증발잠열을 이용하기 위하여
③ 공기 중의 산소공급을 차단하기 위하여
④ 물의 비중을 이용하기 위하여

14 정답 ② 기본서 160p

② 물의 증발잠열(539[kcal/kg])이 커서 증발 시 많은 열량을 흡수하므로 **냉각소화효과가 우수**하다.

15 [10 대전]

가연물의 온도를 낮추어 연소의 진행을 억제하는 냉각소화방법으로 옳지 않은 것은?

① 물 등을 이용하여 가연성 연소분해물의 생성열을 흡수하기 위한 소화방법이다.
② 열을 흡수하여 연소반응의 속도를 지연시키는 목적이 있는 소화방법이다.
③ 가연물 주위의 공기 중 산소농도를 낮추어 소화하는 소화방법이다.
④ 점화원 이하의 에너지 상태로 가연물을 유지하기 위한 소화방법이다.

15 정답 ③ | LINK 기본서 157p

③ 산소농도를 낮추는 것은 **질식소화**에 해당된다.

16 [11 부산]

다음 중 가연물을 냉각하는 냉각소화에 대한 설명으로 가장 옳지 않은 것은?

① 발화점 이하의 에너지 상태로 가연물을 유지하기 위함이다.
② 열을 흡수하여 가연성 연소생성물의 생성을 억제한다.
③ 봉상주수는 냉각소화효과가 있는 주수방식이다.
④ 냉각소화는 화학적 연소반응의 속도를 지연시키는 방법이다.

16 정답 ④ | LINK 기본서 157p

④ **냉각소화**는 **점화원을 차단**하여 소화하는 방법으로, 화학적 연소반응의 속도를 지연시키는 것은 부촉매소화에 대한 설명이다.

추가학습

| 주수방법 |

1. 봉상
   ① 물이 긴 봉의 형태를 가지는 주수 형태이다.
   ② 열용량이 큰 일반 고체가연물의 대규모 화재에 유효하다.
   ex 옥내소화전설비, 옥외소화전설비, 연결송수관설비 등
2. 적상
   ① 물방울 형태를 가지는 주수 형태로 물방울의 평균 직경이 0.3~4[mm] 정도 된다.
   ② 일반적으로 실내 고체가연물 화재에 사용한다.
   ex 스프링클러설비, 연결살수설비 등
3. 무상
   ① 물이 안개모양 형태를 가지는 주수 형태로 물방울의 평균 직경이 0.01~1[mm] 정도 된다.
   ② 전기 전도성이 좋지 않기 때문에 전기화재(C급 화재)에 사용이 가능하며 유류화재(B급 화재)에도 사용이 가능하다.
   ③ 봉상·적상보다 표면적이 커서 질식 및 냉각효과가 좋다.
   ex 물분무·미분무 소화설비 등

17
가연물 화재 시 냉각소화효과의 목적으로 옳지 않은 것은?

① 열을 흡수　　② 증발잠열
③ 산소농도　　④ 점화에너지 차단

17 정답 ③
③ 산소농도는 **질식소화효과**와 관련있다.

선지체크
①②④ 물은 다른 물질에 비해 **비열과 기화열(증발열, 기화잠열, 증발잠열)이 크기 때문에** 화재 시 많은 **열을 흡수**하여 가연물의 온도를 **인화점, 발화점 이하(점화에너지 차단)**로 낮출 수 있다.

18
다음 설명에 해당하는 소화방법으로 옳은 것은?

> 일반적으로 공기 중의 산소농도 21%를 15% 이하로 희석하거나 저하시키면 연소 중인 가연물은 산소의 양이 부족하여 연소가 중단된다.

① 냉각소화　　② 질식소화
③ 제거소화　　④ 유화소화

18 정답 ②
② **산소의 양이 부족**하여 연소가 중단되는 방법은 **질식소화**에 대한 설명이다.

19
산소를 15% 이하로 감소시키는 소화작용은?

① 질식소화　　② 냉각소화
③ 제거소화　　④ 억제소화

19 정답 ①
① 산소농도 21%를 15% 이하로 감소시키면 **산소의 양이 부족**하여 연소가 중단되는 **질식소화** 효과를 볼 수 있다.

20

17 2차 공채

다음 중 질식소화에 대하여 옳은 것은?

① 가연물의 연쇄반응을 억제·차단하는 방법을 말한다.
② 발화점 이하로 냉각시켜 점화에너지를 차단하는 방법을 말한다.
③ 소방도로 이용이나 창고에서 물건을 빼내어 신속히 옮기는 것이다.
④ 연소의 조건 중 하나인 산소공급을 차단하여 소화의 목적을 달성한다.

20 정답 ④

선지체크
① 연쇄반응을 억제·차단: 부촉매소화
② 점화에너지를 차단: 냉각소화
③ 물건을 빼내어 신속히 옮기는 것: 제거소화

LINK 기본서 157p

21

15 공채

유류화재에 물을 무상(안개형태)으로 방사하여 소화하려고 한다. 주로 어떤 소화원리에 의해 소화되는가?

① 제거소화　　② 질식소화
③ 희석소화　　④ 부촉매소화

21 정답 ②

② 가연성 액체(중질유) 화재 시 물을 무상으로 방사하여 **유화층을 형성**시켜 유류의 증기압을 떨어뜨려 **유화소화** 할 수 있다. 선지에서 유화소화가 없으므로 좀 더 큰 개념인 **질식소화를 선택**하면 된다.

LINK 기본서 157p

22
14 울산

다음 중 유류에 포나 물을 뿌려 층을 형성함으로써, 유류표면에 물과 기름의 엷은 막을 만들어 산소 차단 효과를 일으키는 소화에 해당하는 것은?

① 피복소화
② 유화소화
③ 질식소화
④ 억제소화

22 정답 ② LINK 기본서 157p

② 가연성 액체(중질유) 화재 시 물을 무상으로 방사하거나 포 소화약제를 방사하여 유류표면에 얇은 층(유화층)을 형성시켜 유류의 증기압을 떨어뜨려 **유화소화** 할 수 있다. 선지에서 유화소화가 있으므로 질식소화가 아닌 유화소화를 선택해야한다.

선지체크

① 피복소화: 질식소화방법 중 하나로 **공기보다 비중이 큰 소화약제**를 사용하여 가연물의 주위를 피복하여 소화하는 방법이다.
③ 질식소화: **산소공급원을 차단**하는 소화방법이다. 유화질식, 희석질식, 피복질식으로 산소공급원을 차단하여 소화한다.
④ 억제소화: **연쇄반응을 차단**하는 소화방법이다.

23
21 공채

소화 방법에 대해 옳은 설명만을 모두 고른 것은?

> ㄱ. 질식소화는 일반적으로 공기 중 산소 농도를 낮추어 소화하는 방법을 말한다.
> ㄴ. 냉각소화가 가능한 약제로는 물, 강화액, CO_2, 할론 등이 있다.
> ㄷ. 피복소화는 비중이 물보다 큰 비수용성 유류화재 시 무상주수하여 소화하는 방법을 말한다.
> ㄹ. 부촉매소화는 가스화재 시 가스공급을 차단하여 소화하는 방법을 말한다.

① ㄱ, ㄴ
② ㄱ, ㄴ, ㄷ
③ ㄴ, ㄷ, ㄹ
④ ㄱ, ㄴ, ㄷ, ㄹ

23 정답 ① LINK 기본서 157~158p

ㄴ. 물: 냉각효과, 질식효과, 유화효과, 희석효과, 타격 및 파괴효과
강화액: 냉각효과, 질식효과, 부촉매효과
이산화탄소(CO_2): 질식효과, 냉각효과, 피복효과
할론: 질식효과, 냉각효과, 부촉매효과

선지체크

ㄷ. **유화소화**는 비중이 물보다 큰 비수용성 유류화재 시 무상주수하여 소화하는 방법을 말한다.
→ 피복소화: 공기보다 비중이 큰 소화약제를 사용하여 가연물의 주위를 피복하여 소화하는 방법이다.
ㄹ. **제거소화**는 가스화재 시 가스공급을 차단하여 소화하는 방법을 말한다.
→ 부촉매소화: 연쇄반응을 차단하는 소화방법이다.

24
22 공채

중질유화재 시 무상주수를 함으로써 기대할 수 있는 소화효과로 올바르게 묶인 것은?

① 질식소화, 부촉매소화
② 질식소화, 유화소화
③ 유화소화, 타격소화
④ 피복소화, 타격소화

24 정답 ②
LINK 기본서 157p, 161p

② **유화소화**: 가연성 액체(중질유) 화재 시 물을 무상으로 방사하거나 포 소화약제를 방사하여 **유류표면에 얇은 층(유화층)을 형성**시켜 유류의 증기압을 떨어뜨려 소화하는 방법으로 **질식소화**에 포함된다.

25
19 간부

다음에서 설명하는 소화방법은?

> 비중이 물보다 큰 유류 등 비수용성 유류화재 시 무상주수하거나 포 소화약제를 방사하여 유류표면에 얇은 층이 형성되어 공기의 산소 공급을 차단시켜 소화하는 방법을 말한다.

① 제거소화법　　② 유화소화법
③ 억제소화법　　④ 방진소화법
⑤ 피복소화법

25 정답 ②
LINK 기본서 157p

② **유화소화**: 가연성 액체(중질유) 화재 시 물을 무상으로 방사하거나 포 소화약제를 방사하여 **유류표면에 얇은 층(유화층)을 형성**시켜 유류의 증기압을 떨어뜨려 소화하는 방법이다.

선지체크

④ 방진작용(방진소화): 제3종 분말소화약제 사용 시 소화효과로 섬유소를 탄화·탈수시킨 오르소인산(H_3PO_4)은 다시 고온에서 2차 분해되면 최종적으로 가장 안정된 유리상의 메타인산(HPO_3)이 된다. 반응과정에서 생성된 메타인산(HPO_3)은 **연소표면에 유리피막을 형성**하여 가연물을 피복하여 연소에 필요한 **산소의 유입을 차단**하므로 재연소 방지효과가 커서 일반화재(A급 화재)에도 사용이 가능하다.

26
15 2차 경기

다음 중 소화에 관한 내용으로 옳지 않은 것은?

① 냉각소화 - 봉상주수는 유류화재에 가능하다.
② 제거소화 - 유전 표면의 증기를 날려 보내는 방법이다.
③ 질식소화 - 산소 농도를 21%에서 15% 이하로 낮추는 방법이다.
④ 억제소화 - 가연물 내 활성기에 부촉매 소화약제를 반응시켜 연소생성물의 생성을 억제시키는 방법이다.

26 정답 ①
LINK 기본서 157~158p, 161p

① 봉상주수 시 **연소면 확대 우려**가 있어 불가능하다. 다만, 물을 무상으로 방사하는 경우에는 질식소화로 가능하다.

27 ☐☐☐ 10 전북

다음 중 가연성 물질의 소화효과를 설명하는 예로 옳지 않은 것은?

① 냉각소화: 물 등의 소화약제를 이용하여 가연성 물질을 발화점 이하로 낮추어 소화하는 작용
② 질식소화: 담요, 이불 등을 덮어 산소량을 15% 이하로 감소시켜 소화하는 작용
③ 억제소화: 알코올과 같은 수용성 액체의 화재 발생 시 다량의 물을 주입하여 연소농도를 낮추어 소화하는 작용
④ 제거소화: 촛불을 입으로 불어 소화하는 작용

27 정답 ③   LINK 기본서 157~158p

③ 알코올과 같은 **수용성 액체**의 화재발생 시 다량의 물을 주입하여 **연소농도를 낮추어 소화**하는 것은 **희석소화**에 해당된다.

28 ☐☐☐ 16 간부

소화방법에 대한 설명 중 옳지 않은 것은?

① 질식소화는 연소하기 위해서 반드시 필요한 산소공급원의 공급을 차단하여 연소를 중단시키는 방법으로 물질마다 차이는 있지만 액체의 경우는 산소농도가 15% 이하일 때 불이 꺼진다.
② 냉각소화로 많이 이용되는 물은 비열, 증발잠열의 값이 다른 물질에 비해 커서 가연성 물질을 발화점 또는 인화점 이하로 냉각하는 효과가 있다.
③ 제거소화는 연소반응이 일어나고 있는 연소물이나 화원을 제거하여 연소반응을 중지시켜 소화하는 방법을 말한다.
④ 억제소화(부촉매효과)는 연소의 4요소 중 연쇄반응의 속도를 빠르게 하는 부촉매를 억제시키는 것으로 화학적 소화방법이다.
⑤ 유화효과는 물보다 비중이 큰 중유 등 비수용성의 유류화재 시 포 소화약제를 방사하거나 무상주수로 유류표면을 두드려서 증기발생을 억제함으로써 연소성을 상실시키는 소화효과이다.

28 정답 ④   LINK 기본서 158p, 160p

④ 억제소화(부촉매효과)는 연소의 4요소 중 **연쇄반응의 속도를 빠르게 하는 촉매를 억제시켜 화학반응 속도를 느리게 하는 것**으로 화학적 소화방법에 해당한다.

선지체크

② 물의 비열: 1[kcal/kg · ℃], 물의 증발잠열: 539[kcal/kg]
③ 화원이란 불이 난 근원을 말하는 것으로 어떤 문제를 일으키거나 위험성이 있는 사물이나 요건을 말한다. 따라서 제거소화에 해당한다.

추가학습

| 불활성화 |

구분	MOC	불활성화
가스	10%	6%
분진	8%	4%
액체	12~15%	8~11%

29

14 울산

가연물을 구성하는 수소분자로부터 생성되는 활성화된 수소기와 수산기의 작용을 차단하는 부촉매 소화효과의 원리에 해당하는 것은?

① 산소 차단
② 연쇄반응 차단
③ 가연물 차단
④ 점화에너지 차단

30

17 2차 공채

다음 중 부촉매소화와 관련 없는 소화약제는?

① 강화액 소화약제
② 할론 소화약제
③ 수성막포 소화약제
④ 분말 소화약제

---

29 정답 ②

LINK 기본서 158p

② 부촉매소화는 **연쇄반응을 차단**하는 소화방법이다. 연쇄반응이란 화학적 반응에서 지속적으로 활성라디칼 [OH^-(수산기), H^+(수소기)]이 발생되어 반응이 지속되는 과정이다. 화학적 소화는 이런 연쇄 전달체의 발생을 억제하여 연쇄반응을 차단함으로 소화하는 것을 말한다.

선지체크
① 질식소화
③ 제거소화
④ 냉각소화

30 정답 ③

LINK 기본서 158p

③ 수성막포 소화약제는 수계 소화약제로 주된 소화효과는 방출된 포가 연소생성물의 유면을 덮어 산소를 차단하는 **질식소화**이며 포에 함유된 수분에 의한 **냉각효과**도 볼 수 있다. 연쇄반응을 차단하는 부촉매소화는 없다.

선지체크
① 강화액 소화약제: 물의 소화력을 높이기 위해 화재에 억제효과가 있는 염류를 첨가하여 만든 소화약제이다. 물이 갖는 **냉각 · 질식효과**와 첨가제가 갖는 **부촉매효과**를 합한 효과이다.
② 할론 소화약제: 할론 소화약제가 고온의 화염에 접하게 되면 일부가 분해되어 HF, HBr 등이 발생되고, 이 라디칼이 가연물의 활성라디칼을 포착하여 연쇄반응을 중단시켜 소화하는 작용으로 **부촉매소화는 할론 소화약제의 주 소화효과**이다.
④ 분말 소화약제: 분말 소화약제가 고온의 화염에 접하게 되면 일부가 분해되어 Na^+, K^+, NH_4^+이 발생되고, 이 라디칼이 가연물의 활성라디칼을 포착하여 연쇄반응을 중단시켜 소화하는 작용으로 **부촉매소화**는 **분말 소화약제의 주 소화효과**이다.

CHAPTER 02 소화약제

01 17 간부

소화약제로서 갖추어야 할 조건으로 옳지 않은 것은?

① 연소의 요소 중 한 가지 이상을 제거 또는 차단할 수 있을 것
② 가격이 고가일 것
③ 인체에 독성이 없을 것
④ 환경에 대한 오염이 적을 것
⑤ 저장에 있어 변질이 발생하지 않고 안정성이 있을 것

02 15 2차 경기

다음 중 가스계 소화약제로 옳지 않은 것은?

① 공기포 소화약제　　② 이산화탄소 소화약제
③ 할론 소화약제　　　④ 분말 소화약제

---

01 정답 ②　　LINK 기본서 159p

② 가격이 **경제적**이어야 한다.

02 정답 ①　　LINK 기본서 159p

① 공기포 소화약제는 물과 첨가제를 일정한 비율로 혼합한 후 공기를 주입하여 생성된 거품에 의해 소화하는 방법으로 **수계 소화약제**이다.

추가학습

| 소화약제 |

구분	수계 소화약제		가스계 소화약제		
	물	포	CO_2	할론	분말
소화속도	느리다		빠르다		
냉각효과	크다		적다		
재발화 위험성	적다		있다		
소화효과	냉각, 질식 (무상)	질식, 냉각	질식, 냉각	부촉매, 냉각, 질식	부촉매, 냉각, 질식
적응화재	A	A, B	B, C	B, C	A(3종), B, C

1 물 소화약제

03 21 공채
물 소화약제에 대한 설명으로 옳은 것은?

① 질식소화 작용은 기대하기 어렵다.
② 분무상으로 방사 시 B급 화재 및 C급 화재에도 적응성이 있다.
③ 물은 비열과 기화열 값이 작아 냉각소화 효과가 우수하다.
④ 수용성 가연물질인 알코올, 에테르, 에스터 등으로 인한 화재에는 적응성이 없다.

03 정답 ②
LINK 기본서 159~161p

② 무상으로 방사 시 전기 전도성이 좋지 않기 때문에 전기화재(C급)에 사용이 가능하며 유류화재(B급)에도 사용이 가능하다.

선지체크
① 무상으로 방사 시 **질식소화 작용이 가능**하다.
③ 물은 비열과 기화열(증발열, 기화잠열, 증발잠열) **값이 크기 때문에** 냉각소화 효과가 우수하다.
→ 물의 비열: 1[kcal/kg · ℃], 물의 증발잠열: 539[kcal/kg]
④ 수용성 가연물질인 알코올, 에테르, 에스터 등으로 인한 화재에는 적응성이 **있다**.

04 10 인천
다음 중 물에 대한 설명으로 옳은 것은?

① 물은 대기압 하에서 기화 시 부피가 약 1,700배 팽창한다.
② 소화용수는 동결방지제를 사용해서는 안 된다.
③ 1기압에서 기화열이 1[cal/g]로 다른 물질보다 커서 냉각소화 효과가 아주 뛰어나다.
④ 물은 비교적 큰 표면장력을 갖지 않는다.

04 정답 ①
LINK 기본서 159~160p

① 물은 수증기로 상이 변할 때 부피가 약 **1,700배 팽창**한다.

선지체크
② 물의 어는점을 0[℃] 이하로 낮추어 **동결 방지를 위한 첨가제인 부동액을 사용**할 수 있다.
→ 부동액 약제: 글리세린, 프로필렌글리콜, 에틸렌글리콜, 염화나트륨, 염화칼슘
③ 1기압에서 기화열(기화잠열, 증발열, 증발잠열)이 **539[cal/g]**로 다른 물질보다 커서 냉각소화 효과가 아주 뛰어나다.
④ 물은 비교적 큰 표면장력을 **갖고 있다**.

05 09 강원
물을 소화약제로 사용하는 이유로 옳지 않은 것은?

① 물은 기화잠열이 539[kcal/kg]이며, 부촉매효과가 있다.
② 물은 증발하면 약 1,700배 부피가 팽창하고 질식효과가 있다.
③ 물은 비열과 기화잠열이 다른 물질에 비하여 크다.
④ 물은 구하기 쉽고 가격이 저렴하다.

05 정답 ①
LINK 기본서 159~160p

① 물은 기화잠열이 539[kcal/kg]이며, **부촉매효과는 없다**.

선지체크
② 물이 수증기로 변화할 때 대기압에서 체적이 약 1,700배 팽창하는데 팽창된 수증기로 인하여 주변의 산소농도를 저하시킬 수 있다. (질식작용)

06 [15 공채]

다음 중 물 소화약제 장점으로 옳은 것은?

① 증발잠열이 커 냉각효과가 크다.
② 압력을 가하면 압축이 가능하다.
③ 경제적이고 모든 종류의 소화에 적합하다.
④ 소화 후 소화약제에 대한 반응 및 피해가 없다.

07 [10 부산]

다음 중 소화약제로서 물의 특성에 대하여 설명한 것으로 옳지 않은 것은?

① 물은 주변에서 쉽게 구할 수 있다.
② 물은 증발잠열이 커서 냉각효과가 우수하다.
③ 물은 현장에서 가장 널리 쓰이는 주수형태는 봉상이다.
④ 칼륨, 나트륨, 마그네슘과 같은 금속의 화재 시 적응성이 뛰어나다.

---

06 정답 ①
LINK 기본서 159~160p, 163p

① 증발잠열이 크기 때문에 증발 시 많은 열량을 흡수하여 냉각효과가 크다.

선지체크
② 물은 비압축성이므로 압력이나 유속의 변화에 따라 체적이 변하지 않는다.(밀도의 변화를 무시할 수 있는 정도)
③ 경제적이긴 하나 모든 종류의 소화에 적합하지는 않다.
④ 수손피해로 인한 2차 피해가 발생할 수 있다.

07 정답 ④
LINK 기본서 159~163p

④ 칼륨, 나트륨, 마그네슘과 같은 금수성 물질은 물과 접촉하면 가연성가스가 발생하여 화재가 더욱 확대될 수 있다.

추가학습

| 주수소화 시 위험한 물질 |

1. 무기과산화물: 산소 발생
2. 가연성 금속(칼륨, 나트륨, 마그네슘, 알루미늄, 금속분): 수소 발생
3. 가연성 액체의 유류화재: 연소면 확대
4. 가연성 가스 발생
    ① 탄화칼슘(카바이트): 아세틸렌
    ② 탄화알루미늄: 메탄
    ③ 인화칼슘, 인화알루미늄: 포스핀
    ④ 수소화리튬, 수소화나트륨: 수소
    ⑤ 트리에틸알루미늄: 에탄
    ⑥ 트리메틸알루미늄: 메탄

08
25 간부

물 소화약제의 물리적·화학적 특성으로 옳은 것만을 〈보기〉에서 있는 대로 고른 것은?

보기
ㄱ. 물은 수소 원자 2개와 산소 원자 1개가 극성공유결합을 하고 있다.
ㄴ. 물의 비중은 1기압, 0 ℃에서 가장 크다.
ㄷ. 물의 표면장력은 온도가 상승하면 작아진다.
ㄹ. 물의 비열은 대기압 상태에서 0.5 cal/g·℃이다.

① ㄱ, ㄴ ② ㄱ, ㄷ
③ ㄷ, ㄹ ④ ㄱ, ㄴ, ㄷ
⑤ ㄴ, ㄷ, ㄹ

08 정답 ②
ㄱ. 극성공유결합(분자 내의 결합)
ㄷ. 물의 표면장력(72[dyne/cm, mN/m])은 큰 편이며 온도가 상승하면 작아진다.

선지체크
ㄴ. 물은 4[℃]일 때 밀도가 가장 높고(부피는 작다), 가장 무겁다(비중이 크다).
ㄹ. 물의 비열은 대기압 상태에서 1 [cal/g·℃]이다.

LINK 기본서 160p

09
12 울산

다음 중 물소화약제의 주수형태로 옳지 않은 것은?

① 봉상주수 ② 적상주수
③ 무상주수 ④ 유상주수

09 정답 ④
④ 유상주수라는 형태는 없다.

추가학습

| 주수방법 |
1. 봉상
   ① 물이 긴 봉의 형태를 가지는 주수 형태이다.
   ② 열용량이 큰 일반 고체가연물의 대규모 화재에 유효하다.
   ex 옥내소화전설비, 옥외소화전설비, 연결송수관설비 등
2. 적상
   ① 물방울 형태를 가지는 주수 형태로 물방울의 평균 직경이 0.3~4[mm] 정도 된다.
   ② 일반적으로 실내 고체가연물 화재에 사용한다.
   ex 스프링클러설비, 연결살수설비 등
3. 무상
   ① 물이 안개모양 형태를 가지는 주수 형태로 물방울의 평균 직경이 0.01~1[mm] 정도 된다.
   ② 전기 전도성이 좋지 않기 때문에 전기화재(C급 화재)에 사용이 가능하며 유류화재(B급 화재)에도 사용이 가능하다.
   ③ 봉상·적상보다 표면적이 커서 질식 및 냉각효과가 좋다.
   ex 물분무·미분무 소화설비 등

LINK 기본서 161p

10
13 전북

물분무소화설비와 같은 방수형태는?

① 무상 ② 포상
③ 봉상 ④ 적상

10 정답 ①
① 무상: 물이 안개모양 형태를 가지는 주수형태로 물방울의 평균 직경이 0.01~1[mm] 정도된다. 물분무·미분무 소화설비 등이 있다.

LINK 기본서 161p

11
물을 분무주수 할 때 얻을 수 있는 가장 큰 소화효과는?

① 질식소화 ② 제거소화
③ 냉각소화 ④ 부촉매소화

12
다음 중 물분무소화설비의 특징으로 옳지 않은 것은?

① 파괴력이 있다.
② 전기가 통하지 않는다.
③ 중유 등의 화재 시 유화효과가 있다.
④ 봉상주수, 적상주수보다 질식효과가 더 좋다.

13
소화설비에서 무상주수에 추가적으로 유용한 효과로 옳지 않은 것은?

① 화원주위에 복사열 증진효과가 있다.
② 산소공급을 차단하는 질식효과가 있다.
③ 열을 흡수하는 냉각효과가 있다.
④ 유류표면에 얇은 수막층이 형성하는 유화효과가 있다.

14
물의 소화효과에 대한 설명으로 옳지 않은 것은?

① 냉각소화와 질식작용에 가장 큰 효과를 낼 수 있는 것은 봉상주수이다.
② 기름표면 등에 방사되어 유화층을 형성하여 유면을 덮는 유화작용을 갖는다.
③ 수용성 액체는 희석하여 소화하는 희석작용을 나타낼 수 있다.
④ 무상주수는 열의 차폐에도 유효하여 가스화재 및 폭발제어 설비로도 사용된다.

---

11 정답 ①
① 분무주수는 안개모양 형태를 가지는 주수형태로 물 입자가 산소공급을 차단하기 때문에 질식소화가 뛰어나다. 전기 전도성이 좋지 않기 때문에 전기화재(C급화재)에도 사용이 가능하며, 유류화재(B급화재)에도 사용이 가능하다.

12 정답 ①
① 물분무소화설비는 무상주수로 안개모양으로 방사되는 방법으로 파괴력이 적다. 봉상주수 시에 파괴력이 있다.

선지체크
② 전기가 통하지 않아 전기화재(C급화재)에도 사용이 가능하다.
③ 중유 등의 화재에 무상주수 시 유화층(에멀젼)을 형성시켜 유류의 증기압을 떨어뜨려 소화하는 유화효과가 있다.
④ 봉상주수, 적상주수보다 물방울의 평균직경이 작아 안개모양의 형태로 질식효과가 더 좋다.

13 정답 ①
① 화원 주위에 복사열 차단효과가 있다.

14 정답 ①
① 냉각 및 질식작용에 가장 큰 효과를 낼 수 있는 것은 무상주수이다.
→ 무상주수 시 비표면적이 넓어져 빠르게 열 흡수가 가능하므로 냉각효과가 우수하다.

추가학습

| 무상주수 방법 |
① 물이 안개모양 형태를 가지는 주수 형태로 물방울의 평균 직경이 0.01~1[mm] 정도 된다.
② 전기 전도성이 좋지 않기 때문에 전기화재(C급 화재)에 사용이 가능하며 유류화재(B급 화재)에도 사용이 가능하다.
③ 봉상·적상보다 표면적이 커서 질식 및 냉각효과가 좋다.

15

17 간부

물 소화약제에 대한 설명으로 옳지 않은 것은?

① 물이 소화약제로서 많이 사용되고 있는 것은 구입하기 손쉽고 가격이 비교적 저렴하기 때문이다.
② 물의 입자크기가 커지면 표면적이 증가해서 열을 흡수하여 기화가 용이하게 되므로 입경이 클수록 냉각효과가 크다.
③ 소화효과를 높이기 위해서는 증발률을 증가시켜야 하는데 이 경우는 물의 입자를 분무상으로 하는 것이 효과적이다.
④ 물은 A급 화재(일반화재)에서는 우수한 소화능력이 발휘되나, B급 화재(유류화재)에서는 오히려 화재가 확대될 수 있고, C급 화재(전기화재)에서는 소화가 가능하지만 감전사고의 위험성이 있으므로 주의하여야 한다.
⑤ 물 소화약제를 무상주수 하게 되면 냉각효과뿐만 아니라 수증기의 급격한 팽창에 의한 산소농도를 감소시켜 질식효과를 기대할 수 있다.

15 정답 ②

LINK 기본서 160~162p

② 물의 입자크기가 **작아지면** 표면적이 증가해서 열을 흡수하여 기화가 용이하게 되므로 **입경이 작을수록 냉각효과가 크다**.

선지체크
④ 물을 무상으로 방사하는 경우에는 전기 전도성이 좋지 않기 때문에 전기화재(C급 화재)에 사용이 가능하며 유류화재(B급 화재)에도 사용이 가능하다.

16

18 간부

물 소화약제에 대한 일반적인 설명으로 옳지 않은 것은?

① 물 소화약제는 자연으로부터 쉽게 얻을 수 있으며, 저장 및 취급이 용이하고 간단한 조작 및 방법에 의해서 사용이 가능하여 빠른 시간 내에 화재를 소화할 수 있는 장점이 있다.
② 물 소화약제는 자기 자신이 가지고 있는 비열 및 기화열의 값이 다른 소화약제에 비하여 높고, 장기간 저장해도 소화약제로서의 기능이 상실되지 않는다.
③ 물 소화약제는 제4류 위험물 중 중질유인 중유 화재 시 봉상주수에 의해서 유화층을 형성하여 질식·냉각 및 유화소화작용을 일으켜 신속하게 소화하는 기능을 갖는다.
④ 물 소화약제는 화재에 대하여 냉각·질식·유화·희석 소화작용과 고압으로 주수 시 화재의 화세를 제압하거나 이웃한 소방대상물로의 연소방지 기능 등 여러 가지의 소화작용을 가지고 있다.
⑤ 물 소화약제는 수용성 가연물의 화재 시 소화약제로 이용할 경우 알코올포 소화약제와 함께 우수한 소화작용과 소화능력을 발휘한다.

16 정답 ③

LINK 기본서 160~162p

③ 물 소화약제는 제4류 위험물 중 중질유인 중유 화재 시 **무상주수에 의해서 유화층을 형성**하여 질식·냉각 및 유화소화작용을 일으켜 신속하게 소화하는 기능을 갖는다.

선지체크
⑤ 희석소화: 알코올 등과 같은 **수용성 가연물**에 다량의 물을 주입하여 연소농도를 낮춰 소화하는 방법이다.
→ 내알코올포: **수용성 용매**가 포 속의 물을 탈취하여 포가 파괴되는 현상(파포현상)을 방지하기 위해 사용하는 포 소화약제로 단백질의 가수분해 생성물질과 합성세제 등을 주성분으로 제조한다.

17 24 간부

물 소화약제에 관한 설명으로 옳지 않은 것은?

① 물은 분자 내에서는 수소결합을, 분자 간에는 극성공유결합을 하여 소화약제로써의 효과가 뛰어나다.
② 물의 증발잠열은 100 ℃, 1기압에서 539 kcal/kg이므로 냉각소화에 효과적이다.
③ 물의 주수형태 중 무상은 전기화재에도 적응성이 있다.
④ 물 소화약제를 알코올 등과 같은 수용성 액체 위험물 화재에 사용하면 희석작용을 하여 소화효과가 있다.
⑤ 중질유화재에 물을 무상으로 주수 시 급속한 증발에 의한 질식효과와 함께 에멀션(emulsion) 형성에 의한 유화효과가 있다.

17 정답 ① LINK 기본서 159~162p

① 물은 분자 내에서는 **극성공유결합**을, 분자 간에는 **수소결합**을 하여 소화약제로써의 효과가 뛰어나다.

18 20 공채

물 소화약제 첨가제 중 주요 기능이 물의 표면장력을 작게하여 심부화재에 대한 적응성을 높여 주는 것은?

① 부동제 ② 증점제
③ 침투제 ④ 유화제

18 정답 ③ LINK 기본서 162~163p

③ 침투제(침윤제): **물의 표면장력을 감소**시켜 가연물에 대해 **침투성을 향상시키기 위한 첨가제**이다. 물의 침투가 용이하지 않은 원면화재, 심부화재에 효과적이다.

추가학습

| 첨가제 종류 |

① 부동액(Antifreeze agent): 물의 어는점을 0[℃] 이하로 낮추어 **동결 방지**를 위한 첨가제이다.
② 침투제(침윤제, Wetting water): 물의 **표면장력을 감소**시켜 가연물에 대해 **침투성을 향상**시키기 위한 첨가제이다. 물의 침투가 용이하지 않은 원면화재, 심부화재에 효과적이다.
③ 유화제(Emulsifier): 가연물 표면상에 물과 기름의 에멀전을 형성하여 **유화층 형성**을 돕기 위한 첨가제이다. 열류층을 형성하는 중질유화재에 효과적이다.
④ 증점제(Viscosity water agent): 물의 점성을 높여 **흡착력을 증가**시켜 소화수 유실을 최소화하기 위한 첨가제이다. **산림화재**에 효과적이다. 점도를 증가시키면 침투성은 감소된다.
⑤ 유동화제(Rapid water): 소방용수의 유출 속도를 높이기 위해 물에 섞는 소화용수용 약제이다.
⑥ 강화액(Wet chemical agent): 물의 소화력을 높이기 위해 화재에 억제효과가 있는 염류를 첨가하여 만든 소화약제이다. 물이 갖는 **냉각·질식**효과와 첨가제가 갖는 **부촉매**효과를 합한 효과이다.
⑦ 산·알칼리제: 산과 알칼리의 화학반응을 이용한 소화약제로 이산화탄소가 방사원이다. **일반화재**(A급화재)에 적응성이 있고, **무상일 때 유류화재**(B급화재), **전기화재**(C급화재)에도 사용 가능하다.

19 | 25 공채

〈보기〉에서 설명하는 물소화약제의 첨가제로 옳지 않은 것은?

> **보기**
> 물의 어는점(1기압, 0℃) 이하에서 동파 및 응고현상을 방지하기 위하여 첨가하는 물질

① 염화칼슘(Calcium Chloride)
② 글리세린(Glycerin)
③ 프로필렌글리콜(Propylene Glycol)
④ 폴리에틸렌옥사이드(Polyethylene Oxide)

19 | 정답 ④
LINK 기본서 162p

④ **폴리에틸렌옥사이드**는 유동화제(유동성 보강제)로 사용되는 약제이다.
→ 물의 어는점(1기압, 0℃) 이하에서 동파 및 응고현상을 방지하기 위하여 첨가하는 물질은 부동액으로 약제로 **글리세린, 프로필렌글리콜**, 에틸렌글리콜, 염화나트륨, **염화칼슘** 등이 있다.

추가학습

|첨가제 종류|

1. 부동액
   ① 물의 어는점을 0[℃] 이하로 낮추어 동결 방지를 위한 첨가제
   ② 약제: 글리세린, 프로필렌글리콜, 에틸렌글리콜, 염화나트륨, 염화칼슘
2. 침투제(침윤제)
   ① 물의 표면장력을 감소시켜 가연물에 대해 침투성을 향상시키기 위한 첨가제
   ② 물의 침투가 용이하지 않은 원면화재, 심부화재에 효과적
   ③ 약제: 약 1% 이하의 합성계면활성제
3. 유화제
   ① 가연물 표면상에 물과 기름의 에멀전을 형성하여 유화층 형성을 돕기 위한 첨가제
   ② 열류층을 형성하는 중질유 화재에 효과적
   ③ 약제: 계면활성제, 친수성콜로이드
4. 증점제
   ① 물의 점성을 높여 흡착력(부착성)을 증가시켜 소화수 유실(무산방지)을 최소화하기 위한 첨가제
   ② 수간화, 수관화 등 산림화재에 효과적
   ③ 약제: CMC(Carboxy Methyl Cellulose, 카르복시메틸셀룰로오스), DAP(Dially Phthalate), Gelgard
5. 유동화제(유동성 보강제)
   ① 소방용수의 유출 속도를 높이기 위해 물에 섞는 소화용수용 약제
   ② 약제: 폴리에틸렌옥사이드(PEO), rapid water

20 | 12 전북

물의 유실방지 및 소방대상물의 표면에 오랫동안 잔류하면서 무상주수 시 물체의 표면에서 점성의 효력을 올리는 약제는?

① Viscosity Agent  ② Rapid water
③ Wetting Agent   ④ Emulsifier

20 | 정답 ①
LINK 기본서 162~163p

① Viscosity agent(증점제)는 물의 점성을 높여 **흡착력을 증가**시켜 **소화수 유실을 최소화**하기 위한 첨가제이다. **산림화재**에 효과적이다.

선지체크

② 유동화제(Rapid water)는 소방용수의 **유출 속도를 높이기 위해** 물에 섞는 소화용수용 약제이다.
③ 침투제(Wetting Agent)는 물의 표면장력을 감소시켜 가연물에 대해 **침투성을 향상**시키기 위한 첨가제이다. 침투제로 사용되는 것이 합성계면활성제이다.
④ 유화제(Emulsifier)는 가연물 표면상에 물과 기름의 에멀전을 형성하여 **유화층 형성**을 돕기 위한 첨가제이다.

21
물과 탄산칼륨이 혼합되어 있는 강화액 소화약제는 냉각소화작용을 하는데 소량의 ( )가 생성되어 부촉매효과를 가진다. ( )속의 물질은?

① K^+
② CO_3^{-2}
③ H^+
④ OH^-

21 정답 ① LINK 기본서 168p

① 강화액 소화약제는 물의 소화력을 높이기 위해 화재에 억제효과가 있는 염류를 첨가하여 만든 소화약제이다.
첨가약제로는 알칼리 금속염 [탄산칼륨(K^+), 인산암모늄(NH_4^+), 황산암모늄(NH_4^+)]이 쓰인다.
탄산칼륨 반응식: $K_2CO_3 \rightarrow 2K^+ + CO_3^{-2}$
→ 칼륨이온(K^+)이 수소기(H^+) 수산기(OH^-)와 반응하여 연쇄반응을 차단한다.

2 포 소화약제

22
폼(form)을 방사하여 화원의 표면을 덮음으로써 유류표면에 물로 형성된 층은 물과 기름의 엷은 막을 만들며 곧 공기차단 효과를 나타내기도 하며, 일반적으로 연소의 확대 우려가 큰 가연성 액체의 화재 등에 사용하는 설비로서 연소의 4요소 중 산소를 공급하는 물질을 차단하여 소화하는 방법은?

① 냉각소화
② 질식소화
③ 부촉매소화
④ 제거소화

22 정답 ② LINK 기본서 164p

② 포 소화약제는 방출된 포가 연소생성물의 **유면을 덮어 산소를 차단**하여 소화하는 질식소화효과가 있다. 또한 연소의 4요소 중 **산소를 공급하는 물질을 차단**하는 것은 질식소화방법을 나타내는 말이다.

23
포소화설비에서 고발포로서 제2종 기계포의 거품 팽창비율은?

① 20배 이상 80배 미만
② 80배 이상 250배 미만
③ 250배 이상 500배 미만
④ 500배 이상 1,000배 미만

23 정답 ③ LINK 기본서 165p

③ 제2종 기계포의 팽창비는 **250배 이상 500배 미만**이다.

추가학습

| 팽창비에 따른 분류 |

팽창비 = 발포 후 포의 체적 / 발포 전 포 수용액의 체적

구 분		팽창비
저발포 (3, 6[%])		20배 이하
고발포 (1, 1.5, 2[%])	제1종 기계포	80배 이상 250배 미만
	제2종 기계포	250배 이상 500배 미만
	제3종 기계포	500배 이상 1000배 미만

24
고발포인 제2종 기계포의 팽창비에 해당하는 것은?

① 10배 이상 20배 이하
② 100배 이상 200배 이하
③ 300배 이상 400배 이하
④ 500배 이상 600배 이하

24 정답 ③ LINK 기본서 165p

③ 제2종 기계포의 팽창비는 **250배 이상 500배 미만**으로 범위 안에 포함되는 **300배 이상 400배 이하**가 정답이다.

25

16 공채

팽창비율에 따른 포의 종류로서 팽창비가 20 이하인 것을 저발포라 하고, 팽창비가 80 이상 1,000 미만인 것을 고발포라 한다. 다음 중 발포배율이 다양하여 고발포 및 저발포로서 소화가 가능한 것은?

① 합성계면활성제포
② 불화단백포
③ 내알코올포
④ 수성막포

26

22 공채

포(foam)에 대한 일반적인 설명으로 옳은 것은?

① 불화단백포 및 수성막포는 표면하주입방식에 사용할 수 있다.
② 불소를 함유하고 있는 합성계면활성제포는 친수성이므로 유동성과 내유성이 좋다.
③ 단백포는 유동성은 좋으나, 내화성은 나쁘다.
④ 알콜형포 사용 시 비누화현상이 일어나면 소화능력이 떨어진다.

27

11 서울

다음은 포 소화약제에 관한 설명으로 옳지 않은 것은?

① 단백포는 동물의 뿔, 발톱, 동물의 피 등으로써 만들며 내열성과 점착성이 우수하다.
② 수성막포와 불화단백포의 단점을 개선한 것이 내알코올포이다.
③ 수성막포는 무독성 불소계 계면활성제를 주성분으로 하며 표면하주입방식이 가능하다.
④ 포는 기계포와 화학포로 나누는 데 화학포는 일반적으로 사용하고 있지 않다.

---

25 정답 ①

LINK 기본서 165p

① 국내는 저발포와 고발포로 구분되는데, **저발포에는 기계포의 모든 소화약제가 사용**되며, **고발포에는 합성계면활성제포가 사용**된다.

26 정답 ①

LINK 기본서 166~168p

① 불화단백포 및 수성막포는 내유성이 좋기 때문에 표면하주입방식에 사용할 수 있다.

선지체크

② **탄화수소**를 함유하고 있는 합성계면활성제포는 친수성, 친유성(양친매성)으로 유동성이 좋으나 **내유성은 좋지 않다.**
③ 단백포는 친수성(양친매성)으로 유동성이 좋지 않으나, **내화성(내열성)은 좋다.**
④ 알콜형포 사용 시 비누화현상으로 소화효과가 좋다.
→ 파포현상을 방지하기 위해 단백포의 가수분해물질, 계면활성제에 금속비누 등을 첨가하여 유화·분산시키는 소화약제로 내알코올포 소화약제의 비누화현상이라고 한다.

27 정답 ②

LINK 기본서 166~168p

② 수성막포와 단백포의 단점을 개선한 것은 **불화단백포**이다.

추가학습

| 기계포(공기포) 소화약제 종류 |

구분	주성분	내유성	내열성	유동성	고발포
단백포	동물성 단백질 가수분해물질 + 안정제(제1철염)	×	○	×	×
수성막포	합성계면활성제(불소계) + 안정제	○ (표면하주입방식)	× (윤화현상)	○	×
불화단백포	단백질 + 불소계 계면활성제	○ (표면하주입방식)	○	○	×
합성계면활성제포	합성계면활성제(탄화수소계) + 안정제	×	× (윤화현상)	○	○
내알코올포	단백포의 가수분해물질 + 금속비누	○	○	○	×

28

24 공채

포 소화약제에 관한 설명으로 옳지 않은 것은?

① 불화단백포 소화약제는 불소계 계면활성제를 첨가하여 단백포 소화약제의 단점인 유동성을 보완하였다.
② 알콜형포 소화약제는 케톤류, 알데하이드류, 아민류 등 수용성 용제의 소화에 사용할 수 있다.
③ 단백포 소화약제는 단백질을 가수분해 한 것을 주원료로 하며 내유성이 뛰어나 소화속도가 빠르다.
④ 합성계면활성제포 소화약제는 유동성과 저장성이 우수하며 저팽창포부터 고팽창포까지 사용할 수 있다.

28 정답 ③ LINK 기본서 166~168p

③ 단백포 소화약제는 단백질을 가수분해 한 것을 주원료로 하며 내유성이 **낮아 기름오염으로 소화능력이 저하된다.**

29

24 간부

기계포 소화약제 중 단백포 소화약제에 관한 설명으로 옳은 것만을 〈보기〉에서 있는 대로 고른 것은?

――― 보기 ―――
ㄱ. 유동성이 좋다.
ㄴ. 내열성이 나쁘다.
ㄷ. 유류를 오염시킨다.
ㄹ. 유면 봉쇄성이 좋다.

① ㄱ, ㄷ
② ㄷ, ㄹ
③ ㄱ, ㄴ, ㄹ
④ ㄴ, ㄷ, ㄹ
⑤ ㄱ, ㄴ, ㄷ, ㄹ

29 정답 ② LINK 기본서 166p

ㄱ. 물과 기름 모두 친한 양친매성으로 점착력이 좋으므로 **유동성이 작아 소화시간이 길어져 화재진압이 느리다.**
ㄴ. **내열성이 좋아** 환원시간이 길어 포의 안전성이 크므로 유류탱크 화재에 적합하다.

30

10 대전

제4류 위험물 중 알코올류, 아세톤, 에스터류, 에테르류, 케톤류 등 수용성 위험물에 사용할 수 있는 소화약제로 옳은 것은?

① 수성막포 소화약제
② 합성계면활성제 소화약제
③ 내알코올포 소화약제
④ 단백포 소화약제

30 정답 ③ LINK 기본서 168p

③ 내알코올포 소화약제는 **수용성 용매**가 포 속의 물을 탈취하여 포가 파괴되는 현상(파포현상)을 방지하기 위해 사용하는 포 소화약제이다.

31
17 공채

불소계 계면활성제를 주성분으로 드라이케미컬과 혼합 시 소화력이 7~8배 상승효과를 갖는 포 소화약제는?

① 수성막포 ② 합성계면활성제포
③ 불화단백포 ④ 알코올포

31 정답 ① LINK 기본서 166~168p

① 수성막포는 내약품성이 좋아 **분말소화약제와 Twin Agent System**이 가능하다.

추가학습

| CDC(Compatible Dry Chemical) 분말 소화약제 |

① 포 소화약제의 단점인 화재진압시간과 분말 소화약제의 단점인 재발화 위험성을 보완하고자 만든 약제이다.
② CDC 분말소화약제를 소포성이 적은 분말소화약제 또는 겸용성이 있는 분말소화약제라고도 한다.
③ 제3종 분말 소화약제 + 수성막포 소화약제 = 트윈 에이전트 시스템(Twin Agent System)

32
23 공채

다음 그림의 주입 방식에 가장 적합한 포 소화약제로만 짝 지어진 것은?

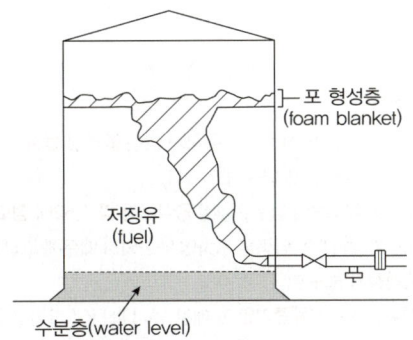

① 단백포, 불화단백포
② 수성막포, 불화단백포
③ 합성계면활성제포, 수성막포
④ 단백포, 수성막포

32 정답 ② LINK 기본서 166~167p, 251p

② 수성막포와 불화단백포는 친수성, 소유성으로 유동성과 내유성이 좋아 **표면하주입방식(SSI: Subsurface Injection Method)**이 가능하다.

33

수성막포 소화약제에 관한 내용으로 옳은 것만을 〈보기〉에서 있는 대로 고른 것은?

〈보기〉
ㄱ. 불소계 계면활성제를 주성분으로 한 것으로 안정성이 좋아 장기보존이 가능하다.
ㄴ. 알코올류, 케톤류, 에스터류 등과 같은 수용성 위험물 화재에 소화적응성이 아주 우수하다.
ㄷ. 내유성이 있어 탱크 하부에서 발포하는 표면하주입방식이 가능하며 분말소화약제와 함께 사용 시 소화능력이 강화된다.
ㄹ. 유류의 표면에 거품과 수성막을 형성함으로써 질식과 냉각 소화 작용이 우수하며 '라이트 워터(Light Water)'라고도 불린다.

① ㄱ
② ㄴ, ㄷ
③ ㄱ, ㄴ, ㄹ
④ ㄱ, ㄷ, ㄹ
⑤ ㄴ, ㄷ, ㄹ

33 정답 ④

선지체크
ㄴ. 알코올류, 케톤류, 에스터류 등과 같은 수용성 위험물 화재에 소화적응성이 아주 우수한 소화약제는 **내알코올포**이다.

---

3 이산화탄소 소화약제

34

다음 특성에 해당하는 소화약제는?

- 소화 후 소화약제에 의한 오손이 없고, 비전도성이다.
- 장기보존이 용이하고, 추운 지방에서도 사용 가능하다.
- 자체 압력으로 방출이 가능하고, 불연성 기체로서 주된 소화효과는 질식효과이다.

① 이산화탄소 소화약제
② 산·알칼리 소화약제
③ 포 소화약제
④ 할로겐화합물 소화약제

34 정답 ①

① 이산화탄소 소화약제에 대한 설명이다.

추가학습

| 이산화탄소 특징 |
① 이산화탄소는 더 이상 산소와 반응하지 않는 **불연성 물질**이기 때문에 가스계 소화약제로 널리 이용되고 있다.
② 무색, 무취이며 부식성이 없는 기체로 **공기보다 약 1.52배 정도 무겁다**.
③ 상온에서는 기체이지만 압력을 가하면 액화되기 때문에 고압가스 용기 속에서 **액화시켜 보관**한다.
④ 액화 이산화탄소는 **자체증기압**이 매우 높기 때문에 다른 가압원의 도움 없이 **자체 압력으로 방사가 가능**하다.
⑤ 전기적으로 비전도성으로 **전기화재(C급화재)** 에도 적응성이 좋다.

35

전기실에 사용하는 이산화탄소 소화약제의 주 소화성능은?

① 질식소화　　② 냉각소화
③ 제거소화　　④ 부촉매소화

35 정답 ①  기본서 169~171p

① 전기적으로 비전도성으로 **전기화재(C급화재)에도 적응성**이 좋은 이산화탄소는 공기 중의 산소농도 21[%]를 15[%] 이하로 저하시켜 소화하는 **질식소화성능**을 가지고 있다.

36

이산화탄소 소화설비에 관하여 가장 옳지 않은 것은?

① 이산화탄소 저압식 저장용기에는 압력계가 필요 없다.
② 자체 압력으로도 방사가 가능하다.
③ 침투성이 좋고 심부화재와 표면화재에 적합하다.
④ 이산화탄소는 비전도성으로 전기화재 등에 적합하다.

36 정답 ①  기본서 169~171p, 259p

① 이산화탄소를 축압식 소화기로 사용하는 경우에는 압력계가 필요 없으나 **소화설비는 압력계가 필요**하다.

선지체크

③ 이산화탄소는 공기보다 약 1.52배 정도 무겁기 때문에 가연물 내부까지 침투하는 심부화재 및 표면화재에 적응성이 있다.

(이산화탄소 비중 $= \dfrac{44}{29} = 1.52$)

추가학습

| 이산화탄소 소화약제의 저장용기 (저압식) |
① 액면계
② 압력계
③ 압력경보장치(2.3[MPa]이상 1.9[MPa] 이하에서 작동)
④ 자동냉동장치(영하 18[℃] 이하에서 2.1[MPa]의 압력을 유지)

37

이산화탄소 소화약제에 관한 설명으로 옳지 않은 것은?

① 이산화탄소 소화약제는 방사 시 소리가 없다.
② 피연소물에 피해가 적고 증거보존이 용이하여 화재원인조사가 쉽다.
③ 연소물에 침투성이 좋고 심부화재와 표면화재에 적합하며 전기화재에 좋다.
④ 압력이 커서 자체압으로 방사가 가능해 외부의 방출용 동력이 필요 없다.

37 정답 ① 기본서 169~171p

① 이산화탄소 소화약제를 압력을 가하여 고압가스 용기 속에서 액화시켜 보관하기 때문에 **방사 시 소음이 크다**.

38
14 전북

다음 중 가스계 소화약제에 해당하는 이산화탄소 소화설비에 대하여 옳지 않은 것은?

① 저압이기 때문에 질소 등 기체로 충전하여 방사하여야 한다.
② 약제로 인한 피연소물에 피해가 적어서 화재조사가 쉽다.
③ 자체적으로 산소를 함유하는 물질의 장소에 설치하여서는 안 된다.
④ 밀폐된 공간이나 전시장 등의 관람을 위하여 다수인이 출입·통행하는 통로 및 전시실 등의 장소에 설치하여서는 안 된다.

38 정답 ①
LINK 기본서 169~171p

① 액화 이산화탄소는 **자체증기압**이 매우 높기 때문에 다른 가압원의 도움 없이 **자체 압력으로 방사가 가능**하다.

선지체크
② 가스계 소화약제로 약제로 인한 피해가 적다.
③ 공기 중의 산소농도 21[%]를 이산화탄소 소화약제를 방사하여 산소농도 15[%] 이하로 저하시켜 소화하는 것으로 **자체적으로 산소를 함유하고 있는 물질에는 소화효과가 없다**.
④ 공기 중의 산소농도를 15[%] 이하로 저하시켜 소화하는 것으로 다수인이 출입하는 곳에서 방사시 **인명피해 우려**가 있다.

추가학습
| 이산화탄소 설치제외 장소 |
① 방재실·제어실 등 **사람이 상시** 근무하는 장소
② 나이트로셀룰로스·셀룰로이드제품 등 **자기연소성물질**을 저장·취급하는 장소
③ 나트륨·칼륨·칼슘 등 **활성금속물질**을 저장·취급하는 장소
④ **전시장 등**의 관람을 위하여 **다수인**이 출입·통행하는 통로 및 전시실 등

39
09 인천

이산화탄소 소화설비의 설치 제외 장소가 아닌 것은?

① 방재실, 제어실 등 상시 사람이 근무하는 곳
② 전시장 등의 관람을 위하여 다수인이 출입·통행하는 통로 및 전시실 등
③ 제4류 위험물 인화성 액체가 있는 장소
④ 나이트로셀룰로오스, 셀룰로이드 제품 등 자기반응성 물질이 있는 곳

39 정답 ③
LINK 기본서 171p

③ 이산화탄소 소화설비는 **유류화재(B급화재)에 사용가능**하다.

40
24 공채

이산화탄소 소화약제의 특징으로 옳은 것은?

① 무색, 무취로 전도성이며 독성이 있다.
② 질식소화 효과와 기화열 흡수에 의한 냉각효과가 있다.
③ 제3류 위험물, 제5류 위험물의 소화에 사용한다.
④ 자체 증기압이 매우 낮아 별도의 가압원이 필요하다.

40 정답 ②
LINK 기본서 169~171p

선지체크
① 무색, 무취로 **비전도성**이며 독성이 **없다**.
③ 제3류 위험물, 제5류 위험물에는 이산화탄소 소화약제로 소화가 **불가능하다**.
④ 자체 증기압이 매우 **높아** 별도의 가압원이 필요 **없다**.

41

다음 중 이산화탄소 소화약제에 관하여 옳지 않은 것은?

① 피연소물에 오손이 적고 증거보존이 용이하다.
② 질식소화로 제5류 위험물에서 화재 발생 시 소화효과가 있다.
③ 방사 시 침투성이 있어 심부화재에 적응성이 있다.
④ 자체압력으로 방사가 가능하고 전기적으로 비전도성으로 전기화재(C급화재)에도 적응성이 좋다.

41 정답 ②

② 제5류 위험물은 자기반응성 물질로 자체적으로 산소를 함유하고 있기 때문에 공기 중 산소의 농도를 15[%] 이하로 낮추는 이산화탄소 소화약제를 이용한 질식소화는 적응성이 없다.

LINK 기본서 169~171p

42

이산화탄소 소화약제에 관한 설명으로 옳지 않은 것은?

① 이산화탄소는 더 이상 산소와 반응하지 않는 불연성 물질이기 때문에 소화약제에 쓰인다.
② 유류화재 및 전기화재에 주로 사용되며 일반화재에는 사용이 불가능하다.
③ 표면화재에 우수한 효과를 나타내며 심부화재에도 큰 효과가 있다.
④ 소화 후 소화약제에 의한 손실은 없으나 방출 시 인명피해가 우려되는 밀폐된 지역에는 사용을 제한하고 있다.

42 정답 ②

② 보통 유류화재(B급화재), 전기화재(C급화재)에 주로 사용되며 밀폐상태(전역방출방식)에서 방출되는 경우 일반화재(A급화재)에도 사용이 가능하다. 밀폐되지 않은 경우에 이산화탄소가 쉽게 분산되고 가연물에 침투되기 어렵기 때문에 효과가 아주 미약하므로 심부화재에 사용하는 경우에는 재발화 위험성이 있다.

LINK 기본서 169~171p

43

공기 중 산소농도가 20%가 있다고 가정한다. 여기에 이산화탄소를 방사하여 산소농도가 10%로 한다면 이산화탄소의 농도는 얼마인가?

① 50   ② 25
③ 20   ④ 15

43 정답 ①

$$CO_2[\%] = \frac{20 - O_2}{20} \times 100$$
$$= \frac{20 - 10}{20} \times 100 = 50[\%]$$

추가학습

| 이산화탄소 최소소화농도 |

$$CO_2[\%] = \frac{21 - O_2}{21} \times 100$$

| 최소설계농도 |

최소설계농도 = 최소소화농도 × 1.2

LINK 기본서 169~170p

44
연소하한계(LFL)가 2.1 vol%인 프로페인(C_3H_8)가스 화재 시 소화할 때 필요한 이산화탄소 소화약제의 농도는 최소 몇 vol%를 초과해야 하는가? (단, 공기 중 산소도는 21 vol%로 한다)

① 25
② 34
③ 50
④ 67
⑤ 75

44 정답 ③ LINK 기본서 29p, 169p

계산방법
1. 프로페인의 완전연소반응식
$$C_3H_8 + 5O_2 \rightarrow 3CO_2 + 4H_2O$$

2. 하한계 2.1%에서 연소하는데 필요한 최소한의 산소농도(MOC)
MOC = 산소양론계수 × 하한계
   = 5 × 2.1 = 10.5[%]

3. 이산화탄소 소화약제의 농도
$$CO_2[\%] = \frac{21 - O_2}{21} \times 100[\%]$$
$$= \frac{21 - 10.5}{21} \times 100 = 50$$

45
이산화탄소를 방사해서 산소농도 10%가 되었다면 이 때 사용한 이산화탄소 농도는?

① 21%
② 34%
③ 42%
④ 52.4%

45 정답 ④ LINK 기본서 169~170p

$$CO_2[\%] = \frac{21 - O_2}{21} \times 100$$
$$= \frac{21 - 10}{21} \times 100 = 52.380 ≒ 52.4[\%]$$

46
밀폐된 구획공간에서 이산화탄소 방사 시 산소농도를 10%로 설계할 때 방사하는 이산화탄소의 농도는?(단, 소수점은 올림 처리한다.)

① 15%
② 24%
③ 35%
④ 45%
⑤ 53%

46 정답 ⑤ LINK 기본서 169~170p

$$CO_2[\%] = \frac{21 - O_2}{21} \times 100$$
$$= \frac{21 - 10}{21} \times 100 = 52.380 ≒ 53[\%]$$

4 분말 소화약제

47 12 경기
다음 중 분말 소화약제로 사용되지 않는 것은?

① 탄산수소나트륨
② 탄산수소칼륨
③ 제1인산암모늄
④ 인산나트륨

47 정답 ④

④ 분말소화약제에 해당사항 없다.

선지체크
① 제1종 분말소화약제
② 제2종 분말소화약제
③ 제3종 분말소화약제

추가학습

| 분말 소화약제 종류 |

종류	주성분	분자식	착색	적응화재
제1종	탄산수소나트륨 (중탄산나트륨)	$NaHCO_3$	백색	B, C, K
제2종	탄산수소칼륨 (중탄산칼륨)	$KHCO_3$	담회색 보라색 (담자색)	B, C
제3종	제1인산암모늄	$NH_4H_2PO_4$	담홍색 황색	A, B, C
제4종	탄산수소칼륨+요소	$KHCO_3+(NH_2)_2CO$	회색	B, C

48 25 간부
제1종 분말 소화약제의 주성분으로 옳은 것은?

① $KHCO_3$
② $NaHCO_3$
③ NH_4HCO_3
④ $NH_4H_2PO_4$
⑤ $KHCO_3+(NH_2)_2CO$

48 정답 ②

② 탄산수소나트륨(중탄산나트륨)

선지체크
① 탄산수소칼륨(중탄산칼륨)
④ 제1인산암모늄
⑤ 탄산수소칼륨+요소

49 14 울산
분말소화약제 중 제1인산암모늄으로 구성된 소화약제는?

① 제1종 분말 소화약제($NaHCO_3$)
② 제2종 분말 소화약제($KHCO_3$)
③ 제3종 분말 소화약제($NH_4H_2PO_4$)
④ 제4종 분말 소화약제($KHCO_3+(NH_2)_2CO$)

49 정답 ③

③ 제3종 분말소화약제의 주성분은 제1인산암모늄($NH_4H_2PO_4$)이다.

선지체크
① 제1종 분말소화약제: 탄산수소나트륨($NaHCO_3$)
② 제2종 분말소화약제: 탄산수소칼륨($KHCO_3$)
④ 제4종 분말소화약제: 탄산수소칼륨+요소($KHCO_3+(NH_2)_2CO$)

50 　　　10 전남

분말소화약제 종류와 성분으로 옳지 않은 것은?

① 제1종 분말소화약제 – 중탄산나트륨
② 제2종 분말소화약제 – 중탄산칼륨
③ 제3종 분말소화약제 – 제일인산암모늄
④ 제4종 분말소화약제 – 중탄산나트륨+요소

50 정답 ④ 　　LINK 기본서 171~173p

④ 제4종 분말소화약제 – 중탄산칼륨+요소

51 　　　17 공채

주성분이 인산암모늄이며 A, B, C급에 적응성 있는 분말소화약제는 무엇인가?

① 제1종 분말소화약제
② 제2종 분말소화약제
③ 제3종 분말소화약제
④ 제4종 분말소화약제

51 정답 ③ 　　LINK 기본서 171~173p

③ 제3종 분말소화약제

선지체크
① 제1종 분말소화약제 – 탄산수소나트륨($NaHCO_3$) – B, C급에 적응성
② 제2종 분말소화약제 – 탄산수소칼륨($KHCO_3$) – B, C급에 적응성
④ 제4종 분말소화약제 – 탄산수소칼륨+요소
  ($KHCO_3 + (NH_2)_2CO$) – B, C급에 적응성

52 　　　19 공채

다음 중 HPO_3가 일반 가연물질인 나무, 종이 등의 표면에 피막을 이루어 공기 중의 산소를 차단하는 방진 작용과 관련이 있는 것은?

① 제1종 분말소화약제
② 제2종 분말소화약제
③ 제3종 분말소화약제
④ 제4종 분말소화약제

52 정답 ③ 　　LINK 기본서 173p

③ 제3종 분말소화약제의 방진효과: 반응과정에서 생성된 메타인산(HPO_3)은 연소표면에 유리피막을 형성하여 가연물을 피복하여 연소에 필요한 산소의 유입을 차단하므로 재연소 방지효과가 커서 일반화재(A급화재)에도 사용이 가능하다.

53

다음 중 분말소화약제에 대하여 옳지 않은 것은?

① 분말소화약제 1종과 2종은 B급, C급 화재에 사용된다.
② 분말소화약제 1종과 2종, 4종은 B급, C급 화재에 사용된다.
③ 3종 분말소화약제는 A급, B급, C급 화재에 사용된다.
④ 4종 분말소화약제는 A급, B급, C급 화재에 사용된다.

53 정답 ④ LINK 기본서 173p

④ 4종 분말소화약제는 B급, C급 화재에 사용된다. 분말소화약제 중에서 A급 화재에 적응성이 있는 것은 제3종 분말소화약제 뿐이다.

54

제3종 분말 소화약제의 주성분과 착색으로 옳은 것은?

① 탄산수소나트륨, 백색
② 탄산수소칼륨, 담회색
③ 제1인산암모늄, 담홍색
④ 탄산수소칼륨+요소, 회색

54 정답 ③ LINK 기본서 173p

③ 제3종 분말소화약제의 주성분은 제1인산암모늄이며 착색은 담홍색이다.

선지체크
① 제1종 분말소화약제
② 제2종 분말소화약제
④ 제4종 분말소화약제

55

다음 중 제3종 분말소화약제에 대한 설명으로 옳지 않은 것은?

① 백색으로 착색되어 있다.
② ABC급 분말소화약제라고도 부른다.
③ 주성분은 제1인산암모늄($NH_4H_2PO_4$)이다.
④ 현재 생산되고 있는 분말소화약제의 대부분을 차지하고 있다.

55 정답 ① LINK 기본서 173p

① 담홍색으로 착색되어 있다. 백색은 제1종 분말소화약제의 착색이다.

56

분말소화약제 중에서 제1종 분말소화약제와 제2종 분말소화약제가 방사되었을 때 함께 생성되는 물질은?

① N_2, O_2
② N_2, CO_2
③ H_2O, CO_2
④ O_2, CO_2

56 정답 ③ LINK 기본서 172p

제1종 분말소화약제: $2NaHCO_3 \rightarrow Na_2CO_3 + H_2O + CO_2$
제2종 분말소화약제: $2KHCO_3 \rightarrow K_2CO_3 + H_2O + CO_2$

추가학습

| 분말소화약제 반응식 |

① 제1종 분말소화약제: $2NaHCO_3 \rightarrow Na_2CO_3 + H_2O + CO_2$
② 제2종 분말소화약제: $2KHCO_3 \rightarrow K_2CO_3 + H_2O + CO_2$
③ 제3종 분말소화약제: $NH_4H_2PO_4 \rightarrow NH_3 + H_3PO_4$ (오르소인산)
　　　　　　　　　　$H_4P_2O_7 \rightarrow 2HPO_3 + H_2O$ (메타인산)
→ 제3종: $NH_4H_2PO_4 \rightarrow HPO_3 + NH_3 + H_2O$
④ 제4종 분말소화약제:
　$2KHCO_3 + (NH_2)_2CO \rightarrow K_2CO_3 + 2NH_3 + 2CO_2$

57

제3종 분말소화약제의 열분해 결과로 생성되는 물질의 소화효과로 옳지 않은 것은?

① H_2O : 냉각작용
② HPO_3 : 방진작용
③ NH_3 : 부촉매작용
④ H_3PO_4 : 탈수탄화작용

57 정답 ③ LINK 기본서 173p

③ 제3종 분말소화약제의 열분해시 생성된 불연성가스(NH_3, H_2O)에 의해 질식효과를 볼 수 있다.
→ 열분해 반응과정에서 생성된 암모늄이온(NH_4^+)이 연쇄반응을 차단한다.

추가학습

- 분말소화약제의 소화효과: 질식효과, 냉각효과, 부촉매효과, 탄화·탈수효과, 방진효과, 방사열 차단 효과, 넉다운 효과

58

분말소화약제 중에서 질식효과, 냉각효과, 비누화반응이 나타나는 것은?

① 제1종 분말소화약제
② 제2종 분말소화약제
③ 제3종 분말소화약제
④ 제4종 분말소화약제

58 정답 ① LINK 기본서 172p

① 제1종 분말소화약제
1. 질식효과: 이산화탄소와 수증기에 의한 산소공급을 차단한다.
2. 냉각효과: 열분해 시 흡열반응한다.
3. 부촉매효과: 열분해 반응과정에서 생성된 나트륨이온(Na^+)이 연쇄반응 차단한다.
4. **비누화반응**: 일반적인 요리용 기름이나 지방질 기름의 화재 시에 이들 물질과 결합하여 비누화반응(에스테르가 알칼리작용으로 가수분해 되어 알코올과 산의 알칼리염이 생성되는 반응)을 일으킨다. 이때 생성된 비누상 물질은 가연성 액체의 표면을 덮어 **질식소화효과**와 함께 **재발화 억제효과**를 나타내어 **식용유화재(K급화재)에 적용**할 수 있다.

59

16 공채

다음 중 일반적인 분말소화효과로 옳지 않은 것은?

① 질식소화
② 냉각효과
③ 방사열 차단효과
④ 유화효과

---

59 정답 ④

LINK 기본서 174~175p

④ 유화효과는 가연성 액체(중질유) 화재 시 물을 무상으로 방사하거나 포 소화약제를 방사하여 유류표면에 얇은 층(유화층)을 형성시켜 유류의 증기압을 떨어뜨려 소화하는 방법으로 분말소화약제와는 무관하다.

선지체크

② 냉각효과: 분말 소화약제가 열에 의해 분해될 때 발생되는 흡열반응과 고체분말에 의한 화염온도가 저하될 때 나타나는 현상이다.
③ 방사열 차단효과: 분말 소화약제가 방출되면 화염과 가연물 사이에 분말의 운무를 형성하여 화염으로부터의 방사열을 차단하는 효과이다.

추가학습

| 분말소화약제의 소화효과 |

① 질식효과: 분말 소화약제가 열에 의해 분해될 때 CO_2, NH_3, H_2O 등의 불연성 기체에 의해 공기 중의 산소농도가 저하되어 나타나는 현상이다.
② 냉각효과: 분말 소화약제가 열에 의해 분해될 때 발생되는 흡열반응과 고체분말에 의한 화염온도가 저하될 때 나타나는 현상이다.
③ 부촉매효과: 분말 소화약제가 고온의 화염에 접하게 되면 일부가 분해되어 Na^+, K^+, NH_4^+ 이 발생되고, 이 라디칼이 가연물의 활성라디칼을 포착하여 연쇄반응을 중단시켜 소화하는 작용으로 분말 소화약제의 주 소화효과이다.
④ 탄화·탈수효과: 제1인산암모늄이 열분해 될 때 오르소인산에 의해 종이, 목재, 섬유 등을 구성하고 있는 섬유소를 탄화·탈수작용(연소하기 어려운 탄소로 급격히 변화시키는 작용)에 의하여 섬유소를 난연성의 탄소와 물로 분해하여 연소반응을 차단시키는 소화효과이다.
⑤ 방진효과: 섬유소를 탄화·탈수시킨 오르소인산은 다시 고온에서 2차 분해되면 최종적으로 가장 안정된 유리상의 메타인산(HPO_3)이 된다. 반응과정에서 생성된 메타인산(HPO_3)은 연소표면에 유리피막을 형성하여 가연물을 피복하여 연소에 필요한 산소의 유입을 차단하므로 재연소 방지효과가 커서 일반화재(A급화재)에도 사용이 가능하다.
⑥ 방사열차단효과: 분말 소화약제가 방출되면 화염과 가연물 사이에 분말의 운무를 형성하여 화염으로부터의 방사열을 차단하는 효과이다.

60 ☐☐☐ 10 서울

다음 중 분말 소화약제에 대하여 옳지 않은 것은?

① 분말은 미세할수록 소화효과가 크며 화염 속으로의 침투성도 좋아진다.
② 분말의 방습이 좋지 않으면 소화효과가 떨어지기 때문에 방습제를 사용한다.
③ 분말은 정상적인 상태에서 독성이나 부식성이 없어야 한다.
④ 분말은 유동성이 좋아야 소화효과가 높아진다.

60 정답 ① LINK 기본서 171p

① 분말소화약제의 입자는 **너무 미세해도 좋지 않다**. 20~25[μm]의 사이즈가 가장 적당하다.

선지체크

② 습기를 방지하지 못하면(습기에 약하면) 소화효과가 떨어진다. 습기에 의해 굳어지는 것을 방지하기 위해 금속의 스테아린산아연, 스테아린산마그네슘, 실리콘오일 등(방습제)으로 방습처리한다.
④ 유동성을 높이기 위해 분산제를 사용하고, 안식각을 작게한다.

61 ☐☐☐ 18 간부

분말소화약제에 대한 일반적인 설명으로 옳지 않은 것은?

① 피연소 물질에 영향을 끼치는 단점을 가지고 있다.
② 전기절연성이 높아 고전압의 전기화재에도 적합하다.
③ 제3종 분말소화약제의 착색은 담홍색이다.
④ 자기연소성 물질의 화재에 강한 소화력을 가지고 있다.
⑤ 습기의 흡입에 주의하여야 한다.

61 정답 ④ LINK 기본서 171~175p

④ 분말소화약제는 자체에서 산소를 공급하는 화합물에는 **적응성이 없다**.

추가학습

| 분말소화설비의 소화비적응성 |

① 나이트로셀룰로오스와 같이 자체에서 산소를 공급하는 화합물
② 나트륨, 칼륨, 마그네슘, 티타늄, 지르코늄과 같은 가연성금속류
③ 분말약제가 연소부위에 침투되지 않는 일반가연물에 있어서 심부성화재나 잠복성 화재

62 ☐☐☐ 09 경남

다음 중 소화약제에 대한 설명으로 옳지 않은 것은?

① 할론 1301 - 우수한 소화력에도 불구하고 A급 화재에서는 일반적으로 적응력이 없다.
② 포 소화약제 - 주 소화효과는 질식과 냉각이다.
③ 제3종 분말소화약제 - 열분해 시 메타인산의 물질이 생성되어 A급 화재에 적응성을 갖는다.
④ 제3종 분말소화약제 - 비누화현상이 있어 특히 주방의 화재에 적응성을 갖는다.

62 정답 ④ LINK 기본서 172p

④ 비누화현상이 있어 특히 주방의 화재에 적응성을 갖는 것은 **제1종 분말소화약제**이다.

63

분말소화약제에 관한 설명으로 옳지 않은 것은?

① 제2종 분말소화약제의 주성분은 $KHCO_3$이다.
② 제1·2·3종 분말소화약제는 열분해 반응에서 CO_2가 생성된다.
③ $NaHCO_3$이 주된 성분인 분말소화약제는 B·C급 화재에 사용하고 분말 색상은 백색이다.
④ $NH_4H_2PO_4$이 주된 성분인 분말소화약제는 A·B·C급 화재에 유효하고 비누화현상이 일어나지 않는다.

---

5 할론 소화약제

64

다음 중 할로겐(할론) 원자수의 순서로서 옳은 것은?

① F Br Cl I
② Cl F Br I
③ F Cl Br I
④ Cl Br F I

65

다음 중 할론 1301 소화약제에 함유되어 있지 않은 성분으로 옳은 것은?

① 탄소
② 불소
③ 염소
④ 취소

---

63 ▸ 정답 ②

② 제1·2종 분말소화약제는 열분해 반응에서 H_2O와 CO_2가 생성되며 제3종 분말소화약제는 H_2O, 제4종 분말소화약제는 CO_2가 생성된다.

64 ▸ 정답 ③

③ 지방족 탄화수소인 메탄(CH_4), 에탄(C_2H_6)등의 수소 일부 또는 전부가 주기율표 17족 원소 불소(F), 염소(Cl), 취소(Br), 옥소(I)로 치환된 화합물이다.

추가학습

| 할론 명명법 |

탄소(C)를 맨 앞에 두고 할로겐원소를 주기율표 순서대로 F → Cl → Br → I 의 원자수 만큼 해당하는 숫자를 부여한다. 맨 끝의 숫자가 0일 경우는 생략 가능하다. 옥소(I) 화합물은 소화의 강도가 가장 강하나 다른 물질과 쉽게 결합하여 많은 분해부산물을 생성하여 독성이 많아지게 되고 경제성 또한 없어 소화약제로는 잘 사용하지 않는다.

ex Halon 1301

Halon	1	3	0	1
	C의 원자수	F의 원자수	Cl의 원자수	Br의 원자수

65 ▸ 정답 ③

③ 할론1301의 분자식은 CF_3Br으로 염소(Cl)는 함유되어 있지 않다.

66 | 15 공채

다음 중 오존파괴지수(ODP)가 가장 높은 소화약제는?

① 할론 1301
② 할론 1211
③ 할론 2402
④ 이산화탄소

66 정답 ① LINK 기본서 177p

① 오존파괴지수: 할론 1301 > 2402 > 1211 > 이산화탄소

추가학습

|소화효과|

Halon 1301 > 1211 > 2402

67 | 12 전북

다음 중 오존파괴지수(ODP)가 큰 순서대로 된 것은?

| ㄱ. IG - 541 | ㄴ. 할론 1211 |
| ㄷ. 할론 2402 | ㄹ. 할론 1301 |

① ㄷ-ㄴ-ㄱ-ㄹ
② ㄴ-ㄷ-ㄹ-ㄱ
③ ㄴ-ㄷ-ㄱ-ㄹ
④ ㄹ-ㄷ-ㄴ-ㄱ

67 정답 ④ LINK 기본서 177p

④ 오존파괴지수: 할론 1301 > 2402 > 1211 > IG – 541

68 | 10 경북

다음 중 할론 소화약제에 대해 옳지 않은 것은?

① 일반적으로 B급, C급 화재에 적응성 있다.
② 연소물에 대하여 부촉매효과가 있다.
③ 물이나 이산화탄소 소화약제에 비하여 냉각효과가 약하다.
④ 할론 소화약제는 모든 위험물에 적응이 가능하다.

68 정답 ④ LINK 기본서 175-178p

④ 할론 소화약제는 보통 **유류화재(B급화재), 전기화재(C급화재)에 적응성**이 있으며, **금속화재(D급화재)에는 사용이 불가능**하다.

선지체크

② 할론 소화약제가 고온의 화염에 접하게 되면 일부가 분해되어 HF, HBr 등이 발생되고, 이 라디칼이 가연물의 활성라디칼을 포착하여 **연쇄반응을 중단**시켜 소화하는 작용으로 **할론 소화약제의 주 소화효과**이다.

69

다음 중 할론 소화약제의 소화효과의 성능으로 옳지 않은 것은?

① 유화효과
② 억제효과
③ 질식효과
④ 냉각효과

69 정답 ① LINK 기본서 177p

① 유화효과는 중유 등의 화재에 무상주수 시 **유화층(에멀전)을 형성**시켜 유류의 증기압을 떨어뜨려 소화하는 방법으로 할론소화약제와는 무관하다.

선지체크
② **억제효과(부촉매효과)**: 할론 소화약제가 고온의 화염에 접하게 되면 일부가 분해되어 HF, HBr 등이 발생되고, 이 라디칼이 가연물의 활성라디칼을 포착하여 연쇄반응을 중단시켜 소화하는 작용으로 **할론 소화약제의 주 소화효과**이다.
③ 질식효과: 할론 소화약제 자체가 공기보다 무거워 공기 중의 산소공급을 차단한다. 또한, 할론 소화약제가 고온의 화염에 접하게 되면 불활성 가스인 HF, HBr 등이 발생되는데 더 이상 연소하지 않는 물질로 대기 방출 시 산소를 희석시켜 질식 작용한다. 질식소화 이전에 부촉매 소화효과가 먼저 일어나 소화에는 결정적으로 작용하지 않는다.
④ 냉각효과: 할론 소화약제가 저비점으로 증발 시 주위로부터 열량을 흡수하는 소화효과이다.

70

할론 1301의 기체비중은?(공기분자량: 29, C원자량: 12, F원자량: 19, Br원자량: 80)

① 2.1배
② 4.5배
③ 5.14배
④ 9배

70 정답 ③ LINK 기본서 176p

- 할론1301의 분자식: CF_3Br
- 증기비중 = $\dfrac{분자량}{29}$

$$= \dfrac{12+(19\times 3)+80}{29} = \dfrac{149}{29} = 5.137 ≒ 5.14배$$

71

할론(Halon) 소화약제에 관한 설명으로 옳은 것은?

① 지방족 탄화수소, 메테인, 에테인 등의 수소 원자 일부 또는 전부가 할로젠 원소(F, Cl, Br, I)로 치환된 화합물이며 메테인, 에테인과 물리·화학적 성질이 비슷하다.
② Halon 1301과 Halon 1211은 모두 상온, 상압에서 기체로 존재하며 유류화재, 전기화재, 금속의 수소화합물, 유기과산화물에 적응성이 있다.
③ Halon 2402는 상온, 상압에서 액체로 존재하며 자체적인 독성은 없지만 열분해 시 독성가스를 발생시킨다.
④ Halon 1211은 자체 증기압이 낮아 저장용기에 저장할 때 소화약제의 원활한 방출을 위해 질소가스로 가압한다.

71 정답 ④ LINK 기본서 175~176p

선지체크
① 지방족 탄화수소, 메테인, 에테인 등의 수소 원자 일부 또는 전부가 할로젠 원소(F, Cl, Br, I)로 치환된 화합물이며 메테인, 에테인과 **물리·화학적 성질은 다르다.**
② Halon 1301과 Halon 1211은 모두 상온, 상압에서 기체로 존재하며 유류화재, 전기화재에 적응성이 있으나 **금속의 수소화합물, 유기과산화물에 적응성이 없다.**
③ Halon 2402는 상온, 상압에서 액체로 존재하며 **독성이 있으며** 열분해 시 독성가스를 발생시킨다.

6 할로겐화합물 및 불활성기체 소화약제

72 □□□ 21 간부
"할로겐화합물 및 불활성기체 소화약제" 중 불활성기체 소화약제를 구성할 수 있는 물질에 해당하지 않는 것은?

① 헬륨 ② 네온
③ 염소 ④ 질소
⑤ 아르곤

72 정답 ③ 🔗LINK 기본서 178p

• 불활성기체 소화약제: 헬륨(He), 네온(Ne), 아르곤(Ar), 질소(N_2) 중 하나 이상의 원소를 기본 성분으로 하는 소화약제이다.

추가학습

| 할로겐화합물 소화약제 |
불소(F), 염소(Cl), 취소(Br), 옥소(I) 중 하나 이상의 원소를 포함하고 있는 유기화합물을 기본 성분으로 하는 소화약제이다.

73 □□□ 15 2차 경기
다음 중 할로겐화합물 및 불활성기체 소화약제에 관한 설명으로 옳지 않은 것은?

① 전기전도성이 좋다.
② 소화 후 잔여물을 남기지 않는다.
③ 질식 및 억제(부촉매)소화가 가능하다.
④ 부패 변질 등 화학적 변화가 없어 장기보관이 가능하다.

73 정답 ① 🔗LINK 기본서 178p

① 할로겐화합물(할론 1301, 1211, 2402 제외) 또는 불활성기체 소화약제는 화재진화 후 잔사가 남지 않으며 **전기적으로 비전도성**인 소화약제이다.

74 □□□ 10 전북
할로겐화합물 및 불활성기체 소화약제가 미치는 환경을 생각하는 것으로 옳지 않은 것은?

① 오존파괴지수 ② 지구온난화지수
③ 대기 중 소멸성 ④ 전기절연성

74 정답 ④ 🔗LINK 기본서 178p

④ 전기절연성은 환경적으로 고려하지 않는 사항이다.

추가학습

| 할로겐화합물 및 불활성기체 소화약제의 구비조건 |
① 소화성능: 소화성능이 우수해야 한다.
② 독성: 독성이 적어 인체에 무해해야 한다.
③ 환경영향성: 오존파괴지수(ODP), 지구온난화지수(GWP), 대기잔존시간(ALT)이 낮아야 한다.
④ 경제성: 가격이 적당하며 다른 소화설비보다 소화약제량이 많아 넓은 저장 공간이 필요하다.

75

할로겐화합물 소화약제가 갖추어야 할 일반적인 조건으로 옳지 않은 것은?

① 독성이 적을수록 좋다.
② 지구 온난화에 끼치는 영향이 적을수록 좋다.
③ 대기 중에 잔존 시간이 길수록 좋다.
④ 오존층 파괴에 끼치는 영향이 적을수록 좋다.

75 정답 ③

③ 대기 중에 잔존 시간이 짧아야 한다.

추가학습

| 대기잔존시간(ALT: Atmospheric Life Time) |

물질이 방사된 후 대기권 내에서 분해되지 않고 체류하는 잔류기간을 말한다.

76

어떤 물질이 오존층 파괴에 기여하는 능력을 상대적으로 나타내는 오존파괴지수(ODP)의 기준물질은?

① CFC-11
② CFC-12
③ CFC-111
④ CFC-112
⑤ CFC-1301

76 정답 ①

- 오존파괴지수(ODP: Ozone Depletion Potential)
어떤 화합물질의 오존파괴 정도를 숫자로 표현한 것이다.

$$ODP = \frac{어떤\ 물질\ 1kg에\ 의해\ 파괴되는\ 오존량}{CFC-11\ 1kg에\ 의해\ 파괴되는\ 오존량}$$

→ CFC-11(CCl_3F): 삼염화불화탄소

추가학습

| 지구온난화지수(GWP: Global Warming Potential) |

지구온난화에 얼마나 영향을 미치는지를 측정하는 지수이다.

$$GWP = \frac{어떤\ 물질\ 1kg에\ 의한\ 지구\ 온난화\ 정도}{CO_2\ 1kg에\ 의한\ 지구\ 온난화\ 정도}$$

77

할로겐화합물 및 불활성기체 소화약제의 내용에 관하여 옳지 않은 것은?

① 할로겐화합물 및 불활성기체 소화약제는 오존층 보호용인 친환경적 소화약제이다.
② 증발성이 있거나 증발 후 대기 중 잔여물을 남기지 않는 깨끗한 소화약제이다.
③ 할론 소화약제를 포함한 할로겐화합물 및 불활성기체이다.
④ 오존파괴지수(ODP)와 지구온난화지수(GWP)가 제로에 가깝다.

77 정답 ③

③ 할로겐화합물(할론 1301, 1211, 2402 제외) or 불활성기체 소화약제는 화재진화 후 잔사가 남지 않으며 전기적으로 비전도성인 소화약제이다.

78

☐☐☐ 16 간부

할로겐화합물 및 불활성기체 소화약제에 대한 설명으로 옳지 않은 것은?

① 전기적으로 비전도성이며 휘발성이 있거나 증발 후 잔여물을 남기지 않는 소화약제이다.
② 오존파괴지수와 지구온난화지수가 할론과 이산화탄소에 비해 무시할 정도로 낮다.
③ 화재에 대하여 질식·냉각소화 기능 및 억제소화기능이 우수하다.
④ 화재를 소화하는 동안 피연소물질에 물리적·화학적 변화나 재산상의 피해를 주지 않으며, 소화가 완료된 후 특별한 물질이나 지방성 부산물을 발생시키는 단점이 있다.
⑤ 소화약제 방출시 할론이나 이산화탄소와 같이 산소의 농도를 급격하게 저하시키지 않는다.

79

☐☐☐ 23 공채

할로겐화합물 및 불활성기체 소화약제에 관한 설명으로 옳지 않은 것은?

① IG-01, IG-55, IG-100, IG-541 중 질소를 포함하지 않은 약제는 IG-100이다.
② 할로겐화합물 소화약제 중 HFC-23(트리플루오르메탄)의 화학식은 CHF_3이다.
③ 부촉매 소화효과는 불활성기체 소화약제에는 없으나 할로겐화합물 소화약제는 있다.
④ 할로겐화합물 소화약제는 불소, 염소, 브롬 또는 요오드 중 하나 이상의 원소를 포함하고 있는 유기화합물을 기본성분으로 하는 소화약제를 말한다.

---

78 정답 ④ LINK 기본서 178~181p

④ 화재를 소화하는 동안 피연소물질에 물리적·화학적 변화나 재산상의 피해를 주지 않으며, 소화가 완료된 후 특별한 물질이나 지방성 부산물을 **발생시키지 않는다**.

선지체크

⑤ IG-541 : 소화에 필요한 소화농도에 도달하는 데 있어 다른 소화약제는 10초 미만이지만 IG-541은 적어도 1분이 소요된다. 따라서 사람이 있는 곳에서도 사용 가능하나 30초 이내에 도망가야 한다.

79 정답 ① LINK 기본서 178~181p

① IG-01, IG-55, IG-100, IG-541 중 질소를 포함하지 않은 약제는 **IG-01**이다.

80
09 부산

할로겐화합물 및 불활성 기체소화약제 중 주성분이 Ar에 해당하는 것은?

① IG-100
② IG-01
③ IG-55
④ IG-541

80 정답 ② LINK 기본서 181p

② IG-01은 Ar으로만 구성되어 있다.

추가학습

계열	종류	화학식	NOAEL [%]	ODP
IG	IG-01	Ar	43	0
	IG-100	N_2	43	0
	IG-541	N_2 52[%] + Ar 40[%] + CO_2 8[%]	43	0
	IG-55	N_2 50[%] + Ar 50[%]	43	0

81
19 공채

불활성기체소화약제의 표기와 화학식의 연결이 옳지 않은 것은?

① IG-01: Ar
② IG-100: N_2
③ IG-541: N_2: 52 %, Ar: 40 %, Ne: 8 %
④ IG-55: N_2: 50 %, Ar: 50 %

81 정답 ③ LINK 기본서 181p

③ IG-541: N_2: 52 %, Ar: 40 %, CO_2: 8 %

82
18 공채

다음 중 "불활성가스 소화약제 IG-541"에 대하여 옳지 않은 것은?

① IG-541은 사람이 있는 곳에서도 사용할 수 있다.
② 불활성기체 소화약제와 분말소화약제는 화학적 소화성능을 가지고 있다.
③ ODP가 0%이다.
④ IG-541은 N_2: 52%, Ar: 40%, CO_2: 8%에 해당한다.

82 정답 ② LINK 기본서 180~181p

② 할로겐화합물 소화약제는 물리적, 화학적 소화가 가능하나 불활성 기체 소화약제는 물리적 소화만 가능하다. **IG-541은 불활성기체 소화약제로 화학적 소화가 불가능**하다.

선지체크

① IG-541은 **질소 52%, 아르곤 40%, 이산화탄소 8%**로, Inergen 약제라고 하며 주로 밀폐된 공간에서 산소농도를 낮춰 소화한다. 이 소화약제는 소화성능을 발휘할 수 있는 약제의 농도에서도 사람의 호흡에 문제가 없어 **사람이 있는 곳에서도 사용이 가능**하다.(소화에 필요한 소화농도에 도달하는 데 있어 다른 소화약제는 10초 미만이지만 IG-541은 적어도 1분이 소요된다. 따라서 **사람이 있는 곳에서도 사용 가능하나 30초 이내에 도망가야 한다**.)

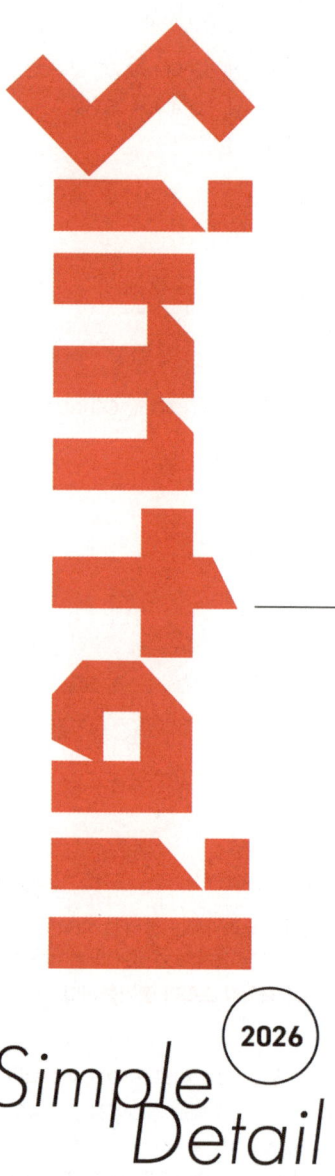

Simtail

Simple Detail 2026

VI

위험물

CHAPTER 01 위험물이론
CHAPTER 02 위험물안전관리법
CHAPTER 03 특수가연물

CHAPTER 01 위험물이론

1 위험물의 정의

01 ☐☐☐ 20 간부

「위험물안전관리법」상 위험물에 대한 정의이다. ( ) 안에 들어갈 내용으로 옳은 것은?

> 위험물이라 함은 (ㄱ) 또는 (ㄴ) 등의 성질을 가지는 것으로서 (ㄷ)이 정하는 물품을 말한다.

	ㄱ	ㄴ	ㄷ
①	가연성	발화성	행정안전부령
②	가연성	폭발성	대통령령
③	인화성	발화성	대통령령
④	인화성	폭발성	대통령령
⑤	인화성	발화성	행정안전부령

01 정답 ③

"위험물"이라 함은 **인화성** 또는 **발화성** 등의 성질을 가지는 것으로서 **대통령령**이 정하는 물품을 말한다.(「위험물안전관리법」 제2조 제1호)

02 ☐☐☐ 10 전북

「위험물안전관리법」에서 위험물의 정의로 옳은 것은?

① 인화성 또는 발화성 등의 성질을 가지는 것으로 대통령령이 정하는 물품을 말한다.
② 위험물이란 대통령령이 정하는 인화성·연소성 등의 물품을 말한다.
③ 인화성 또는 발화성 등의 위험성이 있는 물질로서 행정안전부령으로 정해놓은 것을 말한다.
④ 위험물이란 행정안전부령이 정하는 인화성·발화성 등의 물품을 말한다.

02 정답 ①

"위험물"이라 함은 **인화성** 또는 **발화성** 등의 성질을 가지는 것으로서 **대통령령**이 정하는 물품을 말한다.(「위험물안전관리법」 제2조 제1호)

2 위험물의 분류

03 13 공채

위험물의 성상 구분(제1류~제6류)으로서 그 연결이 옳지 않은 것은?

① 제2류 위험물 - 가연성액체
② 제3류 위험물 - 자연발화성 및 금수성물질
③ 제5류 위험물 - 자기반응성물질
④ 제6류 위험물 - 산화성액체

03 정답 ①

① 2류 위험물 - **가연성고체**

추가학습

분 류	성 질
제1류	산화성고체
제2류	가연성고체
제3류	자연발화성 및 금수성물질
제4류	인화성액체
제5류	자기반응성물질
제6류	산화성액체

04 12 울산

「위험물안전관리법」에서 규정하는 위험물의 성질에 대해서 옳은 것은?

① 제1류 위험물 - 자기반응성물질
② 제2류 위험물 - 가연성고체
③ 제3류 위험물 - 인화성물질
④ 제4류 위험물 - 금수성물질

04 정답 ②

선지체크

① 제1류 위험물 - **산화성고체**
③ 제3류 위험물 - **자연발화성 및 금수성물질**
④ 제4류 위험물 - **인화성액체**

05 12 공채

제5류 위험물의 성질로서 옳은 것은?

① 산화성고체
② 인화성액체
③ 금수성물질
④ 자기반응성물질

05 정답 ④

선지체크

① 산화성고체: **제1류 위험물**
② 인화성액체: **제4류 위험물**
③ 금수성물질: **제3류 위험물**

06 〔13 대전〕

「위험물안전관리법」에서 위험물에 따라 규정하는 사항으로 옳은 것은?

( ) 물질이라 함은 ( ) 또는 액체로서 폭발의 위험성 또는 ( )의 격렬함을 판단하기 위하여 고시로 정하는 시험에서 고시로 정하는 성질과 상태를 나타내는 것을 말하며, 위험성 유무와 등급에 따라 제1종 또는 제2종으로 분류한다.

① 산화성액체, 기체, 가열분해
② 자연발화성, 고체, 폭발분해
③ 자기반응성, 고체, 가열분해
④ 금수성, 고체, 폭발분해

06 정답 ③ LINK 기본서 192~193p

"자기반응성물질"이라 함은 고체 또는 액체로서 폭발의 위험성 또는 가열분해의 격렬함을 판단하기 위하여 고시로 정하는 시험에서 고시로 정하는 성질과 상태를 나타내는 것을 말하며, 위험성 유무와 등급에 따라 제1종 또는 제2종으로 분류한다.(「위험물안전관리법 시행령」 별표1 비고)

추가학습

| 위험물 정의(「위험물안전관리법 시행령」 별표1 비고) |

① "산화성고체"라 함은 고체로서 산화력의 잠재적인 위험성 또는 충격에 대한 민감성을 판단하기 위하여 소방청장이 정하여 고시하는 시험에서 고시로 정하는 성질과 상태를 나타내는 것을 말한다.
② "가연성고체"라 함은 고체로서 화염에 의한 발화의 위험성 또는 인화의 위험성을 판단하기 위하여 고시로 정하는 시험에서 고시로 정하는 성질과 상태를 나타내는 것을 말한다.
③ "자연발화성물질 및 금수성물질"이라 함은 고체 또는 액체로서 공기 중에서 발화의 위험성이 있거나 물과 접촉하여 발화하거나 가연성가스를 발생하는 위험성이 있는 것을 말한다.
④ "인화성액체"라 함은 액체로서 인화의 위험성이 있는 것을 말한다.
⑤ "자기반응성물질"이라 함은 고체 또는 액체로서 폭발의 위험성 또는 가열분해의 격렬함을 판단하기 위하여 고시로 정하는 시험에서 고시로 정하는 성질과 상태를 나타내는 것을 말하며, 위험성 유무와 등급에 따라 제1종 또는 제2종으로 분류한다.
⑥ "산화성액체"라 함은 액체로서 산화력의 잠재적인 위험성을 판단하기 위하여 고시로 정하는 시험에서 고시로 정하는 성질과 상태를 나타내는 것을 말한다.

07 〔11 서울〕

「위험물안전관리법」에서 규정하는 가연성고체에 관한 설명이다. 옳은 것은?

"가연성고체"라 함은 고체로서 ( ) 또는 ( )을 판단하기 위하여 고시로 정하는 시험에서 고시로 정하는 성질과 상태를 나타내는 것을 말한다.

① 화염에 의한 발화의 위험성, 인화의 위험성
② 충격에 의한 발화의 위험성, 인화의 위험성
③ 화염에 의한 발화의 위험성, 충격의 위험성
④ 충격에 의한 화염의 위험성, 인화의 위험성

07 정답 ① LINK 기본서 186p

"가연성고체"라 함은 고체로서 화염에 의한 발화의 위험성 또는 인화의 위험성을 판단하기 위하여 고시로 정하는 시험에서 고시로 정하는 성질과 상태를 나타내는 것을 말한다.

08　　　□□□　11 울산

다음 중 「위험물안전관리법」에서 규정하는 제1류 위험물 및 제6류 위험물의 공통적인 특징은?

① 인화성　　　　② 산화성
③ 가연성　　　　④ 자기반응성

08　정답 ②　　LINK 기본서 185p, 194p

② 제1류 위험물은 산화성 고체, 제6류 위험물은 산화성 액체로 산화력의 잠재적인 위험성이 있는 물질이다.

추가학습

① 제1류 위험물(산화성고체)
"산화성고체"라 함은 고체(액체 또는 기체 외의 것)로서 산화력의 잠재적인 위험성 또는 충격에 대한 민감성을 판단하기 위하여 소방청장이 정하여 고시하는 시험에서 고시로 정하는 성질과 상태를 나타내는 것을 말한다.
② 제6류 위험물(산화성액체)
"산화성액체"라 함은 액체로서 산화력의 잠재적인 위험성을 판단하기 위하여 고시로 정하는 시험에서 고시로 정하는 성질과 상태를 나타내는 것을 말한다.

09　　　□□□　11 서울

다음 보기에 해당하는 위험물로서 옳은 것은?

〈 보기 〉
물질의 분해에 의해서 산소를 발생하는 산화성액체이며 불연성이다. 산소를 함유하고 있으며 물보다 무겁다.

① 제1류 위험물　　② 제3류 위험물
③ 제5류 위험물　　④ 제6류 위험물

09　정답 ④　　LINK 기본서 194p

④ 산소를 발생하는 산화성액체는 제6류 위험물이다.

10　　　□□□　09 전북

「위험물안전관리법」에서 칼륨, 나트륨 등 자연발화성 및 금수성물질은 몇 류인가?

① 제1류 위험물　　② 제2류 위험물
③ 제3류 위험물　　④ 제4류 위험물

10　정답 ③　　LINK 기본서 184p

선지체크

① 제1류 위험물: 산화성고체
② 제2류 위험물: 가연성고체
④ 제4류 위험물: 인화성액체

11   09 인천

다음 중 「위험물안전관리법」에서 지정하는 위험물의 품명이 옳지 않은 것은?

① 제1류 위험물 - 염소산염류, 질산염류
② 제2류 위험물 - 황린, 적린
③ 제3류 위험물 - 나트륨, 칼륨
④ 제6류 위험물 - 과산화수소, 과염소산

11 정답 ②   LINK 기본서 184p

② 황린 – **제3류 위험물**(자연발화성 및 금수성물질) 20kg
　적린 – 제2류 위험물(가연성고체) 100kg

선지체크
① 제1류 위험물(산화성고체) – 염소산염류(50kg), 질산염류(300kg)
③ 제3류 위험물(자연발화성 및 금수성물질) – 나트륨(10kg), 칼륨(10kg)
④ 제6류 위험물(산화성액체) – 과산화수소(300kg), 과염소산(300kg)

12   16 2차 충남

「위험물안전관리법」에서 위험물의 분류 중 옳지 않은 것은?

① 산화성고체 - 염소산염류
② 인화성액체 - 석유류
③ 가연성고체 - 황린
④ 자연발화성 및 금수성 물질 - 칼륨

12 정답 ③   LINK 기본서 184p

③ 황린 – 제3류 위험물(**자연발화성 및 금수성 물질**) 20kg

선지체크
① 염소산염류 – 제1류 위험물(산화성고체) 50kg
② 석유류 – 제4류 위험물(인화성액체)
④ 칼륨 – 제3류 위험물(자연발화성 및 금수성 물질) 10kg

13   19 공채

위험물 지정수량이 다른 하나는?

① 탄화칼슘　　　② 과염소산
③ 마그네슘　　　④ 금속의 인화물

13 정답 ③   LINK 기본서 184p

③ 마그네슘 – 제2류 위험물(가연성고체) **500kg**

선지체크
① 탄화칼슘 – 제3류 위험물(자연발화성 및 금수성물질) **300kg**
② 과염소산 – 제6류 위험물(산화성액체) **300kg**
④ 금속의 인화물 – 제3류 위험물(자연발화성 및 금수성물질) **300kg**

14 　　09 경북
다음 중 위험물의 지정수량이 옳은 것은?

① 황화인 100kg
② 염소산염류 100kg
③ 과산화수소 100kg
④ 질산 200kg

14 정답 ① 　　LINK 기본서 184p
① 황화인 – 제2류 위험물(가연성고체) 100kg

선지체크
② 염소산염류 – 제1류 위험물(산화성고체) **50kg**
③ 과산화수소 – 제6류 위험물(산화성액체) **300kg**
④ 질산 – 제6류 위험물(산화성액체) **300kg**

15 　　17 2차 공채
다음 중 위험물의 지정수량으로 옳은 것은?

① 다이크로뮴산염류 - 10kg
② 알킬리튬 - 10kg
③ 제5류 위험물(제1종) - 100kg
④ 질산 - 100kg

15 정답 ② 　　LINK 기본서 184p
② 제3류 위험물(자연발화성 및 금수성물질) 10kg

선지체크
① 제1류 위험물(산화성고체) **1,000kg**
③ 제5류 위험물(자기반응성물질) 제1종 **10kg**
④ 제6류 위험물(산화성액체) **300kg**

16 　　20 간부
「위험물안전관리법 시행령」상 제3류 위험물의 품명 및 지정수량으로 옳은 것은?

① 나트륨 - 5kg
② 황린 - 10kg
③ 알칼리토금속 - 30kg
④ 알킬리튬 - 50kg
⑤ 금속의 인화물 - 300kg

16 정답 ⑤ 　　LINK 기본서 184p
⑤ 금속의 인화물(제3류 위험물) – 300kg

선지체크
① 나트륨(제3류 위험물) – **10kg**
② 황린(제3류 위험물) – **20kg**
③ 알칼리토금속(제3류 위험물) – **50kg**
④ 알킬리튬(제3류 위험물) – **10kg**

17 19 간부

「위험물안전관리법 시행령」상 위험물 및 지정수량이 올바르게 짝지어진 것은?

유별	품명	지정수량
① 제1류	과망가니즈산염류	300kg
② 제2류	마그네슘	100kg
③ 제3류	과염소산	300kg
④ 제4류	알코올류	200kg
⑤ 제5류	제1종	10kg

17 정답 ⑤ LINK 기본서 184p

선지체크
① 제1류 – 과망가니즈산염류 – **1,000kg**
② 제2류 – 마그네슘 – **500kg**
③ **제6류** – 과염소산 – 300kg
④ 제4류 – 알코올류 – **400L**

18 24 공채

「위험물안전관리법」및 같은 법 시행령, 시행규칙상 위험물의 지정수량과 위험등급의 연결이 옳지 않은 것은?

① 황린 - 20kg - Ⅰ등급
② 마그네슘 - 500kg - Ⅲ등급
③ 유기과산화물(1종) - 10kg - Ⅰ등급
④ 과염소산 - 300kg - Ⅱ등급

18 정답 ④ LINK 기본서 185~194p

④ 과염소산 – 300kg – **Ⅰ등급**

19 09 제주

다음 중 자신은 불연성으로 연소하지 않지만 다른 가연물의 연소를 돕는 물질은?

① 이산화탄소
② 유기과산화물
③ 무기과산화물
④ 특수인화물

19 정답 ③ LINK 기본서 185p

③ 자신은 불연성이면서 다른 가연물의 연소를 돕는 것은 **산화성 물질**로 **무기과산화물**이 **산화성고체(제1류)**에 해당한다.

선지체크
① 이산화탄소는 불연성이지만 다른 가연물질의 연소를 돕는 물질은 아니다.
 → 이산화탄소를 사용(방사)할 경우 공기 중의 산소농도 21[%]를 15[%]이하로 저하시켜 소화할 수 있다.
② 유기과산화물은 제5류 위험물(자기반응성물질)로 **가연성 물질**이며 산소를 함유하고 있다.
④ 특수인화물은 제4류 위험물(인화성액체)로 인화점이 낮아 **연소하기 쉬운 물질**이다.

20

☐☐☐ 09 강원

위험물 중 제1류 위험물로 옳지 않은 것은?

① 아염소산염류
② 무기과산화물
③ 아조화합물
④ 브로민산염류

20 정답 ③

LINK 기본서 185p, 193p

③ 아조화합물 – 제5류 위험물(자기반응성물질)

추가학습

| 제1류 위험물(산화성고체) |

품 명	지정수량	위험등급
아염소산염류, 염소산염류, 과염소산염류, 무기과산화물	50kg	1
브로민산염류, 질산염류, 아이오딘산염류	300kg	2
과망가니즈산염류, 다이크로뮴산염류	1,000kg	3

*행정안전부령으로 정하는 것: 과아이오딘산염류, 과아이오딘산, 크로뮴·납 또는 아이오딘의 산화물, 아질산염류, 차아염소산염류, 염소화아이소사이아누르산, 퍼옥소이황산염류, 퍼옥소붕산염류

21

☐☐☐ 18 2차 공채

다음 중 제1류 위험물의 일반적 성질에 대한 설명으로 옳지 않은 것은?

① 불연성 물질이다.
② 강력한 환원제이다.
③ 대부분 무기화합물이다.
④ 다른 가연물의 연소를 돕는 지연성 물질이다.

21 정답 ②

LINK 기본서 185p

② 제1류 위험물은 강력한 산화제이다.

추가학습

| 용어정리 |
① 산화제: 산화성 물질로 다른 물질을 산화시키며 자신은 환원되는 물질이다.
② 환원제: 환원성 물질로 다른 물질은 환원시키며 자신은 산화되는 물질이다.

| 제1류 위험물의 일반성질 및 위험성 |
① 강산화제로 분해 시 산소를 방출한다.
② 자신은 불연성이며 다른 가연물의 연소를 돕는 조연성(지연성) 물질이다.
③ 대부분 무색결정 또는 백색 분말이다.
④ 대부분 무기화합물이다.
⑤ 비중이 1보다 크며 물에 녹는 것(수용성)이 많다.
⑥ 조해성이 있는 것도 있으며, 수용액 상태에서도 산화성이 있다.
⑦ 가열, 충격, 마찰 등에 분해하면서 산소를 발생한다.
⑧ 가연물과 혼합하면 연소·폭발 위험성이 있다.
⑨ 무기과산화물(알칼리금속의 과산화물)은 물과 급격한 발열반응을 하며 산소를 방출한다.

22
11 전남

제1류 위험물의 특징으로 옳지 않은 것은?

① 모두 불연성이며, 그 자체에 산소를 가지고 있다.
② 알칼리금속의 과산화물은 물과 반응하여 수소를 발생한다.
③ 가열·충격·마찰 등으로 분해되어 쉽게 산소를 발생한다.
④ 대부분 무색결정 또는 백색분말이다.

22 정답 ② LINK 기본서 185p

② 알칼리금속의 과산화물(무기과산화물)은 물과 반응하여 **산소를 발생**한다.

추가학습

| 소화방법 |

무기과산화물류(알칼리금속의 과산화물)는 물과 급격히 발열반응하며 산소를 방출하므로 탄산수소염류의 분말소화기, 건조사(마른모래, 팽창질석, 팽창진주암 등)에 의한 질식소화(피복효과)한다.

23
17 2차 공채

제1류 위험물로 일반적인 성질로서 옳은 것은?

① 산화성고체이며 물보다 무겁고 물에 잘 녹는다.
② 가연성물질로서 환원성 물질이다.
③ 대부분 유기화합물로 구성되어 있다.
④ 과산화수소, 과염소산, 질산 등이 해당된다.

23 정답 ① LINK 기본서 185p

선지체크

② **제2류 위험물**(가연성고체)의 특징이다. 제1류 위험물은 불연성이며, 산화성 물질이다.
③ 대부분 **무기화합물로 구성**되어 있다.
④ 과산화수소, 과염소산, 질산 등은 **제6류 위험물**(산화성액체)에 해당한다.

24
09 경남

제1류 위험물의 성질과 특성에 가장 옳은 것은?

① 대부분은 유기화합물이다.
② 대부분 비중은 물보다 작다.
③ 가열, 충격, 마찰에 의해 산소가 발생한다.
④ 무기과산화물은 주수소화가 가능하다.

24 정답 ③ LINK 기본서 185~186p

③ 산화성 물질로 가열, 충격, 마찰에 의해 산소가 발생한다.

선지체크

① 대부분 **무기화합물로 구성**되어 있다.
② 대부분 비중은 물보다 **크며 물에 녹는 것(수용성)**이 많다.
④ 무기과산화물류(알칼리금속의 과산화물)는 **물과 급격히 발열반응하며 산소를 방출**하므로 탄산수소염류의 분말소화기, 건조사(마른모래, 팽창질석, 팽창진주암 등)에 의한 질식소화(피복효과)한다.(주수소화 절대엄금)

25
「위험물안전관리법」에서 분류하는 산화성고체에 맞는 위험물은?

① 과염소산
② 과염소산염류
③ 과산화수소
④ 나이트로글리세린

26
위험물 중 "염소산염류"에 대한 설명으로 옳지 않은 것은?

① 제1류 위험물에 해당한다.
② 지정수량은 50kg이다.
③ 산화성액체이다.
④ 가열, 충격, 강산성과 혼합으로 폭발한다.

27
「위험물안전관리법 시행령」상 위험물의 분류 중 가연성고체가 아닌 것은?

① 황린
② 적린
③ 황
④ 황화인

---

25 정답 ②

선지체크
① ③ 산화성액체(제6류 위험물)
④ 자기반응성물질(제5류 위험물)

26 정답 ③
③ 염소산염류는 제1류 위험물로 산화성고체이다.

27 정답 ①
① 황린은 제3류 위험물(자연발화성물질)에 해당한다.

추가학습

제2류 위험물(가연성고체)		
품 명	지정수량	위험등급
황화인, 적린, 황	100kg	2
철분, 금속분, 마그네슘	500kg	3
인화성 고체	1,000kg	

28

제2류 위험물의 성질로 옳은 것은?

① 대부분 금수성 물질로 물과 접촉시 가연성 가스를 발생한다.
② 자신은 불연성이나 산소를 방출하여 다른 가연물의 연소를 돕는 조연성 물질이다.
③ 물질 자체가 산소를 함유하고 있어 외부의 산소공급 없이 연소가 가능하다.
④ 산소를 함유하고 있지 않은 강력한 환원성 물질이다.

28 정답 ④

④ 산소를 함유하고 있지 않은 강력한 환원성 물질이며 강환원제이다.

선지체크
① 제3류 위험물(금수성물질)에 대한 성질이다.
② 제1류 위험물(산화성고체), 제6류 위험물(산화성액체)에 대한 성질이다.
③ 제5류 위험물(자기반응성물질)에 대한 성질이다.

추가학습

| 제2류 위험물의 일반성질 및 위험성 |
① 산소를 함유하고 있지 않은 **강환원제**이다.
② 산소와의 결합이 용이하고 연소가 잘된다.
③ 대부분 산화되기 쉽다.
④ 대부분 비중이 1보다 크고 물에 녹지 않는다(비수용성).
⑤ 비교적 낮은 온도에서 착화되기 쉬운 물질이다.
⑥ 착화되면 연소속도가 매우 빠르고(속연성, 이연성) 연소온도가 높고 연소열이 크다.
⑦ 자체가 독성을 가지고 있거나 연소 시 유독가스가 발생한다.
⑧ **철분, 마그네슘, 금속분은 물과 산의 접촉 시 수소를 발생**하고 발열한다.

29

다음 중 제2류 위험물의 예방대책 및 진압대책으로 옳지 않은 것은?

① 철분, 금속분, 마그네슘은 화재시 주수소화가 불가능하다.
② 인화성고체는 위험물게시판에 '화기주의'라고 표기를 한다.
③ 금속분의 경우는 물 또는 산과의 접촉을 피한다.
④ 저장용기를 밀폐하고 위험물의 누출을 방지하며 통풍이 잘되는 냉암소에 저장한다.

29 정답 ②

② 인화성고체는 위험물게시판에 '**화기엄금**'이라고 표기를 한다.

선지체크
① 철분, 금속분, 마그네슘은 물과 급격히 발열반응하므로 건조사나 금속화재용 분말소화약제에 의한 질식소화한다.

추가학습

| 제2류 위험물의 저장·취급 시 주의사항 |
① 화기엄금, 가열엄금, 고온체와의 접촉을 피한다.
② 독성이 있으므로 취급 시 주의해야 한다.
③ 저장용기는 밀봉하여 누설되지 않도록 한다.
④ 산화제인 제1류, 제6류 위험물과 혼합·혼촉을 방지한다.
⑤ 통풍이 잘되는 냉암소에 보관·저장하며, 폐기 시에는 소량씩 소각처리한다.
⑥ 철분, 마그네슘, 금속분 등은 물이나 산과의 접촉을 금지하고, 분진폭발의 가능성이 있기에 주의하도록 한다.

30 □□□ 16 공채

「위험물안전관리법」에 해당하는 제2류 위험물 중 주수소화가 가능한 것은?

① 금속분
② 철분
③ 마그네슘
④ 적린

30 ❶정답 ④ ⊙LINK 기본서 186~187p

선지체크
①②③ 철분, 금속분, 마그네슘은 **주수소화 시 발열반응하며 수소를 발생**하므로 건조사를 이용한 질식소화 해야 한다.

선지체크
④ 철분, 금속분, 마그네슘, 황화인을 제외한 제2류 위험물은 물을 주수소화하는 냉각소화가 효과적이다.

추가학습

| 제2류 위험물 소화대책 |
① 물을 주수하는 **냉각소화가 효과적**이다.
② 철분, 마그네슘, 금속분 등은 물과 급격히 발열반응하므로 건조사(마른모래, 팽창질석, 팽창진주암 등)나 금속화재용 분말소화약제에 의한 질식소화한다.(주수소화 절대엄금)
③ 황화인은 물과 접촉시 유독성가스인 황화수소(H_2S)를 발생하므로 건조사(마른모래, 팽창질석, 팽창진주암 등)에 의한 질식소화한다.

31 □□□ 12 세종

철분, 금속분, 마그네슘 등이 화재 발생시 물을 사용하면 안 되는 이유는?

① 포스겐가스 발생
② 수소가스 발생
③ 산소가스 발생
④ 질소가스 발생

31 ❶정답 ② ⊙LINK 기본서 186~187p

철분, 금속분, 마그네슘은 주수소화 시 발열반응하며 **수소를 발생**하므로 건조사를 이용한 질식소화 해야 한다.

32 □□□ 09 경북

제3류 위험물 금속의 수소화물의 지정수량으로 옳은 것은?

① 10kg
② 20kg
③ 50kg
④ 300kg

32 ❶정답 ④ ⊙LINK 기본서 188p

추가학습

| 제3류 위험물(자연발화성 및 금수성물질) |

품 명	지정수량	위험등급
칼륨, 나트륨, 알킬알루미늄, 알킬리튬	10kg	1
황린	20kg	
알칼리금속(K, Na 제외) 및 알칼리토금속	50kg	2
유기금속화합물(알킬알루미늄·알킬리튬 제외)		
금속의 수소화물, 금속의 인화물, 칼슘 또는 알루미늄의 탄화물	300kg	3

*행정안전부령으로 정하는 것: 염소화규소화합물

33

「위험물안전관리법 시행령」상 자연발화성 물질 및 금수성 물질 중 지정수량이 다른 것은?

① 황린
② 칼륨
③ 나트륨
④ 알킬리튬
⑤ 알킬알루미늄

33 정답 ①

① 황린: 20kg

선지체크

②, ③, ④, ⑤: 10kg

추가학습

제3류	자연발화성 및 금수성 물질	칼륨, 나트륨, 알킬알루미늄, 알킬리튬	10kg
		황린	20kg
		알칼리금속(칼륨·나트륨 제외) 및 알칼리토금속, 유기금속화합물 (알킬알루미늄·알킬리튬 제외)	50kg
		금속의 수소화물, 금속의 인화물, 칼슘 또는 알루미늄의 탄화물	300kg

34

제3류 위험물 중 금수성물질의 특징으로 옳은 것은?

① 금수성물질은 물과 접촉 시 산소가 발생한다.
② 초기에 건조사나 건조분말로 소화할 수 없다.
③ 금수성물질은 물과 접촉 시 가연성가스가 발생한다.
④ 물을 가까이 해도 된다.

34 정답 ③

③ 금수성 물질은 물과 접촉 시 **발열반응** 및 **가연성 가스를 발생**한다.

선지체크

① 금수성물질은 물과 접촉 시 **가연성가스**가 발생한다.
 → 물과 접촉 시 산소가 발생하는 것은 제1류 위험물(산화성고체) 중 무기과산화물이다.
② 초기에 건조사나 건조분말로 **질식소화**한다.
④ 금수성 물질로 절대 **물을 접촉하면 안된다**.

추가학습

|제3류 위험물의 일반성질 및 위험성|

① 가열하거나 강산화성 물질, 강산류와 접촉하면 위험성이 현저하게 증가한다.
② 대부분 무기질의 고체이며, 알킬알루미늄이나 알킬리튬과 같은 액체도 있다.
③ 금수성 물질은 물과 접촉 시 발열반응 및 가연성 가스를 발생한다.
④ 황린은 자연발화성 물질로 발화점이 매우 낮으며 화학적으로 활성이 크고, 공기 중의 산소와 산화할 때 산화열이 크기 때문에 공기 중 노출이 되어 방치하면 액화되면서 자연발화 한다.
⑤ 칼륨과 나트륨은 은백색 광택의 무른 경금속이다. 칼륨은 보라색 불꽃, 나트륨은 노란색 불꽃을 내며 연소한다.
⑥ 칼륨, 나트륨, 알킬알루미늄, 알킬리튬을 제외하고 나머지 물질은 물보다 무겁다.

35

☐☐☐ 16 2차 충남

다음 중 제3류 위험물의 주의사항으로 옳지 않은 것은?

① 모든 제3류 위험물은 물로 소화를 하면 안 된다.
② 금속화재용 분말 소화약제를 사용하여 질식소화한다.
③ CO_2·할론 등 소화약제는 일반적으로 제3류 위험물에는 적응성이 없다.
④ 칼륨, 나트륨은 취급 시 석유류 속에 넣어 보관한다.

35 정답 ①

LINK 기본서 188~190p

① 제3류 위험물 중 자연발화성인 **황린은 주수소화가 가능**하다. 황린을 제외한 물질은 금수성이므로 주수소화가 불가능하다.

추가학습

제3류 위험물 저장·취급 시 주의사항 및 소화대책

① 용기 파손이나 부식을 방지하고 공기 또는 수분과의 접촉을 피한다.
② 충격·화기로부터 격리하고 강산화제와도 분리하여 저장한다.
③ 다량으로 한번에 저장하지 않고 소분하여 저장한다.
④ 알킬알루미늄, 알킬리튬, 유기금속화합물류는 화기를 엄금하며, 용기 내 압력이 상승하지 않도록 주의한다.
⑤ **칼륨**, **나트륨**은 연소속도가 빠르므로 취급에 주의한다.(**석유류 속에** 넣어 보관한다.)
⑥ **알킬리튬**과 **알킬알루미늄**은 물 또는 공기와 접촉하는 경우 폭발하므로 **벤젠이나 헥산의 희석제**를 사용하여 저장한다.
⑦ **황린**은 공기 중에서 산화 방지를 위해 pH9 이하의 약알칼리성 **물 속**에 저장한다.
⑧ 보호액 속에 저장하는 경우 위험물이 보호액 표면에 누출되지 않도록 주의한다.

36

☐☐☐ 24 간부

위험물 중 황린(P_4)에 관한 설명으로 옳지 않은 것은?

① 제3류 위험물이다.
② 미분상의 발화점은 34℃이다.
③ 연소할 때 오산화인(P_2O_5)의 백색 연기를 낸다.
④ 물에 대해 위험한 반응을 초래하는 물질이다.
⑤ 백색 또는 담황색의 고체이다.

36 정답 ④

LINK 기본서 190p

④ **황린은 물에 반응하지 않는다.**
→ 강알칼리를 만나면 가연성이며 맹독성인 포스핀가스(인화수소)가 생성되기 때문에 pH9 이하의 물에 보관한다.

선지체크

② 고형상의 발화점은 60[℃]이다.
③ 연소반응상 : $P_4 + 5O_2 → 2P_2O_5$

37

☐☐☐ 22 공채

위험물과 물이 반응할 때 발생하는 가스로 옳지 않은 것은?

	위험물	가스
①	탄화알루미늄	아세틸렌
②	인화칼슘	포스핀
③	수소화알루미늄리튬	수소
④	트리에틸알루미늄	에테인

37 정답 ①

LINK 기본서 188p

① 탄화알루미늄 + 물: 메탄
→ 탄화칼슘 + 물: 아세틸렌

추가학습

주수소화 시 발생하는 가연성 가스

① 탄화칼슘(카바이드): 아세틸렌
② 탄화알루미늄: 메탄
③ 인화칼슘, 인화알루미늄, 인화아연: 포스핀
④ 수소화리튬, 수소화나트륨, 수소화칼슘: 수소
⑤ 트리에틸알루미늄: 에탄
⑥ 트리메틸알루미늄: 메탄
⑦ 트리프로필알루미늄: 프로판
⑧ 트리부틸알루미늄: 부탄

38

20 공채

제4류 위험물에 대한 설명으로 옳지 않은 것은?

① 대부분 물보다 가볍고 물에 녹지 않는 것이 많다.
② 일반적으로 부도체 성질이 강하여 정전기가 축적된다.
③ 발생 증기는 가연성이며, 증기비중은 대부분 공기보다 가볍다.
④ 사용량이 많은 휘발유, 경유 등은 연소하한계가 매우 낮아 인화하기 쉽다.

38 정답 ③ LINK 기본서 190~191p

③ 발생 증기는 가연성이며, 증기비중은 대부분 공기보다 **무겁다**.

추가학습

｜제4류 위험물의 일반성질 및 위험성｜
① 인화점이 낮아 연소하기 쉽다.
② 대부분이 **유기화합물**이다.
③ **대부분 물질은 비중이 1보다 작아** 물보다 가볍고 물에 잘 녹지 않는다.
④ 무독성이지만 **증기는 공기보다 무거워** 낮은 곳에 체류한다.
  (시안화수소(HCN)의 증기는 공기보다 가볍다)
⑤ 공기와 접촉 시 가연성 혼합기를 형성한다.
⑥ **전기적으로 부도체**이며 정전기 축적이 용이하여 인화의 위험이 있다.
⑦ 액체는 유동성이 있고 화재 확대의 위험이 있다.

39

12 공채

「위험물안전관리법」에서 제4류 위험물의 공통성질에 대한 설명으로 옳지 않은 것은?

① 물에 녹지 않는 것이 많다.
② 액체는 유동성이 있고 물보다 가벼운 것이 많다.
③ 증기비중은 공기보다 작은 것이 많다.
④ 전기의 부도체로서 정전기의 축적이 용이하다.

39 정답 ③ LINK 기본서 191~192p

③ 증기비중은 공기보다 **큰 것이 많다**.(시안화수소의 증기는 공기보다 가볍다)

40

16 간부

제4류 위험물의 공통성질이 아닌 것은?

① 전기적으로 부도체이므로 정전기 축적이 용이하여 정전기가 점화원으로 작용할 수 있다.
② 증기는 공기와 약간만 혼합되어도 연소의 우려가 있으며, 비교적 낮은 발화점을 가진다.
③ 대부분 물보다 가벼우며, 물에 잘 녹지 않는다.
④ 대부분 증기는 공기보다 무거워서 체류하기 쉽다. 단, 시안화수소는 제외한다.
⑤ 모두 가연성의 고체(결정이나 분말) 및 액체로서 연소할 때는 많은 가스를 발생한다.

40 정답 ⑤ LINK 기본서 191~192p

⑤ 제5류 위험물(자기반응물질)에 대한 설명이다.

41

13 광주

「위험물안전관리법」에서 규정하는 제4류 위험물에 대한 설명 중 옳지 않은 것은?

① "특수인화물"이란 1기압에서 발화점이 50℃ 이하인 것을 말한다.
② "제1석유류"란 인화점이 섭씨 21℃ 미만인 것을 말한다.
③ "제3석유류"란 1기압에서 인화점이 섭씨 70℃ 이상 200℃ 미만인 것을 말한다.
④ "알코올류"란 1분자를 구성하는 탄소원자의 수가 1개부터 3개까지인 포화1가 알코올을 말한다.

---

41 정답 ①

LINK 기본서 190~191p

① "특수인화물"이란 1기압에서 발화점이 100℃ 이하인 것을 말한다.

추가학습

제4류 위험물(인화성 액체)

품 명		지정수량		위험등급
특수인화물	이황화탄소, 디에틸에테르 1기압에서 발화점이 섭씨 100도 이하인 것 또는 인화점이 섭씨 영하 20도 이하이고 비점이 섭씨 40도 이하인 것	50ℓ		1
제1석유류	아세톤, 휘발유(가솔린) 1기압에서 인화점이 섭씨 21도 미만인 것	비수용성	200ℓ	2
		수용성	400ℓ	
알코올류	1분자를 구성하는 탄소원자의 수가 1개부터 3개까지인 포화1가 알코올(변성알코올을 포함한다), 다음 각 목 1에 해당하는 경우 제외 ① 1분자를 구성하는 탄소원자의 수가 1개 내지 3개의 포화1가 알코올의 함유량이 60[wt%] 미만인 수용액 ② 가연성액체량이 60[wt%] 미만이고 인화점 및 연소점이 에틸알코올 60[wt%] 수용액의 인화점 및 연소점을 초과하는 것	400ℓ		2
제2석유류	등유, 경유 1기압에서 인화점이 섭씨 21도 이상 70도 미만인 것 다만, 도료류 그 밖의 물품에 있어서 가연성 액체량이 40중량퍼센트 이하이면서 인화점이 섭씨 40도 이상인 동시에 연소점이 섭씨 60도 이상인 것은 제외	비수용성	1,000ℓ	3
		수용성	2,000ℓ	
제3석유류	중유, 크레오소트유 1기압에서 인화점이 섭씨 70도 이상 섭씨 200도 미만인 것 다만, 도료류 그 밖의 물품은 가연성 액체량이 40중량퍼센트 이하인 것은 제외	비수용성	2,000ℓ	3
		수용성	4,000ℓ	
제4석유류	기어유, 실린더유 1기압에서 인화점이 섭씨 200도 이상 섭씨 250도 미만의 것 다만, 도료류 그 밖의 물품은 가연성 액체량이 40중량퍼센트 이하인 것은 제외	6,000ℓ		
동식물유류	동물의 지육 등 또는 식물의 종자나 과육으로부터 추출한 것으로서 1기압에서 인화점이 섭씨 250도 미만인 것	10,000ℓ		

42 〔09 강원〕

다음 중 「위험물안전관리법」의 제4류 위험물 중 특수인화물에 대하여 옳지 않은 것은?

① 발화점이 섭씨 150도 이하이다.
② 인화점이 섭씨 -20도 이하이고 비점이 섭씨 40도 이하이다.
③ 위험물안전관리법에서 제4류 위험물에 해당된다.
④ 지정품목은 디에틸에테르, 이황화탄소이다.

42 정답 ①

① 특수인화물(이황화탄소, 디에틸에테르)은 1기압에서 **발화점이 섭씨 100도 이하**인 것 또는 인화점이 섭씨 영하 20도 이하이고 비점이 섭씨 40도 이하인 것이다.

LINK 기본서 190p

43 〔19 공채〕

다음은 제1석유류에 대한 설명이다. ( ) 안에 들어갈 내용으로 옳은 것은?

> 제1석유류는 아세톤, 휘발유 그 밖에 1기압에서 (가)이 섭씨 (나)도 미만인 것이다.

	가	나
①	발화점	21
②	발화점	25
③	인화점	21
④	인화점	25

43 정답 ③

③ 제1석유류는 아세톤, 휘발유 그 밖에 1기압에서 **인화점이 섭씨 21도 미만**인 것이다.

LINK 기본서 191p

44 〔18 간부〕

「위험물안전관리법」 상 제1석유류로 옳은 것은?

① 경유
② 등유
③ 휘발유
④ 중유
⑤ 크레오소트유

44 정답 ③

③ 제1석유류: 휘발유, 아세톤

선지체크
① ② 경유, 등유: 제2석유류
④ ⑤ 중유, 크레오소트유: 제3석유류

LINK 기본서 190p

45
아세톤과 휘발유는 「위험물안전관리법」에서 몇 석유류에 해당하는가?

① 제1석유류
② 제2석유류
③ 제3석유류
④ 제4석유류

45 정답 ①
① 제1석유류: 아세톤, 휘발유(가솔린)

선지체크
② 제2석유류: 등유, 경유
③ 제3석유류: 중유, 크레오소트유
④ 제4석유류: 기어유, 실린더유

46
제2석유류에 대한 설명이다. (ㄱ) ~ (ㄷ)에 알맞은 것은?

제2석유류는 등유, 경유 그 밖에 1기압에서 인화점이 섭씨 (ㄱ)도 이상 70도 미만인 것을 말한다. 다만, 도료류 그 밖의 물품에 있어서 가연성 액체량이 (ㄴ) 중량퍼센트 이하이면서 인화점이 섭씨 40도 이상인 동시에 연소점이 섭씨 (ㄷ)도 이상인 것은 제외한다.

	ㄱ	ㄴ	ㄷ
①	18	10	40
②	20	20	45
③	20	25	50
④	21	30	55
⑤	21	40	60

46 정답 ⑤
제2석유류는 등유 경유 그 밖에 1기압에서 인화점이 섭씨 **21도 이상** 70도 미만인 것을 말한다. 다만, 도료류 그 밖의 물품에 있어서 가연성 액체량이 **40중량퍼센트 이하**이면서 인화점이 섭씨 40도 이상인 동시에 연소점이 섭씨 **60도 이상**인 것은 제외한다.

47
제4류 위험물 중 제2석유류(등유, 경유)에 대한 특성으로 옳지 않은 것은?

① 증기비중이 공기보다 가볍다.
② 인화되기 쉽다.
③ 연소범위 하한이 낮다.
④ 발화점이 낮다.

47 정답 ①
① 증기비중이 공기보다 **무겁다**.(시안화수소의 증기는 공기보다 가볍다)

48
「위험물안전관리법」에서 제3석유류로 옳은 것은?

① 휘발유
② 알코올
③ 동식물유
④ 중유

48 정답 ④
④ 제3석유류: 중유, 크레오소트유

선지체크
① 제1석유류
② 알코올류
③ 동식물유류

LINK 기본서 191p

49
「위험물안전관리법」에서 분류하는 위험물 중 인화점 200℃ 이상 250℃ 미만인 것으로 제4석유류인 것은?

① 아세톤
② 등유
③ 기어유
④ 중유

49 정답 ③
③ 제4석유류: 기어유, 실린더유

선지체크
① 제1석유류
② 제2석유류
④ 제3석유류

LINK 기본서 191p

50
다음 중 제4류 위험물의 소화방법에 대한 설명으로 옳지 않은 것은?

① 포 소화약제에 의한 질식소화한다.
② 분말소화약제, 분무상의 강화액, CO_2 소화기 등으로 질식소화가 가능하다.
③ 유류화재 시에는 물로 소화가 가능하다.
④ 수용액 액체화재의 발생 시에는 다량의 물로 희석소화를 한다.

50 정답 ③
③ 유류화재 시에는 화재면이 확대될 위험이 있으므로 주수소화는 불가능하다.

추가학습

| 제4류 위험물 소화대책 |
① 주수소화는 화재면이 확대될 위험이 있으므로 적당하지 않다.
② 일부 수용성(알코올류 등)은 주수소화가 가능하다.
③ 초기 또는 소규모 화재 시 가스계 소화설비(CO_2, 분말, 할론)에 의한 질식소화한다.
④ 대형화재의 경우 포 소화약제에 의한 질식 또는 냉각소화한다.

| 제4류 위험물 |
① 주수소화는 불가능: 연소면 확대 우려
② 무상주수는 가능: 냉각 및 질식효과

LINK 기본서 190~192p

51
□□□ 12 경기

물질 자체에 산소를 함유하고 있어 공기 중의 산소를 필요로 하지 않고 자기연소하는 것은?

① 황화인
② 유기금속화합물
③ 특수인화물
④ 질산에스터류

51 정답 ④

④ 제5류 위험물(자기반응성물질)

선지체크
① 제2류 위험물(가연성고체)
② 제3류 위험물(자연발화성 및 금수성물질)
③ 제4류 위험물(인화성액체)

추가학습

| 제5류 위험물 |

품 명	지정수량	위험등급
유기과산화물, 질산에스터류	제1종 : 10kg	제1종 : 1
하이드록실아민, 하이드록실아민염류		제2종 : 1
나이트로화합물, 나이트로소화합물, 아조화합물, 다이아조화합물, 하이드라진유도체	제2종 : 100kg	

*행정안전부령으로 정하는 것: 금속의 아지화합물, 질산구아니딘

LINK 기본서 192~193p

52
□□□ 21 간부

다음 설명에 해당하는 위험물은?

- 물질 자체에 산소가 함유되어 있어 외부로부터 산소 공급이 없어도 점화원만 있으면 연소·폭발이 가능하다.
- 연소속도가 빠르며 폭발적이다.
- 가열, 충격, 타격, 마찰 등에 의해서 폭발할 위험성이 높으며 강산화제 또는 강산류와 접촉 시 연소·폭발 가능성이 현저히 증가한다.

① 유기과산화물
② 이황화탄소
③ 과염소산
④ 염소산염류
⑤ 알칼리금속

52 정답 ①

① 제5류 위험물에 대한 설명으로 유기과산화물이 해당한다.

선지체크
② 이황화탄소 – 제4류 위험물 중 특수인화물(50L)
③ 과염소산 – 제6류 위험물(300kg)
④ 염소산염류 – 제1류 위험물(50kg)
⑤ 알칼리금속 – 제3류 위험물(50kg)

LINK 기본서 192~193p

53 □□□ 14 울산

다음 중 제5류 위험물에 관한 특성으로 옳지 않은 것은?

① 대부분 무기화합물이다.
② 가열 · 충격 · 마찰에 민감하며 산소공급 없이 연소가능하다.
③ 화재가 확대되면 소화가 어려워 주변 연소를 방지하며 자연진화를 기다리는 방법도 있다.
④ 모두 가연성의 고체 및 액체로 연소 시 연소속도가 빠르다.

53 정답 ① LINK 기본서 192~193p

① 대부분 **유기화합물**(하이드라진유도체: 무기화합물)로 가연성 액체 또는 고체이다.

추가학습

| 제5류 위험물의 일반성질 및 위험성 |

① 외부로부터 산소공급 없이도 가열 · 충격 등에 의해 발열 분해로 연소 · 폭발을 일으키는 폭발성 물질이다.
② **대부분 유기화합물**(하이드라진유도체: 무기화합물)로 가연성 액체 또는 고체이다.
③ 유기화합물 중 유기과산화물을 제외하고는 질소를 함유한 유기질소화합물이다.
④ 물질자체가 산소를 함유하고 있어 외부의 **산소 공급 없이 연소가능**하다.(함산소물질: 유기과산화물, 질산에스터류, 나이트로화합물, 나이트로소화합물)
⑤ 자기연소(내부연소)성 물질이다.
⑥ 가연성 물질로 연소속도가 빠르고 폭발적 연소한다.
⑦ **가열**, **마찰**, **충격**에 의하여 폭발한다.
⑧ 대부분 물에 잘 녹지 않으며 물과 반응하지 않는다.
⑨ 유기질소화합물은 불안정하여 분해가 용이하고, 공기 중 장시간에 걸쳐 분해열이 축적되면 자연발화 하는 것도 있다.
⑩ 나이트로화합물은 나이트로기가 많을수록 분해가 용이하다.
⑪ 강산화제, 강산류와 혼합한 것은 발화를 촉진시켜 위험성이 증가한다.
⑫ 유기과산화물이 새거나 오염된 것 또는 낡은 것은 질석이나 진주암 같은 불연성 물질을 사용하여 흡수 또는 혼합해서 제거한다.

54 □□□ 18 2차 공채

다음 중 제5류 위험물의 소화대책으로 옳지 않은 것은?

① 외부로부터의 산소 유입을 차단한다.
② 화재 초기에는 다량의 물로 냉각소화하는 것이 효과적이다.
③ 항상 안전거리를 유지하고 접근 할 때에는 엄폐물을 이용한다.
④ 밀폐된 공간에서 화재 시 공기호흡기를 착용하여 질식되지 않도록 주의한다.

54 정답 ① LINK 기본서 194p

① 물질자체에 산소를 함유하고 있으므로 **질식소화 효과가 없다**.

선지체크

③ **폭발 위험**이 있으므로 항상 **안전거리**를 유지하고 접근 할 때에는 **엄폐물**을 이용한다.
④ 밀폐된 공간에서 화재 시 **유독가스가 다량 발생**하므로 **공기호흡기를 착용**하여 질식되지 않도록 주의한다.

추가학습

| 제5류 위험물 저장·취급 시 주의사항 및 소화대책 |

① 화기 및 점화원으로부터 멀리 저장한다.
② 가열, 마찰, 충격에 주의한다.
③ 운반 용기 및 포장 외부에는 화기엄금, 충격주의 표시를 게시한다.
④ 소화가 곤란하므로 소분하여 저장한다.
⑤ 다량의 물을 주수하여 냉각소화한다.
⑥ 액상인 것은 마른 모래나 건조분말로 소화할 수 있고, 화재 초기 또는 소량화재인 경우 화염 제거를 위해 건조분말로 소화할 수 있으나 최종적으로는 다량의 물을 이용한 냉각소화하여야 한다.

55
13 전북

「위험물안전관리법」에서 제6류 위험물 질산의 지정수량은?

① 10kg ② 50kg
③ 300kg ④ 1,000kg

55 정답 ③
LINK 기본서 194p

③ 제6류 위험물은 모두 지정수량이 **300kg**이다.

추가학습

제6류 위험물(산화성액체)		
품 명	지정수량	위험등급
과염소산, 과산화수소, 질산	300kg	1

*행정안전부령으로 정하는 것: 할로젠간화합물

56
25 공채

위험물의 성질 및 품명의 정의로 옳지 않은 것은?

① "인화성고체"라 함은 고형알코올 그 밖에 1기압에서 인화점이 섭씨 40도 미만인 고체를 말한다.
② "제1석유류"라 함은 아세톤, 휘발유 그 밖에 1기압에서 인화점이 섭씨 21도 미만인 것을 말한다.
③ "특수인화물"이라 함은 이황화탄소, 디에틸에테르 그 밖에 1기압에서 발화점이 섭씨 100도 이하인 것 또는 인화점이 섭씨 영하 20도 이하이고 비점이 섭씨 40도 이하인 것을 말한다.
④ "자연발화성물질 및 금수성물질"이라 함은 고체 또는 액체로서 공기 중에서 발화의 위험성이 있거나 산과 접촉하여 발화하거나 고압 수증기를 발생하는 위험성이 있는 것을 말한다.

56 정답 ④
LINK 기본서 188p

④ "자연발화성물질 및 금수성물질"이라 함은 고체 또는 액체로서 공기 중에서 발화의 위험성이 있거나 **물과 접촉하여 발화하거나 가연성 가스를 발생하는 위험성이 있는 것**을 말한다.

57
21 간부

제6류 위험물의 일반적 성질로 옳지 않은 것은?

① 불연성물질로 산소공급원 역할을 한다.
② 증기는 유독하며 부식성이 강하다.
③ 물과 접촉하는 경우 모두 심하게 발열한다.
④ 비중이 1보다 크며 물에 잘 녹는다.
⑤ 다른 물질의 연소를 돕는 조연성 물질이다.

57 정답 ③
LINK 기본서 194p

③ 물과 접촉하는 경우 발열하는 것은 맞으나 **과산화수소는 제외**이므로 모두 심하게 발열한다는 문장은 잘못되었다.

추가학습

| 제6류 위험물의 일반성질 및 위험성 |
① 강산화제로 분해 시 산소를 방출한다.
② 자신은 불연성이며 다른 가연물의 연소를 돕는 조연성(지연성) 물질이다.
③ 모두 무기화합물이며, 비중이 1보다 크며 물에 잘 녹는다.
④ 과산화수소를 제외하고, 물과 접촉 시 발열한다.
⑤ 과산화수소를 제외하고, 분해하여 유해성 가스를 발생하며 부식성이 강하다.
⑥ 과산화수소를 제외하고, 강산성 물질이며 수용액도 강산작용을 나타낸다.

58

「위험물안전관리법 시행령」상 위험물에 관한 설명으로 옳지 않은 것은?

① "철분"이라 함은 철의 분말로서 53마이크로미터의 표준체를 통과하는 것이 50중량퍼센트 미만인 것은 제외한다.
② "인화성고체"라 함은 고형알코올 그 밖에 1기압에서 인화점이 섭씨 40도 미만인 고체를 말한다.
③ 1분자를 구성하는 탄소원자의 수가 1개부터 3개까지인 포화1가 알코올(변성알코올을 포함한다)의 함유량이 60중량퍼센트 미만인 수용액은 알코올류에서 제외한다.
④ 과산화수소는 그 농도가 36중량퍼센트 이상인 것에 한하며, 산화성액체의 성상이 있는 것으로 본다.
⑤ "제2석유류"라 함은 등유, 경유 그 밖에 1기압에서 인화점이 섭씨 21도 이상 70도 미만인 것을 말한다. 다만, 도료류 그 밖의 물품에 있어서 가연성 액체량이 40중량퍼센트 미만이면서 인화점이 섭씨 40도 이상인 동시에 연소점이 섭씨 50도 이상인 것은 제외한다.

58 정답 ⑤

⑤ "제2석유류"라 함은 등유, 경유 그 밖에 1기압에서 인화점이 섭씨 21도 이상 70도 미만인 것을 말한다. 다만, 도료류 그 밖의 물품에 있어서 가연성 액체량이 40중량퍼센트 **이하이면서** 인화점이 섭씨 40도 이상인 동시에 연소점이 섭씨 **60도 이상**인 것은 제외한다.

추가학습

제3석유류, 제4석유류: 도료류 그 밖의 물품은 가연성 액체량이 40중량퍼센트 이하인 것은 제외한다.

59

제6류 위험물에 관한 설명으로 옳지 않은 것은?

① 과산화수소는 물과 접촉하면 심하게 발열한다.
② 불연성 물질이다.
③ 산소를 함유하고 있다.
④ 대표적 성질은 산화성 액체이다.
⑤ 물질의 액체 비중이 1보다 커서 물보다 무겁다.

59 정답 ①

① 과산화수소는 물과 접촉하여도 발열하지 않는다. 과산화수소를 제외한 나머지 제6류 위험물질은 물과 접촉시 발열한다.

60

제6류 위험물의 취급 시 유의 사항으로 옳지 않은 것은?

① 유출사고 시에는 건조사 및 중화제를 사용한다.
② 불연성 물질로 분해 시 산소가 발생하며 대부분 염기성이다.
③ 저장하고 있는 용기는 파손되거나 액체가 누설되지 않도록 한다.
④ 소량 화재 시에는 다량의 물로 희석하는 소화방법을 사용할 수 있다.

60 정답 ②

② 불연성 물질로 분해 시 산소가 발생하며 대부분 **산성**이다.

선지체크

① 소량 누출 시 마른 모래나 흙으로 흡수하고, 대량 누출 시 과산화수소는 물로, 나머지는 약알칼리 중화제(소다회, 소석회, 중탄산나트륨 등)로 중화한 후 물로 씻어낸다.
④ 물과 발열하여 반응하기 때문에 주수소화가 불가능하나 소량(초기) 화재 시에는 다량의 물로 소화한다.

추가학습

| 제6류 위험물 저장 · 취급 시 주의사항 |

① 직사광선이나 화기를 피하고 내산성 용기에 보관한다.
② 물, 가연물과의 접촉을 피한다.
③ 용기는 밀봉하여 파손되거나 액체가 누설되지 않도록 한다.
④ 증기가 유독하므로 취급 시 반드시 안전보호구를 착용해야 한다.
⑤ 순수한 질산은 무색을 띠나 자외선을 쪼이면 서서히 분해되어 황갈색의 이산화질소가 되므로, 햇빛이 잘 스며들지 않는 갈색 용기에 넣어 보관한다.
⑥ 소량 누출 시 마른 모래나 흙으로 흡수하고, 대량 누출 시 과산화수소는 물로, 나머지는 약알칼리 중화제(소다회, 소석회, 중탄산나트륨 등)로 중화한 후 물로 씻어낸다.

61

물과 반응하여 산소를 발생시키는 위험물로 옳은 것은?

① 칼륨
② 탄화칼슘
③ 과산화나트륨
④ 오황화인

61 정답 ③

과산화나트륨과 물의 반응식 : $2Na_2O_2 + 2H_2O \rightarrow 4NaOH + O_2$

선지체크

① 칼륨은 물과 반응하여 **수소**를 발생한다.
② 탄화칼슘은 물과 반응하여 **아세틸렌**을 발생한다.
④ 오황화인은 물과 반응하여 **황화수소**를 발생한다.

62
21 공채

위험물의 종류에 따른 소화 방법으로 옳지 않은 것은?

① 제1류 위험물인 알칼리금속의 과산화물은 물을 사용한다.
② 제2류 위험물인 마그네슘은 건조사를 사용한다.
③ 제3류 위험물인 알킬알루미늄은 건조사를 사용한다.
④ 제4류 위험물인 알코올은 내알코올포(泡, foam)를 사용한다.

62 정답 ①
LINK 기본서 195p

① 제1류 위험물인 **알칼리금속의 과산화물(무기과산화물)**은 **물과 급격히 발열반응하여 산소를 방출**하므로 건조사에 의한 **질식소화**한다.

추가학습

| 소화방법 |

제1류	• 산화제의 분해온도를 낮추기 위해 물을 주수하여 **냉각소화**한다. • **무기과산화물류(알칼리금속의 과산화물)**는 물과 급격히 발열반응하여 산소를 방출하므로 건조사에 의한 **질식소화**한다.
제2류	• 물을 주수하여 **냉각소화**한다. • **철분, 금속분, 마그네슘**은 물과 급격히 발열반응하여 수소가스를 발생하므로 건조사나 금속화재용 분말소화약제에 의한 **질식소화**한다. • **황화인**은 물과 접촉 시 유독성 가스인 황화수소를 발생하므로 건조사에 의한 **질식소화**한다.
제3류	• 황린을 제외한 나머지 **금수성 물질**은 주수소화가 불가능하여 건조사, 금속화재용 분말소화약제에 의한 **질식소화**한다. • **황린**은 물을 주수하여 **냉각소화**한다.
제4류	• 주수소화 시 화재면이 확대될 위험이 있으므로 일부 수용성을 제외하고 **질식소화**한다.
제5류	• 물질자체에 산소를 함유하고 있으므로 질식소화는 불가능하며 다량의 물을 주수하여 **냉각소화**한다.
제6류	• 다량 화재 시 건조사나 인산염류의 분말로 **질식소화**한다. • 물과 발열하여 반응하기 때문에 주수소화가 불가능하나 소량 화재 시 다량의 물로 소화한다.

63
25 간부

위험물의 소화방법으로 옳은 것만을 〈보기〉에서 고른 것은?

― 보기 ―
ㄱ. 무기과산화물은 물과 반응하기 때문에 마른 모래(건조사) 등을 사용한 소화가 유효하다.
ㄴ. 적린 화재에는 물을 사용한 소화가 유효하다.
ㄷ. 황린 화재의 소화에는 물을 사용해서는 안되며, 모래, 흙 등을 사용한 소화가 유효하다.
ㄹ. 알킬알루미늄은 물과 반응하며 이산화탄소를 활용한 소화가 유효하다.
ㅁ. 제5류 위험물 화재에는 이산화탄소를 활용한 소화가 유효하다.

① ㄱ, ㄴ　　② ㄱ, ㄷ
③ ㄴ, ㄹ　　④ ㄷ, ㅁ
⑤ ㄹ, ㅁ

63 정답 ①
LINK 기본서 195p

선지체크

ㄷ. **황린**은 **물을 주수하여 냉각소화**한다.
ㄹ. 알킬알루미늄은 금수성물질로 물뿐만아니라 이산화탄소와도 반응하므로 **건조사 또는 금속화재 전용의 분말소화약제로 질식소화**한다.
ㅁ. 제5류 위험물 화재에는 **질식소화는 불가능**하며 다량의 물을 주수하여 냉각소화한다.

64
18 공채

다음 중 위험물 분류별 소화방법이 옳지 않은 것은?

> ㄱ. 제1류 위험물은 무기과산화물을 제외하고 주수소화를 할 수 있다.
> ㄴ. 제2류 위험물의 철분, 마그네슘은 주수소화를 하여야 한다.
> ㄷ. 황린을 제외한 제3류 위험물은 주수소화를 하여야 한다.
> ㄹ. 제5류 위험물은 모두 주수소화를 금지하도록 한다.

① ㄱ
② ㄱ, ㄴ, ㄷ
③ ㄱ, ㄴ, ㄹ
④ ㄴ, ㄷ, ㄹ

64 정답 ④
LINK 기본서 195p

ㄴ. 제2류 위험물의 **철분**, **마그네슘**은 주수소화 시 발열반응하며 수소가스를 발생시키므로 건조사에 의한 **질식소화**한다.
ㄷ. 황린을 제외한 제3류 위험물은 **금수성 물질**이므로 **주수소화가 불가능**하고 건조사 등을 사용하여 **질식소화**한다. **황린만 주수소화**가 가능하다.
ㄹ. 제5류 위험물은 물질 자체에 산소를 함유하고 있으므로 **질식소화가 불가능**하다. **다량의 물을 주수**하여 **냉각소화**한다.

65
22 공채

가연성 물질의 화재 시 소화방법으로 옳은 것은?

① 탄화칼슘은 물을 분무하여 소화한다.
② 아세톤은 알콜형포 소화약제로 소화한다.
③ 나트륨은 할론 소화약제로 소화한다.
④ 마그네슘은 이산화탄소 소화약제로 소화한다.

65 정답 ②
LINK 기본서 195p

② 아세톤은 수용성 용매로 알콜형포(내알코올포)를 사용하여 소화한다.

선지체크
① **탄화칼슘**은 물과 접촉시 **가연성 가스(아세틸렌)를 발생**하므로 주수소화가 불가능하다. 건조사 또는 금속화재용 분말소화약제를 사용하여 질식소화한다.
③ ④ 나트륨, 마그네슘 등 금속물질은 할론 및 이산화탄소와 **반응하여 발열**하므로 소화약제로 사용할 수 없다. 건조사 또는 금속화재용 분말소화약제를 사용하여 질식소화한다.

66
23 공채

위험물의 유별 소화방법으로 옳지 않은 것은?

① 탄화칼슘 화재 시 다량의 물로 냉각소화할 수 있다.
② 수용성 메틸알코올 화재에는 내알코올포를 사용한다.
③ 알킬알루미늄은 마른모래, 팽창질석, 팽창진주암으로 소화한다.
④ 적린은 다량의 물로 냉각소화하며, 소량의 적린인 경우에는 마른모래나 이산화탄소 소화약제도 일시적인 효과가 있다.

66 정답 ①
LINK 기본서 195p

① 탄화칼슘은 **물과 접촉 시 가연성 가스(아세틸렌)를 발생**하므로 주수소화가 불가능하다. 건조사 또는 금속화재용 분말소화약제를 사용하여 **질식소화한다**.

선지체크
② 내알코올포는 수용성 용매가 포 속의 물을 탈취하여 포가 파괴되는 현상(파포현상)을 방지하기 위해 사용하는 포 소화약제이다.
③ 알킬알루미늄은 물과 접촉 시 가연성가스가 발생하므로 건조사(마른모래, 팽창질석, 팽창진주암) 또는 금속화재용 분말소화약제를 사용하여 질식소화한다.
④ 적린은 제2류 위험물로 물을 주수하는 냉각소화가 효과적이다.

67 　24 공채

위험물의 소화방법에 관한 내용으로 옳은 것만을 〈보기〉에서 있는 대로 고른 것은?

―― 보기 ――
ㄱ. 황린: 물을 이용한 냉각소화
ㄴ. 황: 물을 이용한 냉각소화
ㄷ. 경유, 휘발유: 포 소화약제를 이용한 질식소화
ㄹ. 탄화알루미늄, 알킬알루미늄: 건조사, 팽창질석을 이용한 질식소화

① ㄱ, ㄷ
② ㄴ, ㄹ
③ ㄱ, ㄷ, ㄹ
④ ㄱ, ㄴ, ㄷ, ㄹ

67 정답 ④　LINK 기본서 195p

ㄱ. 황린(제3류 위험물) : 제3류 위험물 중 자연발화성 물질로 물을 이용한 **냉각소화**한다.
ㄴ. 황(제2류 위험물) : 제2류 위험물 중 철분, 금속분, 마그네슘, 황화인을 제외하고 물을 이용한 **냉각소화**한다.
ㄷ. 경유, 휘발유(제4류 위험물) : 제4류 위험물 중 비수용성 물질로 주수소화 시 화재면이 확대될 위험이 있으므로 **질식소화**한다.
ㄹ. 탄화알루미늄, 알킬알루미늄(제3류 위험물) : 제3류 위험물 중 금수성 물질로 주수소화시 가연성 가스가 발생하므로 건조사, 팽창질석, 금속화재용 분말소화약제를 이용한 **질식소화**한다.

68 　20 공채

화재진압 시 주수소화에 적응성 있는 위험물로 옳은 것은?

① 황화인
② 질산에스터류
③ 유기금속화합물
④ 알칼리금속의 과산화물

68 정답 ②　LINK 기본서 195p

② 제5류 위험물(자기반응성 물질)로 주수하여 냉각소화한다.

선지체크
① 황화인(제2류 위험물)은 물과 접촉 시 유독성 가스인 **황화수소가 발생**하므로 건조사에 의한 **질식소화**한다.
③ 유기금속화합물(제3류 위험물)은 **금수성 물질**이므로 주수소화가 불가능하여 건조사, 금속화재용 분말소화약제에 의한 **질식소화**한다.
④ 알칼리금속의 과산화물(제1류 위험물)은 물과 급격히 발열반응하여 산소를 방출하므로 건조사에 의한 **질식소화**한다.

69 ☐☐☐ 25 공채

〈보기〉는 위험물과 해당 물질의 화재진압에 적응성이 있는 소화 방법을 연결한 것이다. 바르게 연결된 것만 모두 고른 것은?

─── 보기 ───
ㄱ. 황린(P_4) - 물을 사용한 냉각소화
ㄴ. 과산화나트륨(Na_2O_2) - 물을 사용한 냉각소화
ㄷ. 삼황화린(P_4S_3) - 팽창질석 등을 사용한 질식소화
ㄹ. 아세톤(CH_3COCH_3) - 알코올포소화약제에 의한 질식소화
ㅁ. 히드록실아민(NH_2OH) - 이산화탄소소화약제에 의한 질식소화
ㅂ. 과염소산($HClO_4$) - 다량의 물에 의한 희석소화(소량 화재 제외)

① ㄱ, ㄷ, ㄹ
② ㄱ, ㄹ, ㅁ
③ ㄴ, ㄷ, ㅂ
④ ㄴ, ㄷ, ㄹ, ㅂ

69 정답 ① LINK 기본서 195p

선지체크
ㄴ. 과산화나트륨(제1류 위험물 중 무기과산화물) – 물과 급격히 발열반응하여 산소를 방출하므로 건조사에 의한 **질식소화**한다.
ㅁ. 히드록실아민(제5류 위험물) – 다량의 물을 주수하여 **냉각소화**한다.
ㅂ. 과염소산(제6류 위험물) – 물과 발열하여 반응하기 때문에 주수소화가 불가능하나 **소량 화재 시 다량의 물로 소화**한다.

70 ☐☐☐ 11 서울

다음 중 물로서 소화가 가능한 것은?

① 과산화나트륨
② 트리에틸알루미늄
③ 휘발유
④ 나이트로셀룰로오스

70 정답 ④ LINK 기본서 195p

④ 제5류 위험물(자기반응성 물질)로 주수하여 냉각소화한다.

선지체크
① 과산화나트륨은 무기과산화물류(제1류 위험물)로 물과 급격히 **발열반응**하여 **산소를 방출**하므로 건조사에 의한 **질식소화**한다.
② 트리에틸알루미늄은 알킬알루미늄(제3류 위험물)으로 **금수성 물질**이므로 주수소화가 불가능하여 건조사, 금속화재용 분말소화약제에 의한 **질식소화**한다.
③ 휘발유는 제1석유류(제4류 위험물)로 주수소화 시 **화재면이 확대될 위험**이 있으므로 **질식소화**한다.

71 ☐☐☐ 23 공채

위험물의 유별 특성 중 옳은 것만을 〈보기〉에서 있는 대로 고른 것은?

─── 보기 ───
ㄱ. 아염소산나트륨은 불연성, 조해성, 수용성이며, 무색 또는 백색의 결정성 분말 형태이다.
ㄴ. 마그네슘은 끓는 물과 접촉 시 수소가스를 발생시킨다.
ㄷ. 황린은 공기 중 상온에 노출되면 액화되면서 자연발화를 일으킨다.

① ㄱ, ㄴ
② ㄱ, ㄷ
③ ㄴ, ㄷ
④ ㄱ, ㄴ, ㄷ

71 정답 ④ LINK 기본서 185p, 187p, 189p

ㄱ. 아염소산나트륨(아염소산염류)는 제1류 위험물로 불연성, 조해성, 수용성이며, 무색 또는 백색의 결정성 분말 형태이다.
ㄴ. 마그네슘은 산 및 더운 물과 반응하여 수소를 발생한다.
ㄷ. 황린은 발화점이 매우 낮고, 화학적으로 활성이 크고, 공기 중의 산소와 산화할 때 산화열이 크기 때문에 공기 중 노출이 되어 방치하면 액화되면서 자연발화한다.

72

위험물의 유별 특성에 대한 설명으로 옳지 않은 것은?

① 제1류 위험물은 인화성액체로 인화위험이 높고, 비교적 발화점이 낮으며 증기비중이 공기보다 무겁다.
② 제2류 위험물은 가연성 고체로 비교적 낮은 온도에서 착화하기 쉬운 환원성 물질이다.
③ 제3류 위험물은 자연발화성 및 금수성 물질로 자연발화성 물질 및 물과 반응하여 가연성 가스를 발생하는 물질이다.
④ 제5류 위험물은 자기반응성 물질로 외부로부터 산소의 공급 없이도 가열, 충격 등에 의해 연소폭발을 일으키는 물질이다.
⑤ 제6류 위험물은 산화성 액체로 불연성이지만 산화성이 커서 다른 물질의 연소를 돕는다.

73

위험물에 대한 일반적인 설명으로 옳은 것은?

① 제1류 위험물 중 질산염류는 연소속도가 빨라 폭발적으로 연소한다.
② 제3류 위험물 중 황린은 가열, 충격, 마찰에 의해 분해되어 산소가 발생하므로 가연물과의 접촉을 피한다.
③ 제4류 위험물 중 제1석유류는 인화점 및 연소하한계가 낮아 적은 양으로도 화재의 위험이 있다.
④ 제5류 위험물 중 유기과산화물은 공기 중에 노출되거나 수분과 접촉하면 발화의 위험이 있다.

74

위험물의 종류에 따른 일반적 성상을 나타낸 것으로 옳은 것은?

① 산화성고체는 환원성 물질이며 황린과 철분을 포함한다.
② 인화성액체는 전기 전도체이며 휘발유와 등유를 포함한다.
③ 가연성고체는 불연성 물질이며 질산염류와 무기과산화물을 포함한다.
④ 자기반응성물질은 연소 또는 폭발을 일으킬 수 있는 물질이며 유기과산화물, 질산에스터류를 포함한다.

---

72 정답 ①

① **제4류 위험물**은 인화성액체로 인화위험이 높고, 비교적 발화점이 낮으며 증기비중이 공기보다 무겁다.

73 정답 ③

선지체크

① 제1류 위험물은 불연성 물질로 연소하지 않는다.
→ **연소속도가 빨라 폭발적으로 연소하는 것은 제5류 위험물**의 특징이다.
② 제3류 위험물 중 황린은 자연발화성 물질로 대기 중의 공기와 접촉하면 자연발화한다.
→ **제1류 위험물**은 가열, 충격, 마찰에 의해 **분해되어 산소가 발생**하므로 가연물과의 접촉을 피한다.
④ 제5류 위험물은 물질자체가 산소를 함유하고 있어 외부의 산소 공급 없이 연소가 가능하며, 연소속도가 빨라 폭발적으로 연소한다.
→ **제3류 위험물**은 공기 중에 노출되는 경우 **자연발화의 위험**이 있다.

74 정답 ④

선지체크

① **산화성고체**는 **산화성 물질**로 제1류 위험물이며, 황린은 제3류 위험물(**자연발화성** 및 금수성물질), 철분은 제2류 위험물(**가연성고체**)에 해당한다.
② **인화성액체**는 **전기 부도체**이며 정전기 축적이 용이하여 인화의 위험성이 있고, 휘발유와 등유를 포함한다.
③ **가연성고체**는 **가연성 물질**로 제2류 위험물이며, 질산염류와 무기과산화물은 **제1류 위험물**(산화성고체)에 해당한다.

75

다음 중 위험물의 특성으로 옳지 않은 것은?

① 탄화칼슘은 물과 접촉 시 아세틸렌을 생성시킨다.
② 마그네슘, 황린, 황은 물로 소화할 수 있다.
③ 칼륨, 나트륨 등은 자연발화성을 포함한다.
④ 제5류 위험물은 충격, 마찰로 발화할 수 있다.

75 정답 ②

② 황린(제3류), 황(제2류)은 물로 소화할 수 있으나, 마그네슘(제2류)은 물과 접촉 시 수소를 발생하고 발열하기 때문에 건조사나 금속화재용 분말소화약제에 의한 질식소화하여야 한다.

선지체크
① 탄화칼슘은 물과 접촉 시 가연성가스인 아세틸렌을 생성시킨다.
③ 칼륨, 나트륨 등은 제3류 위험물로 자연발화성물질을 포함하기 때문에 석유류 속에 넣어서 보관한다.
④ 제5류 위험물은 자기반응성 물질로 가연성물질이며 물질자체가 산소를 함유하고 있어 충격, 마찰로 발화할 수 있다.

76

다음 중 물속에 저장하는 것은?

① 칼륨
② 황린
③ 알킬리튬
④ 나트륨

76 정답 ②

② 황린은 자연발화성 물질로 물 속에 저장한다.

선지체크
①④ 석유류(등유, 경유) 속에 저장
③ 벤젠이나 헥산의 희석제를 사용

추가학습

| 위험물의 보호액 및 저장방법 |
① 황린, 이황화탄소: 물 속에 저장한다.
② 나이트로셀룰로오스: 물이나 알코올로 습면시킨다.
③ 칼륨, 나트륨: 석유류(등유, 경유) 속에 저장한다.
④ 알킬리튬, 알킬알루미늄: 벤젠이나 헥산의 희석제를 사용한다.
⑤ 아세틸렌: 다공성 물질(석면, 규조토)에 다이메틸프로마미드, 아세톤을 흡수시키고 여기에 아세틸렌을 다시 용해시켜 저장한다.
⑥ 아세트알데하이드, 산화프로필렌: 용기에 불연성 가스를 봉입하여 저장한다.(은, 수은, 구리, 마그네슘 접촉금지)

77

다음 중 물속에 넣어서 저장하는 것이 안전한 물질은 무엇인가?

① 나트륨 ② 알킬알루미늄
③ 이황화탄소 ④ 아세틸렌

77 정답 ③ LINK 기본서 195p

③ 이황화탄소는 물 속에 넣어서 보관한다.

선지체크
① 석유류(등유, 경유) 속에 저장
② 벤젠이나 헥산의 희석제를 사용
④ 다공성 물질(석면, 규조토)에 다이메틸프로마미드, 아세톤을 흡수시키고 여기에 아세틸렌을 다시 용해시켜 저장

78

다음 중 물질의 보관방법으로 옳지 않은 것은?

① 칼륨, 나트륨은 등유 속에 보관한다.
② 이황화탄소는 물 속에 보관한다.
③ 황린은 물 속에 보관한다.
④ 아세트알데하이드, 산화프로필렌은 수은이나 구리의 용기에 저장한다.
⑤ 아세틸렌은 다공성 물질에 아세톤, 다이메틸프로마미드를 넣고 여기에 아세틸렌을 용해시켜 저장한다.

78 정답 ④ LINK 기본서 195p

④ 아세트알데하이드, 산화프로필렌은 용기에 불연성 가스를 봉입하여 저장한다.(은, 수은, 구리, 마그네슘 접촉금지)

선지체크
② 이황화탄소는 무색투명한 액체지만 일광에 쬐면 황색으로 변한다. 또한 물보다 무겁고 물에 녹기 어렵기 때문에 물을 채운 수조탱크에 저장하면 가연성 증기 발생을 억제할 수 있어 안전하다.
→ 연소시 : $CS_2 + 3O_2 \rightarrow CO_2 + 2SO_2$
→ 고온 물과 반응 : $CS_2 + 2H_2O \rightarrow CO_2 + 2H_2S$

CHAPTER 02 위험물안전관리법

1 위험물의 저장 및 취급

01 ☐☐☐ 09 인천

「위험물안전관리법」에서 분류하는 위험물제조소등에서 취급소의 분류로 옳지 않은 것은?

① 이동탱크취급소
② 판매취급소
③ 주유취급소
④ 일반취급소

2 위험물시설의 설치 및 변경

02 ☐☐☐ 13 대전

「위험물안전관리법」상 다음에 해당하는 제조소등의 경우에는 허가를 받지 아니하고 당해 제조소등을 설치할 수 있다. 다음에 해당하는 조건으로 옳지 않은 것은?

① 주택의 난방시설(공동주택의 중앙난방시설을 제외한다)을 위한 저장소 또는 취급소
② 수산용으로 필요한 난방시설 또는 건조시설을 위한 지정수량 20배 이하의 저장소
③ 농예용으로 필요한 난방시설 또는 건조시설을 위한 지정수량 20배 이하의 취급소
④ 축산용으로 필요한 난방시설 또는 건조시설을 위한 지정수량 20배 이하의 저장소

---

01 정답 ① LINK 기본서 198p

① 이동탱크저장소 또는 이송취급소

추가학습

| 위험물 저장소 및 취급소 종류 |

1. 저장소 종류
   ① 옥내저장소: 옥내에 위험물을 저장하는 장소
   ② 옥외탱크저장소: 옥외에 있는 탱크에 위험물을 저장하는 장소
   ③ 옥내탱크저장소: 옥내에 있는 탱크에 위험물을 저장하는 장소
   ④ 지하탱크저장소: 지하에 매설한 탱크에 위험물을 저장하는 장소
   ⑤ 간이탱크저장소: 간이탱크에 위험물을 저장하는 장소(간이탱크의 용량은 600[ℓ] 이하로 정하고 있다)
   ⑥ 이동탱크저장소: 차량에 고정된 탱크에 위험물을 저장하는 장소
   ⑦ 옥외저장소: 옥외에 위험물을 저장하는 장소
   ⑧ 암반탱크저장소: 암반내 공간을 이용한 탱크에 액체의 위험물을 저장하는 장소

2. 취급소 종류
   ① 주유취급소: 고정된 주유설비에 의하여 자동차, 항공기 또는 선박 등의 연료탱크에 직접 주유하기 위하여 위험물을 취급하는 장소
   ② 판매취급소: 점포에서 위험물을 용기에 담아 판매하기 위하여 지정수량의 40배 이하의 위험물을 취급하는 장소
   ③ 이송취급소: 배관 및 이에 부속된 설비에 의하여 위험물을 이송하는 장소
   ④ 일반취급소: 주유, 판매, 이송취급소 외의 장소

---

02 정답 ③ LINK 기본서 199p

③ 농예용으로 필요한 난방시설 또는 건조시설을 위한 지정수량 20배 이하의 저장소

추가학습

| 허가를 받지 아니하고 당해 제조소등을 설치하거나, 그 위치·구조 또는 설비를 변경할 수 있으며 신고를 하지 아니하고 위험물의 품명·수량 또는 지정수량 배수를 변경할 수 있는 대상 |

① 주택의 난방시설(공동주택의 중앙난방시설을 제외)을 위한 저장소 또는 취급소
② 농예용·축산용 또는 수산용으로 필요한 난방시설 또는 건조시설을 위한 지정수량 20배 이하의 저장소

03 □□□ 11 부산

위험물시설의 허가를 받지 않고 위험물을 취급할 수 있는 곳으로 옳지 않은 것은?

① 공동주택 중앙난방시설을 위한 저장소 또는 취급소
② 주택 난방시설을 위한 저장소 또는 취급소
③ 축산용 건조시설을 위한 지정수량 20배 이하의 저장소
④ 수산용 난방시설을 위한 지정수량 20배 이하의 저장소

03 정답 ① LINK 기본서 199p

① 주택의 난방시설(공동주택의 중앙난방시설을 제외)을 위한 저장소 또는 취급소

04 □□□ 16 간부

「위험물안전관리법」에서 탱크안전성능검사 중 기초·지반검사 대상의 기준으로 옳은 것은?

① 옥내저장소의 액체위험물탱크 중 그 용량이 100만L 이상인 탱크
② 옥내탱크저장소의 액체위험물탱크 중 그 용량이 100만L 이상인 탱크
③ 옥외탱크저장소의 액체위험물탱크 중 그 용량이 100만L 이상인 탱크
④ 옥외탱크저장소의 액체위험물탱크 중 그 용량이 50만L 이상인 탱크
⑤ 옥내탱크저장소의 액체위험물탱크 중 그 용량이 50만L 이상인 탱크

04 정답 ③ LINK 기본서 200p

③ 옥외탱크저장소의 액체위험물탱크 중 그 용량이 100만L 이상인 탱크

추가학습

| 탱크안전성능검사 내용 |

① 기초·지반검사: 탱크의 기초 및 지반이 기준에 적합한지 여부를 확인
② 충수·수압검사: 탱크 본체의 누설 및 변형에 대한 안전성이 기준에 적합한지 여부를 확인
③ 용접부검사: 탱크 본체에 관한 공사에 있어서 탱크의 용접부가 기준에 적합한지 여부를 확인
④ 암반탱크검사: 탱크의 구조가 기준에 적합한지 여부를 확인

내용	검사대상	신청시기
기초·지반검사	옥외탱크저장소의 액체위험물탱크 중 용량이 100만L 이상인 탱크	위험물탱크의 기초 및 지반에 관한 공사의 개시 전
충수·수압검사	액체위험물을 저장 또는 취급하는 탱크	위험물을 저장 또는 취급하는 탱크에 배관 그 밖의 부속설비를 부착하기 전
용접부검사	옥외탱크저장소의 액체위험물탱크 중 용량이 100만L 이상인 탱크	탱크본체에 관한 공사의 개시 전
암반탱크검사	액체위험물을 저장 또는 취급하는 암반 내의 공간을 이용한 탱크	암반탱크의 본체에 관한 공사의 개시 전

3 위험물시설의 안전관리

05 ☐☐☐ 24 간부

위험물안전관리법령상 자체소방대를 설치하여야 하는 사업소로 옳은 것은?

① 용기에 위험물을 옮겨 담는 일반취급소
② 이동저장탱크 그 밖에 이와 유사한 것에 위험물을 주입하는 일반취급소
③ 보일러, 버너 그 밖에 이와 유사한 장치로 위험물을 소비하는 일반취급소
④ 제4류 위험물을 취급하는 제조소 또는 일반취급소에서 취급하는 제4류 위험물의 최대수량의 합이 지정수량의 3천배 이상인 경우
⑤ 제4류 위험물을 저장하는 옥외탱크저장소에 저장하는 제4류 위험물의 최대수량이 지정수량의 30만배 이상인 경우

06 ☐☐☐ 13 충북

「위험물안전관리법」에서 규정하는 위험물안전관리에 관한 설명으로 옳지 않은 것은?

① 제조소등 관계인은 위험물의 안전관리에 관한 직무를 수행하기 위하여 제조소등마다 위험물 안전관리자를 선임하여야 한다.
② 관계인은 그 안전관리자를 해임하거나 안전관리자가 퇴직한 때에는 해임하거나 퇴직한 날부터 30일 이내에 다시 안전관리자를 선임하여야 한다.
③ 안전관리자를 선임한 때에는 14일 이내에 소방본부장 또는 소방서장에게 신고하여야 한다.
④ 제조소등의 관계인은 안전관리자가 여행·질병 그 밖의 사유로 인하여 일시적으로 직무를 수행할 수 없거나 안전관리자의 해임 또는 퇴직과 동시에 다른 안전관리자를 선임하지 못하는 경우에는 국가기술자격법에 따른 위험물의 취급에 관한 자격취득자 또는 위험물안전에 관한 기본지식과 경험이 있는 자를 대리자로 지정하여 30일을 초과의 범위에서 그 직무를 대행하게 하여야 한다.

---

05 정답 ④ LINK 기본서 203~204p

추가학습

| 자체소방대를 설치하는 경우 |

① 제4류 위험물을 취급하는 제조소 또는 일반취급소로서 최대수량의 합이 지정수량의 3천배 이상인 것
② 제4류 위험물을 저장하는 옥외탱크저장소로서 최대수량이 지정수량의 50만배 이상인 것

06 정답 ④ LINK 기본서 201p

④ 제조소등의 관계인은 안전관리자가 여행·질병 그 밖의 사유로 인하여 일시적으로 직무를 수행할 수 없거나 안전관리자의 해임 또는 퇴직과 동시에 다른 안전관리자를 선임하지 못하는 경우에는 국가기술자격법에 따른 위험물의 취급에 관한 자격취득자 또는 위험물안전에 관한 기본지식과 경험이 있는 자를 대리자로 지정하여 그 직무를 대행하게 하여야 한다. 이 경우 대리자가 안전관리자의 직무를 대행하는 기간은 **30일을 초과할 수 없다**.

07 　13 광주

「위험물안전관리법」에서 관계인이 예방규정을 정하여야 하는 제조소등으로 옳지 않은 것은?

① 지정수량 10배 이상의 위험물을 취급하는 제조소
② 지정수량 150배 이상의 위험물을 저장하는 옥내저장소
③ 지정수량 100배 이상의 위험물을 저장하는 옥외저장소
④ 지정수량 200배 이상의 위험물을 저장하는 옥내탱크저장소

08 　13 대전

「위험물안전관리법」에서 탱크시험자가 되고자 하는 자는 대통령령이 정하는 조건을 갖추어 시·도지사에게 등록하여야 한다. 그 조건으로 옳지 않은 것은?

① 기술능력　　② 시설
③ 자본금　　　④ 장비

4　위험물의 운반 및 운송

09 　13 광주

「위험물안전관리법」에서 규정하는 위험물의 운반에 관한 기준에서 수납하는 위험물에 따라 규정에 의한 주의사항으로 화기엄금을 표기하지 않는 것은?

① 제2류 인화성고체
② 제3류 금수성물질
③ 제4류 인화성액체
④ 제5류 자기반응성물질

---

07 정답 ④ 　LINK 기본서 202~203p
④ 지정수량 200배 이상의 위험물을 저장하는 **옥외탱크저장소**

추가학습

| 관계인이 예방규정을 정하여야 하는 제조소등 |
① 지정수량의 **10배 이상**의 위험물을 취급하는 **제조소**
② 지정수량의 **100배 이상**의 위험물을 저장하는 **옥외저장소**
③ 지정수량의 **150배 이상**의 위험물을 저장하는 **옥내저장소**
④ 지정수량의 **200배 이상**의 위험물을 저장하는 **옥외탱크저장소**
⑤ 암반탱크저장소
⑥ 이송취급소
⑦ 지정수량의 **10배 이상**의 위험물을 취급하는 **일반취급소**

08 정답 ③ 　LINK 기본서 202p
탱크시험자가 되고자 하는 자는 **기술능력·시설** 및 **장비**를 갖추어 시·도지사에게 등록하여야 한다.

09 정답 ② 　LINK 기본서 204p
② 제3류 금수성물질은 **물기엄금**을 표시한다.

추가학습

| 위험물의 운반 |

구 분		주 의
제1류	무기과산화물 (알칼리금속의 과산화물)	화기·충격주의 물기엄금 가연물접촉주의
	그 밖의 것	화기·충격주의 가연물접촉주의
제2류	철분, 금속분, 마그네슘	화기주의 물기엄금
	인화성 고체	화기엄금
	그 밖의 것	화기주의
제3류	자연발화성 물질	화기엄금 공기접촉엄금
	금수성 물질	물기엄금
제4류	–	화기엄금
제5류	–	화기엄금 충격주의
제6류	–	가연물접촉주의

10 ☐☐☐ 13 대전

「위험물안전관리법」상 제1류 위험물 중 알칼리금속의 과산화물 또는 이를 함유한 것에 있어서 수납하는 위험물에 따라 규정에 의한 주의사항으로 옳은 것은?

① 물기주의
② 화기엄금
③ 물기엄금
④ 공기접촉엄금

10 정답 ③ LINK 기본서 204p

③ 알칼리금속의 과산화물: 화기·충격주의, 물기엄금, 가연물접촉주의

11 ☐☐☐ 21 간부

「위험물안전관리법 시행규칙」상 수납하는 위험물의 종류에 따라 운반용기의 외부에 표시하여야 할 주의사항으로 옳지 않은 것은?

① 제1류 위험물 중 알칼리금속의 과산화물 또는 이를 함유한 것에 있어서는 "화기·충격주의", "물기엄금" 및 "가연물접촉주의"
② 제2류 위험물 중 철분·금속분·마그네슘 또는 이들 중 어느 하나 이상을 함유한 것에 있어서는 "화기주의" 및 "물기엄금"
③ 제3류 위험물 중 자연발화성물질에 있어서는 "화기엄금" 및 "공기접촉엄금", 금수성물질에 있어서는 "물기엄금"
④ 제4류 위험물에 있어서는 "화기엄금"
⑤ 제5류 위험물에 있어서는 "화기주의" 및 "충격주의"

11 정답 ⑤ LINK 기본서 204p

⑤ 제5류 위험물에 있어서는 "화기엄금" 및 "충격주의"

12

19 간부

「위험물안전관리법 시행령」상 운송책임자의 감독·지원을 받아 운송하여야 하는 위험물로 옳은 것은?

ㄱ. 마그네슘	ㄴ. 알킬알루미늄
ㄷ. 하이드록실아민	ㄹ. 다이크로뮴산염류
ㅁ. 알킬리튬	ㅂ. 적린

① ㄱ, ㄷ ② ㄱ, ㅁ
③ ㄷ, ㄹ ④ ㄴ, ㅁ
⑤ ㄴ, ㅂ

12 정답 ④

LINK 기본서 204~205p

알킬알루미늄, 알킬리튬은 운송책임자의 감독·지원을 받아 운송하여야 한다.

13

11 공채

「위험물안전관리법」에서 규정하는 제조소의 게시판 설치기준 색상 표기방법은?

① 백색바탕 황색문자
② 백색바탕 청색문자
③ 백색바탕 적색문자
④ 백색바탕 흑색문자

13 정답 ④

④ 위험물안전관리법 시행규칙 별표4 제조소

추가학습

표지 및 게시판

① 색상: **백색바탕, 흑색문자**
② 규격: 한 변의 길이 **0.3m 이상**, 다른 한 변의 길이 **0.6m 이상**

구 분		주 의
제1류 중 알칼리금속의 과산화물	물기엄금	**청색바탕 백색문자**
제3류 중 금수성 물질		
제2류 (인화성 고체 제외)	화기주의	
제2류 중 인화성 고체	화기엄금	**적색바탕 백색문자**
제3류 중 자연발화성 물질		
제4류		
제5류		

CHAPTER 03 특수가연물

01 ☐☐☐ 13 충북

다음은 화재가 발생하는 경우 불길이 빠르게 번지는 고무류·면화류·석탄 및 목탄 등을 대통령령이 정할 때, 어떤 기준으로 정하는가?

① 인화성 액체 ② 특수인화물
③ 특수가연물 ④ 가연성 액체

02 ☐☐☐ 11 부산

「화재의 예방 및 안전관리에 관한 법률」상 특수가연물에 속하지 않는 것은?

① 면화류 ② 목재가공품
③ 황 ④ 석탄·목탄류

03 ☐☐☐ 16 2차 충남

다음 중 특수가연물에 해당되는 것으로 옳은 것은?

① 발포한 고무류·플라스틱류 10㎥
② 종이부스러기 800kg
③ 석탄 8,000kg
④ 볏짚류 3,000kg

---

01 정답 ③ LINK 기본서 206p

화재가 발생하는 경우 불길이 빠르게 번지는 고무류·플라스틱류·석탄 및 목탄 등 대통령령으로 정하는 특수가연물의 저장 및 취급 기준은 대통령령으로 정한다.(「화재의 예방 및 안전관리에 관한 법률」 제17조 제5항)

02 정답 ③ LINK 기본서 206p

③ 황은 특수가연물이 아닌 「위험물안전관리법」에서 규정하고 있는 제2류 위험물(가연성 고체)에 해당한다.

선지체크
① 면화류 200[kg] 이상
② 목재가공품 10[㎥] 이상
④ 석탄·목탄류 10,000[kg] 이상

추가학습

특수가연물의 종류	
품명	수량
면화류	200[kg]이상
나무껍질 및 대팻밥	400[kg]이상
넝마 및 종이부스러기	1,000[kg]이상
사류	
볏짚류	
가연성고체류	3,000[kg]이상
석탄·목탄류	10,000[kg]이상
가연성액체류	2[㎥]이상
목재가공품 및 나무부스러기	10[㎥]이상
고무류·플라스틱류 발포시킨 것	20[㎥]이상
고무류·플라스틱류 그 밖의 것	3,000[kg]이상

03 정답 ④ LINK 기본서 206p

④ 볏짚류 지정수량이 1,000[kg] 이상으로 3,000[kg]는 특수가연물에 해당된다.

선지체크
① 발포한 고무류·플라스틱류 20[㎥] 이상
② 종이부스러기 1,000[kg] 이상
③ 석탄 10,000[kg] 이상

04 14 전북

다음 중 특수가연물의 가연성 액체류 기준에 대하여 옳지 않은 것은?

① 특수가연물의 가연성 액체류 지정수량은 2㎥ 이상이다.
② 특수가연물의 가연성 액체류는 1기압과 20℃ 이하에서 액상이다.
③ 가연성 액체량이 40중량% 이하의 조건에 해당된다.
④ 특수가연물의 가연성 액체류는 인화점이 40℃ 이상 100℃ 미만이다.

04 정답 ④ LINK 기본서 206~207p

④ 특수가연물의 가연성 액체류는 **인화점이 40℃ 이상 250℃ 미만**이다.

추가학습

│특수가연물 종류의 정의│

① 면화류: 불연성 또는 난연성이 아닌 면상 또는 팽이모양의 섬유와 마사(麻絲) 원료를 말한다.
② 넝마 및 종이부스러기: 불연성 또는 난연성이 아닌 것(동물 또는 식물의 기름이 깊이 스며들어 있는 옷감·종이 및 이들의 제품을 포함한다)으로 한정한다.
③ 사류: 불연성 또는 난연성이 아닌 실(실부스러기와 솜털을 포함한다)과 누에고치를 말한다.
④ 볏짚류: 마른 볏짚·북데기와 이들의 제품 및 건초를 말한다. 다만 축산용도로 사용하는 것은 제외한다.
⑤ 가연성 고체류

구분	인화점[℃]	연소열량 [kcal/g]	융점[℃]
(1)	섭씨 40[℃] 이상 100[℃] 미만		
(2)	섭씨 100[℃] 이상 200[℃] 미만	8[kcal/g] 이상	
(3)	섭씨 200[℃] 이상	8[kcal/g] 이상	100[℃] 미만
(4)	1기압과 섭씨 20[℃] 초과 40[℃] 이하에서 액상인 것으로서 인화점이 섭씨 70[℃] 이상 섭씨 200[℃] 미만이거나 (2) 또는 (3)에 해당하는 것		

⑥ 석탄·목탄류: 코크스, 석탄가루를 물에 갠 것, 마세크탄(조개탄), 연탄, 석유코크스, 활성탄 및 이와 유사한 것
⑦ 가연성 액체류

구분	압력, 온도, 상태	가연성 액체량	인화점[℃]	연소점[℃]
(1)	1기압과 섭씨 20[℃] 이하에서 액상인 것	40[w%] 이하	섭씨 40[℃] 이상 섭씨 70[℃] 미만	섭씨 60[℃] 이상
(2)	1기압과 섭씨 20[℃]에서 액상인 것	40[w%] 이하	섭씨 70[℃] 이상 섭씨 250[℃] 미만	
(3)	동물의 기름과 살코기 또는 식물의 씨나 과일의 살에서 추출한 것으로서 다음의 어느 하나에 해당하는 것 ① 1기압과 섭씨 20[℃]에서 액상이고 인화점이 250[℃] 미만인 것으로서 용기기준과 수납·저장기준에 적합하고 용기외부에 물품명·수량 및 "화기엄금" 등의 표시를 한 것 ② 1기압과 섭씨 20[℃]에서 액상이고 인화점이 섭씨 250[℃] 이상인 것			

⑧ 고무류·플라스틱류: 불연성 또는 난연성이 아닌 고체의 합성수지제품, 합성수지반제품, 원료합성수지 및 합성수지 부스러기(불연성 또는 난연성이 아닌 고무제품, 고무반제품, 원료고무 및 고무 부스러기를 포함한다)를 말한다. 다만, 합성수지의 섬유·옷감·종이 및 실과 이들의 넝마와 부스러기는 제외한다.

05　　　　□□□　11 전남

특수가연물 취급방법으로 옳지 않은 것은?

① 품명별로 구분하여 쌓는다.
② 실내의 경우 바닥면적 사이는 1m 이하가 되도록 할 것
③ 높이는 10m 이하가 되도록 한다.
④ 바닥면적은 50m² 이하가 되도록 할 것

05　정답 ②　　　LINK 기본서 207~208p

② 쌓는 부분 바닥면적의 사이는 실내의 경우 **1.2m** 또는 **쌓는 높이의 1/2 중 큰 값 이상**으로 간격을 두어야 하며, 실외의 경우 **3m** 또는 **쌓는 높이 중 큰 값 이상**으로 간격을 둘 것

추가학습

| 특수가연물의 저장·취급 기준 |

1. 석탄·목탄류를 발전용으로 저장하는 경우 제외
2. 품명별로 구분하여 쌓을 것
3. 다음의 기준에 맞게 쌓을 것

구분	살수설비를 설치하거나 방사능력 범위에 해당 특수가연물이 포함되도록 대형수동식소화기를 설치하는 경우	그 밖의 경우
높이	15[m] 이하	10[m] 이하
쌓는 부분의 바닥면적	200[m²] 이하 석탄·목탄류의 경우 300[m²] 이하	50[m²] 이하 석탄·목탄류의 경우 200[m²] 이하

4. 실외에 쌓아 저장하는 경우
　① 쌓는 부분이 대지경계선, 도로 및 인접 건축물과 최소 **6[m] 이상** 간격을 둘 것. 다만, 쌓는 높이보다 **0.9[m] 이상** 높은 내화구조 벽체를 설치한 경우는 그렇지 않다.
5. 실내에 쌓아 저장하는 경우
　① 주요구조부는 **내화구조**이면서 **불연재료**여야 하고, 다른 종류의 특수가연물과 같은 공간에 보관하지 않을 것. 다만, 내화구조의 벽으로 분리하는 경우는 그렇지 않다.
6. 쌓는 부분 바닥면적의 사이
　① 실내의 경우 **1.2[m]** 또는 **쌓는 높이의 1/2 중 큰 값 이상**으로 간격
　② 실외의 경우 **3[m]** 또는 **쌓는 높이 중 큰 값 이상**으로 간격

| 특수가연물 표지 |

1. 특수가연물을 저장 또는 취급하는 장소에는 **품명**, **최대저장수량**, **단위부피당 질량** 또는 **단위체적당 질량**, **관리책임자 성명·직책**, **연락처** 및 **화기취급의 금지표시**가 포함된 특수가연물 표지를 설치해야 한다.
2. 특수가연물 표지의 규격
　① 한 변의 길이가 **0.3[m] 이상**, 다른 한 변의 길이가 **0.6[m] 이상**인 직사각형으로 할 것
　② **바탕은 흰색**, **문자는 검은색**으로 할 것
　③ 화기엄금 표시 부분의 **바탕은 붉은색**, **문자는 백색**으로 할 것
3. 특수가연물 표지는 특수가연물을 저장하거나 취급하는 장소 중 보기 쉬운 곳에 설치해야 한다.

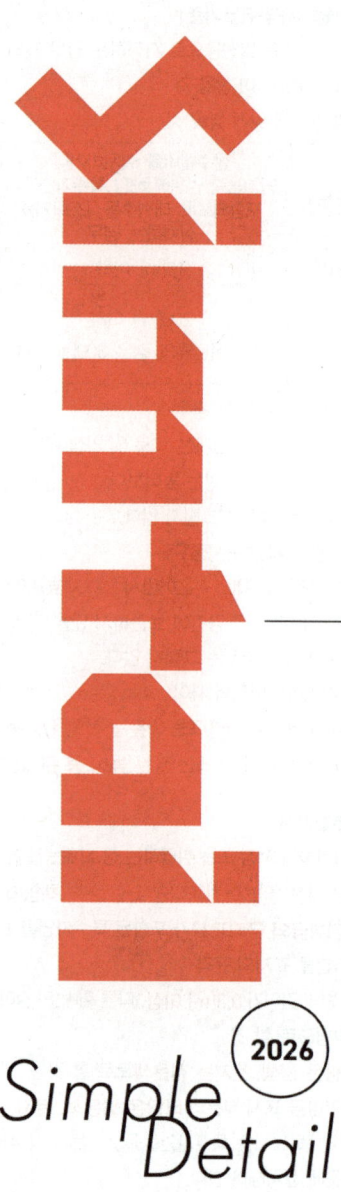

Simple Detail 2026

VII

소방시설

CHAPTER 01 소방시설
CHAPTER 02 소화설비
CHAPTER 03 경보설비
CHAPTER 04 피난구조설비
CHAPTER 05 소화활동설비

CHAPTER 01 소방시설

1 소방시설의 분류

01

17 간부

소방시설에 대한 설명으로 옳지 않은 것은?

① 소화설비란 물 또는 그 밖의 소화약제를 사용하여 소화하는 기계·기구 또는 설비로서 소화기구, 자동소화장치, 옥내·외 소화전설비, 스프링클러설비등, 물분무등소화설비 등이 있다.

② 경보설비란 화재발생 사실을 통보하는 기계·기구 또는 설비로서 단독경보형감지기, 비상경보설비, 자동화재탐지설비 등이 있다.

③ 피난구조설비란 화재가 발생할 경우 피난하기 위하여 사용하는 기구 또는 설비로서 피난기구, 인명구조기구, 유도등, 비상조명등 및 휴대용비상조명등 등이 있다.

④ 소화용수설비란 화재진압에 필요한 물을 공급하거나 저장하는 설비로서 상수도소화용수설비, 소화수조, 저수조 등이 있다.

⑤ 소화활동설비란 화재를 진압하거나 인명구조활동을 위하여 사용하는 설비로서 비상방송설비, 자동화재속보설비, 피난사다리, 완강기 등이 있다.

01 정답 ⑤
LINK 기본서 212p

⑤ 소화활동설비란 화재를 진압하거나 인명구조활동을 위하여 사용하는 설비이다.
→ 비상방송설비, 자동화재속보설비: **경보설비**
→ 피난사다리, 완강기: **피난구조설비**

02

19 공채

소방시설의 종류에 따른 분류가 옳게 짝지어진 것은?

① 경보설비 - 비상조명등
② 소화설비 - 연소방지설비
③ 피난구조설비 - 비상방송설비
④ 소화활동설비 - 비상콘센트설비

02 정답 ④
LINK 기본서 212p

선지체크
① 비상조명등: 피난구조설비
② 연소방지설비: 소화활동설비
③ 비상방송설비: 경보설비

03 ☐☐☐ 16 공채

「소방시설 설치 및 관리에 관한 법률 시행령」상 화재를 알리는 설비로 옳지 않은 것은?

① 무선통신보조설비　② 단독경보형감지기
③ 비상벨설비　　　　④ 자동식사이렌설비

03 정답 ①　🔗LINK 기본서 212p

① 화재를 알리는 설비는 경보설비를 말하며 **무선통신보조설비**는 **소화활동설비**이다.

04 ☐☐☐ 15 공채

다음 중 소화활동설비에 속하지 않는 것은?

① 연소방지설비　② 무선통신보조설비
③ 제연설비　　　④ 비상방송설비

04 정답 ④　🔗LINK 기본서 212p

④ 경보설비

선지체크
소화활동설비: 제연설비, 연결송수관설비, 연결살수설비, 비상콘센트설비, 무선통신보조설비, 연소방지설비

05 ☐☐☐ 14 공채

「소방시설 설치 및 관리에 관한 법률 시행령」상 소방시설 중 그 분류가 다른 것은?

① 자동화재탐지설비　② 단독경보형감지기
③ 비상방송설비　　　④ 제연설비

05 정답 ④　🔗LINK 기본서 212p

④ 소화활동설비

선지체크
① ② ③ 경보설비

06   12 공채

「소방시설 설치 및 관리에 관한 법률」에서 분류하는 소방시설 중 소화활동설비로서 옳은 것은?

> ㄱ. 비상콘센트설비 ㄴ. 방열복
> ㄷ. 제연설비   ㄹ. 공기호흡기
> ㅁ. 연소방지설비   ㅂ. 무선통신보조설비

① ㄱ, ㄴ, ㄷ, ㄹ
② ㄱ, ㄴ, ㄹ, ㅂ
③ ㄱ, ㄷ, ㅁ, ㅂ
④ ㄱ, ㄷ, ㄹ, ㅂ

06 정답 ③

선지체크
ㄴ, ㄹ 피난구조설비

07   22 간부

「소방시설 설치 및 관리에 관한 법률 시행령」상 소방시설의 설비 분류가 다른 것은?

① 상수도소화용수설비
② 연결송수관설비
③ 연결살수설비
④ 연소방지설비
⑤ 무선통신보조설비

07 정답 ①

① 상수도소화용수설비는 소화용수설비이며, 나머지는 모두 소화활동설비에 해당한다.

08   12 공채

화재 시 피난 등을 하기 위하여 사용하는 피난구조설비로 옳지 않은 것은?

① 연소방지시설
② 공기호흡기
③ 인공소생기
④ 유도표지

08 정답 ①

① 소화활동설비

09 □□□ 12 세종
다음 중 소방시설의 분류가 다른 것은?
① 휴대용비상조명등　② 유도표지
③ 제연설비　　　　　④ 인명구조기구

09 정답 ③
③ 소화활동설비

선지체크
① ② ④ 피난구조설비

LINK 기본서 212p

10 □□□ 12 울산
다음 중 소화활동설비로 옳지 않은 것은?
① 구조대　　　　　　② 연결송수관설비
③ 비상콘센트설비　　④ 제연설비

10 정답 ①
① 피난구조설비

LINK 기본서 212p

11 □□□ 12 경기
소방관이 화재를 진압하거나 인명구조활동을 위하여 사용하는 소화활동설비로 옳지 않은 것은?
① 제연설비　　　　　② 비상콘센트설비
③ 통합감시설비　　　④ 연소방지설비

11 정답 ③
③ 경보설비

LINK 기본서 212p

12 ☐☐☐ 18 간부

화재진압 및 인명구조 활동을 위하여 사용하는 소화활동설비로 적합하지 않은 것은?

① 제연설비
② 소화수조
③ 연소방지설비
④ 비상콘센트설비
⑤ 연결살수설비

12 정답 ②　LINK 기본서 212p
② 소화용수설비

13 ☐☐☐ 11 서울

다음 중 소방시설에서 소화활동설비의 분류가 다른 것은?

① 연결살수설비　② 비상경보설비
③ 무선통신보조설비　④ 제연설비

13 정답 ②　LINK 기본서 212p
② 경보설비

14 ☐☐☐ 11 제주

소방시설의 분류 중 소화활동설비로 옳지 않은 것은?

① 무선통신보조설비　② 제연설비
③ 비상콘센트설비　④ 통합감시시설

14 정답 ④　LINK 기본서 212p
④ 경보설비

15 ⬜⬜⬜ 11 울산

화재를 진압하거나 인명구조활동을 위하여 사용하는 설비인 소화활동설비로 옳지 않은 것은?

① 옥내소화전 ② 연결송수관설비
③ 무선통신보조설비 ④ 연결살수설비

15 정답 ①

① 소화설비

LINK 기본서 212p

16 ⬜⬜⬜ 20 공채

소방시설의 분류와 해당 소방시설의 종류가 옳게 연결된 것은?

① 소화설비 – 옥내소화전설비, 포소화설비, 간이스프링클러설비
② 경보설비 – 자동화재속보설비, 자동화재탐지설비, 제연설비
③ 소화용수설비 – 상수도소화용수설비, 소화수조, 연결살수설비
④ 소화활동설비 – 시각경보기, 연결송수관설비, 무선통신보조설비

16 정답 ①

LINK 기본서 212p

선지체크
② **제연설비**: 소화활동설비
③ **연결살수설비**: 소화활동설비
④ **시각경보기**: 경보설비

17 ⬜⬜⬜ 24 간부

「소방시설 설치 및 관리에 관한 법률 시행령」상 소방시설의 내용으로 옳은 것만을 〈보기〉에서 고른 것은?

─── 보기 ───
ㄱ. 소화설비: 소화기구, 스프링클러설비등, 연소방지설비 등
ㄴ. 경보설비: 자동화재속보설비, 누전경보기, 가스누설경보기 등
ㄷ. 피난구조설비: 유도등, 비상조명등 및 휴대용비상조명등, 비상방송설비 등
ㄹ. 소화용수설비: 상수도소화용수설비, 소화수조·저수조, 그 밖의 소화용수설비
ㅁ. 소화활동설비: 비상콘센트설비, 제연설비, 연결살수설비 등

① ㄱ, ㄴ, ㄷ ② ㄱ, ㄴ, ㄹ
③ ㄱ, ㄷ, ㅁ ④ ㄴ, ㄷ, ㅁ
⑤ ㄴ, ㄹ, ㅁ

17 정답 ⑤

LINK 기본서 212p

ㄱ. 소화설비: 소화기구, 스프링클러설비등, **연소방지설비** 등 → 연소방지설비는 **소화활동설비**이다.
ㄷ. 피난구조설비: 유도등, 비상조명등 및 휴대용비상조명등, **비상방송설비** 등 → 비상방송설비는 **경보설비**이다.

18

다음의 소방시설 중 옳지 않은 것을 고른다면?

> ㄱ. 소화활동설비에는 비상콘센트설비, 연소방지설비, 비상방송설비가 있다.
> ㄴ. 소화용수설비에는 소화수조, 저수조, 정화조가 있다.
> ㄷ. 피난구조설비 중 피난기구에는 피난사다리, 구조대, 완강기를 포함한다.
> ㄹ. 소화설비에는 스프링클러설비, 자동소화장치, 옥내소화전설비, 옥외소화전설비가 있다.

① ㄴ
② ㄱ, ㄴ
③ ㄱ, ㄴ, ㄹ
④ ㄱ, ㄴ, ㄷ, ㄹ

18 정답 ②

ㄱ. 비상방송설비: 경보설비
ㄴ. 정화조는 소방시설에 해당하지 않는다.

19

「소방시설 설치 및 관리에 관한 법률 시행령」상 소방시설의 연결이 옳은 것만을 〈보기〉에서 있는 대로 고른 것은?

> 〈보기〉
> ㄱ. 소화설비 - 소화기구
> ㄴ. 경보설비 - 무선통신보조설비
> ㄷ. 피난구조설비 - 휴대용비상조명등
> ㄹ. 소화용수설비 - 소화수조
> ㅁ. 소화활동설비 - 연소방지설비

① ㄱ, ㄷ
② ㄴ, ㄹ, ㅁ
③ ㄱ, ㄷ, ㄹ, ㅁ
④ ㄴ, ㄷ, ㄹ, ㅁ
⑤ ㄱ, ㄴ, ㄷ, ㄹ, ㅁ

19 정답 ③

선지체크
ㄴ. 소화활동설비 - 무선통신보조설비

20

다음은 소방시설의 분류에 관한 설명에서 옳은 것은?

① 경보설비 - 비상벨설비 및 자동식 사이렌설비, 비상방송설비, 통합감시시설
② 피난구조설비 - 비상조명등, 유도등 및 유도표지, 피난기구, 제연설비
③ 소화용수설비 - 상수도소화설비, 저수조, 소화수조, 무선통신보조설비
④ 소화설비 - 소화기구, 옥내소화전설비, 스프링클러설비, 연결살수설비

20 정답 ①

선지체크
② 제연설비: 소화활동설비
③ 무선통신보조설비: 소화활동설비
④ 연결살수설비: 소화활동설비

21

다음 소방시설의 분류 중 옳지 않은 것은?

① 소방시설 - 소화설비, 경보설비, 피난구조설비, 소화용수설비, 소화활동설비 등이 있다.
② 소화설비 - 소화기구, 옥내소화전설비, 스프링클러설비, 옥외소화전설비 등이 있다.
③ 경보설비 - 비상경보설비, 비상방송설비, 자동화재속보설비, 자동화재탐지설비 및 시각경보기 등이 있다.
④ 소화활동설비 - 무선통신보조설비, 경보설비, 비상콘센트설비, 연결살수설비, 연소방지설비, 연결송수관설비 등이 있다.

21 정답 ④

④ 경보설비는 화재발생 사실을 통보하는 기계·기구 또는 설비를 말한다.
→ 소화활동설비란 화재를 진압하거나 인명구조활동을 위하여 사용하는 설비로 제연설비, 연결송수관설비, 연결살수설비, 비상콘센트설비, 무선통신보조설비, 연소방지설비를 말한다.

22

소방시설은 소화설비, 경보설비, 피난구조설비, 소화용수설비, 소화활동설비로 분류된다. 다음 정의로 분류되는 소방시설로 옳지 않은 것은?

> 화재를 진압하거나 인명구조활동을 위하여 사용하는 설비

① 제연설비
② 인명구조설비
③ 연결살수설비
④ 무선통신보조설비

22 정답 ②

② 화재를 진압하거나 인명구조활동을 위하여 사용하는 설비는 소화활동설비이며 **인명구조설비는 피난구조설비이다.**

23

25 공채

〈보기〉에서 피난구조설비에 해당하는 것만 고른 것은?

---- 보기 ----
ㄱ. 방열복
ㄴ. 제연설비
ㄷ. 공기호흡기
ㄹ. 비상조명등
ㅁ. 연소방지설비

① ㄱ, ㄴ, ㄷ
② ㄱ, ㄷ, ㄹ
③ ㄴ, ㄷ, ㅁ
④ ㄴ, ㄹ, ㅁ

23 정답 ②

LINK 기본서 212p

선지체크
ㄴ. 제연설비: 소화활동설비
ㅁ. 연소방지설비: 소화활동설비

CHAPTER 02 소화설비

1 소화기구

01 11 부산

소화기 설치·유지관리에 대하여 가장 옳지 않은 것은?

① 소화기를 지정구역 내에 비치해두고 사람들의 통행에 방해되는 곳에는 설치하면 안 된다.
② 소화기를 각각의 보행거리마다 중요 위치에 분산시켜 관리해야 한다.
③ 바닥 높이로부터 1.5m 이하에 지정하여 설치한다.
④ 사용할 때는 바람을 등지고 서서 호스를 불쪽으로 향하게 한다.

01 정답 ① LINK 기본서 217p

① 통행에 방해되더라도 기준에 맞춰 적합하게 설치하여야 한다.

추가학습

| 소화기 설치기준 |

1. 각 **층**마다 설치한다.
   ① 특정소방대상물의 각 부분으로부터 1개의 소화기까지의 **보행거리**
   - 소형소화기: **20[m] 이내**
   - 대형소화기: **30[m] 이내**
2. 소화기구(자동확산소화기를 제외한다) 높이: **1.5[m] 이하**

02 12 공채

다음 중 대형소화기의 성능으로 옳은 것은?

① A급 1단위 이상, B급 5단위 이상
② A급 5단위 이상, B급 10단위 이상
③ A급 10단위 이상, B급 20단위 이상
④ A급 20단위 이상, B급 30단위 이상

02 정답 ③ LINK 기본서 213p

③ 대형소화기: 능력단위가 **A급 10단위 이상**, **B급 20단위 이상**인 소화기

추가학습

| 소화능력단위에 따른 분류 |

① 소형소화기: 능력단위가 **1단위 이상**이고 대형소화기의 **능력단위 미만**인 소화기
② 대형소화기: 화재 시 사람이 운반할 수 있도록 **운반대와 바퀴**가 설치되어 있고 능력단위가 **A급 10단위 이상**, **B급 20단위 이상**인 소화기

03

다음 중 대형소화기 약제 충전량으로서 옳은 것은?

① 물 소화기: 50L
② 강화액 소화기: 50L
③ 분말 소화기: 10kg
④ 이산화탄소 소화기: 50kg

03 정답 ④

선지체크
① 물 소화기: 80L 이상
② 강화액 소화기: 60L 이상
③ 분말 소화기: 20kg 이상

추가학습

| 대형소화기 충전량 |

소화기 종류	충전량
포 소화기	20[L] 이상
분말 소화기	20[kg] 이상
할로겐화합물 소화기	30[kg] 이상
이산화탄소 소화기	50[kg] 이상
강화액 소화기	60[L] 이상
물 소화기	80[L] 이상

04

다음 중 화학적인 작용을 이용하여 가장 효과적으로 소화하는 소화기는?

① 기계포 소화기
② 물 소화기
③ 할로겐화합물 소화기
④ 이산화탄소 소화기

04 정답 ③

③ 할로겐화합물 소화기: 소화약제의 분자 안에 존재하는 라디칼포착제가 연쇄반응을 확대하는 활성물질과 결합하여 그 활성을 막음으로 소화작용한다.

선지체크
① 기계포 소화기: 소화기에서 방출될 때 노즐에서 공기를 혼합하여 거품이 발생하여, 거품이 연소면을 도포해 질식 및 냉각소화한다.
② 물 소화기: 소화약제로서 물은 불순물이 없는 깨끗한 물이 적당하며, 기화 잠열이 다른 물질에 비해 매우 높기 때문에 냉각소화한다.
④ 이산화탄소 소화기: 고압가스 용기에 액화 이산화탄소를 충전한 소화기이며 질식소화한다.

05

09 전북

소화기 저장온도 및 사용온도의 적응성으로 온도가 옳은 것은?

① 강화액 소화기: -40~40℃
② 분말 소화기: -5~50℃
③ 포 소화기: 0~50℃
④ 산·알칼리 소화기: 0~40℃

05 정답 ④

LINK 기본서 216p

선지체크

① 강화액 소화기: **-20~40℃**
② 분말 소화기: **-20~40℃**
③ 포 소화기: **5~40℃**

추가학습

| 소화기별 사용온도 |

구 분	사용온도
강화액 소화기	-20℃~40℃
분말 소화기	
포 소화기	5℃~40℃
기타 소화기	0℃~40℃

06

10 서울

다음 중 소화설비에 대한 내용으로 옳지 않은 것은?

① 소형소화기는 능력단위 10단위 이상이고 대형소화기 능력단위 미만인 소화기이다.
② 대형소화기는 A급 10단위 이상, B급 20단위 이상으로 운반대와 바퀴가 설치된다.
③ 간이소화용구는 소화기 및 자동확산소화기 외 간이소화용으로 사용하는 것을 말한다.
④ 자동확산소화기는 화재 시 화염이나 열에 따라 소화약제가 확산하여 국소적으로 소화하는 장치를 말한다.

06 정답 ①

LINK 기본서 213p, 218p

① 소형소화기는 능력단위 **1단위 이상**이고 대형소화기 능력단위 미만인 소화기이다.

추가학습

| 간이소화용구 |

수동식 및 자동식 소화기 이외의 것으로 소화약제(물 제외)가 충전되어 소화용으로 사용하는 소화기구이다.

① 에어로졸식 소화용구
② 투척용 소화용구
③ 소공간용 소화용구
④ 소화약제 외의 것을 이용한 간이소화용구: 마른모래, 팽창질석, 팽창진주암 등

| 자동확산소화기 |

화재 시 화염이나 열에 의하여 자동으로 소화약제를 방출하여 소화하는 장치를 말한다. 화재를 감지하여 자동으로 소화약제를 방출 확산시켜 국소적으로 소화하는 소화기이며 감지부, 방출구, 방출도관으로 구성되어 있다.

07 □□□ 16 간부

소화기의 설치기준에 대한 설명 중 옳지 않은 것은?

① 각 층마다 설치하되 특정소방대상물의 각 부분으로부터 1개의 소화기까지 보행거리가 소형 소화기의 경우 20m 이내, 대형소화기의 경우에는 30m 이내가 되도록 배치한다.
② 지하구의 경우에는 사람의 접근이 어려운 장소에 한하여 설치할 수 있다.
③ 특정소방대상물의 각 층이 2이상의 거실로 구획된 경우에는 각 층마다 설치하는 것 외에 바닥면적이 33㎡ 이상으로 구획된 각 거실에도 배치한다.
④ 능력단위가 2단위 이상이 되도록 소화기를 설치하여야 할 특정소방대상물에는 간이소화용구의 능력단위가 전체 능력단위의 2분의 1을 초과하지 않도록 한다.
⑤ 대형소화기는 A급 10단위 이상, B급 20단위 이상으로 운반대와 바퀴가 설치된 것이다.

07  정답 ② LINK 기본서 217p

② 지하구의 경우 소화기는 **사람이 출입할 수 있는 출입구**(환기구, 작업구를 포함한다) **부근에 5개 이상 설치할 것**(지하구의 화재안전성능기준 제5조)

추가학습

| 지하구 소화기 설치 기준 |

① 소화기의 능력단위는 A급 화재는 개당 3단위 이상, B급 화재는 개당 5단위 이상 및 C급 화재에 적응성이 있는 것으로 할 것
② 소화기 한 대의 총 중량은 사용 및 운반의 편리성을 고려하여 7kg 이하로 할 것
③ 소화기는 사람이 출입할 수 있는 출입구(환기구, 작업구를 포함한다) 부근에 5개 이상 설치할 것
④ 소화기는 바닥면으로부터 1.5m 이하의 높이에 설치할 것
⑤ 소화기의 상부에 "소화기"라고 표시한 조명식 또는 반사식의 표지판을 부착하여 사용자가 쉽게 알 수 있도록 할 것

08 □□□ 23 간부

소화기구의 능력단위를 바닥면적 100제곱미터마다 1단위 이상으로 해야 할 특정소방대상물은?

① 문화재
② 판매시설
③ 의료시설
④ 장례식장
⑤ 위락시설

08  정답 ② LINK 기본서 217p

② 판매시설은 해당 용도의 바닥면적 **100㎡마다 능력단위 1단위 이상**의 소화기구를 설치하여야 한다.

추가학습

| 소화기 설치기준 |

특정소방대상물	능력단위
위락시설	해당 용도의 바닥면적 30㎡마다 능력단위 1단위 이상
공연장·집회장·관람장·문화재·장례식장 및 의료시설	해당 용도의 바닥면적 50㎡마다 능력단위 1단위 이상
근린생활시설·판매시설·운수시설·숙박시설·노유자시설·전시장·공동주택·업무시설·방송통신시설·공장·창고시설·항공기 및 자동차 관련 시설 및 관광 휴게시설	해당 용도의 바닥면적 100㎡마다 능력단위 1단위 이상
그 밖의 것	해당 용도의 바닥면적 200㎡마다 능력단위 1단위 이상

→ 소화기구의 능력단위를 산출함에 있어서 건축물의 주요구조부가 내화구조이고, 벽 및 반자의 실내에 면하는 부분이 불연재료·준불연재료 또는 난연재료로 된 특정소방대상물에 있어서는 위 표의 바닥면적의 2배를 해당 특정소방대상물의 기준면적으로 한다.

2 옥내소화전설비

09 □□□ 12 세종

소화설비 중 건축물 내에 설치되는 고정식, 수동식 수계소화설비는?

① 가스소화전설비
② 분말소화전설비
③ 옥내소화전설비
④ 옥외소화전설비

10 □□□ 10 전북

옥내소화전에 대한 설명이 가장 옳지 않은 것은?

① 옥내소화전은 특정 소방대원이 하는 본격소화설비이다.
② 옥내소화전의 방수량은 130L/min 이상이다.
③ 구성요소는 수원, 펌프, 가압송수장치 등으로 구성된다.
④ 수원은 고가수조, 압력수조, 가압수조, 지하수조가 있으며 타 소화설비와 수원이 겸용인 경우는 각각의 소화설비 유효수량을 가산한 양 이상으로 한다.

11 □□□ 09 강원

다음 중 옥내소화전설비 수조에 대하여 옳지 않은 것은?

① 점검이 편리한 곳에 설치한다.
② 수조의 외측에 수위계를 설치한다.
③ 수조가 실내에 설치된 때에는 그 실내에 조명설비를 설치한다.
④ 수조의 상단이 바닥보다 높은 때에는 수조의 외측에 이동식 사다리를 설치한다.

---

09 정답 ③ LINK 기본서 220p

③ 옥내소화전설비는 건물 내에서의 화재 발생 시 당해 소방대상물의 관계자 또는 자위소방대원이 이를 사용하여 발화 초기에 신속하게 진화할 수 있도록 건물 내에 설치하는 **고정식, 수동식의 물(수계) 소화설비**이다.

10 정답 ① LINK 기본서 220~221p

① 옥내소화전은 당해 **소방대상물의 관계자**가 사용하여 발화 초기에 신속하게 진화할 수 있도록 한 **초기소화설비**이다.

선지체크

③ 구성요소에는 수원, 펌프, 가압송수장치 외에 **배관, 방수구, 소화전함, 호스, 노즐, 제어반, 배선 등**이 있다.
④ 수원은 소방대상물이 반드시 **자체적으로 확보해야 하는 수원**으로서 고가수조, 압력수조, 가압수조, 지하수조가 있다.

추가학습

| 옥내소화전 수원 |

① 방수압력: 0.17[MPa] 이상 0.7[MPa] 이하
② 방수량: 130[L/min] 이상
③ 펌프 토출양: 130[L/min]×당해 층 옥내소화전 설치개수(최대 2개)
④ 수원의 양:
 130[L/min]×당해 층 옥내소화전 설치개수(최대 2개)×20분

11 정답 ④ LINK 기본서 221p

④ 수조의 상단이 바닥보다 높은 때에는 수조의 외측에 **고정식 사다리**를 설치할 것

추가학습

| 옥내소화전설비용 수조 설치기준 |

① 점검에 편리한 곳에 설치한다.
② 동결방지조치를 하거나 동결의 우려가 없는 장소에 설치한다.
③ 수조의 외측에 **수위계**를 설치한다.
④ 수조의 상단이 바닥보다 높은 때에는 수조의 **외측에 고정식 사다리**를 설치한다.
⑤ 수조가 실내에 설치된 때에는 그 실내에 조명설비를 설치한다.
⑥ 수조의 밑 부분에는 청소용 배수밸브 또는 배수관을 설치한다.
⑦ 수조의 외측의 보기 쉬운 곳에 "옥내소화전설비용 수조"라고 표시한 표지를 한다.
⑧ 소화설비용의 흡수배관 또는 소화설비의 수직배관과 수조의 접속부분에는 "옥내소화전소화설비용 배관"이라고 표시한 표지를 한다.

12 [09 제주]

옥내소화전설비 수원의 설치기준에 대한 설명으로 옳지 않은 것은?

① 고가수조, 지하수조, 압력수조, 가압수조가 있다.
② 수조의 상단이 바닥보다 높은 때에는 외측에 이동식 사다리를 설치하여야 한다.
③ 유효수량 외 유효수량의 1/3 이상을 옥상수조에 설치하여야 한다.
④ 옥내소화전 1개에 필요한 유효수량은 2.6㎥이다.

12 정답 ② LINK 기본서 220~221p

② 수조의 상단이 바닥보다 높은 때에는 외측에 **고정식 사다리**를 설치하여야 한다.

선지체크
③ 옥내소화전, 스프링클러설비 등 수계소화설비가 설치되는 건물의 **옥상에 보조적**으로 설치되는 물탱크로서, 가압펌프 등이 정전 등으로 인하여 1차 수원을 사용할 수 없을 경우 비상용으로 사용할 수 있도록 **1차 수원으로 산출된 유효수량의 1/3 이상**을 옥상수조(2차 수원)에 설치하여야 한다.
④ 130[L/min]×**옥내소화전 설치개수** 1개×20분 = 2,600[L] = 2.6[㎥]

13 [10 경북]

옥내소화전이 1층에 3개, 2층에 4개, 3층에 6개 있는 경우 저수량 중 옳은 것은?

① 5.2㎥ ② 130㎥
③ 15.6㎥ ④ 13㎥

13 정답 ① LINK 기본서 220p

130[L/min]×옥내소화전 설치개수(**최대 2개**)×20분
= 5,200[L] = 5.2[㎥]

14 [09 전북]

3층 건물에서 1층 5개, 2층 6개, 3층 4개 옥내소화전 설치할 때 옥상수조의 최소수원의 양[㎥]은 얼마인가?

① 1.73 ② 4.33
③ 7.2   ④ 5.2

14 정답 ① LINK 기본서 220p

옥상수조 수원(2차 수원)의 양: **1차 수원**으로 산출된 유효수량의 **1/3 이상**

1. 1차 수원: 130[L/min]×옥내소화전 설치개수(**최대 2개**)×20분
    = 5,200[L] = 5.2[㎥]
2. 2차 수원: 5.2[㎥]×1/3 = 1.73[㎥]

15

10 경기

다음 중 옥내소화전 소화설비 설치기준으로 옳지 않은 것은?

① 지하층만 있는 건물은 옥상수조를 설치하지 않아도 된다.
② 옥내소화전 노즐의 방수압력은 0.7MPa 이상이어야 한다.
③ 옥내소화전의 방수량은 130L/min 이상이다.
④ 기동용 수압개폐장치의 압력챔버를 사용할 경우 용적은 100L 이상의 것으로 한다.

15 정답 ②

LINK 기본서 220~221p

② 옥내소화전 노즐의 방수압력은 **0.17MPa 이상 0.7MPa 이하**이어야 한다.

추가학습

| 옥상수조 제외할 수 있는 경우 |

① **지하층**만 있는 건축물
② **고가수조**를 가압송수장치로 설치한 옥내소화전설비
③ 수원이 건축물의 최상층에 설치된 방수구보다 높은 위치에 설치된 경우
④ **건축물의 높이**가 지표면으로부터 **10[m] 이하**인 경우
⑤ 주펌프와 동등 이상의 성능이 있는 별도의 펌프로서 내연기관의 기동과 연동하여 작동되거나 비상전원을 연결하여 설치한 경우
⑥ 학교, 공장 또는 창고시설 등으로 동결의 우려가 있어 ON-OFF방식(수동기동방식, 건식)을 사용하는 경우
⑦ **가압수조**를 가압송수장치로 설치한 옥내소화전설비

| 기동용수압개폐장치(압력챔버) |

① 소화설비의 배관 내 압력변동을 검지하여 **자동적으로 펌프를 기동 및 정지**시키는 것으로서 압력챔버 또는 기동용압력스위치 등을 말한다.
② 기동용수압개폐장치(압력챔버)를 사용할 경우 그 용적은 100[ℓ] 이상의 것으로 한다.

16

16 2차 충남

옥내소화전에서 가장 많이 사용하는 수조의 저장방식은?

① 고가수조방식
② 펌프방식
③ 가압수조방식
④ 압력수조방식

16 정답 ②

LINK 기본서 225p

② **펌프방식**은 옥내소화전에 설치된 호스의 노즐에서 규정 방수압력, 규정 방수량을 얻기 위해 펌프를 설치하는 일반적으로 **가장 보편화된 방법**이다.

선지체크

① 고가수조방식: **건축물의 옥상**이나 높은 곳에 수조(물탱크)를 설치하여 옥내소화전에 설치된 노즐에서 규정 방수압력, 규정 방수량을 토출할 수 있도록 **자연낙차압**을 이용하여 가압송수하는 방식으로 전원이 불필요한 **신뢰도가 가장 높은 방식**이다.
③ 가압수조방식: 압력용기 등으로부터 공급되는 **고압의 기체**(압축공기 또는 불연성 고압기체)로 수조의 물을 가압송수하는 방법이다.
④ 압력수조방식: 수조 대신 **압력탱크를 설치**하여 탱크 용량의 2/3는 급수펌프에 의하여 상시 물이 공급되고 수조의 1/3은 자동식 에어콤프레셔(공기압축기)에 의하여 **압축공기**가 공급됨으로서 그 압력을 이용하여 옥내소화전에 설치된 노즐에서 규정 방수압력, 규정 방수량을 유지할 수 있도록 가압송수하는 방법이다.

17 □□□ 11 서울

옥내소화전 방수구 설비에서 상호 이격거리는?

① 수평거리 20m 이하 ② 수평거리 25m 이하
③ 수평거리 30m 이하 ④ 수평거리 35m 이하

17 정답 ② LINK 기본서 229p

② 특정소방대상물의 각 부분으로부터 하나의 방수구까지의 **수평거리는 25[m]**(호스릴옥내소화전설비를 포함) **이하**이다.

추가학습

| 옥내소화전 방수구 설치기준 |

① 특정소방대상물의 **층마다** 설치한다.
② 특정소방대상물의 각 부분으로부터 하나의 방수구까지의 **수평거리는 25[m]**(호스릴옥내소화전설비를 포함) **이하**이다.
③ 설치높이는 바닥으로부터 **1.5[m] 이하**이다.
④ 호스는 구경 40[mm](호스릴옥내소화전설비의 경우 25[mm]) 이상의 것으로서 특정소방대상물의 각 부분에 물이 유효하게 뿌려질 수 있는 길이로 한다.
⑤ 호스릴옥내소화전설비의 경우 그 노즐에는 노즐을 쉽게 개폐할 수 있는 장치를 부착한다.
⑥ 노즐의 구경은 13[mm]이다.

18 □□□ 10 부산

노즐 방사압이 4배가 되었고 관창의 구경을 2배로 늘렸다. 이때 방수량의 증가비는?

① 16배 ② 10배
③ 8배   ④ 2배

18 정답 ③ LINK 기본서 229p

- 옥내소화전설비 노즐의 방수량 공식

$Q = 2.086 \times D^2 \times \sqrt{P}$	• Q: 분당방수량[L/min]
	• D: 관경(노즐의 구경[mm]),
	  옥내소화전: 13[mm],
	  옥외소화전: 19[mm]
	• P: 방수압력[MPa]

$Q = 0.653 \times D^2 \times \sqrt{P}$	• P: 방수압력[kgf/cm²]

- 계산방법
  ① $Q \propto D^2 \times \sqrt{P}$
  ② $Q \propto 2^2 \times \sqrt{4} = 4 \times 2 = 8$

19   22 공채

자동기동방식의 펌프가 수원의 수위보다 높은 곳에 설치된 옥내소화전설비의 구성요소를 있는 대로 모두 고른 것은?

> ㄱ. 기동용수압개폐장치 ㄴ. 릴리프밸브
> ㄷ. 동력제어반 ㄹ. 솔레노이드밸브
> ㅁ. 물올림장치

① ㄱ, ㄴ, ㅁ
② ㄷ, ㄹ, ㅁ
③ ㄱ, ㄴ, ㄷ, ㄹ
④ ㄱ, ㄴ, ㄷ, ㅁ

19 정답 ④   LINK 기본서 226~228p

ㄱ. 기동용수압개폐장치: 소화설비의 배관 내 압력변동을 검지하여 **자동적으로 펌프를 기동 및 정지**시키는 것으로서 압력챔버 또는 기동용압력스위치 등을 말한다. 그 용적은 **100[ℓ] 이상**의 것으로 한다.
ㄴ. 릴리프밸브: 체절압력 미만에서 개방, 가압수를 방출하여 펌프 내의 체절운전 시 수온상승을 방지한다.
ㄷ. 동력제어반: 동력장치(펌프)의 제어기능을 가지고 있는 것이다.
ㅁ. 물올림장치: 주기능은 펌프의 풋밸브 고장으로 펌프실 및 흡입관 내의 물이 수조로 빠져 내려가면 펌프를 작동시켜도 물이 흡입되지 않으므로 이 경우에 **풋밸브에서 펌프 임펠러까지 항상 물을 충전**시켜 펌프가 작동하면 물이 흡입될 수 있도록 대비시켜 주는 장치이다. 물올림장치에는 전용의 탱크를 설치해야 하며, 탱크의 유효수량은 **100[ℓ] 이상**으로 하되, 구경 15[mm] 이상의 급수배관에 따라 해당 탱크에 물이 계속 보급되도록 한다.

선지체크
ㄹ. 솔레노이드밸브: 전자식의 작용에 의하여 개폐를 하는 밸브로 스프링클러설비, 이산화탄소 소화설비 등에 설치한다.

추가학습
| 수원의 수위가 펌프의 위치보다 높은 경우 생략 가능한 것(정압방식) |
풋밸브, 연성계, 진공계, 물올림장치

20   12 공채

가압송수장치인 소방펌프의 체절운전으로 인한 수온상승과 고압으로 배관이 파손되는 경우를 방지하기 위하여 설치하는 것은?

① 기동용수압개폐장치(압력챔버)
② 물올림장치
③ 순환배관 및 릴리프밸브
④ 수격방지기

20 정답 ③   LINK 기본서 228p

③ 가압송수장치에는 **체절운전 시 수온의 상승을 방지**하기 위한 **순환배관**을 설치한다. 순환배관에는 펌프의 토출측 체크밸브 이전에서 분기시켜 20[mm] 이상의 배관에 체절압력 미만에서 개방되는 **릴리프밸브**를 설치하여야 한다.

선지체크
④ 수격방지기: **유속이 갑자기 변할 때** 배관과 주변 기기에 진동과 소음이 생기는 **수격현상을 방지하기 위한 장치**이다.

21

옥내소화전설비 가압송수장치의 체절운전 시 수온의 상승을 방지하기 위해 설치하는 것은?

① 연성계
② 물올림장치
③ 압력챔버
④ 순환배관
⑤ 스트레이너

21 정답 ④

④ 가압송수장치에는 **체절운전 시 수온의 상승을 방지하기 위한 순환배관을 설치**한다. 순환배관은 펌프의 토출측 체크밸브 이전에서 분기시켜 20[mm]이상의 배관에 체절압력 미만에서 개방되는 릴리프밸브를 설치하여야 한다.

선지체크

① 연성계: 연성계는 대기압 이상의 압력과 대기압 이하의 압력을 측정하는 계측기를 말한다. 진공압과 양압을 모두 측정할 수 있으며 일반적으로 **물의 흡입상태를 확인하기 위해 펌프의 흡입측 배관에 설치**한다.
② 물올림장치: **풋밸브에서 펌프 임펠러까지 항상 물을 충전**시켜 펌프가 작동하면 물이 흡입될 수 있도록 대비시켜 주는 장치이다.
③ 압력챔버(기동용수압개폐장치): 소화설비의 배관 내 압력변동을 감지하여 **자동적으로 펌프를 기동 및 정지**시킨다.
⑤ 스트레이너: 배관내에 흐르는 물의 찌꺼기 등 이물질을 여과한다.

22

스프링클러설비의 가압송수장치 설명 중 옳지 않은 것은?

① 체절운전 시 수온의 상승을 방지하기 위해 순환배관을 설치한다.
② 펌프의 토출측에는 압력계를, 흡입측에는 연성계 또는 진공계를 설치한다.
③ 가압송수장치에는 정격부하 운전 시 펌프의 성능을 시험하기 위한 펌프 성능시험배관을 설치한다.
④ 압력챔버를 사용할 경우 용적은 100L 미만의 것으로 한다.

22 정답 ④

④ 압력챔버(기동용수압개폐장치)를 사용할 경우 용적은 **100L 이상**의 것으로 한다.

추가학습

| 압력계 |

압력계는 펌프의 **토출측**에 설치하여 토출압력을 나타낸다.

| 연성계 |

연성계는 **대기압 이상**의 압력과 **대기압 이하**의 압력을 측정하는 계측기를 말한다.
진공압과 양압을 모두 측정할 수 있으며 일반적으로 물의 흡입상태를 확인하기 위해 펌프의 **흡입측** 배관에 설치한다.

| 진공계 |

진공계는 **대기압 이하**의 압력을 측정하는 계측기를 말한다.
진공계는 펌프의 **흡입측** 배관에 설치한다.

23

소화전 펌프성능 중 체절운전 시 정격토출압력은 몇 %를 초과하지 아니하여야 하는가?

① 140% ② 150%
③ 160% ④ 170%

23 정답 ① LINK 기본서 227p

펌프의 성능은 체절운전 시 정격토출압력의 140%를 초과하지 아니하고, 정격토출량의 150%로 운전 시 정격토출압력의 65% 이상이 되어야 한다.

추가학습

성능시험배관

① 가압송수장치에는 정격부하운전 시 펌프의 성능을 시험하기 위한 배관을 설치한다. 다만, 충압펌프의 경우에는 그러하지 아니하다.
② 성능시험배관은 펌프의 토출측에 설치된 개폐밸브 이전에서 분기하여 설치하고, 유량측정장치를 기준으로 전단 직관부에 개폐밸브, 후단 직관부에는 유량조절밸브를 설치한다.
③ 펌프의 성능은 체절운전 시 정격토출압력의 140%를 초과하지 아니하고, 정격토출량의 150%로 운전 시 정격토출압력의 65% 이상이 되어야 한다.
④ 유량측정장치는 성능시험배관의 직관부에 설치하되, 펌프의 정격토출량의 175% 이상 측정할 수 있는 성능이 있어야 한다.

24

옥내소화전설비의 가압송수장치 펌프성능시험에 관한 설명이다. ( ) 안에 들어갈 내용으로 옳은 것은?

> 펌프의 성능은 체절운전 시 정격토출압력의 (㉠)%를 초과하지 않고, 정격토출량의 (㉡)%로 운전 시 정격토출압력의 (㉢)% 이상이 되어야 하며, 펌프의 성능을 시험할 수 있는 성능시험배관을 설치할 것

	㉠	㉡	㉢
①	65	150	140
②	140	65	150
③	140	150	65
④	150	65	140
⑤	150	140	65

24 정답 ③ LINK 기본서 227p

③ 펌프의 성능은 체절운전 시 정격토출압력의 140%를 초과하지 않고, 정격토출량의 150%로 운전 시 정격토출압력의 65% 이상이 되어야 하며, 펌프의 성능을 시험할 수 있는 성능시험배관을 설치할 것

3 스프링클러설비

25 09 경남

천장이나 벽에 설치하며 화재 열기에 의해 작동하여 물을 분사시키는 초기 소화설비는?

① 연결살수설비　② 자동확산소화설비
③ 스프링클러설비　④ 옥내소화전설비

25 정답 ③ LINK 기본서 230p

스프링클러설비는 소방대상물의 천장, 벽 등에 설치하며, 감지기 또는 폐쇄형 스프링클러 헤드에 의하여 화재 발생 시 화재를 감지하여 펌프가 물탱크의 물을 배관으로 운반하여 헤드에서 물을 방사시켜 화재를 소화하는 고정식 자동식 소화설비이다. 화재 발생 시 초기 진화를 주된 목적으로 하는 시설이다.

26 10 인천

초기소화에 절대적인 효과를 가지고 있으며 조작이 간편하고 안전하여 야간이라도 자동적으로 화재를 감지·경보·소화할 수 있는 설비로 옳은 것은?

① 스프링클러설비　② 자동화재탐지설비
③ 옥내소화전설비　④ 연결살수설비

26 정답 ① LINK 기본서 230p

스프링클러설비는 소방대상물의 천장, 벽 등에 설치하며, 감지기 또는 폐쇄형 스프링클러 헤드에 의하여 화재 발생 시 화재를 감지하여 펌프가 물탱크의 물을 배관으로 운반하여 헤드에서 물을 방사시켜 화재를 소화하는 고정식 자동식 소화설비이다. 화재 발생 시 초기 진화를 주된 목적으로 하는 시설이다.

27 09 전북

랙크식 창고의 경우로서 라지드롭형 스프링클러헤드를 랙 높이 몇 m 이하마다 설치해야 하는가?

① 1.7m　② 2.5m
③ 3m　④ 6m

27 정답 ③ LINK 기본서 232p

랙식 창고의 경우에는 라지드롭형 스프링클러헤드를 랙 높이 3m 이하마다 설치할 것. 이 경우 수평거리 15cm 이상의 송기공간이 있는 랙식 창고에는 랙 높이 3m 이하마다 설치하는 스프링클러헤드를 송기공간에 설치할 수 있다.
천장 높이가 13.7m 이하인 랙식 창고에는 화재조기진압용 스프링클러설비를 설치할 수 있다.

추가학습

창고시설에 설치하는 스프링클러설비는 라지드롭형 스프링클러헤드를 습식으로 설치할 것. 다만, 다음의 어느 하나에 해당하는 경우에는 건식 스프링클러설비로 설치할 수 있다.
① 냉동창고 또는 영하의 온도로 저장하는 냉장창고
② 창고시설 내에 상시 근무자가 없어 난방을 하지 않는 창고시설

28

□□□ 11 울산

스프링클러설비의 헤드 수평거리로 옳은 것은?

① 특수가연물을 저장 또는 취급하는 랙식 창고: 2.1m 이하
② 비내화구조: 2.3m 이하
③ 내화구조: 2.5m 이하
④ 무대부·특수가연물을 저장하는 장소: 1.7m 이하

28 정답 ④

LINK 기본서 232p

선지체크
① 랙식 창고: 1.7[m] 이하
② 비내화구조(기타구조): 2.1[m] 이하
③ 내화구조: 2.3[m] 이하

추가학습

| 설치장소별 헤드의 수평거리 |

장소	수평거리
무대부·특수가연물 저장 또는 취급하는 장소	1.7[m] 이하
기타구조	2.1[m] 이하
내화구조	2.3[m] 이하

| 창고시설(랙식 창고) |
① 특수가연물을 저장 또는 취급하는 창고 : 1.7[m] 이하
② 그 외의 창고 : 2.1[m](내화구조로 된 경우에는 2.3[m]) 이하

| 공동주택 |
① 아파트 등의 세대 내 : 2.6[m] 이하

29

□□□ 22 간부

스프링클러헤드를 설치하지 아니할 수 있는 장소에 해당하지 않는 것은?

① 고온의 노(爐)가 설치된 장소
② 영하의 냉장창고의 냉장실 또는 냉동창고의 냉동실
③ 현관 또는 로비 등으로서 바닥으로부터 높이가 20m 이상인 장소
④ 펌프실·물탱크실, 엘리베이터 권상기실
⑤ 천장·반자 중 한쪽이 불연재료로 되어 있고 천장과 반자사이의 거리가 2m 미만인 부분

29 정답 ⑤

LINK 기본서 233p

⑤ 천장·반자 중 한쪽이 불연재료로 되어 있고 천장과 반자사이의 거리가 1[m] 미만인 부분

추가학습

| 스프링클러 헤드의 설치제외 |

1. 천장과 반자 양쪽이 불연재료로 되어 있는 경우로서 그 사이의 거리 및 구조가 다음의 어느 하나에 해당하는 부분
   ① 천장과 반자 사이의 거리가 2[m] 미만인 부분
   ② 천장과 반자 사이의 벽이 불연재료이고 천장과 반자 사이의 거리가 2[m] 이상으로서 그 사이에 가연물이 존재하지 않는 부분
2. 천장·반자 중 한 쪽이 불연재료로 되어 있고 천장과 반자 사이의 거리가 1[m] 미만인 부분
3. 천장 및 반자가 불연재료 외의 것으로 되어 있고 천장과 반자 사이의 거리가 0.5[m] 미만인 부분

30

다음 중 스프링클러설비를 구성하는 배관 중 헤드가 설치된 가장 가느다란 배관은?

① 입상배관
② 수평주행배관
③ 교차배관
④ 가지배관

30 정답 ④

④ **스프링클러헤드**가 설치되어있는 배관은 **가지배관**이다.

추가학습

| 배관 |

1. 입상배관(수직배관)
   ① 가압송수장치로부터 **각 층을 관통하여 층마다 물을 보급**해주는 배관이다.
2. 수평주행배관
   ① 당해 층에서 **유수검지장치로부터 교차배관까지 물을 보급**시켜주는 배관이다.
   ② 습식 스프링클러설비 또는 부압식 스프링클러설비 외의 설비에는 헤드를 향하여 상향으로 수평주행배관의 기울기를 **1/500 이상**으로 한다.
3. 교차배관
   ① 스프링클러헤드가 달린 **가지배관을 분기시켜주는 배관**이다.
   ② 교차배관은 가지배관과 수평으로 설치하거나 또는 가지배관 밑에 설치하고 최소구경은 40[mm] 이상이 되도록 한다.
4. 가지배관
   ① **스프링클러헤드가 설치되어있는 배관**이다.
   ② 습식스프링클러설비 또는 부압식 스프링클러설비 외의 설비에는 헤드를 향하여 상향으로 가지배관의 기울기를 **1/250 이상**으로 한다.
   ③ **토너먼트 방식이 아닐 것**
   ④ 교차배관에서 분기되는 지점을 기점으로 **한쪽 가지배관**에 설치되는 **헤드의 개수는 8개 이하**로 해야한다.

31

스프링클러설비에서 교차배관에서 분기되는 지점을 기점으로 한쪽 가지배관에 설치되는 헤드의 개수는 몇 개 이하인가?

① 2개
② 8개
③ 20개
④ 50개

31 정답 ②

② 교차배관에서 분기되는 지점을 기점으로 **한쪽 가지배관**에 설치되는 **헤드의 개수는 8개 이하**로 해야한다.

32

10 인천

다음 지문 속의 내용 중에서 옳은 것은?

> 습식 스프링클러설비 또는 부압식 스프링클러설비 외의 스프링클러설비는 헤드를 향하여 상향으로 수평주행배관의 기울기를 (ㄱ) 이상, 가지배관의 기울기를 (ㄴ) 이상으로 한다.

	ㄱ	ㄴ
①	1/250	1/500
②	1/500	3/1,000
③	3/1,000	3/500
④	1/500	1/250

32 정답 ④ 　　　기본서 234p

④ 습식 스프링클러설비 또는 부압식 스프링클러설비 외의 설비에는 헤드를 향하여 상향으로 **수평주행배관의 기울기를 1/500 이상, 가지배관의 기울기를 1/250 이상**으로 한다.

33

13 대전

다음 중 스프링클러설비의 종류로 옳지 않은 것은?

① 습식 스프링클러   ② 건식 스프링클러
③ 부압식 스프링클러   ④ 일제작동식 스프링클러

33 정답 ④ 　　　기본서 236p

④ 일제작동식은 없다. **일제살수식 스프링클러설비**이다.

추가학습

| 스프링클러설비 종류 |

구분		습식	건식	준비작동식	일제살수식	부압식
사용헤드		폐쇄형	폐쇄형	폐쇄형	개방형	폐쇄형
배관	1차측	가압수	가압수	가압수	가압수	가압수
	2차측	가압수	압축공기	대기압 (저압공기)	대기압	부압수
경보밸브		알람체크 밸브	드라이 밸브	프리액션 밸브	델류즈 밸브	프리액션 밸브
감지기유무		X	X	O	O	O
동결우려		O	X	X	X	O

34

18 2차 공채

다음의 〈보기〉에서 폐쇄형 스프링클러헤드를 사용하는 방식을 옳게 고른 것은?

> 〈보기〉
> ㄱ. 습식   ㄴ. 건식
> ㄷ. 일제살수식   ㄹ. 준비작동식

① ㄱ, ㄴ, ㄷ   ② ㄱ, ㄴ, ㄹ
③ ㄱ, ㄷ, ㄹ   ④ ㄴ, ㄷ, ㄹ

34 정답 ② 　　　기본서 236p

선지체크
ㄷ. **일제살수식 스프링클러설비는 개방형 헤드**를 사용한다.

35 16 간부

스프링클러설비의 종류 중에서 2차측 헤드가 개방형인 것은?

① 준비작동식 ② 가압수조식
③ 습식 ④ 건식
⑤ 일제살수식

35 정답 ⑤ LINK 기본서 236p
⑤ **일제살수식** 스프링클러설비의 2차측 헤드는 **개방형**이다.

36 16 2차 충남

다음 중 스프링클러설비의 내용에 대해서 옳은 것은?

> ㄱ. 습식은 1차측 및 2차측이 모두 가압수다.
> ㄴ. 건식은 한랭지역에 사용한다.
> ㄷ. 준비작동식 밸브는 프리액션밸브이다.
> ㄹ. 일제살수식은 개방형헤드를 사용한다.

① ㄱ ② ㄱ, ㄴ
③ ㄱ, ㄴ, ㄷ ④ ㄱ, ㄴ, ㄷ, ㄹ

36 정답 ④ LINK 기본서 236p
ㄴ. 건식은 2차측이 압축공기로 되어있어 한랭지역에서 사용이 가능하다.

37 15 공채

다음에 해당하는 스프링클러의 종류는?

> 스프링클러설비 종류 중, 가압송수장치부터 폐쇄형 스프링클러헤드까지 배관 내에 물이 가압되어 있다. 화재 시 열로서 폐쇄형 스프링클러헤드를 개방하여 배관 내에서 유수한다.

① 습식 스프링클러
② 건식 스프링클러
③ 준비작동식 스프링클러
④ 일제살수식 스프링클러

37 정답 ① LINK 기본서 237~238p
① **1차측, 2차측이 가압수**로 되어있으며 **폐쇄형 헤드**를 사용하는 것은 **습식 스프링클러설비**에 대한 내용이다.

38

다음에서 설명하고 있는 스프링클러설비는 무엇인가?

> 주로 난방이 되지 않는 장소에 설치하는 스프링클러설비로서 유수검지장치 1차측까지 배관 내에 항상 물이 가압되어 있고, 2차측에서 스프링클러 헤드까지 대기압 상태로 폐쇄형 헤드가 설치되어 있다.

① 습식 스프링클러설비
② 건식 스프링클러설비
③ 준비작동식 스프링클러설비
④ 부압식 스프링클러설비
⑤ 일제살수식 스프링클러설비

38 정답 ③

③ 유수검지장치 1차측까지 배관 내에 항상 물이 가압되어 있고, 2차측에서 스프링클러 헤드까지 대기압 상태로 폐쇄형 헤드가 설치된 것은 준비작동식 스프링클러설비에 대한 내용이다.

39

다음 설명에 해당하는 스프링클러설비의 방식은?

> 가압송수장치에서 클래퍼를 중심으로 1차측까지 배관 내에 항상 물이 가압되어 있고 2차측에서 스프링클러헤드까지 대기압 또는 저압으로 있다가 화재발생 시 감지기의 작동으로 폐쇄형 스프링클러헤드까지 소화용수가 송수되고 폐쇄형 스프링클러헤드가 열에 따라 개방되어 작동하는 스프링클러설비

① 습식　　　　　② 건식
③ 준비작동식　　④ 일제살수식

39 정답 ③

③ 1차측까지 배관 내에 항상 물이 가압되어 있고 2차측에서 스프링클러헤드까지 대기압 또는 저압으로 되어있는 것은 준비작동식 스프링클러설비에 대한 내용이다.

40

다음 내용에 해당하는 스프링클러설비 방식은?

- 가압송수장치에서 유수검지장치 1차 측까지 배관 내에 항상 물이 가압되어 있고, 2차 측에서 폐쇄형스프링클러헤드까지 대기압 또는 저압으로 있다.
- 화재발생 시 감지기의 작동으로 밸브가 개방되면 폐쇄형 스프링클러헤드까지 소화수가 송수되고, 폐쇄형스프링클러헤드가 열에 의해 개방되면 방수가 된다.

① 습식
② 건식
③ 부압식
④ 준비작동식
⑤ 일제살수식

40 정답 ④

추가학습

구분		습식	건식	준비작동식	일제살수식	부압식
사용헤드		폐쇄형	폐쇄형	폐쇄형	개방형	폐쇄형
배관	1차측	가압수	가압수	가압수	가압수	가압수
	2차측	가압수	압축공기	대기압(저압공기)	대기압	부압수
경보밸브		알람체크	드라이	프리액션	델류즈	프리액션
감지기 유무		×	×	○	○	○
동결우려		○	×	×	×	○

41

스프링클러설비 중 감지기와 연동하여 작동하는 것만을 모두 고른 것은?

ㄱ. 습식 스프링클러
ㄴ. 건식 스프링클러
ㄷ. 준비작동식 스프링클러
ㄹ. 일제살수식 스프링클러
ㅁ. 부압식 스프링클러

① ㄱ, ㄴ, ㄷ
② ㄱ, ㄹ, ㅁ
③ ㄴ, ㄷ, ㄹ
④ ㄷ, ㄹ, ㅁ

41 정답 ④

④ 감지기와 연동해야 작동되는 스프링클러설비에는 **준비작동식, 일제살수식, 부압식** 스프링클러설비가 있다. 이때 준비작동식, 일제살수식은 감지기를 교차회로방식으로 연결해야 한다.

42

감지기가 있고 2차측이 폐쇄형 헤드인 스프링클러의 종류는?

① 습식
② 건식
③ 준비작동식
④ 일제살수식

42 정답 ③

③ 감지기가 있고, 폐쇄형 헤드를 사용하는 것은 **준비작동식 스프링클러설비**이다.

선지체크
① ② 습식과 건식은 폐쇄형 헤드를 사용하지만 **감지기를 설치하지 않는다.**
④ 일제살수식은 감지기와 연동하지만, **개방형 헤드**를 사용한다.

43 □□□ 10 전남

일반적으로 습식 스프링클러설비 및 부압식 스프링클러설비 외의 설비에는 상향식 헤드를 설치하여야 한다. 다만, 다음 중 하향식 헤드 설치가 가능한 경우로 옳지 않은 것은?

① 드라이펜던트 스프링클러헤드를 사용하는 경우
② 개방형 스프링클러헤드를 사용하는 경우
③ 건식 스프링클러헤드를 사용하는 경우
④ 스프링클러헤드의 설치장소가 동파의 우려가 없는 곳인 경우

43 정답 ③ LINK 기본서 236p
③ 건식 스프링클러설비의 경우에는 상향식 헤드를 설치한다.

추가학습

| 상향식·하향식 헤드 |
1. 습식 스프링클러설비 및 부압식 스프링클러설비: 하향식 헤드
2. 그 외의 설비: 상향식 헤드
3. 다만, 다음 각 목의 어느 하나에 해당하는 경우에는 그러하지 아니하다.(하향식 헤드 설치가 가능한 경우)
   ① 드라이펜던트 스프링클러헤드를 사용하는 경우
   ② 스프링클러헤드의 설치장소가 동파의 우려가 없는 곳인 경우
   ③ 개방형 스프링클러헤드를 사용하는 경우

44 □□□ 12 경기

스프링클러설비의 종류별 유수검지장치와 2차측 배관상태, 헤드의 연결이 옳은 것은?

① 습식 - 알람밸브 - 대기압 - 폐쇄형 헤드
② 건식 - 건식밸브 - 가압수 - 폐쇄형 헤드
③ 준비작동식 - 프리액션밸브 - 대기압(저압) - 폐쇄형 헤드
④ 일제살수식 - 델류즈밸브 - 압축공기 - 개방형 헤드

44 정답 ③ LINK 기본서 236p

선지체크
① 습식 - 알람밸브 - 가압수 - 폐쇄형헤드
② 건식 - 건식밸브 - 압축공기 - 폐쇄형헤드
④ 일제살수식 - 델류즈밸브 - 대기압 - 개방형헤드

45 □□□ 10 전북

1차측 외의 배관에 압축공기 또는 질소 등의 기체로 충전된 배관에 폐쇄형 스프링클러헤드가 부착된 스프링클러설비로서 겨울철 동파 우려가 없는 것은?

① 습식 스프링클러설비
② 건식 스프링클러설비
③ 준비작동식 스프링클러설비
④ 일제살수식 스프링클러설비

45 정답 ② LINK 기본서 236p
② 1차측 외(2차측)의 배관에 압축공기 또는 질소 등의 기체로 충전하는 것은 건식 스프링클러설비이다.

선지체크
① 습식 스프링클러설비 2차측: 가압수
③ 준비작동식 스프링클러설비 2차측: 대기압(저압공기)
④ 일제살수식 스프링클러설비 2차측: 대기압

46
09 경북

다음 중 습식 스프링클러설비의 장점으로 옳지 않은 것은?

① 초기소화에 적합하다.
② 동결의 우려가 없다.
③ 소화약제가 물이므로 경제적이다.
④ 화재진화 후 복구가 용이하다.

46 정답 ② LINK 기본서 243p

② 습식스프링클러는 **2차측이 가압수**로 되어있어 화재발생 시 즉시 방수가 되어 소화가 빠르나 **동결우려가 있는 단점**이 있다.

선지체크
④ 화재진화 후 작동된 스프링클러 헤드만 바꿔주면 되기 때문에 복구가 용이하다.

47
11 서울

다음은 스프링클러설비에 대한 설명으로 옳지 않은 것은?

① 스프링클러설비는 타 설비에 비하여 신뢰성이 매우 뛰어나다.
② 스프링클러헤드는 자동확산소화장치처럼 자동으로 열에 의해 소화되는 설비이다.
③ 준비작동식 스프링클러는 화재 시 감지기의 작동으로 2차측 헤드까지 소화용수가 송수되어 헤드가 고온의 열에 따라 개방되는 방식이다.
④ 스프링클러설비는 초기 설치비용은 크지만 소화 후 수손피해가 적다.

47 정답 ④ LINK 기본서 230p, 239~240p

④ 스프링클러설비는 초기 설치비용이 크며, **물로 인한 2차피해(수손피해)가 심하다**.

48
15 2차 경기

다음 중 스프링클러설비에 관하여 옳지 않은 것은?

① 스프링클러설비는 복구가 용이하고 수손피해가 크며 설치하는 데 비용이 많이 든다.
② 준비작동식은 동결우려가 없어서 대형건물, 차고 주차장 등에도 적합하다.
③ 일제살수식은 델류즈밸브를 열면 작동하며 일제히 소화되며 초기화재 소화에 적합하다.
④ 건식은 동결우려가 있는 곳에 설치하며, 1차측은 가압수, 2차측은 대기압이 차 있다.

48 정답 ④ LINK 기본서 230p, 238~241p

④ 건식은 동결우려가 있는 곳에 설치하며, 1차측은 가압수, 2차측은 **압축공기**가 차 있다.

선지체크
② 준비작동식은 **2차측이 대기압으로 되어있어 동결우려가 없어** 대형건물, 차고 주차장 등에도 적합하다.
③ 일제살수식은 **개방형 헤드**를 사용하여 델류즈밸브를 열면 작동하며 **일제히 소화**되며 초기화재 소화에 적합하다.

49 [20 공채]

스프링클러설비의 리타딩 체임버(retarding chamber)의 기능으로 옳은 것은?

① 역류방지
② 가압송수
③ 오작동방지
④ 동파방지

49 정답 ③ LINK 기본서 237~238p

③ **리타딩 챔버**는 습식 유수검지장치의 **오동작을 방지**하기 위한 장치이다. 순간 압력으로 유입된 물은 오리피스를 통해 자동으로 배수시켜 오작동으로 인한 압력스위치의 작동을 방지하고, 화재 시 클래퍼가 개방되어 유입된 물은 챔버 내에 가압수가 충만하여 상부에 설치된 압력스위치를 가동시킨다.

50 [09 인천]

다음 중 스프링클러설비와 옥내소화전소화설비의 공통점으로 옳은 것은?

① 두 설비 초기소화설비이며 소화약제가 물로 경제적이다.
② 스프링클러설비와 옥내소화전 소화설비의 설치기준은 동일하다.
③ 스프링클러설비와 옥내소화전 소화설비는 물로 소화하는 것으로 모든 화재에 합리적이다.
④ 스프링클러설비와 옥내소화전 소화설비는 모두 자동으로 초기소화에 사용된다.

50 정답 ① LINK 기본서 220p, 230p

선지체크
② 두 설비의 설치기준은 **동일하지 않다**.
③ 물을 이용한 설비는 맞으나 **모든 화재에 적합한 것은 아니다**.
④ **스프링클러설비**는 **자동**으로 초기소화에, **옥내소화전 소화설비**는 **수동**으로 초기소화에 사용된다.

51 [19 간부]

스프링클러설비의 종류별 특징에 대한 설명으로 옳은 것은?

① 일제살수식의 경우 폐쇄형 스프링클러헤드가 설치된다.
② 건식의 경우 2차측 배관에 가압수를 충전시킨다.
③ 습식과 일제살수식의 경우 감지기가 설치된다.
④ 습식의 경우 슈퍼비조리판넬(Supervisory Panel)이 설치된다.
⑤ 준비작동식의 경우 감지기와 폐쇄형스프링클러헤드가 설치된다.

51 정답 ⑤ LINK 기본서 236~241p

선지체크
① 일제살수식의 경우 **개방형 스프링클러헤드**가 설치된다.
② 건식의 경우 2차측 배관에 **압축공기 또는 질소 등의 기체**를 충전시킨다.
③ 일제살수식의 경우 감지기가 설치되지만 **습식의 경우에는 감지기가 설치되지 않는다**.
④ 슈퍼비조리판넬이란 수동기동장치로 습식의 경우에는 설치되지 않는다.

4 옥외소화전설비

52
10 인천

다음 중 옥외소화전 설명에 대하여 옳지 않은 것은?

① 옥외소화전 1개 설치 시 필요한 확보 수원의 양은 3.5㎥이다.
② 방수압력은 각 노즐선단 방수압력이 0.25MPa 이상이 되어야 한다.
③ 호스 접결구는 소방대상물의 각 부분으로부터 수평거리가 40m 이하가 되도록 한다.
④ 옥외소화전이 30개인 경우 11개 이상의 소화전함을 각각 분산하여 설치하여야 한다.

52 정답 ①
LINK 기본서 245p

① 옥외소화전 1개 설치 시 필요한 확보 수원의 양은
350[L/min]×옥외소화전 설치개수 1개×20분 = 7,000[L] = 7[㎥]

추가학습

| 수원 |
① 방수압력: 0.25[MPa] 이상 0.7[MPa] 이하
② 방수량: 350[L/min] 이상
③ 펌프 토출양: 350[L/min]×옥외소화전 설치개수(최대 2개)
④ 수원의 양: 350[L/min]×옥외소화전 설치개수(최대 2개)×20분

| 호스접결구 |
① 호스접결구는 지면으로부터 높이가 0.5[m] 이상 1[m] 이하의 위치에 설치한다.
② 특정소방대상물의 각 부분으로부터 하나의 호스 접결구까지의 수평거리는 40[m] 이하이다.
③ 호스는 구경 65[mm]의 것으로 한다.
④ 노즐의 구경은 19[mm]이다.

53
11 공채

옥외소화전과 소화전함 이격거리는 몇 m 이내로 하여야 하는가?

① 5m   ② 10m
③ 15m   ④ 20m

53 정답 ①
LINK 기본서 245p

① 옥외소화전설비에는 옥외소화전마다 5[m] 이내의 장소에 소화전 함을 기준에 따라 설치하여야 한다.

추가학습

| 소화전함 설치기준 |
① 옥외소화전이 10개 이하: 옥외소화전마다 5[m] 이내의 장소에 1개 이상의 소화전 함을 설치
② 옥외소화전이 11개 이상 30개 이하: 11개 이상의 소화전 함을 각각 분산하여 설치
③ 옥외소화전이 31개 이상: 옥외소화전 3개마다 1개 이상의 소화전 함을 설치

54
10 대전

화재안전기준에서 규정하는 최소 규정 방수량이 가장 큰 소화설비로 옳은 것은?

① 옥내소화전   ② 옥외소화전
③ 스프링클러설비 ④ 간이스프링클러설비

54 정답 ②
LINK 기본서 245p

② 옥외소화전 방수량: 350[L/min] 이상

선지체크

① 옥내소화전: 130[L/min] 이상
③ 스프링클러설비: 80[L/min] 이상
④ 간이스프링클러설비: 50[L/min] 이상

5 펌프

55　　□□□　10 전남
펌프에서 유체가 이송 시 정전 등으로 펌프가 정지되거나 밸브를 갑자기 닫을 경우 배관 내의 유체의 운동에너지가 압력에너지로 변하여 고압이 발생하거나 유속이 급변하여 압력의 변화를 가져와 배관 내의 벽면을 치는 현상은?

① 공동현상　　② 수격현상
③ 서징현상　　④ 진공현상

56　　□□□　23 공채
소방펌프 및 관로에서 발생되는 수격현상(water hammering)의 방지책으로 옳지 않은 것은?

① 수격을 흡수하는 수격방지기를 설치한다.
② 관로에 서지 탱크(surge tank)를 설치한다.
③ 플라이휠(flywheel)을 부착하여 펌프의 급격한 속도 변화를 억제한다.
④ 관경의 축소를 통해 유체의 유속을 증가시켜 압력 변동치를 감소시킨다.

57　　□□□　13 대전
다음 중 펌프 운전 시 규칙적으로 양정, 토출양이 변화하는 현상에 해당하는 현상은?

① 공동현상　　② 맥동현상
③ 수격현상　　④ 진공현상

55　정답 ②　　LINK 기본서 247p
② 유체의 운동에너지가 압력에너지로 변환되어 급격하게 관내의 압력이 상승하여 펌프에 손상을 주는 현상은 **수격현상**을 나타낸다.

추가학습
| 펌프의 이상현상 |
① 수격현상: 배관내의 유체의 흐름을 갑자기 막으면, 유체의 운동에너지가 압력에너지로 변환되어 급격하게 **관내압력 상승**하여 펌프에 손상을 주는 현상이다. 일반적으로 수격현상이 문제가 되는 것은 정전 등에 의한 펌프 구동력 차단에 따라 **급정지 하는 경우**가 대부분이다.
② 맥동(서징)현상: 펌프 운전 중에 **압력계기의 눈금**이 어떤 주기를 가지고 **큰 진폭으로 흔들림**과 동시에 토출량도 어떤 범위에서 주기적으로 변동이 발생되고, 서징현상이 강할 때에는 극심한 진동과 소음을 수반하게 되는 현상이다.
③ 공동현상: 흡입 양정이 높거나, 펌프 흡입구에서 유로 변화로 인해 압력강하가 생겨 그 부분의 압력이 포화증기압보다 낮아지면 **표면에 증기가 발생**되어 액체와 분리되어 **기포**로 나타나는 현상이다.

56　정답 ④　　LINK 기본서 247p
④ 수격현상은 관내에 물이 가득 차서 흐르는 경우 배관 내의 유체의 흐름을 갑자기 막으면, 유체의 운동에너지가 압력에너지로 변환되어 급격하게 관내압력 상승하여 펌프에 손상을 주는 현상으로 **관경의 확대**를 통해 유체의 **유속을 감소**시켜 압력 변동치를 감소시킴으로 방지할 수 있다.

선지체크
② 서지탱크란 펌프의 급차단, 급가동 또는 밸브의 급개폐 등으로 인한 수격현상을 방지하기 위하여 펌프의 배출측에 설치하는 탱크를 말한다. 관로의 압력상승 시 압력을 흡수해주고, 압력 강하 시에는 관로에 물을 보급하여 부압의 발생을 방지한다.
③ 플라이휠이란 펌프의 회전력을 유지하여 불균형을 작게 하는 설비이다.

57　정답 ②　　LINK 기본서 247p
② 펌프 운전 중에 압력계기의 눈금이 어떤 주기를 가지고 큰 진폭으로 흔들림과 동시에 **토출량도 어떤 범위에서 주기적으로 변동**이 발생되고, 서징현상이 강할 때에는 극심한 진동과 소음을 수반하게 되는 현상인 **맥동현상**을 나타낸다.

58 ⬜⬜⬜ 09 강원

다음 중 공동현상 발생 원인으로 옳지 않은 것은?

① 펌프의 흡입측 수두가 작을 경우
② 펌프의 설치위치가 수원보다 높을 경우
③ 펌프의 흡입압력이 유체의 증기압보다 낮을 경우
④ 펌프의 임펠러 속도가 클 경우

58 정답 ①
① 펌프의 흡입측 수두가 **클 경우**

추가학습

| 공동현상 발생원인 |
① 펌프의 흡입측 수두가 클 경우
② 펌프의 흡입양정이 높을수록
③ 펌프의 마찰손실이 클 경우
④ 펌프의 흡입관경이 너무 작을 경우
⑤ 이송하는 유체가 고온인 경우
⑥ 펌프의 흡입압력이 유체의 증기압보다 낮은 경우
⑦ 임펠러 속도가 지나치게 클 경우

59 ⬜⬜⬜ 25 간부

소화펌프에서 공동현상(cavitation)이 발생하였을 때 그 원인으로 볼 수 없는 것은?

① 펌프의 위치가 수원의 위치보다 높은 경우
② 펌프의 임펠러 회전속도가 큰 경우
③ 펌프의 흡입측 수두가 큰 경우
④ 펌프의 토출측 관경이 작은 경우
⑤ 펌프에 흡입되는 수원의 온도가 높은 경우

59 정답 ④
④ 펌프의 **흡입측** 관경이 작은 경우

추가학습

| 공동현상 방지대책 |
① 펌프의 설치높이를 낮추어 흡입양정을 짧게 한다.
② 양흡입 펌프를 사용한다.
③ 배관을 완만하고 짧게 한다.
④ 흡입관 관경을 크게 한다.
⑤ 임펠러의 속도를 작게 한다.
⑥ 수온을 낮춘다.
⑦ 흡수관측의 손실을 가능한 작게 한다.

60 ⬜⬜⬜ 12 전북

다음 중 공동현상 발생원인으로 옳지 않은 것은?

① 펌프의 흡입측 수두가 클 경우
② 마찰손실이 클 경우
③ 펌프의 흡입측의 관경이 클 경우
④ 임펠러 회전속도가 클 경우

60 정답 ③
③ 펌프의 흡입측의 관경이 **작을 경우**

61
25 공채

〈보기〉의 현상을 방지하기 위한 대책으로 옳지 않은 것은?

── 보기 ──
소방펌프 내부 유속의 급속한 변화 또는 와류의 발생 등에 의해 액체의 압력이 증기압 이하로 낮아져 기포가 생성되고, 이로 인해 펌프의 성능이 저하되고 진동과 소음이 발생하는 현상

① 흡입관의 마찰 손실을 최대한 적게 한다.
② 펌프의 임펠러의 회전 속도를 낮게 한다.
③ 펌프의 흡입관의 관경 크기를 크게 한다.
④ 펌프의 설치 위치를 수원보다 높게 한다.

61 정답 ④
LINK 기본서 247p

기포가 생성되어 펌프의 성능을 저하시키는 것은 **공동현상에 관한 설명**이다.
④ 펌프의 설치 위치를 수원보다 **낮게** 한다.

62
17 2차 공채

다음 중 공동현상 방지대책 중 옳지 않은 것은?

① 펌프의 흡입측 수두 및 마찰손실을 적게 한다.
② 흡입관의 배관을 짧게 한다.
③ 펌프의 설치위치를 수원보다 낮게 한다.
④ 흡입관의 구경을 작게 한다.

62 정답 ④
LINK 기본서 247p

④ 흡입관의 구경을 **크게 한다**.

추가학습

│공동현상 방지대책│
① 펌프의 설치높이를 낮추어 흡입양정을 짧게 한다.
② 양흡입 펌프를 사용한다.
③ 배관 완만하고 짧게 한다.
④ 흡입관 관경을 크게 한다.
⑤ 임펠러의 속도를 작게 한다.
⑥ 수온을 낮춘다.
⑦ 흡수관측의 손실을 가능한 작게 한다.

6 물분무등소화설비

63
16 공채

다음 소화설비 중 "물분무등소화설비"로 옳은 것은?

① 이산화탄소소화설비
② 스프링클러소화설비
③ 옥내소화전설비
④ 옥외소화전설비

63 정답 ①
LINK 기본서 212p

① 물분무등소화설비에는 물분무소화설비, 미분무소화설비, 포소화설비, **이산화탄소소화설비**, 할론소화설비, 할로겐화합물 및 불활성기체 소화설비, 분말소화설비, 강화액소화설비, 고체에어로졸소화설비가 있다.

64　　17 간부

다음 중 물분무등소화설비에 해당하지 않은 것은?

① 옥내소화전설비
② 강화액소화설비
③ 포소화설비
④ 분말소화설비
⑤ 할로겐화합물 및 불활성기체 소화설비

64 정답 ①
① 옥내소화전설비는 해당하지 않는다.

65　　13 공채

물분무등소화설비로 옳지 않은 것은?

① 포소화설비　　② 스프링클러설비
③ 이산화탄소설비　　④ 분말소화설비

65 정답 ②
② 스프링클러설비는 해당하지 않는다.

66　　21 공채

포혼합장치 중 펌프 프로포셔너(pump proportioner) 방식에 해당하는 것은?

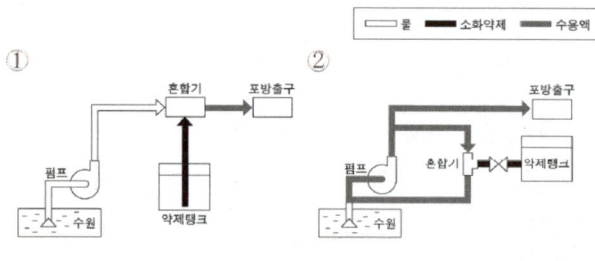
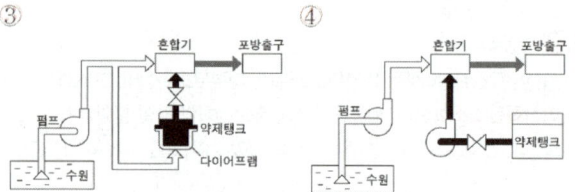

66 정답 ②
② 펌프 프로포셔너 방식

선지체크
① 라인 프로포셔너 방식
③ 프레져 프로포셔너 방식
④ 프레져사이드 프로포셔너 방식

추가학습

| 혼합방식에 따른 분류 |
① 라인 프로포셔너 방식(관로혼합방식): 펌프와 발포기의 중간에 설치된 **벤츄리관의 벤츄리 작용**에 따라 포소화약제를 흡입·혼합하는 방식을 말한다.
② 펌프 프로포셔너 방식(펌프혼합방식): 펌프의 토출관과 흡입관 사이의 배관 도중에 설치한 흡입기에 펌프에서 토출된 **물의 일부를 보내고, 농도 조정밸브**에서 조정된 포소화약제의 필요량을 포소화약제 탱크에서 펌프 흡입 측으로 보내어 이를 **혼합하는 방식**을 말한다. **화학소방자동차** 등에서 사용하는 방식이다.
③ 프레져 프로포셔너 방식(차압혼합방식): 포소화설비의 가장 일반적인 혼합방식으로 펌프와 발포기의 중간에 설치된 **벤츄리관의 벤츄리작용**과 펌프 가압수의 **포소화약제 저장탱크에 대한 압력**에 따라 포소화약제를 흡입·혼합하는 방식을 말한다.
④ 프레져사이드 프로포셔너 방식(압입혼합방식): 펌프의 토출관에 압입기를 설치하여 **포소화약제 압입용펌프**로 포소화약제를 압입시켜 혼합하는 방식을 말한다.

67
19 공채

포소화설비에서 펌프의 토출관에 압입기를 설치하여 포 소화약제 압입용 펌프로 포 소화약제를 압입시켜 혼합하는 방식은?

① 라인 프로포셔너(line proportioner)
② 펌프 프로포셔너(pump proportioner)
③ 프레져 프로포셔너(pressure proportioner)
④ 프레져사이드 프로포셔너(pressure side proportioner)

67 정답 ④ LINK 기본서 254~256p

④ 펌프의 토출관에 압입기를 설치하여 **포소화약제 압입용펌프**로 포 소화약제를 압입시켜 혼합하는 방식은 **프레져사이드 프로포셔너**방식이다.

68
18 2차 공채

포소화약제의 혼합방식 중 펌프와 발포기의 중간에 설치된 벤츄리(Venturi) 관의 벤츄리(Venturi) 작용에 의하여 포소화약제를 흡입·혼합하는 것은?

① 라인 프로포셔너(line Propotioner)
② 펌프 프로포셔너(pump Propotioner)
③ 프레져 프로포셔너(pressure proportioner)
④ 프레져사이드 프로포셔너(pressure side proportioner)

68 정답 ① LINK 기본서 254~256p

① 펌프와 발포기의 중간에 설치된 **벤츄리관의 벤츄리 작용**에 따라 포 소화약제를 흡입·혼합하는 방식은 **라인 프로포셔너**방식이다.

69
14 공채

펌프와 발포기 중간에 설치된 벤츄리관의 벤츄리작용과 펌프가압수의 소화약제 저장탱크 압력에 의해 포소화약제를 흡입·혼합하는 방식의 포 소화설비는 무엇인가?

① 펌프 프로포셔너방식(pump proportioner)
② 라인 프로포셔너방식(line proportioner)
③ 프레져 프로포셔너(pressure proportioner)
④ 프레져사이드 프로포셔너(pressure side proportioner)

69 정답 ③ LINK 기본서 254~256p

③ 펌프와 발포기의 중간에 설치된 **벤츄리관의 벤츄리작용**과 펌프 가압수의 **포소화약제 저장탱크에 대한 압력**에 따라 포소화약제를 흡입·혼합하는 방식은 **프레져 프로포셔너방식**이다.

70
22 간부

펌프와 발포기의 중간에 설치된 벤츄리관의 벤츄리작용과 펌프가압수의 포소화약제 저장탱크에 대한 압력에 따라 포소화약제를 흡입·혼합하는 방식은?

① 프레져사이드 프로포셔너(Pressure-side Proportioner)
② 프레져 프로포셔너(Pressure Proportioner)
③ 라인 프로포셔너(Line Proportioner)
④ 펌프 프로포셔너(Pump Proportioner)
⑤ 압축공기포 혼합장치

71
25 간부

「포소화설비의 화재안전성능기준」상 포 소화약제 혼합장치 중 '프레셔사이드 프로포셔너방식'에 대한 설명으로 옳은 것은?

① 펌프와 발포기의 중간에 설치된 벤추리관의 벤추리작용과 펌프 가압수의 포 소화약제 저장탱크에 대한 압력에 따라 포 소화약제를 흡입·혼합하는 방식을 말한다.
② 펌프와 발포기의 중간에 설치된 벤추리관의 벤추리작용에 따라 포 소화약제를 흡입·혼합하는 방식을 말한다.
③ 펌프의 토출관과 흡입관 사이의 배관 도중에 설치한 흡입기에 펌프에서 토출된 물의 일부를 보내고, 농도 조정밸브에서 조정된 포 소화약제의 필요량을 포 소화약제 저장탱크에서 펌프 흡입측으로 보내어 이를 혼합하는 방식을 말한다.
④ 물, 포 소화약제 및 공기를 믹싱챔버로 강제주입시켜 챔버 내에서 포수용액을 생성한 후 포를 방사하는 방식을 말한다.
⑤ 펌프의 토출관에 압입기를 설치하여 포 소화약제 압입용펌프로 포 소화약제를 압입시켜 혼합하는 방식을 말한다.

---

70 정답 ② LINK 기본서 254~256p

② 포소화설비의 가장 일반적인 혼합방식으로 펌프와 발포기의 중간에 설치된 **벤츄리관의 벤츄리작용**과 펌프 가압수의 **포소화약제 저장탱크에 대한 압력**에 따라 포소화약제를 흡입·혼합하는 방식은 **프레져 프로포셔너방식**이다.

71 정답 ⑤ LINK 기본서 254~256p

⑤ **프레져 사이드 프로포셔너** 방식이란 펌프의 토출관에 압입기를 설치하여 **포소화약제 압입용펌프**로 포소화약제를 압입시켜 혼합하는 방식을 말한다. 주로 비행기격납고, 대규모 유류저장소, 석유화학 플랜트 시설 등과 같은 대단위 고정식 포소화설비에 사용되며, 원액 펌프의 토출압력이 급수펌프의 토출압력보다 높아야 한다.

선지체크
① 프레져 프로포셔너 방식
② 라인 프로포셔너 방식
③ 펌프 프로포셔너 방식
④ 공기압축포 믹싱챔버방식

72

25 공채

(가)~(라)의 포소화약제 혼합방식에 관한 설명으로 옳지 않은 것은?

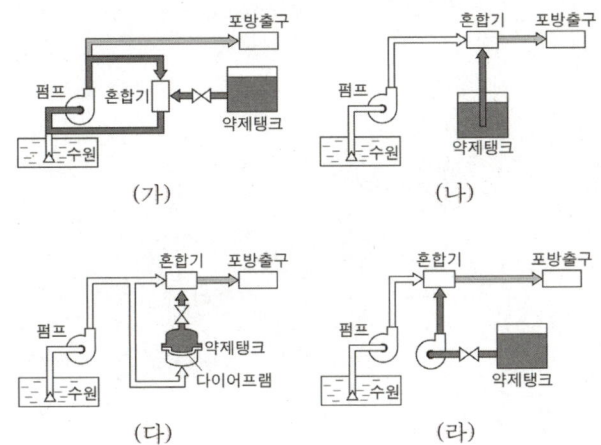

① (가) : 화학소방차에 주로 사용하는 방식이다.
② (나) : 혼합기의 압력손실이 적고, 흡입 가능한 유량의 범위가 넓다.
③ (다) : 약제 원액 잔량을 버리지 않고 계속 사용할 수 있다.
④ (라) : 비행기 격납고, 석유화학 플랜트 등과 같은 대단위 고정식 소화설비에 주로 사용하며, 설치비가 비싸다.

72 정답 ②   LINK 기본서 254~256p

② (나) 라인 프로포셔너 방식: 혼합기의 **압력손실(1/3)이 크고**, 흡입 가능한 **유량의 범위가 좁다**.

선지체크
(가) 펌프 프로포셔너 방식
(다) 프레져 프로포셔너 방식(압송식)
(라) 프레져 사이드 프로포셔너 방식

추가학습

| 라인 프로포셔너 방식 |

장점	가격이 저렴하고 시설이 용이하다
단점	① 혼합기의 압력손실(1/3)이 크다. ② 혼합가능 유량범위가 좁다.(포 소요량이 다른 방호 대상물과는 같이 사용하는 것이 불가능하다) ③ 흡입가능한 높이가 1.8m 이하이다

| 펌프 프로포셔너 방식 |

장점	원액을 사용하기 위한 손실이 적고, 보수가 용이하다.
단점	① 포 소화설비의 전용펌프를 사용해야 한다. ② 포 소화약제로 인해 펌프가 부식될 수 있다. ③ 펌프 흡입측 배관 압력손실이 있을 경우 방출될 소화약제 양이 감소되거나 원액 탱크 쪽으로 물이 역류할 수 있다

| 프레져 프로포셔너 방식 |

장점	① 혼합기의 압력손실(0.035~0.21MPa)이 적다. ② 1개의 혼합기로 다수의 소방대상물에 어느 정도 충족시킬 수 있다. ③ 흡입가능 유량범위(50~200%)가 넓다.
단점	① 혼합비에 도달시간이 소요된다.(소형: 2~3분, 대형: 15분) ② 물과 비중이 비슷한 소화약제(수성막포)는 혼합에 어려움이 있다. ③ 격막없는 저장탱크의 경우에는 물이 유입되면 재사용이 불가능하다.

| 프레져 사이드 프로포셔너 방식 |

장점	① 혼합기의 압력손실(0.05~0.34MPa)이 적다. ② 장시간 보존 가능하며, 운전 후 재사용이 가능하다.
단점	① 시설 거대화로 초기 투자비가 비싸다. ② 약제탱크의 토출압력이 급수펌프의 토출압력보다 낮으면 원액유입이 안된다.

73

포소화설비에 관한 설명으로 옳지 않은 것은?

① 팽창비란 최종 발생한 포 수용액 체적을 원래 포 체적으로 나눈 값을 말한다.
② 연성계란 대기압 이상의 압력과 대기압 이하의 압력을 측정할 수 있는 계측기를 말한다.
③ 국소방출방식이란 소화약제 공급장치에 배관 및 분사헤드 등을 설치하여 직접 화점에 소화약제를 방출하는 방식을 말한다.
④ 프레져사이드 프로포셔너방식이란 펌프의 토출관에 압입기를 설치하여 포 소화약제 압입용 펌프로 포 소화약제를 압입시켜 혼합하는 방식을 말한다.

73 정답 ① LINK 기본서 165p, 226p, 254~256p

① 팽창비란 최종 발생한 **포 체적**을 원래 **포 수용액 체적**으로 나눈 값을 말한다.

$$팽창비 = \frac{발포\ 후\ 포의\ 체적}{발포\ 전\ 포\ 수용액의\ 체적}$$

74

플로팅 루프탱크(floating roof tank)의 측면과 굽도리판에 의하여 형성된 환상부분에 포를 방출하여 소화작용을 하도록 설치된 포소화설비의 고정포 방출구는?

① 특형 방출구
② Ⅰ형 방출구
③ Ⅱ형 방출구
④ Ⅲ형(표면하 주입 방출구)
⑤ Ⅳ형(반표면하 주입 방출구)

74 정답 ① LINK 기본서 251p

① 플로팅 루프탱크의 측면과 굽도리판에 의하여 형성된 환상부분에 포를 방출하여 소화작용을 하도록 설치된 설비는 **특형 방출구**이다.

추가학습

| 고정포 방출구의 종류 |

① Ⅰ형 방출구: 방출된 포가 액면 위에서 전개될 수 있도록 탱크 내부에 포의 통로가 있는 설비이다.
② Ⅱ형 방출구: 방출된 포가 탱크 측판 내부에 흘러내려서 액면에 전개되도록 포의 반사판을 방출구에 설치한 설비이다.
③ Ⅲ형 방출구(표면하주입방식): 탱크 화재 시 폭발에 의하여 고정방출구가 파괴되는 결점을 보완한 형태이다. 탱크저부에서 포를 주입한다.
④ Ⅳ형 방출구(반표면하주입방식): 표면하주입방식과 동일하게 탱크저부에서 포를 주입하는 방법으로 호스를 이용해서 포가 액면에 효과적으로 떠오르게 하는 방법이다.
⑤ 특형 방출구: 플로팅 루프탱크의 측면과 굽도리판에 의하여 형성된 환상부분에 포를 방출하여 소화작용을 하도록 설치된 설비이다.

75
다음 중 가스계 소화약제 방출하는 방식으로 옳지 않은 것은?

① 전역방출방식
② 국소방출방식
③ 집중방출방식
④ 호스릴방출방식

75 정답 ③

③ 가스계 소화약제 방출하는 방식에는 전역방출방식, 국소방출방식, 호스릴방출방식이 있다. **집중방출방식은 없다.**

추가학습

| 소화약제 방출방식 |

① 전역방출방식: 화재 시 **밀폐된 공간**에 고정된 배관 **분사헤드**를 따라서 저장된 규정량의 가스를 전량 방출하여 산소농도를 저하시켜 연소를 정지시키는 소화방식이다.

② 국소방출방식: 위험물이 밀폐되어 있지 않거나 방호구역이 전역방출방식에 맞지 않는 곳에서 인화성 액체, 가스, 얇은 고체에서의 표면화재 소화용으로 적합하며 고정된 배관과 **분사헤드**에서 저장된 가스를 **국소연소부분에 직접분사**하여 효과적으로 연소 부분을 덮고 산소공급을 급격히 차단함으로써 소화하는 방식이다.

③ 호스릴방출방식: 분사헤드가 배관에 고정되어 있지 않고 소화약제 저장용기에 **호스를 연결**하여 사용자가 직접 사용하는 이동식 수동 소화설비이다.

76
이산화탄소 소화설비 작동순서로 옳은 것은?

ㄱ. 화재 감지기 작동
ㄴ. 전자밸브 개방
ㄷ. 수신제어반 연결
ㄹ. 기동용기 동작
ㅁ. 저장용기 개방
ㅂ. 소화약제 방사

① ㄱ → ㄴ → ㄷ → ㄹ → ㅁ → ㅂ
② ㄱ → ㄷ → ㄴ → ㄹ → ㅁ → ㅂ
③ ㄱ → ㄴ → ㄷ → ㅁ → ㄹ → ㅂ
④ ㄱ → ㄷ → ㄴ → ㅁ → ㄹ → ㅂ

76 정답 ②

② ㄱ. 화재 감지기 작동 → ㄷ. 수신제어반 연결 → ㄴ. 전자밸브 개방 → ㄹ. 기동용기 동작 → ㅁ. 저장용기 개방 → ㅂ. 소화약제 방사

추가학습

| 이산화탄소 소화설비 작동순서 |

① 화재발생
② 화재감지기(교차회로방식) 또는 수동기동장치에 의해 작동
③ 수신기의 화재표시등 · 지구표시등 점등 및 화재경보
④ 수신기 지연타이머 작동
⑤ 기동용기 솔레노이드밸브(전자밸브) 작동
⑥ 기동용기 가스 방출
⑦ 선택밸브 개방
⑧ 저장용기 개방
⑨ 압력스위치가 작동하여 방출표시등 점등
⑩ 소화가스 방사

77 〔14 울산〕

다음 중 이산화탄소 소화설비 작동순서로 옳은 것은?

① 화재 감지기 작동 → 수신제어반 연결 → 선택밸브 및 저장용기 → 기동용기 동작 → CO_2 방사
② 화재 감지기 작동 → 선택밸브 및 저장용기 → 수신제어반 연결 → 기동용기 동작 → CO_2 방사
③ 화재 감지기 작동 → 수신제어반 연결 → 기동용기 동작 → 선택밸브 및 저장용기 → CO_2 방사
④ 화재 감지기 작동 → 기동용기 동작 → 수신제어반 연결 → 선택밸브 및 저장용기 → CO_2 방사

77 정답 ③ LINK 기본서 257p

③ 화재 감지기 작동 → 수신제어반 연결 → 기동용기 동작 → 선택밸브 및 저장용기 → CO_2 방사

78 〔25 공채〕

〈보기〉의 이산화탄소 소화설비의 작동 단계를 순서대로 바르게 나열한 것은?

―――― 보기 ――――
ㄱ. 기동용기 솔레노이드 동작
ㄴ. 분사헤드 가스 방출
ㄷ. 선택밸브 개방
ㄹ. 저장용기밸브 개방

① ㄱ → ㄷ → ㄹ → ㄴ
② ㄱ → ㄹ → ㄷ → ㄴ
③ ㄷ → ㄱ → ㄴ → ㄹ
④ ㄷ → ㄹ → ㄱ → ㄴ

78 정답 ① LINK 기본서 257p

이산화탄소 소화설비 작동순서
① 화재발생
② 화재감지기(교차회로방식) 또는 수동기동장치에 의해 작동
③ 수신기의 화재표시등·지구표시등 점등 및 화재경보
④ 수신기 지연타이머 작동
⑤ **기동용기 솔레노이드밸브(전자밸브) 작동**
⑥ 기동용기 가스 방출
⑦ **선택밸브 개방**
⑧ **저장용기 개방**
⑨ 압력스위치가 작동하여 방출표시등 점등
⑩ **소화가스 방사**

79

이산화탄소소화설비에 대한 일반적인 설명으로 옳지 않은 것은?

① 기동용기의 가스는 압력스위치 및 자동폐쇄장치를 작동시키는 역할을 한다.
② 저장용기는 직사광선 및 빗물이 침투할 우려가 없는 곳에 설치한다.
③ 전역방출방식에서 환기장치는 이산화탄소가 방사되기 전에 정지되어야 한다.
④ 전역방출방식에서는 음향경보장치와 방출표시등이 필요하다.

79 정답 ①

① 압력스위치와 자동폐쇄장치를 작동시키는 것은 방사된 **이산화탄소 약제**이다. **기동용기의 가스는 선택밸브와 저장용기를 개방**시키는 역할을 한다.

선지체크
③ 전역방출방식이란 밀폐된 공간에서 약제를 방사하는 방식으로 약제가 방사되기 전에 환기장치는 정지되어야 한다.
④ 방호구역 또는 방호대상물이 있는 구획 안에 있는 자에게 유효하게 경보할 수 있도록 음향경보장치를 설치하고, 소화약제의 방출을 명시하는 표시등을 설치한다.

추가학습

| 전역방출방식의 이산화탄소소화설비의 분사헤드 |

① 방출된 소화약제가 방호구역의 전역에 균일하고 신속하게 확산할 수 있도록 할 것
② 분사헤드의 방출압력이 2.1 MPa(저압식은 1.05 MPa) 이상의 것으로 할 것

| 소화약제 방출시간 |

소화설비		전역방출방식	국소방출방식
CO_2 소화설비	표면화재	1분 이내	30초 이내
	심부화재	7분 이내 (설계농도가 2분 이내에 30%에 도달)	쉬움
할론 소화설비		10초 이내	10초 이내
분말 소화설비		30초 이내	30초 이내

80

소화설비에 대한 설명으로 옳은 것은?

① 산·알칼리 소화기는 가스계 소화기로 분류된다.
② CO_2 소화설비는 화재감지기, 선택밸브, 방출표시등, 압력스위치 등으로 구성된다.
③ 슈퍼바이저리패널(supervisory panel)은 습식스프링클러설비의 구성요소이다.
④ 순환배관은 옥내소화전설비의 펌프 체절운전 시 수온하강 방지를 위해 설치한다.

80 정답 ②

② CO_2 소화설비는 감지기, 수신기, 전자밸브, 기동용기, 선택밸브, 저장용기, 방출표시등, 압력스위치, 헤드 등으로 구성된다.

선지체크
① 산·알칼리 소화기는 **수계 소화기**로 분류된다.
③ 슈퍼바이저리패널(supervisory panel)은 **준비작동식 스프링클러설비**의 구성요소이다.
④ 순환배관은 옥내소화전설비의 펌프 체절운전 시 **수온상승 방지**를 위해 설치한다.

CHAPTER 03 경보설비

1 경보설비

01 ☐☐☐ 12 울산

다음 중 경보설비에 대한 설명으로 옳은 것은?

① 자동화재탐지설비는 감지기, 발신기, 수신기, 음향장치 등으로 구성되어 있다.
② 비상벨설비는 항상 자동으로서 건물 내·외에 있는 사람에게 화재발생 사실을 알린다.
③ 자동화재속보설비는 자동화재탐지설비와 연동으로 작동하여 자동적으로 화재발생 상황을 소방대상물의 관계인에게 전달되는 것으로 한다.
④ 단독경보형감지기는 별도의 수신기를 통해 화재발생 상황을 알린다.

01 〖정답〗 ① LINK 기본서 262p

〖선지체크〗
② 비상벨설비(비상경보설비)는 감지기가 설치되지 않아 **수동으로서** 건물 내·외에 있는 사람에게 화재발생 사실을 알린다.
③ 자동화재속보설비는 자동화재탐지설비와 연동으로 작동하여 자동적으로 화재발생 상황을 소방대상물의 **소방관서**에 전달되는 것으로 한다.
④ 단독경보형감지기는 단독으로 감지하여 **자체에 내장된 음향장치로** 화재발생 상황을 알린다.

02 ☐☐☐ 24 공채

소방시설 중 경보설비에 관한 설명으로 옳지 않은 것은?

① 시각경보기는 청각장애인에게 점멸 형태로 시각경보를 하는 장치이다.
② R형 수신기는 감지기 또는 발신기에서 1:1 접점방식으로 전송된 신호를 수신한다.
③ 비상방송설비는 수신기에 화재신호가 도달하면 방송으로 화재 사실을 알리는 설비이다.
④ 이온화식 감지기와 광전식 감지기는 연기를 감지하여 화재신호를 발하는 장치이다

02 〖정답〗 ② LINK 기본서 269p

② **P형 수신기**는 감지기 또는 발신기에서 1:1 접점방식으로 전송된 신호를 수신한다.

〖추가학습〗

구분	P형 수신기	R형 수신기
신호전송 방식	개별신호방식 (1:1접점방식)	다중전송방식
신호형태	공통신호	고유신호
화재표시	적색램프	액정표시(LCD)
경제성	설비는 저렴, 공사비 고가	설비는 고가, 공사비 저렴
회로 증설·변경	어려움	쉬움
건물 크기	중·소형	대형
유지관리	어려움	쉬움

2 자동화재탐지설비

03 10 부산

화재에 의해 발생하는 열·연기 및 화염 등을 이용하여 화재발생 사실을 소방대상물의 관계인등에게 알리는 소방시설로서 수신기, 감지기, 중계기, 발신기, 음향장치 등으로 구성된 소방시설을 무엇이라고 하는가?

① 비상방송설비
② 자동화재속보설비
③ 자동화재탐지설비
④ 옥내소화전설비

03 정답 ③ LINK 기본서 262p

③ 자동화재탐지설비는 화재 초기 단계에서 발생하는 열이나 연기를 자동 또는 수동으로 건물 내의 관계자에게 발화 장소를 알리고 동시에 경보를 내보내는 설비로 감지기, 수신기, 발신기, 음향장치, 배선, 전원 등으로 구성되어 있다.

선지체크
① 비상방송설비: 자동화재탐지설비 등에 의해 감지된 화재를 방송설비에 의해 건물 내의 전 구역에 알리는 설비를 말한다.
② 자동화재속보설비: 화재 발생 시 화재발생을 신속하게 소방관서에 통보하여 주는 설비를 말한다.
④ 옥내소화전설비: 건물 내에서의 화재 발생 시 당해 소방대상물의 관계자 또는 자위소방대원이 이를 사용하여 발화 초기에 신속하게 진화할 수 있도록 건물 내에 설치하는 고정식 수동식 소화설비이다.

04 17 공채

다음 중 자동화재탐지설비 구성요소가 아닌 것은?

① 발신기
② 수신기
③ 감지기
④ 송신기

04 정답 ④ LINK 기본서 262p

④ 송신기는 해당사항 없다.

선지체크
① 발신기: 화재발생 신호를 수신기에 수동으로 발신하는 장치를 말한다.
② 수신기: 감지기나 발신기에서 발하는 화재신호를 직접 수신하거나 중계기를 통하여 수신하여 화재의 발생을 표시 및 경보하여 주는 장치를 말한다.
③ 감지기: 화재 시 발생하는 열, 연기, 불꽃 또는 연소생성물을 자동적으로 감지하여 수신기에 발신하는 장치를 말한다.

05 13 충북

다음 중 자동화재탐지설비 구성요소가 아닌 것은?

① 감지기
② 소화전
③ 중계기
④ 표시등

05 정답 ② LINK 기본서 262p

② 소화전은 옥내소화전 또는 옥외소화전설비의 구성요소이다.

선지체크
① 감지기: 화재 시 발생하는 열, 연기, 불꽃 또는 연소생성물을 자동적으로 감지하여 수신기에 발신하는 장치를 말한다.
③ 중계기: 감지기·발신기 또는 전기적 접점 등의 작동에 따른 신호를 받아 수신기의 제어반에 전송하는 장치를 말한다.
④ 표시등: 발신기의 위치를 표시하기 위해 함의 상부에 설치하는 등을 말한다.

06 10 경북

다음 중 자동화재탐지설비의 발신기 등에 대하여 옳지 않은 것은?

① 발신기는 화재발생신호를 수신기 또는 중계기에 수동으로 발신하는 것을 말한다.
② P형 2급 발신기는 누름버튼 기능만 가지며 전화잭이 없어 동시 통화가 불가능하다.
③ R형 발신기는 고유의 신호를 수신하는 것으로서 숫자 등의 기록 장치에 의해 표시되며 회선수가 매우 많은 건물이나 초고층빌딩, 백화점 등에 사용된다.
④ 발신기는 설치장소에 따라 옥외형과 옥내형으로, 방폭구조 여부에 따라 방폭형 및 비방폭형으로, 방수성 유무에 따라 방수형 및 비방수형으로 구분한다.

06 정답 ③ LINK 기본서 262p, 269~270p

③ **R형 수신기**는 고유의 신호를 수신하는 것으로서 숫자 등의 기록 장치에 의해 표시되며 회선수가 매우 많은 건물이나 초고층빌딩, 백화점 등에 사용된다.

선지체크
② 발신기에는 누름버튼스위치, 응답등, 전화잭으로 구성되어있는 **P형 1급** 발신기와 누름버튼스위치만 있는 **P형 2급** 발신기가 있다. 그 외 **T형** 발신기, **M형** 발신기가 있다.

07 10 부산

다음 중 자동화재탐지설비의 P형 1급 발신기의 구성요소로 옳지 않은 것은?

① 다이어프램
② 전화잭
③ 응답램프
④ 누름스위치

07 정답 ① LINK 기본서 262p

① 다이어프램은 **감지기(차동식) 내부에 설치**되는 것으로 감열실 내 공기팽창에 의한 팽창작용을 한다.

08 11 서울

자동화재탐지설비의 감지기가 하는 기능으로 옳지 않은 것은?

① 센서기능
② 판단기능
③ 발신기능
④ 수신기능

08 정답 ④ LINK 기본서 263p

④ **수신기능**은 **수신기**가 하는 기능이다.

선지체크
①②③ **감지기**는 열·연기·불꽃 등을 검출하는 **센서기능**, 화재 여부를 판단하는 **판단기능**, 수신기로 신호를 전달하는 **발신기능**을 가지고 있다.

09

17 2차 공채

다음 중 연기감지기에 해당하는 것은?

① 광전식　　② 차동식
③ 정온식　　④ 보상식

09 정답 ①

LINK 기본서 264p

① 연기감지기에는 **광전식**과 **이온화식**이 있다.

선지체크

② ③ ④ 열감지기이다.

추가학습

| 연기감지기 종류 |

이온화식	연기에 의하여 **이온전류**가 변화하여 작동하는 것이다.	스포트형
광전식	연기에 의하여 **광량**이 변화하여 작동하는 것이다.	스포트형
		분리형
		공기흡입형

10

18 2차 공채

다음 중 열감지기의 종류가 아닌 것은?

① 보상식　　② 정온식
③ 광전식　　④ 차동식

10 정답 ③

LINK 기본서 263p

③ **광전식**은 연기감지기이다.

선지체크

① ② ④ 열감지기에는 차동식, 정온식, 보상식이 있다.

추가학습

| 열감지기 종류 |

차동식	주위온도가 **일정 상승률 이상**이 되는 경우에 작동하는 것이다.	스포트형 (1·2종)	공기팽창방식 열기전력 이용방식 열반도체 이용방식
		분포형 (1·2종)	공기관식 열전대식 열반도체식
정온식	주위온도가 **일정한 온도 이상**이 되는 경우에 작동하는 것이다.	스포트형 (특·1·2종)	바이메탈 활곡 이용방식 바이메탈 반전 이용방식 금속팽창 계수차 이용방식 액체 또는 기체팽창 이용방식 금속의 용융 이용방식 열반도체 소자 이용방식 가용절연물 이용방식
		감지선형 (특·1·2종)	-
보상식	**차동식**스포트형감지기와 **정온식**스포트형감지기의 성능을 겸한 것으로 두 가지 성능 중 어느 한 기능이 작동되면 작동 신호를 발하는 것이다.	스포트형 (특·1·2종)	-

11 [24 공채]

주위 온도가 일정 상승률 이상 되는 경우에 작동하는 감지기로서 넓은 범위 내에서 열효과 누적에 의해 작동하는 것은?

① 차동식 분포형 감지기
② 차동식 스포트형 감지기
③ 정온식 스포트형 감지기
④ 정온식 감지선형 감지기

11 정답 ① LINK 기본서 263p

추가학습
- 차동식 스포트형: 주위온도가 **일정 상승률 이상**이 되는 경우에 작동하는 감지기로서 **좁은 범위** 내에서 열 효과 누적에 의해 작동하는 것
- 차동식 분포형: 주위온도가 **일정 상승률 이상**이 되는 경우에 작동하는 감지기로서 **넓은 범위** 내에서 열 효과 누적에 의해 작동하는 것
- 정온식 스포트형: 일국소의 주위온도가 **일정한 온도 이상**이 되는 경우에 작동하는 것으로 **외관이 전선으로 되어있지 않은 것**
- 정온식 감지선형: 일국소의 주위온도가 **일정한 온도 이상**이 되는 경우에 작동하는 것으로 **외관이 전선으로 되어있는 것**

12 [22 간부]

자동화재탐지설비 감지기의 종류에 대한 설명이다. ( ) 안에 들어갈 내용으로 옳은 것은?

> 주위온도가 일정 상승률 이상이 되는 경우에 작동하는 것으로서 일국소의 열효과에 의하여 작동하는 것을 (ㄱ) 감지기라 하고, 일국소의 주위온도가 일정한 온도 이상이 되는 경우에 작동하는 것으로서 외관이 전선으로 되어있지 아니한 것을 (ㄴ) 감지기라 한다. 이들 두 감지기의 성능을 겸한 것으로서 두 성능 중 어느 하나가 작동되면 화재신호를 발하는 것을 (ㄷ) 감지기라고 한다.

	ㄱ	ㄴ	ㄷ
①	정온식 스포트형	차동식 스포트형	보상식 스포트형
②	정온식 분포형	차동식 분포형	열복합식
③	차동식 스포트형	정온식 스포트형	보상식 스포트형
④	차동식 분포형	정온식 분포형	열복합식
⑤	차동식 감지선형	정온식 감지선형	열연복합식

12 정답 ③ LINK 기본서 263p

ㄱ. 차동식 스포트형: 주위온도가 일정 상승률 이상이 되는 경우에 작동하는 것으로서 일국소에서의 열 효과에 의하여 작동되는 것
ㄴ. 정온식 스포트형: 일국소의 주위온도가 일정한 온도 이상이 되는 경우에 작동하는 것으로서 외관이 전선으로 되어 있지 아니한 것
ㄷ. 보상식 스포트형: 차동식 스포트형 감지기와 정온식 스포트형의 감지기 성능을 겸한 것으로서 두 성능 중 어느 한 기능이 작동되면 작동신호를 발하는 것을 말한다.

선지체크
- 차동식 분포형: 주위온도가 일정 상승률 이상이 되는 경우에 작동하는 것으로서 **넓은 범위 내**에서의 열 효과의 누적에 의하여 작동되는 것
- 정온식 감지선형: 일국소의 주위온도가 일정한 온도 이상이 되는 경우에 작동하는 것으로서 **외관이 전선**으로 되어 있는 것

13 [23 공채]

차동식 분포형 감지기의 종류에 해당하지 않는 것은?

① 공기관식
② 열전대식
③ 열반도체식
④ 광전식

13 정답 ④ LINK 기본서 263p

④ 차동식 분포형 감지기에는 공기관식, 열전대식, 열반도체식이 있으며 **광전식은 연기감지기의 종류**이다.

14 | 19 간부

차동식스포트형과 정온식스포트형 감지기의 성능을 겸한 것으로서 둘 어느 한 기능이 작동되면 화재 신호를 발하는 감지기는?

① 다신호식
② 아날로그식
③ 광전식스포트형
④ 보상식스포트형
⑤ 이온화식스포트형

14 정답 ④ LINK 기본서 263p

선지체크
① 다신호식: 1개 감지기에 종별·감도 등이 다른 감지기의 기능을 갖춘 것으로 **일정시간 간격을 두고 두 개의 화재신호를 각각 발신**하는 것을 말한다.
② 아날로그식: 시시각각 변하는 온도·연기의 변화량의 수치를 수신기로 출력하여 **수신기에서 화재여부를 판단**하도록 하는 감지기이다.
③ 광전식 스포트: 주위의 공기가 일정한 농도의 연기를 포함하게 되는 경우에 작동하는 것으로서 **일국소의 연기에 의하여 광전소자에 접하는 광량의 변화로 작동하는 것**을 말한다.
⑤ 이온화식 스포트형: 주위의 공기가 일정한 농도의 연기를 포함하게 되는 경우에 작동하는 것으로서 **일국소의 연기에 의하여 이온전류가 변화하여 작동하는 것**을 말한다.

15 | 12 공채

자동화재탐지설비에서 열감지기의 종류로 옳지 않은 것은?

① 열기전력을 이용한 것
② 이온전류가 변화하여 작동하는 것
③ 공기팽창을 이용한 것
④ 넓은 범위 내에서의 열 효과 누적에 의하여 작동되는 것

15 정답 ② LINK 기본서 263~264p

② 이온전류가 변화하여 작동하는 것은 **이온화식 감지기로 연기감지기**이다.

선지체크
①③ 차동식 스포트형 감지기
④ 차동식 분포형 감지기

16 | 09 인천

다음 중 불꽃감지기 종류로 옳지 않은 것은?

① 자외선식
② 적외선식
③ 경보식
④ 자외선·적외선 겸용식

16 정답 ③ LINK 기본서 264p

③ 경보식은 불꽃감지기에 해당없다.

선지체크
①②④ 불꽃감지기의 종류에는 **자외선식, 적외선식, 자외선·적외선 겸용식, 불꽃 영상분석식** 등이 있다.

17 | 10 충북

자동화재탐지설비에 있어서 연기감지기를 설치해야 할 장소로 옳지 않은 것은?

① 엘리베이터 권상기실
② 복도(30m 미만의 것을 제외)
③ 에스컬레이트 경사로
④ 천장 또는 반자의 높이 20m 이상의 장소

17 | 정답 ④ | LINK 기본서 265~266p

④ 천장 또는 반자의 높이가 20[m] 이상인 장소는 감지기를 설치제외 할 수 있다. 다만, 불꽃감지기, 광전식(분리형, 공기흡입형) 중 아날로그방식은 설치할 수 있다.

추가학습

│연기감지기 설치장소│

1. 계단 · 경사로 및 에스컬레이터 경사로
2. 복도(30[m] 미만의 것을 제외한다)
3. 엘리베이터 승강로(권상기실이 있는 경우에는 권상기실) · 린넨슈트 · 파이프 피트 및 덕트 기타 이와 유사한 장소
4. 천장 또는 반자의 높이가 15[m] 이상 20[m] 미만의 장소
5. 다음의 어느 하나에 해당하는 특정소방대상물의 취침 · 숙박 · 입원 등 이와 유사한 용도로 사용되는 거실
   ① 공동주택 · 오피스텔 · 숙박시설 · 노유자시설 · 수련시설
   ② 교육연구시설 중 합숙소
   ③ 의료시설, 근린생활시설 중 입원실이 있는 의원 · 조산원
   ④ 교정 및 군사시설
   ⑤ 근린생활시설 중 고시원

18 | 20 간부

자동화재탐지설비의 경계구역 설정에 대한 기준이다. ( ) 안에 들어갈 내용으로 옳은 것은?

하나의 경계구역의 면적은 (ㄱ) ㎡ 이하로 하고 한 변의 길이는 (ㄴ) m 이하로 할 것. 다만, 해당 특정소방대상물의 주된 출입구에서 그 내부전체가 보이는 것에 있어서는 한 변의 길이가 (ㄷ) m의 범위 내에서 (ㄹ) ㎡ 이하로 할 수 있다.

	ㄱ	ㄴ	ㄷ	ㄹ
①	500	50	60	800
②	500	60	50	1,000
③	600	50	50	800
④	600	50	50	1,000
⑤	600	60	60	1,000

18 | 정답 ④ | LINK 기본서 268p

④ 하나의 경계구역의 면적은 600[㎡] 이하로 하고 한 변의 길이는 50[m] 이하로 한다. 다만, 해당 특정소방대상물의 주된 출입구에서 그 내부 전체가 보이는 것에 있어서는 한 변의 길이가 50[m]의 범위 내에서 1,000[㎡] 이하로 할 수 있다.

추가학습

│경계구역│

1. 특정소방대상물 중 화재신호를 발신하고 그 신호를 수신 및 유효하게 제어할 수 있는 구역을 말한다.
2. 수평적 경계구역
   ① 하나의 경계구역이 2개 이상의 건축물에 미치지 아니하도록 한다.
   ② 하나의 경계구역이 2개 이상의 층에 미치지 아니하도록 한다. 다만, 500[㎡] 이하의 범위 안에서는 2개의 층을 하나의 경계구역으로 할 수 있다.
   ③ 하나의 경계구역의 면적은 600[㎡] 이하로 하고 한 변의 길이는 50[m] 이하로 한다. 다만, 해당 특정소방대상물의 주된 출입구에서 그 내부 전체가 보이는 것에 있어서는 한 변의 길이가 50[m]의 범위 내에서 1,000[㎡] 이하로 할 수 있다.
   ④ 특고압 케이블이 포설된 송 · 배전 전용의 지하구(공동구 제외)의 경우 하나의 경계구역의 길이는 700[m] 이하로 한다.
   ⑤ 도로터널의 경우 경계구역의 길이는 100[m] 이하로 한다.

19 ☐☐☐ 10 서울

자동화재탐지설비의 경계구역 설정에 관하여 옳지 않은 것은?

① 하나의 경계구역은 600[㎡] 이하로 하고 한 변은 60[m] 이하로 한다.
② 하나의 경계구역이 2개 이상의 층에 미치지 아니하도록 한다.
③ 500[㎡] 이하의 범위 안에서는 2개 층을 하나의 경계구역으로 할 수 있다.
④ 하나의 경계구역이 2개 이상의 건축물에 미치지 아니하도록 한다.

19 정답 ① LINK 기본서 268p

① 하나의 경계구역은 600[㎡] 이하로 하고 한 변은 50[m] 이하로 한다.

20 ☐☐☐ 16 간부

소방대상물에서 화재신호를 발신하고 그 신호를 수신 및 유효하게 제어할 수 있는 경계구역의 설정기준으로 옳지 않은 것은?

① 하나의 경계구역이 2개 이상의 건축물에 미치지 아니하도록 한다.
② 하나의 경계구역이 2개 이상의 층에 미치지 아니하도록 한다. 다만, 500㎡ 이하의 범위 안에서는 2개의 층을 하나의 경계구역으로 할 수 있다.
③ 하나의 경계구역의 면적은 500㎡ 이하로 하고, 한 변의 길이는 50m 이하로 한다.
④ 특고압 케이블이 포설된 송·배전 전용의 지하구(공동구 제외)의 경우 하나의 경계구역의 길이는 700m 이하로 한다.
⑤ 외기에 면하여 상시 개방된 부분이 있는 차고, 주차장, 창고 등에 있어서는 외기에 면하는 각 부분으로부터 5m 미만의 범위 안에 있는 부분은 경계구역의 면적에 산입하지 않는다.

20 정답 ③ LINK 기본서 268p

③ 하나의 경계구역의 면적은 600[㎡] 이하로 하고, 한 변의 길이는 50m 이하로 한다.

21 ☐☐☐ 09 인천

지하구의 길이가 1,600m이다. 여기에 설치하는 자동화재탐지설비의 경계구역은 몇 개인가?

① 1개
② 2개
③ 3개
④ 4개

21 정답 ③ LINK 기본서 268p

③ 특고압케이블이 포설된 송·배전 전용의 지하구(공동구 제외)의 경우 하나의 경계구역의 길이는 700[m] 이하로 한다.

$$\frac{1600}{700} = 2.28 ≒ 3개$$

22 □□□ 10 서울

자동화재탐지설비의 수신기에 대한 설명 중 옳지 않은 것은?

① 신호 전송 방식으로 P형, R형을 구분한다.
② 일반적으로 P형 수신기는 대형건물에 사용되고, R형 수신기는 중·소형건물에 사용한다.
③ 화재 발생 시 경보장치를 기동한다.
④ 감지기, 발신기, 음향장치에 전원을 공급해준다.

22 정답 ② LINK 기본서 269p

② 일반적으로 R형 수신기는 대형건물에 사용되고, P형 수신기는 중·소형건물에 사용한다.

추가학습

| 수신기 종류 |

구 분	P형 수신기	R형 수신기
신호전송 방식	개별신호방식 (1:1접점방식)	다중전송방식
신호형태	공통신호	고유신호
화재표시	적색 램프	액정표시(LCD)
경제성	설비는 저렴 공사비 고가	설비는 고가 공사비 저렴
회로 증설·변경	어려움	쉬움
건물 크기	중·소형	대형
유지관리	어려움	쉬움

23 □□□ 10 충북

자동화재탐지설비의 수신기에 관한 내용 중 옳지 않은 것은?

① 수신기는 AC 220V로 입력, DC 24V로 정류하여 전원을 공급한다.
② 회로도통시험, 동시작동시험, 공통선시험 등의 시험이 있다.
③ 자동화재탐지설비의 수신기는 시험 후 복구 기능이 있다.
④ 사람이 수동으로 누르는 누름버튼스위치를 가지고 있다.

23 정답 ④ LINK 기본서 269p

④ 발신기에 대한 설명이다.

선지체크

① 수신기는 AC 220V의 전원을 공급받아 DC 24V로 변환하여 사용한다.
② 수신기의 기능을 확인하기 위해 회로도통시험, 동시작동시험, 공통선시험 등의 시험을 한다.
③ 위와 같은 시험을 한 후 복구할 수 있는 기능이 있다.

추가학습

| 수신기 기능시험 |

① 화재표시작동시험: 화재 발생 시 화재표시등 및 지구표시등의 점등, 음향장치의 작동 등 회로 연결상태가 정상인지 확인하는 시험
② 예비전원시험: 정전 시 상용전원에서 예비전원 자동절환되는지, 정상상태로 복구 시 상용전원으로 자동절환되는지 확인하는 시험
③ 동시작동시험: 2회로 이상 동작 하였을 경우 수신기 기능이 정상인지 확인하는 시험
④ 공통선시험: 공통선이 담당하고 있는 경계구역의 회선 수가 7회선 이하인지 확인하는 시험
⑤ 회로도통시험: 감지기 회로의 단선, 단락 및 접속 상태의 이상 유무를 확인하는 시험
⑥ 저전압시험: 저전압 상태(정격전압 80%이하)에서 수신기 기능이 유지되는지 확인하는 시험
⑦ 회로저항시험: 하나의 감지기 회로의 전로저항의 합성치가 50Ω 이하로 수신기 기능에 이상을 주지 않는 것을 확인하는 시험

24 □□□ 09 경남

자동화재탐지설비의 수신기 작동시험 중 회로도통시험의 목적에 해당하는 것은?

① 도통 후 점등 및 음향장치 등의 명동을 확인하기 위한 시험
② 감지기 회로의 단선유무와 기기 등의 접속 상황을 확인하기 위한 시험
③ 감지기의 전로저항을 측정하여 회로의 정상 기능여부를 판단하기 위한 시험
④ 감지기가 동시에 수회선 작동하였을 경우 수신기의 정상 기능여부를 확인하기 위한 시험

24 정답 ② LINK 기본서 269p

선지체크
① 화재표시작동시험
③ 회로저항시험
④ 동시작동시험

25 □□□ 15 공채

자동화재탐지설비에 대한 설명 중 옳지 않은 것은?

① 수신기는 화재 시 발신기 또는 감지기로부터 신호를 직접 또는 중계기를 거쳐 수신하여 건물 관계자에게 표시 및 음향장치로 알려주는 설비이며 고유의 신호로 수신하는 P형과 공통의 신호로 수신하는 R형이 있다.
② 발신기는 화재발생신호를 수신기 또는 중계기에 수동으로 발신하는 것을 말한다.
③ 자동화재탐지설비는 화재발생을 자동으로 감지하여 해당 소방대상물의 관계자에게 통보하는 설비로서 자동화재속보설비 설치 시 연동되어야 한다.
④ 경계구역이란 특정소방대상물 중 화재신호를 발신하고 그 신호를 수신 및 유효하게 제어할 수 있는 구역을 말한다.

25 정답 ① LINK 기본서 269p

① 수신기는 화재 시 발신기 또는 감지기로부터 신호를 직접 또는 중계기를 거쳐 수신하여 건물 관계자에게 표시 및 음향장치로 알려주는 설비이며 **고유의 신호**로 수신하는 **R형**과 **공통의 신호**로 수신하는 **P형**이 있다.

26

10 충북

자동화재탐지설비의 설명 중 가장 옳은 것은?

① 수신기 중 P형은 고유신호로, R형은 공통신호로 사용된다.
② 발신기 구성요소에는 다이아프램이 있다.
③ 중계기는 수신형태에 따라 일반적으로 P형 수신기에 사용한다.
④ 주음향장치는 수신기 내부 또는 직근에 설치한다.

26 정답 ④ LINK 기본서 271p

④ 음향장치는 주음향장치, 지구음향장치가 있다. 주음향장치는 수신기 내부 또는 직근에 설치하며, 지구음향장치는 특정소방대상물의 층마다 설치한다.

선지체크
① 수신기 중 P형은 공통신호로, R형은 고유신호로 사용된다.
② 감지기 구성요소에 다이아프램이 있다.
③ 중계기는 수신형태에 따라 일반적으로 R형 수신기에 사용한다.

27

14 공채

우선경보방식을 적용해야 하는 경우 2층에서 화재가 발생하였다면 화재안전기준에 따른 자동화재탐지설비의 음향장치의 범위는 무엇인가?

① 발화층, 직상 1개층
② 발화층, 직상 2개층
③ 발화층, 직상 3개층
④ 발화층, 직상 4개층

27 정답 ④ LINK 기본서 270~271p

④ 2층 화재 시 발화층, 직상 4개층에 우선경보한다.

추가학습

| 우선경보방식 |

① 대상: 층수가 11층(공동주택의 경우에는 16층) 이상인 특정소방대상물
② 경보방식

구분	경보 대상
2층 이상	발화층, 직상 4개층
1층	발화층, 직상 4개층, 지하층
지하층	발화층, 직상층, 기타 지하층

28

22 간부

〈보기〉에 제시된 건축물 1층에서 발화한 경우, 직상발화 우선경보방식으로 발하여야 하는 해당 층을 모두 나타낸 것은?

―― 보기 ――
지하 3층, 지상 35층, 연면적 10,000 ㎡

① 1층, 2층
② 1층, 2층, 지하층 전체
③ 1층, 2층, 3층, 4층, 5층
④ 1층, 2층, 3층, 4층, 5층, 지하층 전체
⑤ 건물 전체 층

28 정답 ④ LINK 기본서 270~271p

④ 1층에서 화재시 발화층, 직상 4개층, 지하층에 우선 경보한다.

발화층	1층
직상 4개층	2층, 3층, 4층, 5층
지하층	지하1층, 지하2층, 지하3층

3 화재알림설비

29 25 공채

화재알림설비에 대한 설명으로 옳지 않은 것은?

① "발신기"란 수동누름버튼 등의 작동으로 화재신호를 수신기에 발신하는 장치를 말한다.
② "원격감시서버"란 원격지에서 각각의 화재알림설비로부터 수신한 화재정보값 및 화재신호, 상태신호 등을 원격으로 감시하기 위한 서버를 말한다.
③ "화재알림형 비상경보장치"란 화재알림형 감지기, 발신기, 표시등, 지구음향장치(경종 또는 사이렌 등)를 내장한 것으로 화재발생 상황을 경보하는 장치를 말한다.
④ "화재알림형 중계기"란 화재알림형 감지기, 발신기 또는 전기적인 접점 등의 작동에 따른 화재정보값 또는 화재신호 등을 받아 이를 화재알림형 수신기에 전송하는 장치를 말한다.

29 정답 ③ LINK 기본서 272p

화재알림설비란 전통시장 내 화재알림시설을 지원하여 조기 발화요인(연기, 열, 불꽃 등)을 감지 및 소방관서·상인에게 통보하여 화재 초기 진압 등 즉시 대응 체계를 마련하기 위한 설비이다
③ "화재알림형 비상경보장치"란 **발신기**, **표시등**, **지구음향장치(경종 또는 사이렌 등)**를 내장한 것으로 화재발생 상황을 경보하는 장치를 말한다.

4 비상방송설비

30 09 전북

다음 중 비상방송설비의 설치기준에 관하여 옳은 것은?

① 음향장치는 정격전압 90% 전압에서도 음향신호를 보낼 수 있다.
② 확성기는 각 층마다 설치하되 그 층의 각 부분으로부터 하나의 확성기까지의 수평거리가 30m 이하가 되도록 한다.
③ 비상방송설비의 확성기 음성입력은 실외의 경우 5W 이상(실내는 3W 이상)이어야 한다.
④ 음량조정기를 설치하는 경우 음량조정기의 배선은 3선식으로 한다.

30 정답 ④ LINK 기본서 274p

선지체크
① 음향장치는 정격전압 **80[%] 전압**에서도 음향신호를 보낼 수 있다.
② 확성기는 각 층마다 설치하되 그 층의 각 부분으로부터 하나의 확성기까지의 수평거리가 **25[m] 이하**가 되도록 한다.
③ 비상방송설비의 확성기 음성입력은 실외의 경우 **3[W] 이상**(실내는 **1[W] 이상**)이어야 한다.

추가학습

| 비상방송설비 설치기준 |
① 확성기의 음성입력은 **3[W]**(실내에 설치하는 것에 있어서는 **1[W]**) 이상으로 한다.
② 확성기는 각 층마다 설치한다.
③ 그 층의 각 부분으로부터 하나의 확성기까지의 **수평거리가 25[m] 이하**로 한다.
④ **음량조정기**를 설치하는 경우 음량조정기의 배선은 **3선식**으로 한다.
⑤ 조작부의 조작스위치는 바닥으로부터 **0.8[m] 이상 1.5[m] 이하**의 높이에 설치한다.
⑥ 화재신고를 수신한 후 방송이 자동으로 개시될 때까지의 소요시간은 **10초 이하**로 한다.

CHAPTER 04 피난구조설비

1 피난기구

01 ☐☐☐ 21 공채

피난구조설비에 대한 설명으로 옳지 않은 것은?

① 인공소생기란 호흡 부전 상태인 사람에게 인공호흡을 시켜 환자를 보호하거나 구급하는 기구이다.
② 피난구유도등이란 피난구 또는 피난경로로 사용되는 출입구를 표시하여 피난을 유도하는 등을 말한다.
③ 복도통로유도등이란 피난통로가 되는 복도에 설치하는 통로유도등으로서 피난구의 방향을 명시하는 것을 말한다.
④ 구조대란 사용자의 몸무게에 의하여 자동으로 하강하고 내려서면 스스로 상승하여 연속적으로 사용할 수 있는 무동력 피난기구를 말한다.

01 ◉정답 ④ ◉LINK 기본서 278p

④ **승강식 피난기**란 사용자의 몸무게에 의하여 자동으로 하강하고 내려서면 스스로 상승하여 **연속적으로 사용**할 수 있는 무동력 피난기구를 말한다.
→ 구조대란 포지 등을 사용하여 자루형태로 만든 것으로서 화재 시 사용자가 그 내부에 들어가서 내려옴으로써 대피할 수 있는 것을 말한다.

추가학습

| 피난기구 |

① 피난사다리: 화재 시 긴급대피를 위해 사용하는 사다리를 말한다.
② 완강기: **사용자의 몸무게에 따라 자동적**으로 내려올 수 있는 기구 중 사용자가 교대하여 **연속적으로 사용할 수 있는 것**을 말한다.
③ 간이완강기: 사용자의 몸무게에 따라 자동적으로 내려올 수 있는 기구 중 사용자가 **연속적으로 사용할 수 없는 것**을 말한다.
④ 구조대: **포지 등을 사용하여 자루형태**로 만든 것으로서 화재 시 사용자가 그 내부에 들어가서 내려옴으로써 대피할 수 있는 것을 말한다.
⑤ 공기안전매트: 화재 발생 시 사람이 **건축물 내에서 외부로 긴급히 뛰어 내릴 때** 충격을 흡수하여 안전하게 지상에 도달할 수 있도록 포지에 공기 등을 주입하는 구조로 되어있는 것을 말한다.
⑥ 다수인피난장비: 화재 시 **2인 이상의 피난자가 동시**에 해당 층에서 지상 또는 피난층으로 하강하는 피난기구를 말한다.
⑦ 승강식 피난기: **사용자의 몸무게에 의하여 자동**으로 하강하고 내려서면 **스스로 상승**하여 연속적으로 사용할 수 있는 무동력 승강식 피난기를 말한다.
⑧ 하향식 피난구용 내림식사다리: 하향식 피난구 해치에 격납하여 보관하고 사용 시에는 사다리 등이 소방대상물과 접촉되지 아니하는 **내림식 사다리**를 말한다.

02 ☐☐☐ 23 간부

피난기구의 화재안전성능기준(NFPC 301)에서 피난기구의 설치기준으로 옳지 않은 것은?

① 피난기구를 설치하는 개구부는 서로 동일직선상이 아닌 위치에 있을 것
② 구조대의 길이는 피난 상 지장이 없고 안정한 강하속도를 유지할 수 있는 길이로 할 것
③ 다수인 피난장비는 사용시에 보관실 외측 문이 먼저 열리고 탑승기가 외측으로 자동으로 전개될 것
④ 피난기구는 특정소방대상물의 기둥·바닥 및 보 등 구조상 견고한 부분에 볼트조임·매입 및 용접 등의 방법으로 견고하게 부착할 것
⑤ 4층 이상의 층에 하향식 피난구용 내림식사다리를 설치하는 경우에는 금속성 고정사다리를 설치하고, 당해 고정사다리에는 쉽게 피난할 수 있는 구조의 노대를 설치할 것

2 인명구조기구

03 ☐☐☐ 12 울산

피난구조설비 중 인명구조기구에 해당하지 않은 것은?

① 휴대용비상조명등
② 방열복
③ 공기호흡기
④ 인공소생기

---

02 ✓정답 ⑤　　🔗LINK 기본서 279~280p

⑤ 4층 이상의 층에 피난사다리(**하향식 피난구용 내림식사다리는 제외한다**)를 설치하는 경우에는 금속성 고정사다리를 설치하고, 당해 고정사다리에는 쉽게 피난할 수 있는 구조의 노대를 설치할 것

03 ✓정답 ①　　🔗LINK 기본서 281p

① 휴대용비상조명등이 피난구조설비에는 포함되지만 인명구조기구는 아니다.

선지체크

②③④ 인명구조기구에는 **방열복**, **공기호흡기**, **인공소생기**, **방화복**이 포함된다.

추가학습

| 인명구조기구 |

① 방열복: 고온의 **복사열**에 가까이 접근하여 소방활동을 수행할 수 있는 내열피복을 말한다.
② 공기호흡기: 소화활동 시에 화재로 인하여 발생하는 각종 유독가스 중에서 일정시간 사용할 수 있도록 제조된 압축공기식 **개인호흡장비**(**보조마스크를 포함**한다)를 말한다.
③ 인공소생기: **호흡 부전 상태인 사람**에게 인공호흡을 시켜 환자를 보호하거나 구급하는 기구를 말한다.
④ 방화복: **화재진압** 등의 소방활동을 수행할 수 있는 피복을 말한다. (**안전모**, **보호장갑**, **안전화 포함**한다)

04   15 전북

다음의 내용 중 옳지 않은 것은?

① 인명구조기구는 인공소생기, 방열복, 방화복, 공기안전매트가 있다.
② 승강식 피난기는 몸무게에 의하여 연속적으로 사용할 수 있는 무동력 승강식 피난기이다.
③ 인공소생기는 호흡 부전 상태인 사람에게 인공호흡을 시켜 환자를 보호하거나 구급하는 기구이다.
④ 휴대용 비상조명등의 설치는 대규모점포와 영화상영관에는 보행거리 50m마다 3개 이상 설치하며 지하상가 및 지하역사에는 보행거리 25m 이내마다 3개 이상 설치한다.

04 정답 ① LINK 기본서 278p

① 공기안전매트는 피난구조설비 중 피난기구에 포함된다.

추가학습

휴대용비상조명등 설치장소

① 숙박시설 또는 다중이용업소에는 객실 또는 영업장 안의 구획된 실마다 잘 보이는 곳에 1개 이상 설치한다.(외부에 설치 시 출입문 손잡이로부터 1[m] 이내 부분)
② 대규모점포(지하상가·지하역사 제외)와 영화상영관에는 보행거리 50[m] 이내마다 3개 이상 설치한다.
③ 지하상가 및 지하역사에는 보행거리 25[m] 이내마다 3개 이상 설치한다.

---

3 유도등

05   16 충남

피난구유도등에 대한 설명으로 옳지 않은 것은?

① 백색바탕에 녹색문자로 표시한다.
② 피난구 및 피난경로 출입구의 위치를 표시하는 유도등이다.
③ 옥내로부터 직접 지상으로 통하는 출입구 및 그 부속실의 출입구에 설치한다.
④ 직통계단·직통계단의 계단실 및 그 부속실의 출입구에 설치한다.

05 정답 ① LINK 기본서 281p

① 녹색바탕에 백색문자로 표시한다.

추가학습

피난구유도등

피난구 또는 피난경로로 사용되는 출입구를 표시하여 피난을 유도하는 등을 말한다. 녹색바탕에 백색문자이다.

① 옥내로부터 직접 지상으로 통하는 출입구 및 그 부속실의 출입구에 설치한다.
② 직통계단·직통계단의 계단실 및 그 부속실의 출입구에 설치한다.
③ 출입구에 이르는 복도 또는 통로로 통하는 출입구에 설치한다.
④ 안전구획된 거실로 통하는 출입구에 설치한다.
⑤ 피난구의 바닥으로부터 높이 1.5[m] 이상에 설치한다.

06 　　　　　　　　□□□　11 공채

다음은 피난설비 중 유도등에 관한 설명으로 옳지 않은 것은?

① 피난구유도등의 높이는 바닥으로부터 1.5m 이상이다.
② 통로유도등의 색상은 녹색바탕에 백색문자이다.
③ 피난구유도등은 피난구로부터 상용전원으로 등을 켜는 경우 문자 및 색채를 쉽게 식별할 수 있어야 한다.
④ 복도통로유도등은 바닥으로부터 높이 1m 이하의 위치에 설치하며 보행거리 20m마다 설치한다.

06　 정답 ②　　　　　LINK 기본서 281~282p

② 통로유도등의 색상은 **백색바탕, 녹색문자**이다.

추가학습

| 통로유도등 |

피난통로를 안내하기 위한 유도등으로 복도통로유도등, 거실통로유도등, 계단통로유도등을 말한다. **백색바탕**에 **녹색문자**이다.

1. **복도통로유도등**
   피난통로가 되는 **복도에 설치하는 통로유도등**으로서 피난구의 방향을 명시하는 것을 말한다.
   ① 복도에 설치한다.
   ② 구부러진 모퉁이 및 **보행거리 20[m]**마다 설치한다.
   ③ 바닥으로부터 높이 **1[m] 이하**의 위치에 설치한다. 다만, 지하층 또는 무창층의 용도가 도매시장·소매시장·여객자동차터미널·지하역사 또는 지하상가인 경우에는 복도·통로 중앙부분의 **바닥**에 설치하여야 한다.
   ④ 바닥에 설치하는 통로유도등은 하중에 따라 파괴되지 아니하는 강도의 것으로 할 것

2. **거실통로유도등**
   거주, 집무, 작업, 집회, 오락 그 밖에 이와 유사한 목적을 위하여 **계속적으로 사용하는 거실, 주차장 등 개방된 통로에 설치하는 유도등**으로 피난의 방향을 명시하는 것을 말한다.
   ① 거실의 통로에 설치할 것. 다만, 거실의 통로가 벽체 등으로 구획된 경우에는 복도통로유도등을 설치한다.
   ② 구부러진 모퉁이 및 **보행거리 20[m]**마다 설치한다.
   ③ 바닥으로부터 높이 **1.5[m] 이상**의 위치에 설치한다. 다만, 거실통로에 **기둥**이 설치된 경우에는 기둥부분의 바닥으로부터 높이 **1.5[m] 이하**의 위치에 설치할 수 있다.

3. **계단통로유도등**
   피난통로가 되는 **계단이나 경사로에 설치하는 통로유도등**으로 바닥면 및 디딤 바닥면을 비추는 것을 말한다.
   ① 각층의 **경사로 참** 또는 **계단참**마다(1개층에 경사로 참 또는 계단참이 2 이상 있는 경우에는 2개의 계단참마다)설치한다.
   ② 바닥으로부터 높이 **1[m] 이하**의 위치에 설치한다.

07
10 서울

다음 중 유도등에 대한 설명으로 옳지 않은 것은?

① 피난구유도등은 녹색 바탕에 백색 문자로 표시한다.
② 피난구유도등은 출입구 바닥으로부터 높이 1.5m 이하에 설치한다.
③ 복도통로유도등 설치는 바닥으로부터 높이 1m 이하, 보행거리 20m마다 설치한다.
④ 객석유도등은 통로, 바닥, 벽에 설치한다.

07 정답 ② LINK 기본서 281~282p

② 피난구 유도등은 출입구 바닥으로부터 높이 1.5m **이상**에 설치한다.

추가학습

| 객석유도등 |

객석의 **통로**, **바닥** 또는 **벽**에 설치하는 유도등을 말한다.

$$\text{설치개수} = \frac{\text{객석통로의 직선부분의 길이[m]}}{4} - 1$$

08
11 전남

다음 중 객석유도등의 설치위치가 아닌 것은?

① 통로 ② 바닥
③ 벽   ④ 기둥

08 정답 ④ LINK 기본서 282p

객석유도등은 객석의 **통로**, **바닥** 또는 **벽**에 설치하는 유도등을 말한다.

CHAPTER 05 소화활동설비

1 소화활동설비

01   13 공채
화재를 진압하거나 인명구조를 위해 사용하는 설비는?
① 소화설비
② 피난구조설비
③ 소화용수설비
④ 소화활동설비

02   13 충북
소화활동설비는 어느 소화에 해당하는가?
① 초기소화
② 본격소화
③ 방진소화
④ 가압소화

2 제연설비

03   10 전남
화재안전기준에서 규정하는 제연설비의 하나의 제연구역 면적은?
① 500㎡
② 1,000㎡
③ 1,500㎡
④ 2,000㎡

---

01 정답 ④   LINK 기본서 212p
④ 화재를 진압하거나 인명구조활동을 위하여 사용하는 설비는 소화활동설비이다.

선지체크
① 소화설비: 물 또는 그 밖의 소화약제를 사용하여 소화하는 기계·기구 또는 설비
② 피난구조설비: 화재가 발생할 경우 피난하기 위하여 사용하는 기구 또는 설비
③ 소화용수설비: 화재를 진압하는 데 필요한 물을 공급하거나 저장하는 설비

02 정답 ②   LINK 기본서 212p
② 소화활동설비는 화재를 진압하거나 인명구조활동을 위하여 사용하는 설비로 본격소화에 해당한다.

03 정답 ②   LINK 기본서 286p
② 하나의 제연구역의 면적은 1,000[㎡] 이내로 한다.

추가학습

| 제연구역 |
① 하나의 제연구역의 면적은 1,000[㎡] 이내로 한다.
② 거실과 통로(복도를 포함)는 각각 제연구획 한다.
③ 통로상의 제연구역은 보행중심선의 길이가 60[m]를 초과하지 아니한다.
④ 하나의 제연구역은 직경 60[m] 원내에 들어갈 수 있도록 한다.
⑤ 하나의 제연구역은 2 이상 층에 미치지 아니하도록 한다.

04 11 공채

다음 중 제연설비의 제반사항으로 옳지 않은 것은?

① 복도와 거실은 각각 제연구획한다.
② 통로 상 제연구획은 보행중심선 길이가 60m를 초과하지 아니할 것
③ 하나의 제연구역의 면적은 1,500㎡ 이내로 할 것
④ 하나의 제연구역은 2 이상 층에 미치지 아니하도록 한다.

04 정답 ③ LINK 기본서 286p

③ 하나의 제연구역의 면적은 **1,000[㎡] 이내**로 할 것

05 16 2차 충남

밀폐도가 많은 벽이나 문으로서 화재가 발생하였을 때 밀폐하여 일시적으로 연기의 유출 및 공기 등의 유입을 차단시켜 제연하는 방식은?

① 자연 제연방식
② 밀폐 제연방식
③ 기계 제연방식
④ 스모크타워 제연방식

05 정답 ② LINK 기본서 287~288p

② **실을 밀폐**하여 연기유출 및 공기유입을 차단하여 제연하는 것은 **밀폐 제연방식**이다.

추가학습

|제연방식|
1. 밀폐제연방식: **실을 밀폐**하여 연기유출 및 공기유입을 차단하여 제연하는 방식
2. 자연제연방식: **창문**이나 **배기구**를 통해 연기를 자연적으로 배출하는 방식
3. 스모크타워제연방식: 천장에 **루프모니터** 등이 바람에 의해 작동되면서 흡인력을 이용하여 제연하는 방식
4. 기계제연방식
   ① 제1종 기계제연방식: 급·배기 **모두 기계**제연방식
   ② 제2종 기계제연방식: **급기 기계**제연방식, **배기 자연**제연방식
   ③ 제3종 기계제연방식: **급기 자연**제연방식, **배기 기계**제연방식

06 10 전남

다음 중 자연 급기, 기계 배기로서 가장 많이 쓰이는 제연방식은?

① 제1종 기계제연방식
② 제2종 기계제연방식
③ 제3종 기계제연방식
④ 제4종 기계제연방식

06 정답 ③ LINK 기본서 287~288p

③ 제3종 기계제연방식: **급기 자연**제연방식, **배기 기계**제연방식

선지체크

① 제1종 기계제연방식: 급·배기 **모두 기계**제연방식
② 제2종 기계제연방식: **급기 기계**제연방식, **배기 자연**제연방식
④ 제4종 기계제연방식은 없다.

07 · 10 전북

다음 중 기계 배기, 기계 급기로 이루어지는 제연방식은?

① 제1종 기계제연방식 ② 제2종 기계제연방식
③ 제3종 기계제연방식 ④ 제4종 기계제연방식

07 정답 ① LINK 기본서 287~288p

① 제1종 기계제연방식: 급·배기 모두 **기계**제연방식

선지체크

② 제2종 기계제연방식: **급기 기계**제연방식, **배기 자연**제연방식
③ 제3종 기계제연방식: **급기 자연**제연방식, **배기 기계**제연방식
④ 제4종 기계제연방식은 없다.

---

3 연결살수설비

08 · 10 인천

연결살수설비 송수구 설치내용 중 옳지 않은 것은?

① 연결살수설비의 송수구는 폐쇄된 곳에 설치한다.
② 65mm 쌍구형으로 한다.
③ 소방차가 쉽게 접근할 수 있는 장소에 설치한다.
④ 송수구 부근에는 "연결살수설비 송수구"라고 표시한 표지를 한다.

08 정답 ① LINK 기본서 290p

① 소방펌프차에서 송수구를 통해 압력수를 보내야 하므로 **개방된 곳**에 설치해야 한다.

추가학습

| 연결살수설비 송수구 설치기준 |

① 구경 **65[mm]**의 **쌍구형**으로 설치한다. 다만, 하나의 송수구역에 부착하는 살수헤드의 수가 10개 이하인 것은 단구형의 것으로 할 수 있다.
② 지면으로부터 높이가 **0.5[m] 이상 1[m] 이하**의 위치에 설치할 것
③ 송수구에는 이물질을 막기 위한 **마개**를 씌워야 한다.

---

09 · 10 경북

소방차로부터 소방설비에 살수할 수 있는 송수구 설치기준으로 옳지 않은 것은?

① 송수구 구경은 65mm의 쌍구형으로 할 것
② 송수구로부터 1m 이내에 살수구역 안내표지를 설치할 것
③ 지면으로부터 높이가 1m 이상 2m 이하의 위치에 설치할 것
④ 소방차가 쉽게 접근할 수 있는 노출된 장소에 설치하되, 눈에 띄기 쉬운 보도 또는 차도에 설치할 것

09 정답 ③ LINK 기본서 290p

③ 지면으로부터 높이가 0.5[m] 이상 1[m] 이하의 위치에 설치할 것

10

연결살수설비에서 배관의 구경에 따른 하나의 배관에 부착하는 살수헤드의 개수가 옳지 않은 것은?

① 배관의 구경 32mm: 1개
② 배관의 구경 40mm: 2개
③ 배관의 구경 50mm: 3개
④ 배관의 구경 65mm: 6개

10 정답 ④

④ 배관의 구경 65mm: 4개 또는 5개

추가학습

| 연결살수설비 전용헤드를 사용하는 경우 배관의 구경 |

하나의 배관에 부착하는 살수헤드의 개수	1개	2개	3개	4개 또는 5개	6개 이상 10개 이하
배관의 구경[mm]	32	40	50	65	80

4 비상콘센트설비

11

다음은 비상콘센트설비의 전원회로 기준에 관한 것이다. ( ) 안에 들어갈 내용으로 옳은 것은?

> 비상콘센트설비의 전원회로는 (㉠)교류 (㉡)볼트인 것으로서, 그 공급용량은 (㉢)킬로볼트암페어 이상인 것으로 해야한다.

	㉠	㉡	㉢
①	단상	24	1.5
②	단상	220	1.5
③	단상	380	3.0
④	3상	220	3.0
⑤	3상	380	3.0

11 정답 ②

② 비상콘센트설비의 전원회로는 단상교류 220볼트인 것으로서, 그 공급용량은 1.5킬로볼트암페어 이상인 것으로 해야 한다.

추가학습

| 비상콘센트설비 설치기준 |

① 층수가 11층 이상인 특정소방대상물의 경우 11층 이상의 층에 설치한다.
② 비상콘센트설비의 전원회로는 단상교류 220[V]인 것으로서, 그 공급용량은 1.5[kVA] 이상인 것으로 한다.
③ 전원회로는 각층에 2 이상이 되도록 설치한다.
④ 바닥으로부터 높이 0.8[m] 이상 1.5[m] 이하의 위치에 설치한다.

Simple Detail 2026

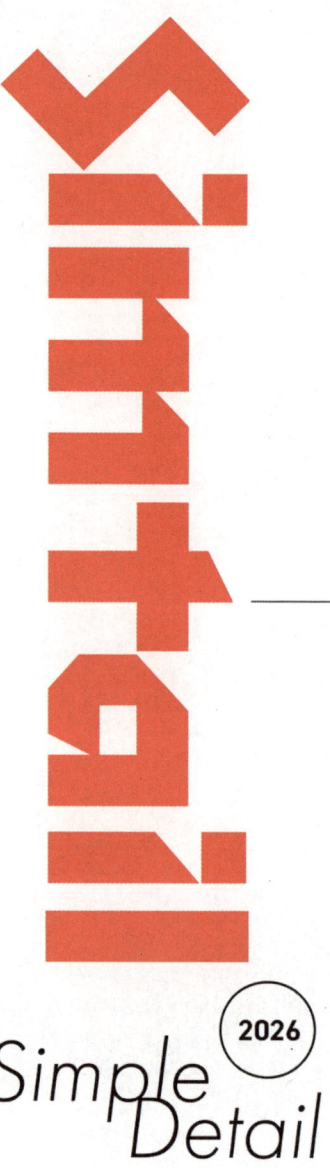

Simtail

Simple Detail

2026

VIII 소방조직

CHAPTER 01　소방조직

CHAPTER 01 소방조직

1 소방조직관리 기초이론

01　　　　　　　　　　　　　12 세종
다음 중 빈칸에 들어갈 말로 알맞은 것은?

> 소방관서는 전통적으로 (　) 형식으로 조직되어 있다. 이것은 소방조직이 다른 조직에 비하여 순응적 조직문화를 가지고 있다는 것을 의미하지만 반대로 자발적이고 상향적 혁신의 장애가 될 수 있다는 것을 의미한다.

① 준군사적　　② 일방행정적
③ 사기업적　　④ 수평적

02　　　　　　　　　　　　　21 공채
소방조직의 원리에 해당하지 않는 것은?

① 조정의 원리
② 계층제의 원리
③ 명령 분산의 원리
④ 통솔 범위의 원리

01　정답 ①　　　LINK 기본서 298p
① 소방관서는 구성원들 간에 상·하의 계층을 설정하여 명령, 지휘, 감독체계를 확립(계층제의 원리)한 **준군사적 형식의 조직**이다.

02　정답 ③　　　LINK 기본서 298~299p
③ **명령계 통일의 원리**

추가학습
| 소방조직의 기본원리 |
① 분업의 원리: 전문화의 원리 또는 기능의 원리라고도 한다. 조직의 업무를 성질별로 나누어 조직 구성원에게 **한 가지의 주된 업무를 전담**시킴으로써 조직의 능률을 향상시키는 원리이다.
② 명령계 통일의 원리: 한 사람의 부하는 **한 사람의 상관으로부터만 명령을 받아야 한다**는 원리이다.
③ 계층제의 원리: 구성원들 간에 상·하의 계층을 설정하여 **명령, 지휘, 감독 체계를 확립**하는 원리이다.
④ 통솔범위의 원리: 한 사람의 상관이 감독하는 부하의 수는 **그 상관의 통제능력 범위 내로 한정**되어야 한다는 원리이다.
⑤ 조정의 원리: 조직의 공통목표를 달성하기 위해 **구성원의 노력을 통합하고 조정**하는 원리이다.
⑥ 계선의 원리: 특정 사안에 대한 결정에 있어서 의사결정과정에서는 개인의 의견이 참여되지만 **결정을 내리는 것은 개인이 아닌 소속기관의 장**이다.

03 ☐☐☐ 17 2차 공채

소방조직의 기본원리에서 특정사안에 대한 결정에 있어서 의사결정 과정에서는 개인의 의견이 참여되지만, 결정을 내리는 것은 개인이 아닌 소속기관의 장이다. 이는 어떠한 원리가 적용되었는가?

① 계층제의 원리
② 명령통일의 원리
③ 계선의 원리
④ 업무조정의 원리

03 정답 ③ ⓛINK 기본서 298~299p

선지체크

① 계층제의 원리: 구성원들 간에 상·하의 계층을 설정하여 **명령, 지휘, 감독 체계를 확립**하는 원리이다.
② 명령계 통일의 원리: 한 사람의 부하는 **한 사람의 상관으로부터만 명령을 받아야 한다**는 원리이다.
④ 업무조정의 원리: 조직의 공통목표를 달성하기 위해 **구성원의 노력을 통합하고 조정**하는 원리이다.

04 ☐☐☐ 25 공채

소방행정조직의 업무적 특성을 〈보기〉에서 모두 고른 것은?

――― 보기 ―――
ㄱ. 가외성
ㄴ. 긴급성
ㄷ. 신속·대응성
ㄹ. 전문성

① ㄱ, ㄷ
② ㄱ, ㄴ
③ ㄴ, ㄷ, ㄹ
④ ㄱ, ㄴ, ㄷ, ㄹ

04 정답 ④ ⓛINK 기본서 299~300p

ㄱ. 가외성: 가외성은 물건의 초과분을 의미하지만, 소방조직은 불확실한 재해를 대비하는 조직의 특성이 있기 때문에 가외성의 논리에 따라 여분이나 중복 등을 고려해 불확실성의 오류를 방지하기 위해 인원 및 장비가 충분히 갖추어져 있어야 한다.
ㄴ. 긴급성, ㄷ. 신속·대응성: 소방조직의 업무는 특성상 화재 및 각종 재난사고가 발생하면 이에 대해 신속하게 처리하지 못하고 지연될 경우 곧바로 대형 재난사고로 이어지기 때문에 언제나 신속하고 정확한 대처를 해야하는 특성을 갖는다.
ㄹ. 전문성: 화재에 대한 지식뿐만 아니라 전기, 가스, 위험물, 건축, 기계, 화공, 물리, 통신, 전자, 환경, 의료, 산업 등 다양한 지식을 필요로 하는 전문기술업무로서 종합적인 지식이 요구된다.

추가학습

|소방공무원의 특수성|

긴급성(신속·정확성, 신속·대응성), 위험성, 결과성, 대기성, 가외성, 전문성, 현장성(대응성), 계층성(일체성), 규제성

05 ☐☐☐ 11 서울
다음 중 행정작용의 수인하명으로 옳은 것은?

① 소방대의 긴급통행
② 피난 명령
③ 소방특별조치명령
④ 소방용수시설 불법사용금지

05 정답 ① LINK 기본서 301p
① **소방대의 긴급통행**, 행정대집행의 집행, 화재진화를 위한 강제처분은 **수인하명에 속한다**.

선지체크
② ③ 작위하명
④ 부작위하명

추가학습
| 법률 행위적 행정행위 |
1. 명령적 행정행위 중 하명
   ① 작위하명: 일정한 행위를 하도록 **해야 할 의무를 명하는** 행정행위
   ② 부작위하명: 일정한 행위를 하지 않도록 하는 **금지 등의 의무를 명하는** 행정행위
   ③ 급부하명: 금전, 노력, 물품 등을 **제공할 의무를 명하는** 행정행위
   ④ 수인하명: 행정주체에 의한 실력행사를 감수하고 이에 **저항하지 아니할 의무를 명하는** 행정행위
2. 명령적 행정행위 중 허가
   ① 대인허가: 특정인의 자격 등 주관적인 사정이 감안되어 허가
   ② 대물허가: 물건의 객관적인 사항이 고려되는 대물허가
   ③ 혼합적허가: 대인허가 + 대물허가
3. 명령적 행정행위 중 면제
   ① 소방시설의 설치를 면제하는 경우

---

2 소방의 발전과정

06 ☐☐☐ 11 전남
우리나라 최초의 소방조직은?

① 한성도감　② 금화도감
③ 멸화도감　④ 소방도감

06 정답 ② LINK 기본서 304p
② 1426년(세종 8년 2월) 병조 아래 **최초의 소방조직인 금화도감**이 설치되었다.
→ 한성부 대형화재를 계기로 금화도감을 설치하여 화재의 방지와 개천과 하수구의 수리 및 소통을 담당하게 하고, 화재를 이용한 도적들을 색출하게 하였다. 이것은 상비 소방제도로서의 관서는 아니지만 화재를 방지하는 문제로 독자적 기구를 갖춘 우리나라 최초의 소방기구이다.

추가학습
| 조선시대 |
① 금화법령 시행: 1417년(태종)
② 금화도감: 1426년(세종 8년 2월)
③ 수성금화도감: 1426년(세종 8년 6월)
④ 5가 작통제
⑤ 수성금화사: 1481년(성종)
⑥ 소화기구: 수총기 도입(1723년, 경종) 등

07 [11 울산]

다음 중 금화조직의 창설시기로 옳은 것은?

① 고려시대 ② 통일신라시대
③ 조선시대 ④ 일제강점기

08 [13 광주]

'소방'이라는 용어를 최초로 사용한 시대는?

① 조선시대 초기 ② 갑오개혁 시대
③ 일제시대 ④ 미군정 시대

09 [10 경기]

다음 중 우리나라 소방법의 제정연도는?

① 1912년 ② 1946년
③ 1948년 ④ 1958년

---

07 정답 ③

③ **조선시대 1426년(세종 8년 2월)** 최초의 소방조직인 **금화도감**이 설치됐다.
- → 병조 아래 설치
- → 상비 소방제도로서의 관서는 아니지만 화재를 방지하는 문제로 독자적 기구를 갖춘 우리나라 최초의 소방기구

08 정답 ②

② **갑오개혁시대** 경무청이 신설(1894년)되고 **소방이라는 용어를 역사상 처음** 쓰게 되었다.
- → 소방사무를 보는 포도청을 없애고 경찰사무를 병합하여 경무청을 설치(1894)하였다. **1895년** 경무청 세칙에 "수화 소방은 난파선 및 출화, 홍수 등 구호에 관한 사항"으로 **소방이라는 용어가 처음으로 사용되었다.**

추가학습

| 갑오개혁(1894년) 이후 |
① 소방용어 최초 사용
② 최초 화재보험회사: 1908년
③ 완용펌프 3대 도입: 1908년
④ 소화전 설치: 1909년

09 정답 ④

④ 사회발달과 함께 소방수요가 증가됨에 따라 화재예방 등에 관심이 높아지면서 **1958년 소방법이 제정·공포**됐다. 제정 당시 소방업무 영역은 화재를 포함한 풍수해, 설해의 예방·경계·진압으로 규정돼 있어 자연재해까지 소방업무로 인식됐다. 1967년 풍수해대책법이 제정되면서 풍수해와 설해는 삭제되었다.

추가학습

| 소방법 |
① 2003년: 소방법(58년) 폐지, 소방 4분법으로 제정되었다.
② 2022년: 소방 4개법에서 6개법으로 제·개정되었다.

10 [11 부산]

다음 중 소방조직 등에 대한 설명 중 옳지 않은 것은?

① 소방대는 소방공무원, 의무소방원, 의용소방대원으로 구성되어 있다.
② 소방본부장 또는 소방서장은 시·도지사의 지휘, 감독을 받는다.
③ 2003년 대구 지하철 방화사건을 계기로 2004년 3월 11일 「재난 및 안전관리 기본법」이 제정되었으며, 같은 해 5월 소방방재청을 설립하여 6월 1일 개청되었다.
④ 현재 소방행정조직은 2017년 소방청 개설로 국가소방체제이다.

10 정답 ④ LINK 기본서 310p
④ 현재 소방행정조직은 1992년 전국 시·도에 소방본부가 설치된 이후 **광역자치소방체제**이다.
→ 2017년: 국민안전처가 행정자치부(현 행정안전부)에 흡수·통합되면서 행정안전부 산하의 소방청으로 신설되었다.

11 [11 부산]

우리나라에 최초로 독립된 자치소방체제가 성립된 시기는?

① 1946~1948년   ② 1948~1970년
③ 1971~1992년   ④ 1992~2003년

11 정답 ① LINK 기본서 307p
① 미군정시대(1946~1948): 1946년 소방부 및 소방위원회를 설치하고 소방행정을 **경찰에서 분리하여 자치화**하였다.
→ 중앙: 상무부 토목국(1946년 8월 7일부터 토목부로 변경) 중앙소방위원회
→ 각 도: 도소방위원회
→ 시·읍·면: 소방부

12 [12 울산]

다음 중 소방역사의 변천과정 순서로서 옳은 것은?

가. 소방법 제정
나. 소방방재청 개청
다. 시·도 광역자치소방체제 개편
라. 소방위원회

① 가-나-다-라   ② 가-다-나-라
③ 라-다-가-나   ④ 라-가-다-나

12 정답 ④ LINK 기본서 307~311p
라. 1946년 소방부 및 소방위원회를 설치하고 소방행정을 경찰에서 분리하여 자치화
가. 1958년 소방법 제정
다. 1992년 시·도 광역자치소방체제 개편
나. 2004년 소방방재청 신설

13 · 21 공채

우리나라 소방 역사에 대한 설명으로 옳은 것만을 모두 고른 것은?

ㄱ. 고려시대에는 소방(消防)을 소재(消災)라 하였으며, 화통도감을 신설하였다.
ㄴ. 조선시대 세종 8년에 금화도감을 설치하였다.
ㄷ. 1915년에 우리나라 최초 소방서인 경성소방서를 설치하였다.
ㄹ. 1945년에 중앙소방위원회 및 중앙소방청을 설치하였다.

① ㄱ, ㄴ
② ㄱ, ㄴ, ㄷ
③ ㄴ, ㄷ, ㄹ
④ ㄱ, ㄴ, ㄷ, ㄹ

13 정답 ① LINK 기본서 303~308p

ㄱ. 고려시대에는 소방(消防)을 소재(消災)라 하였으며, 화통도감을 신설하였다.
→ 화통도감 신설: 화약제조 및 사용량이 늘어남에 따라 화통도감직제를 신설하여 특별관리하였다.
ㄴ. 금화도감은 세종 8년 2월(1426년)에 병조 아래에 설치되어 방화업무를 담당하기 시작했다.

선지체크
ㄷ. **1925년**에 우리나라 최초 소방서인 경성소방서를 설치하였다.
ㄹ. **1946년**에 중앙소방위원회 및 도소방위원회, 소방부를 설치하였고, **1947년** 중앙소방위원회 집행기구로 소방청을 설치하였다.

14 · 20 공채

우리나라 소방 역사에 대한 설명으로 옳지 않은 것은?

① 조선시대인 1426년(세종 8년) 금화도감이 설치되었다.
② 일제강점기인 1925년 최초의 소방서가 설치되었다.
③ 미군정 시대인 1946년 중앙소방위원회가 설치되었다.
④ 대한민국 정부 수립 이후인 1948년 소방법이 제정·공포되었다.

14 정답 ④ LINK 기본서 303~308p

④ **대한민국 정부 수립(1948년)** 이후인 **1958년**에 소방법이 제정·공포되었다.

15 · 18 공채

소방의 발전과정으로 그 내용이 옳은 것을 모두 고른다면?

가. 세종 8년 금화도감 설치
나. 일제시대 상비소방수 제도
다. 1948년 정부 수립 이후 소방법 제정
라. 2004년 소방방재청 설립

① 가
② 가, 나, 다
③ 가, 나, 라
④ 가, 나, 다, 라

15 정답 ④ LINK 기본서 303~311p

가. 조선시대 1426년 세종 8년 최초의 소방기구인 금화도감 설치
나. 일제 강점기시대에 경무부 소속 상비소방수로 상비소방제도 시행
다. 1948년 정부 수립 이후 1958년 소방법 제정
라. 2004년 소방방재청 신설

16

다음 중 우리나라 소방의 발전 과정에 대한 설명 중 옳지 않은 것은?

① 최초의 소방관서는 금화도감이다.
② 일제강점기에 최초의 소방서가 설치되었다.
③ 갑오개혁 이후 '소방'이라는 용어를 처음 사용하였다.
④ 대한민국 정부수립과 동시에 소방본부가 설치되었다.

16 정답 ④
④ 1948년 대한민국 정부가 수립되자 미군정시대의 소방청을 비롯한 자치소방기구는 국가소방체제의 틀 속에서 경찰기구에 흡수되었다.
→ 1972년에 서울, 부산에서 각각 소방본부가 발족되어 소방사무를 관장하였다.

17

우리나라 소방의 시대별 발전과정에 관한 내용으로 옳은 것만을 〈보기〉에서 고른 것은?

― 보기 ―
ㄱ. 고려시대: 금화도감을 설치하였다.
ㄴ. 조선시대: 일본에서 들여온 수총기를 궁정소방대에 처음으로 구비하였다.
ㄷ. 일제강점기: 우리나라 최초로 소방서를 설치하였다.
ㄹ. 미군정시대: 소방을 경찰에서 분리하여 최초로 독립된 자치적 소방제도를 시행하였다.

① ㄱ, ㄴ
② ㄱ, ㄹ
③ ㄴ, ㄷ
④ ㄴ, ㄹ
⑤ ㄷ, ㄹ

17 정답 ⑤
선지체크
ㄱ. 조선시대(1426): 금화도감을 설치하였다.
ㄴ. 조선시대(1723): 중국에서 들여온 수총기를 궁정소방대에 처음으로 구비하였다.
→ 1723년(경종 3)에 중국으로부터 수총기를 도입했으며, 이를 모방한 수총을 만들어 궁정수비대에 구비하였는데, 이는 우리나라에서 처음으로 소화기구를 비치한 것이다.

18

다음 중 우리나라 소방역사에 대한 설명으로 옳지 않은 것은?

① 1426년(세종 8년)에 최초의 소방조직인 금화도감을 설치했다.
② 1925년 최초 소방서인 경성소방서가 설치되었고, 그와 함께 소방법이 제정되었다.
③ 정부수립과 함께 자치소방체제를 폐지하고 국가소방체제를 유지하였으나 이후 정부는 서울특별시와 부산광역시에 자치적인 소방본부를 설치하여 이원적 소방행정체제를 갖게 되었다.
④ 2004년에는 소방방재청을 설립하여 소방업무, 민방위 재난·재해업무까지 관장하였다.

18 정답 ②
② 1925년 최초 소방서인 경성소방서가 설치되었고, 소방법은 1958년에 제정되었다.

19 □□□ 18 간부

미군정 시대부터의 우리나라 소방역사에 대한 설명으로 옳지 않은 것은?

① 미군정기에 최초의 독립된 자치소방행정체제를 실시하였다.
② 1958년에 「소방법」이 제정되었다.
③ 1970년에 전국 시·도에 소방본부를 설치하였다.
④ 1977년에 국가·지방소방공무원에 대한 단일신분법이 제정되었다.
⑤ 2017년에 소방청이 설립되었다.

19 정답 ③ LINK 기본서 307~312p

③ 1972년에 서울, 부산에서 각각 소방본부가 발족되어 소방사무를 관장하였으며, 1992년에 모든 시·도에 소방본부를 설치하였다.

선지체크

④ 1978년 3월 1일 독자적 신분법인 소방공무원법이 시행(77년 제정)됨에 따라서 국가, 지방 모두 소방공무원법을 적용 받았다.
⑤ 2017년: 국민안전처가 행정자치부(현 행정안전부)에 흡수·통합되면서 행정안전부 산하의 소방청으로 신설되었다.

20 □□□ 17 공채

대한민국 정부수립 이후 1948년~1970년까지의 소방체제는?

① 이원적 소방체제 ② 국가소방체제
③ 자치소방체제   ④ 군사소방체제

20 정답 ② LINK 기본서 308p

② 1948년 대한민국 정부가 수립되자 미군정시대의 소방청을 비롯한 자치소방기구는 국가소방체제의 틀 속에서 경찰기구에 흡수된 **국가소방체제**이다.

선지체크

① 이원적 소방체제: 1972년에 서울, 부산에서 각각 소방본부가 발족되어 소방사무를 관장하였다. 그러나 다른 도에서는 계속 경찰기구 내에서 소방업무를 관장하였다. 이로써 국가소방과 자치소방으로 이원화되기 시작하였다.
③ 자치소방체제: 1946년 소방부 및 소방위원회를 설치하고 소방행정을 경찰에서 분리하여 자치화하였다.
④ 해당사항 없음

추가학습

| 소방제도 변천과정 |

미군정시대 (1946~1948)	→	정부수립 이후 (1948~1970)	→	발전시기 (1970~1992)	→	현재 (1992~)
자치 소방체제		국가 소방체제		이원적 소방체제		광역자치 소방체제

21
23 공채

우리나라 소방행정체제의 변천과정에 관한 내용으로 옳지 않은 것은?

① 중앙소방위원회 설치(1946) 당시에는 자치소방체제였다.
② 정부수립(1948) 당시에는 국가소방체제였다.
③ 중앙소방학교 설립(1978) 당시에는 국가소방과 자치소방의 이원적 체제였다.
④ 대구지하철 화재 발생(2003) 당시에는 국가소방체제였다.

21 정답 ④ LINK 기본서 307~310p
④ 대구지하철 화재 발생(2003) 당시에는 **광역자치소방체제**였다.

22
24 공채

소방 조직의 설치가 시기순으로 옳게 나열된 것은?

① 내무부 소방과 - 내무부 소방국 - 도 소방위원회 - 시·도 소방본부
② 도 소방위원회 - 내무부 소방국 - 시·도 소방본부 - 소방방재청
③ 중앙소방위원회 - 내무부 소방국 - 도 소방위원회 - 소방방재청
④ 내무부 소방국 - 중앙소방위원회 - 소방방재청 - 소방청

22 정답 ② LINK 기본서 307~311p
② 도 소방위원회(**1946년**) - 내무부 소방국(**1975년**) - 시·도 소방본부(**1992년**) - 소방방재청(**2004년**)

추가학습
- 중앙소방위원회(1946년)
- 내무부 소방과(1948년)
- 소방청(2017년)

23
24 공채

소방행정조직의 발전 과정에 관한 설명으로 옳지 않은 것은?

① 1426년(세종 8년)에 독자적인 소방 관리를 위해 금화도감을 설치하였으며 이후 성문도감과 병합하여 수성금화도감으로 개편하였다.
② 1894년에 경무청이 설치되고, '소방'이란 용어가 처음으로 사용되었다.
③ 1948년에 대한민국 정부가 수립되고 국가 소방체제로 전환하면서 소방행정조직이 경찰에서 분리되었다.
④ 2017년에 「정부조직법」 개정으로 국민안전처를 해체하고 소방청을 개설하였다.

23 정답 ③ LINK 기본서 303~312p
③ 1948년에 대한민국 정부가 수립되고 국가 소방체제로 전환하면서 소방행정조직이 **경찰에 흡수되었다.**

24

대한민국 정부 수립 이후 중앙소방조직의 변천 과정을 시간적 순서대로 옳게 나열한 것은?

① 소방방재청 - 내무부 소방국 - 내무부 치안국 소방과 - 국민안전처 중앙소방본부 - 소방청
② 소방방재청 - 내무부 치안국 소방과 - 내무부 소방국 - 국민안전처 중앙소방본부 - 소방청
③ 내무부 소방국 - 내무부 치안국 소방과 - 국민안전처 중앙소방본부 - 소방방재청 - 소방청
④ 내무부 경찰국 소방과 - 내무부 소방국 - 소방청 - 국민안전처 중앙소방본부 - 소방방재청
⑤ 내무부 치안국 소방과 - 내무부 소방국 - 소방방재청 - 국민안전처 중앙소방본부 - 소방청

24 정답 ⑤ LINK 기본서 308~312p

⑤ 내무부 치안국 소방과(1948) - 내무부 소방국(1975) - 소방방재청(2004) - 국민안전처 중앙소방본부(2014) - 소방청(2017)

25

우리나라 소방의 변천 과정에 대한 설명으로 옳지 않은 것은?

① 고려 시대 : 소방을 소재(消災)라 하였고, 우리나라 소방행정의 근원이라 볼 수 있는 금화원 제도를 시행하였다.
② 조선 시대 : 5가를 1통으로 묶어 우물을 파고 물통을 준비하도록 하는 5가 작통제를 시행하였다. 아울러 세종 8년(1426년) 2월에 금화도감을 설치하였고, 6월에는 수성금화도감으로 개편하였다.
③ 일제 강점기 : 1925년 최초의 소방서인 경성소방서가 설치되었다. 이후 1938년 부산 및 평양에 소방서가 개소되었으며, 1944년 용산·인천·함흥에 소방서가 증설되었다.
④ 미군정 시대 : 1946년 소방부 및 소방위원회를 설치하고, 소방조직 및 업무를 경찰로부터 독립하여 자치소방체제로 전환하였다. 1947년 중앙소방위원회의 집행기구로 소방청이 설치되었다.

25 정답 ③ LINK 기본서 308~312p

③ 일제 강점기: 1925년 최초의 소방서인 경성소방서가 설치되었다. 이후 **1939년** 부산 및 평양에 소방서가 개소되었으며, 1944년 용산·인천·함흥에 소방서가 증설되었다.
→ 1939년: 부산, 평양
→ 1941년: 청진
→ 1944년: 용산, 인천, 함흥
→ 1945년: 성동

26 ☐☐☐ 19 공채

해방 이후의 소방조직 변천과정을 과거부터 현재까지 옳게 나열한 것은?

> ㄱ. 중앙에는 중앙소방위원회를 두고, 지방에는 도소방위원회를 두어 독립된 자치소방제도를 시행하였다.
> ㄴ. 소방행정이 경찰행정 사무에 포함되어 시·군까지 일괄적으로 관리하는 국가소방체제로 전환되었다.
> ㄷ. 서울과 부산은 소방본부를 설치하였고, 다른 지역은 국가소방체제로 국가소방과 자치소방의 이원화시기였다.
> ㄹ. 소방사무가 시·도 사무로 전환되어 전국 시·도에 소방본부가 설치되었다.

① ㄱ → ㄴ → ㄷ → ㄹ
② ㄱ → ㄴ → ㄹ → ㄷ
③ ㄴ → ㄱ → ㄷ → ㄹ
④ ㄴ → ㄱ → ㄹ → ㄷ

26 정답 ① LINK 기본서 307~310p

ㄱ. **자치소방제도**: 미군정시대(1946~1948)
ㄴ. **국가소방체제**: 정부수립 이후(1948~1970)
ㄷ. 이원화시기(**이원적소방체제**): 발전시기(1970~1992)
ㄹ. 전국 시·도에 소방본부가 설치(**광역자치소방체제**): 현재(1992~)

27 ☐☐☐ 25 간부

소방조직의 변천 과정을 시간 순서대로 나열한 것으로 옳은 것은?

① 금화도감 → 경성소방서 → 소방방재청 → 국민안전처 중앙소방본부
② 금화도감 → 경성소방서 → 국민안전처 중앙소방본부 → 소방방재청
③ 경성소방서 → 금화도감 → 소방방재청 → 국민안전처 중앙소방본부
④ 경성소방서 → 금화도감 → 국민안전처 중앙소방본부 → 소방방재청
⑤ 경성소방서 → 소방방재청 → 금화도감 → 국민안전처 중앙소방본부

27 정답 ① LINK 기본서 307~312p

① 금화도감(1426) → 경성소방서(1925) → 소방방재청(2004) → 국민안전처 중앙소방본부(2014)

28 ☐☐☐ 17 2차 공채

다음 중 소방공무원은 공무원법상 어디에 속하는가?

① 특정직
② 별정직
③ 특수경력직
④ 일반직

28 정답 ① LINK 기본서 313p

① 소방공무원은 경력직공무원 중 **특정직 공무원**이다.

선지체크
② 별정직: 비서관·비서 등 보좌업무 등을 수행하거나 특정한 업무 수행을 위하여 법령에서 별정직으로 지정하는 공무원
③ 특수경력직: 경력직공무원 외의 공무원을 말하며 정무직 공무원, 별정직 공무원이 있다.
④ 일반직: 기술·연구 또는 행정 일반에 대한 업무를 담당하는 공무원

29
□□□ 20 공채

우리나라 소방행정에 관한 설명으로 옳은 것은?

① 미군정 시대에는 소방행정을 경찰에서 분리하여 자치소방행정체제를 도입하였다.
② 1972년 전국 시·도에 소방본부를 설치·운영하고 광역소방행정체제로 전환하였다.
③ 소방공무원은 공무원 분류상 경력직 공무원 중 특수경력직 공무원에 해당한다.
④ 소방공무원의 징계 중 경징계에는 정직, 감봉, 견책이 있다.

3 소방행정체제

30
□□□ 09 경남

다음 중 소방청의 소속기관으로 옳은 것은?

① 지방소방학교
② 국가민방위재난안전교육원
③ 중앙119구조본부
④ 한국소방평가원

31
□□□ 10 충북

다음 중 소방행정에서 분류하는 간접적 소방행정조직은?

① 중앙소방학교
② 소방청
③ 중앙119구조본부
④ 한국소방안전원

---

29 정답 ①
LINK 기본서 307~313p

① 미군정시대(1946~1948) 소방부 및 소방위원회를 설치하고 소방행정을 **경찰에서 분리**하여 자치화하였다.

선지체크
② **1992년 이후** 전국 시·도에 소방본부를 설치·운영하고 광역소방행정체제로 전환하였다. **1972년**에는 서울, 부산에서 각각 소방본부를 설치한 **이원적소방체제**였다.
③ 소방공무원은 공무원 분류상 경력직 공무원 중 **특정직 공무원**에 해당한다.
④ 소방공무원의 징계 중 경징계에는 **감봉**, **견책**을 말하며, 중징계에는 파면, 해임, 강등, 정직을 말한다.

30 정답 ③
LINK 기본서 314p

• 소방청장의 관장사무를 지원하기 위하여 **소방청장 소속**으로 **중앙소방학교** 및 **중앙119구조본부**를 둔다.(「소방청과 그 소속기관 직제」 제2조 제1항)
• 소방청장의 관장사무를 지원하기 위하여 **소방청장 소속의 책임운영기관**으로 **국립소방연구원**을 둔다.(「소방청과 그 소속기관 직제」 제2조 제2항)

31 정답 ④
LINK 기본서 314p

④ 한국소방안전원은 간접적 소방행정조직이다.

선지체크
①②③ 직접적 소방행정조직

추가학습

소방행정체제		
중앙 소방행정조직	지방 소방행정조직	민간 소방행정조직
직접적 • 소방청 • 중앙소방학교 • 중앙119구조본부 • 국립소방연구원 간접적 • 한국소방안전원 • 한국소방산업기술원 • 대한소방공제회 • 소방산업공제조합	• 소방본부 • 소방서 • 119안전센터, 구조·구급센터 • 소방정대, 구조대, 구급대 • 지방소방학교 • 서울종합방재센터 • 의무소방대	• 의용소방대 • 소방안전관리자 • 위험물안전관리자 • 자체소방대 • 자위소방대

32
16 간부

우리나라 소방조직체계 중 지방소방행정조직에 대항하는 것은?

① 의용소방대
② 자체소방대
③ 의무소방대
④ 자위소방대
⑤ 국가민방위재난안전교육원

32 정답 ③ LINK 기본서 314p

선지체크
① 의용소방대 – 민간 소방행정조직
② 자체소방대 – 민간 소방행정조직
④ 자위소방대 – 민간 소방행정조직
⑤ 국가민방위재난안전교육원 – 중앙 소방행정조직

33
18 간부

우리나라 소방조직에 대한 구분으로 옳지 않은 것은?

① 중앙 소방행정조직 - 중앙119구조본부
② 지방 소방행정조직 - 서울특별시소방학교
③ 민간 소방행정조직 - 자체소방대
④ 지방 소방행정조직 - 소방서
⑤ 중앙 소방행정조직 - 의용소방대

33 정답 ⑤ LINK 기본서 314p

⑤ **민간** 소방행정조직 – 의용소방대

34
12 전북

간접적 소방행정기관의 설명 중 옳지 않은 것은?

① 한국소방안전원은 법인으로 하며, 안전원에 관하여 일반적으로 「민법」 중 재단법인 규정을 준용한다.
② 대한소방공제회는 직무수행 중 사망하거나 상이를 입은 사람에 대한 지원사업을 하며 「소방기본법」에 명시되어 있다.
③ 한국소방산업기술원은 소방산업의 진흥·발전을 효율적으로 지원하기 위하여 설립하며 기술원은 법인으로 하되 「민법」의 재단법인에 관한 규정을 준용한다.
④ 소방공무원에 대한 효율적인 공제제도를 확립·운영하고, 직무수행 중 사망하거나 상이를 입은 사람에 대한 지원사업을 함으로써 이들의 생활 안정과 복지 증진에 이바지함을 목적으로 하여 대한소방공제회를 설립한다.

34 정답 ② LINK 기본서 316~318p

② 대한소방공제회는 직무수행 중 사망하거나 상이를 입은 사람에 대한 지원사업을 하며 「**대한소방공제회법**」에 명시되어 있다.

35 14 울산

다음 중 소방서ㆍ119안전센터 등의 설치기준으로 옳지 않은 것은?

① 소방서는 시ㆍ군ㆍ구 단위로 설치하되, 소방업무의 효율적인 수행을 위하여 특히 필요한 경우에는 인근 시ㆍ군ㆍ구를 포함한 지역을 단위로 설치할 수 있다.
② 소방서의 관할구역에 설치된 119지역대의 수가 5개를 초과하는 경우에는 소방서를 추가로 설치할 수 있다.
③ 석유화학단지ㆍ공업단지ㆍ주택단지 또는 문화관광단지의 개발 등으로 대형 화재의 위험이 있거나 소방수요가 급증하여 특별한 소방대책이 필요한 경우에는 해당 지역마다 소방서를 설치할 수 있다.
④ 119지역대의 설치기준에서 도서ㆍ산악지역 등 119안전센터에 소속된 소방공무원이 신속하게 출동하기 곤란한 지역에 설치할 수 있다.

35 정답 ② LINK 기본서 318~319p

② 소방서의 관할구역에 설치된 **119안전센터**의 수가 5개를 초과하는 경우에는 소방서를 추가로 설치할 수 있다.(「지방소방기관 설치에 관한 규정」 별표2 제1호 나목)

선지체크
① 「지방소방기관 설치에 관한 규정」 별표2 제1호 가목
③ 「지방소방기관 설치에 관한 규정」 별표2 제1호 다목
④ 「지방소방기관 설치에 관한 규정」 별표2 제5호 다목

36 09 제주

다음 중 소방서의 설치기준에 대한 설명으로 가장 옳지 않은 것은?

① 소방서는 시ㆍ군ㆍ구 단위로 설치한다.
② 시ㆍ군ㆍ구에 설치된 소방서의 관할구역에 설치된 119안전센터의 수가 5개를 초과하는 경우에는 소방서를 추가로 설치할 수 있다.
③ 소방업무의 효율적인 수행을 위하여 특히 필요한 경우에는 인근 시ㆍ군ㆍ구를 포함한 지역을 단위로 설치할 수 있다.
④ 소방수요가 급증하여 특별한 소방대책이 필요한 지역이라도 예외기준 없이 소방력 기준에 따른 소방서 설치기준과 증설기준에 따라 설치하여야 한다.

36 정답 ④ LINK 기본서 318~319p

④ 소방수요가 급증하여 특별한 소방대책이 필요한 경우에는 **해당 지역마다 소방서를 설치할 수 있다.**(「지방소방기관 설치에 관한 규정」 별표2 제1호 다목)

선지체크
①③ 「지방소방기관 설치에 관한 규정」 별표2 제1호 가목
② 「지방소방기관 설치에 관한 규정」 별표2 제1호 나목

37 ☐☐☐ 19 간부

「의용소방대 설치 및 운영에 관한 법률」상 의용소방대의 임무로 옳지 않은 것은?

① 화재예방업무의 보조
② 구조 · 구급 업무의 보조
③ 소방시설 점검업무의 보조
④ 화재의 경계와 진압업무의 보조
⑤ 화재 등 재난 발생 시 대피 및 구호업무의 보조

37 정답 ③ LINK 기본서 323p

③ 해당사항 없음

추가학습

| 의용소방대 임무(「의용소방대 설치 및 운영에 관한 법률」 제7조) |
① 화재의 경계와 진압업무의 보조
② 구조 · 구급 업무의 보조
③ 화재 등 재난 발생 시 대피 및 구호업무의 보조
④ 화재예방업무의 보조
⑤ 집회, 공연 등 각종 행사장의 안전을 위한 지원활동
⑥ 주민생활의 안전을 위한 지원활동
⑦ 그 밖에 화재예방 홍보 등 소방서장이 필요하다고 인정하는 사항

38 ☐☐☐ 17 간부

의용소방대에 대한 설명으로 옳지 않은 것은?

① 1958년 소방법 제정 시 의용소방대 설치규정이 마련되었다.
② 지역에 거주 또는 상주 하는 주민 가운데 희망하는 사람으로서 간호사 자격을 가진 사람을 의용소방대원으로 임명될 수 있다.
③ 서울특별시장은 서울특별시에 의용소방대를 둔다.
④ 의용소방대원의 정년은 65세로 한다.
⑤ 의용소방대의 대장 및 부대장은 관할 소방서장이 임명한다.

38 정답 ⑤ LINK 기본서 321~325p

⑤ 의용소방대의 대장 및 부대장은 의용소방대원 중 관할 소방서장의 추천에 따라 시 · 도지사가 임명한다.(「의용소방대 설치 및 운영에 관한 법률」 제6조 제2항)

추가학습

| 의용소방대 임명 |
시 · 도지사 또는 소방서장은 그 지역에 거주 또는 상주하는 주민 가운데 희망하는 사람으로서 다음 각 호의 어느 하나에 해당하는 사람을 의용소방대원으로 임명한다.
① 관할 구역 내에서 안정된 사업장에 근무하는 사람
② 신체가 건강하고 협동정신이 강한 사람
③ 희생정신과 봉사정신이 투철하다고 인정되는 사람
④ 「소방시설공사업법」 제28조에 따른 소방기술 관련 자격 · 학력 또는 경력이 있는 사람
⑤ 의사 · 간호사 또는 응급구조사 자격을 가진 사람
⑥ 기타 의용소방대의 활동에 필요한 기술과 재능을 보유한 사람

39

25 공채

민간 소방조직은 지속적으로 변천되어 왔다. 민간 소방조직의 변천 순서로 옳은 것은?

① 경방단 → 소방대 → 방공단 → 청원소방원
② 방공단 → 청원소방원 → 경방단 → 소방대
③ 소방대 → 방공단 → 청원소방원 → 경방단
④ 청원소방원 → 경방단 → 소방대 → 방공단

39 정답 ①

LINK 기본서 321~322p

의용소방조직

소방조	일본인들이 거류지구 내의 자국민의 생명과 재산을 보호하기 위한 소방활동을 위하여 의용소방조를 설치하기 시작하였으며, 경성의 경우 1889년 2월 소방펌프차 1대를 배치하여 소방조를 운영한 것이 한국 내 소방조의 최초이다. 1915년 6월 23일 조선총독부령으로 「소방조 규칙」을 제정·공포하여 공설조직으로 활동하였다
경방단	1939년 7월 3일에는 조선총독부령 제104호로 방공법규칙을 제정 공포하고 소방조와 수방단을 해체하여 경방단으로 통합하여 도지사 감독하에 경찰서장이 지휘하는 경방단을 설치하였다.(종래 경찰의 통제하에 속해 있던 소방대 및 수방단과 부·읍·면 계통의 방호단을 해체통합하여 새로이 도지사 감독하에 경찰서장이 지휘하는 경방단을 설치)
소방대	제2차 세계대전에서의 패배로 일제의 통치가 종결되자 경방단은 자동적으로 해체되어 다시 소방대가 조직되었다.
방공단	6.25 사변을 겪는 과정에서 방공의 중요성을 인식하여 정부는 1951년 3월 22일 법률 제183호로 방공법을 제정, 1952년 8월 방공단 규칙 제정을 계기로 소방조는 방공단에 흡수되었다.

청원소방원

1983년 1월 1일 서울 지역의 공장, 시장, 호텔 등 주요 소방대상물 21개소에 청원소방원제를 최초로 시범 운영하였고, 1983년 2월 2일부터는 서울, 부산, 대구, 인천 등에도 확대 실시하기에 이르렀다.
1983년 12월 30일에는 소방법으로 법제화하였다.

40

18 2차 공채

민간 소방조직의 설치에 관한 설명으로 옳지 않은 것은?

① 주유취급소에는 위험물안전관리자를 선임하여야 한다.
② 소방안전관리대상물에는 소방안전관리자를 선임하여야 한다.
③ 소방업무를 체계적으로 보조하기 위하여 의용소방대를 설치한다.
④ 제4류 위험물을 저장·취급하는 제조소에는 반드시 자체소방대를 설치하여야 한다.

40 정답 ④

LINK 기본서 321~327p

자체소방대를 설치하여야 하는 사업소(「위험물안전관리법 시행령」 제18조 제2항)

① 제4류 위험물을 취급하는 제조소 또는 일반취급소로서 제조소 또는 일반취급소에서 취급하는 제4류 위험물의 최대수량의 합이 지정수량의 3천배 이상
② 제4류 위험물을 저장하는 옥외탱크저장소로서 옥외탱크저장소에 저장하는 제4류 위험물의 최대수량이 지정수량의 50만 배 이상인 경우

4 소방자원관리

41
□□□ 11 울산

다음 중 공무원법 용어의 뜻으로 옳지 않은 것은?

① 임용: 신규채용·승진·전보·파견·강임·휴직·직위해제·정직·강등·복직·면직·해임 및 파면을 말한다.
② 전보: 소방공무원의 같은 계급 및 자격 내에서의 근무기관이나 부서를 달리하는 임용을 말한다.
③ 강등: 중징계의 하나로 1계급 아래로 직급을 내리고 공무원 신분은 보유하나 1~3개월 동안 직무에 종사하지 못하며 그 기간 중 보수의 3분의 2를 감한다.
④ 복직: 휴직·직위해제 또는 정직(강등에 따른 정직을 포함) 중에 있는 소방공무원을 직위에 복귀시키는 것을 말한다.

41 정답 ③
LINK 기본서 328p, 335p

③ 강등은 1계급 아래로 직급을 내리고 공무원 신분은 보유하나 **3개월간** 직무에 종사하지 못하며 그 기간 중 보수는 **전액을 감한다**. (「국가공무원법」 제80조 제1항)

선지체크
① 소방공무원법 제2조 제1호
② 소방공무원법 제2조 제2호
④ 소방공무원법 제2조 제4호

추가학습

| 소방공무원법 용어의 정의(「소방공무원법」 제2조) |
① 임용: 신규채용·승진·전보·파견·강임·휴직·직위해제·정직·강등·복직·면직·해임 및 파면을 말한다.
② 전보: 소방공무원의 같은 계급 및 자격 내에서의 근무기관이나 부서를 달리하는 임용을 말한다.
③ 강임: 동종의 직무 내에서 하위의 직위에 임명하는 것을 말한다.
④ 복직: 휴직·직위해제 또는 정직(강등에 따른 정직 포함) 중에 있는 소방공무원을 직위에 복귀시키는 것을 말한다.

42 ☐☐☐ 25 간부

「소방공무원법」에 관한 설명으로 옳지 않은 것은?

① 소방공무원의 인사(人事)에 관한 중요사항에 대하여 소방청장의 자문에 응하게 하기 위하여 소방청에 소방공무원인사위원회를 둔다. 다만, 제6조 제3항 및 제4항에 따라 특별시장·광역시장·특별자치시장·도지사·특별자치도지사가 임용권을 행사하는 경우에는 특별시·광역시·특별자치시·도·특별자치도에 인사위원회를 둔다.
② 소방청장은 소방공무원의 능력을 발전시키고 소방사무의 연계성을 높이기 위하여 소방청과 시·도 간 및 시·도 상호 간에 인사교류가 필요하다고 인정하면 인사교류계획을 수립하여 이를 실시할 수 있다.
③ 소방공무원을 신규채용할 때에는 소방장 이하는 3개월 간 시보로 임용하고, 소방위 이상은 6개월 간 시보로 임용하며, 그 기간이 만료된 다음 날에 정규 소방공무원으로 임용한다. 다만, 대통령령으로 정하는 경우에는 시보임용을 면제하거나 그 기간을 단축할 수 있다.
④ 소방공무원의 신규채용시험 및 승진시험과 소방간부후보생 선발시험은 소방청장이 실시한다. 다만, 소방청장이 필요하다고 인정할 때에는 대통령령으로 정하는 바에 따라 그 권한의 일부를 시·도지사 또는 소방청 소속기관의 장에게 위임할 수 있다.
⑤ 소방공무원은 제복을 착용하여야 한다. 소방공무원의 복제(服制)에 관한 사항은 행정안전부령으로 정한다.

43 ☐☐☐ 13 광주

다음 중 용어의 뜻으로 옳지 않은 것은?

① 직위해제란 휴직·직위해제 또는 정직(강등에 따른 정직을 포함한다) 중에 있는 소방공무원을 직위에 복귀시키는 것을 말한다.
② 임용이란 신규채용·승진·전보·파견·강임·휴직·직위해제·정직·강등·복직·면직·해임 및 파면을 말한다.
③ 강임이란 동종의 직무 내에서 하위의 직위에 임명하는 것을 말한다.
④ 전보란 소방공무원의 같은 계급 및 자격 내에서의 근무기관이나 부서를 달리하는 임용을 말한다.

42 정답 ③   LINK 기본서 330p

③ 소방공무원을 신규채용할 때에는 소방장 이하는 **6개월** 간 시보로 임용하고, 소방위 이상은 **1년** 간 시보로 임용하며, 그 기간이 만료된 다음 날에 정규 소방공무원으로 임용한다. 다만, 대통령령으로 정하는 경우에는 시보임용을 면제하거나 그 기간을 단축할 수 있다.

43 정답 ①   LINK 기본서 328p

① **복직**이란 휴직·직위해제 또는 정직(강등에 따른 정직을 포함한다) 중에 있는 소방공무원을 직위에 복귀시키는 것을 말한다.
(「소방공무원법」 제2조 제4호)

선지체크
②「소방공무원법」제2조 제1호
③「소방공무원법」제2조 제3호
④「소방공무원법」제2조 제2호

44

□□□ 16 공채

다음 중 소방공무원 계급 순서로 옳은 것은?

① 소방총감 - 소방준감 - 소방정감 - 소방정 - 소방감
② 소방총감 - 소방감 - 소방준감 - 소방정 - 소방정감
③ 소방총감 - 소방준감 - 소방정감 - 소방정 - 소방감
④ 소방총감 - 소방정감 - 소방감 - 소방준감 - 소방정

44 정답 ④ LINK 기본서 329p

소방총감 - 소방정감 - 소방감 - 소방준감 - 소방정 - 소방령 - 소방경 - 소방위 - 소방장 - 소방교 - 소방사(「소방공무원법」 제3조)

45

□□□ 11 공채

소방공무원 임용 등에 관하여 옳지 않은 것은?

① 소방경 이하는 소방청장이 임용한다.
② 소방령 이상은 대통령이 임용한다.
③ 시·도 소속 소방공무원은 시·도지사 제청으로 소방청장이 임용한다.
④ 소방령 이상 소방준감 이하의 소방공무원에 대한 전보, 휴직, 직위해제, 강등, 정직 및 복직은 소방청장이 한다.

45 정답 ③ LINK 기본서 329p

③ 시·도 소속 소방공무원은 **시·도지사가 임용**한다. (「소방공무원법」 제6조 제3항, 제4항)

▶ 선지체크
① 「소방공무원법」 제6조 제2항
②④ 「소방공무원법」 제6조 제1항

▶ 추가학습

| 임용권자(「소방공무원법」 제6조) |

사	교	장	위	경	령	정	준감	감	정감	총감
• 소방청장 임용					• 소방청장 제청 → 국무총리 → 대통령 임용 • 소방총감은 대통령이 임명					
					• 소방령, 소방정, 소방준감의 전보, 휴직, 직위해제, 강등, 정직, 복직 → 소방청장					

46

□□□ 11 전남

소방공무원 중 소방령 이상의 임용권자는?

① 대통령
② 소방청차장
③ 소방청장
④ 시·도지사

46 정답 ① LINK 기본서 329p

① **소방령 이상**의 소방공무원은 소방청장의 제청으로 국무총리를 거쳐 **대통령이 임용**한다. (「소방공무원법」 제6조 제1항)

47　　24 간부

「소방공무원법」상 근속승진과 계급정년의 내용으로 옳은 것은?

근속승진	계급정년
① 소방사를 소방교로: 해당 계급에서 4년 이상 근속자	소방령: 14년
② 소방장을 소방위로: 해당 계급에서 7년 6개월 이상 근속자	소방준감: 6년
③ 소방위를 소방경으로: 해당 계급에서 8년 이상 근속자	소방경: 18년
④ 소방교를 소방장으로: 해당 계급에서 6년 이상 근속자	소방감: 5년
⑤ 소방경을 소방령으로: 해당 계급에서 10년 이상 근속자	소방정: 10년

47　정답 ①　LINK 기본서 329p

선지체크
② 소방장을 소방위로: 해당 계급에서 **6년 6개월** 이상 근속자
③ 소방경은 계급정년이 **없다**.
④ 소방교를 소방장으로: 해당 계급에서 **5년** 이상 근속자 / 소방감 계급정년: **4년**
⑤ 소방경을 소방령으로의 근속승진은 **없다**. / 소방정 계급정년: **11년**

48　　18 간부

소방공무원에 대한 설명으로 옳은 것은?
① 소방공무원은 특수경력직 공무원이다.
② 소방경 이하의 소방공무원은 소방청장이 임용한다.
③ 「소방공무원법」상 임용에는 신규채용, 파견, 정직, 퇴직 등이 있다.
④ 소방공무원 중징계에는 파면, 해임, 감봉, 정직 등이 있다.
⑤ 시·도 소속의 소방공무원의 임용권자는 소방본부장이다.

48　정답 ②　LINK 기본서 328~329p

선지체크
① 소방공무원은 **경력직 중 특정직공무원**이다.
 (「국가공무원법」 제2조 제2항 제2호)
③ 「**소방공무원법**」상 임용은 **신규채용** · 승진 · 전보 · **파견** · 강임 · 휴직 · 직위해제 · **정직** · 강등 · 복직 · 면직 · 해임 및 파면을 말한다.
 → 퇴직은 해당하지 않는다.(「소방공무원법」 제2조 제1호)
④ 소방공무원 중징계에는 파면, 해임, **강등**, 정직 등이 있다.
 (「소방공무원 징계령」 제1조의2)
 → 경징계: 감봉, 견책
⑤ 시·도 소속의 소방공무원의 임용권자는 **시·도지사**이다.
 (「소방공무원법」 제6조 제3항, 제4항)

49 [11 제주]

다음 소방공무원에 대한 설명 중 옳지 않은 것은?

① 소방공무원 중 소방령 이상 소방준감 이하의 소방공무원에 대한 전보, 휴직, 직위해제, 강등, 정직 및 복직은 대통령이 행한다.
② 소방공무원의 계급순은 소방총감, 소방정감, 소방감, 소방준감, 소방정, 소방령, 소방경, 소방위, 소방장, 소방교, 소방사이다.
③ 소방공무원의 소방령 이상 공무원은 대통령이 임용한다.
④ 소방경 이하의 소방공무원은 소방청장이 임용한다.

49 정답 ① LINK 기본서 329p

① 소방공무원 중 소방령 이상 소방준감 이하의 소방공무원에 대한 전보, 휴직, 직위해제, 강등, 정직 및 복직은 **소방청장**이 행한다. (「소방공무원법」 제6조 제1항)

선지체크
② 「소방공무원법」 제3조
③ 「소방공무원법」 제6조 제1항
④ 「소방공무원법」 제6조 제2항

50 [12 울산]

다음 중 「소방공무원 임용령」에서 소방기관으로 옳지 않은 것은?

① 소방청, 소방본부, 소방서, 119안전센터
② 소방청, 시·도, 중앙소방학교
③ 시·도, 중앙소방학교, 중앙119구조본부
④ 지방소방학교, 소방서, 서울종합방재센터

50 정답 ① LINK 기본서 328p

① 소방본부, 119안전센터는 해당하지 않는다. (「소방공무원 임용령」 제2조 제3호)

추가학습

| 소방기관 |

「소방공무원 임용령」: 소방청, 시·도, 중앙소방학교, 중앙119구조본부, 국립소방연구원, 지방소방학교, 서울종합방재센터, 소방서, 119특수대응단, 소방체험관

51 [13 충북]

다음 중 중앙119구조본부에 대한 설명 중 옳지 않은 것은?

① 중앙119구조본부는 「소방공무원 임용령」에서 소방기관에 해당된다.
② 중앙119구조본부의 업무는 각종 재난유형별 구조기술의 연구·보급 및 구조대원의 교육훈련 등을 담당한다.
③ 소방청장은 중앙119구조본부 소속 소방공무원 중 소방령에 대한 전보·휴직·직위해제·정직 및 복직에 관한 권한과 소방경 이하의 소방공무원에 대한 임용권을 중앙119구조본부장에게 위임할 수 없다.
④ 중앙119구조본부장의 직급은 소방감이다.

51 정답 ③ LINK 기본서 316p, 328~329p

③ 소방청장은 중앙119구조본부 소속 소방공무원 중 소방령에 대한 전보·휴직·직위해제·정직 및 복직에 관한 권한과 소방경 이하의 소방공무원에 대한 임용권을 중앙119구조본부장에게 **위임한다**. (「소방공무원 임용령」 제3조 제3항)

선지체크
① 「소방공무원 임용령」 제2조 제3호
② 「소방청과 그 소속기관 직제」 제17조 제2호
④ 「소방청과 그 소속기관 직제」 제18조 제1항

52
다음 중 공무원의 중징계에 해당하지 않는 것은?

① 파면 ② 해임
③ 정직 ④ 견책

52 정답 ④

④ 견책은 **경징계**이다.(「소방공무원 징계령」 제1조의2 제2호)

추가학습

| 징계 |

구분	종류	기간	처분	성질	직무	보수	승진제한	기록말소
중징계	파면	–	5년간 공직제한	배제 징계	–	–	–	–
	해임	–	3년간 공직제한		–	–	–	–
	강등	3개월	1계급 아래	교정 징계	정지	전액 감	18개월	9년 후
	정직	1~3개월	–		정지	전액 감	18개월	7년 후
경징계	감봉	1~3개월	–		–	1/3 감	12개월	5년 후
	견책	–	–		–	–	6개월	3년 후

53
다음 중 징계의 종류로 옳지 않은 것은?

① 정직 ② 훈계
③ 감봉 ④ 견책

53 정답 ②

② 훈계는 징계의 종류에 해당하지 않는다.

54

10 부산

다음 중 소방공무원 임용 결격사유로 옳지 않은 것은?

① 금고 이상의 실형을 선고받고 그 집행이 종료되거나 집행을 받지 아니하기로 확정된 후 5년을 경과하지 아니한 자
② 금고 이상의 형을 선고받고 그 집행유예의 기간이 끝난 날부터 3년이 지나지 아니한 자
③ 법원의 판결 또는 다른 법률에 의하여 자격이 상실 또는 정지된 자
④ 징계로 해임처분을 받은 때로부터 3년을 경과하지 아니한 자

54 정답 ②

LINK 기본서 336p

② 금고 이상의 형을 선고받고 그 집행유예의 기간이 끝난 날부터 **2년**이 지나지 아니한 자(「국가공무원법」 제33조 제4호)

선지체크
① 「국가공무원법」 제33조 제3호
③ 「국가공무원법」 제33조 제6호
④ 「국가공무원법」 제33조 제8호

추가학습

공무원 임용 결격사유(「국가공무원법」 제33조)

1. 피성년후견인
2. 파산선고를 받고 복권되지 아니한 자
3. 금고 이상의 실형을 선고받고 그 집행이 종료되거나 집행을 받지 아니하기로 확정된 후 **5년**이 지나지 아니한 자
4. 금고 이상의 형을 선고받고 그 집행유예 기간이 끝난 날부터 **2년**이 지나지 아니한 자
5. 금고 이상의 형의 선고유예를 받은 경우에 그 선고유예 기간 중에 있는 자
6. 법원의 판결 또는 다른 법률에 따라 자격이 상실되거나 정지된 자
7. 공무원으로 재직기간 중 직무와 관련하여 「형법」에 규정된 죄를 범한 자로서 **300만원 이상**의 벌금형을 선고받고 그 형이 확정된 후 **2년**이 지나지 아니한 자
8. 다음 어느 하나에 해당하는 죄를 범한 사람으로서 **100만원 이상**의 벌금형을 선고받고 그 형이 확정된 후 **3년**이 지나지 아니한 사람
   ① 「성폭력범죄의 처벌 등에 관한 특례법」에 따른 성폭력범죄
   ② 「정보통신망 이용촉진 및 정보보호 등에 관한 법률」에 규정된 죄
   ③ 「스토킹범죄의 처벌 등에 관한 법률」에 따른 스토킹범죄
9. 미성년자에 대하여 「성폭력범죄의 처벌 등에 관한 특례법」에 따른 성폭력범죄 또는 「아동·청소년의 성보호에 관한 법률」에 따른 아동·청소년대상 성범죄를 범한 사람으로서 다음 각 목의 어느 하나에 해당하는 날부터 20년이 지나지 아니한 사람
   ① 금고 이상의 실형을 선고받고 그 집행이 끝나거나(집행이 끝난 것으로 보는 경우를 포함한다) 집행이 면제된 날
   ② 금고 이상의 형의 집행유예를 선고받고 그 집행유예가 확정된 날
   ③ 벌금 이하의 형을 선고받고 그 형이 확정된 날
   ④ 치료감호를 선고받고 그 집행이 끝나거나 집행이 면제된 날
   ⑤ 징계로 파면처분 또는 해임처분을 받은 날
10. 징계로 **파면**처분을 받은 때부터 **5년**이 지나지 아니한 자
11. 징계로 **해임**처분을 받은 때부터 **3년**이 지나지 아니한 자

55

다음 중 소방장비의 분류가 다른 것은?

① 구조활동에 사용되는 중량물 장비
② 소방업무 수행에 수반되는 각종 파괴 장비
③ 구급활동에 사용되는 호흡유지기구
④ 구조활동에 사용되는 장비로서 절단 장비

55 정답 ③

③ **구급장비**의 응급처치 장비에 해당한다.

선지체크
① ② ④ 중량물 장비, 파괴 장비, 절단 장비는 **구조장비**에 해당한다.

추가학습

| 소방장비 |

소방업무를 효과적으로 수행하기 위하여 필요한 기동장비, 화재진압장비, 구조장비, 구급장비, 정보통신장비, 측정장비, 보호장비, 보조장비를 말한다.

① 기동장비: 소방자동차, 행정지원차, 소방선박, 소방항공기
② 화재진압장비: 소방용수장비, 간이소화장비, 소화보조장비, 배연장비, 소화약제, 원격장비
③ 구조장비: 일반구조장비, 산악구조장비, 수난구조장비, 화생방 및 대테러 구조장비, 절단 구조장비, 중량물 작업장비, 탐색 구조장비, 파괴장비
④ 구급장비: 환자평가장비, 응급처치장비, 환자이송장비, 구급의약품, 감염방지장비, 활동보조장비, 재난대응장비, 교육실습장비
⑤ 정보통신장비: 기반보호장비, 정보처리장비, 위성통신장비, 무선통신장비, 유선통신장비
⑥ 측정장치: 소방시설 점검장비, 화재조사 및 감식장비, 공통측정장비, 화생방 등 측정장비
⑦ 보호장비: 호흡장비, 보호장구, 안전장구
⑧ 보조장비: 기록보존장비, 영상장비, 정비기구, 현장지휘소 운영장비, 그 밖의 보조장비

56

소방장비 중 탐색 구조장비가 아닌 것은?

① 공기호흡기
② 적외선 야간 투시경
③ 영상송수신장비 세트
④ 매몰자 탐지기

56 정답 ①

① 공기호흡기 – 보호장비 중 호흡장비에 해당한다.

57

다음 「소방장비관리법 시행령」상 화재진압장비에 사용되는 것은?

① 방화복
② 소방펌프차
③ 호흡유지기구
④ 소방용 펌프

57 정답 ④

① 보호장비
② 기동장비
③ 구급장비

58
10 충북

다음 중 보호장비에 해당하는 것으로 옳지 않은 것은?

① 소방용 펌프
② 공기공급기
③ 보호장갑
④ 안전모

58 정답 ①
① 화재진압 장비

LINK 기본서 337~338p

59
10 부산

다음 중 소방용수시설 거리기준 중 옳은 것은?

① 공업지역으로 100m 이하
② 상업지역으로 140m 이하
③ 주거지역으로 140m 이하
④ 주거 · 상업 · 공업 외 지역은 100m 이하

59 정답 ①

LINK 기본서 340p

선지체크
② 상업지역으로 100[m] 이하
③ 주거지역으로 100[m] 이하
④ 주거 · 상업 · 공업 외 지역은 140[m] 이하

추가학습

| 소방용수시설의 설치 기준(『소방기본법 시행규칙』 별표3) |

1. 공통기준
   ① **주거 · 상업 · 공업** 지역에 설치하는 경우: 수평거리 100[m] 이하
   ② 기타: 수평거리 140[m] 이하
2. 소화전
   ① 상수도와 연결하여 지하식 또는 지상식 구조
   ② 소화전 연결금속구 구경: 65[mm]
3. 급수탑
   ① 급수배관의 구경: 100[mm] 이상
   ② 개폐밸브 높이: 1.5[m] 이상 1.7[m] 이하
4. 저수조
   ① 지면으로부터 낙차 4.5[m] 이하
   ② 흡수부분의 수심이 0.5[m] 이상
   ③ 소방펌프자동차가 쉽게 접근할 수 있도록 할 것
   ④ 흡수에 지장이 없도록 토사 및 쓰레기 등을 제거할 수 있는 설비를 갖출 것
   ⑤ 흡수관의 투입구가 사각형의 경우에는 한 변의 길이가 60[cm] 이상, 원형의 경우에는 지름이 60[cm] 이상일 것
   ⑥ 저수조에 물을 공급하는 방법은 상수도에 연결하여 **자동**으로 급수

60

11 부산

소방용수 중 저수조의 설치기준으로서 옳지 않은 것은?

① 흡수부분의 수심이 0.5m 이상일 것
② 지면으로부터 낙차가 4.5m 이상일 것
③ 흡수관의 투입구가 사각형의 경우에는 한 변의 길이가 60cm 이상, 원형의 경우에는 지름이 60cm 이상일 것
④ 저수조에 물을 공급하는 방법은 상수도에 연결하여 자동으로 급수되는 구조일 것

61

11 전남

소방용수시설에서 급수탑의 개폐밸브 설치기준으로 옳은 것은?

① 1m 이상 1.5m 이하
② 1.5m 이상 1.7m 이하
③ 1.5m 이상 2m 이하
④ 1m 이상 2m 이하

60 정답 ② LINK 기본서 340p

② 지면으로부터 낙차가 4.5[m] 이하일 것(「소방기본법 시행규칙」별표3)

61 정답 ② LINK 기본서 340p

② 개폐밸브 높이: 1.5[m] 이상 1.7[m] 이하(「소방기본법 시행규칙」별표3)

62
□□□ 11 제주

소방기본법에서 뜻하는 국고보조에 관한 설명으로 옳지 않은 것은?

① 국내조달품은 정부고시가격으로 한다.
② 수입물품은 조달청에서 조사한 해외시장의 시가로 한다.
③ 소방순찰차는 국고보조 대상사업의 범위에 해당한다.
④ 국고보조 대상사업의 범위와 기준보조율은 대통령령으로 한다.

62 정답 ③ LINK 기본서 341p

③ 소방순찰차는 국고보조 대상사업의 범위에 해당하지 않는다.

추가학습

| 국고보조 대상사업의 범위(「소방기본법 시행령」제2조 제1항) |
1. 다음 각 목의 소방활동장비와 설비의 구입 및 설치
   ① 소방자동차
   ② 소방헬리콥터 및 소방정
   ③ 소방전용통신설비 및 전산설비
   ④ 그 밖에 방화복 등 소방활동에 필요한 소방장비
2. 소방관서용 청사의 건축

| 국고보조 대상사업의 기준보조율(「소방기본법 시행령」제2조 제3항) |
① 국고보조 대상사업의 기준보조율은 「보조금 관리에 관한 법률 시행령」에서 정하는 바에 따른다.
  • 119 구조장비 확충: **50[%]**

| 소방활동장비 및 설비의 규격 및 종류와 기준가격
(「소방기본법 시행규칙」제5조 제2항) |
① 국고보조산정을 위한 기준가격은 다음 각호와 같다.
  • 국내조달품: **정부고시가격**
  • 수입물품: **조달청**에서 조사한 해외시장의 시가
  • 정부고시가격 또는 조달청에서 조사한 해외시장의 시가가 없는 물품: 2 이상의 공신력 있는 물가조사기관에서 조사한 가격의 **평균가격**

63
□□□ 19 간부

「소방기본법 시행령」상 국고보조 대상사업의 범위에 해당하지 않는 것은?

① 소방자동차 구입
② 소방헬리콥터 및 소방정 구입
③ 소방전용통신설비 및 전산설비 설치
④ 방화복 등 소방활동에 필요한 소방장비 구입
⑤ 소방관서용 청사의 대수선

63 정답 ⑤ LINK 기본서 341p

⑤ 소방관서용 청사의 **건축**(「소방기본법 시행령」제2조 제1항 제2호)
→ 건축: 신축·증축·개축·재축하거나 건축물을 이전하는 것

64
□□□ 13 대전

다음 중 119구조장비의 국고보조율은 몇 % 이상의 지원에 해당하는가?

① 20% ② 30%
③ 40% ④ 50%

64 정답 ④ LINK 기본서 341p

④ 119 구조장비 확충: **50[%]**(「보조금 관리에 관한 법률 시행령」별표1)

Simple Detail 2026

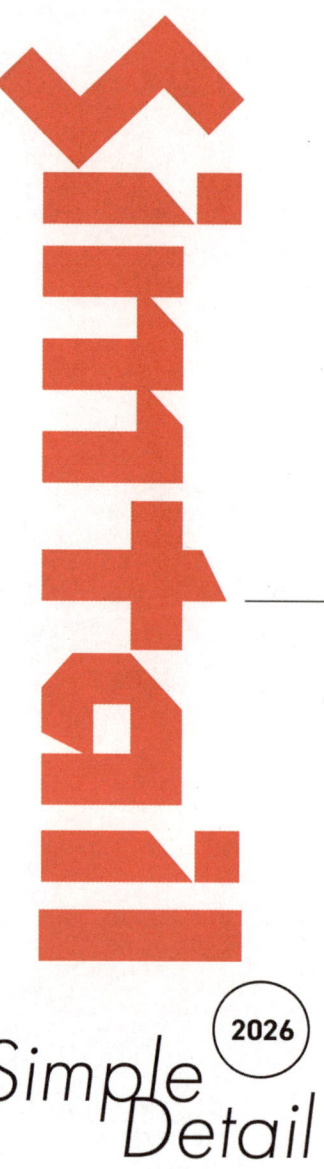

Simtail

Simple Detail 2026

IX

소방기능

CHAPTER 01 소방기능

CHAPTER 01 소방기능

1 소방기능

01   15 중앙

다음 중 소방에서 행하는 기능으로 옳지 않은 것은?

① 주유취급소 시설에 대한 설치허가
② 화재예방강화지구 안의 소방대상물의 위치·구조 및 설비 등에 대하여 화재안전조사
③ 특정소방대상물의 건축허가
④ 이상기상의 특보가 있는 때에 화재경보 발령

01 정답 ③

③ 특정소방대상물의 건축허가는 행정기관에서 한다. **건축허가에 대한 동의가 소방에서 행하는 기능**이다.
→ 건축물 등의 신축·증축·개축·재축·이전·용도변경 또는 대수선의 허가·협의 및 사용승인의 권한이 있는 **행정기관은 건축허가등을 할 때** 미리 그 건축물 등의 시공지 또는 소재지를 관할하는 **소방본부장이나 소방서장의 동의를 받아야 한다.**
(「소방시설 설치 및 관리에 관한 법률」 제6조 제1항)

선지체크
① 「위험물안전관리법」 제6조 제1항, 령 제21조 제1호
② 「화재의 예방 및 안전관리에 관한 법률」 제18조 제3항
④ 「화재의 예방 및 안전관리에 관한 법률」 제20조

02   12 세종

소방관서 조직에서 EMS(Emergency Medical Service) 업무와 가장 관련 깊은 부서는?

① 소방행정팀
② 예산장비팀
③ 예방안전팀
④ 구조·구급팀

02 정답 ④

④ Emergency Medical Service = 응급의료 서비스

2 화재의 예방과 경계

03   12 세종

시·도지사가 지정하는 지역으로서 화재가 발생할 우려가 높거나 화재가 발생하는 경우 그로 인하여 피해가 클 것으로 예상되는 구역은?

① 화재예방강화지구
② 화재경계예방지구
③ 특별화재지구
④ 화재위험지구

03 정답 ①   LINK 기본서 344~345p

① **화재예방강화지구**란 시·도지사가 화재발생 우려가 크거나 화재가 발생할 경우 피해가 클 것으로 예상되는 지역에 대하여 화재의 예방 및 안전관리를 강화하기 위해 지정·관리하는 지역을 말한다.
(「화재의 예방 및 안전관리에 관한 법률」 제2조 제1항 제4호)

04 □□□ 12 전북

소방시설 설치 및 관리에 관한 법률에서 화재예방강화지구에 대한 설명 중 옳지 않은 것은?

① 화재예방강화지구는 소방본부장이 지정한다.
② 화재예방강화지구 안에서 소방관서장의 업무는 화재안전조사 및 소방훈련 및 교육이 있다.
③ 화재안전조사는 소방대상물의 위치·구조·설비 등 연 1회 이상 실시한다.
④ 소방관서장은 화재예방강화지구 안의 관계인에 대하여 소방에 필요한 훈련 및 교육을 실시할 수 있다.

04 정답 ① LINK 기본서 344~345p

① 화재예방강화지구는 **시·도지사**가 지정한다.
(「화재의 예방 및 안전관리에 관한 법률」 제18조 1항)

선지체크
② 「화재의 예방 및 안전관리에 관한 법률」 시행령 제20조 제1항, 제2항
③ 「화재의 예방 및 안전관리에 관한 법률」 시행령 제20조 제1항
④ 「화재의 예방 및 안전관리에 관한 법률」 시행령 제20조 제2항

05 □□□ 13 경기

다음 중 화재예방활동으로 옳지 않은 것은?

① 화기취급의 제한
② 불에 탈 수 있는 물건의 이동
③ 소방활동 종사 명령
④ 화재예방강화지구의 지정

05 정답 ③ LINK 기본서 347p

③ 소방활동 종사 명령은 소방본부장, 소방서장 또는 소방대장이 **화재, 재난·재해 그 밖의 위급한 상황이 발생한 현장**에서 소방활동을 위하여 필요할 때에는 그 관할구역에 사는 사람 또는 그 현장에 있는 사람으로 하여금 사람을 구출하는 일 또는 불을 끄거나 불이 번지지 아니하도록 하는 일을 하게 하는 것으로 예방활동은 아니다.
(「소방기본법」 제24조 제1항)

선지체크
①② 「화재의 예방 및 안전관리에 관한 법률」 제17조
④ 「화재의 예방 및 안전관리에 관한 법률」 제18조

3 소방활동 등

06 □□□ 15 공채

다음 중 소방의 3요소 아닌 것은?

① 소방대원(인력)   ② 소방장비
③ 소방시설   ④ 소방용수

06 정답 ③ LINK 기본서 346p

소방의 3요소는 **소방대원, 소방장비, 소방용수**이다.

07 □□□ 16 공채

화재를 진압하고 화재, 재난, 재해 그 밖의 위급한 상황에서의 구조·구급활동 등을 하기 위한 조직에 해당하는 자는?

① 의용소방대원 ② 자위소방대
③ 위험물안전관리자 ④ 소방안전관리자

07 정답 ① LINK 기본서 346p

① 소방대는 **소방공무원**, **의무소방원**, **의용소방대원**으로 구성된 조직체이다.(「소방기본법」제2조 제5호)

08 □□□ 13 경기

「소방기본법」에서 소방지원활동으로 옳지 않은 것은?

① 산불에 대한 예방·진압 등 지원활동
② 소방시설 오작동 신고에 따른 조치활동
③ 방송제작 관련 지원활동
④ 자연재해에 따른 인명구조 활동

08 정답 ④ LINK 기본서 346p

④ 자연재해에 따른 **급수·배수 및 제설 등 지원활동**
(「소방기본법」제16조의2 제1항 제2호)

선지체크
① 「소방기본법」제16조의2 제1항 제1호
② 「소방기본법」시행규칙 제8조의4 제2호
③ 「소방기본법」시행규칙 제8조의4 제3호

추가학습

| 소방지원활동 종류(법 제16조의2, 규칙 제8조의4) |
① 산불에 대한 예방·진압 등 **지원활동**
② 자연재해에 따른 급수·배수 및 제설 등 **지원활동**
③ 집회·공연 등 각종 행사 시 사고에 대비한 근접대기 등 **지원활동**
④ 화재, 재난·재해로 인한 피해복구 **지원활동**
⑤ 군·경찰 등 유관기관에서 실시하는 **훈련지원 활동**
⑥ 소방시설 오작동 신고에 따른 **조치활동**
⑦ 방송제작 또는 촬영 관련 **지원활동**

09 □□□ 13 충북

「소방기본법」에서 소방지원활동에 관한 설명으로 옳지 않은 것은?

① 산불에 대한 예방·진압 등 지원활동
② 자연재해에 따른 급수·배수 및 제설 등 지원활동
③ 방송제작 또는 촬영 관련 지원활동
④ 신고된 생활안전 및 위험제거 활동

09 정답 ④ LINK 기본서 346~347p

④ 생활안전활동(「소방기본법」 제16조의3 제1항)

선지체크
① 「소방기본법」 제16조의2 제1항 제1호
② 「소방기본법」 제16조의2 제1항 제2호
③ 「소방기본법」 시행규칙 제8조의4 제3호

추가학습

| 생활안전활동 종류(법 제16조의3) |
① 붕괴, 낙하 등이 우려되는 고드름, 나무, 위험 구조물 등의 제거활동
② 위해동물, 벌 등의 포획 및 퇴치 활동
③ 끼임, 고립 등에 따른 위험제거 및 구출 활동
④ 단전사고 시 비상전원 또는 조명의 공급
⑤ 그 밖에 방치하면 급박해질 우려가 있는 위험을 예방하기 위한 활동

10 □□□ 11 울산

「소방기본법」에서 소방활동 종사 명령을 할 수 있는 사람에 해당하지 않는 사람은?

① 소방본부장   ② 소방서장
③ 소방대장   ④ 시장, 군수

10 정답 ④ LINK 기본서 347p

소방본부장, 소방서장 또는 **소방대장**은 화재, 재난·재해, 그 밖의 위급한 상황이 발생한 현장에서 소방활동을 위하여 필요할 때에는 그 관할구역에 사는 사람 또는 그 현장에 있는 사람으로 하여금 사람을 구출하는 일 또는 불을 끄거나 불이 번지지 아니하도록 하는 일을 하게 할 수 있다. 이 경우 소방본부장, 소방서장 또는 소방대장은 소방활동에 필요한 보호장구를 지급하는 등 안전을 위한 조치를 하여야 한다. (「소방기본법」 제24조 제1항)

11
□□□ 11 부산

소방활동구역을 설정하여 화재 시 출입할 수 없는 자는?

① 소방활동구역 안에 있는 소방대상물의 소유자, 관리자, 점유자
② 의사, 간호사, 구조, 구급, 수사, 보도업무 종사자
③ 전기·가스·경찰·교통업무 종사하는 사람
④ 소방대장이 소방활동을 위하여 출입을 허가한 자

11 ▶정답 ③ ⓛLINK 기본서 349p

③ 전기·가스·**수도·통신**·교통의 업무에 종사하는 사람으로서 **원활한 소방활동을 위하여 필요한 사람**(「소방기본법 시행령」 제8조 제2호)
→ **경찰: 수사업무**에 종사하는 사람(「소방기본법 시행령」 제8조 제5호)

선지체크
① 「소방기본법 시행령」 제8조 제1호
② 「소방기본법 시행령」 제8조 제3호, 제4호, 제5호
④ 「소방기본법 시행령」 제8조 제6호

추가학습

| 소방활동구역의 출입자(「소방기본법 시행령」 제8조) |
① 소방활동구역 안에 있는 소방대상물의 소유자·관리자 또는 점유자
② 전기·가스·수도·통신·교통의 업무에 종사하는 사람으로서 **원활한 소방활동을 위하여 필요한 사람**
③ 의사·간호사 그 밖의 구조·구급업무에 종사하는 사람
④ 취재인력 등 보도 업무에 종사하는 사람
⑤ 수사업무에 종사하는 사람
⑥ 그 밖에 **소방대장**이 소방활동을 위하여 출입을 허가한 사람

12
□□□ 13 충북

소방관서장이 수행하는 여러 가지 주요기능으로 옳지 않은 것은?

① 화재안전조사
② 화재에 관한 위험경보
③ 화재예방강화지구 안의 화재안전조사·교육·훈련
④ 소방용품 등의 형식승인

12 ▶정답 ④ ⓛLINK 기본서 340p, 344~345p

④ 대통령령으로 정하는 소방용품을 제조하거나 수입하려는 자는 **소방청장의 형식승인**을 받아야 한다.
(「소방시설 설치 및 관리에 관한 법률」 제37조)

선지체크
① 「화재의 예방 및 안전관리에 관한 법률」 제7조
② 「화재의 예방 및 안전관리에 관한 법률」 제20조
③ 「화재의 예방 및 안전관리에 관한 법률」 제18조

13
□□□ 12 울산

다음 중 소방활동 강제처분의 내용으로 옳은 것은?

① 주차장에 주차되어 있는 차량을 소방서장이 파손하면 소방서장이 보상을 한다.
② 소방서장은 소방자동차의 통행과 소방활동에 방해가 되는 정차된 차량 등을 제거시킬 수 없다.
③ 소화전에 주차된 차량을 소방활동에 방해가 되어 소방서장이 차량을 파손하였으나 보상을 하지 않아도 된다.
④ 소방서장은 긴급하게 출동할 때에는 소방자동차의 통행과 소방활동에 방해가 되는 주차된 차량 및 물건 등을 이동시킬 수 없다.

13 ▶정답 ③ ⓛLINK 기본서 349p

③ 강제처분에서 법령을 위반하여 소방자동차의 통행과 소방활동에 방해가 된 경우는 보상을 하지 않아도 된다.
(「소방기본법」 제49조의2 제1항 제3호)

선지체크
① 손실보상은 **소방청장**과 **시·도지사**가 한다.
(「소방기본법」 제49조의2 제1항)
②④ 소방본부장, 소방서장 또는 소방대장은 소방활동을 위하여 긴급하게 출동할 때에는 소방자동차의 통행과 소방활동에 방해가 되는 주차 또는 정차된 차량 및 물건 등을 **제거하거나 이동시킬 수 있다**.
(「소방기본법」 제25조 제3항)

14
18 2차 공채

화재예방상 필요하다고 인정되거나 화재위험경보 시 발령하는 소방신호에 해당하는 것은?

① 대응신호   ② 경계신호
③ 복구신호   ④ 대비신호

14 정답 ②
LINK 기본서 350p

② **경계신호**: 화재예방상 필요하다고 인정되거나 화재위험경보시 발령(「소방기본법 시행규칙」 제10조 제1항 제1호)

15
11 울산

다음 중 소방신호의 종류가 아닌 것은?

① 경방신호   ② 발화신호
③ 훈련신호   ④ 해제신호

15 정답 ①
LINK 기본서 350p

① 해당사항 없음

추가학습

| 소방신호 방법(「소방기본법 시행규칙」 별표4) |

종류		타종 신호	싸이렌 신호
경계신호	화재예방상 필요하다고 인정되거나 **화재위험경보 시** 발령	1타와 연2타 반복	5초 간격을 두고 30초씩 3회
발화신호	화재가 발생한 때 발령	난타	5초 간격을 두고 5초씩 3회
해제신호	소화활동이 필요없다고 인정되는 때 발령	상당한 간격을 두고 1타씩 반복	1분간 1회
훈련신호	훈련상 필요하다고 인정되는 때 발령	연3타 반복	10초 간격을 두고 1분씩 3회

① 소방신호의 방법은 그 **전부** 또는 **일부**를 **함께 사용할 수 있다**.
② 게시판을 철거하거나 통풍대 또는 기를 내리는 것으로 소방활동이 해제되었음을 알린다.
③ 소방대의 **비상소집**을 하는 경우에는 **훈련신호**를 사용할 수 있다.

16
16 간부

다음 중 소방신호의 종류에 해당되지 않는 것은?

① 경계신호   ② 발화신호
③ 출동신호   ④ 해제신호
⑤ 훈련신호

16 정답 ③
LINK 기본서 350p

③ 해당사항 없음

17

다음 중 「소방기본법」에서 말하는 소방신호로서 옳은 것은?

① 경계신호 - 5초 간격을 두고 5초씩 3회
② 훈련신호 - 10초 간격을 두고 30초씩 3회
③ 해제신호 - 1분간 1회
④ 발화신호 - 5초 간격을 두고 30초씩 3회

17 정답 ③

③ 「소방기본법 시행규칙」 별표4

선지체크
① 경계신호 - 5초 간격을 두고 **30초씩** 3회
② 훈련신호 - 10초 간격을 두고 **1분씩** 3회
④ 발화신호 - 5초 간격을 두고 **5초씩** 3회

18

「소방기본법」 및 같은 법 시행규칙상 화재예방, 소방활동 또는 소방훈련을 위하여 사용되는 소방신호의 종류와 방법에 관한 내용으로 옳은 것은?

① 소방신호의 방법으로는 타종신호, 싸이렌신호, 음성신호가 있다.
② 소방대의 비상소집을 하는 경우에는 훈련신호를 사용할 수 있다.
③ 타종신호로 하는 경우 경계신호는 5초 간격을 두고 30초씩 3회로 한다.
④ 소방신호의 종류에는 비상신호, 훈련신호, 해제신호, 경계신호가 있다.

18 정답 ②

선지체크
① 소방신호의 방법으로는 타종신호, 싸이렌신호가 있다. **음성신호는 없다.**
③ **싸이렌신호**로 하는 경우 경계신호는 5초 간격을 두고 30초씩 3회로 한다.
④ 소방신호의 종류에는 **발화신호**, 훈련신호, 해제신호, 경계신호가 있다.

4 소방전술

19 ☐☐☐ 10 충북

소방대원의 화재진압 단계별 활동순서로 가장 옳은 것은?

① 현장도착 - 인명구조 - 상황판단 - 수관연장 - 방수활동 - 잔화처리
② 현장도착 - 인명구조 - 수관연장 - 상황판단 - 방수활동 - 잔화처리
③ 현장도착 - 상황판단 - 수관연장 - 방수활동 - 인명구조 - 잔화처리
④ 현장도착 - 상황판단 - 인명구조 - 수관연장 - 방수활동 - 잔화처리

19 정답 ④ LINK 기본서 350p

화재진압 단계별 활동순서: 신고접수 - 화재출동 - **현장도착** - **상황판단**(현장지휘, 화점확인, 진입) - **인명구조** - **수관연장**(소방호스연장) - 노즐(관창)배치 - **방수활동** - 파괴활동 - 기타활동

추가학습

| 화재현장 제반활동 및 인명구조 활동 |

① 출동준비: 장비점검, 현장조사, 교육훈련, 근무자세
② 화재출동: 화재신고, 출동지령, 소방용수확보, 출동
③ 현장도착: 선착대별활동, 부서배치, 화재상황평가
④ 현장지휘: 현장지휘, 지휘권확립, 방면지휘
⑤ 화점확인: 정보수집, 화점확인
⑥ 진입 및 인명구조: 옥내진입, 인명검색 및 구조자 운반
⑦ 배연: 배연, 자연배연, 송풍기배연, 물분무배연, 상황별배연
⑧ 호스연장: 호스적재, 호스연장, 호스지지 및 결속
⑨ 관창배치: 관창배치, 경계 관창배치
⑩ 방수(주수): 직사, 고속분무, 중속, 저속, 확산, 반사, 3D주수 등
⑪ 파괴활동: 파괴기구, 대상별 파괴, 진로확보 및 엄호
⑫ 소방시설활용: 자동화재탐지시설, 옥내소화전, 스프링클러설비, 이산화탄소소화설비 등
⑬ 기타활동: 조명작업, 비화경계, 수손방지, 현장보조, 현장홍보

20 ☐☐☐ 13 대전

인접 건물의 화재확대방지 차원에서 블록의 4방면 중, 바람이 불어 나가는 쪽이나 비화되는 쪽의 경우 화재확대가 가능한 면을 동시에 방어하는 전술을 무엇이라 하는가?

① 포위전술   ② 블록전술
③ 중점전술   ④ 집중전술

20 정답 ② LINK 기본서 354p

② 4방면 중 확대가능한 면을 동시에 방어하는 전술은 블록전술이다.

추가학습

| 전술의 유형 |

① 포위전술: 관창을 화점에 포위 배치하여 진압하는 전술형태
② 공격전술: 관창을 화점에 진입 배치하는 전술형태
③ 블록(Block)전술: 주로 인접건물로의 화재확대방지를 위해 적용하는 전술형태로 블록의 4방면 중 확대가능한 면을 동시에 방어 하는 전술형태
④ 중점전술: 화세(또는 화재범위)에 비해 소방력이 부족하여 전체 화재현장을 모두 커버할 수 없는 경우 사회적, 경제적 혹은 소방상 중요한 시설 또는 대상물을 중점적으로 대응 또는 진압하는 전술형태
⑤ 집중전술: 부대가 일시에 집중적으로 진화하는 작전으로 예를 들면 위험물 옥외저장탱크 화재 등에 사용된다.

21 10 경북

시설을 보호하며 화세에 비해 소방력이 부족하여 화재진압이 곤란한 상태에서 인명보호를 위한 피난로 피난예방의 확보방법으로 가장 유효한 전술은 어느 것인가?

① 집중전술 ② 중점전술
③ 포위전술 ④ 블록전술

21 정답 ②

② **소방력이 부족하여** 화재진압이 곤란한 상태에서 하는 전술은 중점전술이다.

LINK 기본서 354p

22 11 부산

다음 중 선착대의 임무가 아닌 것은?

① 도착 즉시 인명검색과 요구조자의 구조활동에 우선한다.
② 화점 직근의 소방용수시설을 점령하도록 한다.
③ 건축물의 비화경계에 주력하도록 한다.
④ 신속한 상황보고 및 정보제공을 한다.

22 정답 ③

③ 비화경계는 **후착대**의 업무이다.

LINK 기본서 351p

추가학습

| 도착 순서별 중점 활동사항 |

1. 선착대
   ① **인명검색·구조활동** 우선
   ② 연소위험이 가장 큰 방면을 포위 부서
   ③ **화점 직근의 소방용수시설을 점유**
   ④ 사전 대응매뉴얼을 충분히 고려하여 행동
   ⑤ **신속한 상황보고 및 정보제공**
2. 후착대
   ① 선착대와 적극적으로 연계하여 인명구조 활동 등 중요임무의 수행을 지원
   ② 화재의 방어는 선착대가 진입하지 않은 담당면, 연소건물 또는 연소건물의 인접건물을 우선
   ③ 방어 필요가 없는 경우는 지휘자의 명령에 의해 급수, **비화경계**, 수손 방지 등의 특정임무를 적극적으로 수행
   ④ 화재 및 화재진압상황을 정확하게 파악하고 과잉파괴 행동 등 불필요한 활동은 하지 않는다.

23 10 경기

소방활동에서 선착대의 임무와 행동의 기준으로 가장 거리가 먼 것은?

① 인명구조활동
② 소방용수시설 점유
③ 경방계획을 고려하여 활동
④ 비화경계

23 정답 ④

④ 비화경계는 **후착대**의 업무이다.

LINK 기본서 351p

24
10 전북

다음 중 선착대의 임무와 행동사항으로 옳지 않은 것은?

① 인명구조
② 수손 방지
③ 요구조자의 구조활동
④ 소방용수시설을 점유

24 정답 ②
LINK 기본서 351p

② 수손 방지는 **후착대**의 업무이다.

25
10 부산

직접 화재의 진압을 목적으로 하지 않고 위험한 현장으로 접근하는 선두의 대원 또는 요구조자나 보호가치가 있는 구조물 등을 위하여 후방 또는 측면을 향하여 주수하는 것을 무엇이라고 하는가?

① 반사주수
② 엄호주수
③ 직사주수
④ 고속분무주수

25 정답 ②
LINK 기본서 352~354p

② 선두의 대원 또는 요구조자를 보호하기 위하여 주수하는 것은 **엄호주수**이다.

선지체크
① 반사주수: 천장 등에 있어서는 반사 확산시켜 목표에 주수한다. 직접 연소실체에 주수할 수 없는 곳(사각)의 소화에 유효하다.
③ 직사주수: 사정거리가 길고, 다른 방법에 비해 바람의 영향이 적으므로 화세가 강해 접근할 수 없는 경우에 유효하다. 파괴력이 강해 창유리, 지붕 기와 등의 파괴, 제거 및 낙하위험이 있는 물건의 제거에도 유효하다.
④ 고속분무주수: 주수범위가 직사주수에 비해 넓다. 화점에 접근할 수 있는 경우는 소화에 유효하다.

26
10 서울

다음 중 주수소화에 대해 옳지 않은 것은?

① 저속분무는 직접공격에 용이하다.
② 고속분무는 분무방수 중 가장 강하다.
③ 직사주수는 원거리 공격, 직접타격, 명중률, 연소물 제거, 물의 침투효과가 있다.
④ 분무주수는 직사주수보다 큰 질식효과, 냉각효과, 배연효과와 배열효과로 인한 소방관의 보호, 수손피해의 감소, 감전위험이 없으며 직사방수보다 빠른 소화효과를 기대한다.

26 정답 ①
LINK 기본서 352~354p

① 저속분무는 **간접공격**에 용이하다.

27　　11 서울

다음 중 분무방수에 대하여 옳지 않은 것은?

① 분무방수는 유류화재에 적응이 가능하다.
② 물분무는 입자가 적당할수록 질식소화에 용이하다.
③ 분무방수는 화점에 대한 명중률이 좋다.
④ 분무방수는 단거리 공격에 해당되며, 실외 등 개방된 공간에는 효과가 적다.

27 정답 ③　　LINK 기본서 352~354p

③ **직사주수**는 화점에 대한 명중률이 좋다.

28　　11 전남

소방전술에서 물을 뿌리는 주수방법 중 옳지 않은 것은?

① 직사주수는 유리창 틀 같은 곳의 이물질을 제거할 수 있다.
② 직사주수는 분무주수에 비하여 소화시간이 짧다.
③ 분무주수는 유류화재의 질식효과가 있다.
④ 중속분무주수는 간접공격법인 로이드레만 전법에 가장 적합하다.

28 정답 ④　　LINK 기본서 352~354p

④ **저속분무주수**는 간접공격법인 로이드레만전법에 가장 적합하다.

추가학습

| 간접공격법(로이드레만전법) |

미국 웨스트버지니아주 버커스블시의 전 소방서장이고 제2차대전 중 연안경비대 소방학교 교관으로 있었던 로이드레만(Roid-Lemman)이 제창한 분무소화전법이다. 내화건물 화재 시에 소방활동상 최대의 장애가 되고있는 것은 연기와 열이며, 이 연기와 열을 제거하기 위해 물의 흡열작용에 의한 냉각과 환기에 의한 열기와 연기의 배출을 보다 유효하게 하는 것을 목적으로 한 것이다.

29　　11 제주

다음 중 사다리를 지지할 때의 각도로 옳은 것은?

① 60도　　② 65도
③ 70도　　④ 75도

29 정답 ④　　LINK 기본서 353p

④ **사다리를 활용한 주수**: 사다리 설치각도는 **75도 이하를 원칙으로 한다**.

5 구조·구급 행정관리

30 □□□ 13 공채
다음 중 특수구조대로 옳지 않은 것은?

① 산악구조대 ② 해양구조대
③ 화학구조대 ④ 수난구조대

---

30 정답 ②

② 해당사항 없음

추가학습

| 119구조대의 편성과 운영(「119구조·구급에 관한 법률 시행령」 제5조) |

1. **일반구조대**: 시·도의 규칙으로 정하는 바에 따라 **소방서마다** 1개 대 이상 설치하되, 소방서가 없는 시·군·구의 경우에는 해당 시·군·구 지역의 중심지에 있는 119안전센터에 설치할 수 있다.
2. **특수구조대**: 소방대상물, 지역 특성, 재난 발생 유형 및 빈도 등을 고려하여 시·도의 규칙으로 정하는 바에 따라 다음 각 목의 구분에 따른 지역을 **관할하는** 소방서에 다음 각 목의 구분에 따라 설치한다. 다만, 고속국도구조대는 직할구조대에 설치할 수 있다.
   ① **화학**구조대: 화학공장이 밀집한 지역
   ② **수난**구조대: 「내수면어업법」에 따른 내수면지역
   ③ **산악**구조대: 「자연공원법」에 따른 자연공원 등 산악지역
   ④ **고속국도**구조대: 「도로법」에 따른 고속국도
   ⑤ **지하철**구조대: 「도시철도법」에 따른 도시철도의 역사 및 역 시설
3. **직할구조대**: 대형·특수 재난사고의 구조, 현장지휘 및 테러현장 등의 지원 등을 위하여 **소방청 또는 시·도 소방본부**에 설치하되, 시·도 소방본부에 설치하는 경우에는 시·도의 규칙으로 정하는 바에 따른다.
4. **테러대응구조대**: 테러 및 특수재난에 전문적으로 대응하기 위하여 **소방청과 시·도 소방본부에 각각 설치**하며, 시·도 소방본부에 설치하는 경우에는 시·도의 규칙으로 정하는 바에 따른다.

---

31 □□□ 21 간부
「119 구조·구급에 관한 법률 시행령」상 특수구조대에 해당하는 것을 〈보기〉에서 있는 대로 고른 것은?

〈보기〉
ㄱ. 화학구조대   ㄴ. 수난구조대
ㄷ. 산악구조대   ㄹ. 고속국도구조대
ㅁ. 지하철구조대   ㅂ. 테러대응구조대

① ㄱ
② ㄱ, ㄴ
③ ㄱ, ㄴ, ㄷ, ㄹ
④ ㄱ, ㄴ, ㄷ, ㄹ, ㅁ
⑤ ㄱ, ㄴ, ㄷ, ㄹ, ㅁ, ㅂ

---

31 정답 ④

④ 특수구조대: 화학구조대, 수난구조대, 산악구조대, 고속국도구조대, 지하철구조대

선지체크

ㅂ. 테러대응구조대: 테러 및 특수재난에 전문적으로 대응하기 위하여 소방청과 시·도 소방본부에 각각 설치하며, 시·도 소방본부에 설치하는 경우에는 시·도의 규칙으로 정하는 바에 따른다.
(「119구조·구급에 관한 법률 시행령」 제5조 제1항 제4호)

32　　11 울산

구조대, 구급대 편성·운영은 누가 할 수 있는가?

① 소방청장, 소방본부장, 소방서장
② 보건복지부장관, 소방청장, 소방본부장
③ 대통령, 소방청장, 소방본부장
④ 소방대장, 소방본부장, 소방서장

32　정답 ①　LINK 기본서 356~357p

- **소방청장·소방본부장** 또는 **소방서장**(소방청장등)은 위급상황에서 요구조자의 생명 등을 신속하고 안전하게 구조하는 업무를 수행하기 위하여 대통령령으로 정하는 바에 따라 119구조대를 편성하여 운영하여야 한다.(「119구조·구급에 관한 법률」 제8조 제1항)

- **소방청장·소방본부장** 또는 **소방서장**(소방청장등)은 위급상황에서 발생한 응급환자를 응급처치하거나 의료기관에 긴급히 이송하는 등의 구급업무를 수행하기 위하여 대통령령으로 정하는 바에 따라 119구급대를 편성하여 운영하여야 한다.(「119구조·구급에 관한 법률」 제10조 제1항)

33　　11 서울

다음 중 구조·구급에 관한 설명으로 옳은 것은?

① 특수구조대로는 화학구조대, 수난구조대, 고속국도구조대, 항공구조대가 있다.
② 일반구조대는 119구조대 또는 119안전센터·119지역대마다 각각 1대 이상 설치한다.
③ 고속국도구급대는 소방대장, 소방본부장, 소방서장이 교통사고의 발생빈도 등을 고려하여 설치한다.
④ 소방청과 소방본부에 119항공대를 설치할 수 있다.

33　정답 ④　LINK 기본서 356~357p

④「119구조·구급에 관한 법률 시행령」 제15조 제1항, 제2항

선지체크
① 특수구조대에 **항공구조대는 포함되지 않는다**.
(「119구조·구급에 관한 법률 시행령」 제5조 제1항 제2호)
② 일반구조대는 **소방서마다** 1개 대 이상 설치하되, 소방서가 없는 시·군·구의 경우에는 해당 시·군·구 지역의 중심지에 있는 **119안전센터**에 설치할 수 있다.
(「119구조·구급에 관한 법률 시행령」 제5조 제1항 제1호)
③ 고속국도구급대는 **소방청**, 시·도 **소방본부** 또는 고속국도를 관할하는 **소방서**에 설치한다.
(「119구조·구급에 관한 법률 시행령」 제10조 제1항 제2호)

34　　09 경북

다음 중 국제구조대의 편성·운영권자는 누구인가?

① 중앙119구조본부장　② 소방청장
③ 외교부장관　　　　　④ 보건복지부장관

34　정답 ②　LINK 기본서 357~358p

소방청장은 국외에서 대형재난 등이 발생한 경우 재외국민의 보호 또는 재난발생국의 국민에 대한 인도주의적 구조 활동을 위하여 국제구조대를 편성하여 운영할 수 있다.
(「119구조·구급에 관한 법률」 제9조 제1항)

35

11 서울

다음 중 국제구조대의 임무로서 가장 옳은 것은?

① 응급의료, 시설관리, 통역, 안전평가, 탐색, 구조, 상담
② 시설관리, 안전평가, 탐색, 구조, 공보연락, 통역
③ 응급의료, 시설관리, 통역, 탐색, 구조, 공보연락
④ 공보연락, 안전평가, 시설관리, 응급이송, 인명탐색 및 구조

35 정답 ④ LINK 기본서 358p

소방청장은 국제구조대·국제구급대를 편성·운영하는 경우 다음 각호의 구분에 따른 임무를 수행할 수 있도록 구성해야 한다.(「119구조·구급에 관한 법률 시행령」 제7조 제1항)
① 국제구조대 : **인명 탐색 및 구조**, 안전평가, 상담, 응급처치, 응급이송, 시설관리, 공보연락 등의 임무
② 국제구급대 : 안전평가, 상담, 응급처치, 응급이송, 시설관리, 공보연락 등의 임무

36

13 공채

119구급대가 의료행위를 하기 위해 갖춰야 할 자격기준으로 옳지 않은 것은?

① 「의료법」 제2조 제1항에 따른 의료인
② 「응급의료에 관한 법률」에 따라 1급 응급구조사 자격을 취득한 사람
③ 「응급의료에 관한 법률」에 따라 2급 응급구조사 자격을 취득한 사람
④ 적십자사 총재가 실시하는 구급업무의 교육을 받은 자

36 정답 ④ LINK 기본서 357p

④ **소방청장이 실시**하는 구급업무에 관한 교육을 받은 자
(「119구조·구급에 관한 법률 시행령」 제11조 제4호)

추가학습

구급대원의 자격기준(「119구조·구급에 관한 법률 시행령」 제11조)
① 「의료법」 제2조 제1항에 따른 **의료인**
② 「응급의료에 관한 법률」 제36조 제2항에 따라 **1급 응급구조사** 자격을 취득한 사람
③ 「응급의료에 관한 법률」 제36조 제3항에 따라 **2급 응급구조사** 자격을 취득한 사람
④ 소방청장이 실시하는 구급업무에 관한 교육을 받은 사람(구급차 운전과 구급에 관한 보조업무만 할 수 있다.)

37

11 서울

「119구조·구급에 관한 법률」에서 구급대원의 자격으로 옳지 않은 것은?

① 의료인
② 국가·지방자치단체·공공기관의 의료기관에서 2년 근무한 경력자
③ 응급구조사의 자격을 취득한 사람
④ 소방청장이 실시하는 구급업무에 관한 교육을 받은 사람

37 정답 ② LINK 기본서 357p

② 해당사항 없음(「119구조·구급에 관한 법률 시행령」 제11조)

38 ☐☐☐ 16 충남

다음 중 구급대원의 자격요건으로 옳지 않은 것은?

① 1급 간호사
② 1급 응급구조사
③ 2급 응급구조사
④ 소방청장이 실시하는 구급업무에 관한 교육을 받은 사람

38 정답 ① LINK 기본서 357p

① 해당사항 없음(「119구조·구급에 관한 법률 시행령」제11조)

---

6 구조·구급 활동

39 ☐☐☐ 10 경기

다음 중 구조대원의 인명구조 활동 시에 가장 우선이 되는 것은?

① 구명
② 신체구출
③ 재산보호
④ 통증경감

39 정답 ① LINK 기본서 359p

인명을 구조하는 과정에 있어서는 요구조자의 생명을 보전하는 것이 가장 중요하므로 「구명」을 최우선으로 하고 다음에 「신체구출」 → 「정신적, 육체적 고통경감」 → 「피해의 최소화」의 순으로 구조 활동의 우선순위를 결정한다.

40 ☐☐☐ 10 경북

다음 중 긴급상황 구조 활동에 관하여 그에 관련 기준으로 옳지 않은 것은?

① 요구조자의 2차 피해를 방지한다.
② 신체구출을 항상 최우선으로 한다.
③ 안전구역으로 구출활동을 침착히 한다.
④ 대원 진입 시 장애물을 제거한다.

40 정답 ② LINK 기본서 359p

② 구명을 최우선으로 한다.

41
16 간부

다음 중 구조 활동 우선순위를 바르게 배열한 것은?

> ㄱ. 요구조자의 구명에 필요한 조치를 한다.
> ㄴ. 요구조자의 상태 악화 방지에 필요한 조치를 한다.
> ㄷ. 안전구역으로 신체구출 활동을 침착히 개시한다.
> ㄹ. 위험현장에서 격리하여 재산을 보전한다.

① ㄱ-ㄷ-ㄴ-ㄹ ② ㄱ-ㄷ-ㄹ-ㄴ
③ ㄱ-ㄴ-ㄷ-ㄹ ④ ㄴ-ㄱ-ㄷ-ㄹ
⑤ ㄴ-ㄱ-ㄹ-ㄷ

41 정답 ① LINK 기본서 359p

ㄱ. 요구조자의 **구명**에 필요한 조치를 한다.
ㄷ. 안전구역으로 **신체구출** 활동을 침착히 개시한다.
ㄴ. 요구조자의 **상태 악화 방지**에 필요한 조치를 한다.
ㄹ. **위험현장에서 격리**하여 재산을 보전한다.

42
10 부산

다음 중 화재 현장에서 구조 활동 순서로서 옳은 것은?

① 진입 장애요인 제거 - 인명 검색 - 구출 - 병원 이송
② 인명 검색 - 구출 - 진입 장애요인 제거 - 병원 이송
③ 구출 - 병원 이송 - 인명 검색 - 진입 장애요인 제거
④ 인명 검색 - 구출 - 병원 이송 - 진입 장애요인 제거

42 정답 ① LINK 기본서 359p

① 진입 장애요인 제거 – 인명 검색 – 구출 – 병원 이송

43
11 서울

다음은 구조 시 사용되는 매듭에 관한 설명이다. 가장 옳지 않은 것은?

① 로프는 매듭 부분의 강도가 커진다.
② 기구, 장비 등을 통과하기 위해 매듭의 크기는 작게 한다.
③ 매듭법을 많이 아는 것보다는 잘 쓰이는 매듭을 정확히 숙지하는 것이 중요하다.
④ 매듭의 끝 부분이 빠지지 않도록 주매듭을 묶은 후 옭매듭 등으로 다시 마감해준다.

43 정답 ① LINK 기본서 360p

① 로프는 매듭 부분의 강도가 **저하된다**.

선지체크
② 될 수 있으면 **매듭의 크기가 작은 방법**을 선택한다. 매듭부분으로 기구, 장비 등을 통과시켜야 하는 경우가 있기 때문이다.
③ 매듭법을 많이 아는 것보다는 잘 쓰이는 매듭을 **정확히 숙지**하는 것이 더욱 중요하다. 야간이나 악천후에도 능숙히 설치할 수 있어야 하고 다른 사람에게도 안전하게 해줄 수 있어야 한다.
④ 매듭의 끝 부분이 빠지지 않도록 **주매듭을 묶은 후 옭매듭 등으로 다시 마감**해준다. 이때 끝 부분이 빠지지 않도록 충분한 길이를 남겨두어야 하는데 매듭에서 로프 끝까지 11~20㎝정도 남겨 두도록 한다.

44
로프의 끝이나 중간에 절이나 매듭·고리를 만드는 방법을 무엇이라 하는가?

① 이어매기 ② 마디짓기
③ 움켜매기 ④ 앉아매기

44 정답 ②

② 로프의 끝이나 중간에 마디나 매듭·고리를 만드는 방법은 마디짓기이다.

선지체크
① 이어매기: 한 로프를 다른 로프와 서로 연결하는 방법
③ 움켜매기: 로프를 지지물 또는 특정 물건에 묶는 방법
④ 앉아매기: 안전벨트 대용으로 하강 또는 수평도하 등에 사용할 수 있는 매듭

추가학습
| 로프매듭 |
① 마디짓기(결정): 로프의 끝이나 중간에 마디나 매듭·고리를 만드는 방법
- 옭(엄지)매듭, 두겹(고리)옭매듭, 8자매듭, 두겹8자매듭, 이중8자매듭, 줄사다리매듭, 고정매듭, 두겹고정매듭, 나비매듭

② 이어매기(연결): 한 로프를 다른 로프와 서로 연결하는 방법
- 바른(맞)매듭, 한겹매듭, 두겹매듭, 8자연결매듭, 피셔맨매듭

③ 움켜매기(결착): 로프를 지지물 또는 특정 물건에 묶는 방법
- 말뚝매기, 절반매듭, 잡아매기, 감아매기, 클램하이스트 매듭

45
다음 로프의 매듭법 중 움켜매기(결착)의 종류로 옳지 않은 것은?

① 감아매기 ② 잡아매기
③ 절반매듭 ④ 엄지매듭(옭매듭)

45 정답 ④

④ 엄지매듭(옭매듭)은 마디짓기에 해당한다.
→ 로프에 마디를 만들어 도르래나 구멍으로부터 로프가 빠지는 것을 방지하거나 절단한 로프의 끝에서 꼬임이 풀어지는 것을 방지할 때 사용하는 가장 단순한 형태의 매듭

선지체크
① 감아매기: 굵은 로프에 가는 로프를 감아매어 당기는 방법
② 잡아매기: 안전밸트가 없을 때 요구조자의 신체에 로프를 직접 결착하는 고정매듭의 일종으로 요구조자의 구출이나 낙하훈련 등과 같이 충격이 심한 훈련이나, 신체에 주는 고통을 완화하기 위하여 사용
③ 절반매듭: 로프를 물체에 묶을 때 간편하게 사용하는 매듭

46
로프매듭법 중 마디짓기 방법으로 옳은 것은?

① 고정매듭 ② 피셔맨매듭
③ 바른매듭 ④ 감아매기

46 정답 ①

① 고정매듭: 로프의 굵기에 관계없이 묶고 풀기가 쉬우며 조여지지 않으므로 로프를 물체에 묶어 지지점을 만들거나 유도 로프를 결착하는 경우 등에 활용

선지체크
② 피셔맨매듭(이어매기): 두 로프가 서로 다른 로프를 묶고 당겨서 매듭부분이 맞물리도록 하는 방법
③ 바른매듭(이어매기): 묶고 풀기가 쉬우며 같은 굵기의 로프를 연결하기에 적합한 매듭
④ 감아매기(움켜매기): 굵은 로프에 가는 로프를 감아매어 당기는 방법

47
로프에 수 개의 엄지매듭을 일정한 간격으로 만들어 로프를 타고 오르거나 내릴 때에 지지점으로 이용할 수 있도록 하는 매듭은?

① 고정매듭 ② 나비매듭
③ 감아매기 ④ 줄사다리매듭

47 정답 ④
④ 줄사다리매듭(마디짓기): 로프에 일정한 간격을 두고 수 개의 옭매듭(엄지매듭)을 만들어 로프를 타고 오르거나 내릴 때에 지지점으로 이용할 수 있도록 하는 매듭

선지체크
① 고정매듭(마디짓기): 로프의 굵기에 관계없이 묶고 풀기가 쉬우며 조여지지 않으므로 로프를 물체에 묶어 지지점을 만들거나 유도 로프를 결착하는 경우 등에 활용
② 나비매듭(마디짓기): 로프 중간에 고리를 만들 필요가 있을 경우에 사용하며 다른 매듭에 비하여 충격을 받은 경우에도 풀기가 쉬운 것이 장점
③ 감아매기(움켜매기): 굵은 로프에 가는 로프를 감아매어 당기는 방법

48
"들것"을 사용하지 못하는 장소에서 안전벨트를 사용하지 않고 구조자를 끌어올리거나 매달아 구조하는 로프 매듭법은?

① 감아매기   ② 세겹고정매듭
③ 말뚝매기   ④ 절반매듭

48 정답 ②
② 세겹고정매듭은 들것을 사용할 수 없는 장소에서 안전벨트 없이 요구조자를 끌어올리거나 매달아 내려 구출할 때 사용하는 방법이다. 경추나 척추 손상이 의심되는 요구조자 또는 다발성 골절환자에게는 사용하면 안 된다.

선지체크
① 감아매기(움켜매기): 굵은 로프에 가는 로프를 감아매어 당기는 방법
③ 말뚝매기(움켜매기): 로프의 한쪽 끝을 지지점에 묶는 매듭
④ 절반매듭(움켜매기): 로프를 물체에 묶을 때 간편하게 사용하는 매듭

49
두 로프가 서로 다른 로프를 묶어 매듭 부분이 맞물리도록 하는 방법이다. 신속하고 간편하게 묶을 수 있으며 매듭의 크기도 작다. 장시간 고정시켜 두는 경우에 주로 사용하며 힘을 받으면 받을수록 단단해지는 매듭은?

① 8자매듭   ② 피셔맨매듭
③ 엄지매듭   ④ 고정매듭

49 정답 ②
② 피셔맨매듭(이어매기): 두 로프가 서로 다른 로프를 묶고 당겨서 매듭부분이 맞물리도록 하는 방법

선지체크
① 8자매듭(마디짓기): 매듭이 8자 모양을 닮아서 '8자매듭'이라고 한다. 옭매듭보다 매듭부분이 커서 다루기 편하고 풀기도 쉽다.
③ 엄지매듭(옭매듭)(마디짓기): 로프에 마디를 만들어 도르래나 구멍으로부터 로프가 빠지는 것을 방지하거나 절단한 로프의 끝에서 꼬임이 풀어지는 것을 방지할 때 사용하는 가장 단순한 형태의 매듭
④ 고정매듭(마디짓기): 로프의 굵기에 관계없이 묶고 풀기가 쉬우며 조여지지 않으므로 로프를 물체에 묶어 지지점을 만들거나 유도 로프를 결착하는 경우 등에 활용

50 〔11 울산〕

굵기가 다른 로프에 일반적으로 사용하는 매듭법은?

① 바른 매듭 ② 한겹 매듭
③ 엄지 매듭 ④ 나비 매듭

50 정답 ② LINK 기본서 359~362p

② 한겹매듭(이어매기): 굵기가 다른 로프를 결합할 때에 사용

선지체크

① 바른매듭(이어매기): 묶고 풀기가 쉬우며 같은 굵기의 로프를 연결하기에 적합한 매듭
③ 엄지매듭(옭매듭)(마디짓기): 로프에 마디를 만들어 도르래나 구멍으로부터 로프가 빠지는 것을 방지하거나 절단한 로프의 끝에서 꼬임이 풀어지는 것을 방지할 때 사용하는 가장 단순한 형태의 매듭
④ 나비매듭(마디짓기): 로프 중간에 고리를 만들 필요가 있을 경우에 사용하며 다른 매듭에 비하여 충격을 받은 경우에도 풀기가 쉬운 것이 장점

51 〔14 공채〕

구급활동 사유 중 이송거부 절차 사유로 옳지 않은 것은?

① 혈압 등 생체징후가 안정된 타박상 환자
② 강한 자극에도 의식의 회복이 없거나 외상이 있는 술에 취한 자
③ 만성질환자로서 검진 또는 입원목적의 이송 요청자
④ 단순 치통환자

51 정답 ② LINK 기본서 363p

② 술에 취한 사람은 거절할 수 있지만, 강한 자극에도 의식이 회복되지 아니하거나 외상이 있는 경우는 제외한다.
(「119구조·구급에 관한 법률 시행령」 제20조 제2항 제4호)

추가학습

| 구급 요청의 거절(「119구조·구급에 관한 법률 시행령」 제20조 제2항) |

① 단순 치통환자
② 단순 감기환자. 다만, 섭씨 38도 이상의 고열 또는 호흡곤란이 있는 경우는 제외한다.
③ 혈압 등 생체징후가 안정된 타박상 환자
④ 술에 취한 사람. 다만, 강한 자극에도 의식이 회복되지 아니하거나 외상이 있는 경우는 제외한다.
⑤ 만성질환자로서 검진 또는 입원 목적의 이송 요청자
⑥ 단순 열상(裂傷) 또는 찰과상(擦過傷)으로 지속적인 출혈이 없는 외상환자
⑦ 병원 간 이송 또는 자택으로의 이송 요청자. 다만, 의사가 동승한 응급환자의 병원 간 이송은 제외한다.

52 〔11 공채〕

구급요청 시 구급대원의 거절사유로 옳지 않은 것은?

① 38도 이상의 고열이 있거나 호흡곤란이 동반되는 경우
② 술에 취한 사람
③ 만성질환자로서 검진 또는 입원 목적의 이송 요청자
④ 병원 간 이송 또는 자택으로의 이송 요청자

52 정답 ① LINK 기본서 363p

① 단순 감기환자는 거절이 가능하다. 다만, 섭씨 38도 이상의 고열 또는 호흡곤란이 있는 경우는 제외한다.
(「119구조·구급에 관한 법률 시행령」 제20조 제2항 제2호)

53　19 간부

「119구조 · 구급에 관한 법률 시행령」상 구조 또는 구급 요청을 거절할 수 있는 경우에 해당하지 않는 것은?

① 동물의 단순 처리 · 포획 · 구조 요청을 받은 경우
② 섭씨 38도 이상의 고열 감기환자
③ 혈압 등 생체징후가 안정된 타박상 환자
④ 술에 취했으나 외상이 없고 강한 자극에 의식을 회복한 사람
⑤ 요구조자 또는 응급환자가 구조 · 구급대원에게 폭력을 행사하는 등 구조 · 구급활동을 방해하는 경우

53　정답 ②

② 단순 감기환자는 구급 요청을 거절할 수 있다. 다만, 섭씨 38도 이상의 고열 또는 호흡곤란이 있는 경우는 제외한다.
(「119구조 · 구급에 관한 법률 시행령」 제20조 제2항 제2호)

추가학습

| 구조 요청의 거절(「119구조·구급에 관한 법률 시행령」 제20조 제1항) |
① **단순** 문 개방의 요청을 받은 경우
② 시설물에 대한 **단순** 안전조치 및 장애물 **단순** 제거의 요청을 받은 경우
③ 동물의 **단순** 처리 · 포획 · 구조 요청을 받은 경우
④ 그 밖에 주민생활 불편해소 차원의 단순 민원 등 **구조활동의 필요성이 없다고 인정**되는 경우

7　응급의료

54　11 울산

다음 중 응급처치에 대한 일반원칙으로 옳지 않은 것은?

① 신속하고 침착하게 그리고 질서있게 대처한다.
② 환자의 쇼크를 예방한다.
③ 피가 나는 상처부위의 지혈을 처리한다.
④ 어떠한 경우라도 본인보다 환자보호를 우선한다.

54　정답 ④

④ 구조자의 안전을 최우선으로 해야한다.

55
11 서울

다음 중 쇼크환자의 상태로 옳지 않은 것은?

① 안면에 홍조를 띤다.
② 구토를 한다.
③ 혈류가 감소한다.
④ 피부가 촉촉하다.

55 정답 ①

순환계는 인체 조직에 산소를 공급하고 세포로부터의 배설물을 제거하는 기능을 하는데 이 기능이 제대로 이루어지지 않을 경우 저혈류 즉, 쇼크 상태를 초래한다.
① 쇼크환자는 창백하거나 회색빛 피부를 띈다.

추가학습

|쇼크환자 상태|
① 흥분, 혼돈, 안절부절, 공격적인 경향을 포함한 의식 변화
② 허약감, 어지러움
③ 심한 갈증
④ 오심, 구토
⑤ 빛에 늦게 반응하며 산대 된 동공
⑥ 빠른 호흡
⑦ 불규칙하고, 힘들며 낮은 호흡
⑧ 빠르고 약한 맥박
⑨ 차갑고 창백하며 축축한 피부
⑩ 창백하거나 회색빛 피부
⑪ 눈의 결막이나 입술의 청색증
⑫ 소아의 경우 모세혈관 재충혈에 2초 이상 걸림
⑬ 혈압 저하

56
09 전북

환자의 지혈방법으로 가장 적절하지 않은 것은?

① 상처부위를 심장보다 높게 하고 장갑을 낀 손으로 직접압박을 한다.
② 환자에게 지혈대 사용을 최우선으로 하는 것이 좋다.
③ 출혈 시에는 멸균된 위생적인 것을 사용하여 직접 압박하여 지혈을 실시한다.
④ 지혈을 시작한 후 피가 멈추었는지를 확인하기 위하여 새 거즈나 솜 등으로 교체하지 말아야 한다.

56 정답 ②

② 지혈대는 **최후 수단**으로 사용해야 한다.

57

환자의 아래턱을 전방으로 올린 뒤 앞으로 당겨주는 경추환자가 아닌 일반적인 기도유지 방법은?

① 배 밀어내기(하임리히법)
② 인공호흡
③ 턱밀어올리기(하악견인법)
④ 머리기울임 / 턱들어올리기법(하악거상법)

57 정답 ④

④ 머리기울임 / 턱들어올리기법(하악거상법): 환자를 누운 자세로 취해준 다음 한 손은 이마에 다른 손의 손가락은 아래턱의 가운데 뼈에 둔다. 이마에 있는 손에 힘을 주어 부드럽게 뒤로 젖혀 준다. **손가락으로 턱을 올려주고 아래턱을 지지해 준다**. 단, 기도를 폐쇄시킬 수 있는 아래턱 아래의 연부조직을 눌러서는 안 된다. 환자의 입이 닫히지 않도록 한다. 이를 위해서는 엄지손가락으로 턱을 아래쪽으로 밀어주는데 이때 손가락을 입안으로 넣으면 안 된다. 의식이 없거나 외상환자의 경우 대부분 **척추손상을 의심할 수 있으므로 위의 방법을 사용해서는 안 된다**.

선지체크

① 배 밀어내기(하임리히법): 의식이 있고 서 있거나 앉아 있는 환자 뒤에 서거나 환자가 아동인 경우 무릎을 꿇은 자세로 환자 허리를 양팔로 감싼다. 주먹을 쥐고 칼돌기와 배꼽사이 가운데에 놓는다. 이때, 복장뼈 바로 아래에 위치하지 않도록 주의해야 한다. 다른 손으로 주먹을 감싸 쥐고 강하고 빠른 동작으로 후상방향으로 배 밀어내기를 실시한다. 단, 만 1세 이하 영아에게는 복부밀어내기를 실시하지 않는다. 이러한 배 밀어내기는 이물질이 나오거나 환자가 의식을 잃을 때까지 계속 실시한다.

③ 턱밀어올리기(하악견인법): 의식이 없는 환자이거나 척추손상이 의심될 경우 사용하는 방법이다. 환자의 머리, 목, 척추가 일직선이 되도록 조심스럽게 환자의 자세를 앙와위로 취해준다. 환자의 머리 정수리부분에 무릎을 꿇고 앉은 다음 팔꿈치를 땅바닥에 댄다. 조심스럽게 환자의 귀 아래 아래턱각 양측에 손을 댄다. 환자의 머리를 고정시킨다. 검지를 이용해서 아래턱각을 환자 얼굴 전면을 향해 당긴다. 이때, 환자의 머리를 흔들거나 회전시켜서는 안된다.

58

다음 중 2급 응급구조사의 업무 범위로 옳지 않은 것은? 16 공채

① 기본 심폐소생술 및 산소투여
② 구강 내 이물질의 제거
③ 인공호흡기를 이용한 호흡유지
④ 기도기를 이용한 기도유지

58 정답 ③ LINK 기본서 365p

③ 1급 응급구조사의 업무이다.(「응급의료에 관한 법률 시행규칙」 별표14)

추가학습

| 응급구조사의 업무(「응급의료에 관한 법률 시행규칙」 별표14) |

1. 1급 응급구조사
   ① 심폐소생술의 시행을 위한 기도유지(기도기(airway)의 **삽입**, 기도삽관(intubation), 후두마스크 **삽관** 등을 포함)
   ② 정맥로의 확보
   ③ 인공호흡기를 이용한 호흡의 유지
   ④ 약물투여: 저혈당성 혼수시 포도당의 주입, 흉통시 나이트로글리세린의 혀아래(설하) 투여, 쇼크시 일정량의 수액투여, 천식발작시 기관지확장제 흡입
   ⑤ 심정지 시 에피네프린 투여
   ⑥ 아나필락시스 쇼크 시 자동주입펜을 이용한 에피네프린 투여
   ⑦ 정맥로의 확보 시 정맥혈 채혈
   ⑧ 심전도 측정 및 전송(의료기관 안에서는 응급실 내에 한함)
   ⑨ 응급 분만 시 탯줄 결찰 및 절단(현장 및 이송 중에 한하며, 지도의사의 실시간 영상의료지도 하에서만 수행)
   ⑩ 2급 응급구조사의 업무

2. 2급 응급구조사
   ① 구강내 이물질의 제거
   ② 기도기(airway)를 **이용한 기도유지**
   ③ 기본 심폐소생술
   ④ 산소투여
   ⑤ 부목·척추고정기·공기 등을 이용한 사지 및 척추 등의 고정
   ⑥ 외부출혈의 지혈 및 창상의 응급처치
   ⑦ 심박·체온 및 혈압 등의 측정
   ⑧ 쇼크방지용 하의 등을 이용한 혈압의 유지
   ⑨ 자동심장충격기를 이용한 규칙적 심박동의 유도
   ⑩ 흉통 시 나이트로글리세린의 혀아래(설하) 투여 및 천식 발작 시 기관지 확장제 흡입(**환자가 해당약물을 휴대하고 있는 경우에 한함**)

59

다음 중 2급 응급구조사의 업무범위는? 09 전북

① 심폐소생술을 위한 기도유지
② 산소투여
③ 정맥로 확보
④ 저혈당 혼수 시 포도당 투입

59 정답 ② LINK 기본서 365p

②「응급의료에 관한 법률 시행규칙」별표14

선지체크

①③④ 1급 응급구조사의 업무범위이다.

60

다음 중 2급 응급구조사 범위로 옳지 않은 것은?

① CPR(심폐소생술)
② 산소투여
③ 정맥로 확보
④ 지혈과 창상의 응급처치

61

긴급환자의 심폐소생술(Cardio pulmonary resuscitation)시 응급처치 순서는?

① 의식확인 → 구조요청 → 호흡확인 → 기도유지 → 흉부압박 30회 → 인공호흡 2회
② 구조요청 → 의식확인 → 기도유지 → 호흡확인 → 인공호흡 2회 → 흉부압박 30회
③ 현장안전 → 구조요청 → 기도유지 → 의식확인 → 인공호흡 2회 → 흉부압박 30회
④ 현장안전 → 의식확인 → 구조요청 → 흉부압박 30회 → 기도유지 → 인공호흡 2회

62

긴급환자의 심폐소생술에 관한 설명으로 옳지 않은 것은?

① 심폐 정지 후 4~6분이면 뇌에 산소공급이 중단된다.
② 성인의 흉부압박과 인공호흡 비율은 30:2이다.
③ 압박의 횟수는 성인은 1분당 약 80회 정도이다.
④ 압박의 깊이는 성인은 5~6cm이다.

60 정답 ③

③ 1급 응급구조사의 업무이다.(「응급의료에 관한 법률 시행규칙」 별표14)

61 정답 ④

- 심폐소생술(C→A→B)
  ① **반응확인**: 어깨를 두드리면서 "괜찮으세요?"라고 크게 소리쳐서 반응을 확인한다.
  ② **도움요청**: 주변에 도움 요청 또는 직접 119에 신고한다.
  ③ **호흡·맥박확인**: 호흡의 유무 및 맥박을 확인한다.
  ④ **가슴(흉부)압박**(Chest compression): 분당 100회에서 120회 속도(15~18초 이내)로 30회의 압박을 실시한다.
  ⑤ **기도개방**(Airway): 인공호흡 하기 전 기도를 개방한다.(머리 젖히고 턱들기)
  ⑥ **인공호흡**(Breathing): 기도개방 후 인공호흡 실시(1회에 1초간 총 2회)

62 정답 ③

③ 압박의 횟수는 성인은 1분당 100~120회 속도로 30회 한다.

④ 성인 압박 깊이: 5cm(단, 6cm를 넘지 말아야 한다)

63 | 10 충북

구급이론에서 환자의 평가 중 1차 평가가 아닌 것은?

① 환자의 병력   ② 기도의 개방
③ 호흡   ④ 순환

63 정답 ①   LINK 기본서 366~367p

① 환자의 병력은 **2차 평가**이다.

추가학습

| 환자의 평가(1차 평가) |

환자 발견 후 즉시 생명을 위협하는 어떤 상황을 발견하고 즉각적인 이송과 현장평가 및 현장처치에 대한 우선순위를 결정해야 한다.
① A-airway 기도유지
② B-breathing 호흡평가
③ C-circulation 순환평가
④ D-disability 무능력(의식평가)
  • Alert: 의식이 명료한 상태
  • Verbal response: 소리에 반응하는 상태
  • Pain response: 언어지시에 반응하지 않지만 통증자극에는 반응하는 상태
  • Unresponsive: 어떠한 자극에도 무반응 상태
⑤ E-expose 노출

64 | 10 서울

응급환자 2차 평가의 SAMPLE 중 P가 의미하는 것은?

① 마지막 식사   ② 약물복용
③ 과거질병   ④ 증상을 야기한 사건

64 정답 ③   LINK 기본서 367p

• 환자의 평가(2차 평가)
1차 평가에서 생명의 위협요소가 없는 비교적 안정된 상태지만 치료하지 않으면 위험할 수 있는 세부적인 환자상태를 평가하는 단계이다. 활력징후(맥박, 혈압, 호흡, 체온, 동공)와 신체검진, 과거병력을 파악한다. SAMPLE은 다음과 같다.
① Signs/Symptoms: 질병의 징후 및 증상
② Allergies: 약물, 음식, 환경 요소 등에 대한 알레르기
③ Medications: 현재 복용 중인 약물
④ Pertinent past medical history: **관련 있는 과거병력**
⑤ Last oral intake: 마지막 음식물 섭취
⑥ Events: 현재 질병이나 손상을 일으킨 사건

65

응급환자의 평가 중 2차 평가의 단계로 옳은 것은?

① 의식상태 평가
② 활력징후 평가
③ 기도유지 평가
④ 순환 평가
⑤ 이송의 우선순위 결정

65 정답 ②

② 1차 평가에서 생명의 위협요소가 없는 비교적 안정된 상태지만 치료하지 않으면 위험할 수 있는 세부적인 환자상태를 평가하는 단계이다. **활력징후(맥박, 혈압, 호흡, 체온, 동공)와 신체검진, 과거병력을 파악한다.**

66

대량 환자 발생 시 현장에서 이송순위가 가장 높은 것은?

① 긴급환자
② 지연환자
③ 사망환자
④ 응급환자

66 정답 ①

① 긴급환자는 **생명이 위험한 상태**로 즉각적인 조치가 필요한 상태로 이송순위가 가장 높다.

추가학습

중증도 분류(Triage 분류)

응급상황 시 치료의 우선순위를 정하기 위한 환자 분류 체계이다.

순서	분류	색깔	심벌(symbol)	증상
1	긴급환자(Critical)	적색(RED)	토끼	• 생명이 위험한 상태로 즉각적인 조치가 필요한 상태 • 수분, 수시간 이내 응급처치를 요구하는 중증환자
2	응급환자(Urgent)	황색(YELLOW)	거북이	• 생명에는 큰 지장이 없는 부상 상태로 조치가 조금 지체되어도 상관없는 상태 • 수시간 이내 응급처치를 요구하는 환자
3	비응급환자(Minor)	녹색(GREEN)	X표시	• 구급을 이송할 필요가 없는 경상인 상태 • 수시간, 수일 후 치료해도 생명에 지장이 없는 환자
4	지연환자(Dead)	흑색(BLACK)	십자가 표시	• 사망 또는 구명 불가능한 상태

67
11 전남

수분, 수시간 내에 처치하지 않으면 생명이 위험한 환자는?

① 긴급환자
② 응급환자
③ 비응급환자
④ 지연환자

67 정답 ① LINK 기본서 367p

① 긴급환자: 수분, 수시간 이내 응급처치

선지체크
② 응급환자: 수시간 이내에 응급처치
③ 비응급환자: 수시간, 수일 이내
④ 지연환자: 사망 또는 생존 가능성이 없는 환자

68
15 공채

병원 이송을 위한 중증도 분류로 상황과 색상이 옳지 않은 것은?

① 사망 또는 생존 가능성이 없는 환자 - 백색
② 수시간 이내에 응급처치 - 황색
③ 수시간, 수일 이내 - 녹색
④ 수분, 수시간 이내 응급처치 - 적색

68 정답 ① LINK 기본서 367p

① 사망 또는 생존 가능성이 없는 환자(지연환자) – **흑색**

선지체크
② 수시간 이내에 응급처치(응급환자) – 황색
③ 수시간, 수일 이내(비응급환자) – 녹색
④ 수분, 수시간 이내 응급처치(긴급환자) – 적색

69
09 전북

중증도 분류에서 응급환자의 종류와 색상의 분류에서 옳지 않은 것은?

① 긴급환자 - 적색
② 응급환자 - 황색
③ 비응급환자 - 청색
④ 사망환자 - 흑색

69 정답 ③ LINK 기본서 367p

③ 비응급환자 – **녹색**

70
환자상태에 따른 중증도 분류로 적절하지 않은 것은? [10 서울]

① 지연환자 - 사망환자
② 긴급환자 - 심장 질환 및 사망
③ 비응급환자 - 경미한 열상
④ 응급환자 - 다발성 골절

70 정답 ②

② 긴급환자 – 심장 질환, **지연환자 – 사망**

LINK 기본서 367p

71
다음 환자이송을 위한 중증도 분류에서 성격이 다른 하나는? [11 서울]

① 응급환자　　② 다발성 골절
③ 거북이 심볼　④ 적색

71 정답 ④

④ 다발성 골절, 거북이 심볼은 응급환자를 나타내는 것이며, **황색**으로 분류한다. 적색은 긴급환자의 분류 색상이다.

LINK 기본서 367p

72
「긴급구조대응활동 및 현장지휘에 관한 규칙」상 중증도 분류별 표시방법으로 옳은 것은? [23 간부]

① 사망: 적색, 십자가 표시
② 긴급: 녹색, 토끼 그림
③ 응급: 적색, 거북이 그림
④ 비응급: 녹색, 구급차 그림에 × 표시
⑤ 대기: 황색, 구급차 그림에 × 표시

72 정답 ④

선지체크
① 사망: **흑색**, 십자가 표시
② 긴급: **적색**, 토끼 그림
③ 응급: **황색**, 거북이 그림
⑤ **비응급**: 녹색, 구급차 그림에 × 표시

LINK 기본서 367p

simtall

Simple Detail 2026

재난관리

CHAPTER 01 재난이론
CHAPTER 02 재난 및 안전관리 기본법

CHAPTER 01 재난이론

1 재난이론

01 ☐☐☐ 19 공채

존스(Jones)의 재난분류 중 기상학적 재해가 아닌 것은?

① 번개
② 폭풍
③ 쓰나미
④ 토네이도

02 ☐☐☐ 09 부산

자연적 재해는 기후성 재해, 지진성 재해로 분류하며 인위 재해는 고의성 유무에 따라 사고성 재해와 계획성 재해로 분류되는 것으로서 이와 같이 사용하는 재난의 분류 학설은?

① 존스의 분류
② 아네스의 분류
③ 소방법
④ 재난 및 안전관리 기본법

---

01 정답 ③ ⊘LINK 기본서 373p

③ 쓰나미는 **지질학적 재해**이다.

추가학습

| 존스(David K.C Jones)의 재난분류 |

자연재해				준자연재해	인위재해
지구물리학적 재해			생물학적 재해		
지질학적 재해	지형학적 재해	기상학적 재해		스모그현상 온난화현상 사막화현상 염수화현상 눈사태 산성화 홍수 토양침식 등	공해 광화학연무 폭동 교통사고 폭발사고 태업 전쟁 등
지진 화산 쓰나미 등	산사태 염수토양 등	안개, 눈 해일, 번개 토네이도 폭풍, 태풍 이상기온 가뭄 등	세균질병 유독식물 유독동물 등		

---

02 정답 ② ⊘LINK 기본서 373p

② 아네스는 장시간에 걸쳐 완만하게 전개되고, 인명 피해를 발생시키지 않는 일반행정관리 분야의 재해(수질오염, 대기오염 등)는 제외하고 자연재해를 **기후성·지진성** 재해, 인위재해를 **사고성·계획적** 재해로 분류하였다.

추가학습

| 아네스(Br. J. Anesth)의 재난분류 |

자연재해		인위재해	
기후성 재해	지진성 재해	사고성 재해	계획적 재해
태풍	지진 화산폭발 해일	교통사고(자동차, 철도, 항공, 선박사고) 산업사고(건축물 붕괴) 폭발사고(갱도, 가스, 화학, 폭발물), 화재사고 생물학적 재해(박테리아, 바이러스, 독혈증) 화학적 재해(부식성물질, 유독물질) 방사능사고, 환경오염(대기, 토질, 수질)	테러 폭동 전쟁

03

다음 중 존스의 재난의 분류에서 그 성격이 다른 것은?

① 생물학적 재해
② 자연재해
③ 인위재해
④ 준자연재해

03 정답 ①
① 생물학적 재해는 **자연재해에 포함**된다.(존스의 재난분류)

LINK 기본서 373p

04

다음 중 자연재난과 인적재난의 설명으로 가장 옳지 않은 것은?

① 자연재난과 인적재난은 모두 급작스럽게 돌풍적으로 일어나며, 통제 가능성이 없다.
② 자연재난의 피해는 광범위한 지역에서 발생하고 인적재난의 피해는 국소지역에서 집중적으로 발생된다.
③ 자연재난은 예방이 불가능하고 피난활동이 어렵다.
④ 자연재난과 인적재난은 우리생활에 해를 준다.

04 정답 ①
① **인적재난**은 자연재난에 비해 재난대응활동과 **재난통제의 가능성이 상대적으로 높다**.

선지체크
③ 자연재난은 피해규모를 최소화할 수 있는 여지가 있긴 하지만, 근본적으로 예방할 수 없는 불가항력적 특징이 강하다. 인적재난은 발생원인이 인위적이라는 점에서 근본적인 예방이 가능하다.

LINK 기본서 375p

05

하인리히의 안전사고 연쇄성 이론의 5단계 순서를 올바르게 배열한 것은?

① 사고 - 사회적 환경 및 유전적 요소 - 불안전 행동 및 상태 - 상해 - 개인적 결함
② 개인적 결함 - 사회적 환경 및 유전적 요소 - 불안전 행동 및 상태 - 상해 - 사고
③ 불안전 행동 및 상태 - 사회적 환경 및 유전적 요소 - 개인적 결함 - 사고 - 상해
④ 사회적 환경 및 유전적 요소 - 개인적 결함 - 불안전 행동 및 상태 - 사고 - 상해
⑤ 사회적 환경 및 유전적 요소 - 불안전 행동 및 상태 - 개인적 결함 - 상해 - 사고

05 정답 ④

LINK 기본서 377p

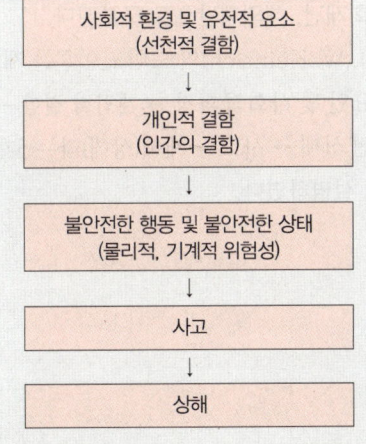

06
하인리히의 도미노 이론 중 2단계, 1단계 원인 내용순서를 옳게 배열한 것은?

① 개인적 결함 - 유전적 요인 및 사회적 환경
② 유전적 요인 및 사회적 환경 - 개인적 결함
③ 개인적 결함 - 불안전 행동 및 불안전 상태
④ 불안전 행동 및 불안전 상태 - 개인적 결함

06 정답 ① LINK 기본서 377p

사회적환경 및 유전적 요소(선천적 결함) → 개인적 결함(인간의 결함) → 불안전한 행동 및 불안전한 상태(물리적, 기계적 위험성) → 사고 → 상해

추가학습

| 하인리히(H. W. Heinrich)의 도미노이론(최초이론) |
① 하인리히는 사고의 원인으로부터 재해발생까지 5단계로 구분하고, 사고발생은 각각의 요소들이 연쇄적으로 겹쳐서 생긴다는 사고발생의 연쇄성을 강조한 도미노 이론이다.
② 사고발생은 항상 불안전한 행동과 상태(직접원인)에 기인하며, 이를 제거하면 재해를 수반하는 사고의 대부분은 방지할 수 있다.
③ 하인리히는 재해/발생점유율을 1(중상) : 29(경상) : 300(무상해 사고) 법칙으로 정립했다. 통계적으로 심각한 사고가 1건 일어나려면 그 전에 동일한 원인으로 경미한 사고가 29건, 위험에 노출되는 경험이 300건 정도가 이미 존재한다는 것이다.

07
재난(재해)에 관한 설명으로 옳지 않은 것은?

① 아네스(Br. J. Anesth)는 재난을 크게 자연재난과 인적(인위)재난으로 구분하였다.
② 존스(David K. Jones)는 재난을 크게 자연재난, 준자연재난, 인적(인위)재난으로 구분하였다.
③ 「재난 및 안전관리 기본법」 제3조 제1호에 따른 재난은 자연재난, 사회재난, 해외재난으로 구분된다.
④ 하인리히(H. W. Heinrich)의 도미노 이론은 재해발생과정을 유전적 요인 및 사회적 환경 → 개인적 결함 → 불안전 행동 및 불안전 상태 → 사고 → 재해(상해)라는 5개 요인의 연쇄작용으로 설명하였다.

07 정답 ③ LINK 기본서 373p, 377p, 382p

③ 「재난 및 안전관리 기본법」 제3조 제1호에 따른 재난은 자연재난, 사회재난으로 구분되고 해외재난은 제3조 제2호에서 별도로 정의하고 있다.

08　24 간부

재해원인 분석방법 중 하나인 4M 분석방법에 관한 설명으로 옳은 것은?

① 재해의 원인을 Man, Machine, Manner, Management 요인으로 구분하여 분석한다.
② 기계·설비의 설계상 결함은 관리적 요인에 해당한다.
③ 작업정보의 부적절은 작업·환경적 요인에 해당한다.
④ 표준화의 부족은 인적 요인에 해당한다.
⑤ 심리적 요인은 작업·환경적 요인에 해당한다.

08　정답 ③　LINK 기본서 378p

선지체크
① 재해의 원인을 Man, Machine, Media, Management 요인으로 구분하여 분석한다.
② 기계·설비의 설계상 결함은 기계적 요인에 해당한다.
④ 표준화의 부족은 기계적 요인에 해당한다.
⑤ 심리적 요인은 인간 요인에 해당한다.

추가학습

| Man(인간): 에러를 일으키는 인간요인 |
① 심리적 요인: 망각, 주변적 동작, 소질적 결함 등
② 생리적 요인: 피로, 수면부족, 신체기능, 질병 등
③ 직장적 요인: 직장 내 인간관계, 의사소통, 통솔력 등

| Machine(기계): 기계·설비의 결함, 고장 등의 물적 요인 |
① 설계결함
② 위험방호의 불량
③ 근원적 안전화의 부족
④ 표준화의 부족
⑤ 점검 및 정비의 부족

| Media(작업정보): 작업의 정보, 방법, 환경 등의 요인 |
① 작업정보의 부적절
② 작업자세, 동작의 결함
③ 작업방법의 부적절
④ 작업공간의 불량
⑤ 작업환경조건의 불량

| Management(관리): 관리상의 요인 |
① 안전관리계획의 불량
② 안전관리조직의 결함
③ 규정, 메뉴얼의 불비
④ 교육, 훈련의 부족
⑤ 감독, 지도의 부족
⑥ 적성배치의 불충분
⑦ 건강관리 불량

09

다음은 재해 발생 과정에 관한 이론이다. 각 이론에서 재해 발생을 방지하기 위해 제거해야 하는 단계가 옳게 나열된 것은?

> ㄱ. 하인리히(H. W. Heinrich)의 도미노 이론: 사회적 환경 및 유전적 요소 → 개인적 결함 → 불안전한 행동 및 상태 → 사고 → 재해
>
> ㄴ. 버드(F. Bird)의 수정 도미노 이론: 제어의 부족 → 기본원인 → 직접원인 → 사고 → 재해

	(ㄱ)	(ㄴ)
①	개인적 결함	직접원인
②	개인적 결함	기본원인
③	불안전한 행동 및 상태	직접원인
④	불안전한 행동 및 상태	기본원인

09 정답 ④

④ 하인리히의 도미노이론에서는 항상 **불안전한 행동과 상태(직접원인)**에 기인하며, 이를 제거하면 재해를 수반하는 사고의 대부분은 방지할 수 있다고 하였다.

프랭크 버드 이론에서는 직접원인을 제거하는 것만으로는 재해는 다시 일어나기 때문에 **기본원인을 반드시 제거해야 재해예방이 된**다고 강조했다.

10   22 공채

재난관리 방식 중 분산관리에 대한 일반적인 설명으로 옳지 않은 것은?

① 재난의 종류에 따라 대응방식의 차이와 대응계획 및 책임기관이 각각 다르게 배정된다.
② 재난 시 유관기관 간의 중복적 대응이 있을 수 있다.
③ 재난의 발생 유형에 따라 소관 부처별로 업무가 나뉜다.
④ 재난 시 유사한 자원 동원 체계와 자원유형이 필요하다.

10 정답 ④   LINK 기본서 380p

④ 통합관리 방식에 대한 설명이다.
→ 분산관리방식의 경우 한 재해 유형을 한 부처가 지속적으로 담당하므로 경험 축적 및 전문성 제고가 용이하다는 장점이 있다.

추가학습

| 재난관리 방식 |

구분	유형별 관리방식	통합관리 방식
성격	분산관리 방식	통합관리 방식
관리 부처 및 기관	다수 부처 및 기관의 단순명령	단일 부처 조정에 따른 병렬적 다수 부처 및 기관
책임 범위와 부담	소관 재난에 대한 관리 책임, 부담 분산	모든 재난에 대한 관리 책임, 과도한 부담 가능성
관련 부처의 활동 범위	특정 재난에 대한 관리활동	모든 재난에 대한 종합적 관리활동과 독립적 활동의 병행
정보 전달 체계	정보 전달의 다원화	정보 전달의 일원화
재난 대응	대응 조직 없음	통합대응 / 지휘통제 용이
재난에 대한 인지 능력	미약, 단편적	강력, 종합적
장점	① 한 재해 유형을 한 부처가 지속적으로 담당하므로 경험 축적 및 전문성 제고가 용이 ② 한 사안에 대한 업무의 과다 방지	① 재난 발생 시 총괄적 자원 동원과 신속한 대응성 확보 ② 자원봉사자 등 가용자원을 효과적으로 활용
단점	① 복잡한 재난에 대한 대처 능력 한계 ② 각 부처 간 업무의 중복 및 연계 미흡 ③ 재원 마련과 배분의 복잡성	① 종합관리 체계를 구축하는 데 많은 어려움이 따름 ② 부처이기주의 및 기존 조직의 반대 가능성이 높고 업무와 책임이 과도하게 한 조직에 집중됨

2   재난관리 단계별 주요 활동 내용

11   11 서울

다음 중 재난관리의 단계에 포함되지 않는 것은?

① 경보단계   ② 예방단계
③ 대응단계   ④ 복구단계

11 정답 ①   LINK 기본서 381p

Petak(1985)은 재난관리 과정을 재난 발생을 중심으로 재난 발생 이전(예방, 대비)과 이후(대응, 복구)로 나누고 재난관리 과정을 크게 4단계(예방, 대비, 대응, 복구)로 설명하고 있다.

12

재난 중 안전관리기본법 중 "대비(준비)단계"에 대한 설명으로 옳은 것은?

① 미래에 발생할 가능성이 있는 재난을 사전에 예방하기 위한 활동
② 재난발생확률이 높아진 경우, 재해 발생 후에 효과적으로 대응할 수 있도록 사전에 대응활동을 위한 메커니즘을 구성하는 등 운영적인 장치들을 갖추는 단계
③ 신속한 활동을 통하여 재해로 인한 인명 및 재산 피해를 최소화하고, 재해의 확산을 방지하며, 순조롭게 복구가 이루어질 수 있도록 활동하는 단계
④ 재해상황이 어느 정도 안정된 후 취하는 활동단계로 재해로 인한 피해지역을 재해 이전의 상태로 회복시키는 활동을 포함한다.

13

재산 및 인명보호를 위해 소방이 주도적인 역할을 하는 것은?

① 예방　　② 대비
③ 복구　　④ 대응

---

12 정답 ②　　LINK 기본서 381p

② 재난발생확률이 높아진 경우, 재해 발생 후에 효과적으로 대응할 수 있도록 사전에 대응활동을 위한 메커니즘을 구성하는 등 운영적인 장치들을 갖추는 활동을 하는 단계는 대비단계이다.

선지체크
① 예방(완화)단계
③ 대응단계
④ 복구단계

13 정답 ④　　LINK 기본서 381p

④ 대응단계는 재난 발생 직후 또는 재난 발생 중 취해지는 인명구조, 재산손실의 경감 등 재난에 대처하기 위한 응급지원 등의 활동단계로 소방이 주도적인 역할을 한다.

14

재난관리 개념과 단계별 관리상황 중 옳은 것은?

① 예방(완화)단계 – 위험지도의 작성
② 대비(준비)단계 – 토지이용관리
③ 대응단계 – 비상방송시스템 구축
④ 복구단계 – 피해주민 수용 및 구호

14 정답 ①

① 위험성 분석 및 위험지도 작성은 예방단계이다.

선지체크
② 예방단계
③ 대비단계
④ 대응단계

15

재난관리는 단계별로 예방, 대비, 대응, 복구 4단계로 구분할 수 있다. 다음 열거된 재난관리활동 중 그 단계가 다른 것은?

① 재난 유형별 사전 교육·훈련 실시
② 비상방송시스템 구축
③ 재난 취약시설 점검
④ 자원관리체계 구축

15 정답 ③

③ 예방단계

선지체크
①②④ 대비단계

CHAPTER 02 재난 및 안전관리 기본법

1 총칙

01 □□□ 16 2차 충남

재난 및 안전관리 기본법의 목적에 괄호에 들어갈 내용은?

> 이 법은 각종 재난으로부터 국토를 보존하고 국민의 생명·신체 및 재산을 보호하기 위하여 국가와 지방자치단체의 (ㄱ)하고, 재난의 (ㄴ), 그 밖의 재난 및 안전관리에 필요한 사항을 규정함을 목적으로 한다.

	ㄱ	ㄴ
①	재난	예방, 대비, 대응, 복구
②	재난	예방, 대비, 대응, 복구와 안전문화활동
③	재난 및 안전관리체제를 확립	예방, 대비, 대응, 복구와 안전문화활동
④	재난 및 안전관리체제를 확립	예방, 대비, 대응, 복구

02 □□□ 20 공채

「재난 및 안전관리 기본법」상 재난의 분류가 다른 하나는?

① 「감염병의 예방 및 관리에 관한 법률」에 따른 감염병의 확산
② 황사로 인하여 발생하는 재해
③ 환경오염사고로 인하여 발생하는 대통령령으로 정하는 규모 이상의 피해
④ 「미세먼지 저감 및 관리에 관한 특별법」에 따른 미세먼지 등으로 인한 피해

---

01 | 정답 | ③ LINK 기본서 382p

이 법은 각종 재난으로부터 국토를 보존하고 국민의 생명·신체 및 재산을 보호하기 위하여 국가와 지방자치단체의 **재난 및 안전관리체제를 확립**하고, 재난의 **예방·대비·대응·복구와 안전문화활동**, 그 밖에 재난 및 안전관리에 필요한 사항을 규정함을 목적으로 한다.(법 제1조)

02 | 정답 | ② LINK 기본서 382p

② 자연재난(법 제3조 제1호 가목)

선지체크
① ③ ④ 사회재난(법 제3조 제1호 나목)

추가학습

용어정리(법 제3조 제1호)

재난이란 국민의 생명·신체·재산과 국가에 피해를 주거나 줄 수 있는 것으로서 다음의 것을 말한다.

자연재난	태풍, 홍수, 호우, 강풍, 풍랑, 해일, 대설, 한파, 낙뢰, 가뭄, 폭염, 지진, **황사**, 조류 대발생, 조수, 화산활동, 「우주개발 진흥법」에 따른 자연우주물체의 추락·충돌, 그 밖에 이에 준하는 자연현상으로 인하여 발생하는 재해
사회재난	**화재**·붕괴·폭발·교통사고(항공사고 및 해상사고를 포함한다)·화생방사고·**환경오염사고** 등으로 인하여 발생하는 대통령령으로 정하는 규모 이상의 피해와 국가핵심기반의 마비, 「감염병의 예방 및 관리에 관한 법률」에 따른 **감염병** 또는 「가축전염병예방법」에 따른 **가축전염병**의 확산, 「미세먼지 저감 및 관리에 관한 특별법」에 따른 **미세먼지**, 「우주개발 진흥법」에 따른 인공우주물체의 추락·충돌 등으로 인한 피해

03 | 25 간부

「재난 및 안전관리 기본법」상 사회재난에 해당하지 않는 것은?

① 다중운집인파사고로 인하여 발생하는 대통령령으로 정하는 규모 이상의 피해
② 「감염병의 예방 및 관리에 관한 법률」에 따른 감염병 확산으로 인한 피해
③ 환경오염사고로 인하여 발생하는 대통령령으로 정하는 규모 이상의 피해
④ 황사(黃砂)로 인하여 발생하는 재해
⑤ 「우주개발 진흥법」에 따른 인공우주물체의 추락·충돌로 인한 피해

04 | 17 2차 공채

「재난 및 안전관리 기본법」상 자연재난으로 옳지 않은 것은?

① 황사
② 가축전염병확산
③ 화산활동
④ 소행성·유성체 자연우주물체 추락·충돌

05 | 16 공채

「재난 및 안전관리 기본법」상 자연재난에 해당하는 현상으로 옳지 않은 것은?

① 화산활동
② 환경오염사고
③ 호우
④ 조수

---

03 정답 ④
④ 황사(黃砂)로 인하여 발생하는 재해: **자연재해**

LINK 기본서 382p

04 정답 ②
② 사회재난(법 제3조 제1호 나목)

선지체크
① ③ ④ 자연재난(법 제3조 제1호 가목)

LINK 기본서 382p

05 정답 ②
② 사회재난(법 제3조 제1호 나목)

선지체크
① ③ ④ 자연재난(법 제3조 제1호 가목)

LINK 기본서 382p

06 □□□ 14 전북

「재난 및 안전관리 기본법」상 용어의 정의로서 옳지 않은 것은?

① 국가핵심기반의 마비와 감염병, 가축전염병확산 등은 사회재난이다.
② 재난관리란 재난, 각종 사고로부터 사람의 생명·신체·재산의 안전확보를 위한 모든 활동을 말한다.
③ 국가재난관리기준은 모든 유형의 재난에 공통적으로 활용할 수 있도록 재난관리의 전 과정을 통일적으로 단순화·체계화한 것으로서 행정안전부장관이 고시한 것을 말한다.
④ 재난관리란 재난의 예방·대비·대응 및 복구를 위하여 하는 모든 활동을 말한다.

07 □□□ 12 울산

「재난 및 안전관리 기본법」에서 정의하는 내용이 가장 옳지 않은 것은?

① 재난관리책임기관: 중앙행정기관 및 지방자치단체, 지방행정기관·공공기관·공공단체(공공기관 및 공공단체의 지부 등 지방조직을 포함) 및 재난관리의 대상이 되는 중요시설의 관리기관 등으로서 대통령령으로 정하는 기관
② 해외재난: 대한민국의 영역 밖에서 대한민국 국민의 생명·신체 및 재산에 피해를 주거나 줄 수 있는 재난으로서 정부차원에서 대처할 필요가 있는 재난
③ 긴급구조기관: 소방청·소방본부, 소방서를 말한다. 다만, 해양에서 발생한 재난의 경우에는 경찰청, 지방해양경찰청, 해양경찰서를 말한다.
④ 안전관리: 재난이나 그 밖의 각종 사고로부터 사람의 생명·신체 및 재산의 안전을 확보하기 위하여 하는 모든 활동

06 정답 ② LINK 기본서 382p, 389p

② **안전관리**란 재난이나 그 밖의 각종 사고로부터 사람의 생명·신체 및 재산의 안전을 확보하기 위하여 하는 모든 활동을 말한다. (법 제3조 제4호)
→ 재난관리: 재난의 예방·대비·대응 및 복구를 위하여 하는 모든 활동을 말한다.(법 제3조 제3호)

선지체크
① 법 제3조 제1호 나목
③ 법 제3조 제9호
④ 법 제3조 제3호

07 정답 ③ LINK 기본서 382~388p

③ 긴급구조기관: 소방청·소방본부 및 소방서를 말한다. 다만, 해양에서 발생한 재난의 경우 **해양경찰청**·지방해양경찰청 및 해양경찰서를 말한다.(법 제3조 제7호)

선지체크
① 법 제3조 제5호 가목, 나목
② 법 제3조 제2호
④ 법 제3조 제4호

08 | 25 간부

「재난 및 안전관리 기본법」상 재난관리책임기관의 장이 관계 법령 또는 안전관리계획에서 정하는 바에 따라 점검·관리하여야 하는 대통령령으로 정한 재난방지시설에 해당하지 않는 것은? (단, 그 밖에 행정안전부장관이 정하여 고시하는 재난을 예방하기 위하여 설치한 시설은 제외한다)

① 「기상법」 제2조제13호에 따른 기상시설
② 「국토의 계획 및 이용에 관한 법률」 제2조제6호마목에 따른 방재시설
③ 「사방사업법」 제2조제3호에 따른 사방시설
④ 「하수도법」 제2조제3호에 따른 하수도 중 하수관로 및 공공하수처리시설
⑤ 「항만법」 제2조제5호에 따른 항만시설

08 정답 ① LINK 기본서 493p

재난방지시설의 범위

1. 「소하천정비법」 제2조 제3호에 따른 소하천부속물 중 제방·호안(기슭·둑 침식 방지시설)·보 및 수문
2. 「하천법」 제2조 제3호에 따른 하천시설 중 댐·하구둑·제방·호안·수제·보·갑문·수문·수로터널·운하 및 「수자원의 조사·계획 및 관리에 관한 법률 시행령」 제2조 제2호에 따른 수문조사시설 중 홍수발생의 예보를 위한 시설
3. 「국토의 계획 및 이용에 관한 법률」 제2조 제6호 마목에 따른 **방재시설**
4. 「하수도법」 제2조 제3호에 따른 **하수도 중 하수관로 및 공공하수처리시설**
5. 「농어촌정비법」 제2조 제6호에 따른 농업생산기반시설 중 저수지, 양수장, 우물 등 지하수이용시설, 배수장, 취입보(取入洑), 용수로, 배수로, 웅덩이, 방조제, 제방
6. 「사방사업법」 제2조 제3호에 따른 사방시설
7. 「댐건설·관리 및 주변지역지원 등에 관한 법률」에 따른 댐
8. 「어촌·어항법」 제2조 제5호 다목(4)에 따른 유람선·낚시어선·모터보트·요트 또는 윈드서핑 등의 수용을 위한 레저용 기반시설
9. 「도로법」 제2조 제2호에 따른 도로의 부속물 중 방설·제설시설, 토사유출·낙석 방지 시설, 공동구(共同溝), 같은 법 시행령 제2조 제2호에 따른 터널·교량·지하도 및 육교
10. 법 제38조에 따른 재난 예보·경보시설
11. 「항만법」 제2조 제5호에 따른 **항만시설**
12. 그 밖에 행정안전부장관이 정하여 고시하는 재난을 예방하기 위하여 설치한 시설

09 | 19 간부

「재난 및 안전관리 기본법」상 재난관리를 위하여 필요한 재난관리정보에 해당하는 것만을 있는 대로 고른 것은?

| ㄱ. 재난상황정보 | ㄴ. 동원가능 자원정보 |
| ㄷ. 시설물정보 | ㄹ. 지리정보 |

① ㄱ
② ㄱ, ㄷ
③ ㄱ, ㄴ, ㄹ
④ ㄴ, ㄷ, ㄹ
⑤ ㄱ, ㄴ, ㄷ, ㄹ

09 정답 ⑤ LINK 기본서 389p

"재난관리정보"란 재난관리를 위하여 필요한 **재난상황정보, 동원가능 자원정보, 시설물정보, 지리정보**를 말한다.(법 제3조 제10호)

10

17 2차 공채

다음 중 긴급구조에 대한 설명으로 옳지 않은 것은?

① 긴급구조란 재난이 발생할 우려가 현저하거나 재난이 발생하였을 때에 국민의 생명·신체 및 재산을 보호하기 위하여 긴급구조기관과 긴급구조지원기관이 하는 인명구조, 응급처치, 그 밖에 필요한 모든 긴급한 조치를 말한다.
② 긴급구조기관이란 소방청·소방본부, 소방서를 말한다.
③ 긴급구조기관이란 해양에서 발생한 재난의 경우에는 행정안전부, 지방해양경찰청, 해양경찰서를 말한다.
④ 긴급구조지원기관이란 긴급구조에 필요한 인력·시설 및 장비, 운영체계 등 긴급구조능력을 보유한 기관이나 단체로서 대통령령으로 정하는 기관과 단체를 말한다.

10 정답 ③ LINK 기본서 388p

③ 긴급구조기관이란 해양에서 발생한 재난의 경우에는 **해양경찰청**·지방해양경찰청 및 해양경찰서를 말한다.(법 제3조 제7호)

선지체크
① 법 제3조 제6호
② 법 제3조 제7호
④ 법 제3조 제8호

11

16 공채

다음 중 「재난 및 안전관리 기본법」에서 긴급구조기관이 아닌 것은?

① 경찰청
② 소방청
③ 소방본부
④ 소방서

11 정답 ① LINK 기본서 388p

긴급구조기관이란 **소방청·소방본부** 및 **소방서**를 말한다. 다만, 해양에서 발생한 재난의 경우에는 **해양경찰청·지방해양경찰청** 및 **해양경찰서**를 말한다.(법 제3조 제7호)

12

12 경기

「재난 및 안전관리 기본법」에 따른 긴급구조기관으로 옳지 않은 것은?

① 소방청
② 지방해양경찰청
③ 해양경찰본부
④ 소방서, 소방본부

12 정답 ③ LINK 기본서 388p

긴급구조기관이란 **소방청·소방본부** 및 **소방서**를 말한다. 다만, 해양에서 발생한 재난의 경우에는 **해양경찰청·지방해양경찰청** 및 **해양경찰서**를 말한다.(법 제3조 제7호)

13

「재난 및 안전관리 기본법 시행령」상 사회재난 유형별 재난관리주관기관 중 행정안전부 및 소방청에서 주관하는 것은?

① 철도 사고로 인해 발생하는 대규모 피해
② 공연장의 화재 등으로 인해 발생하는 대규모 피해
③ 화학 사고로 인해 발생하는 대규모 피해
④ 위험물의 누출·화재·폭발 등으로 인해 발생하는 대규모 피해

13 정답 ④

선지체크
① 철도 사고로 인해 발생하는 대규모 피해 – **국토교통부**
② 공연장의 화재 등으로 인해 발생하는 대규모 피해 – **문화체육관광부**
③ 화학 사고로 인해 발생하는 대규모 피해 – **환경부**

14

「재난 및 안전관리 기본법 시행령」상 사회재난 유형별에 따른 재난관리주관기관으로 옳게 짝지어진 것은?

① 도로의 화재 등으로 인해 발생하는 대규모 피해 - 행정안전부
② 가스사고로 인해 발생하는 대규모 피해 - 산업통상자원부
③ 해양사고(해양에서 발생한 사고로 한정, 해양오염은 제외)로 인해 발생하는 대규모 피해 - 해양수산부 및 해양경찰청
④ 산업재해 및 중대산업사고로 인해 발생하는 대규모 피해 - 산업통상자원부
⑤ 공연장의 화재 등으로 인해 발생하는 대규모 피해 - 행정안전부 및 소방청

14 정답 ②

선지체크
① 도로의 화재 등으로 인해 발생하는 대규모 피해 – **국토교통부**
③ 해양사고(해양에서 발생한 사고로 한정, 해양오염은 제외)로 인해 발생하는 대규모 피해 – **해양수산부**
④ 산업재해 및 중대산업사고로 인해 발생하는 대규모 피해 – **고용노동부**
⑤ 공연장의 화재 등으로 인해 발생하는 대규모 피해 – **문화체육관광부**

15

「재난 및 안전관리 기본법 시행령」상 사회재난 유형별에 따른 재난관리주관기관으로 옳지 않은 것은?

① 가축전염병의 확산으로 인한 피해 - 보건복지부
② 항공기사고, 경량 항공기 사고 및 초경량비행장치사고로 인해 발생하는 대규모 피해 - 국토교통부
③ 승강기의 사고 또는 고장으로 인해 발생하는 대규모 피해 - 행정안전부
④ 교정시설에서의 화재 등으로 인해 발생하는 대규모 피해 - 법무부
⑤ 어린이집의 화재 등으로 인해 발생하는 대규모 피해 - 교육부

15 정답 ①

① 가축전염병의 확산으로 인한 피해 – **농림축산식품부**

16 ☐☐☐ 19 간부

「재난 및 안전관리 기본법」상 사회재난 유형별에 따른 재난관리주관기관의 연결이 옳지 않은 것은?

① 산업재해 및 중대산업사고로 인해 발생하는 대규모 피해 - 고용노동부
② 인공우주물체의 추락·충돌 등으로 인해 발생하는 피해 - 국토교통부
③ 「유선 및 도선 사업법」 제28조 및 제29조에 따른 사고로 인해 발생하는 대규모 피해 - 행정안전부
④ 가스사고로 인해 발생하는 대규모 피해 - 산업통상자원부
⑤ 소방대상물의 화재로 인해 발생하는 대규모 피해 - 행정안전부 및 소방청

17 ☐☐☐ 24 공채

「재난 및 안전관리 기본법 시행령」상 사회재난 유형별에 따른 재난관리주관기관의 연결이 옳지 않은 것은?

① 농업생산기반시설 중 저수지의 붕괴·파손 등으로 인해 발생하는 대규모 피해 - 국토교통부
② 인공우주물체의 추락·충돌 등으로 발생하는 피해 - 과학기술정보통신부 및 우주항공청
③ 「유선 및 도선 사업법」 제28조 및 제29조에 따른 사고로 인해 발생하는 대규모 피해 - 행정안전부
④ 대규모 점포의 화재 등으로 인해 발생하는 대규모 피해 - 산업통상자원부

18 ☐☐☐ 24 간부

「재난 및 안전관리 기본법 시행령」상 사회재난 유형별에 따른 재난관리주관기관의 연결로 옳지 않은 것은?

① 일반인이 자유로이 모이거나 통행하는 도로·광장 및 공원의 다중운집 인파사고로 인해 발생하는 대규모 피해: 행정안전부 및 소방청
② 해외재난: 외교부
③ 에너지의 중대한 수급 차질로 인해 발생하는 대규모 피해: 산업통상자원부
④ 미세먼지로 인핸 피해: 환경부
⑤ 해양오염으로 인해 발생하는 대규모 피해: 해양수산부 및 해양경찰청

---

16 정답 ②   LINK 기본서 385~387p
② 인공우주물체의 추락·충돌 등으로 인해 발생하는 피해 – **과학기술정보통신부 및 우주항공청**

17 정답 ①   LINK 기본서 385~387p
① 농업생산기반시설 중 저수지의 붕괴·파손 등으로 인해 발생하는 대규모 피해 – **농림축산식품부**

18 정답 ①   LINK 기본서 385~387p
① 일반인이 자유로이 모이거나 통행하는 도로·광장 및 공원의 다중운집 인파사고로 인해 발생하는 대규모 피해: 행정안전부 및 **경찰청**

19 | 25 간부

「재난 및 안전관리 기본법 시행령」상 재난의 유형과 재난관리주관기관의 연결이 옳지 않은 것은?

① 「지진·화산재해대책법」 제2조제2호에 따른 화산재해 - 행정안전부
② 「먹는물관리법」 제3조제1호에 따른 먹는물의 수질오염으로 인해 발생하는 대규모 피해 - 농림축산식품부
③ 「자연재해대책법」 제2조제3호에 따른 풍수해 중 조수로 인해 발생하는 재해 - 해양수산부
④ 「공연법」 제2조제4호에 따른 공연장의 화재 등으로 인해 발생하는 대규모 피해 - 문화체육관광부
⑤ 「해양환경관리법」 제2조제2호에 따른 해양오염으로 인해 발생하는 대규모 피해 - 해양수산부 및 해양경찰청

19 정답 ② LINK 기본서 386p

② 「먹는물관리법」 제3조제1호에 따른 먹는물의 수질오염으로 인해 발생하는 대규모 피해 - **환경부**

추가학습

| 환경부 (사회재난) |
① 댐[산업통상자원부 소관의 발전(發電)용 댐은 제외한다]의 붕괴·파손 등으로 인해 발생하는 대규모 피해
② 미세먼지로 인한 피해
③ 수도의 화재등으로 발생하는 대규모 피해
④ 먹는물의 수질오염으로 인해 발생하는 대규모 피해
⑤ 안전확인대상생활화학제품 및 살생물제 관련 사고(「제품안전기본법」 제15조에 따른 제품사고에 해당하는 경우로 한정한다)로 인해 발생하는 대규모 피해
⑥ 화학사고로 인해 발생하는 대규모 피해
⑦ 오염물질등으로 인한 환경오염(「먹는물관리법」 제3조제1호에 따른 먹는물의 수질오염은 제외한다)으로 인해 발생하는 대규모 피해

20 | 20 공채

「재난 및 안전관리 기본법」상 우리나라 재난관리체계에 관한 설명으로 옳지 않은 것은?

① 재난 및 안전관리에 관한 중요 정책을 심의하기 위하여 국무총리 소속으로 중앙안전관리위원회를 둔다.
② 대통령령으로 정하는 대규모 재난의 대응·복구를 총괄·조정하고 필요한 조치를 하기 위하여 행정안전부에 중앙재난안전대책본부를 둔다.
③ 소방서는 인명구조, 응급처치 등 긴급 조치를 담당하는 긴급구조지원기관에 해당한다.
④ 시·군·구 재난안전대책본부장은 시장·군수·구청장이며, 시·군·구 긴급구조통제단장은 소방서장이다.

20 정답 ③ LINK 기본서 388p

③ 소방서는 인명구조, 응급처치 등 긴급 조치를 담당하는 **긴급구조기관**에 해당한다.(법 제3조 제7호)

선지체크
① 법 제9조 제1항 제1호
② 법 제14조 제1항
④ 법 제16조 제2항, 제50조 제2항

2 안전관리기구 및 기능

21 〔19 공채〕

「재난 및 안전관리 기본법」상 중앙안전관리위원회와 안전정책조정위원회에 대한 설명으로 옳지 않은 것은?

① 중앙안전관리위원회는 국무총리 소속으로 국무총리가 위원장이다.
② 중앙안전관리위원회는 재난사태의 선포에 관한 사항을 심의하고, 안전정책조정위원회는 특별재난지역의 선포에 관한 사항을 심의한다.
③ 안전정책조정위원회는 중앙위원회에 상정될 안건을 사전에 검토한다.
④ 안전정책조정위원회 위원장은 행정안전부장관이 된다.

21 정답 ② LINK 기본서 391~393p

② 재난사태의 선포에 관한 사항, 특별재난지역의 선포에 관한 사항 **모두 중앙안전관리위원회에서 심의**한다.(법 제9조 제1항 제4호, 제5호)

선지체크
① 법 제9조 제1항, 제2항
③ 법 제10조 제1항
④ 법 제10조 제2항

22 〔25 간부〕

「재난 및 안전관리 기본법」상 대통령령으로 정하는 중앙안전관리위원회 위원에 해당하지 않는 것은 (단, 그 밖에 중앙안전관리위원회의 위원장이 지정하는 기관 및 단체의 장은 제외한다)

① 국가유산청장
② 통일부장관
③ 국무조정실장
④ 여성가족부장관
⑤ 국가보훈부장관

22 정답 ⑤ LINK 기본서 392p

중앙위원회의 위원
① 기획재정부장관, 교육부장관, 과학기술정보통신부장관, 외교부장관, **통일부장관**, 법무부장관, 국방부장관, 행정안전부장관, 문화체육관광부장관, 농림축산식품부장관, 산업통상자원부장관, 보건복지부장관, 환경부장관, 고용노동부장관, **여성가족부장관**, 국토교통부장관, 해양수산부장관 및 중소벤처기업부장관
② 국가정보원장, 방송통신위원회위원장, **국무조정실장**, 식품의약품안전처장, 금융위원회위원장 및 원자력안전위원회위원장
③ 경찰청장, 소방청장, **국가유산청장**, 산림청장, 질병관리청장, 기상청장 및 해양경찰청장
④ 그 밖에 중앙위원회의 위원장이 지정하는 기관 및 단체의 장

23 〔13 충북〕

「재난 및 안전관리 기본법」에서 중앙안전관리위원회에 관한 설명으로 옳은 것은?

① 중앙위원회 위원장의 간사는 행정안전부차관이 된다.
② 중앙위원회의 위원장은 국무총리가 되고, 위원은 대통령령으로 정하는 중앙행정기관의 장이 된다.
③ 중앙위원회 의결은 재적의원 2/3 출석과 1/2 찬성으로 한다.
④ 중앙위원회의 위원은 그 밖에 중앙대책본부의 위원장이 지정하는 기관 및 단체의 장이 된다.

23 정답 ② LINK 기본서 391~393p

② 법 제9조 제2항

선지체크
① 중앙위원회 위원장의 간사는 **행정안전부장관**이 된다.(법 제9조 제4항)
③ 중앙위원회의 회의는 재적위원 **과반수의 출석**으로 개의하고, 출석위원 **과반수의 찬성**으로 의결한다.(령 제8조 제2항)
④ 중앙위원회의 위원은 그 밖에 **중앙위원회의 위원장**이 지정하는 기관 및 단체의 장이 된다.(령 제6조 제1항 제5호)

24

15 2차 경기

다음 중 중앙안전관리위원회 심의사항으로 옳지 않은 것은?

① 재난 및 안전관리에 관한 중요 정책의 사항
② 재난사태의 선포에 관한 사항
③ 특별재난지역의 선포에 관한 사항
④ 재난의 대응·복구에 관한 사항

24 정답 ④

④ 해당사항 없음

추가학습

| 중앙안전관리위원회(중앙위원회) 심의사항(법 제9조 제1항) |

① 재난 및 안전관리에 관한 중요 정책에 관한 사항
② 국가안전관리기본계획에 관한 사항
③ 재난 및 안전관리 사업 관련 중기사업계획서, 투자우선순위 의견 및 예산요구서에 관한 사항
④ 중앙행정기관의 장이 수립·시행하는 계획, 점검·검사, 교육·훈련, 평가 등 재난 및 안전관리업무의 조정에 관한 사항
⑤ 안전기준관리에 관한 사항
⑥ 재난사태의 선포에 관한 사항
⑦ 특별재난지역의 선포에 관한 사항
⑧ 재난이나 그 밖의 각종 사고가 발생하거나 발생할 우려가 있는 경우 이를 수습하기 위한 관계 기관 간 협력에 관한 중요 사항
⑨ 재난안전의무보험의 관리·운용 등에 관한 사항
⑩ 중앙행정기관의 장이 시행하는 대통령령으로 정하는 재난 및 사고의 예방사업 추진에 관한 사항
⑪ 「재난안전산업 진흥법」에 따른 기본계획에 관한 사항
⑫ 위원장이 회의에 부치는 사항

25

12 공채

다음 중 중앙안전관리위원회 심의사항으로 옳지 않은 것은?

① 재난 및 안전관리에 관한 중요 정책에 관한 사항
② 국가 및 지방자치 안전관리기본계획에 관한 사항
③ 재난사태 또는 특별재난지역의 선포에 관한 사항
④ 중앙행정기관의 장이 수립·시행하는 계획, 점검·검사, 교육·훈련, 평가 등 재난 및 안전관리업무의 조정에 관한 사항

25 정답 ②

② 국가안전관리기본계획에 관한 사항(법 제9조 제1항 제2호)

26

「재난 및 안전관리 기본법」상 대통령령으로 정하는 대규모 재난의 대응·복구 등에 관한 사항을 총괄·조정하고 필요한 조치를 하기 위하여 행정안전부에 두는 조직은?

① 안전관리자문단
② 중앙안전관리위원회
③ 안전정책조정위원회
④ 중앙긴급구조통제단
⑤ 중앙재난안전대책본부

26 정답 ⑤ LINK 기본서 399p

⑤ 대통령령으로 정하는 대규모 재난의 대응·복구(이하 "수습"이라 한다) 등에 관한 사항을 총괄·조정하고 필요한 조치를 하기 위하여 **행정안전부에 중앙재난안전대책본부**(이하 "중앙대책본부"라 한다)를 둔다.(법 제14조 제1항)

27

폭우로 인한 홍수가 일어나는 재난이 발생했다. 이 경우 중앙재난안전대책본부의 본부장은 누구인가?

① 소방청차장   ② 국무총리
③ 대통령   ④ 행정안전부장관

27 정답 ④ LINK 기본서 400p

④ 중앙대책본부의 본부장은 **행정안전부장관**이 되며, 중앙대책본부장은 중앙대책본부의 업무를 총괄하고, 필요하다고 인정하면 중앙재난안전대책본부회의를 소집할 수 있다.(법 제14조 제3항)

추가학습

| 중앙재난안전대책본부(중앙대책본부)(법 제14조 제1항, 제3항) |

① 대통령령으로 정하는 대규모 **재난의 대응·복구**(이하 "수습"이라 한다) 등에 관한 사항을 **총괄·조정하고 필요한 조치를 하기 위하여** 행정안전부에 중앙재난안전대책본부(이하 "중앙대책본부"라 한다)를 둔다.
② 중앙대책본부의 본부장: **행정안전부장관**
　해외재난의 경우: 외교부장관
　방사능재난의 경우: 중앙방사능방재대책본부의 장

28

「재난 및 안전관리 기본법」에서 재난관리책임기관에 대한 설명으로 옳은 것은?

① 중앙재난안전대책본부의 본부장은 국무총리이다.
② 대통령 직속기관으로 중앙재난안전대책본부를 둔다.
③ 국무총리는 해외재난 시 수습지원단을 구성하고 중앙재난안전상황실을 설치·운영한다.
④ 해외재난의 경우에는 외교부장관이 중앙재난안전대책본부장의 권한을 행사한다.

28 정답 ④ LINK 기본서 399~402p

④ 법 제14조 제3항

선지체크

① 중앙재난안전대책본부의 본부장은 **행정안전부장관**이다. (법 제14조 제3항)
② **행정안전부**에 중앙재난안전대책본부를 둔다.(법 제14조 제1항)
③ **중앙대책본부장**은 국내 또는 해외에서 발생하였거나 발생할 우려가 있는 대규모재난의 수습을 지원하기 위하여 관계 중앙행정기관 및 관계 기관·단체의 재난관리에 관한 전문가 등으로 수습지원단을 구성하여 현지에 파견할 수 있다.(법 제14조의2), **행정안전부장관**은 중앙재난안전상황실을 설치·운영하여야 한다.(법 제18조 제1항 제1호)

29

□□□ 15 전북

다음 중 「재난 및 안전관리 기본법」에 관한 내용으로 옳지 않은 것은?

① 국무총리는 재난 및 사고로부터 국민의 생명·신체 및 재산을 보호하기 위하여 5년마다 국가의 재난 및 안전관리업무에 관한 기본계획을 수립하여야 한다.
② 해외재난 시 재외공관의 장은 소방청장에게 보고한다.
③ 소방청장은 항공기 조난사고가 발생한 경우 항공기 수색·구조계획을 수립·시행하여야 한다.
④ 국무총리 소속으로 중앙안전관리위원회를 둔다.

29 정답 ② LINK 기본서 407p

② 재외공관의 장은 관할 구역에서 해외재난이 발생하거나 발생할 우려가 있으면 즉시 그 상황을 **외교부장관에게 보고**하여야 한다. (법 제21조 제1항)

선지체크
① 법 제22조 제1항
③ 법 제57조 제1항
④ 법 제9조 제1항

30

□□□ 17 간부

다음 중 「재난 및 안전관리 기본법」에 근거한 안전관리기구 및 기능에 대한 설명으로 옳지 않은 것은?

① 재난 및 안전관리에 관한 중요 정책에 관한 사항은 국무총리 소속으로 중앙안전관리위원회에서 심의한다.
② 중앙안전관리위원회에 상정될 안건을 사전에 검토하기 위해 중앙안전관리위원회에 안전정책조정위원회를 둔다.
③ 행정안전부장관은 매년 재난 및 안전관리 사업의 효과성 및 효율성을 평가하고, 그 결과를 관계 중앙행정기관의 장에게 통보하여야 한다.
④ 지역별 재난 및 안전관리에 관한 사항을 심의·조정하기 위하여 시·도지사 소속으로 시·도 안전관리위원회를 둔다.
⑤ 중앙재난방송협의회의 구성 및 운영에 필요한 사항은 행정안전부령으로 정한다.

30 정답 ⑤ LINK 기본서 391~396p

⑤ 중앙재난방송협의회의 구성 및 운영에 필요한 사항은 **대통령령**으로 정한다.(법 제12조 제3항)

선지체크
① 법 제9조 제1항 제1호
② 법 제10조 제1항
③ 법 제10조의3 제1항
④ 법 제11조 제1항

3 안전관리계획

31 13 공채

다음 중 재난에 관한 내용으로 옳지 않은 것은?

① 중앙긴급구조통제단장은 소방청장이다.
② 긴급구조기관은 소방청, 소방본부, 소방서 등이다.
③ 국가안전관리기본계획 수립은 소방청장이 5년마다 수립한다.
④ 매월 4일은 안전점검의 날이다.

---

31 정답 ③   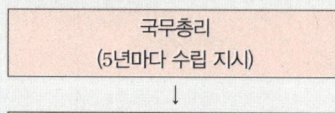 기본서 407p

③ 국가안전관리기본계획 수립은 **국무총리**가 5년마다 수립한다. (법 제22조 제1항)

선지체크
① 법 제49조 제2항
② 법 제3조 제7호
④ 령 제73조의6 제1항

추가학습

│국가안전관리기본계획 수립 등(법 제22조)│

1. **국무총리**는 국가안전관리기본계획을 **5년**마다 수립해야 한다. (령 제26조 제2항)
2. 국가안전관리기본계획 수립과정

```
        국무총리
   (5년마다 수립 지시)
          ↓
      행정안전부장관
   (수립지침 작성 및 통보)
          ↓
   관계 중앙행정기관의 장
   (소관 기본계획 작성 후 제출)
          ↓
      행정안전부장관
  (기본계획안 종합 → 국무총리 제출)
          ↓
        국무총리
  (중앙위원회 심의 → 기본계획 확정)
          ↓
      행정안전부장관
   (확정된 계획을 관계기관에 통보)
          ↓
   관계 중앙행정기관의 장
   (소관 재난관리책임기관에 재통보)
```

│집행계획(법 제23조 제1항)│

관계 중앙행정기관의 장은 따라 통보받은 국가안전관리기본계획에 따라 매년 그 소관 업무에 관한 집행계획을 작성하여 **조정위원회의 심의**를 거쳐 확정한다.

│소방과 관련된 날│
① 국민안전의 날: 4월 16일(법 제66조의7 제1항)
② 안전점검의 날: 매월 4일(령 제73조의6 제1항)
③ 방재의 날: 5월 25일(령 제73조의6 제1항)
④ 소방의 날: 11월 9일(소방기본법 제7조 제1항)

4 예방

32 ☐☐☐ 21 간부

「재난 및 안전관리 기본법」상 재난관리 단계별 활동 내용 중 예방단계에 포함되어야 할 내용을 〈보기〉에서 있는 대로 고른 것은?

〈 보기 〉
ㄱ. 재난에 대응할 조직의 구성 및 정비
ㄴ. 재난의 예측 및 예측정보 등의 제공·이용에 관한 체계의 구축
ㄷ. 재난 발생에 대비한 교육·훈련과 재난관리예방에 관한 홍보
ㄹ. 재난이 발생할 위험이 높은 분야에 대한 안전관리체계의 구축 및 안전관리규정의 제정
ㅁ. 재난관리자원의 비축·관리

① ㄱ
② ㄱ, ㄴ
③ ㄱ, ㄴ, ㄷ
④ ㄱ, ㄴ, ㄷ, ㄹ
⑤ ㄱ, ㄴ, ㄷ, ㄹ, ㅁ

32 정답 ④ LINK 기본서 410p

- 재난관리책임기관의 장의 재난예방조치 등(법 제25조의4)
  재난관리책임기관의 장은 소관 관리대상 업무의 분야에서 재난 발생을 사전에 방지하기 위하여 다음 각 호의 조치를 하여야 한다.
  ① **재난에 대응할 조직의 구성 및 정비**
  ② **재난의 예측 및 예측정보 등의 제공·이용에 관한 체계의 구축**
  ③ **재난 발생에 대비한 교육·훈련과 재난관리예방에 관한 홍보**
  ④ **재난이 발생할 위험이 높은 분야에 대한 안전관리체계의 구축 및 안전관리규정의 제정**
  ⑤ 국가핵심기반의 관리
  ⑥ 특정관리대상지역에 관한 조치
  ⑦ 재난방지시설의 점검·관리
  ⑧ **재난관리자원의 관리**
  ⑨ 그 밖에 재난을 예방하기 위하여 필요하다고 인정되는 사항

33 ☐☐☐ 19 간부

특별관리대상 지역에 대한 안전등급의 평가기준에 따라 실시하여야 하는 정기안전점검 실시기준으로 옳지 않은 것은?

① 안전등급 A등급: 반기별 1회 이상
② 안전등급 B등급: 반기별 1회 이상
③ 안전등급 C등급: 반기별 2회 이상
④ 안전등급 D등급: 월 1회 이상
⑤ 안전등급 E등급: 월 2회 이상

33 정답 ③ LINK 기본서 412p

③ C등급: 반기별 **1회** 이상(령 제34조의2 제3항 제1호 가목)

추가학습

| 특정관리대상지역의 안전등급 및 안전점검 등(령 제34조의2) |

1. 안전등급
   ① **A**등급: 안전도가 **우수**한 경우
   ② **B**등급: 안전도가 **양호**한 경우
   ③ **C**등급: 안전도가 **보통**인 경우
   ④ **D**등급: 안전도가 **미흡**한 경우
   ⑤ **E**등급: 안전도가 **불량**한 경우

2. 정기안전점검
   ① **A**등급: **반기별 1회** 이상
   ② **B**등급: **반기별 1회** 이상
   ③ **C**등급: **반기별 1회** 이상
   ④ **D**등급: **월 1회** 이상
   ⑤ **E**등급: **월 2회** 이상

34 | 13 전북

행정안전부장관과 재난관리책임기관의 장은 긴급안전점검 결과 재난 발생의 위험이 높다고 인정되는 시설 또는 지역에 대하여는 대통령령으로 정하는 바에 따라 그 소유자·관리자 또는 점유자에게 재난예방을 위한 안전조치를 할 것을 명할 수 있다. 재난 예방단계에서 그 내용으로 옳지 않은 것은?

① 정밀안전진단(시설만 해당)
② 보수 또는 보강 등 정비
③ 재난을 발생시킬 위험요인의 제거
④ 즉시 퇴피명령

34 정답 ④ LINK 기본서 414p

④ 해당사항 없음

추가학습

| 재난예방을 위한 안전조치(법 제31조) |

행정안전부장관 또는 재난관리책임기관의 장은 긴급안전점검 결과 재난 발생의 위험이 높다고 인정되는 시설 또는 지역에 대하여는 대통령령으로 정하는 바에 따라 그 소유자·관리자 또는 점유자에게 다음 각 호의 안전조치를 할 것을 명할 수 있다.

① 정밀안전진단(시설만 해당한다). 이 경우 다른 법령에 시설의 정밀안전진단에 관한 기준이 있는 경우에는 그 기준에 따르고, 다른 법령의 적용을 받지 아니하는 시설에 대하여는 행정안전부령으로 정하는 기준에 따른다.
② 보수(補修) 또는 보강 등 정비
③ 재난을 발생시킬 위험요인의 제거

---

5 대비

35 | 22 공채

「재난 및 안전관리 기본법」상 재난관리의 대비단계 관리 사항을 있는 대로 모두 고른 것은?

> ㄱ. 국가재난관리기준의 제정·운용
> ㄴ. 재난 예보·경보체계 구축·운영
> ㄷ. 재난안전분야 종사자 교육
> ㄹ. 재난안전통신망의 구축·운영

① ㄱ, ㄴ
② ㄱ, ㄹ
③ ㄱ, ㄴ, ㄹ
④ ㄴ, ㄷ, ㄹ

35 정답 ② LINK 기본서 416~419p

ㄱ. 국가재난관리기준의 제정·운용 등(법 제34조의3)
ㄹ. 재난안전통신망의 구축·운영(법 제34조의8)

선지체크

ㄴ. 재난 예보·경보체계 구축·운영 등 – 대응(법 제38조의2)
ㄷ. 재난안전분야 종사자 교육 – 예방(법 제29조의2)

36 〔23 간부〕

「재난 및 안전관리 기본법」상 재난의 대비에 포함되어야 할 내용으로 옳은 것만을 〈보기〉에서 있는 대로 고른 것은?

― 보기 ―
ㄱ. 국가핵심기반의 지정
ㄴ. 재난안전분야 종사자 교육
ㄷ. 지방자치단체에 대한 지원
ㄹ. 재난현장 긴급통신수단의 마련
ㅁ. 재난분야 위기관리 매뉴얼 작성·운용

① ㄱ, ㄴ
② ㄴ, ㄷ
③ ㄷ, ㄹ
④ ㄹ, ㅁ
⑤ ㄱ, ㄹ, ㅁ

36 정답 ④

ㄹ. 재난현장 긴급통신수단의 마련(법 제34조의2)
ㅁ. 재난분야 위기관리 매뉴얼 작성·운용(법 제34조의5)

선지체크
ㄱ. 국가핵심기반의 지정 등 – **예방**(법 제26조)
ㄴ. 재난안전분야 종사자 교육 – **예방**(법 제29조의2)
ㄷ. 지방자치단체에 대한 지원 등 – **예방**(법 제28조)

---

37 〔16 충남〕

다음 중 국가적 차원에서 관리가 필요한 재난에 대하여 재난관리 체계와 관계 기관의 임무와 역할을 규정한 문서로 재난관리주관기관의 장이 작성하는 문서는?

① 위기관리 표준매뉴얼
② 위기대응 실무매뉴얼
③ 현장조치 행동매뉴얼
④ 재난대응 실무매뉴얼

37 정답 ①

① 위기관리 표준매뉴얼: 국가적 차원에서 관리가 필요한 재난에 대하여 **재난관리 체계와 관계 기관의 임무와 역할을 규정**한 문서로 위기대응 실무매뉴얼의 작성 기준이 되며, 재난관리주관기관의 장이 작성한다.(법 제34조의5 제1항 제1호)

선지체크
② 위기대응 실무매뉴얼: 위기관리 표준매뉴얼에서 규정하는 기능과 역할에 따라 **실제 재난대응에 필요한 조치사항 및 절차를 규정**한 문서로 재난관리주관기관의 장과 관계 기관의 장이 작성한다.(법 제34조의5 제1항 제2호)
③ 현장조치 행동매뉴얼: **재난현장에서 임무를 직접 수행하는 기관의 행동조치 절차를 구체적으로 수록**한 문서로 위기대응 실무매뉴얼을 작성한 기관의 장이 지정한 기관의 장이 작성하되, 시장·군수·구청장은 재난유형별 현장조치 행동매뉴얼을 통합하여 작성할 수 있다.(법 제34조의5 제1항 제3호)
④ 해당사항 없음

추가학습

| 재난분야 위기관리 매뉴얼 작성·운용(법 제34조의5) |

재난관리책임기관의 장은 재난을 효율적으로 관리하기 위하여 재난유형에 따라 다음 각 호의 위기관리 매뉴얼을 작성·운용하여야 한다. 이 경우 재난대응활동계획과 위기관리 매뉴얼이 서로 연계되도록 하여야 한다.
① 위기관리 표준매뉴얼
② 위기대응 실무매뉴얼
③ 현장조치 행동매뉴얼

38

「재난 및 안전관리 기본법」상 재난관리책임기관의 장은 재난을 효율적으로 관리하기 위하여 재난유형에 따라 위기관리 매뉴얼을 작성·운용하여야 한다. ( )안에 들어갈 내용으로 옳은 것은?

(ㄱ)은 국가적 차원에서 관리가 필요한 재난에 대하여 재난관리 체계와 관계 기관의 임무와 역할을 규정한 문서이고, (ㄴ)은 재난현장에서 임무를 직접 수행하는 기관의 행동조치 절차를 구체적으로 수록한 문서이다.

	ㄱ	ㄴ
①	위기관리 표준매뉴얼	위기대응 실무매뉴얼
②	위기관리 표준매뉴얼	현장조치 행동매뉴얼
③	위기대응 실무매뉴얼	현장조치 행동매뉴얼
④	위기대응 실무매뉴얼	위기관리 표준매뉴얼
⑤	현장조치 행동매뉴얼	위기관리 표준매뉴얼

38 정답 ②

ㄱ. **위기관리 표준매뉴얼**: 국가적 차원에서 관리가 필요한 재난에 대하여 **재난관리 체계와 관계 기관의 임무와 역할을 규정**한 문서로 위기대응 실무매뉴얼의 작성 기준이 되며, 재난관리주관기관의 장이 작성한다.(법 제34조의5 제1항 제1호)

ㄴ. **현장조치 행동매뉴얼**: **재난현장에서** 임무를 직접 수행하는 기관의 **행동조치 절차를 구체적으로 수록**한 문서로 위기대응 실무매뉴얼을 작성한 기관의 장이 지정한 기관의 장이 작성하되, 시장·군수·구청장은 재난유형별 현장조치 행동매뉴얼을 통합하여 작성할 수 있다. (법 제34조의5 제1항 제3호)

39

「재난 및 안전관리 기본법」상 재난현장에서 임무를 직접 수행하는 기관의 행동조치 절차를 구체적으로 수록한 문서는?

① 재난대응 활동계획
② 현장조치 행동매뉴얼
③ 위기대응 실무매뉴얼
④ 위기관리 표준매뉴얼

39 정답 ②

② **현장조치 행동매뉴얼**: **재난현장에서** 임무를 직접 수행하는 기관의 **행동조치 절차를 구체적으로 수록**한 문서로 위기대응 실무매뉴얼을 작성한 기관의 장이 지정한 기관의 장이 작성하되, 시장·군수·구청장은 재난유형별 현장조치 행동매뉴얼을 통합하여 작성할 수 있다. (법 제34조의5 제1항 제3호)

선지체크

① 재난대응 활동계획: 재난관리책임기관의 장은 재난관리가 효율적으로 이루어질 수 있도록 대통령령으로 정하는 바에 따라 기능별 재난대응 활동계획을 작성하여 활용하여야 한다.(법 제34조의4 제1항)

6 대응

40　　　21 공채

「재난 및 안전관리 기본법」에 대한 내용이다. (　) 안에 들어갈 용어로 옳은 것은?

> (가)은 대통령령으로 정하는 재난이 발생하거나 발생할 우려가 있는 경우 사람의 생명·신체 및 재산에 미치는 중대한 영향이나 피해를 줄이기 위하여 긴급한 조치가 필요하다고 인정하면 (나)의 심의를 거쳐 (다)을/를 선포할 수 있다.

	(가)	(나)	(다)
①	중앙재난안전대책본부장	안전정책조정위원회	재난사태
②	행정안전부장관	중앙안전관리위원회	재난사태
③	중앙재난안전대책본부장	중앙안전관리위원회	특별재난지역
④	행정안전부장관	안전정책조정위원회	특별재난지역

40　정답 ②　LINK 기본서 419p

② **행정안전부장관**은 대통령령으로 정하는 재난이 발생하거나 발생할 우려가 있는 경우 사람의 생명·신체 및 재산에 미치는 중대한 영향이나 피해를 줄이기 위하여 긴급한 조치가 필요하다고 인정하면 **중앙위원회의 심의**를 거쳐 **재난사태를 선포**할 수 있다. 다만, 행정안전부장관은 재난상황이 긴급하여 중앙위원회의 심의를 거칠 시간적 여유가 없다고 인정하는 경우에는 중앙위원회의 심의를 거치지 아니하고 재난사태를 선포할 수 있다.(법 제36조 제1항)

41　　　13 전북

다음 중 재난 시 재난사태 선포권자는?

① 대통령　　② 행정안전부장관
③ 국무총리　④ 소방청장

41　정답 ②　LINK 기본서 419p

② **행정안전부장관**은 대통령령으로 정하는 재난이 발생하거나 발생할 우려가 있는 경우 사람의 생명·신체 및 재산에 미치는 중대한 영향이나 피해를 줄이기 위하여 긴급한 조치가 필요하다고 인정하면 **중앙위원회의 심의**를 거쳐 **재난사태를 선포**할 수 있다. 다만, 행정안전부장관은 재난상황이 긴급하여 중앙위원회의 심의를 거칠 **시간적 여유가 없다고 인정하는 경우에는 중앙위원회의 심의를 거치지 아니하고 재난사태를 선포**할 수 있다.(법 제36조 제1항)

42

재난 및 안전관리기본법에서 행정안전부장관 및 지방자체단체의 장이 재난사태가 선포된 지역에 할 수 있는 조치가 아닌 것은?

① 재난경보의 발령, 재난관리자원의 동원, 위험구역 설정, 대피명령, 응급지원 등 이 법에 따른 응급조치
② 해당 지역에 소재하는 행정기관 소속 공무원의 비상소집
③ 재난예방에 필요한 조치
④ 해당 지역에 대한 여행 등의 이동 자제 금지

42 정답 ④

④ 해당 지역에 대한 여행 등의 이동 자제 **권고**(법 제36조 제3항 제3호)

추가학습

재난사태가 선포된 지역에 대한 조치(법 제36조 제3항)

① 재난경보의 발령, **재난관리자원의 동원**, 위험구역 설정, 대피명령, 응급지원 등 이 법에 따른 **응급조치**
② 해당 지역에 소재하는 행정기관 소속 공무원의 **비상소집**
③ 해당 지역에 대한 여행 등 이동 자제 **권고**
④ 「유아교육법」, 「초·중등교육법」 및 「고등교육법」에 따른 **휴업명령 및 휴원·휴교 처분의 요청**
⑤ 그 밖에 **재난예방에 필요한 조치**

43

재난 및 안전관리 기본법령상 재난사태 선포와 특별재난지역의 선포에 관한 설명으로 옳지 않은 것은?

① 재난사태 선포는 재난의 대응 활동에 해당된다.
② 특별재난지역의 선포는 재난의 복구 활동에 해당된다.
③ 재난사태 선포권자는 국무총리이다.
④ 재난사태 선포대상 재난은 재난 중 극심한 인명 또는 재산의 피해가 발생하거나 발생할 것으로 예상되어 시·도지사가 중앙대책본부장에게 재난사태의 선포를 건의하거나 중앙대책본부장이 재난사태의 선포가 필요하다고 인정하는 재난(「노동조합 및 노동관계조정법」 제4장에 따른 쟁의행위로 인한 국가핵심기반의 일시 정지는 제외한다)을 말한다.
⑤ 행정안전부장관 및 지방자치단체의 장은 재난사태가 선포된 지역에 대하여 재난경보의 발령, 재난관리자원의 동원, 위험구역 설정, 대피명령, 응급지원 등 이 법에 따른 응급조치, 해당 지역에 소재하는 행정기관 소속 공무원의 비상소집, 해당 지역에 대한 여행 등 이동 자제 권고 등의 조치를 할 수 있다.

43 정답 ③

③ 재난사태 선포권자는 **행정안전부장관**이다.

44

17 공채

지역통제단장과 시·군·구청장 중 지역통제단장이 하여야 하는 응급조치가 아닌 것은?

① 긴급수송 및 구조 수단의 확보
② 경보의 발령
③ 현장지휘통신체계의 확보
④ 진화에 대한 응급조치

44 정답 ②

기본서 420p

② 경보의 발령은 시·군·구청장의 응급조치이다.
(법 제37조 제1항 제1호)

추가학습

| 응급조치(법 제37조) |

시·도긴급구조통제단 및 시·군·구긴급구조통제단의 단장(이하 "지역통제단장"이라 한다)과 시장·군수·구청장은 재난이 발생할 우려가 있거나 재난이 발생하였을 때에는 즉시 관계 법령이나 재난대응활동계획 및 위기관리 매뉴얼에서 정하는 바에 따라 수방·진화·구조 및 구난, 그 밖에 재난 발생을 예방하거나 피해를 줄이기 위하여 필요한 다음 각 호의 응급조치를 하여야 한다. 다만, **지역통제단장**의 경우에는 **제2호 중 진화**에 관한 응급조치와 **제4호 및 제6호**의 응급조치만 하여야 한다.

① 경보의 발령 또는 전달이나 피난의 권고 또는 지시
② 안전조치
③ **진화**·수방·지진방재, 그 밖의 응급조치와 구호
④ 피해시설의 응급복구 및 방역과 방범, 그 밖의 질서 유지
⑤ **긴급수송 및 구조 수단의 확보**
⑥ 급수 수단의 확보, 긴급피난처 및 구호품 등 재난관리자원의 확보
⑦ **현장지휘통신체계의 확보**
⑧ 그 밖에 재난 발생을 예방하거나 줄이기 위하여 필요한 사항으로서 대통령령으로 정하는 사항

45 ☐☐☐ 25 공채

「재난 및 안전관리 기본법」상 재난의 대응 단계에서 지역통제단장과 시장·군수·구청장은 재난이 발생할 우려가 있거나 재난이 발생하였을 때에는 즉시 관계 법령 등이 정하는 바에 따라 수방(水防) 및 그 밖에 재난 발생을 예방하거나 피해를 줄이기 위하여 필요한 응급조치를 하여야 한다. 이때 지역통제단장이 하여야 하는 응급조치로 옳지 않은 것은?

① 진화에 관한 응급조치
② 현장지휘통신체계의 확보
③ 재난을 발생시킬 요인의 제거
④ 긴급수송 및 구조 수단의 확보

45 🔒 정답 ③ 🔗 LINK 기본서 414p, 420p

선지체크
③ 행정안전부장관 또는 재난관리책임기관의 장이 재난예방을 위해 하는 안전조치에 관한 사항이다. (법 제31조 제1항)

추가학습

| 재난예방을 위한 안전조치 |

행정안전부장관 또는 재난관리책임기관의 장은 긴급안전점검 결과 재난 발생의 위험이 높다고 인정되는 시설 또는 지역에 대하여는 대통령령으로 정하는 바에 따라 그 소유자·관리자 또는 점유자에게 다음의 안전조치를 할 것을 명할 수 있다.
1. 정밀안전진단(시설만 해당)
2. 보수 또는 보강 등 정비
3. **재난을 발생시킬 위험요인의 제거**

| 지역통제단장(소방본·서장)과 시·군·구청장의 응급조치 |

지역통제단장은 ③ 진화의 응급조치, ⑤, ⑦의 응급조치만 한다.
① 경보의 발령 또는 전달이나 피난의 권고 또는 지시
② 안전조치
③ **진화**·수방·지진방재, 그 밖의 응급조치와 구호
④ 피해시설의 응급복구 및 방역과 방범, 그 밖의 질서 유지
⑤ **긴급수송 및 구조 수단의 확보**
⑥ 급수 수단의 확보, 긴급피난처 및 구호품 등 재난관리자원의 확보
⑦ **현장지휘통신체계의 확보**
⑧ 그 밖에 재난 발생을 예방하거나 줄이기 위하여 필요한 사항으로서 대통령령으로 정하는 사항

---

46 ☐☐☐ 18 간부

「재난 및 안전관리 기본법」상 재난이 발생할 우려가 있거나 재난이 발생하였을 때에 즉시 취해야 하는 응급조치로 옳지 않은 것은?

① 응급지원에 필요한 비용부담
② 피해시설의 응급복구 및 방역과 방범, 그 밖의 질서 유지
③ 긴급수송 및 구조 수단의 확보
④ 급수 수단의 확보, 긴급피난처 및 구호품 등 재난관리자원의 확보
⑤ 현장지휘통신체계의 확보

46 🔒 정답 ① 🔗 LINK 기본서 420p

① 해당사항 없음

47
□□□ 12 울산

다음 중 재난현장에서 긴급구조 통제단장의 조합으로 옳은 것은?

① 중앙통제단장: 소방청장,
   시·도 통제단장: 소방서장, 시·군·구 통제단장: 소방서장
② 중앙통제단장: 대통령,
   시·도 통제단장: 소방본부장, 시·군·구 통제단장: 소방서장
③ 중앙통제단장: 소방청장,
   시·도 통제단장: 소방본부장, 시·군·구 통제단장: 소방서장
④ 중앙통제단장: 국무총리,
   시·도 통제단장: 시·도지사, 시·군·구 통제단장: 소방본부장

47 정답 ③

③ 중앙통제단장: **소방청장**, 시·도 통제단장: **소방본부장**
   시·군·구 통제단장: **소방서장** (법 제49조 제2항, 법 제50조 제2항)

추가학습

| 긴급구조 |
1. 중앙긴급구조통제단(중앙통제단)(법 제49조)
   ① 설치: 소방청
   ② 단장: **소방청장**
   ③ 부서: 대응계획부, 자원지원부, 현장지휘부(령 제55조)
2. 지역긴급구조통제단(지역통제단)(법 제50조)
   ① 설치: 시·도의 소방본부, 시·군·구의 소방서
   ② 단장: **소방본부장, 소방서장**

48
□□□ 12 울산

다음 중 시·도 긴급구조통제단의 단장이 될 수 있는 자는?

① 소방청장   ② 행정안전부장관
③ 소방본부장   ④ 소방서장

48 정답 ③

③ 시·도 긴급구조통제단과 시·군·구 긴급구조통제단(이하 "지역통제단"이라 한다)에는 각각 단장 1명을 두되, **시·도 긴급구조통제단의 단장은 소방본부장**이 되고 시·군·구 긴급구조통제단의 단장은 소방서장이 된다.(법 제50조 제2항)

선지체크

① 소방청장은 중앙긴급구조통제단장이다.(법 제49조 제2항)
② 해당사항 없음
④ 소방서장은 시·군·구 긴급구조통제단의 단장이다.(법 제50조 제2항)

49
□□□ 19 공채

「재난 및 안전관리 기본법」상 긴급구조에 대한 설명으로 옳지 않은 것은?

① 중앙긴급구조통제단의 단장은 행정안전부장관이 된다.
② 시·도 긴급구조통제단의 단장은 소방본부장이 된다.
③ 시·군·구 긴급구조통제단의 단장은 소방서장이 된다.
④ 재난현장에서는 시·군·구 긴급구조통제단장이 긴급구조활동을 지휘한다.

49 정답 ①

① 중앙긴급구조통제단의 단장은 **소방청장**이 된다.(법 제49조 제2항)

선지체크

②③ 법 제50조 제2항
④ 법 제52조 제1항

50

16 공채

다음 중 중앙긴급구조통제단에 대한 설명으로 옳지 않은 것은?

① 긴급구조에 관한 사항의 총괄·조정, 긴급구조기관 및 긴급구조지원기관이 하는 긴급구조활동의 역할 분담과 지휘·통제를 위하여 소방청에 중앙긴급구조통제단을 둔다.
② 중앙긴급구조통제단의 단장은 행정안전부장관이 된다.
③ 중앙통제단장은 긴급구조를 위하여 필요하면 긴급구조지원기관 간의 공조체제를 유지하기 위하여 관계 기관·단체의 장에게 소속 직원의 파견을 요청할 수 있다.
④ 중앙통제단의 구성·기능 및 운영에 필요한 사항은 대통령령으로 정한다.

50 정답 ② LINK 기본서 424~427p

② 중앙긴급구조통제단의 단장은 **소방청장**이 된다.(법 제49조 제2항)

선지체크
① 법 제49조 제1항
③ 법 제49조 제3항
④ 법 제49조 제4항

51

16 충남

다음 중 중앙통제단이 하는 일이 아닌 것은?

① 긴급구조활동의 지휘·통제
② 긴급구조대응계획의 집행
③ 국가 긴급구조대책의 총괄·조정
④ 중앙구조대장이 지시하는 사항

51 정답 ④ LINK 기본서 426p

④ **중앙통제단의 장**이 필요하다고 인정하는 사항

추가학습

중앙통제단의 기능(령 제54조)
① 국가 긴급구조대책의 총괄·조정
② 긴급구조활동의 지휘·통제(긴급구조활동에 필요한 긴급구조기관의 인력과 장비 등의 동원을 포함한다)
③ 긴급구조지원기관간의 역할분담 등 긴급구조를 위한 현장활동계획의 수립
④ 긴급구조대응계획의 집행
⑤ 그 밖에 중앙통제단의 장이 필요하다고 인정하는 사항

52

18 간부

「재난 및 안전관리 기본법」상 긴급구조통제단에 관한 설명으로 옳지 않은 것은?

① 재난현장에서는 시·군·구 긴급구조통제단장이 긴급구조활동을 지휘한다.
② 긴급구조통제단장은 긴급구조지원요원의 현장 출동을 명령할 수 있다.
③ 시·도 긴급구조통제단의 단장은 소방본부장이 된다.
④ 중앙긴급구조통제단의 단장은 소방청장이 된다.
⑤ 시·군·구의 소방서에 시·군·구 긴급구조통제단을 두고 단장은 소방서장이 된다.

52 정답 ② LINK 기본서 424~427p

② 지역통제단장은 긴급구조를 위하여 필요하면 **긴급구조지원기관의 장에게 소속 긴급구조지원요원을 현장에 출동시키거나 긴급구조에 필요한 재난관리자원을 지원하는 등 긴급구조활동을 지원할 것을 요청할 수 있다.** 이 경우 요청을 받은 기관의 장은 특별한 사유가 없으면 즉시 요청에 따라야 한다.(법 제51조 제2항)

선지체크
① 법 제52조 제1항
③ 법 제50조 제2항
④ 법 제49조 제2항
⑤ 법 제50조 제1항, 제2항

53

「재난 및 안전관리 기본법 시행령」상 긴급구조기관의 장이 수립하는 재난유형별 긴급구조대응계획에 포함되어야 할 내용으로 옳은 것은?

> ㄱ. 긴급구조대응계획의 기본방침과 절차
> ㄴ. 긴급구조대응계획의 목적 및 적용범위
> ㄷ. 주요 재난유형별 대응 매뉴얼에 관한 사항
> ㄹ. 비상경고 방송메시지 작성 등에 관한 사항
> ㅁ. 긴급구조대응계획의 운영책임에 관한 사항
> ㅂ. 재난 발생 단계별 주요 긴급구조 대응활동 사항

① ㄱ, ㄴ, ㄷ
② ㄱ, ㄴ, ㅁ
③ ㄴ, ㄹ, ㅂ
④ ㄷ, ㄹ, ㅁ
⑤ ㄷ, ㄹ, ㅂ

53 정답 ⑤

선지체크
ㄱ, ㄴ, ㅁ 기본계획에 해당한다.

추가학습

| 기본계획(령 제63조 제1항 제1호) |
① 긴급구조대응계획의 목적 및 적용범위
② 긴급구조대응계획의 기본방침과 절차
③ 긴급구조대응계획의 운영책임에 관한 사항

| 재난유형별 긴급구조대응계획(령 제63조 제1항 제3호) |
① 재난 발생 단계별 주요 긴급구조 대응활동 사항
② 주요 재난유형별 대응 매뉴얼에 관한 사항
③ 비상경고 방송메시지 작성 등에 관한 사항

54

긴급구조기관의 장이 수립하는 긴급구조대응계획 중 기능별 긴급구조대응계획에 포함되지 않는 것은?

① 대중정보계획
② 재난통신계획
③ 긴급오염통제계획
④ 위험지역설정계획
⑤ 피해상황분석계획

54 정답 ④

④ 해당사항 없음

추가학습

| 기능별 긴급구조대응계획(령 제63조 제1항 제2호) |

지휘통제	긴급구조체제 및 중앙통제단과 지역통제단의 운영체계 등에 관한 사항
비상경고	긴급대피, 상황 전파, 비상연락 등에 관한 사항
대중정보	주민보호를 위한 비상방송시스템 가동 등 긴급 공공정보 제공에 관한 사항 및 재난상황 등에 관한 정보 통제에 관한 사항
피해상황분석	재난현장상황 및 피해정보의 수집·분석·보고에 관한 사항
구조·진압	인명 수색 및 구조, 화재진압 등에 관한 사항
응급의료	대량 사상자 발생 시 응급의료서비스 제공에 관한 사항
긴급오염통제	오염 노출 통제, 긴급 감염병 방제 등 재난현장 공중보건에 관한 사항
현장통제	재난현장 접근 통제 및 치안 유지 등에 관한 사항
긴급복구	긴급구조활동을 원활하게 하기 위한 긴급구조차량 접근도로 복구 등에 관한 사항
긴급구호	긴급구조요원 및 긴급대피 수용주민에 대한 위기 상담, 임시 의식주 제공 등에 관한 사항
재난통신	긴급구조기관 및 긴급구조지원기관 간 정보통신체계 운영 등에 관한 사항

55 □□□ 16 충남

「재난 및 안전관리 기본법」에 대하여 옳지 않은 것은?

① 중앙긴급구조통제단장은 소방청장이다.
② 매월 4일은 안전점검의 날이다.
③ 시·군·구 긴급구조통제단장은 시장·군수·구청장이다.
④ 행정안전부장관은 재난사태 선포지역에 위험지역에 여행 자제 권고 등의 조치를 할 수 있다.

55 정답 ③ LINK 기본서 426p

③ 시·군·구 긴급구조통제단장은 **소방서장**이다.(법 제50조 제2항)

선지체크
① 법 제49조 제2항
② 령 제73조의6 제1항
④ 법 제36조 제3항 제3호

56 □□□ 13 경기

다음 중 긴급구조지휘대의 구성으로 옳지 않은 것은?

① 현장지휘요원　② 자원지원요원
③ 안전관리요원　④ 응급지휘요원

56 정답 ④ LINK 기본서 430p

④ **구급지휘요원**(령 제65조 제1항 제6호)

추가학습

긴급구조지휘대 구성·운영(령 제65조)

① 현장지휘요원
② 자원지원요원
③ 통신지원요원
④ 안전관리요원
⑤ 상황조사요원
⑥ 구급지휘요원

57

□□□ 13 공채

긴급구조지휘대의 구성 및 기능에서 긴급구조지휘대를 구성에 해당하는 자는 통제단이 설치·운영되는 경우 구분에 따라 해당 부서에 배치되는데 대응계획부와 가장 관계가 있는 요원은?

① 상황조사요원
② 안전관리요원
③ 자원지원요원
④ 현장지휘요원

57 정답 ① LINK 기본서 430p

① 상황조사요원: 대응계획부(「긴급구조대응활동 및 현장지휘에 관한 규칙」 제16조 제3항 제3호)

선지체크

② 안전관리요원: **현장지휘부**(「긴급구조대응활동 및 현장지휘에 관한 규칙」 제16조 제3항 제4호)
③ 자원지원요원: **자원지원부**(「긴급구조대응활동 및 현장지휘에 관한 규칙」 제16조 제3항 제2호)
④ 현장지휘요원: **현장지휘부**(「긴급구조대응활동 및 현장지휘에 관한 규칙」 제16조 제3항 제1호)

추가학습

| 긴급구조통제단 배치 |
(「긴급구조대응활동 및 현장지휘에 관한 규칙」 제16조 제3항)

긴급구조지휘대를 구성하는 사람은 **통제단이 설치·운영되는 경우** 다음 각 호의 구분에 따라 통제단의 해당부서에 배치된다.
① 현장지휘요원: **현장지휘부**
② 자원지원요원: **자원지원부**
③ 통신지원요원: **현장지휘부**
④ 안전관리요원: **현장지휘부**
⑤ 상황조사요원: **대응계획부**
⑥ 구급지휘요원: **현장지휘부**

58

□□□ 15 2차 경기

중앙통제단 부서별 임무에서 수색구조, 항공·현장통제, 응급의료반은 어느 부서에 속하는가?

① 현장지휘부
② 자원지원부
③ 대응계획부
④ 긴급복구부

58 정답 ① LINK 기본서 426p

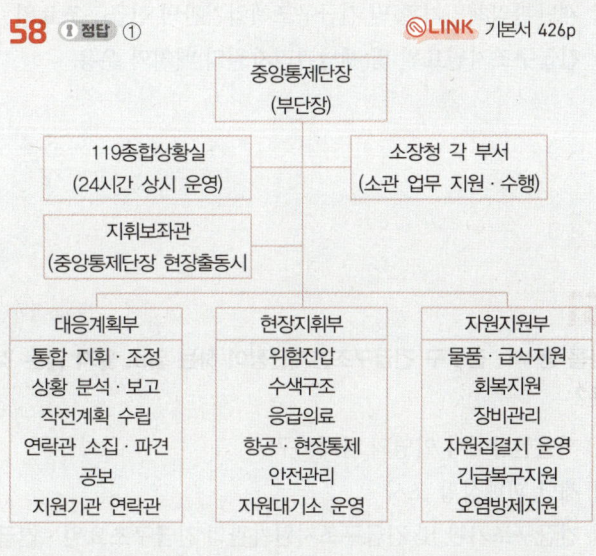

59

「재난 및 안전관리 기본법」상 재난현장에서 시·군·구 긴급구조통제단장의 긴급구조 현장지휘 사항을 모두 고른 것은?

> ㄱ. 재난현장에서 인명의 탐색·구조
> ㄴ. 추가 재난의 방지를 위한 응급조치
> ㄷ. 사상자의 응급처치 및 의료기관으로의 이송
> ㄹ. 긴급구조에 필요한 재난관리자원의 관리

① ㄱ, ㄴ
② ㄱ, ㄴ, ㄷ
③ ㄴ, ㄷ, ㄹ
④ ㄱ, ㄴ, ㄷ, ㄹ

59 정답 ④

- 긴급구조 현장지휘(법 제52조)
재난현장에서는 **시·군·구 긴급구조통제단장**이 긴급구조활동을 지휘한다. 다만, 치안활동과 관련된 사항은 관할 경찰관서의 장과 협의하여야 한다.
① **재난현장에서 인명의 탐색·구조**
② 긴급구조기관 및 긴급구조지원기관의 긴급구조요원·긴급구조지원요원 및 재난관리자원의 배치와 운용
③ **추가 재난의 방지를 위한 응급조치**
④ 긴급구조지원기관 및 자원봉사자 등에 대한 임무의 부여
⑤ **사상자의 응급처치 및 의료기관으로의 이송**
⑥ **긴급구조에 필요한 재난관리자원의 관리**
⑦ 현장접근 통제, 현장 주변의 교통정리, 그 밖에 긴급구조활동을 효율적으로 하기 위하여 필요한 사항

60

다음 중 긴급구조 현장지휘에 대하여 옳지 않은 것은?

① 사상자의 응급처치 및 의료기관으로의 이송
② 추가 재난의 방지를 위한 응급조치
③ 긴급구조지원기관 및 자원봉사자 등에 대한 임무의 부여
④ 재난관리책임기관 및 긴급구조책임기관의 긴급구조요원·긴급구조지원요원 및 재난관리자원의 배치와 운용

60 정답 ④

④ **긴급구조기관** 및 **긴급구조지원기관**의 긴급구조요원·긴급구조지원요원 및 재난관리자원의 배치와 운용(법 제52조 제2항 제2호)

61

다음 중 시·군·구 긴급구조통제단장이 하는 일로 옳지 않은 것은?

① 재난현장에서 인명의 탐색·구조
② 재난 피해상황 조사
③ 긴급구조기관 및 긴급구조지원기관의 긴급구조요원·긴급구조지원요원 및 재난관리자원의 배치와 운용
④ 추가 재난의 방지를 위한 응급조치

61 정답 ②

② 해당사항 없음

62 17 간부

「재난 및 안전관리 기본법」상 긴급구조에 대한 설명으로 옳지 않은 것은?

① 긴급구조에 관한 사항의 총괄·조정, 긴급구조기관 및 긴급구조지원기관이 하는 긴급구조활동의 역할 분담과 지휘·통제를 위하여 소방청에 중앙긴급구조통제단을 두며, 단장은 소방청장이 된다.
② 재난현장에서는 시·군·구 긴급구조통제단장이 긴급구조활동을 지휘한다. 다만, 치안활동과 관련된 사항은 관할 경찰관서의 장과 협의하여야 한다.
③ 해상에서 발생한 선박이나 항공기 등의 조난사고의 긴급구조활동에 관하여는 「수상에서의 수색·구조 등에 관한 법률」 등 관계 법령에 따른다.
④ 지역통제단장은 긴급구조를 위하여 필요하면 긴급구조지원기관 간의 공조체제를 유지하기 위하여 관계 기관·단체의 장에게 소속 직원의 파견을 요청할 수 있다.
⑤ 소방청, 소방본부, 소방서, 대한적십자사는 긴급구조기관에 해당하는 기관이다.

62 정답 ⑤ LINK 기본서 388p

⑤ **긴급구조기관이란 소방청·소방본부 및 소방서**를 말한다. 다만, 해양에서 발생한 재난의 경우에는 해양경찰청·지방해양경찰청 및 해양경찰서를 말한다.(법 제3조 제7호)

선지체크
① 법 제49조 제1항, 제2항
② 법 제52조 제1항
③ 법 제56조
④ 법 제50조 제3항

63 24 간부

「재난 및 안전관리 기본법」과 「수상에서의 수색·구조 등에 관한 법률」상 해상에서의 긴급구조 및 항공기 등 조난사고 시의 긴급구조에 관한 설명으로 옳지 않은 것은?

① 해상에서 발생한 선박이나 항공기 등의 조난사고의 긴급구조활동에 관하여는 「수상에서의 수색·구조 등에 관한 법률」 등 관계 법령에 따른다.
② 해수면에서의 수난구호는 구조본부의 장이 수행하고, 내수면에서의 수난구호는 소방관서의 장이 수행한다.
③ 국방부장관은 항공기 조난사고가 발생한 경우 항공기 수색과 인명구조를 위하여 항공기 수색·구조계획을 수립·시행하여야 한다.
④ 국방부장관은 항공기나 선박의 조난사고가 발생하면 관계 법령에 따라 긴급구조업무에 책임이 있는 기관의 긴급구조활동에 대한 군의 지원을 신속하게 할 수 있도록 조치를 취하여야 한다.
⑤ 국방부장관이 설치하는 탐색구조본부의 구성과 운영에 필요한 사항은 국방부령으로 정한다.

63 정답 ③ LINK 기본서 431p, 536p

③ **소방청장**은 항공기 조난사고가 발생한 경우 항공기 수색과 인명구조를 위하여 항공기 수색·구조계획을 수립·시행하여야 한다.

7 복구

64　　18 2차 공채

다음은 「재난 및 안전관리 기본법」상 특별재난지역의 선포와 관련된 내용이다. ( ) 안에 들어갈 내용으로 옳은 것은?

> (㉠)은(는) 대통령령으로 정하는 규모의 재난이 발생하여 국가의 안녕 및 사회질서의 유지에 중대한 영향을 미치거나 피해를 효과적으로 수습하기 위하여 특별한 조치가 필요하다고 인정하거나 지역대책본부장의 요청이 타당하다고 인정하는 경우에는 (㉡)의 심의를 거쳐 해당 지역을 특별재난지역으로 선포할 것을 대통령에게 건의할 수 있다.

	㉠	㉡
①	중앙재난안전대책본부장	안전정책조정위원회
②	중앙안전관리위원회	중앙사고수습본부
③	중앙안전관리위원회	중앙재난안전대책본부장
④	중앙재난안전대책본부장	중앙안전관리위원회

65　　24 간부

재난 및 안전관리 기본법령상 특별재난지역 선포에 관한 사항으로 옳지 않은 것은?

① 특별재난지역의 선포권자는 대통령이다.
② 중앙대책본부장은 특별재난지역의 선포를 대통령에게 건의할 수 있다.
③ 특별재난지역의 선포를 위해서는 중앙대책본부의 심의를 거쳐야 한다.
④ 지역대책본부장은 관할지역에서 발생한 재난에 대해 중앙대책본부장에게 특별재난지역의 선포 건의를 요청할 수 있다.
⑤ 특별재난지역을 선포하는 경우에 중앙대책본부장은 특별재난지역의 구체적인 범위를 정하여 공고하여야 한다.

64　정답 ④　LINK 기본서 432p

④ **중앙대책본부장**은 대통령령으로 정하는 규모의 재난이 발생하여 국가의 안녕 및 사회질서의 유지에 중대한 영향을 미치거나 피해를 효과적으로 수습하기 위하여 특별한 조치가 필요하다고 인정하거나 제3항에 따른 지역대책본부장의 요청이 타당하다고 인정하는 경우에는 **중앙위원회의 심의**를 거쳐 해당 지역을 특별재난지역으로 선포할 것을 대통령에게 건의할 수 있다.(법 제60조 제1항)

65　정답 ③　LINK 기본서 432~433p

③ 특별재난지역의 선포를 위해서는 **중앙위원회**의 심의를 거쳐야 한다.

66

다음 중 특별재난지역 선포권자는?

① 소방청장　　　② 국무총리
③ 대통령　　　　④ 행정안전부장관

67

국가의 안녕 및 사회질서의 유지에 중대한 영향을 미치거나 피해를 효과적으로 수습하기 위하여 특별한 조치가 필요하다고 인정하면 중앙위원회의 심의를 거쳐 해당 지역의 특별재난으로 선포할 수 있는 자는?

① 소방청장　　　② 대통령
③ 국무총리　　　④ 행정안전부장관

68

다음 중 특별재난지역 선포건의권자와 선포권자의 연결이 옳은 것은?

① 중앙재난안전대책본부장 - 소방청장
② 중앙안전관리위원장 - 대통령
③ 중앙안전관리위원장 - 국무총리
④ 중앙재난안전대책본부장 - 대통령

---

66 정답 ③

③ 특별재난지역의 선포를 건의받은 **대통령**은 해당 지역을 **특별재난지역으로 선포**할 수 있다.(법 제60조 제2항)

67 정답 ②

② 특별재난지역의 선포를 건의받은 **대통령**은 해당 지역을 **특별재난지역으로 선포**할 수 있다.(법 제60조 제2항)

68 정답 ④

④ 법 제60조 제1항, 제2항

69
10 경기

다음 중 시·도 재난사태 선포권자(ㄱ)와 특별재난지역 선포권자(ㄴ)는?

	(ㄱ)	(ㄴ)
①	행정안전부장관	국무총리
②	대통령	대통령
③	행정안전부장관	대통령
④	대통령	국무총리

69 정답 ③
LINK 기본서 419p, 433p

ㄱ. **행정안전부장관**은 대통령령으로 정하는 재난이 발생하거나 발생할 우려가 있는 경우 사람의 생명·신체 및 재산에 미치는 중대한 영향이나 피해를 줄이기 위하여 긴급한 조치가 필요하다고 인정하면 중앙위원회의 심의를 거쳐 **재난사태를 선포**할 수 있다.(법 제36조 제1항)

ㄴ. 특별재난지역의 선포를 건의받은 **대통령**은 해당 지역을 **특별재난지역으로 선포**할 수 있다.(법 제60조 제2항)

70
15 전북

국가 및 지방자치단체는 특별재난지역으로 선포된 지역 주민의 생계안정을 위하여 국고보조를 할 수 있다. 다음 중 국고보조의 내용이 아닌 것은?

① 통신·전기요금 납부유예 등의 간접지원
② 세입자 보조 생계안정 지원
③ 대학생 학자금 면제
④ 주거용 건축물 복구비 지원

70 정답 ③
LINK 기본서 434~435p

③ **고등학생** 학자금 면제(법 제66조 제3항 제3호)

추가학습

재난지역에 대한 국고보조 등의 지원(법 제66조 제3항)
① 사망자·실종자·부상자 등 피해주민에 대한 구호
② 주거용 건축물의 복구비 지원
③ 고등학생의 학자금 면제
④ 자금의 융자, 보증, 상환기한의 연기, 그 이자의 감면 등 관계 법령에서 정하는 금융지원
⑤ 세입자 보조 등 생계안정 지원
⑥ 「소상공인기본법」에 따른 소상공인에 대한 지원
⑦ 관계 법령에서 정하는 바에 따라 국세·지방세, 건강보험료·연금보험료, 통신요금, 전기요금 등의 경감 또는 납부유예 등의 간접지원
⑧ 주 생계수단인 농업·어업·임업·염생산업에 피해를 입은 경우에 해당 시설의 복구를 위한 지원
⑨ 공공시설 피해에 대한 복구사업비 지원
⑩ 그 밖에 중앙재난안전대책본부회의에서 결정한 지원 또는 지역재난안전대책본부회의에서 결정한 지원

71　　18 간부

「재난 및 안전관리 기본법」상 재난지역에 대한 국고보조 등의 지원에 대한 내용으로 옳지 않은 것은?

① 국가는 자연재난의 원활한 복구를 위하여 필요하면 대통령령으로 정하는 바에 따라 그 비용의 전부 또는 일부를 국고에서 부담하거나 지방자치단체, 그 밖의 재난관리책임자에게 보조할 수 있다.
② 국가와 지방자치단체는 재난으로 피해를 입은 시설의 복구와 피해주민의 생계 안정을 위하여 주거용 건축물의 복구비를 지원할 수 있다.
③ 국가와 지방자치단체는 재난으로 피해를 입은 사람에 대하여 심리적 안정과 사회적응을 위한 상담 활동을 지원할 수 있다.
④ 재난복구사업의 재원은 대통령령으로 정하는 재난의 구호 및 재난의 복구비용 부담기준에 따라 국고의 부담금 또는 보조금과 지방자치단체의 부담금·의연금 등으로 충당한다.
⑤ 국가와 지방자치단체로부터 재난으로 피해를 입은 시설의 복구와 피해주민의 생계 안정을 위해 지원되는 금품 또는 이를 지급받을 권리는 양도하거나 담보로 제공할 수 있다.

71　정답 ⑤　　LINK 기본서 434~435p

⑤ 국가와 지방자치단체로부터 재난으로 피해를 입은 시설의 복구와 피해주민의 생계 안정을 위해 지원되는 금품 또는 이를 지급받을 권리는 **양도·압류하거나 담보로 제공할 수 없다.**(법 제66조 제7항)

선지체크
① 법 제66조 제1항
② 법 제66조 제3항 제2호
③ 법 제66조 제5항
④ 법 제66조 제2항

72　　21 공채

「재난 및 안전관리 기본법」상 재난관리 단계별 조치 사항의 연결이 옳지 않은 것은?

① 예방단계 - 재난방지시설의 관리
② 대비단계 - 재난현장 긴급통신수단의 마련
③ 대응단계 - 특별재난지역의 선포
④ 복구단계 - 피해조사 및 복구계획 수립·시행

72　정답 ③　　LINK 기본서 432p

③ **복구단계** - 특별재난지역의 선포(법 제60조)

선지체크
① 예방단계 - 재난방지시설의 관리(법 제29조)
② 대비단계 - 재난현장 긴급통신수단의 마련(법 제34조의2)
④ 복구단계 - 피해조사 및 복구계획 수립·시행(법 제59조)

73 ☐☐☐ 23 공채

「재난 및 안전관리 기본법」상 재난관리 단계와 활동내용의 연결이 옳지 않은 것은?

① 예방 단계 - 위험구역의 설정
② 대비 단계 - 재난현장 긴급통신수단의 마련
③ 대응 단계 - 재난 예보·경보체계 구축·운영
④ 복구 단계 - 특별재난지역 선포 및 지원

73 정답 ① LINK 기본서 421p

① **대응 단계** - 위험구역의 설정(법 제41조)

선지체크
② 대비 단계 - 재난현장 긴급통신수단의 마련(법 제34조의2)
③ 대응 단계 - 재난 예보·경보체계 구축·운영 등(법 제38조의2)
④ 복구 단계 - 특별재난지역 선포 및 지원(법 제60조, 제61조)

74 ☐☐☐ 18 2차 공채

재난관리의 단계별 주요 활동 중 '긴급통신수단 구축'이 해당되는 단계로 옳은 것은?

① 대응단계
② 대비단계
③ 예방단계
④ 복구단계

74 정답 ② LINK 기본서 416p

② 긴급통신수단을 마련하는 것은 **재난의 대비단계**에서의 활동이다. (법 제34조의2)

75 ☐☐☐ 20 공채

「재난 및 안전관리 기본법」상 재난관리에 관한 내용으로 옳은 것은?

① 예방 - 재난 발생을 사전에 방지하기 위하여 매년 재난대비훈련 계획을 수립하고, 관계 기관과 합동으로 재난대비훈련을 실시한다.
② 대비 - 재난을 효율적으로 관리하기 위하여 재난유형에 따라 위기관리 매뉴얼을 작성·운용한다.
③ 대응 - 재난 피해지역을 재해 이전 상태로 회복시키기 위하여 피해상황을 조사하고, 자체복구계획을 수립·시행한다.
④ 복구 - 재난의 수습활동을 효율적으로 하기 위하여 재난관리자원의 관리 및 긴급통신수단을 마련한다.

75 정답 ② LINK 기본서 417p

② 재난을 효율적으로 관리하기 위하여 재난유형에 따라 **위기관리 매뉴얼을 작성·운용**한다. - 재난의 **대비**(법 제34조의5)

선지체크
① 재난 발생을 사전에 방지하기 위하여 매년 **재난대비훈련 계획**을 수립하고, 관계 기관과 합동으로 재난대비훈련을 실시한다. - 재난의 **대비**(법 제34조의9)
③ 재난 피해지역을 재해 이전 상태로 회복시키기 위하여 **피해상황을 조사**하고, **자체복구계획을 수립·시행**한다. - 재난의 **복구**(법 제59조)
④ 재난의 수습활동을 효율적으로 하기 위하여 **재난관리자원의 관리** 및 **긴급통신수단을 마련**한다. - 재난의 **대비**(법 제34조, 제34조의2)

76 　　15 2차 경기

「재난 및 안전관리 기본법」에서 재난의 단계 중 복구단계에 해당하는 것은?

① 국가핵심기반의 지정
② 정부합동 안전 점검
③ 위험구역의 설정
④ 특별재난지역의 선포 및 지원

76 정답 ④ 　　LINK 기본서 432p

④ 법 제60조, 법 제61조

선지체크
① 재난의 **예방**(법 제26조)
② 재난의 **예방**(법 제32조)
③ 재난의 **대응**(법 제41조)

77 　　20 간부

「재난 및 안전관리 기본법」 및 같은 법 시행령상 효율적인 재난관리를 위해 실시하는 예방, 대비, 대응 및 복구 활동에 관한 내용으로 옳지 않은 것은?

① 국무총리는 국가안전관리기본계획을 5년마다 수립하여야 한다.
② 안전점검의 날은 매월 4일로 하고, 방재의 날은 매년 5월 25일로 한다.
③ 훈련주관기관의 장은 관계 기관과 합동으로 참여하는 재난대비훈련을 각각 소관 분야별로 주관하여 연 1회 이상 실시하여야 한다.
④ 행정안전부장관은 5년마다 재난 및 안전관리에 관한 과학기술의 진흥을 위하여 재난 및 안전관리기술개발 종합계획을 수립하여야 한다.
⑤ 긴급구조지원기관에서 긴급구조업무와 재난관리업무를 담당하는 부서의 담당자 및 관리자는 신규교육을 받은 후 3년마다 정기적으로 긴급구조교육을 받아야 한다.

77 정답 ⑤ 　　LINK 기본서 533p

⑤ 긴급구조지원기관에서 긴급구조업무와 재난관리업무를 담당하는 부서의 담당자 및 관리자는 **신규교육을 받은 후 2년마다** 정기적으로 긴급구조교육을 받아야 한다.(령 제66조)
→ 신규교육: 해당 업무를 맡은 후 1년 이내에 받는 긴급구조교육

선지체크
① 법 제22조 제1항
② 령 제73조의6 제1항
③ 령 제43조의14 제1항
④ 법 제71조의2 제1항

78 17 간부

다음은 안전관리기본계획, 재난의 예방·대비·대응·복구 등에 관한 사항이다. 옳지 않은 것은?

① 행정안전부장관은 국가안전관리기본계획을 5년마다 수립하여야 한다.
② 행정안전부장관은 재난징후정보의 효율적 조사·분석 및 관리를 위하여 재난징후정보 관리시스템을 운영할 수 있다.
③ 행정안전부장관은 긴급통신수단이 효율적으로 활용될 수 있도록 긴급통신수단 관리지침을 마련하여 재난관리책임기관, 긴급구조기관 및 긴급구조지원기관의 장에게 통보하여야 한다.
④ 소방청장은 긴급구조기관이 긴급구조지원기관에 대한 능력을 평가하는 데에 필요한 평가지침을 매년 수립하여 다른 긴급구조기관의 장에게 통보하여야 한다.
⑤ 자연재난으로서「자연재난 구호 및 복구 비용 부담기준 등에 관한 규정」에 따른 국고 지원 대상 피해 기준금액의 2.5배를 초과하는 피해가 발생한 재난은 특별재난의 범위에 포함된다.

78 정답 ① LINK 기본서 407p

국무총리는 재난 및 사고로부터 국민의 생명·신체 및 재산을 보호하기 위하여 5년마다 국가의 재난 및 안전관리업무에 관한 기본계획을 수립하여야 한다. (법 제22조 제1항)

선지체크
② 령 제29조의2 제2항
③ 령 제43조의3 제1항
④ 령 제66조의4 제1항
⑤ 령 제69조 제1항 제1호

8 보칙

79 16 충남

재난관리기금의 최저적립은 지방세법에 의한 보통세의 수입결산액 중 평균 얼마에 해당하는 금액을 하는가?

① 최근 3년 동안 1/100에 해당하는 금액
② 최근 5년 동안 1/100에 해당하는 금액
③ 최근 3년 동안 3/100에 해당하는 금액
④ 최근 5년 동안 3/100에 해당하는 금액

79 정답 ① LINK 기본서 438p

① 지방자치단체는 재난관리에 드는 비용에 충당하기 위하여 매년 재난관리기금을 적립하여야 한다. 재난관리기금의 매년도 최저적립액은 **최근 3년 동안**의「지방세법」에 의한 보통세의 수입결산액의 평균연액의 **100분의 1**에 해당하는 금액으로 한다.(법 제67조 제1항, 제2항)

Simple
Detail
2026

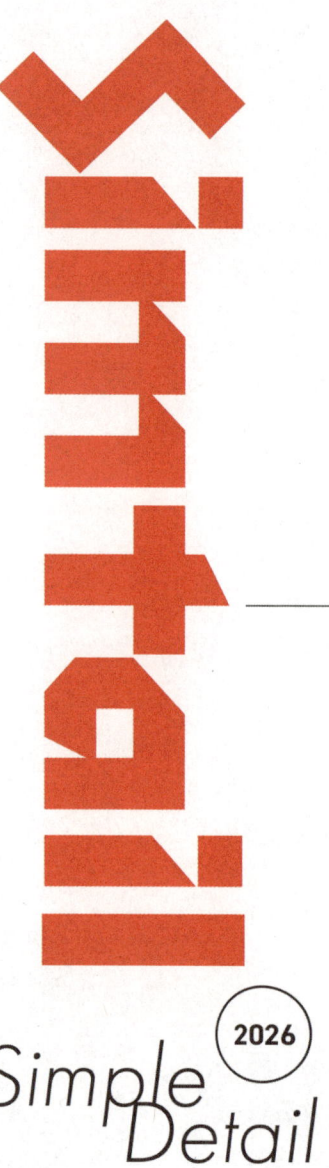

Sinntail

Simple Detail 2026

부록

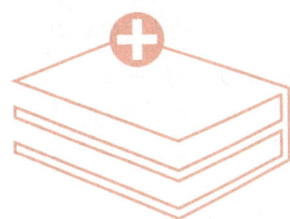

2025년 소방학개론 기출문제
2024년 소방학개론 기출문제
2023년 소방학개론 기출문제
2022년 소방학개론 기출문제
2021년 소방학개론 기출문제
2020년 소방학개론 기출문제
2019년 소방학개론 기출문제
2018년 하반기 소방학개론 기출문제

2025년 소방학개론 기출문제

01 우리나라 소방의 변천 과정에 대한 설명으로 옳지 않은 것은?

① 고려 시대 : 소방을 소재(消災)라 하였고, 우리나라 소방행정의 근원이라 볼 수 있는 금화원 제도를 시행하였다.
② 조선 시대 : 5가를 1통으로 묶어 우물을 파고 물통을 준비하도록 하는 5가 작통제를 시행하였다. 아울러 세종 8년(1426년) 2월에 금화도감을 설치하였고, 6월에는 수성금화도감으로 개편하였다.
③ 일제 강점기 : 1925년 최초의 소방서인 경성소방서가 설치되었다. 이후 1938년 부산 및 평양에 소방서가 개소되었으며, 1944년 용산·인천·함흥에 소방서가 증설되었다.
④ 미군정 시대 : 1946년 소방부 및 소방위원회를 설치하고, 소방조직 및 업무를 경찰로부터 독립하여 자치소방체제로 전환하였다. 1947년 중앙소방위원회의 집행기구로 소방청이 설치되었다.

02 〈보기〉에서 설명하는 물소화약제의 첨가제로 옳지 않은 것은?

| 보기 |
물의 어는점(1기압, 0℃) 이하에서 동파 및 응고현상을 방지하기 위하여 첨가하는 물질

① 염화칼슘(Calcium Chloride)
② 글리세린(Glycerin)
③ 프로필렌글리콜(Propylene Glycol)
④ 폴리에틸렌옥사이드(Polyethylene Oxide)

03 소방행정조직의 업무적 특성을 〈보기〉에서 모두 고른 것은?

| 보기 |
ㄱ. 가외성   ㄴ. 긴급성
ㄷ. 신속·대응성   ㄹ. 전문성

① ㄱ, ㄷ
② ㄱ, ㄴ
③ ㄴ, ㄷ, ㄹ
④ ㄱ, ㄴ, ㄷ, ㄹ

04 민간 소방조직은 지속적으로 변천되어 왔다. 민간 소방조직의 변천 순서로 옳은 것은?

① 경방단 → 소방대 → 방공단 → 청원소방원
② 방공단 → 청원소방원 → 경방단 → 소방대
③ 소방대 → 방공단 → 청원소방원 → 경방단
④ 청원소방원 → 경방단 → 소방대 → 방공단

05 「재난 및 안전관리 기본법」상 재난의 대응 단계에서 지역통제단장과 시장·군수·구청장은 재난이 발생할 우려가 있거나 재난이 발생하였을 때에는 즉시 관계 법령 등이 정하는 바에 따라 수방(水防) 및 그 밖에 재난 발생을 예방하거나 피해를 줄이기 위하여 필요한 응급조치를 하여야 한다. 이때 지역통제단장이 하여야 하는 응급조치로 옳지 않은 것은?

① 진화에 관한 응급조치
② 현장지휘통신체계의 확보
③ 재난을 발생시킬 요인의 제거
④ 긴급수송 및 구조 수단의 확보

06 인화성 액체에 의한 화재는 액체 가연물이 바닥에서 흐르거나, 살포된 부위가 집중적으로 소훼되고 탄화경계가 뚜렷이 나타나는 특징이 있다. 〈보기〉에서 설명하는 화재패턴으로 옳은 것은?

| 보기 |
인화성 액체가 쏟아지면서 주변으로 튀거나, 연소되면서 발생하는 열에 의해 가열되어 액면에서 끓고, 주변으로 튄 액체가 포어패턴(Pour pattern)의 미연소 부분에서 국부적으로 점처럼 연소된 흔적

① 도넛패턴(Doughnut pattern)
② 스플래시패턴(Splash pattern)
③ 원형패턴(Circular shaped pattern)
④ 틈새연소패턴(Seam burn pattern)

07 에테인(C_2H_6)이 완전연소한다고 가정했을 때 존스(Jones)식에 따라 산출된 연소하한계(LFL)는? (단, 계산 결과는 소수점 둘째 자리에서 반올림한다.)

① 1.7 ② 2.2
③ 3.1 ④ 5.2

08 위험도(H) 값이 옳은 것만을 〈보기〉에서 모두 고른 것은? (단, 계산 결과는 소수점 둘째 자리에서 반올림한다.)

| 보기 |
ㄱ. 수소(H_2) : 17.8
ㄴ. 프로페인(C_3H_8) : 3.5
ㄷ. 일산화탄소(CO) : 4.9
ㄹ. 아세틸렌(C_2H_2) : 31.4

① ㄱ, ㄹ
② ㄴ, ㄷ
③ ㄱ, ㄷ, ㄹ
④ ㄱ, ㄴ, ㄷ, ㄹ

09 고체 가연물인 피크르산(Picric Acid)의 연소 형태로 옳은 것은?

① 훈소 ② 자기연소
③ 표면연소 ④ 증발연소

10 푸리에(Fourier)의 열전도법칙에 따라 물질을 통해 전달되는 열량에 대한 설명으로 옳지 않은 것은?

① 물질의 두께에 비례한다.
② 물질의 전열면적에 비례한다.
③ 물질 양면의 온도차에 비례한다.
④ 물질의 열전도율에 비례한다.

11 연소 시 발생하는 황화수소(H_2S)에 대한 설명으로 옳은 것은?

① 계란 썩는 냄새가 나는 가연성가스이다.
② 폴리염화비닐 등이 연소할 때 발생되는 맹독성가스이다.
③ 청산가스라고도 하며 동물의 털이 불완전연소할 때 발생한다.
④ 황(S)을 포함하고 있는 유기화합물이 완전연소할 때 발생한다.

12 표준상태에서 메테인(CH_4) 2 mole이 완전연소할 때 필요한 산소의 부피[L]는?

① 11.2 ② 22.4
③ 44.8 ④ 89.6

13 내화구조물의 화재가혹도 판단을 위한 주요 요소 중 화재지속시간을 산정하기 위한 인자로 옳지 않은 것은? (단, 환기지배형 화재로 가정한다.)

① 화재실의 바닥면적
② 화재실의 최고온도
③ 화재실의 개구부 높이
④ 화재실의 개구부 면적

14 건축물의 지하층에서 화재가 발생한 경우, 화재하중 산정 시 필요하지 않은 항목을 〈보기〉에서 있는 대로 모두 고른 것은?

| 보기 |
ㄱ. 각 가연물의 양 [kg]
ㄴ. 건축물의 연면적 [㎡]
ㄷ. 목재의 화재하중 [4,500 kg/㎡]
ㄹ. 가연물의 단위 발열량 [kcal/kg]

① ㄱ, ㄴ
② ㄱ, ㄹ
③ ㄴ, ㄷ
④ ㄴ, ㄷ, ㄹ

15 위험물의 성질 및 품명의 정의로 옳지 않은 것은?

① "인화성고체"라 함은 고형알코올 그 밖에 1기압에서 인화점이 섭씨 40도 미만인 고체를 말한다.
② "제1석유류"라 함은 아세톤, 휘발유 그 밖에 1기압에서 인화점이 섭씨 21도 미만인 것을 말한다.
③ "특수인화물"이라 함은 이황화탄소, 디에틸에테르 그 밖에 1기압에서 발화점이 섭씨 100도 이하인 것 또는 인화점이 섭씨 영하 20도 이하이고 비점이 섭씨 40도 이하인 것을 말한다.
④ "자연발화성물질 및 금수성물질"이라 함은 고체 또는 액체로서 공기 중에서 발화의 위험성이 있거나 산과 접촉하여 발화하거나 고압 수증기를 발생하는 위험성이 있는 것을 말한다.

16 제6류 위험물의 취급 시 유의 사항으로 옳지 않은 것은?

① 유출사고 시에는 건조사 및 중화제를 사용한다.
② 불연성 물질로 분해 시 산소가 발생하며 대부분 염기성이다.
③ 저장하고 있는 용기는 파손되거나 액체가 누설되지 않도록 한다.
④ 소량 화재 시에는 다량의 물로 희석하는 소화방법을 사용할 수 있다.

17 화재 피해조사 시 〈보기〉와 같은 조건의 '건물 피해산정' 추정액은?

| 보기 |
ㄱ. 용도 및 구조 : 아파트, 철근콘크리트 구조
ㄴ. 신축단가(㎡ 당) : 1,000,000원
ㄷ. 경과연수 : 10년
ㄹ. 내용연수 : 40년
ㅁ. 소실면적 : 50㎡
ㅂ. 손해율 : 50%
ㅅ. 잔가율 : 80%

① 16,000,000원
② 20,000,000원
③ 24,000,000원
④ 28,000,000원

18 소방의 화재조사 시 소방관서장이 화재합동조사단의 단원으로 임명 또는 위촉할 수 있는 사람에 해당하지 않는 것은? 2025

① 화재조사관
② 화재조사 업무에 관한 경력이 4년인 소방공무원
③ 국가기술자격의 직무분야 중 안전관리 분야에서 기능사자격을 취득한 사람
④ 「고등교육법」 제2조에 따른 학교 또는 이에 준하는 교육기관에서 화재 조사, 소방 또는 안전관리 등 관련 분야에 조교수로 4년 재직한 사람

19 〈보기〉는 위험물과 해당 물질의 화재진압에 적응성이 있는 소화 방법을 연결한 것이다. 바르게 연결된 것만 모두 고른 것은?

───── 보기 ─────

ㄱ. 황린(P_4) - 물을 사용한 냉각소화
ㄴ. 과산화나트륨(Na_2O_2) - 물을 사용한 냉각소화
ㄷ. 삼황화린(P_4S_3) - 팽창질석 등을 사용한 질식소화
ㄹ. 아세톤(CH_3COCH_3) - 알코올포소화약제에 의한 질식소화
ㅁ. 히드록실아민(NH_2OH) - 이산화탄소소화약제에 의한 질식소화
ㅂ. 과염소산($HClO_4$) - 다량의 물에 의한 희석소화(소량 화재 제외)

① ㄱ, ㄷ, ㄹ
② ㄱ, ㄹ, ㅁ
③ ㄴ, ㄷ, ㅂ
④ ㄴ, ㄷ, ㄹ, ㅂ

20 〈보기〉에서 피난구조설비에 해당하는 것만 고른 것은?

───── 보기 ─────

ㄱ. 방열복
ㄴ. 제연설비
ㄷ. 공기호흡기
ㄹ. 비상조명등
ㅁ. 연소방지설비

① ㄱ, ㄴ, ㄷ
② ㄱ, ㄷ, ㄹ
③ ㄴ, ㄷ, ㅁ
④ ㄴ, ㄹ, ㅁ

21 제3종 분말소화약제의 열분해 결과로 생성되는 물질의 소화효과로 옳지 않은 것은?

① H_2O : 냉각작용
② HPO_3 : 방진작용
③ NH_3 : 부촉매작용
④ H_3PO_4 : 탈수탄화작용

22 (가)~(라)의 포소화약제 혼합방식에 관한 설명으로 옳지 않은 것은?

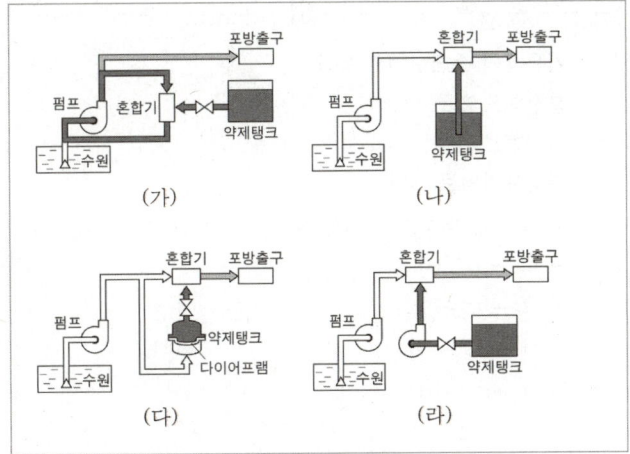

① (가) : 화학소방차에 주로 사용하는 방식이다.
② (나) : 혼합기의 압력손실이 적고, 흡입 가능한 유량의 범위가 넓다.
③ (다) : 약제 원액 잔량을 버리지 않고 계속 사용할 수 있다.
④ (라) : 비행기 격납고, 석유화학 플랜트 등과 같은 대단위 고정식 소화설비에 주로 사용하며, 설치비가 비싸다.

23 〈보기〉의 현상을 방지하기 위한 대책으로 옳지 않은 것은?

───── 보기 ─────

소방펌프 내부 유속의 급속한 변화 또는 와류의 발생 등에 의해 액체의 압력이 증기압 이하로 낮아져 기포가 생성되고, 이로 인해 펌프의 성능이 저하되고 진동과 소음이 발생하는 현상

① 흡입관의 마찰 손실을 최대한 적게 한다.
② 펌프의 임펠러의 회전 속도를 낮게 한다.
③ 펌프의 흡입관의 관경 크기를 크게 한다.
④ 펌프의 설치 위치를 수원보다 높게 한다.

24 〈보기〉의 이산화탄소 소화설비의 작동 단계를 순서대로 바르게 나열한 것은?

| 보기 |

ㄱ. 기동용기 솔레노이드 동작
ㄴ. 분사헤드 가스 방출
ㄷ. 선택밸브 개방
ㄹ. 저장용기밸브 개방

① ㄱ → ㄷ → ㄹ → ㄴ
② ㄱ → ㄹ → ㄷ → ㄴ
③ ㄷ → ㄱ → ㄴ → ㄹ
④ ㄷ → ㄹ → ㄱ → ㄴ

25 화재알림설비에 대한 설명으로 옳지 않은 것은?

① "발신기"란 수동누름버튼 등의 작동으로 화재신호를 수신기에 발신하는 장치를 말한다.
② "원격감시서버"란 원격지에서 각각의 화재알림설비로부터 수신한 화재정보값 및 화재신호, 상태신호 등을 원격으로 감시하기 위한 서버를 말한다.
③ "화재알림형 비상경보장치"란 화재알림형 감지기, 발신기, 표시등, 지구음향장치(경종 또는 사이렌 등)를 내장한 것으로 화재발생 상황을 경보하는 장치를 말한다.
④ "화재알림형 중계기"란 화재알림형 감지기, 발신기 또는 전기적인 접점 등의 작동에 따른 화재정보값 또는 화재신호 등을 받아 이를 화재알림형 수신기에 전송하는 장치를 말한다.

정답

01 ③	02 ④	03 ④	04 ①	05 ③
06 ②	07 ③	08 ④	09 ②	10 ①
11 ①	12 ④	13 ②	14 ③	15 ④
16 ②	17 ②	18 ③	19 ①	20 ②
21 ③	22 ②	23 ④	24 ①	25 ③

2024년 소방학개론 기출문제

01 소방 조직의 설치가 시기순으로 옳게 나열된 것은?

① 내무부 소방과 - 내무부 소방국 - 도 소방위원회 - 시·도 소방본부
② 도 소방위원회 - 내무부 소방국 - 시·도 소방본부 - 소방방재청
③ 중앙소방위원회 - 내무부 소방국 - 도 소방위원회 - 소방방재청
④ 내무부 소방국 - 중앙소방위원회 - 소방방재청 - 소방청

02 소방행정조직의 발전 과정에 관한 설명으로 옳지 않은 것은?

① 1426년(세종 8년)에 독자적인 소방 관리를 위해 금화도감을 설치하였으며 이후 성문도감과 병합하여 수성금화도감으로 개편하였다.
② 1894년에 경무청이 설치되고, '소방'이란 용어가 처음으로 사용되었다.
③ 1948년에 대한민국 정부가 수립되고 국가 소방체제로 전환하면서 소방행정조직이 경찰에서 분리되었다.
④ 2017년에「정부조직법」개정으로 국민안전처를 해체하고 소방청을 개설하였다.

03 「재난 및 안전관리 기본법 시행령」상 사회재난 유형별에 따른 재난관리주관기관의 연결이 옳지 않은 것은?

① 농업생산기반시설 중 저수지의 붕괴·파손 등으로 인해 발생하는 대규모 피해 - 국토교통부
② 인공우주물체의 추락·충돌 등으로 발생하는 피해 - 과학기술정보통신부 및 우주항공청
③「유선 및 도선 사업법」제28조 및 제29조에 따른 사고로 인해 발생하는 대규모 피해 - 행정안전부
④ 대규모 점포의 화재 등으로 인해 발생하는 대규모 피해 - 산업통상자원부

04 다음은 재해 발생 과정에 관한 이론이다. 각 이론에서 재해 발생을 방지하기 위해 제거해야 하는 단계가 옳게 나열된 것은?

> ㄱ. 하인리히(H. W. Heinrich)의 도미노 이론 : 사회적 환경 및 유전적 요소 → 개인적 결함 → 불안전한 행동 및 상태 → 사고 → 재해
>
> ㄴ. 버드(F. Bird)의 수정 도미노 이론 : 제어의 부족 → 기본원인 → 직접원인 → 사고 → 재해

	ㄱ	ㄴ
①	개인적 결함	직접원인
②	개인적 결함	기본원인
③	불안전한 행동 및 상태	직접원인
④	불안전한 행동 및 상태	기본원인

05 연소에 관한 설명으로 옳은 것은?

① 작열연소 : 화염이 없는 표면연소이다.
② 분해연소 : 황이나 나프탈렌이 열분해되면서 일어나는 연소이다.
③ 증발연소 : 액체에서만 발생하는 연소형태로서 액면에서 비등하는 기체에서 발생한다.
④ 자기연소 : 제3류 위험물과 같이 물질 자체 내의 산소를 소모하는 연소로서 연소속도가 빠르다.

06 블레비(BLEVE)에 관한 설명으로 옳지 않은 것은?

① 가연물이 비점 이상으로 가열될 때 발생한다.
② 저장탱크의 기계적 강도 이상의 압력이 형성될 때 발생한다.
③ 저장탱크 균열로 인한 액상, 기상의 동적 평형 상태가 유지된다.
④ 저장탱크의 외부 표면에 열전도성이 작은 물질로 단열 조치하여 예방한다.

07 실내 일반화재 진행 과정에 관한 설명으로 옳은 것은?

① 화재 초기에는 실내 온도가 급격하게 상승하기 시작한다.
② 성장기에는 급속한 연소 진행으로 환기지배형 화재 양상이 나타난다.
③ 최성기에는 실내 화염이 최고조에 도달하나 실내 산소 부족으로 연소속도가 느려진다.
④ 감쇠기에는 화염의 급격한 소멸로 훈소 상태가 되어 백드래프트(back draft)의 위험이 없다.

08 불완전연소에 관한 설명으로 옳지 않은 것은?

① 산소 과잉 상태에서 발생한다.
② 불꽃이 저온 물체와 접촉하여 온도가 내려갈 때 발생한다.
③ 일산화탄소, 그을음과 같은 연소생성물이 발생한다.
④ 연소실 내 배기가스의 배출이 불량할 때 발생한다.

09 「위험물안전관리법」 및 같은 법 시행령, 시행규칙상 위험물의 지정수량과 위험등급의 연결이 옳지 않은 것은?

① 황린 - 20kg - Ⅰ등급
② 마그네슘 - 500kg - Ⅲ등급
③ 제5류 위험물 중 제1종 - 10kg - Ⅰ등급
④ 과염소산 - 300kg - Ⅱ등급

10 가연물의 발화온도와 발화에너지에 관한 설명으로 옳은 것은?

① 점화원에 의해서 가연물이 발화하기 시작하는 최저 온도를 발화점(ignition point)이라고 한다.
② 점화원을 제거해도 자력으로 연소를 지속할 수 있는 최저 온도를 연소점(fire point)이라고 한다.
③ 가연물의 최소발화에너지가 클수록 더 위험하다.
④ 가연물의 연소점은 발화점보다 높다.

11 백드래프트(back draft)의 발생 징후로 옳지 않은 것은?

① 유리창 안쪽에 타르와 유사한 물질이 흘러내려 얼룩진 경우
② 창문을 통해 보았을 때 건물 내에서 연기가 소용돌이치는 경우
③ 화염은 보이지 않지만 창문과 문손잡이가 뜨거운 경우
④ 균열된 틈이나 작은 구멍을 통하여 건물 밖으로 연기가 밀려 나오는 경우

12 다음은 폭연에서 폭굉으로 전이되는 과정이다. ( ) 안에 들어갈 단계로 옳은 것은?

착화 → (ㄱ) → (ㄴ) → (ㄷ) → 폭굉파

	ㄱ	ㄴ	ㄷ
①	화염전파	압축파	충격파
②	화염전파	충격파	압축파
③	압축파	화염전파	충격파
④	압축파	충격파	화염전파

13 일반화재에 해당하는 것만을 〈보기〉에서 있는 대로 고른 것은?

보기
ㄱ. 통전 중인 배전반에서 불이 난 경우
ㄴ. 외출 시 전원이 차단된 콘센트에서 불이 난 경우
ㄷ. 실외 난로가 넘어지면서 새어 나온 석유에 불이 붙은 경우
ㄹ. 실험실 시험대 위 나트륨 분말에서 불이 난 경우

① ㄱ
② ㄴ
③ ㄴ, ㄹ
④ ㄱ, ㄷ, ㄹ

14 유류저장탱크 내 유류 표면에 화재 발생 시 뜨거운 열류층이 형성되고 그 열파가 장시간에 걸쳐 바닥까지 전달되어 하부의 물이 비점 이상으로 가열되면서 부피가 팽창해 저장된 유류가 탱크 외부로 분출되었다. 이에 해당하는 현상으로 옳은 것은?

① 보일오버(boil over)
② 슬롭오버(slop over)
③ 프로스오버(froth over)
④ 오일오버(oil over)

15 구획실 화재에 관한 설명으로 옳은 것은?

① 플래시오버(flash over)는 최성기와 감쇠기 사이에서 발생하며 충격파를 수반한다.
② 굴뚝효과가 발생할 때는 개구부에 형성된 중성대 상부에서 공기가 유입되고, 중성대 하부에서 연기가 유출된다.
③ 연료지배형 화재는 환기지배형 화재보다 산소 공급이 원활하고 연소속도가 빠르다.
④ 화재플룸(fire plume)은 실내 공기의 압력 차이로 가연성 가스가 천장을 따라 화재가 발생하지 않은 복도 쪽으로 굴러다니는 것처럼 뿜어져 나오는 현상이다.

16 다음의 가연성 가스(A, B, C) 중 위험도가 낮은 것에서 높은 순서로 옳게 나열한 것은?

A : 연소하한계 = 2 vol%, 연소상한계 = 22 vol%
B : 연소하한계 = 4 vol%, 연소상한계 = 75 vol%
C : 연소하한계 = 1 vol%, 연소상한계 = 44 vol%

① A, B, C
② A, C, B
③ B, A, C
④ C, B, A

17 주위 온도가 일정 상승률 이상 되는 경우에 작동하는 감지기로서 넓은 범위 내에서 열효과 누적에 의해 작동하는 것은?

① 차동식 분포형 감지기
② 차동식 스포트형 감지기
③ 정온식 스포트형 감지기
④ 정온식 감지선형 감지기

18 소방시설 중 경보설비에 관한 설명으로 옳지 않은 것은?

① 시각경보기는 청각장애인에게 점멸 형태로 시각경보를 하는 장치이다.
② R형 수신기는 감지기 또는 발신기에서 1 : 1 접점방식으로 전송된 신호를 수신한다.
③ 비상방송설비는 수신기에 화재신호가 도달하면 방송으로 화재 사실을 알리는 설비이다.
④ 이온화식 감지기와 광전식 감지기는 연기를 감지하여 화재신호를 발하는 장치이다.

19 위험물의 소화방법에 관한 내용으로 옳은 것만을 〈보기〉에서 있는 대로 고른 것은?

| 보기 |

ㄱ. 황린 : 물을 이용한 냉각소화
ㄴ. 황 : 물을 이용한 냉각소화
ㄷ. 경유, 휘발유 : 포 소화약제를 이용한 질식소화
ㄹ. 탄화알루미늄, 알킬알루미늄 : 건조사, 팽창질석을 이용한 질식소화

① ㄱ, ㄷ
② ㄴ, ㄹ
③ ㄱ, ㄷ, ㄹ
④ ㄱ, ㄴ, ㄷ, ㄹ

20 이산화탄소 소화약제의 특징으로 옳은 것은?

① 무색, 무취로 전도성이며 독성이 있다.
② 질식소화 효과와 기화열 흡수에 의한 냉각효과가 있다.
③ 제3류 위험물, 제5류 위험물의 소화에 사용한다.
④ 자체 증기압이 매우 낮아 별도의 가압원이 필요하다.

21 할론(Halon) 소화약제에 관한 설명으로 옳은 것은?

① 지방족 탄화수소, 메테인, 에테인 등의 수소 원자 일부 또는 전부가 할로젠 원소(F, Cl, Br, I)로 치환된 화합물이며 메테인, 에테인과 물리·화학적 성질이 비슷하다.
② Halon 1301과 Halon 1211은 모두 상온, 상압에서 기체로 존재하며 유류화재, 전기화재, 금속의 수소화합물, 유기과산화물에 적응성이 있다.
③ Halon 2402는 상온, 상압에서 액체로 존재하며 자체적인 독성은 없지만 열분해 시 독성가스를 발생시킨다.
④ Halon 1211은 자체 증기압이 낮아 저장용기에 저장할 때 소화약제의 원활한 방출을 위해 질소가스로 가압한다.

22 포 소화약제에 관한 설명으로 옳지 않은 것은?

① 불화단백포 소화약제는 불소계 계면활성제를 첨가하여 단백포 소화약제의 단점인 유동성을 보완하였다.
② 알콜형포 소화약제는 케톤류, 알데하이드류, 아민류 등 수용성용제의 소화에 사용할 수 있다.
③ 단백포 소화약제는 단백질을 가수분해 한 것을 주원료로 하며 내유성이 뛰어나 소화속도가 빠르다.
④ 합성계면활성제포 소화약제는 유동성과 저장성이 우수하며 저팽창포부터 고팽창포까지 사용할 수 있다.

23 화염의 직경이 0.1m 인 화원의 중심으로부터 1m 떨어진 물체에 전달되는 복사열유속[kW/m²]은? (단, 화염의 열방출률은 120kW, 총 열방출에너지 중 복사된 열에너지 분율은 0.5, 원주율은 3으로 계산한다.)

① 3.5 ② 4.0
③ 4.5 ④ 5.0

24 가연성 가스 3종이 다음과 같이 혼합되어 있을 때 르샤틀리에(Le Chatelier)식에 따라 부피비로 계산된 혼합가스의 연소하한계 [vol%]는?

- 혼합가스 내 각 성분의 체적(V) :
  V_A = 20vol%, V_B = 40vol%, V_C = 40vol%
- 각 성분의 연소하한계(L) :
  L_A = 4vol%, L_B = 20vol%, L_C = 10vol%

① 약 4.3 ② 약 9.1
③ 약 11.0 ④ 약 12.8

25 물과 반응하여 산소를 발생시키는 위험물로 옳은 것은?

① 칼륨 ② 탄화칼슘
③ 과산화나트륨 ④ 오황화인

정답

01 ②	02 ③	03 ①	04 ④	05 ①
06 ③	07 ③	08 ①	09 ④	10 ②
11 ④	12 ①	13 ②	14 ①	15 ③
16 ①	17 ①	18 ②	19 ④	20 ②
21 ④	22 ③	23 ④	24 ②	25 ③

2023년 소방학개론 기출문제

01 우리나라 소방행정체제의 변천과정에 관한 내용으로 옳지 않은 것은?

① 중앙소방위원회 설치(1946) 당시에는 자치소방체제였다.
② 정부수립(1948) 당시에는 국가소방체제였다.
③ 중앙소방학교 설립(1978) 당시에는 국가소방과 자치소방의 이원적 체제였다.
④ 대구지하철 화재 발생(2003) 당시에는 국가소방체제였다.

02 「소방기본법」 및 같은 법 시행규칙상 화재예방, 소방활동 또는 소방훈련을 위하여 사용되는 소방신호의 종류와 방법에 관한 내용으로 옳은 것은?

① 소방신호의 방법으로는 타종신호, 싸이렌신호, 음성신호가 있다.
② 소방대의 비상소집을 하는 경우에는 훈련신호를 사용할 수 있다.
③ 타종신호로 하는 경우 경계신호는 5초 간격을 두고 30초씩 3회로 한다.
④ 소방신호의 종류에는 비상신호, 훈련신호, 해제신호, 경계신호가 있다.

03 재난(재해)에 관한 설명으로 옳지 않은 것은?

① 아네스(Br. J. Anesth)는 재난을 크게 자연재난과 인적(인위)재난으로 구분하였다.
② 존스(David K. Jones)는 재난을 크게 자연재난, 준자연재난, 인적(인위)재난으로 구분하였다.
③ 「재난 및 안전관리 기본법」 제3조 제1호에 따른 재난은 자연재난, 사회재난, 해외재난으로 구분된다.
④ 하인리히(H. W. Heinrich)의 도미노 이론은 재해발생과정을 유전적 요인 및 사회적 환경 → 개인적 결함 → 불안전 행동 및 불안전 상태 → 사고 → 재해(상해)라는 5개 요인의 연쇄작용으로 설명하였다.

04 「재난 및 안전관리 기본법」상 재난관리 단계와 활동내용의 연결이 옳지 않은 것은?

① 예방 단계-위험구역의 설정
② 대비 단계-재난현장 긴급통신수단의 마련
③ 대응 단계-재난 예보·경보체계 구축·운영
④ 복구 단계-특별재난지역 선포 및 지원

05 가연성 혼합기의 최소발화(점화)에너지(MIE, Minimum Ignition Energy)에 영향을 주는 요인에 관한 설명으로 옳지 않은 것은?

① 온도가 상승하면 최소발화에너지는 작아진다.
② 압력이 상승하면 최소발화에너지는 작아진다.
③ 열전도율이 낮아지면 최소발화에너지는 커진다.
④ 화학양론비 부근에서 최소발화에너지는 최저가 된다.

06 가연성 액체의 연소현상에 관한 설명으로 옳지 않은 것은?

① 가연성 액체의 연소와 관련된 온도는 발화점, 연소점, 인화점 순으로 높다.
② 인화점과 발화점이 가까운 액체일수록 재점화가 어렵고 냉각에 의한 소화활동이 용이하다.
③ 인화점과 연소점의 차이는 외부 점화원을 제거했을 경우 화염 전파의 지속성 여부에 따라 구분된다.
④ 연소반응은 열생성률(heat production rate)이 외부로의 열손실률(heat loss rate)보다 큰 조건에서 지속된다.

07 소방펌프 및 관로에서 발생되는 수격현상(water hammering)의 방지책으로 옳지 않은 것은?

① 수격을 흡수하는 수격방지기를 설치한다.
② 관로에 서지 탱크(surge tank)를 설치한다.
③ 플라이휠(flywheel)을 부착하여 펌프의 급격한 속도 변화를 억제한다.
④ 관경의 축소를 통해 유체의 유속을 증가시켜 압력 변동치를 감소시킨다.

08 화재 시 연소생성물에 관한 설명으로 옳지 않은 것은?

① 황화수소는 썩은 달걀과 비슷한 냄새가 난다.
② 연기로 인한 빛의 감소를 나타내는 감광계수는 가시거리와 반비례한다.
③ 일산화탄소는 산소와 헤모글로빈의 결합을 방해하여 질식에 이르게 할 수 있다.
④ TLV(Threshold Limit Value)로 측정한 독성가스의 허용농도는 불화수소, 시안화수소, 암모니아, 포스겐 순으로 높다.

09 폭발에 관한 설명으로 옳은 것만을 〈보기〉에서 있는 대로 고른 것은?

> ㄱ. 증기폭발은 액체의 급속한 기화로 인해 체적이 팽창되어 발생하는 현상이다.
> ㄴ. 가스폭발은 분진폭발보다 최소발화에너지가 크다.
> ㄷ. 분해폭발은 공기나 산소와 섞이지 않더라도 가연성 가스 자체의 분해 반응열에 의해 폭발하는 현상이다.
> ㄹ. 폭발(연소)범위는 초기온도 및 압력이 상승할수록 분자 간 유효충돌할 가능성이 높아지기 때문에 넓어진다.

① ㄱ, ㄴ
② ㄷ, ㄹ
③ ㄱ, ㄴ, ㄹ
④ ㄱ, ㄷ, ㄹ

10 폭연(deflagration)과 폭굉(detonation)에 관한 설명으로 옳은 것은?

① 예혼합가스의 초기압력이 높을수록 폭굉 유도거리가 길어진다.
② 화염전파속도는 폭연의 경우 음속보다 느리며, 폭굉의 경우 음속보다 빠르다.
③ 폭연은 폭굉으로 전이될 수 없으나 폭굉은 폭연으로 전이될 수 있다.
④ 폭연은 화염면에서 온도, 압력, 밀도의 변화가 불연속적으로 나타난다.

11 분진폭발에 영향을 미치는 인자에 관한 설명으로 옳지 않은 것은?

① 분진의 발열량이 클수록 폭발하기 쉽다.
② 분진의 부유성이 클수록 폭발이 용이해진다.
③ 분진폭발은 분진의 입자직경에 영향을 받는다.
④ 분진의 단위체적당 표면적이 작아지면 폭발이 용이해진다.

12 전기화재(C급 화재) 및 주방화재(K급 화재)에 관한 설명으로 옳지 않은 것은?

① 주방화재의 가연물 중 하나인 식용유의 발화점은 비점보다 낮다.
② 도체 주위의 자기장 변화에 의해 발생된 유도전류는 전기화재의 점화원으로 작용할 수 있다.
③ 식용유로 인한 화재 시 유면상의 화염을 제거하면 복사열에 의한 기화를 차단하여 재발화를 방지할 수 있다.
④ 전기화재의 발생 원인 중 누전은 전류가 전선이나 기구에서 절연 불량 등의 원인으로 정해진 전로(배선) 밖으로 흐르는 현상이다.

13 화재 시 구획실에서 발생하는 현상에 관한 설명으로 옳은 것은?

① 개구부의 크기는 플래시오버 발생과 관련이 없다.
② 구획실의 창문과 문손잡이의 온도로 백드래프트의 발생 가능성을 예측할 수 없다.
③ 준불연성이나 불연성의 내장재를 사용할 경우 플래시오버 발생까지의 소요시간이 길어진다.
④ 구획실 내의 산소가 부족하여 훈소 상태에서 공기가 갑자기 다량 공급될 때 가연성 가스가 순간적으로 폭발하듯 발화하는 현상은 플래시오버이다.

14 그림은 구획실의 크기가 가로 10,000mm, 세로 8,000mm, 높이 3,000mm이며 가연물 A와 가연물 B가 놓여 있는 상태를 나타낸다. 다음과 같은 조건일 때 구획실의 화재하중[kg/m²]은? (단, 주어지지 않은 조건은 무시하고, 소수점 셋째 자리에서 반올림한다.)

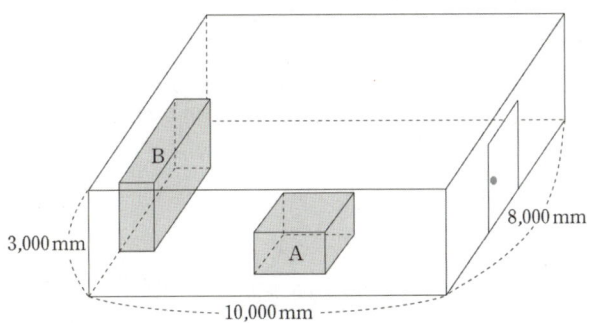

	단위발열량 [kcal/kg]	질량 [kg]
목재	4,500	–
가연물 A	2,000	200
가연물 B	9,000	100

① 1.20
② 2.41
③ 3.61
④ 7.22

15 구획실 화재에 관한 설명으로 옳지 않은 것은?

① 플래시오버 이후에는 연료지배형 화재보다 환기지배형 화재가 지배적이다.
② 환기가 잘되지 않으면 환기지배형 화재에서 연료지배형 화재로 바뀌며 연기 발생이 줄어든다.
③ 연료지배형 화재는 구획실 내 가연물의 연소에 필요한 산소가 충분히 공급되는 조건의 화재이다.
④ 성장기에는 천장 부분에서 축적된 뜨거운 가스층이 발화원으로부터 떨어져 있는 가연성 물질에 복사열을 공급하여 플래시오버를 초래할 수 있다.

16 위험물의 유별 특성 중 옳은 것만을 〈보기〉에서 있는 대로 고른 것은?

─── 보기 ───
ㄱ. 아염소산나트륨은 불연성, 조해성, 수용성이며, 무색 또는 백색의 결정성 분말 형태이다.
ㄴ. 마그네슘은 끓는 물과 접촉 시 수소가스를 발생시킨다.
ㄷ. 황린은 공기 중 상온에 노출되면 액화되면서 자연발화를 일으킨다.

① ㄱ, ㄴ
② ㄱ, ㄷ
③ ㄴ, ㄷ
④ ㄱ, ㄴ, ㄷ

17 위험물의 유별 소화방법으로 옳지 않은 것은?

① 탄화칼슘 화재 시 다량의 물로 냉각소화할 수 있다.
② 수용성 메틸알코올 화재에는 내알코올포를 사용한다.
③ 알킬알루미늄은 마른모래, 팽창질석, 팽창진주암으로 소화한다.
④ 적린은 다량의 물로 냉각소화하며, 소량의 적린인 경우에는 마른모래나 이산화탄소 소화약제도 일시적인 효과가 있다.

18 「화재조사 및 보고규정」에 관한 내용으로 옳지 않은 것은?

① 건물의 소실면적 산정은 소실 입체면적으로 산정한다.
② 건물의 소실정도에서의 반소는 건물의 30% 이상 70% 미만이 소실된 것을 말한다.
③ 건물 등 자산에 대한 최종잔가율은 건물·부대설비·구축물·가재도구는 20%로 하며, 그 이외의 자산은 10%로 정한다.
④ 발화일시의 결정은 관계인등의 화재발견 상황통보(인지)시간 및 화재발생 건물의 구조, 재질 상태와 화기취급 등의 상황을 종합적으로 검토하여 결정한다. 다만, 자체진화 등 사후인지 화재로 그 결정이 곤란한 경우에는 발화시간을 추정할 수 있다.

19 소화방법에 관한 설명으로 옳은 것만을 〈보기〉에서 있는 대로 고른 것은?

| 보기 |

ㄱ. 산림화재 시 화재 진행방향의 나무를 벌목하는 것은 제거소화의 방법 중 하나이다.
ㄴ. 물은 비열, 증발잠열의 값이 작아서 주로 냉각소화에 사용된다.
ㄷ. 부촉매 소화는 화학적 소화에 해당한다.
ㄹ. 유류화재는 포 소화약제를 방사하여 유류 표면에 얇은 층을 형성함으로써 공기 공급을 차단해 소화한다.
ㅁ. 물에 침투제를 첨가하는 이유는 표면장력을 증가시켜 소화능력을 향상하기 위함이다.

① ㄱ, ㄷ, ㄹ
② ㄴ, ㄹ, ㅁ
③ ㄱ, ㄴ, ㄷ, ㄹ
④ ㄱ, ㄷ, ㄹ, ㅁ

20 분말소화약제에 관한 설명으로 옳지 않은 것은?

① 제2종 분말소화약제의 주성분은 $KHCO_3$이다.
② 제1·2·3종 분말소화약제는 열분해 반응에서 CO_2가 생성된다.
③ $NaHCO_3$이 주된 성분인 분말소화약제는 B·C급 화재에 사용하고 분말 색상은 백색이다.
④ $NH_4H_2PO_4$이 주된 성분인 분말소화약제는 A·B·C급 화재에 유효하고 비누화현상이 일어나지 않는다.

21 할로겐화합물 및 불활성기체 소화약제에 관한 설명으로 옳지 않은 것은?

① IG-01, IG-55, IG-100, IG-541 중 질소를 포함하지 않은 약제는 IG-100이다.
② 할로겐화합물 소화약제 중 HFC-23(트리플루오르메탄)의 화학식은 CHF_3이다.
③ 부촉매 소화효과는 불활성기체 소화약제에는 없으나 할로겐화합물 소화약제는 있다.
④ 할로겐화합물 소화약제는 불소, 염소, 브롬 또는 요오드 중 하나 이상의 원소를 포함하고 있는 유기화합물을 기본성분으로 하는 소화약제를 말한다.

22 다음 그림의 주입 방식에 가장 적합한 포 소화약제로만 짝지어진 것은?

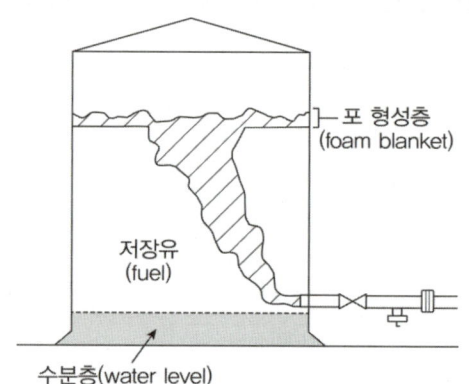

① 단백포, 불화단백포
② 수성막포, 불화단백포
③ 합성계면활성제포, 수성막포
④ 단백포, 수성막포

23 차동식 분포형 감지기의 종류에 해당하지 않는 것은?

① 공기관식
② 열전대식
③ 열반도체식
④ 광전식

24 소방시설은 소화설비, 경보설비, 피난구조설비, 소화용수설비, 소화활동설비로 분류된다. 다음 정의로 분류되는 소방시설로 옳지 않은 것은?

> 화재를 진압하거나 인명구조활동을 위하여 사용하는 설비

① 제연설비
② 인명구조설비
③ 연결살수설비
④ 무선통신보조설비

25 포소화설비에 관한 설명으로 옳지 않은 것은?
① 팽창비란 최종 발생한 포 수용액 체적을 원래 포 체적으로 나눈 값을 말한다.
② 연성계란 대기압 이상의 압력과 대기압 이하의 압력을 측정할 수 있는 계측기를 말한다.
③ 국소방출방식이란 소화약제 공급장치에 배관 및 분사헤드 등을 설치하여 직접 화점에 소화약제를 방출하는 방식을 말한다.
④ 프레셔사이드 프로포셔너방식이란 펌프의 토출관에 압입기를 설치하여 포 소화약제 압입용펌프로 포 소화약제를 압입시켜 혼합하는 방식을 말한다.

2022년 소방학개론 기출문제

01 소방기관에서 실시하는 화재조사에 대한 일반적인 설명으로 옳지 않은 것은? (개정으로 정답 없는 문제입니다)

① 화재조사는 관계 공무원이 화재사실을 인지하는 즉시 실시한다.
② 화재조사는 강제성을 지니며, 프리즘식으로 진행한다.
③ 화재조사 시 건축·구조물 화재의 소실정도는 입체면적에 대한 비율을 적용하여 구분한다.
④ 화재원인조사에는 소방·방화시설의 조사는 포함되지 않는다.

02 「재난 및 안전관리 기본법」상 재난현장에서 임무를 직접 수행하는 기관의 행동조치 절차를 구체적으로 수록한 문서는?

① 재난대응 활동계획
② 현장조치 행동매뉴얼
③ 위기대응 실무매뉴얼
④ 위기관리 표준매뉴얼

03 그림에서 'A'에 대한 설명으로 옳지 않은 것은?

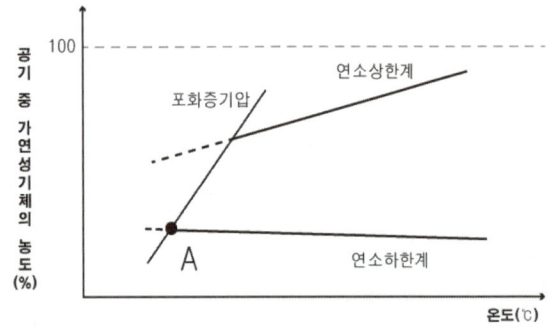

① 외부에너지에 의해 발화하기 시작하는 최저연소온도이다.
② 물질적 조건과 에너지 조건이 만나는 최저연소온도이다.
③ 화학양론비(stoichiometric ratio)에서의 최저연소온도이다.
④ 가연성 혼합기를 형성하는 최저연소온도이다.

04 화재가혹도(fire severity)에 대한 설명으로 옳지 않은 것은? (A는 개구부의 면적, H는 개구부의 높이이다.)

① 화재가혹도의 크기는 화재강도와 화재하중의 영향을 받는다.
② 화재실의 최고온도와 지속시간은 화재가혹도를 판단하는 중요한 인자이다.
③ 화재실의 환기요소($A\sqrt{H}$)는 화재가혹도에 영향을 준다.
④ 화재가혹도는 화재실이나 화재구획의 단열성에 영향을 받지 않는다.

05 메틸알코올(CH_3OH)의 최소산소농도(MOC: Minimum Oxygen Concentration, %)로 옳은 것은? (CH_3OH의 연소 상한계는 37%, 연소범위의 상·하한 폭은 30%이다.)

① 5.0 ② 8.5 ③ 10.5 ④ 14.0

06 폭발에 대한 일반적인 설명으로 옳은 것은?

① 아세틸렌과 산화에틸렌은 분해폭발을 일으키기 쉬운 물질이다.
② 상온에서 탱크에 저장된 중유가 유출되면 자유공간 증기운폭발이 일어난다.
③ 밀폐공간에서 조연성가스가 폭발범위를 형성하면 점화원에 의해 가스폭발이 일어난다.
④ 다량의 고온물질이 물속에 투입되었을 때 물의 갑작스러운 상변화에 의한 폭발현상을 반응폭주라 한다.

07 가연성 물질의 화재 시 소화방법으로 옳은 것은?

① 탄화칼슘은 물을 분무하여 소화한다.
② 아세톤은 알콜형포 소화약제로 소화한다.
③ 나트륨은 할론 소화약제로 소화한다.
④ 마그네슘은 이산화탄소 소화약제로 소화한다.

08 위험물에 대한 일반적인 설명으로 옳은 것은?

① 제1류 위험물 중 질산염류는 연소속도가 빨라 폭발적으로 연소한다.
② 제3류 위험물 중 황린은 가열, 충격, 마찰에 의해 분해되어 산소가 발생하므로 가연물과의 접촉을 피한다.
③ 제4류 위험물 중 제1석유류는 인화점 및 연소하한계가 낮아 적은 양으로도 화재의 위험이 있다.
④ 제5류 위험물 중 유기과산화물은 공기 중에 노출되거나 수분과 접촉하면 발화의 위험이 있다.

09 자동기동방식의 펌프가 수원의 수위보다 높은 곳에 설치된 옥내소화전설비의 구성요소를 있는 대로 모두 고른 것은?

ㄱ. 기동용수압개폐장치	ㄴ. 릴리프밸브
ㄷ. 동력제어반	ㄹ. 솔레노이드밸브
ㅁ. 물올림장치	

① ㄱ, ㄴ, ㅁ
② ㄷ, ㄹ, ㅁ
③ ㄱ, ㄴ, ㄷ, ㄹ
④ ㄱ, ㄴ, ㄷ, ㅁ

10 「재난 및 안전관리 기본법」상 재난관리의 대비단계 관리사항을 있는 대로 모두 고른 것은?

| ㄱ. 국가재난관리기준의 제정·운용 |
| ㄴ. 재난 예보·경보체계 구축·운영 |
| ㄷ. 재난안전분야 종사자 교육 |
| ㄹ. 재난안전통신망의 구축·운영 |

① ㄱ, ㄴ
② ㄱ, ㄹ
③ ㄱ, ㄴ, ㄹ
④ ㄴ, ㄷ, ㄹ

11 위험물과 물이 반응할 때 발생하는 가스로 옳지 않은 것은?

위험물	가스
① 탄화알루미늄	아세틸렌
② 인화칼슘	포스핀
③ 수소화알루미늄리튬	수소
④ 트리에틸알루미늄	에테인

12 800℃, 1기압에서 황(S) 1kg이 공기 중에서 완전 연소할 때 발생되는 이산화황의 발생량(m^3)은? (단, 황(S)의 원자량은 32, 산소(O)의 원자량은 16이며, 이상기체로 가정한다.)

① 2.00 ② 2.35 ③ 2.50 ④ 2.75

13 중질유화재 시 무상주수를 함으로써 기대할 수 있는 소화효과로 올바르게 묶인 것은?

① 질식소화, 부촉매소화
② 질식소화, 유화소화
③ 유화소화, 타격소화
④ 피복소화, 타격소화

14 재난관리 방식 중 분산관리에 대한 일반적인 설명으로 옳지 않은 것은?

① 재난의 종류에 따라 대응방식의 차이와 대응계획 및 책임기관이 각각 다르게 배정된다.
② 재난 시 유관기관 간의 중복적 대응이 있을 수 있다.
③ 재난의 발생 유형에 따라 소관부처별로 업무가 나뉜다.
④ 재난 시 유사한 자원동원 체계와 자원유형이 필요하다.

15 가연성 물질의 화재 위험성에 대한 설명으로 옳은 것은?

① 비열, 연소열, 비점이 작거나 낮을수록 위험하다.
② 증발열, 연소열, 연소속도가 크거나 빠를수록 위험하다.
③ 표면장력, 인화점, 발화점이 작거나 낮을수록 위험하다.
④ 비중, 압력, 융점이 크거나 높을수록 위험하다.

16 기체상 연료노즐에서의 연소에 대한 일반적인 설명으로 옳은 것을 있는 대로 모두 고른 것은?

> ㄱ. 역화는 연료의 연소속도가 분출속도보다 빠를 때 불꽃이 연료노즐 속으로 빨려 들어가 연료노즐 속에서 연소하는 현상이다.
> ㄴ. 선화는 불꽃이 연료노즐 위에 들뜨는 현상으로 연료노즐에서 연료기체의 연소속도가 분출속도보다 느릴 때 발생하는 현상이다.
> ㄷ. 황염은 분출하는 기체연료와 공기의 화학양론비에서 공기량이 적을 때 발생한다.
> ㄹ. 연료노즐에서 흐름이 난류(turbulent)인 경우, 확산연소에서 화염의 높이는 분출 속도에 비례한다.

① ㄱ, ㄴ
② ㄷ, ㄹ
③ ㄱ, ㄴ, ㄷ
④ ㄱ, ㄴ, ㄷ, ㄹ

17 화재피해조사 산정기준 중 동일 소방대상물로서 한 건의 화재로 취급하는 기준에 대한 설명으로 옳지 않은 것은?
(문제 오류로 정답 없습니다)

① 한 곳에서 발생한 화재
② 누전점이 다른 2개소 이상에서 발생한 화재
③ 지진, 낙뢰 등 자연환경에 의해 발생한 여러 화재
④ 동일범에 의한 방화 또는 불장난으로 2개소 이상에서 발생한 화재

18 할로겐화합물 소화약제가 갖추어야 할 일반적인 조건으로 옳지 않은 것은?

① 독성이 적을수록 좋다.
② 지구 온난화에 끼치는 영향이 적을수록 좋다.
③ 대기 중에 잔존 시간이 길수록 좋다.
④ 오존층 파괴에 끼치는 영향이 적을수록 좋다.

19 포(foam)에 대한 일반적인 설명으로 옳은 것은?
① 불화단백포 및 수성막포는 표면하주입방식에 사용할 수 있다.
② 불소를 함유하고 있는 합성계면활성제포는 친수성이므로 유동성과 내유성이 좋다.
③ 단백포는 유동성은 좋으나, 내화성은 나쁘다.
④ 알콜형포 사용 시 비누화현상이 일어나면 소화능력이 떨어진다.

20 이산화탄소소화설비에 대한 일반적인 설명으로 옳지 않은 것은?
① 기동용기의 가스는 압력스위치 및 자동폐쇄장치를 작동시키는 역할을 한다.
② 저장용기는 직사광선 및 빗물이 침투할 우려가 없는 곳에 설치한다.
③ 전역방출방식에서 환기장치는 이산화탄소가 방사되기 전에 정지되어야 한다.
④ 전역방출방식에서는 음향경보장치와 방출표시등이 필요하다.

정답

01 정답없음	02 ②	03 ③	04 ④	05 ③
06 ①	07 ②	08 ③	09 ④	10 ②
11 ①	12 ④	13 ②	14 ④	15 ③
16 ③	17 정답없음	18 ③	19 ①	20 ①

2021년 소방학개론 기출문제

01 「재난 및 안전관리 기본법」상 재난현장에서 시·군·구 긴급구조통제단장의 긴급구조 현장지휘 사항을 모두 고른 것은?

ㄱ. 재난현장에서 인명의 탐색·구조
ㄴ. 추가 재난의 방지를 위한 응급조치
ㄷ. 사상자의 응급처치 및 의료기관으로의 이송
ㄹ. 긴급구조에 필요한 재난관리자원의 관리

① ㄱ, ㄴ
② ㄱ, ㄴ, ㄷ
③ ㄴ, ㄷ, ㄹ
④ ㄱ, ㄴ, ㄷ, ㄹ

02 화재 시 발생하는 연기(smoke)에 대한 설명으로 옳지 않은 것은?

① 연기의 수직 이동속도는 수평 이동속도보다 빠르다.
② 연기의 감광계수가 증가할수록 가시거리는 짧아진다.
③ 중성대는 실내 화재 시 실내와 실외의 온도가 같은 면을 의미한다.
④ 굴뚝효과는 건축물의 내부와 외부의 온도차에 의해 내부의 더운 공기가 상승하는 현상이다.

03 소화설비에 대한 설명으로 옳은 것은?

① 산·알칼리 소화기는 가스계 소화기로 분류된다.
② CO_2 소화설비는 화재감지기, 선택밸브, 방출표시등, 압력스위치 등으로 구성된다.
③ 슈퍼바이저리패널(supervisory panel)은 습식스프링클러설비의 구성요소이다.
④ 순환배관은 옥내소화전설비의 펌프 체절운전 시 수온 하강 방지를 위해 설치한다.

04 우리나라 소방 역사에 대한 설명으로 옳은 것만을 모두 고른 것은?

ㄱ. 고려시대에는 소방(消防)을 소재(消災)라 하였으며, 화통도감을 신설하였다.
ㄴ. 조선시대 세종 8년에 금화도감을 설치하였다.
ㄷ. 1915년에 우리나라 최초 소방본부인 경성소방서를 설치하였다.
ㄹ. 1945년에 중앙소방위원회 및 중앙소방청을 설치하였다.

① ㄱ, ㄴ
② ㄱ, ㄴ, ㄷ
③ ㄴ, ㄷ, ㄹ
④ ㄱ, ㄴ, ㄷ, ㄹ

05 백드래프트(back draft)에 대한 설명으로 옳은 것은?

① 불완전연소에 의해 발생된 일산화탄소가 가연물로 작용하여 폭발하는 현상이다.
② 화재 진압 시 지붕 등 상부를 개방하는 것보다 출입문을 먼저 개방하는 것이 효과적인 전술이다.
③ 밀폐된 실내에서 발생되는 현상으로, 출입문을 한 번에 완전히 개방하여 연기를 일순간에 배출해야 폭발력을 억제할 수 있다.
④ 연료지배형화재가 진행되고 있는 공간에 산소가 일시적으로 다량 공급됨에 따라 가연성가스가 폭발적으로 연소하는 현상이다.

06 위험물의 종류에 따른 소화 방법으로 옳지 않은 것은?

① 제1류 위험물인 알칼리금속의 과산화물은 물을 사용한다.
② 제2류 위험물인 마그네슘은 건조사를 사용한다.
③ 제3류 위험물인 알킬알루미늄은 건조사를 사용한다.
④ 제4류 위험물인 알코올은 내알코올포(泡, foam)를 사용한다.

07 「화재조사 및 보고규정」상 특수화재에 해당하지 않는 것은? (개정으로 정답 없는 문제입니다)

① 외국공관 및 그 사택의 화재
② 이재민 100명 이상 발생 화재
③ 특수사고, 방화 등 화재원인이 특이하다고 인정되는 화재
④ 철도, 항구에 매어 둔 외항선, 항공기, 발전소 및 변전소의 화재

08 「재난 및 안전관리 기본법」에 대한 내용이다. ( ) 안에 들어갈 용어로 옳은 것은?

> (가)은 대통령령으로 정하는 재난이 발생하거나 발생할 우려가 있는 경우 사람의 생명·신체 및 재산에 미치는 중대한 영향이나 피해를 줄이기 위하여 긴급한 조치가 필요하다고 인정하면 (나)의 심의를 거쳐 (다)을/를 선포할 수 있다.

	(가)	(나)	(다)
①	중앙재난안전대책본부장	안전정책조정위원회	재난사태
②	행정안전부장관	중앙안전관리위원회	재난사태
③	중앙재난안전대책본부장	중앙안전관리위원회	특별재난지역
④	행정안전부장관	안전정책조정위원회	특별재난지역

09 소방조직의 원리에 해당하지 않는 것은?

① 조정의 원리
② 계층제의 원리
③ 명령 분산의 원리
④ 통솔 범위의 원리

10 블레비(BLEVE: Boiling Liquid Expanding Vapor Explosion) 현상의 특징으로 옳지 않은 것은?

① 액화가스 저장탱크에서 일어날 수 있다는 점에서는 증기운 폭발과 같다.
② 액화가스 저장탱크에서 물리적 폭발이 순간적으로 화학적 폭발로 이어지는 현상이다.
③ 블레비의 규모는 파열 시 액체의 기화량에는 차이가 있으나 탱크의 용량에 따른 차이는 없다.
④ 직접 열을 받은 부분이 액화가스 저장탱크의 인장 강도를 초과할 경우 기상부에 면하는 지점에서 파열하게 된다.

11 포혼합장치 중 펌프 프로포셔너(pump proportioner) 방식에 해당하는 것은?

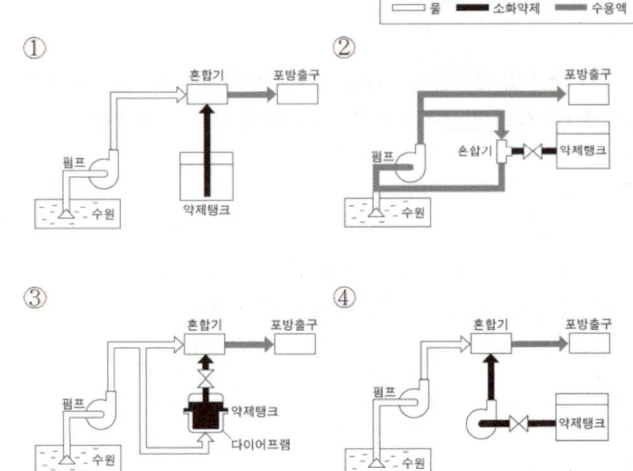

12 「재난 및 안전관리 기본법」상 재난관리 단계별 조치 사항의 연결이 옳지 않은 것은?

① 예방단계 - 재난방지시설의 관리
② 대비단계 - 재난현장 긴급통신수단의 마련
③ 대응단계 - 특별재난지역의 선포
④ 복구단계 - 피해조사 및 복구계획 수립·시행

13 최소산소농도(MOC: Minimum Oxygen Concentration)에 대한 설명으로 옳지 않은 것은?

① 연소상한계에 의해 최소산소농도가 결정된다.
② 연소할 때 화염이 전파되는 데 필요한 임계산소농도를 말한다.
③ 완전연소반응식의 산소 몰수에 의해 최소산소농도가 결정된다.
④ 프로판(C_3H_8) 1몰(mol)이 완전 연소하는 데 필요한 최소산소농도는 10.5%이다.

14 1기압, 20℃인 조건에서 메탄(CH_4) 2㎥가 완전 연소하는 데 필요한 산소 부피는 몇 ㎥인가?

① 2　　② 3　　③ 4　　④ 5

15 연소속도에 영향을 미치는 요인을 모두 고른 것은?

> ㄱ. 가연성 물질의 종류
> ㄴ. 촉매의 존재 유무와 농도
> ㄷ. 공기 중 산소량
> ㄹ. 가연성 물질과 산화제의 당량비

① ㄱ, ㄴ
② ㄱ, ㄴ, ㄷ
③ ㄴ, ㄷ, ㄹ
④ ㄱ, ㄴ, ㄷ, ㄹ

16 폭발에 대한 설명으로 옳지 않은 것은?

① 폭연은 폭굉보다 폭발압력이 낮다.
② 분해폭발은 산소에 관계없이 단독으로 발열 분해반응을 하는 물질에서 발생한다.
③ 물리적 폭발은 물질의 상태(기체, 액체, 고체)가 변하거나 온도, 압력 등 조건의 변화에 따라 발생한다.
④ 중합폭발은 가연성 액체의 무적(霧滴, mist)이 일정 농도 이상으로 조연성 가스 중에 분산되어 있을 때 착화하여 발생한다.

17 소화 방법에 대해 옳은 설명만을 모두 고른 것은?

> ㄱ. 질식소화는 일반적으로 공기 중 산소 농도를 낮추어 소화하는 방법을 말한다.
> ㄴ. 냉각소화가 가능한 약제로는 물, 강화액, CO_2, 할론 등이 있다.
> ㄷ. 피복소화는 비중이 물보다 큰 비수용성 유류화재 시 무상주수하여 소화하는 방법을 말한다.
> ㄹ. 부촉매소화는 가스화재 시 가스공급을 차단하여 소화하는 방법을 말한다.

① ㄱ, ㄴ
② ㄱ, ㄴ, ㄷ
③ ㄴ, ㄷ, ㄹ
④ ㄱ, ㄴ, ㄷ, ㄹ

18 물소화약제에 대한 설명으로 옳은 것은?

① 질식소화 작용은 기대하기 어렵다.
② 분무상으로 방사 시 B급화재 및 C급화재에도 적응성이 있다.
③ 물은 비열과 기화열 값이 작아 냉각소화 효과가 우수하다.
④ 수용성 가연물질인 알코올, 에테르, 에스터 등으로 인한 화재에는 적응성이 없다.

19 피난구조설비에 대한 설명으로 옳지 않은 것은?

① 인공소생기란 호흡 부전 상태인 사람에게 인공호흡을 시켜 환자를 보호하거나 구급하는 기구이다.
② 피난구유도등이란 피난구 또는 피난경로로 사용되는 출입구를 표시하여 피난을 유도하는 등을 말한다.
③ 복도통로유도등이란 피난통로가 되는 복도에 설치하는 통로유도등으로서 피난구의 방향을 명시하는 것을 말한다.
④ 구조대란 사용자의 몸무게에 의하여 자동으로 하강하고 내려서면 스스로 상승하여 연속적으로 사용할 수 있는 무동력 피난기구를 말한다.

20 실내 화재의 진행 과정을 설명한 내용으로 옳지 않은 것은?

① 발화기 - 건물 내의 가구 등이 독립 연소하고 있으며 다른 동(棟)으로의 연소 위험은 없다.
② 성장기 - 화재의 진행이 급속히 이루어지고 개구부에서는 검은 연기가 분출된다.
③ 최성기 - 산소가 부족하여 연소되지 않은 가스가 다량 발생된다.
④ 감퇴기 - 지붕이나 벽체, 대들보나 기둥도 무너져 떨어지고 열 발산율은 증가하기 시작한다.

정답

01 ④	02 ③	03 ②	04 ①	05 ①
06 ①	07 정답없음	08 ②	09 ③	10 ③
11 ②	12 ③	13 ①	14 ①	15 ④
16 ④	17 ①	18 ②	19 ④	20 ④

2020년 소방학개론 기출문제

01 가연물의 화학적 연쇄반응 속도를 줄여 소화하는 방법으로 옳은 것은?

① 다량의 물을 주수하여 소화한다.
② 할론소화약제를 사용하여 소화한다.
③ 연소물이나 화원을 제거하여 소화한다.
④ 에멀션(emulsion) 효과를 이용하여 소화한다.

02 물 소화약제 첨가제 중 주요 기능이 물의 표면장력을 작게 하여 심부화재에 대한 적응성을 높여 주는 것은?

① 부동제　　② 증점제
③ 침투제　　④ 유화제

03 가연성 가스 중 위험도가 가장 큰 물질은? (단, 연소범위는 메탄 5%~15%, 에탄 3%~12.4%, 프로판 2.1%~9.5%, 부탄 1.8%~8.4%이다.)

① 메탄　　② 에탄
③ 프로판　　④ 부탄

04 우리나라 소방 역사에 대한 설명으로 옳지 않은 것은?

① 조선 시대인 1426년(세종 8년) 금화도감이 설치되었다.
② 일제강점기인 1925년 최초의 소방서가 설치되었다.
③ 미군정 시대인 1946년 중앙소방위원회가 설치되었다.
④ 대한민국 정부 수립 이후인 1948년 소방법이 제정·공포되었다.

05 스프링클러설비의 리타딩 체임버(retarding chamber)의 기능으로 옳은 것은?

① 역류방지　　② 가압송수
③ 오작동방지　　④ 동파방지

06 소방시설의 분류와 해당 소방시설의 종류가 옳게 연결된 것은?

① 소화설비 - 옥내소화전설비, 포소화설비, 간이스프링클러설비
② 경보설비 - 자동화재속보설비, 자동화재탐지설비, 제연설비
③ 소화용수설비 - 상수도소화용수설비, 소화수조, 연결살수설비
④ 소화활동설비 - 시각경보기, 연결송수관설비, 무선통신보조설비

07 「화재조사 및 보고규정」상 내용으로 옳지 않은 것은? (개정으로 정답 없는 문제입니다)

① 방화는 중요화재에 해당한다.
② 화재조사에는 화재원인조사와 화재피해조사가 있다.
③ 화재조사는 관계 공무원이 화재 사실을 인지하는 즉시 실시하여야 한다.
④ 화재현장에서 부상을 당한 후 72시간 이내에 사망한 경우에는 당해 화재로 인한 사망자로 본다.

08 우리나라 소방행정에 관한 설명으로 옳은 것은?

① 미군정 시대에는 소방행정을 경찰에서 분리하여 자치소방행정체제를 도입하였다.
② 1972년 전국 시·도에 소방본부를 설치·운영하고 광역소방행정체제로 전환하였다.
③ 소방공무원은 공무원 분류상 경력직 공무원 중 특수경력직 공무원에 해당한다.
④ 소방공무원의 징계 중 경징계에는 정직, 감봉, 견책이 있다.

09 화재에 대한 옳은 설명을 모두 고른 것은?

> ㄱ. 낮은 산소분압에서 화재가 발생하였을 때 초기에 화염 없이 일어나는 연소를 훈소연소라 한다.
> ㄴ. 목조건축물 화재는 유류나 가스 화재와는 달리 일반적으로 무염착화 없이 발염착화로 이어진다.
> ㄷ. A급 화재는 일반화재로 면화류, 합성수지 등의 가연물에 의한 화재를 말한다.
> ㄹ. 전소란 건물의 70% 이상이 소실된 화재를 말한다.

① ㄱ, ㄴ
② ㄷ, ㄹ
③ ㄱ, ㄴ, ㄷ
④ ㄱ, ㄷ, ㄹ

10 화재진압 시 주수소화에 적응성 있는 위험물로 옳은 것은?
① 황화인
② 질산에스터류
③ 유기금속화합물
④ 알칼리금속의 과산화물

11 폭발에 대한 설명으로 옳지 않은 것은?
① 증기폭발은 폭발물질의 물리적 상태에 따른 분류 중 기상폭발에 해당한다.
② 폭굉은 연소반응으로 발생한 화염의 전파 속도가 음속보다 빠른 것을 말한다.
③ 블레비(BLEVE)는 액화가스저장탱크 등에서 외부열원에 의해 과열되어 급격한 압력 상승의 원인으로 파열되는 현상이며, 폭발의 분류 중 물리적 폭발에 해당한다.
④ 폭발은 물리적, 화학적 변화의 결과로 발생된 급격한 압력 상승에 의한 에너지가 외계로 전환되는 과정에서 파열, 폭음 등을 동반하는 현상을 말한다.

12 「재난 및 안전관리 기본법」상 우리나라 재난관리체계에 관한 설명으로 옳지 않은 것은?
① 재난 및 안전관리에 관한 중요 정책을 심의하기 위하여 국무총리 소속으로 중앙안전관리위원회를 둔다.
② 대통령령으로 정하는 대규모 재난의 대응·복구를 총괄하기 위하여 행정안전부에 중앙재난안전대책본부를 둔다.
③ 소방서는 인명구조, 응급처치 등 긴급 조치를 담당하는 긴급구조지원기관에 해당한다.
④ 시·군·구 재난안전대책본부장은 시장·군수·구청장이며, 시·군·구 긴급구조통제단장은 소방서장이다.

13 「재난 및 안전관리 기본법」상 재난의 분류가 다른 하나는?
① 「감염병의 예방 및 관리에 관한 법률」에 따른 감염병의 확산
② 황사로 인하여 발생하는 재해
③ 환경오염사고로 인하여 발생하는 대통령령으로 정하는 규모 이상의 피해
④ 「미세먼지 저감 및 관리에 관한 특별법」에 따른 미세먼지 등으로 인한 피해

14 「재난 및 안전관리 기본법」상 재난관리에 관한 내용으로 옳은 것은?
① 예방 - 재난 발생을 사전에 방지하기 위하여 매년 재난대비 훈련 계획을 수립하고, 관계 기관과 합동으로 재난대비훈련을 실시한다.
② 대비 - 재난을 효율적으로 관리하기 위하여 재난유형에 따라 위기관리 매뉴얼을 작성·운용한다.
③ 대응 - 재난 피해지역을 재해 이전 상태로 회복시키기 위하여 피해상황을 조사하고, 자체복구계획을 수립·시행한다.
④ 복구 - 재난의 수습활동을 효율적으로 하기 위하여 재난관리자원의 관리 및 긴급통신수단을 마련한다.

15 고발포인 제2종 기계포의 팽창비에 해당하는 것은?

① 10배 이상 20배 이하
② 100배 이상 200배 이하
③ 300배 이상 400배 이하
④ 500배 이상 600배 이하

16 바닥 면적이 200㎡인 구획된 창고에 의류 1,000kg, 고무 2,000kg이 적재되어 있을 때 화재하중은 약 몇 kg/㎡인가? (단, 의류, 고무, 목재의 단위 발열량은 각각 5,000kcal/kg, 9,000kcal/kg, 4,500kcal/kg이고, 창고 내 의류 및 고무 외의 기타 가연물은 존재하지 않으며, 화재 시 완전연소로 가정한다.)

① 15.56
② 20.56
③ 25.56
④ 30.56

17 화재가혹도에 관한 설명으로 옳지 않은 것은?

① 화재가혹도란 화재발생으로 당해 건물과 내부 수용재산 등을 파괴하거나 손상을 입히는 정도를 말한다.
② 최고온도는 화재가혹도의 질적 개념으로 화재강도와 관련이 있다.
③ 지속시간은 화재가혹도의 양적 개념으로 화재하중과 관련이 있다.
④ 화재가혹도에 영향을 미치는 환기요소는 개구부 면적의 제곱근에 비례하고 개구부 높이에 비례한다.

18 고층건축물에서 연기유동을 일으키는 요인을 모두 고른 것은?

| ㄱ. 부력효과 | ㄴ. 바람에 의한 압력차 |
| ㄷ. 굴뚝효과 | ㄹ. 공기조화설비의 영향 |

① ㄱ, ㄴ
② ㄱ, ㄷ
③ ㄴ, ㄷ, ㄹ
④ ㄱ, ㄴ, ㄷ, ㄹ

19 연소에 대한 설명으로 옳지 않은 것은?

① 액체가연물의 인화점은 액면에서 증발된 증기의 농도가 연소하한계에 도달하여 점화되는 최저온도이다.
② 연소하한계가 낮고 연소범위가 넓을수록 가연성 가스의 연소위험성이 증가한다.
③ 액체가연물의 연소점은 점화된 이후 점화원을 제거하여도 자발적으로 연소가 지속되는 최저온도이다.
④ 파라핀계 탄화수소화합물의 경우 탄소수가 적을수록 발화점이 낮아진다.

20 제4류 위험물에 대한 설명으로 옳지 않은 것은?

① 물보다 가볍고 물에 녹지 않는 것이 많다.
② 일반적으로 부도체 성질이 강하여 정전기 축적이 쉽다.
③ 발생 증기는 가연성이며, 증기비중은 대부분 공기보다 가볍다.
④ 사용량이 많은 휘발유, 경유 등은 연소하한계가 낮아 매우 인화하기 쉽다.

정답

01 ②	02 ③	03 ④	04 ④	05 ③
06 ①	07 정답없음	08 ①	09 ④	10 ②
11 ①	12 ③	13 ②	14 ②	15 ③
16 ③	17 ④	18 ④	19 ④	20 ③

2019년 소방학개론 기출문제

01 소방시설의 종류에 따른 분류가 옳게 짝 지어진 것은?

① 경보설비 - 비상조명등
② 소화설비 - 연소방지설비
③ 피난구조설비 - 비상방송설비
④ 소화활동설비 - 비상콘센트설비

02 다음 특성에 해당하는 소화약제는?

- 소화 후 소화약제에 의한 오손이 없고, 비전도성이다.
- 장기보존이 용이하고, 추운 지방에서도 사용 가능하다.
- 자체 압력으로 방출이 가능하고, 불연성 기체로서 주된 소화효과는 질식효과이다.

① 이산화탄소 소화약제
② 산·알칼리 소화약제
③ 포 소화약제
④ 할로겐화합물 소화약제

03 화재 용어 중 화재실의 단위 시간당 축적되는 열의 양을 의미하는 것은?

① 훈소
② 화재하중
③ 화재강도
④ 화재가혹도

04 포소화설비에서 펌프의 토출관에 압입기를 설치하여 포 소화약제 압입용 펌프로 포 소화약제를 압입시켜 혼합하는 방식은?

① 라인 프로포셔너(line proportioner)
② 펌프 프로포셔너(pump proportioner)
③ 프레셔 프로포셔너(pressure proportioner)
④ 프레셔사이드 프로포셔너(pressure side proportioner)

05 존스(Jones)의 재해분류 중 기상학적 재해가 아닌 것은?

① 번개
② 폭풍
③ 쓰나미
④ 토네이도

06 위험물의 종류에 따른 일반적 성상을 나타낸 것으로 옳은 것은?

① 산화성 고체는 환원성 물질이며 황린과 철분을 포함한다.
② 인화성 액체는 전기 전도체이며 휘발유와 등유를 포함 한다.
③ 가연성 고체는 불연성 물질이며 질산염류와 무기과산 화물을 포함한다.
④ 자기반응성 물질은 연소 또는 폭발을 일으킬 수 있는 물질이며 유기과산화물, 질산에스터류를 포함한다.

07 위험물 지정수량이 다른 하나는?

① 탄화칼슘
② 과염소산
③ 마그네슘
④ 금속의 인화물

08 다음은 제1석유류에 대한 설명이다. ( ) 안에 들어갈 내용으로 옳은 것은?

제1석유류는 아세톤, 휘발유 그 밖에 1기압에서 (가)이 섭씨 (나)도 미만인 것이다.

	(가)	(나)
①	발화점	21
②	발화점	25
③	인화점	21
④	인화점	25

09 해방 이후의 소방조직 변천과정을 과거부터 현재까지 옳게 나열한 것은?

> ㄱ. 중앙에는 중앙소방위원회를 두고, 지방에는 도소방 위원회를 두어 독립된 자치소방제도를 시행하였다.
> ㄴ. 소방행정이 경찰행정 사무에 포함되어 시·군까지 일괄적으로 관리하는 국가소방체제로 전환되었다.
> ㄷ. 서울과 부산은 소방본부를 설치하였고, 다른 지역은 국가소방체제로 국가소방과 자치소방의 이원화시기 였다.
> ㄹ. 소방사무가 시·도 사무로 전환되어 전국 시·도에 소방본부가 설치되었다.

① ㄱ → ㄴ → ㄷ → ㄹ
② ㄱ → ㄴ → ㄹ → ㄷ
③ ㄴ → ㄱ → ㄷ → ㄹ
④ ㄴ → ㄱ → ㄹ → ㄷ

10 연료지배형화재와 환기지배형화재에 대한 설명으로 옳지 않은 것은?

① 환기지배형화재는 공기공급이 충분하지 않으므로 불완전연소가 심하다.
② 연료지배형화재는 공기공급이 충분한 조건에서 발생한 화재가 일반적이다.
③ 연료지배형화재는 주로 큰 창문이나 개방된 공간에서, 환기지배형화재는 내화구조 및 콘크리트 지하층에서 발생하기 쉽다.
④ 일반적으로 플래시오버 전에는 환기지배형화재가, 이후 에는 연료지배형화재가 지배적이다.

11 「재난 및 안전관리 기본법」상 중앙안전관리위원회와 안전 정책조정위원회에 대한 설명으로 옳지 않은 것은?

① 중앙안전관리위원회는 국무총리 소속으로 국무총리가 위원장이다.
② 중앙안전관리위원회는 재난사태의 선포에 관한 사항을 심의하고, 안전정책조정위원회는 특별재난지역의 선포에 관한 사항을 심의한다.
③ 안전정책조정위원회는 중앙위원회에 상정될 안건을 사전에 검토한다.
④ 안전정책조정위원회 위원장은 행정안전부장관이 된다.

12 다음 중 HPO_3가 일반 가연물질인 나무, 종이 등의 표면에 피막을 이루어 공기 중의 산소를 차단하는 방진 작용과 관련이 있는 것은?

① 제1종 분말소화약제
② 제2종 분말소화약제
③ 제3종 분말소화약제
④ 제4종 분말소화약제

13 「재난 및 안전관리 기본법」상 긴급구조에 대한 설명으로 옳지 않은 것은?

① 중앙긴급구조통제단의 단장은 행정안전부장관이 된다.
② 시·도 긴급구조통제단의 단장은 소방본부장이 된다.
③ 시·군·구 긴급구조통제단의 단장은 소방서장이 된다.
④ 재난현장에서는 시·군·구 긴급구조통제단장이 긴급 구조활동을 지휘한다.

14 가연성 가스를 공기 중에서 연소시키고자 할 때 공기 중의 산소농도가 증가하면 발생되는 현상으로 맞는 것만을 모두 고른 것은?

> ㄱ. 연소속도가 빨라진다.
> ㄴ. 발화점이 높아진다.
> ㄷ. 화염의 온도가 높아진다.
> ㄹ. 폭발범위가 좁아진다.
> ㅁ. 점화에너지가 작아진다.

① ㄱ, ㄴ, ㄹ
② ㄱ, ㄷ, ㄹ
③ ㄱ, ㄷ, ㅁ
④ ㄴ, ㄷ, ㅁ

15 다음 설명에 해당하는 연소가스는?

> 청산가스라고도 하며, 인체에 대량 흡입되면 헤모글로빈과 결합되지 않고도 질식을 유발할 수 있다.

① 암모니아(NH_3)
② 시안화수소(HCN)
③ 이산화황(SO_2)
④ 일산화탄소(CO)

16 불활성기체소화약제의 표기와 화학식의 연결이 옳지 않은 것은?

① IG-01 - Ar
② IG-100 - N_2
③ IG-541 - N_2: 52%, Ar: 40%, Ne: 8%
④ IG-55 - N_2: 50%, Ar: 50%

17 스프링클러설비 중 감지기와 연동하여 작동하는 것만을 모두 고른 것은?

> ㄱ. 습식 스프링클러
> ㄴ. 건식 스프링클러
> ㄷ. 준비작동식 스프링클러
> ㄹ. 일제살수식 스프링클러
> ㅁ. 부압식 스프링클러

① ㄱ, ㄴ, ㄷ ② ㄱ, ㄹ, ㅁ
③ ㄴ, ㄷ, ㄹ ④ ㄷ, ㄹ, ㅁ

18 20℃, 1기압의 프로판(C_3H_8) 1㎥를 완전연소시키는 데 필요한 20℃, 1기압의 산소 부피는 얼마인가?

① 1㎥ ② 3㎥
③ 5㎥ ④ 7㎥

19 화재조사활동 중 소방본부 종합상황실이 소방청의 종합상황실에 보고해야 하는 화재에 해당하지 않는 것은?

① 사망자가 6명 발생한 화재
② 사상자가 11명 발생한 화재
③ 재산피해액이 70억 원 발생한 화재
④ 이재민이 50명 발생한 화재

20 가연성 액체의 인화점에 대한 설명으로 옳은 것은?

① 증기가 연소범위의 하한계에 이르러 점화되는 최저온도
② 증기가 발생하기 시작하는 최저온도
③ 물질이 자체의 열만으로 착화하는 최저온도
④ 발생한 화염이 지속적으로 연소하는 최저온도

정답

01 ④	02 ①	03 ③	04 ④	05 ③
06 ④	07 ③	08 ③	09 ①	10 ④
11 ②	12 ③	13 ①	14 ③	15 ②
16 ③	17 ④	18 ③	19 ④	20 ①

2018년 하반기 소방학개론 기출문제

01 우리나라 소방의 발전과정에 대한 설명 중 옳지 않은 것은?
① 최초의 소방관서는 금화도감이다.
② 일제강점기에 최초의 소방서가 설치되었다.
③ 갑오개혁 이후 '소방'이라는 용어를 처음 사용하였다.
④ 대한민국 정부수립과 동시에 소방본부가 설치되었다.

02 민간 소방조직의 설치에 관한 설명으로 옳지 않은 것은?
① 주유취급소에는 위험물안전관리자를 선임해야 한다.
② 소방안전관리대상물에는 소방안전관리자를 선임해야 한다.
③ 소방업무를 체계적으로 보조하기 위해 의용소방대를 설치한다.
④ 제4류 위험물을 저장·취급하는 제조소에는 반드시 자체소방대를 설치해야 한다.

03 화재예방, 소방활동 또는 소방훈련을 위하여 사용되는 소방신호에 해당하는 것은?
① 대응 신호
② 경계 신호
③ 복구 신호
④ 대비 신호

04 제5류 위험물의 소화대책으로 옳지 않은 것은?
① 외부로부터의 산소 유입을 차단한다.
② 화재 초기에는 다량의 물로 냉각소화하는 것이 효과적이다.
③ 항상 안전거리를 유지하고 접근할 때에는 엄폐물을 이용한다.
④ 밀폐된 공간에서 화재 시 공기호흡기를 착용하여 질식되지 않도록 주의한다.

05 재난관리의 단계별 주요 활동 중 '긴급통신수단 구축'이 해당되는 단계로 옳은 것은?
① 대응 단계
② 대비 단계
③ 예방 단계
④ 복구 단계

06 다음은 「재난 및 안전관리기본법」상 특별재난지역의 선포와 관련된 내용이다. ( ) 안에 들어갈 내용으로 옳은 것은?

(㉠)은(는) 대통령령으로 정하는 규모의 재난이 발생하여 특별한 조치가 필요하다고 인정하거나 지역대책본부장의 요청이 타당하다고 인정하는 경우에는 (㉡)의 심의를 거쳐 해당 지역을 특별재난지역으로 선포할 것을 대통령에게 건의할 수 있다.

	㉠	㉡
①	중앙재난안전대책본부장	안전정책조정위원회
②	중앙안전관리위원회	중앙사고수습본부
③	중앙안전관리위원회	중앙재난안전대책본부장
④	중앙재난안전대책본부장	중앙안전관리위원회

07 〈보기〉에서 표면연소에 해당하는 것을 옳게 고른 것은?

보기
ㄱ. 숯　　　　　ㄴ. 목탄
ㄷ. 코크스　　　ㄹ. 플라스틱

① ㄱ, ㄴ, ㄷ
② ㄱ, ㄴ, ㄹ
③ ㄱ, ㄷ, ㄹ
④ ㄴ, ㄷ, ㄹ

08 자연발화가 되기 쉬운 가연물의 조건으로 옳은 것은?

① 발열량이 적다.
② 표면적이 작다.
③ 열전도율이 낮다.
④ 주위 온도가 낮다.

09 다음과 관계있는 연소생성가스로 옳은 것은?

> 질소 함유물인 열경화성 수지 또는 나일론 등의 연소 시 발생하고, 냉동시설의 냉매로 많이 쓰이고 있으므로 냉동 창고 화재 시 누출가능성이 크며, 허용 농도는 25ppm이다.

① 포스겐($COCl_2$)
② 암모니아(NH_3)
③ 일산화탄소(CO)
④ 시안화수소(HCN)

10 다음은 열의 전달 형태에 대한 설명이다. (   ) 안에 들어갈 내용으로 옳은 것은?

> 가. 일반적으로 화재의 초기단계에서 열의 전달은 (㉠)에 기인한다.
> 나. 화재 시 연기가 위로 향하는 것이나 화로(火爐)에 의해 실내의 공기가 따뜻해지는 것은 (㉡)에 의한 현상이다.

	㉠	㉡
①	전도	대류
②	복사	전도
③	전도	비화
④	대류	전도

11 다음 설명에 해당하는 것은?

> 가연성 고체의 미분이 공기 중에 부유하고 있을 때에 어떤 점화원에 의해 에너지가 주어지면 폭발하는 현상을 말한다.

① 가스폭발
② 분무폭발
③ 분해폭발
④ 분진폭발

12 소화약제로 팽창질석 또는 팽창진주암을 사용하였을 때, 적응성이 가장 좋은 화재로 옳은 것은?

① 일반화재
② 전기화재
③ 금속화재
④ 가스화재

13 「위험물안전관리법령」상 위험물의 분류 중 가연성 고체가 아닌 것은?

① 황린
② 적린
③ 황
④ 황화인

14 제1류 위험물의 일반적 성질에 대한 설명으로 옳지 않은 것은?

① 불연성 물질이다.
② 강력한 환원제이다.
③ 대부분 무기화합물이다.
④ 다른 가연물의 연소를 돕는 지연성 물질이다.

15 「소방기본법」상 화재원인 조사의 범위에 해당하지 않는 것은? (개정으로 정답 없는 문제입니다)

① 화재보험 가입 여부 등의 상황
② 소방시설의 사용 또는 작동 등의 상황
③ 피난경로, 피난상의 장애요인 등의 상황
④ 화재의 연소경로 및 확대원인 등의 상황

16 다음 설명에 해당하는 소화방법으로 옳은 것은?

> 일반적으로 공기 중의 산소농도 21%를 15% 이하로 희석하거나 저하시키면 연소 중인 가연물은 산소의 양이 부족하여 연소가 중단된다.

① 냉각소화
② 질식소화
③ 제거소화
④ 유화소화

17 제3종 분말소화약제에 대한 설명으로 옳지 않은 것은?

① 백색으로 착색되어 있다.
② ABC급 분말소화약제라고도 부른다.
③ 주성분은 제1인산암모늄($NH_4H_2PO_4$)이다.
④ 현재 생산되고 있는 분말소화약제의 대부분을 차지하고 있다.

18 〈보기〉에서 폐쇄형스프링클러헤드를 사용하는 방식을 옳게 고른 것은?

보기
ㄱ. 습식   ㄴ. 건식
ㄷ. 일제살수식   ㄹ. 준비작동식

① ㄱ, ㄴ, ㄷ
② ㄱ, ㄴ, ㄹ
③ ㄱ, ㄷ, ㄹ
④ ㄴ, ㄷ, ㄹ

19 포소화약제의 혼합방식 중 펌프와 발포기의 중간에 설치된 벤츄리(Venturi) 관의 벤츄리(Venturi) 작용에 의하여 포소화약제를 흡입·혼합하는 것은?

① 라인 프로포셔너(Line Proportioner)
② 펌프 프로포셔너(Pump Proportioner)
③ 프레셔 프로포셔너(Pressure Proportioner)
④ 프레셔 사이드 프로포셔너(Pressure Side Proportioner)

20 열감지기의 종류가 아닌 것은?

① 보상식
② 정온식
③ 광전식
④ 차동식

정답

01 ④	02 ④	03 ②	04 ①	05 ②
06 ④	07 ①	08 ③	09 ②	10 ①
11 ④	12 ③	13 ①	14 ②	15 정답없음
16 ②	17 ①	18 ②	19 ①	20 ③